AF640983

Excel 2021

Stufe 1: Grundlagen

Inge Baumeister, Anja Schmid

Verlag:
BILDNER Verlag GmbH
Bahnhofstraße 8
94032 Passau

http://www.bildner-verlag.de
info@bildner-verlag.de

ISBN: 978-3-8328-0519-7
Bestellnummer: 100543

Autorin: Inge Baumeister, Anja Schmid
Herausgeber: Christian Bildner

Druck: CPI Clausen & Bosse GmbH, Birkstr. 10, 25917 Leck

Bildquellen:
Cover: ©deagreez - stock.adobe.com
Kapitelbild: © Salman - stock.adobe.com

Vorwort

Microsoft Excel ist der Rechenkünstler unter den Office-Anwendungen. Die Einsatzmöglichkeiten reichen aber noch weiter: angefangen von der Möglichkeit einfach Liste zu erstellen über die Organisation auch größerer Datenmengen in Tabellen bis hin zu Diagrammen. Für diese Aufgaben bringt Excel einen umfangreichen Katalog an Werkzeugen mit.

In diesem Buch gehen wir auf Programmfunktionen ein, die Sie im Alltag auch wirklich benötigen, egal ob Sie Excel privat, in Schule, Universität oder im Beruf einsetzen. Außerdem zeigen wir Ihnen, wie Sie Ihre Arbeit erleichtern, indem Sie Routineaufgaben und wiederkehrende Berechnungen mit Formeln und Funktionen lösen.

Das Buch setzt keinerlei Vorwissen voraus und führt Einsteiger mit detaillierten Anleitungen, zahlreichen Bildern und Beispielen in das Arbeiten mit Excel ein. Von Excel-Nutzern, die bereits erste Erfahrungen mitbringen oder von einer älteren Version auf Excel 2021 umsteigen möchten, kann es auch als Nachschlagewerk bei alltäglichen Aufgaben genutzt werden.

Jedes Kapitel beginnt mit einer Übersicht der behandelten Inhalte und Sie sehen auf einen Blick, welche Kenntnisse vorausgesetzt werden. Leicht nachvollziehbare Beispiele und detaillierte und bebilderte Schritt-für-Schritt Anleitungen bilden den Schwerpunkt jedes Kapitels. Darüber hinaus erleichtern zahlreiche Tipps und Tricks den Einstieg. Zur Vertiefung enthält jedes Kapitel am Ende Übungsaufgaben, die Sie auch kostenlos einschließlich der Lösungen von unserer Homepage herunterladen können.

Da sich Fachbegriffe trotz aller Bemühungen nicht immer vermeiden lassen, finden Sie im Anhang ein Glossar, in dem Sie unbekannte Begriffe nachschlagen können. Ebenfalls im Anhang findet sich eine Zusammenstellung wichtiger und nützlicher Tastenkombinationen.

- Übersichtliche Darstellung
- Praktische Problemlösungen
- Erläuternde Grafiken
- Übungen zum Download

Office 2021 und Microsoft 365

Excel 2021 existiert in zwei Versionen, die sich in manchen Punkten geringfügig voneinander unterscheiden: Die Kaufversion, mit der Sie Office 2021 (Office Home & Student) im Paket erwerben und Microsoft 365 (Family, Business oder Education), das Sie oder Ihre Firma/Schule/Universität abonniert haben. Der Unterschied: Microsoft 365 wird laufend aktualisiert. So kann das Abonnementprodukt neue Bearbeitungsmöglichkeiten und Funktionen enthalten, die in der Kaufversion nicht verfügbar sind. Inhalte und Abbildungen in diesem Buch basieren auf der Kaufversion. Allerdings werden wichtige Bearbeitungsoptionen, die nur Teil von Microsoft 365 sind, ebenfalls behandelt.

Schreibweise

Befehle, Bezeichnungen von Schaltflächen und Beschriftungen von Dialogfenstern sind zur besseren Unterscheidung farbig und kursiv hervorgehoben, zum Beispiel Register *Start*, Schaltfläche *Kopieren*.

Download von Beispielen und Übungen

In diesem Buch finden Sie eine Vielzahl von Beispielen, die Ihnen den Einstieg in Excel erleichtern. Um Ihnen langwieriges Abtippen zu ersparen, stellen wir umfangreichere Beispiele als Datei zum Download zur Verfügung. Gleiches gilt für die Übungen und deren Lösungen. Auch diese können heruntergeladen werden. Geben Sie dazu folgende Adresse in Ihren Browser ein:

www.bildner-verlag.de/00543

Der Link führt Sie zur Website des BILDNER Verlags; die Seite des Excel 2021 Buchs wird angezeigt. Scrollen Sie nach unten zum Link *Download Beispieldateien*. Durch Anklicken des Links erhalten Sie eine gezippte Datei. Nach dem Entpacken der Datei finden Sie für jedes Kapitel, für welches Beispiel- und Übungsdateien zur Verfügung stehen einen gesonderten Ordner.

Viel Spaß und Erfolg mit dem Buch wünschen Ihnen
Inge Baumeister und Anja Schmid

Inhalt

4 Daten eingeben 79

5 Der Umgang mit Tabellen 123

6 Tabellen gestalten 153

9 Wichtige Funktionen richtig einsetzen 237

11 Diagramme und grafische Elemente 311

1 Erste Schritte mit Excel

In diesem Kapitel lernen Sie...

- einen schnellen Überblick zum Erstellen, Drucken und Speichern einer Tabelle

Das sollten Sie bereits wissen

- grundsätzlicher Umgang mit dem PC
- Bedienung mit Maus oder Touchpad
- Text über die Tastatur eingeben und löschen

1.1 Office bzw. Excel 2021 oder Microsoft 365?

Office und damit auch Excel existiert in zwei Varianten, die sich in Aussehen und Funktionsumfang etwas unterscheiden.

Die höhere Version Office Professional 2021 (auch als LTSC bezeichnet) richtet sich vorwiegend an Unternehmen und umfasst außerdem Outlook und Access.

Office 2021 bzw. Excel 2021

Office 2021 ist der Nachfolger von Office 2019 und beinhaltet in der beliebten Basisversion *Home & Student* die Anwendungen Excel, Word und PowerPoint und je nach Edition auch noch Outlook. Die Bezeichnung Office bzw. Excel 2021 steht für die Kaufversion, die Sie zu einem einmaligen Kaufpreis erwerben und danach zeitlich unbegrenzt nutzen können. Nachteil: Falls Sie später nach Erscheinen einer neueren Version diese nutzen möchten, müssen Sie sie ebenfalls kaufen.

Microsoft 365

Zum Paketumfang von Microsoft 365 (früher Office 365) gehören neben den oben genannten Anwendungen auch noch Outlook, OneNote, Access und Publisher. Im Gegensatz zur Kaufversion nutzen Sie Microsoft 365 im Abo, d. h. gegen Zahlung eines monatlichen oder jährlichen Betrags. Dafür erhalten Sie automatisch stets die neueste Version und auch einen etwas größeren Funktionsumfang. Diese Funktionen sind allerdings in der Regel für fortgeschrittene Anwender interessant, die grundlegenden Basisfunktionen sind in allen Ausgaben gleich.

Beachten Sie, dass sich bei Microsoft 365 durch die laufenden Aktualisierungen Aussehen und Funktionsumfang jederzeit, wenn auch meist geringfügig, ändern können.

Dieses Buch und die meisten Abbildungen beruhen auf Excel 2021 (Office 2021). Auf eventuelle Unterschiede zu Microsoft 365 wird hingewiesen.

Nutzer von Microsoft 365 sollten außerdem beachten, dass dieses Buch dem Stand Anfang 2022 entspricht und daher spätere Änderungen, z. B. neue Funktionen, nicht berücksichtigt werden konnten.

Zum Vergleich: Links Excel bzw. Office 2021 und rechts Microsoft 365

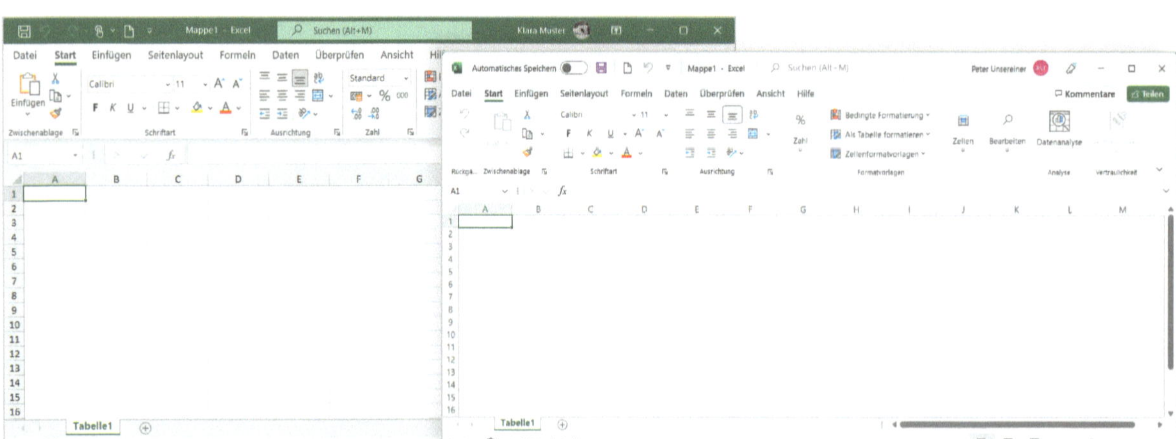

1.2 Excel starten

Zum Starten von Excel gibt es unter Windows verschiedene Möglichkeiten:

- **Windows 10**: Klicken Sie in der Taskleiste auf das Symbol *Start* und im Startmenü auf die Kachel *Excel*, falls angeheftet, oder in der alphabetischen Liste auf *Excel*.

  Oder starten Sie Excel über die Suche: Klicken Sie in das Suchfeld der Taskleiste, tippen den Suchbegriff „excel" ein und klicken in der Liste der Suchergebnisse auf die App Excel.

- **Windows 11**: Falls Excel im Startmenü angeheftet ist, so klicken Sie auf das Symbol. Oder klicken Sie auf *Alle Apps* und hier auf *Excel*. Wenn Sie Excel über die Suche starten möchten, dann klicken Sie in der Taskleiste auf das Symbol *Lupe* .

Tipp: Excel über die Taskleiste starten
Wenn Sie Excel häufig nutzen, dann können Sie Excel als Symbol in der Taskleiste anheften und später mit einem Klick auf das Symbol starten. Klicken Sie dazu im Startmenü oder in den Suchergebnissen mit der rechten Maustaste auf *Excel* und auf *An Taskleiste anheften*.

Hinweis: In der alphabetischen Liste *Alle Apps* finden Sie den Befehl, wenn Sie auf *Mehr* klicken.

Die Startseite von Excel

Unmittelbar nach dem Start von Excel erhalten Sie zunächst die unten abgebildete Übersicht, die auch als Startseite oder Startbildschirm bezeichnet wird. Neben einer persönlichen Begrüßung finden Sie hier die folgenden Möglichkeiten vor:

- Im Normalfall beginnen Sie mit einer leeren Arbeitsmappe ❶.
- Einsteiger finden hier verschiedene Tutorials und Lernprogramme ❷, z. B. zum Thema Formeln. Wenn Sie eines davon nutzen möchten, dann klicken Sie darauf und anschließend auf *Erstellen*.

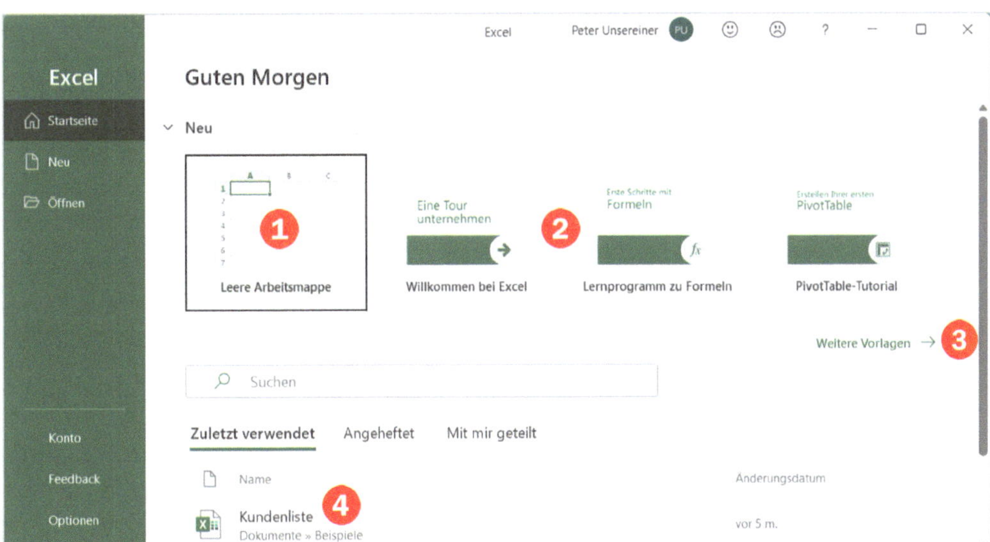

Bild 1.1 Startseite

- Falls Sie statt einer leeren Arbeitsmappe lieber eine Vorlage verwenden möchten, die Sie nur noch ausfüllen brauchen, dann klicken Sie auf *Weitere Vorlagen* ❸ und wählen eine Vorlage.
- Kürzlich bearbeitete Arbeitsmappen finden Sie unter *Zuletzt verwendet* ❹ und brauchen diese zum erneuten Öffnen nur anklicken.

Startseite anzeigen

Falls statt der Startseite sofort eine leere Arbeitsmappe erscheinen sollte, so klicken Sie zum Anzeigen der Startseite links oben auf *Datei*.

Bild 1.2 Startseite anzeigen

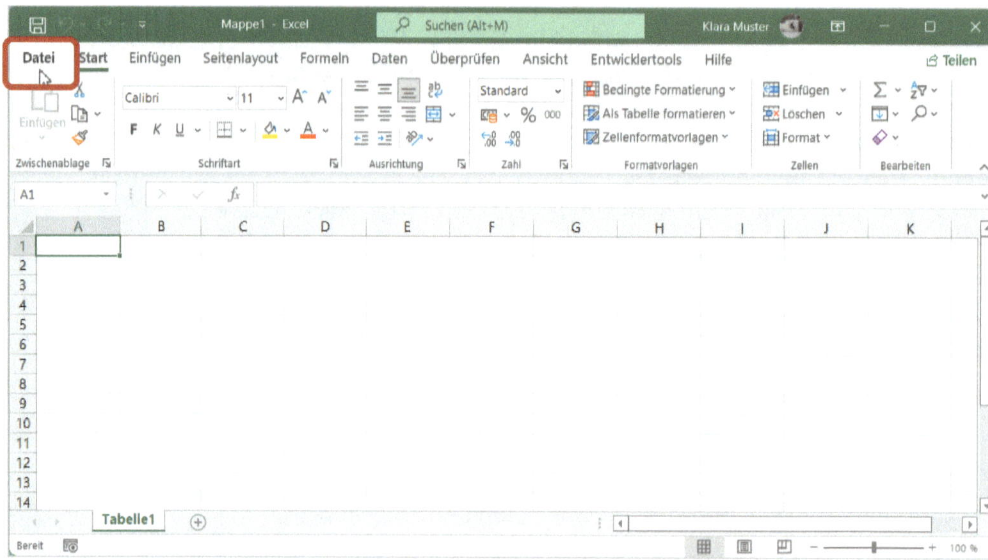

1.3 Beispiel: Einen Kalender mittels Vorlage erstellen

Eine Vorlage selbst erstellen und bereitstellen: siehe Kapitel 12.

Vorlagen lassen sich mit Vordrucken vergleichen, beispielsweise einem Rechnungsformular oder einem Reisekostenvordruck. Es handelt sich um fertig gestaltete Tabellen, die bereits alle benötigten Elemente, z. B. Texte, Formatierungen, Grafiken oder Formeln, enthalten. Sie brauchen nach Auswahl einer Vorlage nur noch die individuellen Daten eingeben und die Arbeitsmappe speichern.

Der Vorteil einer Vorlage besteht darin, dass diese durch Ihre Eingaben nicht verändert wird. Die Informationen der Vorlage und Ihre eingegebenen Daten werden zusammen in einer neuen Datei abgespeichert.

Vorlage auswählen

- Um zu den Vorlagen zu gelangen, klicken Sie auf der Startseite auf *Weitere Vorlagen*, siehe Bild 1.1 auf Seite 17.

- Klicken Sie auf eine Vorlage, so erhalten Sie eine vergrößerte Vorschau zusammen mit einer Beschreibung.
  - Entspricht die Vorlage nicht Ihren Vorstellungen, so navigieren Sie mittels der Pfeile ❶ zur nächsten oder vorherigen Vorlage.
  - Wenn Sie dagegen die ausgewählte Vorlage verwenden möchten, dann klicken Sie auf *Erstellen* ❷.

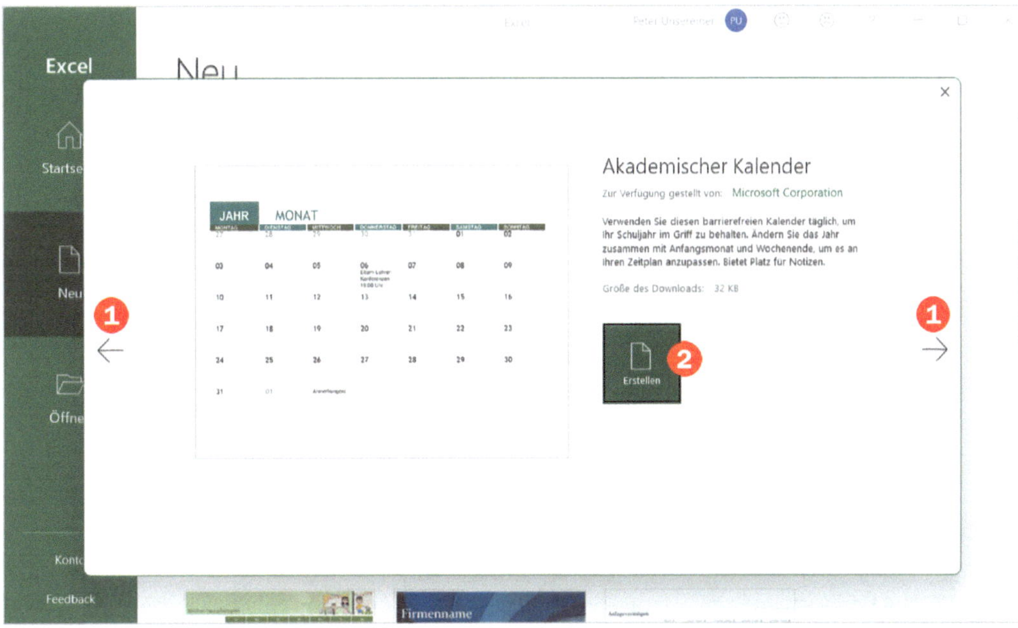

Bild 1.3 Vorlage auswählen

Weitere Vorlagen online suchen

Ist Ihr Computer mit dem Internet verbunden, stehen durch Eingabe eines Suchbegriffs im Feld *Nach Onlinevorlagen suchen* ❶ weitere Vorlagen zur Verfügung.

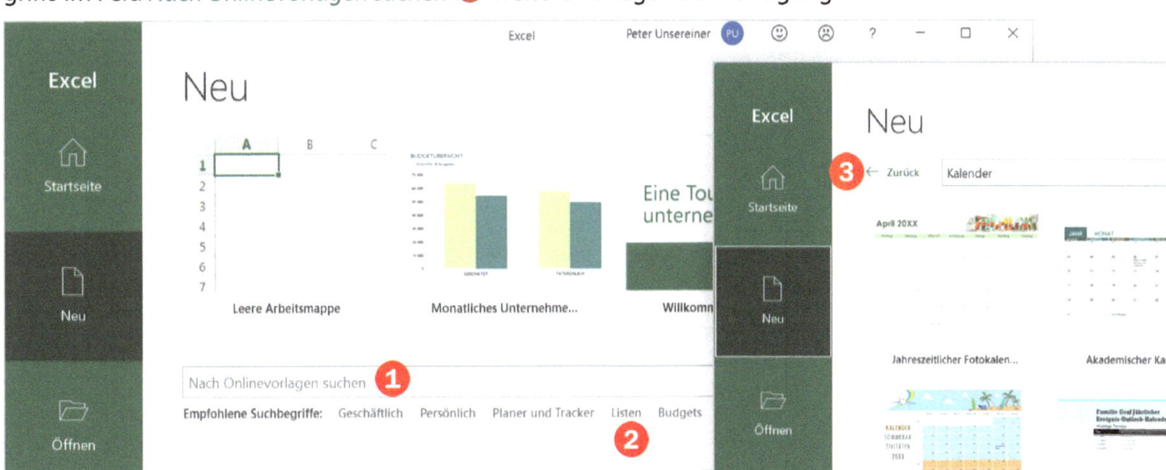

Bild 1.4 Onlinevorlagen suchen

Tippen Sie einen Begriff ein und drücken Sie dann die **Eingabetaste**. Alternativ wählen Sie unterhalb einen der empfohlenen Suchbegriffe ❷ aus. Je nach Suchbegriff kann es etwas dauern, bis Ergebnisse erscheinen. Falls nichts Passendes dabei ist, so klicken Sie auf *Zurück* ❸, um wieder zur allgemeinen Übersicht zurück zu kehren.

Kalender auswählen

Für das nachfolgende Beispiel geben Sie im Suchfeld den Suchbegriff *Kalender* ein und betätigen die **Eingabetaste**. Klicken Sie auf die Vorlage *Jahreszeitlicher Fotokalender* und auf *Erstellen*.

Bild 1.5 Beispiel: Onlinevorlagen Kalender

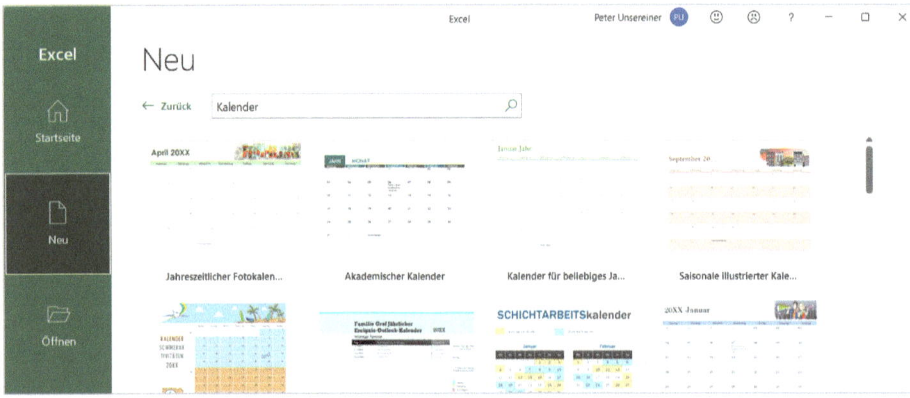

Falls dieser Kalender nicht verfügbar sein sollte, so wählen Sie einfach einen anderen Kalender, die Vorgehensweise beim anschließenden Ausfüllen unterscheidet sich nur wenig.

Vorlage am Bildschirm ausfüllen

Die Vorlage (siehe oben) erscheint zusammen mit der eigentlichen Arbeitsoberfläche von Excel. Die hier verwendete Kalendervorlage stellt Ihnen für jeden Monat einen Kalender zur Verfügung, den Sie mit Terminen füllen und ausdrucken können.

Bild 1.6 Die Vorlage Jahreszeitlicher Fotokalender

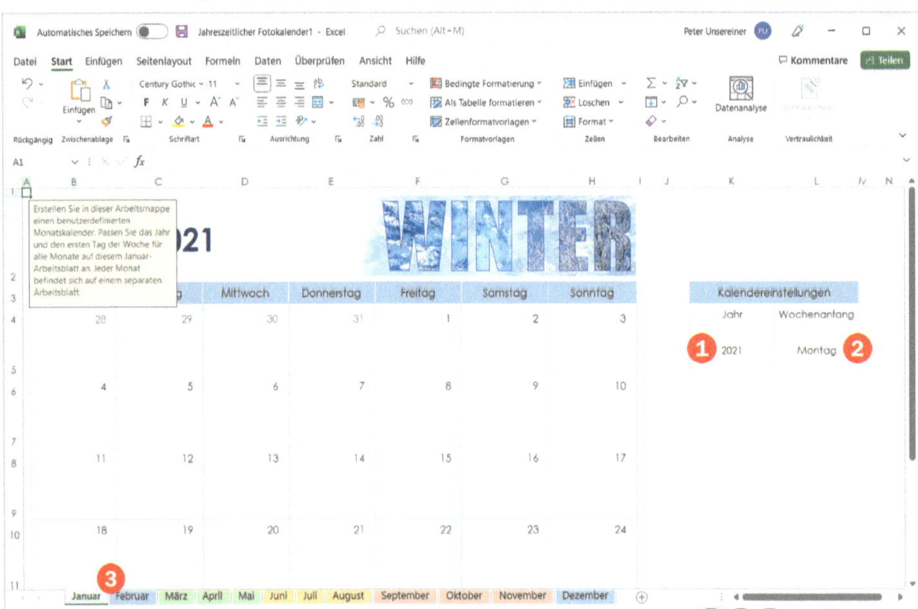

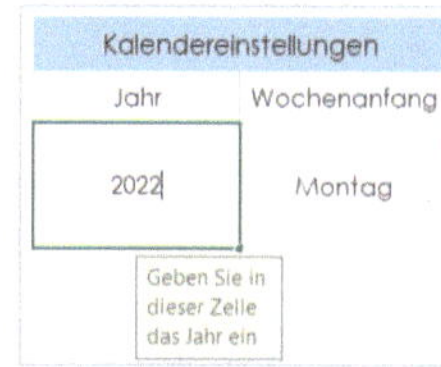

- Zunächst muss das Jahr für den Kalender angegeben werden. Klicken Sie dazu rechts neben dem Kalender in das Feld mit dem aktuellen Jahr ❶, geben das gewünschte Jahr als vierstellige Zahl ein und betätigen die Eingabetaste. Der Kalender wird danach automatisch angepasst. Dies geschieht aufgrund von Formeln, die im Kalender für die einzelnen Zahlen hinterlegt sind. Dazu mehr in den Kapiteln 7 und 8.

  Rechts daneben ❷ sollte als erster Tag der Woche bereits der Montag (europäische Konvention) stehen. Ist dies nicht der Fall oder möchten Sie einen Kalender erstellen, in dem die Woche mit einem Sonntag beginnt (USA), dann klicken Sie darauf und danach auf den kleinen Pfeil, der rechts vom Feld erscheint. Anschließend können Sie zwischen Sonntag und Montag wählen, s. Bild rechts.

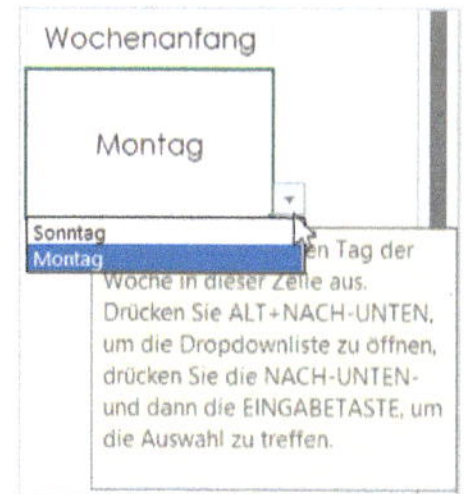

- Am unteren Rand des Fensters finden Sie das Blattregister ❸. Es enthält für jeden Monat ein gesondertes Tabellenblatt und durch Anklicken eines Monats wechseln Sie zwischen den einzelnen Tabellenblättern.

Nehmen wir als Beispiel an, Sie möchten am 5. April einen Geburtstag eintragen, so gehen Sie vor:

1 Klicken Sie im Blattregister den Monat April an.

2 Klicken Sie dann im Kalenderblatt beim 5. April in den freien Bereich unterhalb des Datums. Dieser erscheint umrandet, das Feld ist markiert. Geben Sie jetzt den Text über die Tastatur ein und schließen Sie mit der Eingabetaste ab.

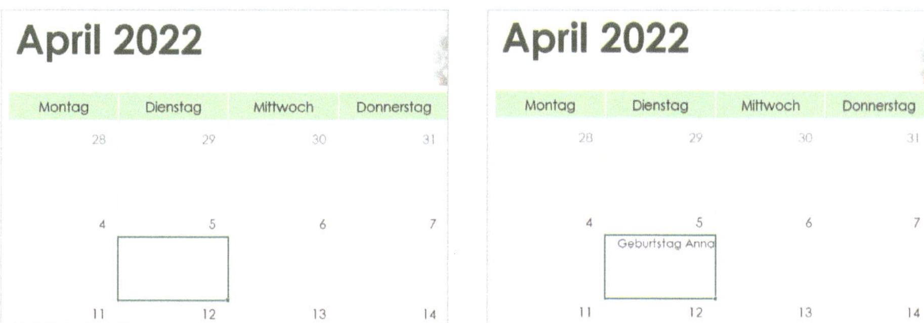

Bild 1.7 Beispiel Geburtstag eintragen

Hinweise

- Enthält ein Feld bereits Inhalte, dann werden diese durch eine Eingabe überschrieben. Achten Sie also darauf, keine für den Kalender notwendigen Informationen, z. B. die Wochentage oder das Datum, zu überschreiben. Ihre eigenen Einträge können Sie dagegen problemlos ersetzen.

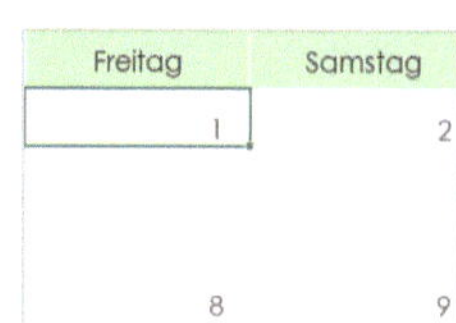

- Falls Sie einen Eintrag löschen möchten, so klicken Sie diesen an und betätigen die **Entf**-Taste. Auch hier gilt: Löschen Sie keine Tage und Wochentage!

- Der Zeilenumbruch innerhalb einer Zelle erfolgt automatisch. Möchten Sie an einer bestimmten Stelle eine neue Zeile beginnen, dann drücken Sie hier die Tastenkombination **Alt** + **Eingabetaste**.

Schnelle Hilfe zu verschiedenen Aufgaben

Sie möchten den Kalender drucken, speichern oder haben versehentlich etwas gelöscht? Kein Problem, Excel unterstützt Sie bei den verschiedenen Aufgaben und der Suche nach Befehlen. Das Suchfeld dazu finden Sie ganz oben in der Titelleiste des Excel-Fensters zusammen mit der dazugehörigen Tastenkombination (**Alt**+**M**).

Bild 1.8 Das Suchfeld

Zuletzt verwendete Aktionen erscheinen nur, wenn Sie auf diesem Weg schon einmal Befehle gesucht haben.

- **Befehl suchen und ausführen:** Beim Klick in das Feld erscheinen einige zuletzt verwendete und vorgeschlagene Aktionen ❶. Meist ist das Gesuchte nicht darunter, dann tippen Sie einfach ein Stichwort ein, z. B. „speichern" ❷, wenn Sie den Kalender speichern möchten. Excel schlägt bereits während der Eingabe passende *Aktionen* vor und Sie brauchen zum Ausführen nur auf den gewünschten Befehl klicken, z. B. *Speichern* oder *Speichern unter*.

  Einige Befehle weisen rechts einen Erweiterungspfeil auf ❸ und mit Klick darauf erhalten Sie verschiedene Auswahlmöglichkeiten, z. B. verschiedene Dateiformate, in denen Sie den Kalender speichern können.

- **Hilfe anzeigen:** Falls Sie keinen Befehl ausführen möchten, sondern Hilfe zur Vorgehensweise benötigen, dann klicken Sie auf *Weitere Suchergebnisse für* ❹.

Bild 1.9 Zuletzt verwendete und vorgeschlagene Aktionen

Bild 1.10 Vorschläge zur Suche nach Speichern

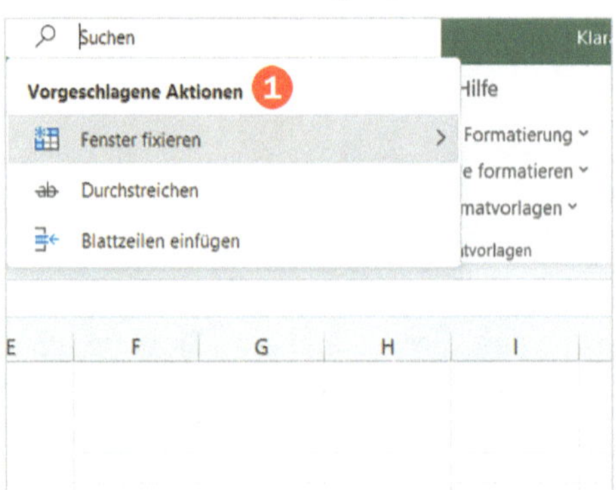

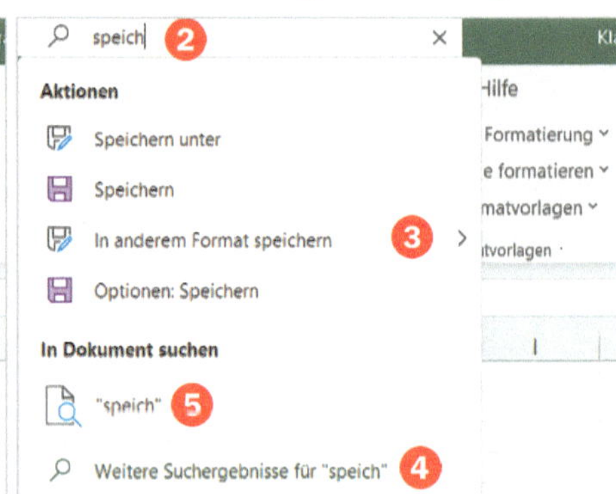

Tipp Kalenderblatt durchsuchen: Excel bietet im Abschnitt *Im Dokument suchen* ❺ auch das Durchsuchen des Kalenderblatts an, allerdings nur im aktuellen Blatt. Falls Sie beispielsweise nach dem Zahnarzttermin im Monat April suchen möchten, so klicken Sie zuerst im Blattregister auf diesen Monat und geben dann den Suchbegriff „zahnarzt" in das Suchfeld ein. Klicken Sie dann auf den Suchvorschlag. Anschließend wird im Kalender der erste passende Eintrag umrandet bzw. markiert. Gleichzeitig öffnet sich ein kleines Fenster, in dem Sie mit Klick auf die Schaltfläche *Weitersuchen* nach eventuell vorhandenen weiteren Zahnarztterminen suchen könnten. Andernfalls schließen Sie dieses Fenster einfach.

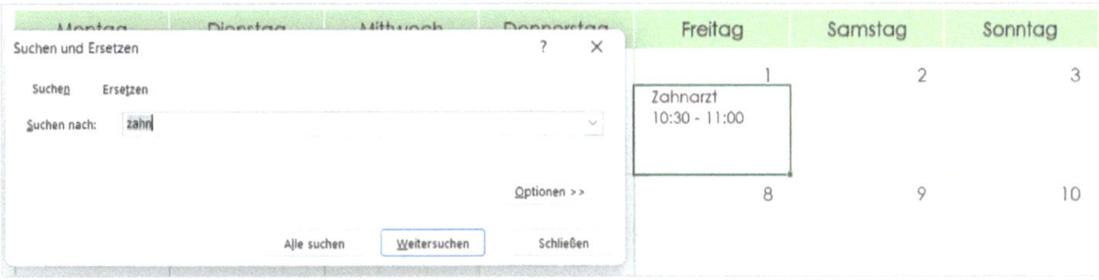

Bild 1.11 BeispielKalenderblatt durchsuchen

Kalenderblatt drucken

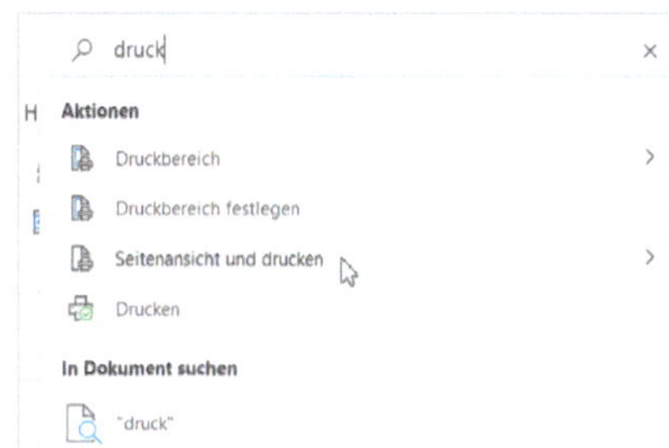

Um das aktuelle Kalenderblatt auszudrucken, klicken Sie in das Suchfeld und geben den Begriff „drucken“ ein. Klicken Sie anschließend auf *Seitenansicht und drucken*. Excel wechselt nun zur Druckansicht, siehe Bild unten.

- Wenn Sie das aktuelle Kalenderblatt in der Vorschau kontrollieren möchten, dann klicken Sie auf *Seitenansicht anzeigen* ❶.
- Mit Klick auf die Schaltfläche *Drucken* ❷ starten Sie den Druckvorgang.
- Wenn Sie ohne Drucken zur Bearbeitung der Arbeitsmappe zurückkehren möchten, dann klicken Sie entweder links oben auf den Pfeil ❸ oder betätigen auf der Tastatur die **Esc**-Taste.

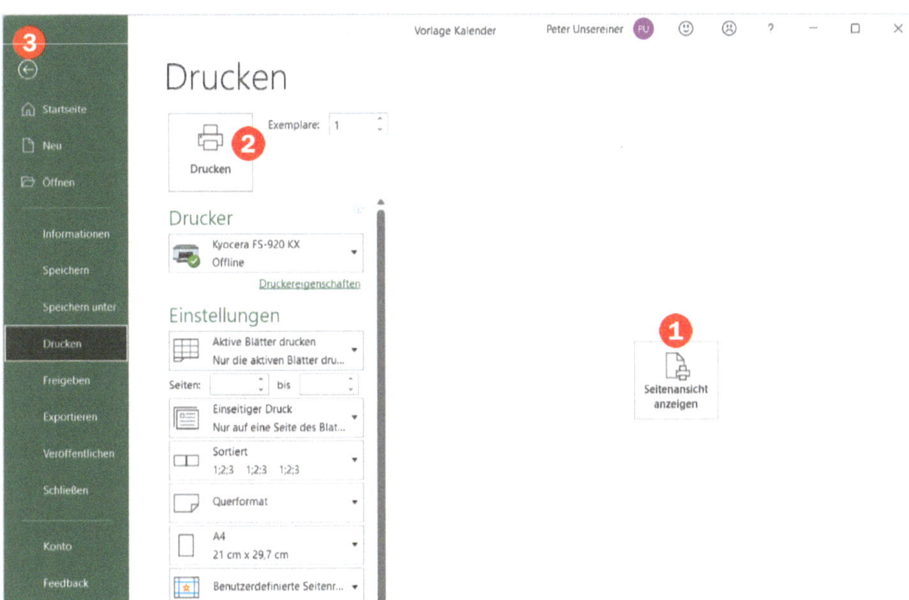

Bild 1.12 Kalenderblatt drucken

Den Kalender speichern

Was jetzt noch fehlt, ist das Speichern des Kalenders: Selbstverständlich könnten Sie auch diesen Befehl über das Suchfeld aufrufen. Schneller geht's über das entsprechende Symbol.

Bild 1.13 Kalender speichern

1 Klicken Sie links oben auf das Speichern-Symbol ❶.

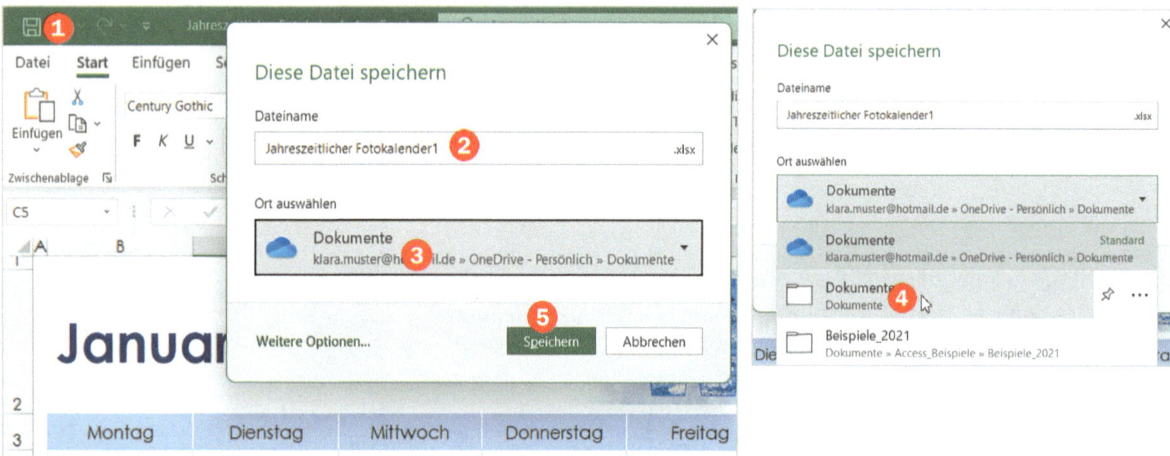

Achtung: Das *Speichern*-Symbol unterscheidet sich farblich je nach Excel-Edition!

Microsoft 365

Excel 2021

2 Es öffnet sich das Fenster *Diese Datei speichern*. Im Feld *Dateiname* ❷ wird bereits ein Dateiname vorgeschlagen, dieser ist allerdings meist wenig aussagekräftig. Überschreiben Sie daher den Vorschlag mit einem besseren Dateinamen, z. B. Kalender 2022.

3 Auch ein Speicherort wird im Feld *Ort auswählen* ❸ bereits vorgeschlagen. Falls Sie einen anderen Ort auswählen möchten, z. B. den Ordner *Dokumente* auf der Festplatte statt des Cloudspeichers OneDrive, wie im Bild oben, dann klicken Sie in das Feld und dann auf *Dokumente* ❹ (ohne das Symbol Wolke).

4 Klicken Sie zuletzt auf die Schaltfläche *Speichern* ❺.

Excel beenden

Um Excel zu beenden, genügt es, wenn Sie in der rechten oberen Ecke des Fensters auf das Symbol *Schließen* ❶ klicken. Alternativ könnten Sie auch auf *Datei* ❷ und anschließend in der linken Spalte auf *Schließen* klicken.

Wenn Sie nach dem letzten Speichern noch Änderungen am Inhalt vorgenommen haben, dann erscheint vor dem Beenden eine Rückfrage, ob Änderungen gespeichert werden sollen ❸.

- Klicken Sie auf *Speichern*, wenn Sie Ihre letzten Änderungen speichern und Excel beenden möchten.

- *Nicht speichern* bedeutet, Änderungen werden nicht gespeichert, Excel wird aber trotzdem beendet.
- Klicken Sie dagegen auf *Abbrechen*, so passiert überhaupt nichts; Änderungen werden nicht gespeichert und Excel wird nicht beendet.

Bild 1.14 Excelbeendenund Änderungen speichern

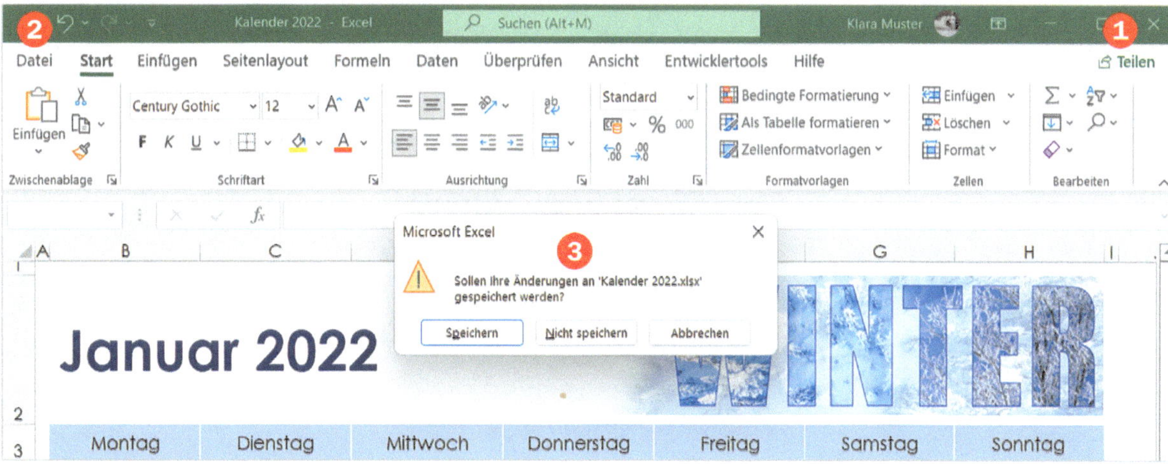

1.4 Eine persönliche Telefonliste eingeben

Mit einer leeren Tabelle beginnen

Als nächstes Beispiel erstellen wir eine kleine Telefonliste. Dazu verwenden wir keine Vorlage, sondern geben die Liste einfach in eine leere Tabelle ein.

1 Wenn Sie ohne Vorlage Daten in eine Tabelle eingeben möchten, dann klicken Sie nach dem Start von Excel auf *Leere Arbeitsmappe*.

Bild 1.15 Klicken Sie auf Leere Arbeitsmappe

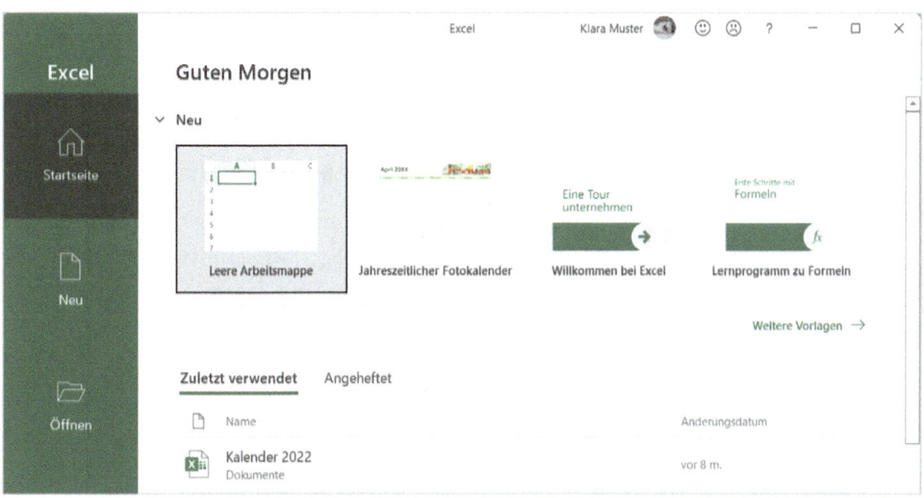

2 Excel erstellt daraufhin eine Arbeitsmappe mit einem leeren Tabellenblatt ❶. Zur besseren Orientierung sind die Tabellenlinien am Bildschirm sichtbar, werden jedoch nicht gedruckt. Die erste Zelle der Tabelle links oben ❷ ist markiert, am Rahmen leicht zu erkennen, und der Mauszeiger erscheint als weißes Kreuz.

Bild 1.16 Das leere Tabellenblatt mit Gitternetzlinien zur besseren Orientierung

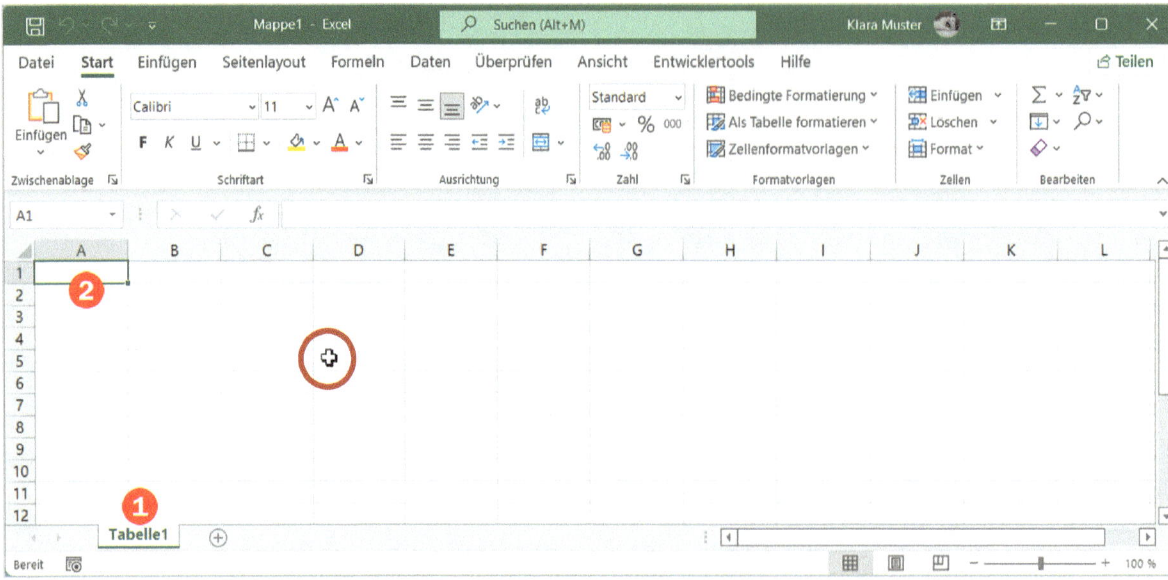

3 Tippen Sie nun über die Tastatur die Überschrift Telefonliste ein und schließen Sie die Eingabe mit der **Eingabetaste** (**Enter**) ab.

4 Excel markiert nun die darunterliegende Zelle (siehe rechtes Bild).

Bild 1.17 Überschrift in die markierte Zelle eingeben

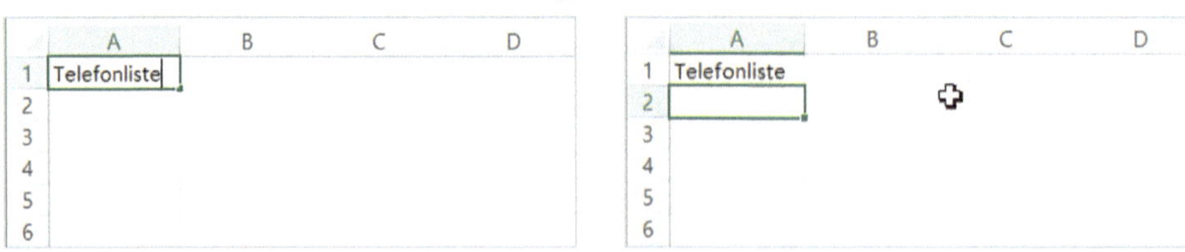

5 Da die eigentliche Telefonliste erst weiter unten beginnen soll, klicken Sie vor der nächsten Eingabe mit der Maus auf die gewünschte Zelle in der ersten Spalte, wie im Bild unten. Jetzt ist diese Zelle mit einem Markierungsrahmen versehen.

6 Tippen Sie hier den ersten Nachnamen ein und betätigen Sie dann die **Tab-Taste**. Jetzt erhält die Zelle rechts daneben den Markierungsrahmen. Geben Sie hier den Vornamen ein und betätigen Sie wieder die Tab-Taste. In die dritte Spalte geben Sie nun die Telefonnummer ein (siehe Bild rechts).

Bild 1.18 Geben Sie Nachname, Vorname und Telefonnummer jeweils in eine eigene Zelle ein

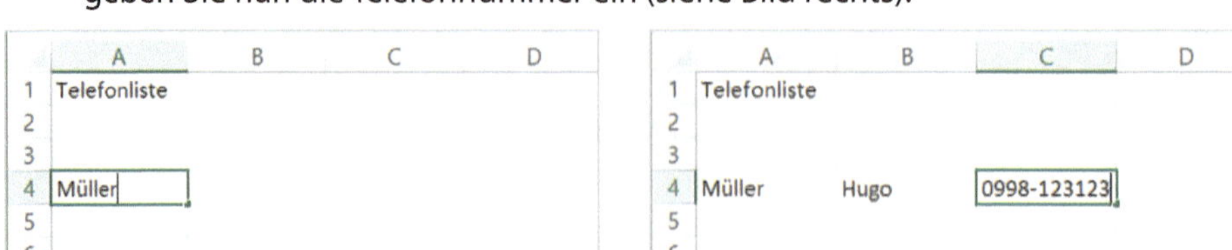

7 Klicken Sie dann in der Zelle unterhalb des Nachnamens auf die erste Spalte und wiederholen Sie Schritt 6 zur Eingabe der zweiten Telefonnummer.

Name zu lang für die Zelle?

Manche Namen umfassen mehr Zeichen, als auf den ersten Blick in der Zelle Platz finden. Dies ist kein Grund, den Inhalt auf zwei Spalten zu verteilen, sondern Sie verbreitern einfach die Spalte. Nachdem Sie den Vornamen eingetippt haben, erscheint der Nachname zunächst abgeschnitten, wie im Bild unten links.

1 Zeigen Sie mit der Maus oberhalb der Tabelle auf die **rechte** Begrenzungslinie der ersten Spalte A. Als Mauszeiger erscheint ein waagrechter Doppelpfeil.

2 Nun ziehen Sie mit gedrückter Maustaste die Linie nach rechts, bis der vollständige Name wieder sichtbar ist.

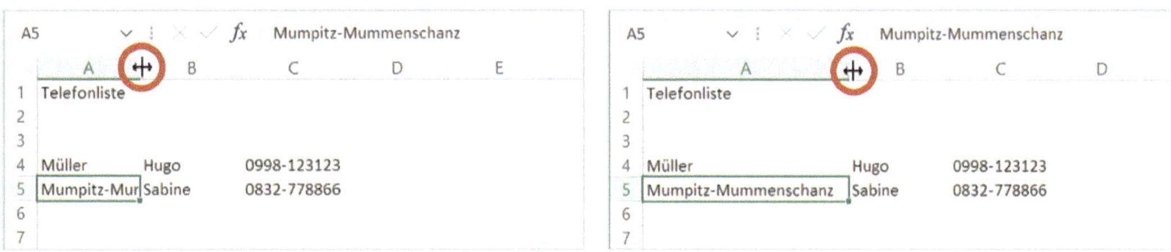

Bild 1.19 Spalte mit der Maus verbreitern

Die übrigen Spalten können Sie mit dieser Methode ebenfalls nach Belieben verbreitern. Zuletzt erhalten die Spalten noch je eine Überschrift. Tragen Sie als Überschrift für die einzelnen Spalten *Nachname*, *Vorname* und *Telefon* ein.

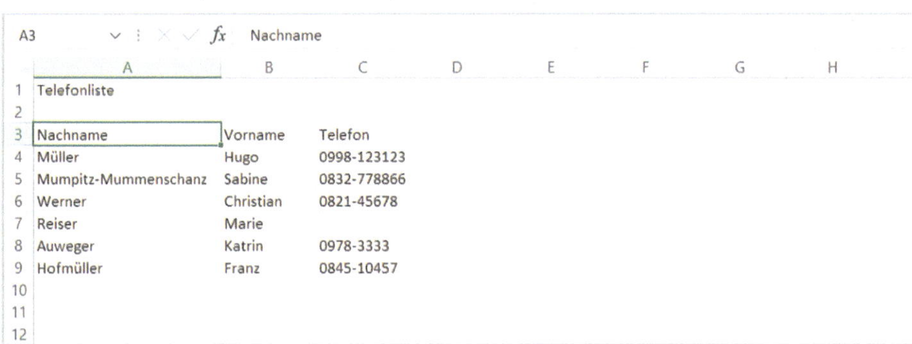

Bild 1.20 Die Telefonliste

Die Tabelle mit Farben und Linien verschönern

1 Jetzt kommt die optische Gestaltung der Tabelle an die Reihe. Klicken Sie innerhalb des beschrifteten Bereichs der Telefonliste auf eine beliebige Zelle ❶ und oben im Menüband auf das Register *Start* ❷. Klicken Sie hier auf *Als Tabelle formatieren* ❸ und klicken Sie auf eine Vorlage ❹.

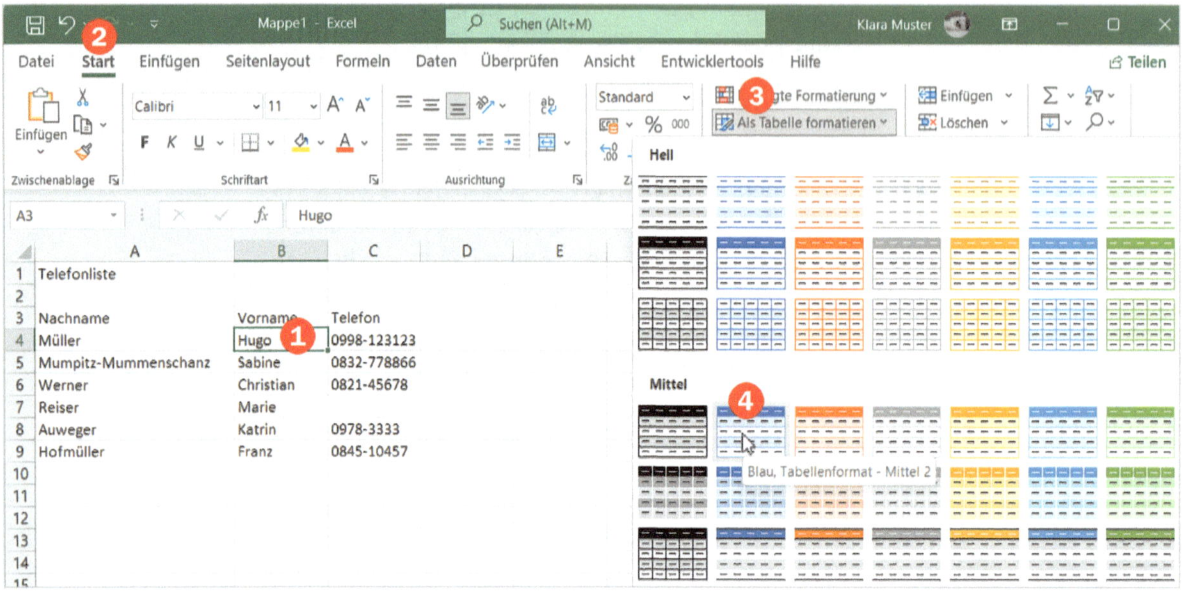

Bild 1.21 Die Tabelle gestalten

2 Anschließend öffnet sich ein kleines Fenster mit der Frage *Wo sind die Daten für die Tabelle?*. Kontrollieren Sie Ihre Tabelle: Wenn diese von einem gestrichelten Rahmen umgeben ist ❺, wie im Bild, dann hat Excel die Tabelle richtig erkannt.

3 Kontrollieren Sie ebenfalls, ob bei *Tabelle hat Überschriften* das Kästchen mit einem Häkchen ❻ versehen ist. Bestätigen Sie dann mit *OK*.

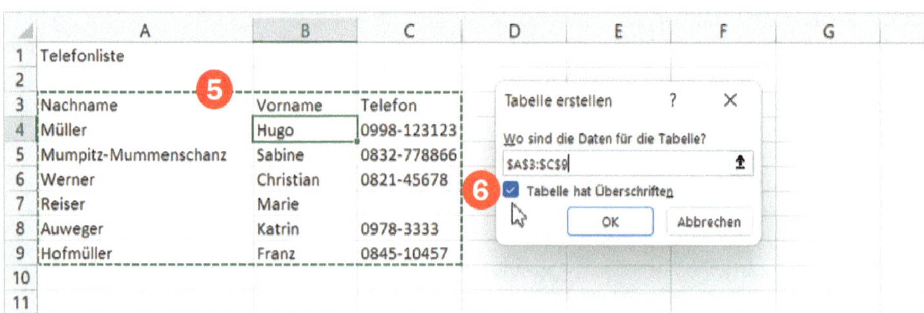

Bild 1.22 Kontrollieren Sie, ob der Tabellenbereich richtig erkannt wurde

Sie können der Liste jederzeit weitere Telefonnummern hinzufügen. Das Aussehen wlrd automatlsch In dle neuen Zellen übernommen, dles gllt auch bel abwechselnden Zeilenfarben.

Vorlage nachträglich ändern

Falls Ihnen die gewählte Vorlage nachträglich nicht mehr gefällt, klicken Sie einfach erneut in die Telefonliste und oben auf das Register *Start*. Klicken Sie hier erneut auf *Als Tabelle formatieren* und danach auf die gewünschte Vorlage.

Tipp: Nachdem der Tabellenbereich jetzt bereits feststeht, sehen Sie bereits beim Zeigen auf eine Vorlage in Ihrer Telefonliste eine Vorschau.

2 Die Programmoberfläche

In diesem Kapitel lernen Sie...

- die Programmoberfläche und die Möglichkeiten der Befehlseingabe
- Ansichten und Anzeigeeinstellungen
- wie Sie Excel an Ihre Bedürfnisse anpassen

Das sollten Sie bereits wissen

- grundsätzlicher Umgang mit dem PC
- Bedienung mit Maus oder Touchpad
- Text über die Tastatur eingeben und löschen

2.1 Die Elemente des Excel-Fensters auf einen Blick

Im vorherigen Kapitel haben Sie eine Excel-Tabelle mittels einer Vorlage gestaltet und eine persönliche Telefonliste erstellt. Nun geht es darum, sich mit den einzelnen Bestandteilen von Excel vertraut zu machen. Dazu wählen Sie am besten nach dem Start von Excel *Leere Arbeitsmappe*.

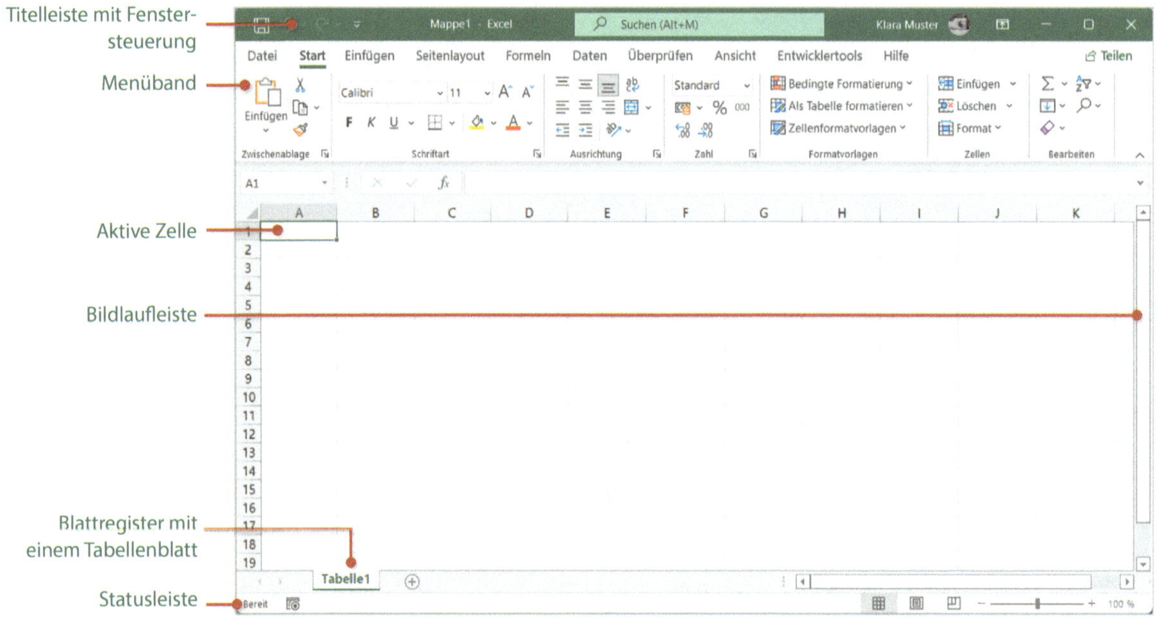

Arbeitsmappe

Excel-Dateien werden auch als Arbeitsmappen bezeichnet. Eine Arbeitsmappe enthält standardmäßig ein **Tabellenblatt** mit dem Namen *Tabelle 1*. Weitere Tabellenblätter können hinzugefügt werden, so dass in der Regel eine Arbeitsmappe eine Zusammenstellung mehrerer Tabellenblätter enthält, die in einer einzigen Datei unter einem gemeinsamen Dateinamen gespeichert werden. So sind zusammengehörige Daten schnell verfügbar.

Aufbau der Tabellenblätter

Alle Tabellenblätter verfügen über eine einheitliche Tabellenstruktur mit 1.048.576 Zeilen und 16.384 Spalten. Am linken Rand des Tabellenblattes befindet sich die fortlaufende **Zeilennummerierung** von 1 bis 1.048.576. Die **Spalten** sind von links nach rechts mit den Buchstaben A bis Z nummeriert, danach wird die Nummerierung fortgesetzt mit AA, AB, bis zur Spalte XFD.

Das aktuelle Tabellenblatt zeigt nur einen Ausschnitt der gesamten Tabelle an. Der sichtbare Bereich ist abhängig von der Größe des Excel-Fensters, Größe und Auflösung Ihres Bildschirms, von der Breite und Höhe der Zellen sowie vom eingestellten Zoomfaktor (Zoom, siehe Seite 44).

Zelle

Die kleinste Einheit einer Tabelle ist die Zelle. Jede Zelle verfügt über eine eindeutige **Adresse**, diese setzt sich zusammen aus Spalten- und Zeilennummer. Die Adresse der ersten Zelle eines Arbeitsblattes lautet also A1. Mindestens eine Zelle ist immer markiert, Sie erkennen dies an der Umrandung der Zelle oder des Zellbereichs. Zum Markieren einer Zelle klicken Sie entweder mit der Maus auf die Zelle oder verwenden die Pfeiltasten der Tastatur. Diese markierte Zelle wird als **aktive Zelle** ❶ bezeichnet und hier erscheinen auch über die Tastatur eingegebene Zeichen.

Bild 2.1 Aktive Zelle und Bearbeitungsleiste

Bearbeitungsleiste

Oberhalb der Tabelle befindet sich die **Bearbeitungsleiste** ❷ mit dem **Namenfeld** ❸. In der Bearbeitungsleiste sehen Sie den Inhalt der markierten Zelle; das Namenfeld enthält die Zelladresse der markierten Zelle. Die Bearbeitungsleiste kann ebenfalls zur Dateneingabe oder -korrektur verwendet werden, auch bei Formeln ist sie nützlich.

Blattregister

Das Blattregister ❹ am unteren Bildschirmrand dient der Auswahl der Tabellenblätter. Klicken Sie einfach auf den Namen der gewünschten Tabelle. Mit Klick auf das +-Symbol ❺ fügen Sie schnell ein weiteres leeres Tabellenblatt hinzu.

Bild 2.2 Das Blattregister

Bildlaufleisten

Die Bildlaufleisten am rechten und unteren Rand des Fensters verwenden Sie, um in der Tabelle den sichtbaren Bildschirmausschnitt zu verschieben. Alternativ können Sie dazu auch das Rad der Maus verwenden (Scrollen).

Statusleiste

Am unteren Rand des Fensters befindet sich die Statusleiste. Sie zeigt den aktuellen Arbeitsstatus an und erlaubt schnelles Zoomen der Bildschirmansicht, sowie Wechseln zwischen verschiedenen Ansichten.

Bild 2.3 Die Statusleiste

Menüband mit Registern

Das Menüband oberhalb des Tabellenblatts enthält, aufgeteilt in Registerkarten (engl. ribbons), alle Befehle, die Sie in Excel brauchen. Es kann vollständig sichtbar oder bis auf die Namen bzw. Reiter ausgeblendet sein. Die Auswahl eines Registers erfolgt durch Anklicken des Reiters, z. B. *Start*.

Das Register Datei

Unter den Registern im Menüband nimmt das Register *Datei* eine Sonderstellung ein. Es erscheint statt des Tabellenblatts und füllt das gesamte Excel-Fenster aus. Hier arbeiten Sie nicht in, sondern mit der Arbeitsmappe, daher wird das Register *Datei* auch als Backstage-Ansicht (deutsch: hinter der Bühne) bezeichnet. Sie finden im Register *Datei* alle Befehle zum Erstellen, Speichern, Öffnen und Drucken von Arbeitsmappen, sowie Informationen und Einstellungen zur aktuellen Arbeitsmappe. Darüber hinaus legen Sie hier auch Einstellungen für die gesamte Excel-Anwendung fest.

Details zum Speichern und Öffnen finden Sie in Kapitel 3 dieses Buches.

Die Leiste links dient zur Navigation zwischen den einzelnen Aufgaben, z. B. *Startseite* ❶, *Neu*, *Öffnen*, *Speichern* oder *Konto*. Klicken Sie auf eine Aufgabe, z. B. *Speichern*, so erhalten Sie rechts die dazugehörigen Befehle. Mit Klick auf den Pfeil ❷ oder Drücken der **Esc**-Taste kehren Sie wieder zum Tabellenblatt zurück.

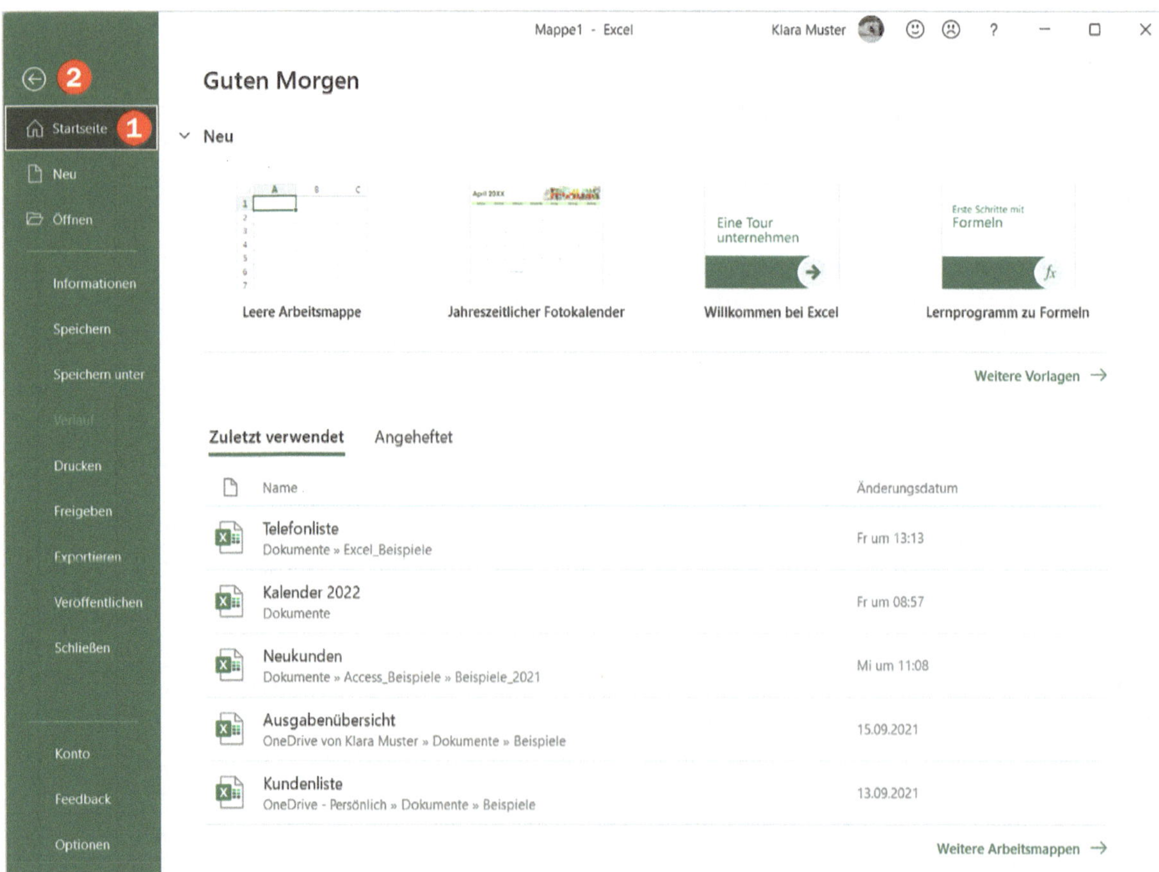

Bild 2.4 Das Register Datei mit der Startseite

2.2 Möglichkeiten der Befehlseingabe

Schaltflächen und Symbole im Menüband

Das Menüband (engl. ribbon) fasst grundlegende Aufgabenstellungen in Registerkarten zusammen. So finden Sie im Register *Start* die am häufigsten benötigten Befehle, unter anderem die Schaltflächen zur Formatierung von Text und Zahlen. Das Register *Einfügen* enthält Schaltflächen zum Einfügen von Bildern, Diagrammen, Symbolen, etc. und im Register *Ansicht* steuern Sie z. B. die Bildschirmanzeige.

- Zur Anzeige der Inhalte einer Registerkarte klicken Sie einfach auf den Namen, bzw. den Reiter des Registers. Der Name des aktuellen Registers ist fett und unterstrichen hervorgehoben, im Bild unten das Register *Start*.
- Wenn Sie mit dem Mauszeiger auf das Menüband zeigen, können Sie auch mit dem Mausrad durch die Register wechseln.

Bild 2.5 Das Menüband

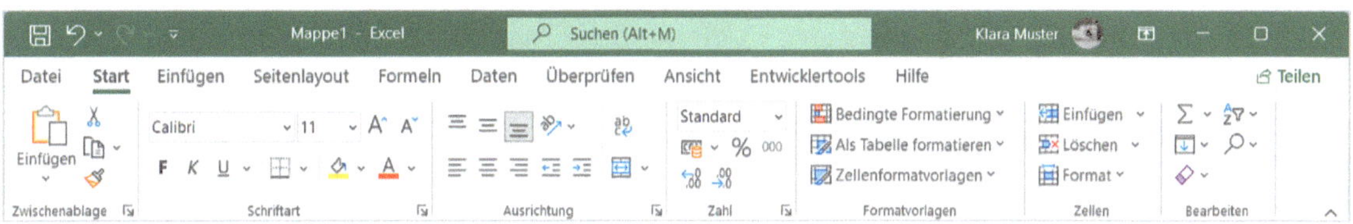

Menüband minimieren/vollständig anzeigen

Das Menüband kann verkleinert bzw. bis auf die Reiter ausgeblendet werden.

- **Menüband ausblenden**
  Doppelklicken Sie auf den Namen des aktuellen Registers, oder Rechtsklick in das Menüband und Befehl *Menüband reduzieren*.

Bild 2.6 Nur Registerkarten anzeigen

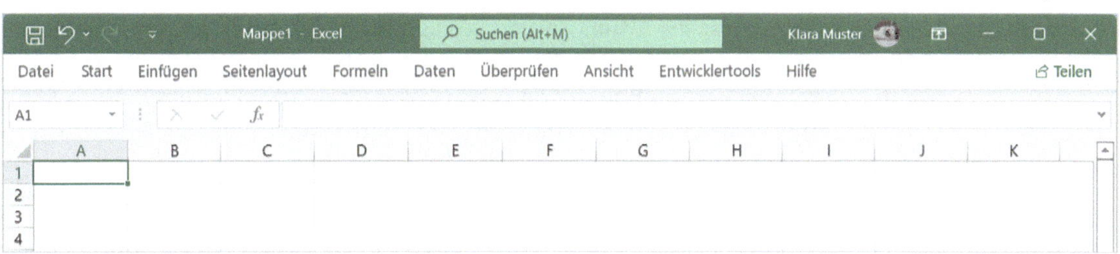

- **Menüband wieder anzeigen**
  Doppelklicken Sie auf den Namen eines beliebigen Registers, oder Rechtsklick auf einen Reiter und die Einstellung *Menüband reduzieren* (Häkchen) durch nochmaliges Anklicken aufheben.

Menüband-Anzeigeoptionen

Alternativ benutzen Sie das Symbol *Menüband-Anzeigeoptionen* rechts im Fenstertitel (s. Bild auf der nächsten Seite). *Tabs anzeigen* bedeutet, nur die Registerkarten sind sichtbar, *Registerkarten und Befehle* zeigt das Menüband vollständig an. Die Option *Menüband automatisch ausblenden* zeigt das Excel-Fenster im Vollbildmodus (maximiert) an und blendet Menüband und alle übrigen Bedienelemente vollständig aus. Dann erscheint das Menüband erst, wenn Sie rechts oben auf die drei Punkte klicken.

Bild 2.7 Menüband-Anzeigeoptionen

Bild 2.8 Menüband automatisch ausblenden

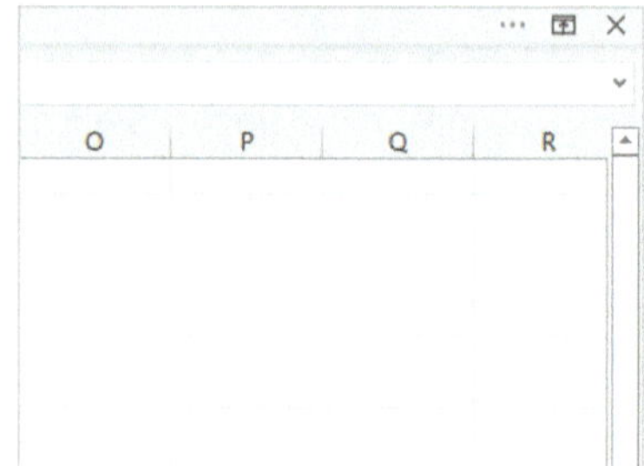

So finden Sie sich im Menüband zurecht

Innerhalb der Register sind die Befehle bzw. Symbole in Gruppen angeordnet. So finden Sie z. B. im Register *Start* die Gruppe *Schriftart* zur Zeichenformatierung und die Gruppe *Zahl* zur Formatierung von Zahlen.

Bild 2.9 Beispiel: Register Start, Gruppen Schriftart, Ausrichtung und Zahl

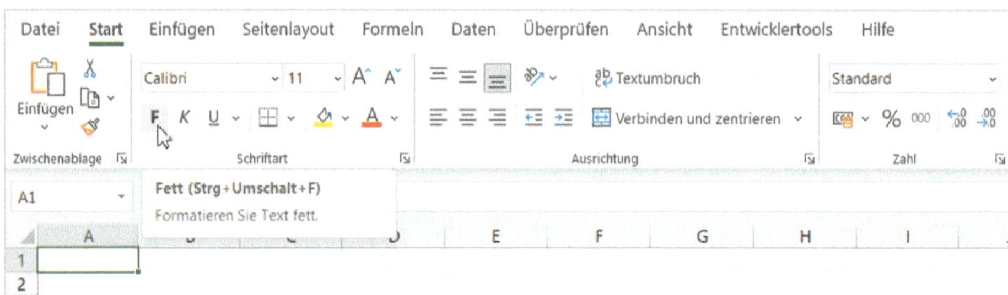

Innerhalb der Gruppen passen sich Größe und Beschriftung der Symbole automatisch an die Größe des Excel-Fensters an und können so ihr Aussehen ändern. Möglicherweise sehen Sie auch anstelle der Symbole nur den Namen der Gruppe. Dann klicken Sie zum Anzeigen der Symbole auf den nach unten weisenden Pfeil (Dropdown-Pfeil). Hier als Beispiel die Symbole der Gruppen *Zellen* und *Bearbeiten* (Register *Start*).

Bild 2.10 Die Darstellung der Symbole hängt vom verfügbaren Platz ab

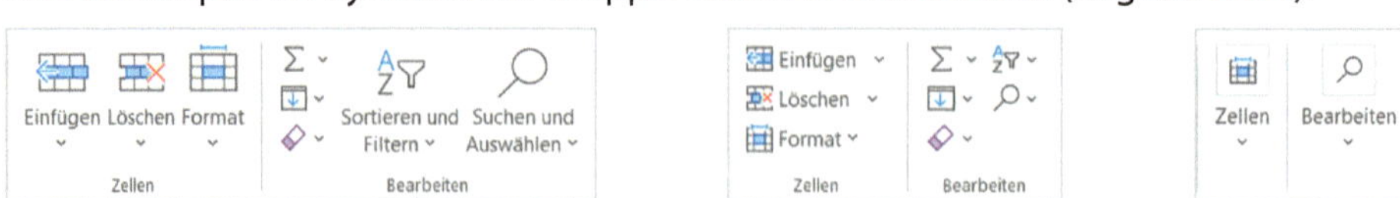

Symbole bzw. Schaltflächen

- Eine Kurzinfo zu einem Symbol einschließlich der entsprechenden Tastenkombination erhalten Sie, wenn Sie mit der Maus darauf zeigen.
- Einige Symbole bzw. Schaltflächen sind mit einem Dropdown-Pfeil versehen und ein Mausklick darauf öffnet eine Liste mit Auswahlmöglichkeiten.

- Beachten Sie, dass manche Schaltflächen auch zweigeteilt sind. Ein Mausklick auf das Symbol der Schaltfläche liefert die Standardeinstellung bzw. die zuletzt gewählte Option. Ein Mausklick auf den dazugehörigen Dropdown-Pfeil öffnet dagegen eine Auswahlliste. Als Beispiel im Bild unten die Schaltfläche *Füllfarbe*: Ein Klick direkt auf das Symbol versieht die markierte Zelle mit der angezeigten Hintergrundfarbe, hier Gelb. Ein Klick auf den Dropdown-Pfeil öffnet dagegen eine Palette verschiedener Farben.

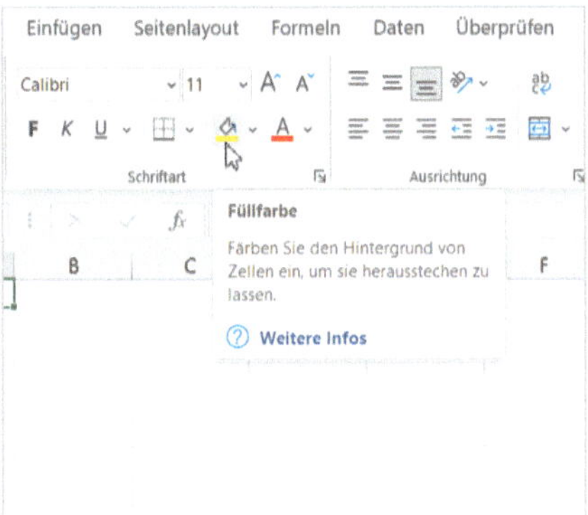

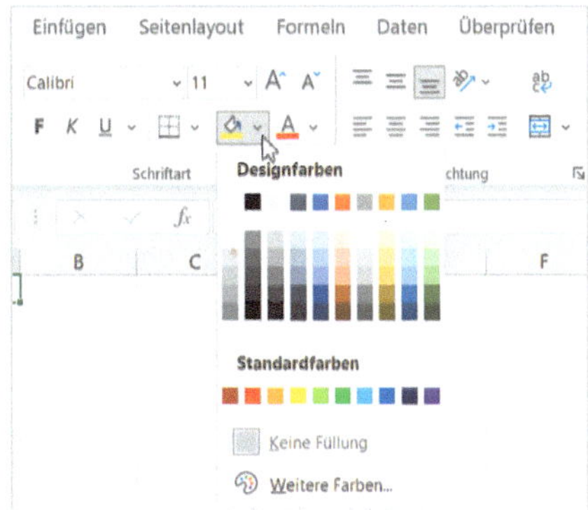

Bild 2.11 Beispiel Dropdown-Pfeil

Befehle in einem Dialogfenster anzeigen

Manche Gruppen, z. B. *Schriftart* und *Zahl*, weisen in der rechten unteren Ecke ein Pfeilsymbol auf. Ein Klick auf diesen Pfeil öffnet ein Dialogfenster, das alle Befehle der Gruppe zusammenfasst. Dieses leistet gute Dienste, wenn Sie aus einer Gruppe nacheinander gleich mehrere Befehle benötigen, zudem finden Sie hier auch Befehle, die das Menüband nicht anbietet. Im Bild unten als Beispiel das Dialogfenster *Zellen formatieren*, das sich mit Klick auf den Pfeil der Gruppe *Schriftart* öffnet. Auch Dialogfenster sind zur besseren Übersicht in Register aufgeteilt.

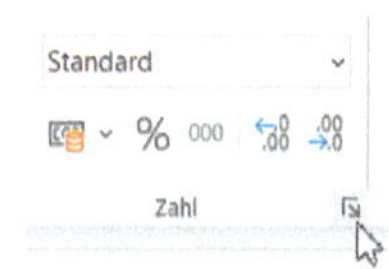

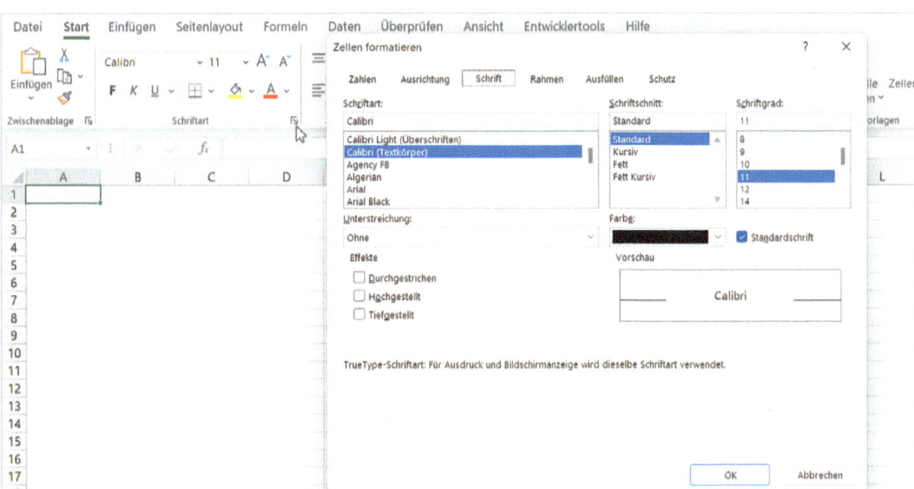

Bild 2.12 Dialogfenster Zellen formatieren

Tipp: Auch einige Befehle aus dem Kontextmenü, z. B. Zellen formatieren... (Rechtsklick, siehe weiter unten), öffnen Dialogfenster.

Kontextbezogene Register

Neben den Standardregistern verfügt das Menüband noch über weitere, allerdings kontextbezogene Register. Diese erscheinen nur, wenn Sie ein entsprechendes Element, beispielsweise eine Grafik, markiert haben, und enthalten elementspezifische Schaltflächen. Kontextbezogene Register erscheinen rechts vom letzten Standardregister und verschwinden automatisch, wenn das Element nicht mehr markiert ist. Im Bild unten als Beispiel das Register *Grafikformat*.

Bild 2.13 Das kontextbezogene Register Grafikformat

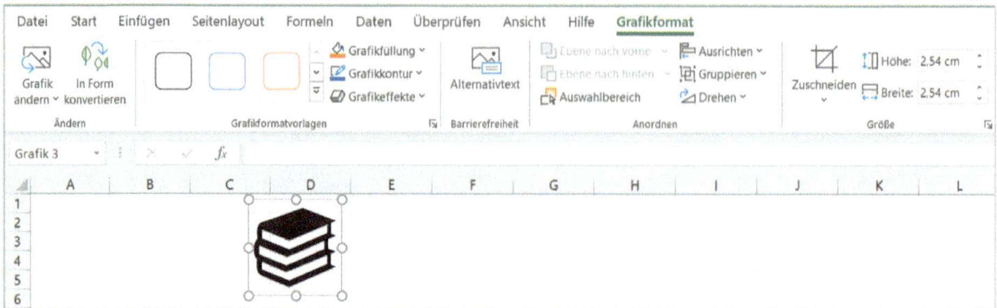

Register und Befehle über Tasten aufrufen

Die Register und Befehle im Menüband können nicht nur mit der Maus, sondern auch über die Tastatur aufgerufen werden. Dazu gehen Sie wie folgt vor:

1. Drücken Sie die **Alt**-Taste. Das Menüband zeigt nun die Tasten an, über die Sie die Register aufrufen, z. B. **F** für das Register *Ansicht*.

Bild 2.14 Registerkarten mit Tasten aufrufen

2. Nach dem Drücken einer Taste, z. B. **R** für das Register *Start*, erscheinen die Tasten zu den Schaltflächen der aufgerufenen Registerkarte. Drücken Sie beispielsweise die **1**, um den Inhalt der markierten Zelle fett darzustellen. Mit dem Aufruf eines Befehls oder nach Drücken der **Esc**-Taste verschwindet die Tastenanzeige wieder.

Bild 2.15 Befehle der aufgerufenen Registerkarte

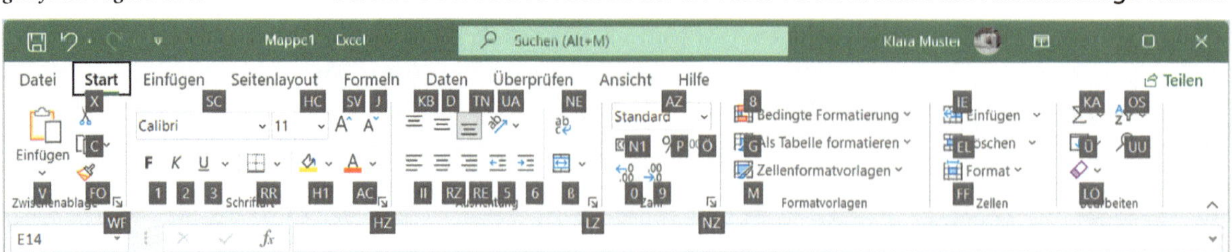

Kontextmenü und Minisymbolleiste

Als schnelle Alternative zum Menüband bietet sich das Kontextmenü ❶ an. Es erscheint, wenn Sie eine Zelle, hier B3, oder den markierten Zellbereich mit der **rechten** Maustaste anklicken. Alle hier aufgeführten Befehle beziehen sich ausschließlich auf den angeklickten Bereich. Gleichzeitig mit dem Kontextmenü wird oberhalb eine Minisymbolleiste ❷ mit den wichtigsten Formatierungsmöglichkeiten sichtbar, wie im Bild rechts.

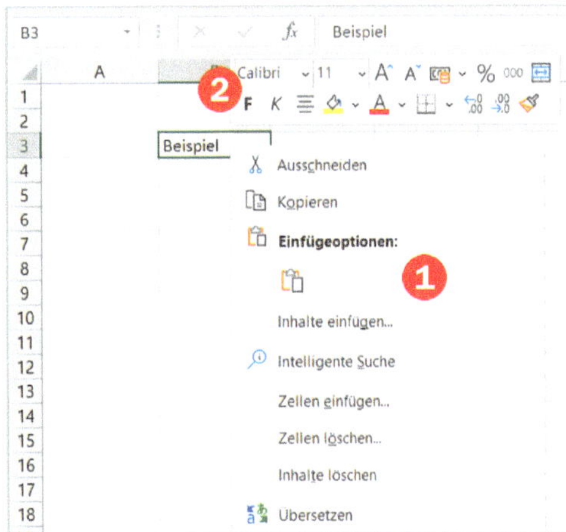

Bild 2.16 Minisymbolleiste und Kontextmenü (Ausschnitt)

Tipp: Häufig ist das Kontextmenü der schnellste Weg, um einen bestimmten Befehl zu finden.

Falls die Minisymbolleiste nicht sichtbar sein sollte, dann können Sie diese in den Excel-Optionen ein- oder auch ausschalten. Näheres hierzu finden Sie auf Seite 56.

Symbole und Optionen im Arbeitsblatt

Unmittelbar nach bestimmten Aktionen, z. B. Markieren eines nicht leeren Zellbereichs oder Einfügen aus der Zwischenablage, erscheinen im Tabellenblatt an dieser Stelle kleine Symbole bzw. Schaltflächen. Klicken Sie auf das Symbol, so öffnet sich ein Menü mit verschiedenen aktionsbezogenen Optionen, die in vielen Fällen gute Dienste leisten. Näheres zu den Optionen erfahren Sie in den entsprechenden Kapiteln im Buch.

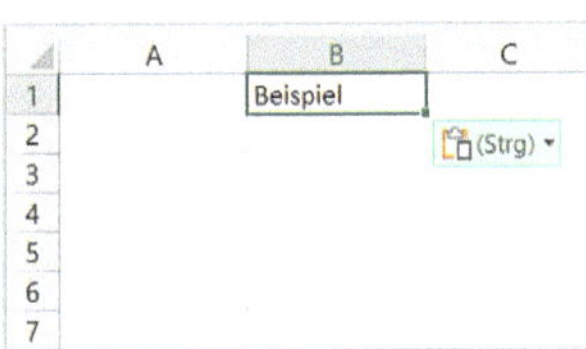

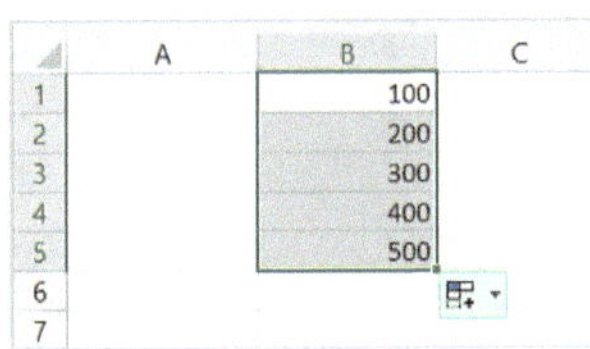

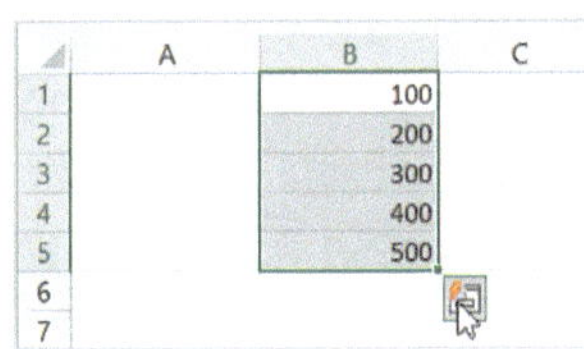

Bild 2.17 Einfügeoptionen

Bild 2.18 AutoAusfülloptionen

Bild 2.19 Schnellanalyse

Die Schnellanalyse

Beim Markieren eines nicht leeren Zellbereichs erscheint an der rechten unteren Ecke der Markierung das Symbol *Schnellanalyse*. Ein Klick darauf öffnet eine Auswahl verschiedener, häufig verwendeter Auswertungen.

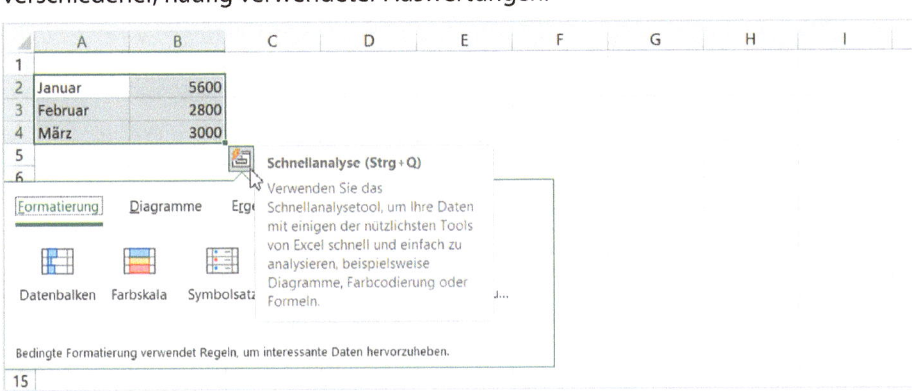

Bild 2.20 Die Schnellanalyse

Aufgeteilt in Register können Sie z. B. schnell Diagramme erstellen, Ergebnisse berechnen oder schnelle Formatierungen vornehmen wie im Bild oben. In der Tabelle unten eine Übersicht, nähere Beschreibungen finden Sie in den einzelnen Kapiteln.

Register	enthält ...	siehe Kapitel ...
Formatierung	Auswahl bedingter Formatierungen	6.5
Diagramme	Bietet die wichtigsten Diagrammtypen an	11
Ergebnisse	Häufig benötigte Funktionen werden hier zur Verfügung gestellt	9.1
Tabellen	Bereich als Tabelle formatieren	10.4
Sparklines	Minidiagramme erstellen	11.6

Falls Sie die Schnellanalyse nicht nutzen möchten, so ignorieren Sie das Symbol einfach oder blenden es in den Excel-Optionen dauerhaft aus. Wie das geht, lesen Sie auf Seite 56 nach.

Die Symbolleiste für den Schnellzugriff

Zum schnellen Aufrufen häufig benötigter Befehle stellt Excel die *Symbolleiste für den Schnellzugriff* zur Verfügung. Neben den hier bereits enthaltenen Standardsymbolen kann diese Leiste schnell und unkompliziert um weitere Symbole ergänzt werden.

- In Excel 2021 finden Sie die Leiste oberhalb des Menübands links in der Titelleiste des Excel-Fensters (in Ausnahmefällen auch unterhalb des Menübands).

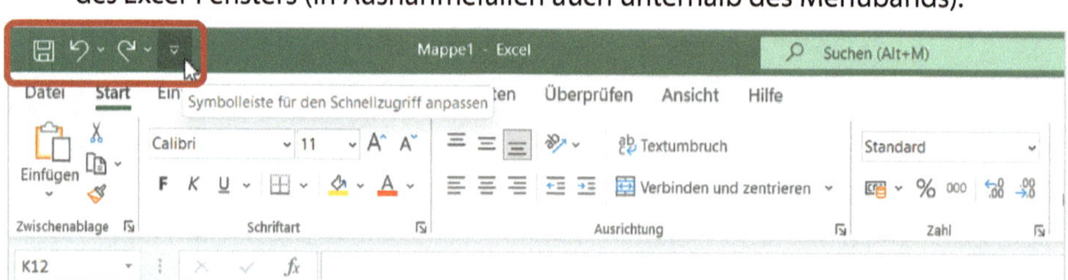

Bild 2.21 Symbolleiste für den Schnellzugriff

- Wenn Sie Microsoft 365 nutzen, dann sehen Sie hier möglicherweise nur das Symbol *Speichern* und die Symbolleiste für den Schnellzugriff ist ausgeblendet. Dann klicken Sie zum Anzeigen mit der **rechten** Maustaste an eine beliebige Stelle im Menüband und auf *Symbolleiste für den Schnellzugriff anzeigen*, wie im Bild auf der nächsten Seite.

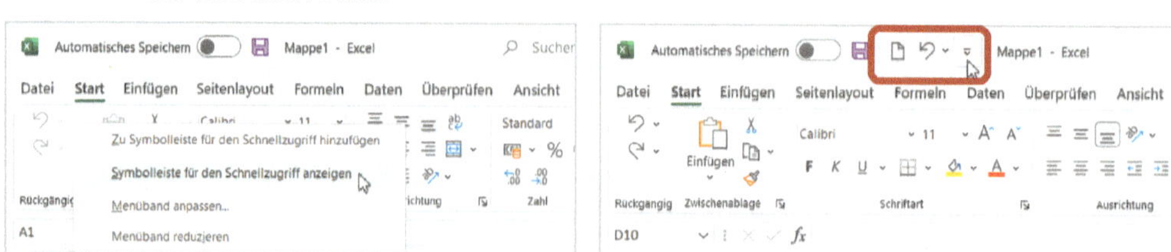

Bild 2.22 Microsoft 365: Schnellzugriff anzeigen

Hinweis: Je nach Excel-Edition sind auch unterschiedliche Symbole standardmäßig im Schnellzugriff bereits enthalten. In Excel 2021 sind dies die Symbole *Speichern*, sowie *Rückgängig* (*Undo*) und *Wiederherstellen* (*Redo*), Microsoft 365 enthält dagegen *Rückgängig* (*Undo*) und *Neu*. *Speichern* ist hier ohnehin fester Bestandteil der Titelleiste.

Weitere Befehle/Symbole hinzufügen

Zum Hinzufügen weiterer Befehle klicken Sie am rechten Ende der Leiste auf die Schaltfläche *Symbolleiste für den Schnellzugriff anpassen* ❶. Klicken Sie dann in der Liste häufig benötigter Befehle auf den gewünschten, z. B. *Neu* ❷ (neue Arbeitsmappe). Bereits enthaltene Befehle sind mit einem Häkchen ❸ versehen und können mit einem Klick wieder aus der Leiste entfernt werden.

Tipp: Ein Klick auf *Weitere Befehle...* öffnet ein Dialogfenster mit sämtlichen, in Excel verfügbaren Befehlen, die Sie ebenfalls dem Schnellzugriff hinzufügen können.

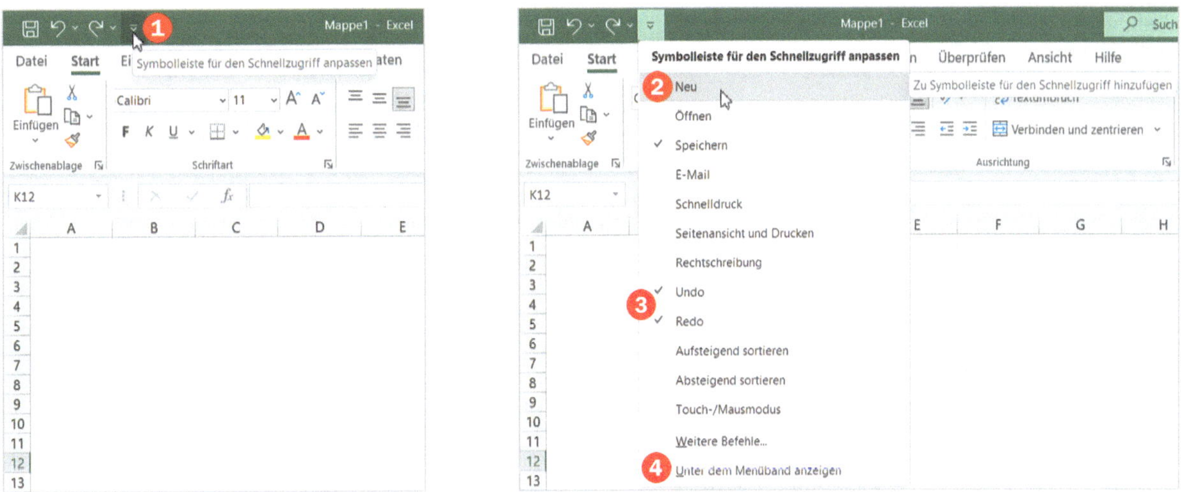

Bild 2.23 Symbolleiste für den Schnellzugriff anpassen

Position der Schnellzugriffsleiste

Bei Bedarf kann die Symbolleiste für den Schnellzugriff auch unterhalb des Menübandes positioniert werden: Klicken Sie auf die Schaltfläche *Symbolleiste für den Schnellzugriff anpassen* und wählen Sie *Unter dem Menüband anzeigen* ❹.

> Die Symbolleiste für den Schnellzugriff ist ein prima Ort, um häufig benötigte Befehle unterzubringen.

Tastenkombinationen (Short-Cuts)

Darüber hinaus lassen sich auch viele Befehle per Tastenkombination ausführen, z. B. Kopieren mit den Tasten **Strg**+**C** oder Zellinhalt fett formatieren mit **Strg**+**Umschalt**+**F**. **Achtung**: Tastenkombinationen sind nicht zu verwechseln mit dem Aufruf von Befehlen im Menüband in Verbindung mit der **Alt**-Taste, siehe Seite 36.

Tipp: Die Tastenkombination zu einem Befehl erscheint im Infotext beim Zeigen auf ein Symbol im Menüband, z. B. Fett im Bild rechts. Eine Zusammenstellung gängiger Tastenkombinationen finden Sie am Ende dieses Buches.

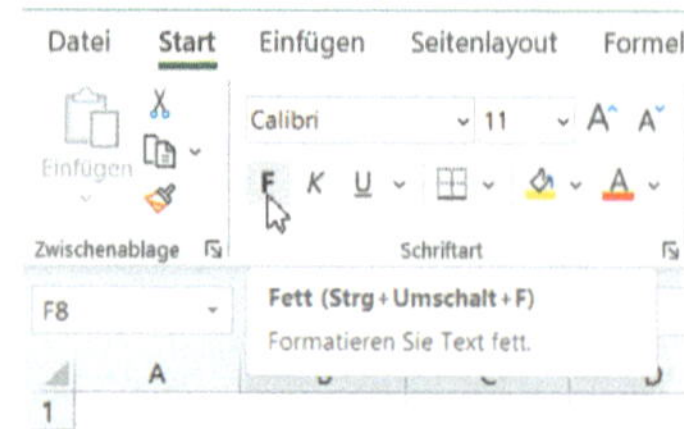

Excel per Toucheingabe bedienen

Neben der klassischen Eingabe mit Maus und Tastatur kann Excel in Verbindung mit einem touchfähigen Bildschirm auch mit den Fingern oder einem entsprechenden Stift bedient werden.

Menüband an den Touchmodus anpassen

Bild 2.24 Touch-/Mausmodus dem Schnellzugriff hinzufügen

Bild 2.25 Fingereingabe auswählen

Um für die Auswahl mit dem Finger mehr Platz zwischen den Symbolen im Menüband zu schaffen, sollten Sie den Touchmodus aktivieren. Dazu fügen Sie zunächst das Symbol *Touch-/Mausmodus* der Symbolleiste für den Schnellzugriff hinzu, siehe vorheriger Punkt. Tippen Sie dann auf das Symbol *Touch-/Mausmodus* und wählen Sie *Fingereingabe* aus.

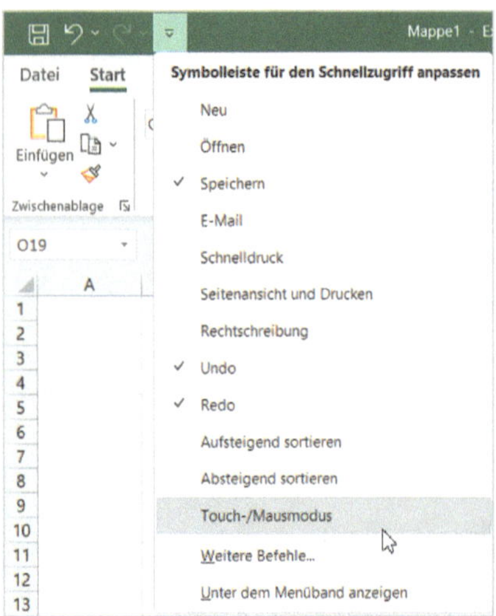

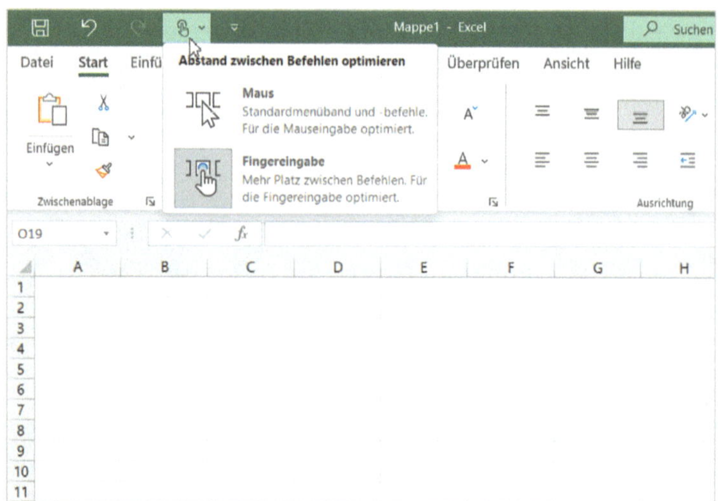

> Der Modus *Fingereingabe* bewirkt auch, dass Schaltflächen wie z. B. *Füllfarbe*, *Schriftfarbe* und *Summe* (Register *Start*) nicht mehr zweigeteilt sind. Es wird stattdessen beim Anklicken immer eine Dropdown-Liste geöffnet.

Zellen markieren

Eine Zelle markieren Sie, indem Sie diese mit dem Finger antippen. Zum Markieren einer Spalte bzw. Zeile tippen Sie auf den Spalten- bzw. Zeilenkopf. Wenn Sie z. B. die Spalte B markieren möchten, dann tippen Sie auf den Buchstaben B, genauso verfahren Sie beim Markieren von Zeilen.

Markierung erweitern: Ist eine Zelle markiert, so zeigt Excel links oben und rechts unten an der Markierung zwei Kreise an. Um die Markierung zu erweitern, tippen Sie auf einen der Kreise, belassen den Finger auf dem Kreis und vergrößern die Markierung durch Ziehen mit dem Finger.

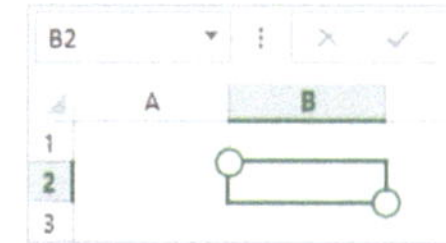

Daten über die Bildschirmtastatur eingeben

Zur Eingabe von Daten markieren Sie eine Zelle und tippen dann im Infobereich der Taskleiste das Symbol *Bildschirmtastatur* an. Die Bildschirmtastatur wird angezeigt. Wird die Bildschirmtastatur nicht mehr benötigt, klicken Sie zum Ausblenden rechts auf das Symbol *Schließen* (x).

- **Zahlen eingeben**: Zur Eingabe von Zahlen tippen Sie auf der Bildschirmtastatur auf die Taste *&123*. Mit derselben Taste gelangen Sie auch wieder zurück.
- **Bildschirmtastatur verkleinern**: Tippen Sie auf das Symbol ❶ links vom Schließen-Symbol. Dasselbe Symbol vergrößert die Tastatur auch wieder.

- **Tastaturlayout mit Buchstaben und Zahlen:** Wenn Sie mehr Daten eingeben, lohnt es sich, das Tastaturlayout zu verändern. Tippen Sie dazu links von der Tastatur ❷ auf das Symbol *Tastatureinstellungen* ⚙, danach auf *Tastaturlayout* ❸ und *Traditionell*. Dadurch werden Buchstaben und Zahlen zusammen angezeigt.

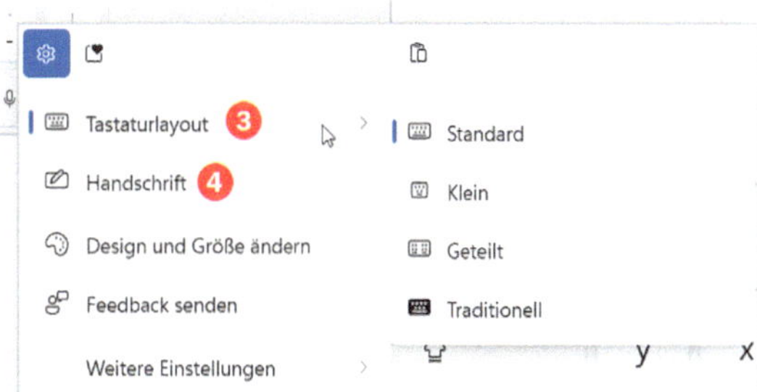

Bild 2.26 Bildschirmtastatur und Tastatureinstellungen

Hinweis: Das genaue Aussehen der Bildschirmtastatur hängt von der Windows-Version ab und kann auf Ihrem Gerät etwas abweichen.

Stifteingabe aktivieren

Falls Sie die Eingabe per Stift nutzen möchten, so tippen Sie auf das Symbol *Tastatureinstellungen* und auf *Handschrift* ❹ (Bild oben). Anstelle der Tastatur erscheint ein Eingabefeld und durch Antippen des Symbols *Eingabe* übernehmen Sie Ihre Eingabe in die markierte Zelle. Zurück zur Bildschirmtastatur gelangen Sie ebenfalls über das Symbol *Tastatureinstellungen*.

Zellinhalte bearbeiten

Soll ein Zellinhalt bearbeitet werden, tippen Sie doppelt auf die Zelle. Damit steht der Cursor im Text und Inhalte können gelöscht oder hinzugefügt werden.

Kontextmenü aufrufen (Rechtsklick) und Inhalte löschen

Das Kontextmenü, das Sie bei Mausbedienung per Rechtsklick anzeigen, sieht etwas anders aus und erscheint, wenn Sie eine Zelle nicht nur kurz antippen, sondern hier mit dem Finger etwas länger verweilen. Anschließend können Sie z. B. mit dem Befehl *Markierung löschen* den Inhalt der markierten Zelle löschen.

Bild 2.27 Kontextmenü zum markierten Zellbereich

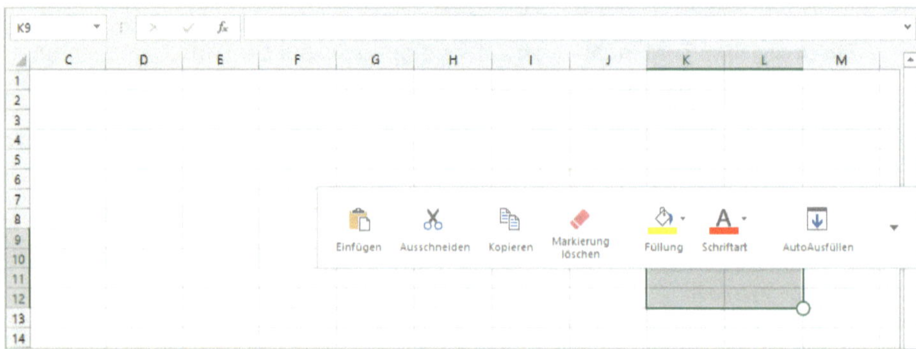

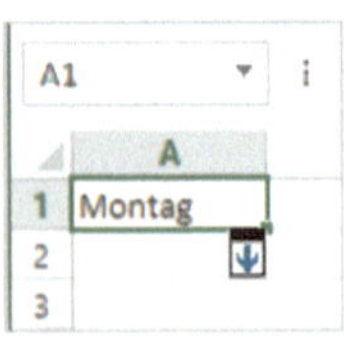

Reihen mit dem Finger ausfüllen

Mit dem Finger können sogar Reihen ausgefüllt werden. Geben Sie z. B. Montag in eine Zelle ein. Tippen Sie etwas länger auf die Zelle, bis das Kontextmenü erscheint. Wählen Sie *AutoAusfüllen* aus. In der rechten unteren Ecke der Zelle erscheint das Symbol *Füllbereich*. Tippen Sie auf das Symbol und ziehen Sie nach unten oder nach rechts.

2.3 Bildschirmanzeige und Ansichten

Fenstergröße steuern

Die Titelleiste des Excel-Fensters enthält ganz rechts die drei Windows-typischen Schaltflächen zum Steuern der Fenstergröße und zum Schließen des Fensters.

- Mit Klick auf *Schließen* schließen Sie das Excel-Fenster und beenden auch Excel.
- Ein Mausklick auf das mittlere der drei Symbole vergrößert das Excel-Fenster über den gesamten Bildschirm (*Maximieren*) und verkleinert es wieder auf die vorherige Größe (*Verkleinern*). Beachten Sie, dass Windows 11 beim Zeigen auf dieses Symbol verschiedene Layoutoptionen zum Anordnen mehrerer geöffneter Fenster anbietet.

- Mit dem Symbol *Minimieren* reduzieren Sie das Fenster auf die Größe einer Schaltfläche in der Taskleiste und ein Klick auf dieses Symbol stellt das Fenster in seiner ursprünglichen Größe wieder her. Die Anwendung wird dadurch nicht beendet.

Tipp: Wenn das Fenster nicht den gesamten Bildschirm ausfüllt, dann können Sie das Fenster mit der Maus auf jede beliebige Größe ziehen. Dazu zeigen Sie mit der Maus an den Rand oder in die Ecke des Excel-Fensters. An dieser Stelle erscheint ein Doppelpfeil und Sie können das Fenster mit gedrückter Maustaste vergrößern oder verkleinern.

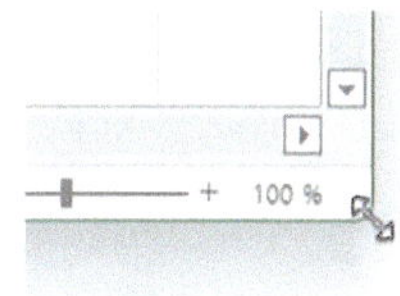

Fenster anordnen

Wenn Sie Inhalte von zwei Arbeitsmappen vergleichen oder Elemente von einer Mappe in die andere kopieren möchten, erleichtert Ihnen eine geschickte Anordnung der Fenster die Arbeit.

- **Windows 10:** Wenn Sie Windows 10 nutzen, dann verwenden Sie die Andockfunktion von Windows 10 und platzieren jeweils eine Mappe auf der Hälfte des Bildschirms. Dazu zeigen Sie mit der Maus auf den grünen oberen Rand des Excel-Fensters und ziehen das Fenster auf die rechte Seite des Bildschirms, bis der Mauszeiger am Bildschirmrand „anstößt" und verfahren für die linke Seite mit der anderen Arbeitsmappe genauso.
- **Windows 11:** Bei Windows 11 zeigen Sie einfach auf das mittlere der drei Fenstersymbole ❶ und klicken dann beim gewünschten Layout, z. B. *Zwei Fenster*, auf die gewünschte Position ❷, wie im Bild. Die übrigen geöffneten Fenster erscheinen rechts daneben. Klicken Sie auf das zweite benötigte Fenster.

Die Ansicht Fenster anordnen

Auch Excel stellt eine ähnliche Anordnungsoption zur Verfügung, diese gilt allerdings nur für geöffnete Excel-Arbeitsmappen. Dazu klicken Sie im Register *Ansicht* ▶ Gruppe *Fenster* auf *Alle anordnen* ❶ und wählen im nachfolgenden Fenster zwischen horizontaler und vertikaler Anordnung ❷.

Bild 2.28 Fenster anordnen

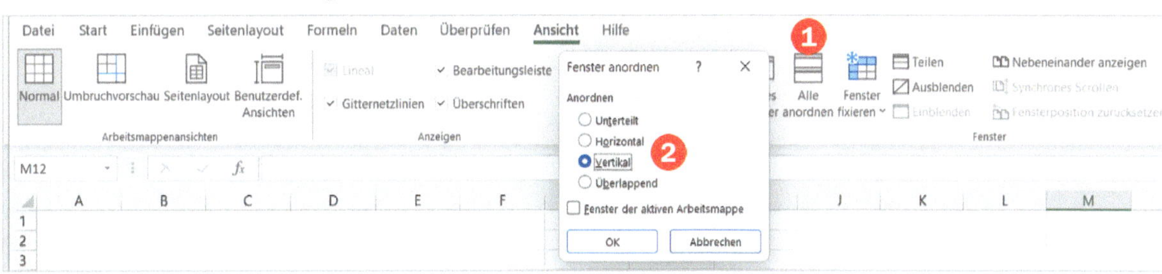

Synchrones Scrollen zum besseren Vergleich von Inhalten

Wenn Sie die Inhalte zweier geöffneter Arbeitsmappen direkt miteinander vergleichen möchten, dann können Sie dazu das synchrone Scrollen nutzen. Dabei wird beim Drehen des Mausrads oder Verschieben der Bildlaufleisten der sichtbare Bildschirmausschnitt gleichzeitig in beiden Fenstern verschoben.

1. Dazu klicken Sie in einem der Fenster im Menüband, Register *Ansicht* ▶ *Fenster* auf *Nebeneinander anzeigen*. Dadurch wird die darunter befindliche Schaltfläche *Synchrones Scrollen* automatisch aktiviert.
2. Die Fenster erscheinen standardmäßig zunächst untereinander, können anschließend jedoch mit einer der oben beschriebenen Methoden auch nebeneinander angeordnet werden.
   - Die Schaltfläche *Fensterposition zurücksetzen* stellt die ursprüngliche Anordnung untereinander wieder her.
   - Mit Klick auf *Synchrones Scrollen* können Sie diese Funktion deaktivieren.

Bild 2.29 Nebeneinander anzeigen und Synchrones Scrollen

Modus ausschalten: Um den Modus auszuschalten, klicken Sie erneut auf *Nebeneinander anzeigen*. Beim Schließen einer der beiden Arbeitsmappen wird der Modus automatisch deaktiviert.

Zoom: Anzeige vergrößern oder verkleinern

Wollen Sie die Inhalte des Excel-Tabellenblatts auf dem Bildschirm vergrößert bzw. verkleinert darstellen (zoomen), so finden Sie dazu am rechten unteren Rand des Excel-Fensters in der Statusleiste einen kleinen Schieberegler. Standardmäßig wird ein Tabellenblatt mit 100 % dargestellt, das entspricht der Größe des Ausdrucks. Zum Vergrößern oder Verkleinern ziehen Sie den Regler mit gedrückter linker Maustaste in die gewünschte Richtung oder klicken mehrmals auf das Plus- bzw. Minussymbol.

Bild 2.30 Zoom in der Statusleiste

> **Tipp: Zoom mit der Maus**
>
> Sie können auch mit der Maus zoomen. Drücken Sie dazu die **Strg**-Taste und halten Sie die Taste gedrückt, während Sie das Mausrad drehen.

Auch im Register *Ansicht* des Menübands finden Sie in der Gruppe *Zoom* verschiedene Einstellungen zum Vergrößern oder Verkleinern der Bildschirmanzeige.

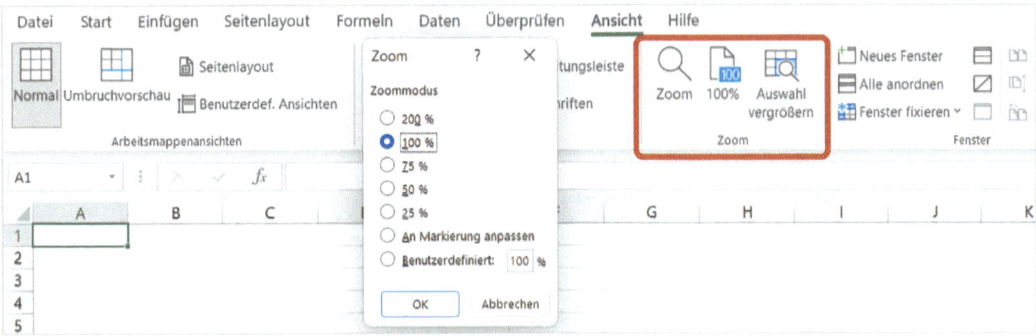

Bild 2.31 Zoomeinstellungen im Register Ansicht

- Mit Klick auf das Symbol *Zoom* öffnet sich ein kleines Fenster, in dem Sie einen Faktor auswählen oder im Feld *Benutzerdefiniert* einen Prozentwert eingeben.
- *Auswahl vergrößern* vergrößert den markierten Zellbereich auf die Größe des Excel-Fensters.
- Ein Klick auf die Schaltfläche *100%* stellt die Standardanzeige 100 % wieder her.

Die Excel-Ansichten

Excel verfügt neben der Standardansicht (*Normal*) noch über weitere Ansichten für spezielle Zwecke. Zu finden sind diese Ansichten im Register *Ansicht*, Gruppe *Arbeitsmappenansichten* und rechts unten in der Statusleiste und zum Wechseln zwischen den Ansichten brauchen Sie nur auf die betreffende Ansicht zu klicken.

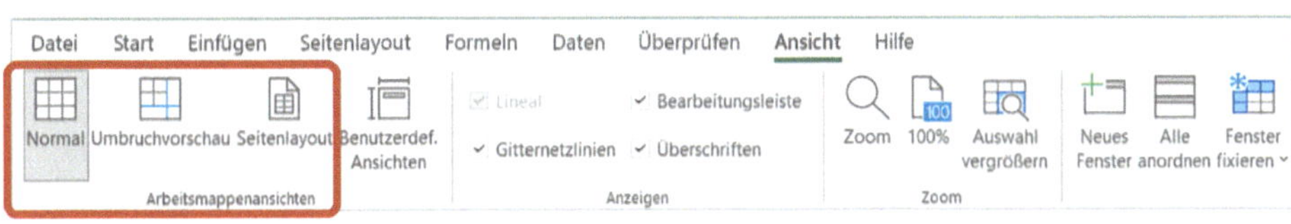

Bild 2.32 Register Ansicht

Bild 2.33 Ansichten in der Statusleiste

Nachfolgend am Beispiel einer Inventarliste ein Überblick über die Besonderheiten der einzelnen Ansichten und wozu sie nützlich sind.

- **Normal**: Die Ansicht *Normal* (Bild auf der nächsten Seite) ist die Standardansicht und gleichzeitig die wichtigste Ansicht. In dieser Ansicht nehmen Sie alle Eingaben vor und gestalten die Tabellen.

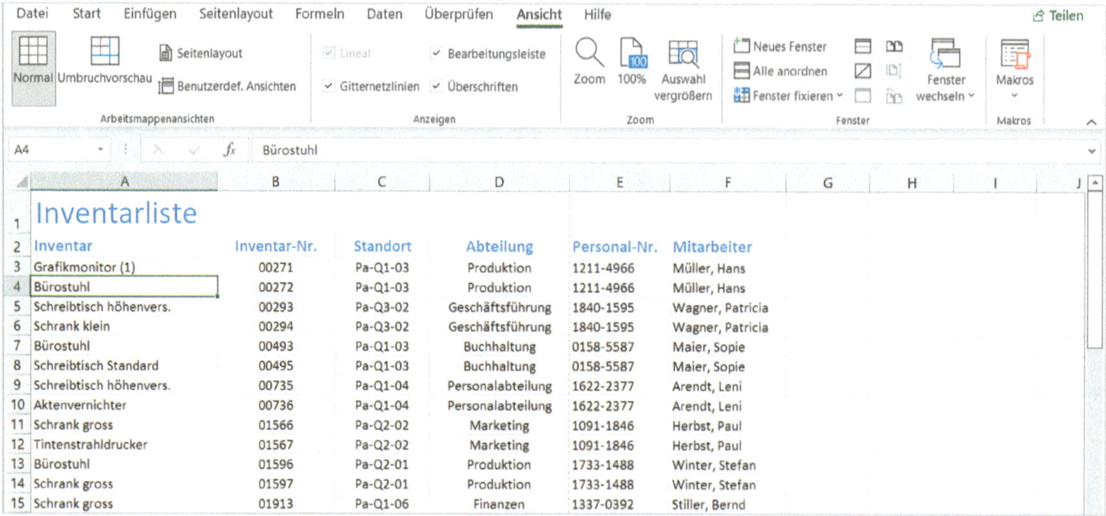

Bild 2.34 Inventarliste in der Ansicht Normal

- **Seitenlayout**: Die Ansicht *Seitenlayout* zeigt eine Tabelle so an, wie sie später gedruckt wird, s. Bild unten, also einschließlich der Seitenränder und mit Kopf- und Fußzeilen. Zusätzlich erscheint am Bildschirm noch ein Lineal. Auch in dieser Ansicht können Sie Daten eingeben und bearbeiten, sowie die Tabelle formatieren, allerdings sind größere Tabellen weniger übersichtlich als in der Normalansicht.

Bild 2.35 Ansicht Seitenlayout

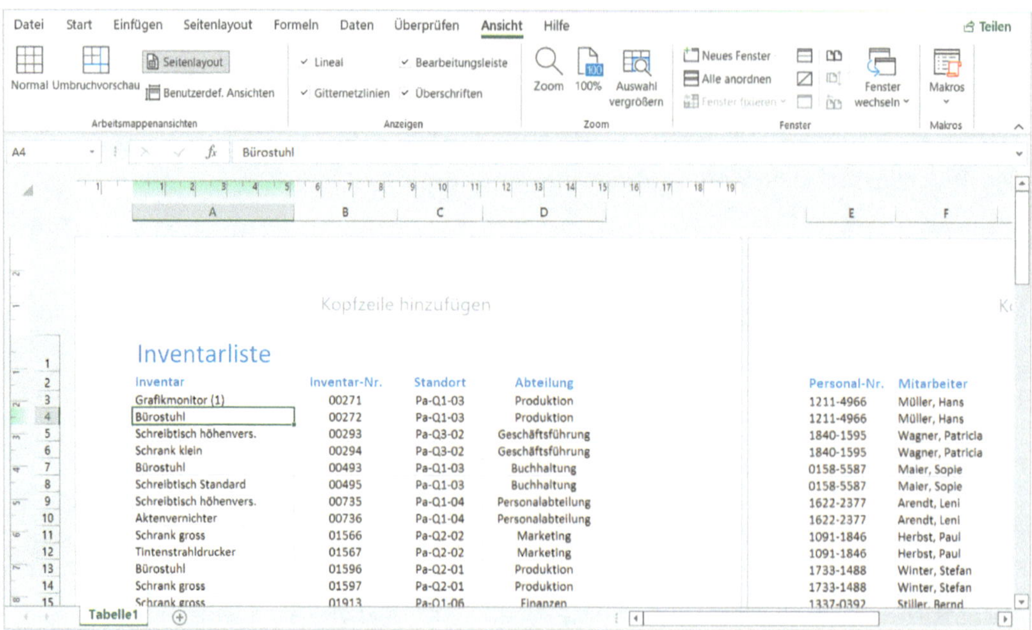

- **Umbruchvorschau:** Diese Ansicht leistet gute Dienste beim Drucken umfangreicher Tabellen, da hier Seitenumbrüche und Druckbereich sichtbar sind und im Gegensatz zur Ansicht *Seitenlayout* auch mit der Maus verschoben werden können.

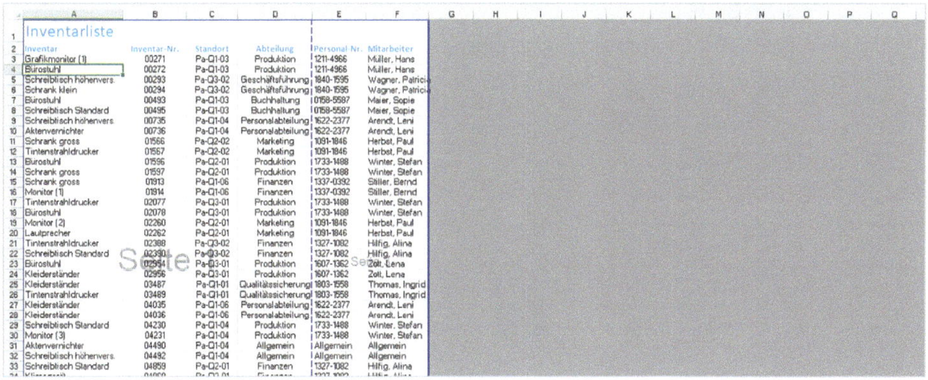

Bild 2.36 Umbruchvorschau

Hinweis: Dateneingabe und -bearbeitung sind theoretisch auch in dieser Ansicht möglich, aber wenig sinnvoll.

Benutzerdefinierte Ansichten speichern

In der Gruppe *Arbeitsmappenansichten* (Register *Ansicht*) finden Sie auch die Schaltfläche *Benutzerdefinierte Ansichten*. Diese erlaubt das Speichern und spätere schnelle Aufrufen der aktuellen Anzeigeeinstellungen (siehe nächster Punkt) für das aktuelle Tabellenblatt. Für benutzerdefinierte Ansichten gelten folgende Einschränkungen:

- Sie können für ein Tabellenblatt auch mehrere Ansichten speichern, diese gelten aber immer nur für das Blatt, das beim Erstellen der Ansicht aktiv war.
- Die benutzerdefinierten Ansichten sind nicht verfügbar (inaktiv), wenn in der Arbeitsmappe ein Zellbereich als Tabelle formatiert wurde.

Gitternetzlinien, Bearbeitungsleiste und Zeilen- und Spaltennummern

Im Register *Ansicht* finden Sie in der Gruppe *Anzeigen* Kontrollkästchen, über die Sie bei Bedarf Gitternetzlinien, Bearbeitungsleiste und die Spalten- und Zeilenüberschriften mit der Nummerierung aus- und wieder einblenden.

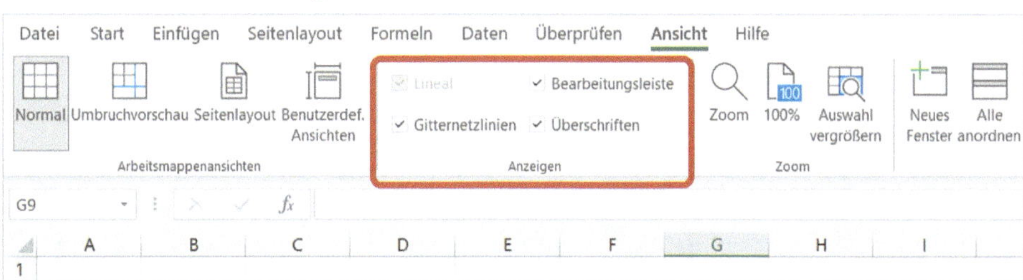

Bild 2.37 Register Ansicht, Gruppe Anzeigen

- **Lineal**
  Das Lineal steht nur in der Ansicht *Seitenlayout* zur Verfügung, siehe oben, und ist daher in der Ansicht *Normal* inaktiv.
- **Gitternetzlinien**
  Im Tabellenblatt sind standardmäßig Gitternetzlinien zur optischen Trennung der Zellen sichtbar, diese erscheinen aber nicht auf dem Ausdruck. Wenn für eine ansprechende Darstellung auf dem Bildschirm das Gitternetz ausgeblendet werden

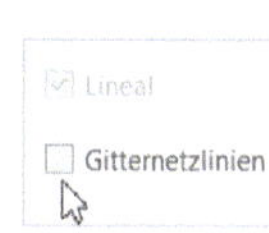

soll, wie im Bild unten, dann deaktivieren Sie das Kontrollkästchen *Gitternetzlinien*. Diese Einstellung gilt nur für das aktuelle Tabellenblatt.

Bild 2.38 Tabellenblatt mit deaktivierten Gitternetzlinien

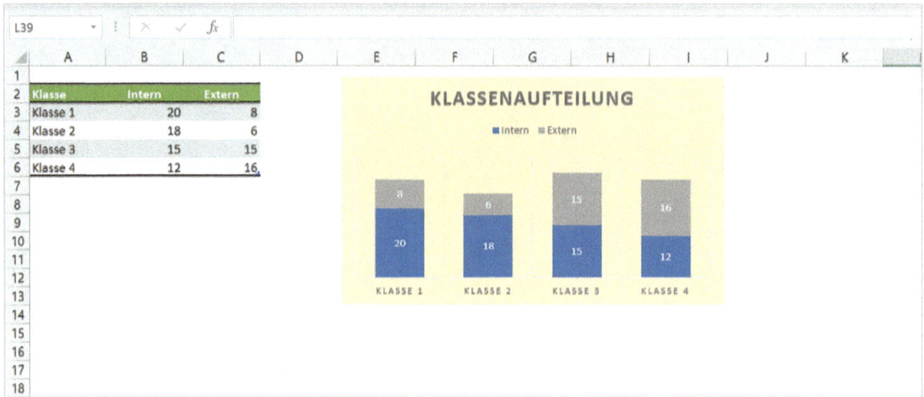

- **Spalten- und Zeilenüberschriften**
  Die Zeilen- und Spaltennummern oberhalb und links des Tabellenblatts bezeichnet Excel auch als *Überschriften*. Diese dienen zur Orientierung im Tabellenblatt und sollten daher unbedingt sichtbar sein.

  Falls die Nummerierung im Tabellenblatt nicht sichtbar sein sollte, so aktivieren Sie das Kontrollkästchen *Überschriften*.

Bild 2.39 Zeilen- und Spaltennummern ausblenden

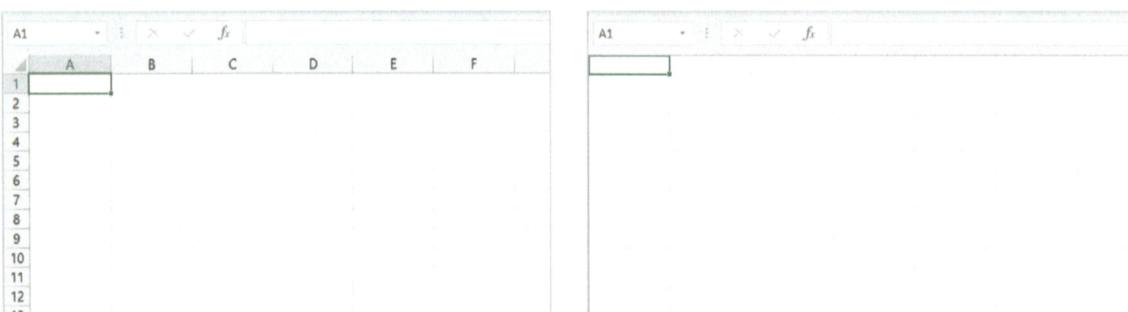

- **Bearbeitungsleiste ein- und ausblenden**
  Die Bearbeitungsleiste oberhalb des Tabellenblatts leistet gute Dienste bei der Eingabe von Formeln sowie der Kontrolle von Zellinhalten und sollte sichtbar sein. Über das gleichnamige Kontrollkästchen kann die Bearbeitungsleiste aus- und wieder eingeblendet werden.

Bild 2.40 Bearbeitungsleiste anzeigen

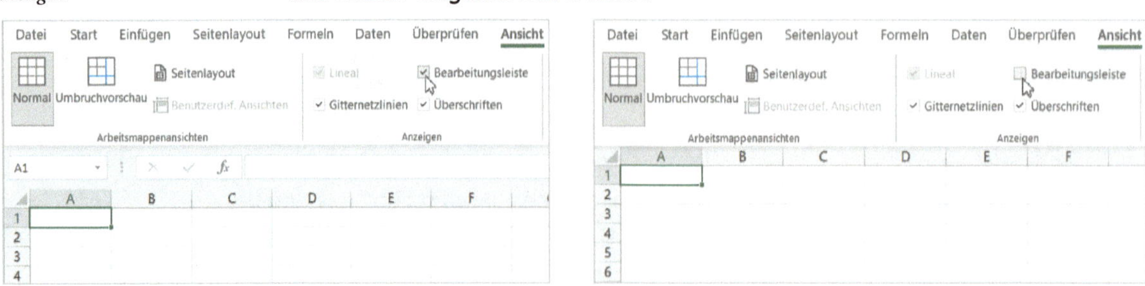

Tipp: Bearbeitungsleiste vergrößern

Die Bearbeitungsleiste umfasst in der Standardeinstellung nur eine Zeile, kann aber im Bedarfsfall vergrößert werden wie im Bild unten, z. B. um eine umfangreiche Formel vollständig anzuzeigen. Dazu klicken Sie rechts auf den kleinen, nach unten weisenden Pfeil. Ein weiterer Klick auf den Pfeil reduziert die Bearbeitungsleiste wieder.

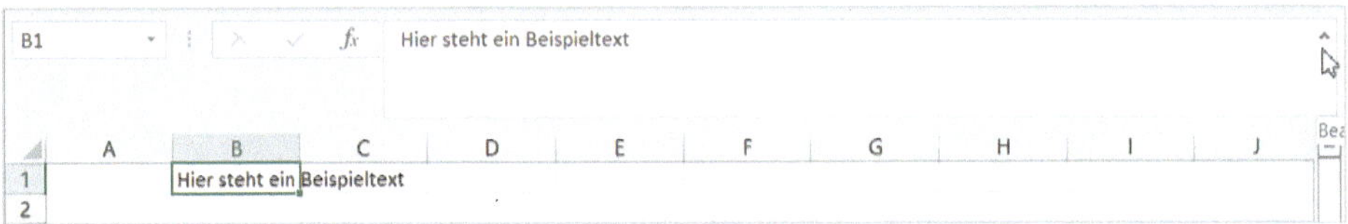

Bild 2.41 Bearbeitungsleiste vergrößern und verkleinern

2.4 Microsoft-Konto, Kontoeinstellungen und Produktinformationen

Vielleicht ist Ihnen schon im Titel des Excel-Fensters Ihr Name oder stattdessen die Schaltfläche *Anmelden* aufgefallen, wie im Bild unten. Hierbei handelt es sich um Ihr Microsoft-Konto, mit dem Sie sich in Verbindung mit Windows 10 bzw. 11 am Gerät angemeldet haben. Diese Anmeldung wird in der Regel auch von allen Microsoft-Office-Anwendungen und damit auch von Excel übernommen.

Bild 2.42 Angemeldet bzw. nicht angemeldet

Die Anmeldung mit einem Microsoft-Konto ist für die Nutzung von Excel bzw. Office nicht zwingend notwendig, bietet aber einige Vorteile, darunter das Speichern von Daten in der Cloud bzw. auf Ihrem persönlichen Cloudspeicher OneDrive und die Möglichkeit der Freigabe einzelner Dateien für andere Personen. Microsoft 365 bietet darüber hinaus auch das automatische Speichern an, allerdings nur in der Cloud.

Mit einem Microsoft-Konto bei Office an- und abmelden

Informationen zu Microsoft-Office und zu Ihrem Konto finden Sie im Register *Datei*. Klicken Sie hier auf *Konto* ❶, s. Bild auf der nächsten Seite. Hier können Sie sich außerdem unabhängig von der Windows-Anmeldung innerhalb der Office-Anwendungen an- und abmelden.

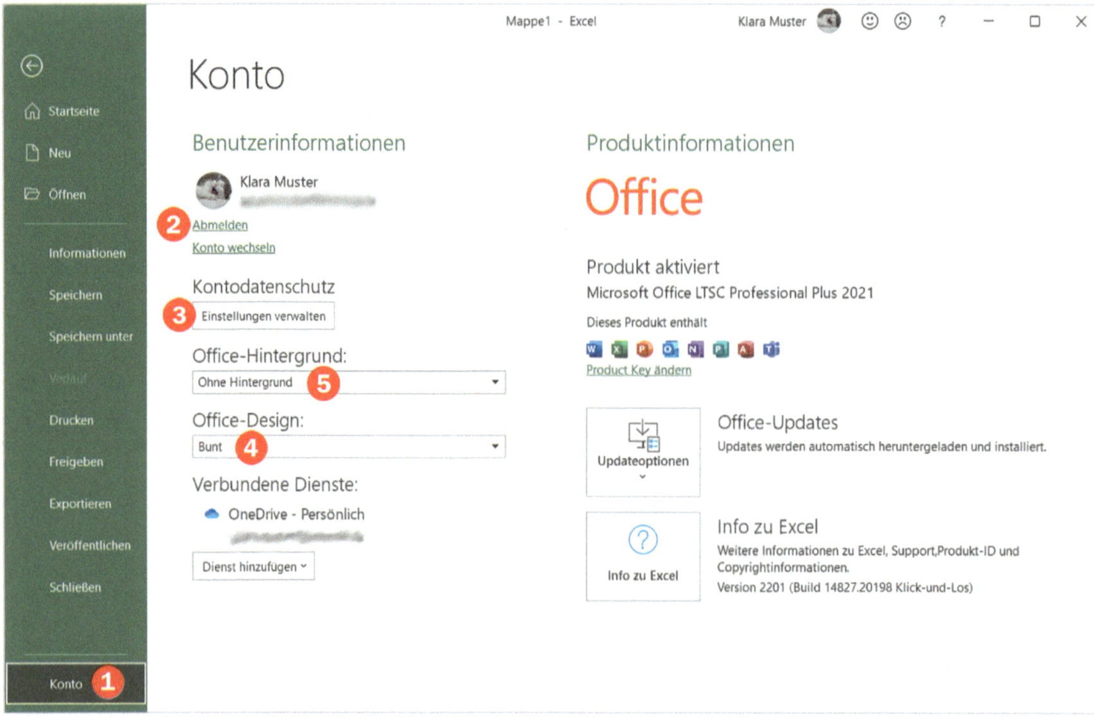

Bild 2.43 Register Datei - Konto

Falls Sie über kein Microsoft-Konto verfügen sollten, können Sie an dieser Stelle ein solches auch einrichten.

- **Abmelden:** Falls Sie angemeldet sind, so sehen Sie unter *Benutzerinformationen* Ihren Namen und Ihre E-Mail-Adresse. Wenn Sie sich abmelden möchten, dann klicken Sie auf *Abmelden* ❷ und bestätigen die nachfolgende Rückfrage mit *Ja*.
- **Anmelden:** Wenn Sie nicht angemeldet sind, so finden Sie hier stattdessen die Schaltfläche *Anmelden*. Klicken Sie zum Anmelden auf diese Schaltfläche, geben Sie im nachfolgenden Fenster die E-Mail-Adresse Ihres Microsoft-Kontos und anschließend das dazugehörige Kennwort ein.
- Die Möglichkeit zum An- und Abmelden erhalten Sie auch, wenn Sie im Fenstertitel auf Ihren Namen bzw. auf *Anmelden* klicken.

Datenschutzeinstellungen

Einige Informationen zum Gerät (Diagnosedaten) und zu installierten Updates werden automatisch an Microsoft gesendet. Den Umfang können Sie unter *Kontodatenschutz* über die Schaltfläche *Einstellungen verwalten* ❸ einsehen und ggf. einschränken.

Produktinformationen zu Microsoft-Office und Excel

Unter *Datei* ▶ *Konto* erhalten Sie außerdem im rechten Bereich Informationen zum installierten Office, können ggf. den dazugehörigen Product Key eingeben oder ändern und über die Schaltfläche *Office-Updates* verfügbare Updates für Office installieren oder deaktivieren.

Heller oder dunkler Hintergrund?

Viele Anwender bevorzugen aus ergonomischen Gründen einen dunklen Hintergrund. Auch Microsoft-Office bietet unter der Bezeichnung Office-Design zwei Alternativen an, die allerdings für alle Office-Anwendungen gelten, also auch z. B. für Word oder PowerPoint. Klicken Sie dazu im Register *Datei* auf *Konto* und in das Auswahlfeld *Office-Design* ❹ (Bild 2.43 auf der vorherigen Seite). Wählen Sie dann statt der Standardeinstellung *Bunt* entweder *Dunkelgrau*, wie im Bild unten, oder Schwarz.

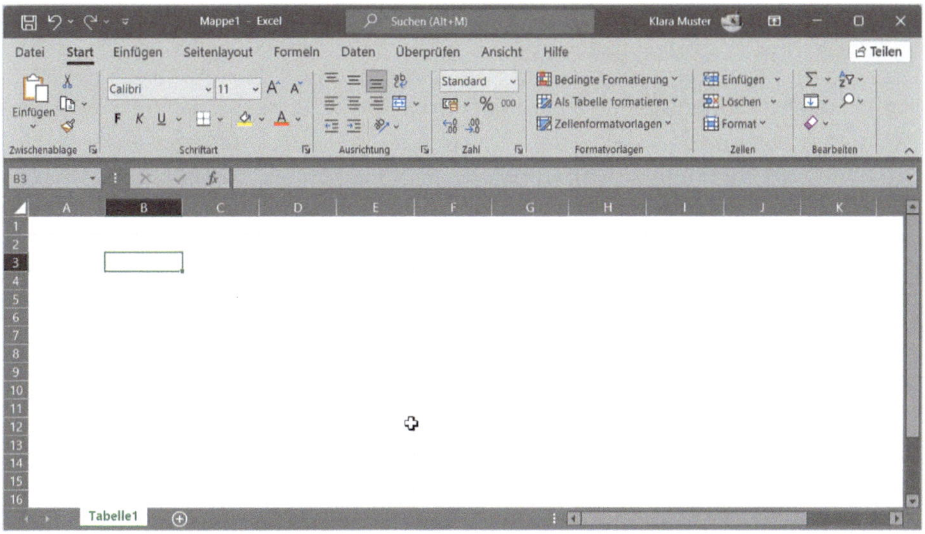

Bild 2.44 Office-Design Dunkelgrau

Titelleiste mit einem Muster verzieren

Im Auswahlfeld *Office-Hintergrund* ❺ finden Sie mehrere Muster, z. B. *Frühling*, mit denen Sie den Titelbereich des Anwendungsfensters verzieren können. Diese Möglichkeit steht nur zur Verfügung, wenn Sie angemeldet sind.

Bild 2.45 Office-Design

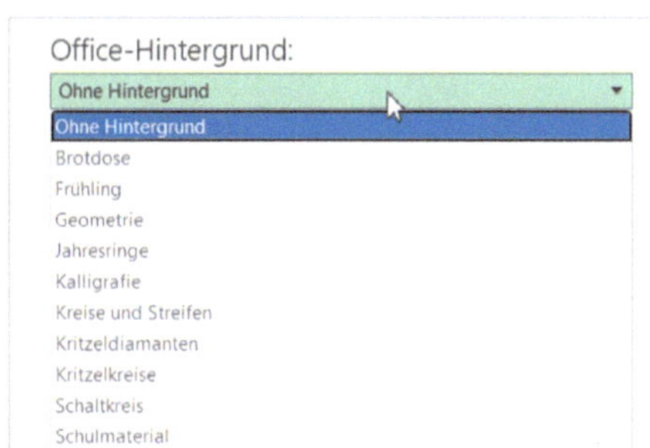

Bild 2.46 Office-Hintergrund

2.5 Menüband anpassen

Sie haben die Möglichkeit, das Menüband an Ihre Bedürfnisse anzupassen und z. B. die Reihenfolge der Registerkarten zu ändern sowie nicht benötigte Register aus- und andere einzublenden. Darüber hinaus können auch manche Anwendungen, z. B. DATEV (Buchhaltungsprogramm) oder Adobe Acrobat (Erstellung von PDFs), dem Menüband automatisch weitere Schaltflächen oder Register hinzufügen.

Registerkarten ausblenden/anzeigen

Alternativ und etwas umständlicher klicken Sie im Register *Datei* auf *Optionen* und wählen hier *Menüband anpassen.*

Wenn Sie weitere Registerkarten anzeigen möchten, z. B. die in manchen Fällen benötigten Entwicklertools, dann klicken Sie mit der **rechten** Maustaste an eine beliebige Stelle im Menüband und wählen *Menüband anpassen*.

Bild 2.47 Rechtsklick und Menüband anpassen

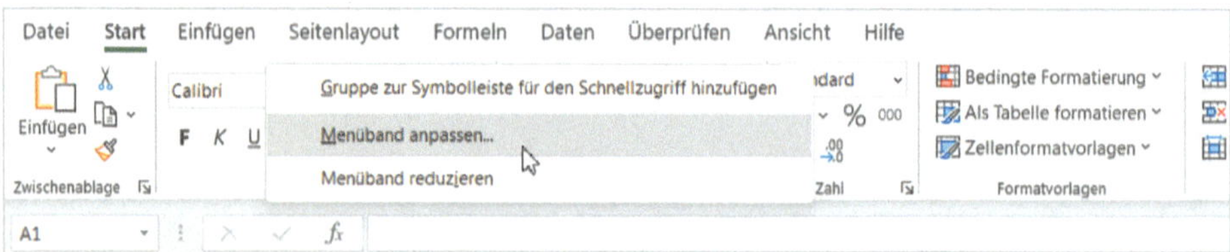

Es öffnen sich die *Excel-Optionen* mit der Auswahl *Menüband anpassen* ❶, s. Bild unten. Achten Sie darauf, dass rechts die Hauptregisterkarten ❷ ausgewählt sind. Über Kontrollkästchen können Sie nun einzelne Register ein- und ausblenden.

Bild 2.48 Registerkarten anzeigen, Reihenfolge ändern

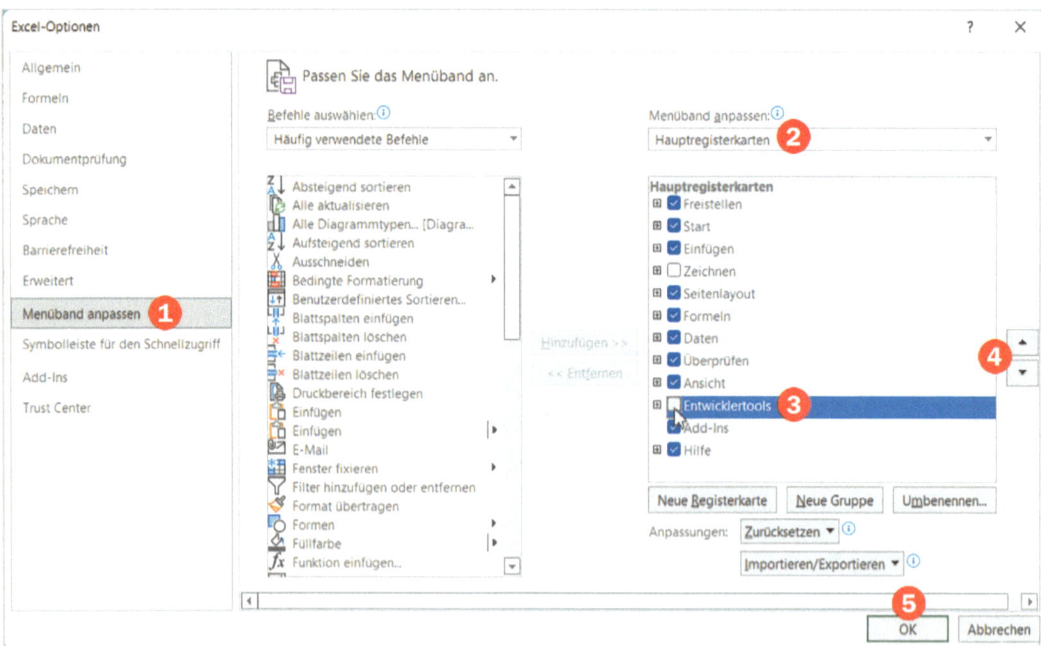

- **Entwicklertools einblenden**: Aktivieren Sie das Kontrollkästchen *Entwicklertools* ❸. Das zweite, standardmäßig ausgeblendete Register *Zeichnen* enthält verschiedene Tools für Freihand- bzw. Stiftzeichnungen am Touchbildschirm.
- **Reihenfolge ändern**: Markieren Sie mit einem Klick das zu verschiebende Register und benutzen Sie rechts die Pfeilschaltflächen ❹ nach oben bzw. nach unten.
- **Änderungen übernehmen**: Damit Ihre Änderungen wirksam werden, klicken Sie auf die Schaltfläche *OK* ❺.

Das Menüband um benutzerdefinierte Register und weitere Befehle ergänzen

Häufig benötigte und standardmäßig nicht im Menüband enthaltene Befehle können Sie dem Menüband jederzeit hinzufügen. So gehen Sie vor:

1 Klicken Sie mit der rechten Maustaste an eine beliebige Stelle im Menüband und auf *Menüband anpassen*. Klicken Sie auf *Neue Registerkarte* ❶ (Bild unten).

Hinweis: Theoretisch könnten Sie auch in eine vorhandene Registerkarte eine Gruppe mit Ihren Befehlen einfügen. Aus Platzgründen und zwecks besserer Übersicht sind jedoch gesonderte Registerkarten vorzuziehen, da sich diese bei Bedarf leicht ausblenden lassen, wenn sie nicht benötigt werden, s. oben.

Eine neue Registerkarte wird unterhalb (in der Arbeitsmappenansicht rechts) des aktuell markierten Registers eingefügt und kann nachträglich beliebig verschoben werden, s. oben.

2 Die neue Registerkarte erscheint in der Liste der Hauptregisterkarten mit dem Zusatz *(Benutzerdefiniert)* ❷ und enthält bereits eine neue Gruppe. Klicken Sie auf die Registerkarte, danach auf die Schaltfläche *Umbenennen* ❸ und geben Sie einen Namen ein, mit dem diese Karte im Menüband angezeigt werden soll. Der Zusatz *Benutzerdefiniert* ist nur in den Optionen sichtbar.

3 Die neue Gruppe ❹, die automatisch zusammen mit der Registerkarte erstellt wurde, benennen Sie auf dieselbe Weise um.

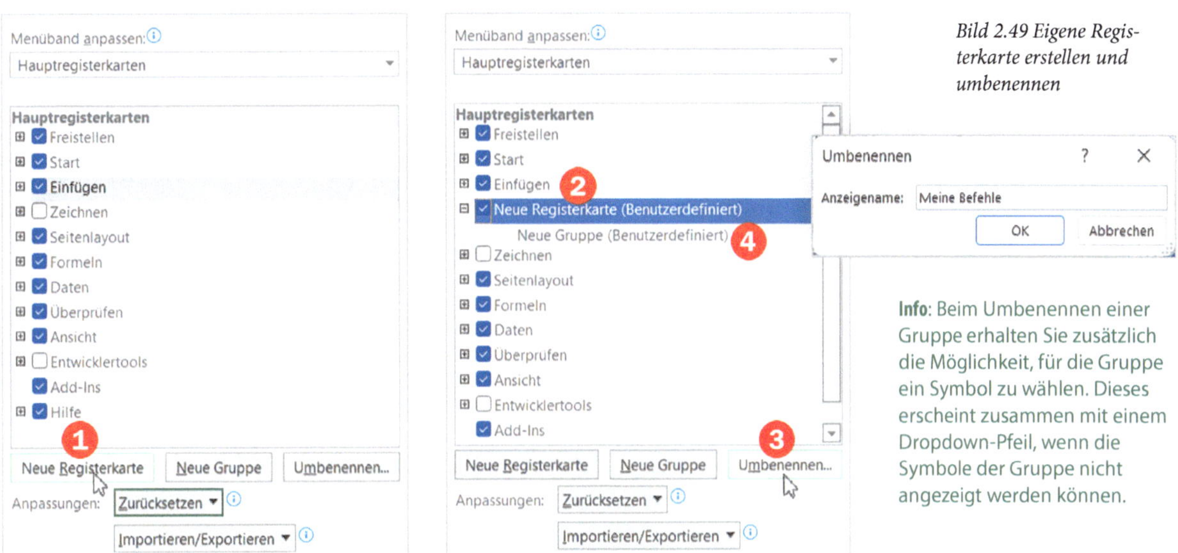

Bild 2.49 Eigene Registerkarte erstellen und umbenennen

Info: Beim Umbenennen einer Gruppe erhalten Sie zusätzlich die Möglichkeit, für die Gruppe ein Symbol zu wählen. Dieses erscheint zusammen mit einem Dropdown-Pfeil, wenn die Symbole der Gruppe nicht angezeigt werden können.

4 Anschließend fügen Sie der Gruppe Ihre Befehle hinzu: Dazu markieren Sie rechts die Gruppe ❺, klicken links auf den gewünschten Befehl, hier als Beispiel *Neu berechnen* ❻, und danach auf die Schaltfläche *Hinzufügen* ❼.

Bild 2.50 Befehle hinzufügen

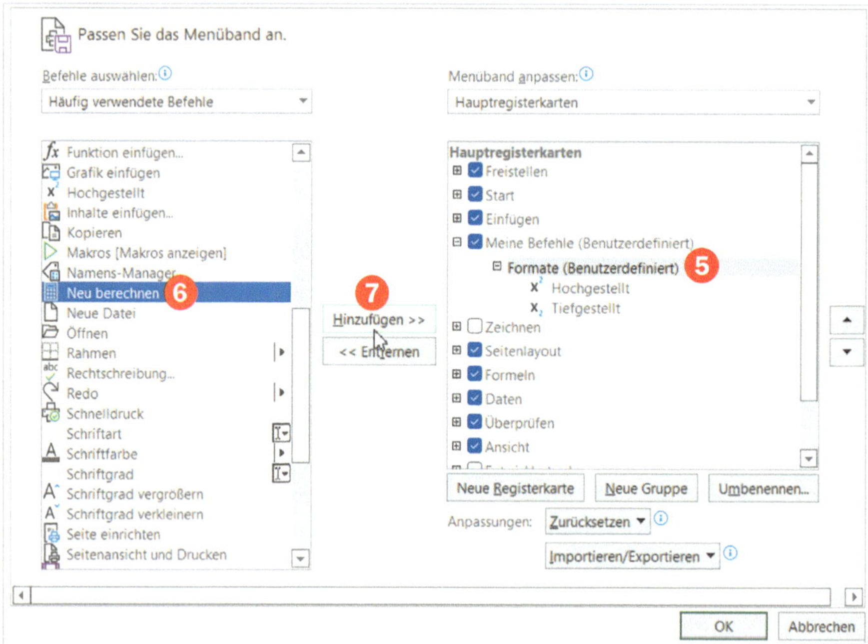

Sie können der Registerkarte noch weitere Gruppen hinzufügen (Schaltfläche *Neue Gruppe*) und sowohl Gruppen als auch einzelne Befehle mit den Schaltflächen *Nach oben* und *Nach unten* beliebig innerhalb des Registers verschieben.

Tipp: Standardmäßig erscheinen links zunächst nur *Häufig verwendete Befehle*. Falls sich der gesuchte Befehl nicht darunter befindet, so wählen Sie stattdessen entweder *Nicht im Menüband enthaltene Befehle* oder *Alle Befehle* aus.

Registerkarten zurücksetzen

Wenn Sie die Registerkarten schnell wieder auf die Standardeinstellung zurücksetzen möchten, dann klicken Sie auf die Schaltfläche *Zurücksetzen*. Wählen Sie anschließend, ob Sie nur die markierte Registerkarte oder alle Anpassungen zurücksetzen möchten.

2.6 Weitere Einstellungen in den Excel-Optionen

Über das Register *Datei* erhalten Sie auch Zugriff auf die Excel-Optionen und damit auf Einstellungen, die nicht nur die aktuelle Arbeitsmappe, sondern das Verhalten von Excel allgemein betreffen. Hierzu gehören z. B. Standardspeicherort, Spracheinstellungen, das Verhalten von Excel bei der Eingabe, Sicherheitseinstellungen sowie die Verwaltung von Add-Ins und vieles mehr.

Optionen öffnen

- Zum Öffnen der Excel-Optionen klicken Sie auf das Register *Datei* und ganz unten auf *Optionen* ❶.
- Wählen Sie dann links eine Kategorie, z. B. *Allgemein* ❷, *Speichern* oder *Erweitert*, um rechts die dazugehörigen Einstellungen zu erhalten. Zur besseren Orientierung sind diese nochmals in Abschnitte aufgeteilt, z. B. *Benutzeroberflächenoptionen* wie im Bild unten.

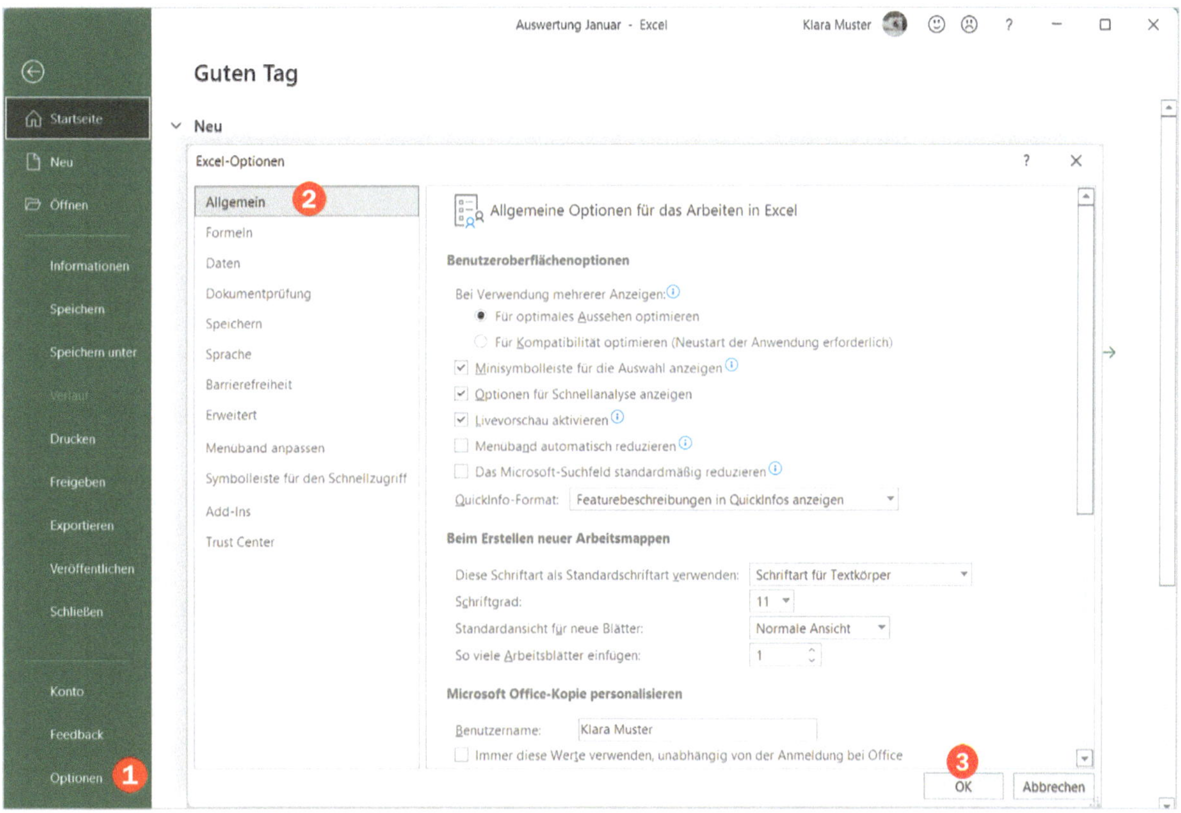

Bild 2.51 Die Excel-Optionen

> **Achtung: Änderungen speichern**
>
> Damit Änderungen gespeichert werden, müssen Sie die Excel-Optionen mit Klick auf die Schaltfläche *OK* ❸ schließen. Die Schaltfläche *Abbrechen* schließt dagegen das Fenster, ohne dass Änderungen wirksam werden.

Minisymbolleiste und Schnellanalyse anzeigen/ausblenden

Die Minisymbolleiste erscheint, wenn Sie im Tabellenblatt eine Zelle oder einen markierten Zellbereich mit der rechten Maustaste anklicken, und sie dient zur schnellen Auswahl gebräuchlicher Zellformate, s. Seite 37. Falls die Minisymbolleiste nicht sichtbar sein sollte oder Sie die Leiste als störend empfinden, dann können Sie deren Anzeige in den Excel-Optionen steuern. Gleiches gilt auch für die Schnellanalyse (Seite 37). Dazu wählen Sie in den Optionen die Kategorie *Allgemein* und aktivieren oder deaktivieren die Kontrollkästchen *Minisymbolleiste für die Auswahl anzeigen* und *Optionen für Schnellanalyse anzeigen*.

Bild 2.52 Minisymbolleiste und Schnellanalyse

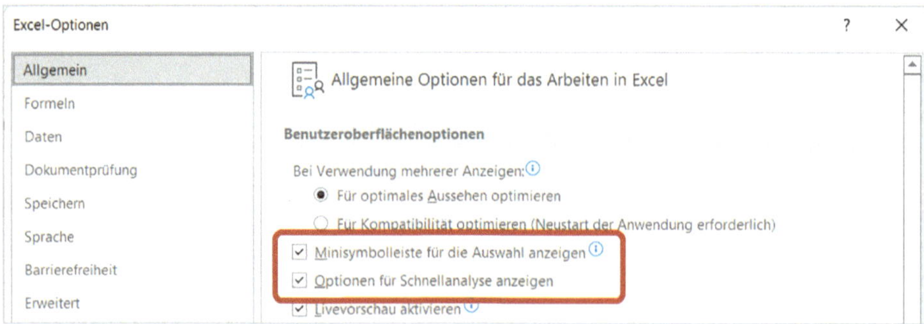

2.7 Die Excel-Hilfe

Schnelle aufgabenbezogene Hilfe

Suchen Sie einfach nur einen Befehl oder eine bestimmte Aufgabe, z. B. Drucken oder Zahlen formatieren, dann benutzen Sie am einfachsten das Feld *Suchen* in der Titelleiste des Excel-Fensters und geben hier ein Stichwort bzw. einen Suchbegriff ein. Diese Möglichkeit haben Sie im ersten Kapitel bereits kennengelernt.

Klicken Sie in das Feld ❶ und tippen Sie einen Suchbegriff ein ❷. Bereits während der Eingabe werden passende Befehle aufgelistet, die Sie an dieser Stelle auch gleich per Mausklick ausführen können.

Bild 2.53 Hilfe über das Suchfeld erhalten

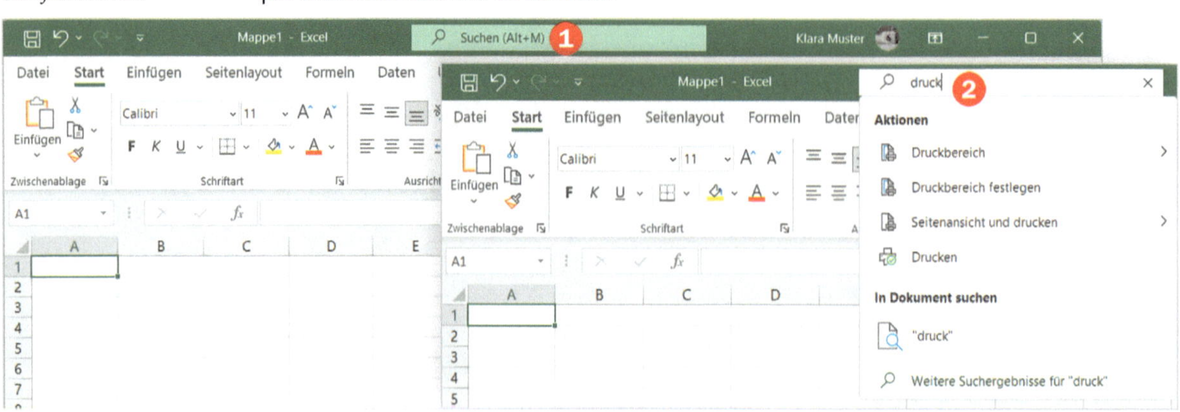

Das Register Hilfe

Benötigen Sie dagegen allgemeine Informationen zu einem Thema, dann klicken Sie auf das Register *Hilfe* ❶ und hier auf das Symbol *Hilfe* ❷. Der Bereich *Hilfe* öffnet sich am rechten Rand des Bildschirms. Klicken Sie entweder auf ein Hilfethema ❸, z. B. *Formeln und Funktionen*, oder geben Sie einen Suchbegriff ❹ ein und klicken danach auf das Symbol *Lupe* oder betätigen die Eingabetaste.

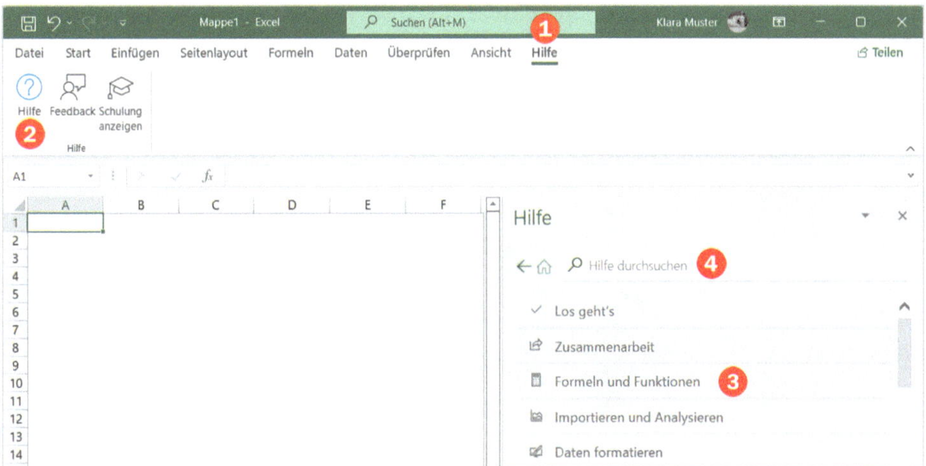

Bild 2.54 Register und Aufgabenbereich Hilfe

Als Beispiel im Bild unten der Suchbegriff Zahlenformat ❺. Klicken Sie unterhalb auf eines der vorgeschlagenen Themen ❻, manchmal sind auch Lernvideos verfügbar. Ein Klick auf den Pfeil ❼ bringt Sie zurück zur vorherigen Anzeige, zum Schließen des Hilfe-Bereichs klicken Sie auf Schließen *x* ❽.

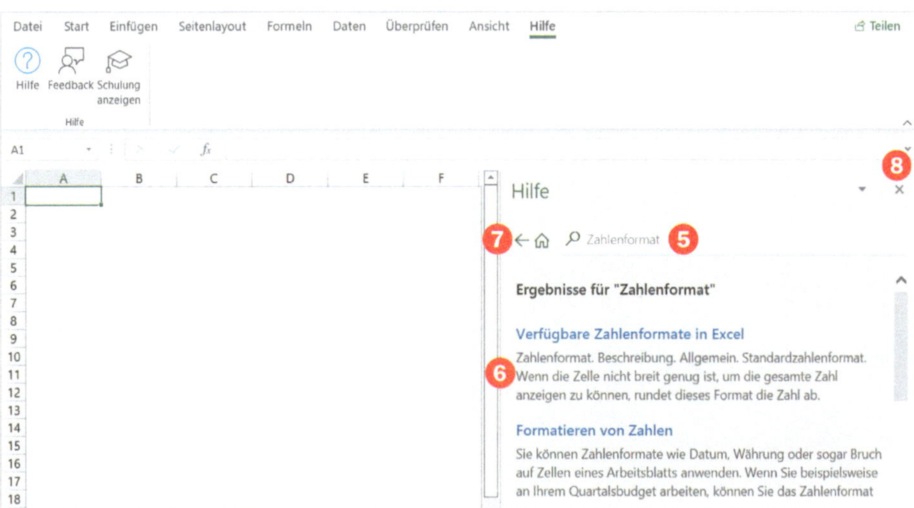

Bild 2.55 Suchergebnisse in der Hilfe

Hinweis: Sie können diesen Bereich jederzeit durch Verschieben der Trennlinie mit der Maus verbreitern.

Hilfe zu Schaltflächen und Symbolen

Benötigen Sie nähere Informationen zu einer Schaltfläche oder einem Symbol im Menüband, dann zeigen Sie einfach zunächst auf die betreffende Schaltfläche. Sie erhalten eine kurze Beschreibung. Für detailliertere Informationen klicken Sie hier auf *Weitere Infos*. Leider ist diese Möglichkeit nicht bei allen Schaltflächen verfügbar.

Hilfe in Dialogfenstern

Wie bereits erwähnt lassen sich für manche Gruppen des Menübands alle Befehle auch in einem Dialogfenster zusammengefasst anzeigen. Hier können Sie die dazugehörige Excel-Hilfe mit einem Klick auf das Fragezeichen in der rechten oberen Ecke des Fensters aufrufen.

Bild 2.56 Infos zu Schaltflächen

Bild 2.57 Hilfe in Dialogfenstern

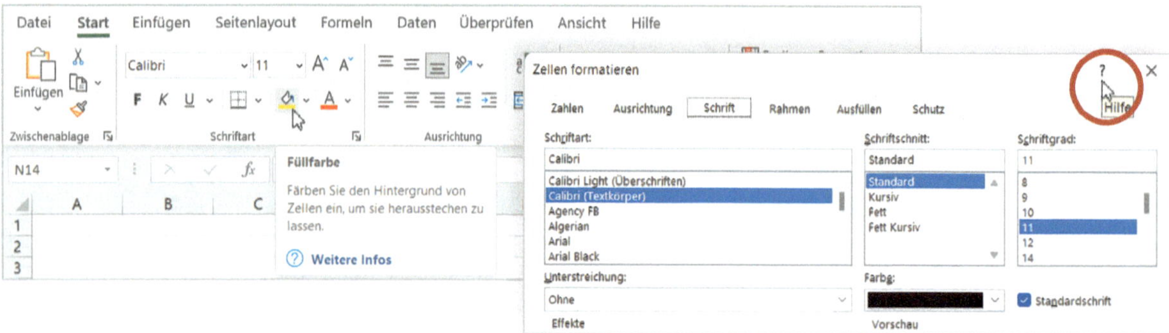

3 Arbeitsmappen erstellen, speichern und öffnen

In diesem Kapitel lernen Sie...

- eine neue Arbeitsmappe erstellen,
- Arbeitsmappen speichern und öffnen
- Excel Dateiformate
- Sicherheitseinstellungen und nützliche Speicheroptionen

Das sollten Sie bereits wissen

- Grundlagen der Dateiverwaltung (Windows)
- Excel-Arbeitsumgebung

3.1 Eine neue Arbeitsmappe erstellen

Beim Programmstart mit neuer Arbeitsmappe beginnen

Beim Starten von Excel erscheint zunächst die Startseite. Klicken Sie hier auf *Leere Arbeitsmappe*. Wie Sie eine Vorlage verwenden, haben Sie bereits in Kapitel 1 erfahren.

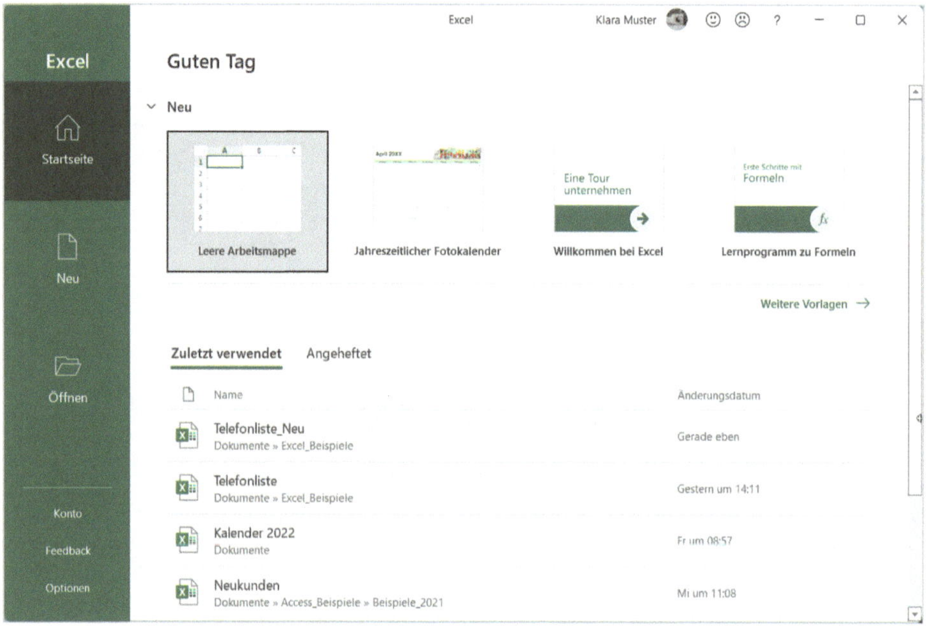

Bild 3.1 Klicken Sie auf der Startseite auf Leere Arbeitsmappe

Aus Excel heraus eine weitere neue Arbeitsmappe erstellen

Sie arbeiten bereits an einer Excel-Arbeitsmappe und möchten eine weitere erstellen? Dann stehen Ihnen folgende Möglichkeiten zur Verfügung:

Tipp: Doppelklicken Sie auf eine Vorlage, so erstellt Excel ohne Vorschau sofort eine Arbeitsmappe aus dieser Vorlage.

- Klicken Sie im Register *Datei* auf *Neu* und hier auf *Leere Arbeitsmappe* oder wählen Sie eine Vorlage aus und klicken Sie in der Vorschau auf *Erstellen*.
- Alternativ kann auch über die Symbolleiste für den Schnellzugriff eine neue leere Arbeitsmappe erstellt werden. Dazu müssen Sie hier zunächst den Befehl *Neu* hinzufügen. Wie das geht, haben Sie bereits auf Seite 39 erfahren.
- Oder verwenden Sie die Tastenkombination **Strg+N**, um eine neue Arbeitsmappe aufzurufen.

Eine Excel-Arbeitsmappe unter dem vorläufigen Namen *Mappe1* wird geöffnet und Sie können mit der Eingabe beginnen. Wenn Sie nacheinander mehrere neue Mappen erstellen, so erhalten diese der Reihe nach die Namen *Mappe1*, *Mappe2* usw. Grundsätzlich spielt die vorläufige Bezeichnung keine Rolle, da Sie beim Speichern der Arbeitsmappe ohnehin einen endgültigen Namen angeben müssen, der dann auch aussagekräftiger sein sollte.

3.2 Arbeitsmappen speichern

Bevor Sie Excel beenden, sollten Sie nicht vergessen, Ihre Daten zu speichern. Beim Speichern einer Arbeitsmappe vergeben Sie einen Namen für die Datei und legen den Speicherort der Arbeitsmappe fest. Dabei entscheiden Sie, ob die Datei auf der lokalen Festplatte, auf einem angeschlossenen Gerät, z. B. USB-Stick, oder auf OneDrive gespeichert wird.

Der Cloudspeicher OneDrive

Je nach Office-Version steht Ihnen unter der Bezeichnung *OneDrive* oder *Microsoft 365 SharePoint* zusätzlicher Speicherplatz in der Cloud, genauer gesagt auf einem Microsoft-Server, zur Verfügung. Diesen Speicher können Sie wie eine zusätzliche Festplatte nutzen. In der kostenlosen Standardversion erhalten Sie 5 GB Onlinespeicherplatz, der kostenpflichtig erweitert werden kann. Haben Sie Microsoft 365 abonniert, so ist dies in der einfachsten Version (Microsoft 365 Single für 1 Person) 1 Terabyte (TB).

Ihr persönlicher OneDrive-Speicher wird zusammen mit Ihrem Microsoft-Konto eingerichtet.

- **Vorteil**: Sie haben von jedem PC aus Zugang auf Ihre, auf *OneDrive* gespeicherten Daten. Die auf OneDrive abgelegten Dateien können auch im Webbrowser angezeigt werden. Außerdem können die Arbeitsmappen mit anderen Personen geteilt und gemeinsam bearbeitet werden. Lesen Sie dazu mehr in Kapitel 12.
- **Nachteil**: Auf einem Cloudspeicher liegen Ihre Daten außerhalb Ihres direkten Einflussbereichs auf einem Microsoft-Server.

> Um OneDrive verwenden zu können, benötigen Sie ein Microsoft-Konto. Zur Nutzung von Office 365 im Unternehmen und den zugehörigen Cloud-Speicher erhält jeder Mitarbeiter ein Organisationskonto.

Dateiname und Speicherort festlegen

Beim ersten Speichern einer Excel-Arbeitsmappe vergeben Sie einen Dateinamen und legen den Speicherort fest. Hierzu wählen Sie eine der folgenden Vorgehensweisen:

- Register *Datei*
- Tastenkombination **Strg+S**
- Symbol *Speichern* in der Symbolleiste für den Schnellzugriff

Speichern im Register Datei

Klicken Sie im Register *Datei* auf *Speichern* oder *Speichern unter*. Welchen der beiden Befehle Sie wählen, ist beim ersten Speichern nicht relevant, da Excel bei noch nicht gespeicherten Arbeitsmappen grundsätzlich *Speichern unter* ❶ (Bild auf der nächsten Seite) anzeigt.

Speicherort wählen

- Standardmäßig ist zunächst die Kategorie *Zuletzt verwendet* ❷ ausgewählt und listet rechts ❸, sortiert nach Datum, alle Ordner auf, in denen Sie zuletzt gespeichert haben. Falls sich darunter der gesuchte Ordner befindet, so klicken Sie diesen an.
- **Achtung**: Die Liste kann Ordner sowohl auf der Festplatte als auch auf OneDrive enthalten. Mit Klick auf *OneDrive - Persönlich* ❹ oder *Dieser PC*, gemeint ist damit die lokale Festplatte Ihres PCs einschließlich aller angeschlossenen Speichermedien, können Sie die Anzeige der zuletzt verwendeten Ordner auf einen der beiden Speicherorte einschränken.
- **Anderen Ordner auswählen:** Wenn der gewünschte Ordner nicht in der Liste der zuletzt verwendeten angezeigt wird, oder Sie einen neuen Ordner erstellen möchten, dann klicken Sie auf *Durchsuchen* ❺.

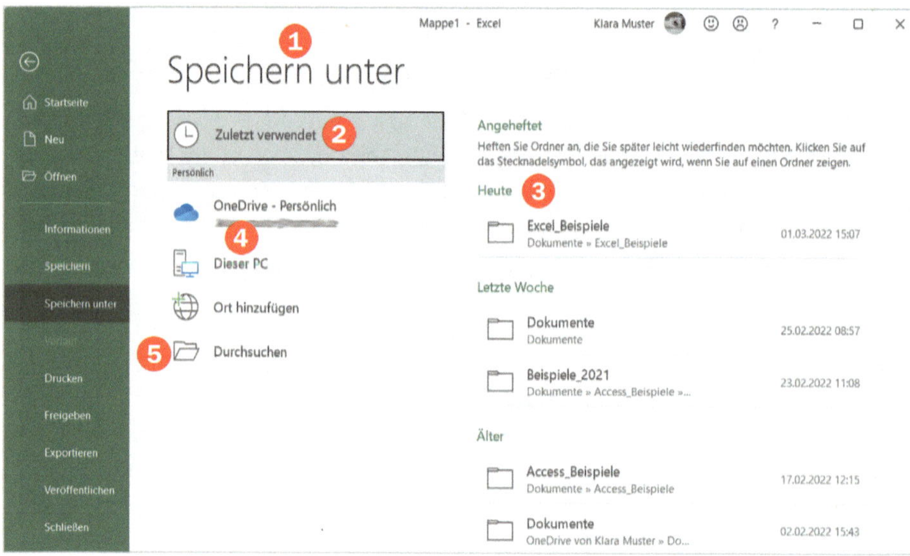

Bild 3.2 Speicherort im Register Datei auswählen

OneDrive steht nur zur Auswahl, wenn Sie mit einem Microsoft-Konto angemeldet sind.

Die weiteren Angaben

Anschließend öffnet sich das Fenster *Speichern unter* mit dem ausgewählten Ordner, bzw. dem Ordner *Dokumente*, wenn Sie auf *Durchsuchen* geklickt haben.

1. **Dateiname:** Geben Sie im Feld *Dateiname* ❻ einen aussagekräftigen Dateinamen ein. Der vorläufige Name, z. B. *Mappe1*, kann einfach überschrieben werden.
2. **Dateityp**: Im Feld unterhalb ist der Dateityp *Excel-Arbeitsmappe* bereits ausgewählt und kann in den meisten Fällen beibehalten werden.
3. **Ordner auswählen:** Kontrollieren Sie in der Adressleiste ❼, ob der richtige Ordner ausgewählt ist, im Bild auf der nächsten Seite Excel-Beispiele im Ordner Dokumente auf der Festplatte. Falls Sie in einem anderen Ordner speichern möchten und sich der gewünschte Ordner im aktuellen Ordner befindet, so öffnen Sie die-

sen mit Doppelklick. Oder wählen Sie über die Navigationsleiste auf der linken Seite einen Ordner aus.

Neuen Ordner erstellen: Benötigen Sie zum Speichern einen neuen Ordner, dann klicken Sie auf die Schaltfläche *Neuer Ordner* ❽, geben diesem anschließend einen Namen und öffnen dann den neu erstellten Ordner mit Doppelklick.

4 **Speichern:** Zuletzt klicken Sie auf die Schaltfläche *Speichern* ❾. Erst jetzt wird die Arbeitsmappe gespeichert und gleichzeitig das Speichern-Fenster geschlossen.

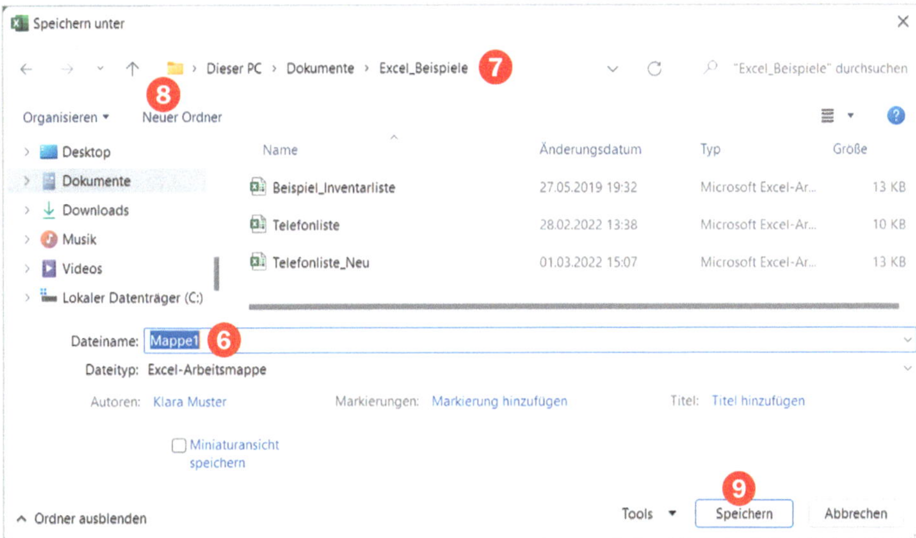

Bild 3.3 Das Fenster Speichern unter

Speichern auf OneDrive
Dieselbe Vorgehensweise gilt auch, wenn Sie OneDrive bzw. einen hier befindlichen Ordner als Speicherort ausgewählt haben. Beachten Sie, dass das Speichern in der Cloud bei umfangreichen Arbeitsmappen auch etwas länger dauern kann. In solchen Fällen kann es sinnvoll sein, die Mappe zunächst auf der lokalen Festplatte zu speichern und erst nach Fertigstellung auf OneDrive zu übertragen.

Ob die Arbeitsmappe in der Cloud gespeichert wurde, erkennen Sie am *Speichern*-Symbol links oben im Titel des Excel-Fensters bzw. in der Symbolleiste für den Schnellzugriff.

Navigationsbereich bzw. Ordner beim Speichern nicht sichtbar?
Möglicherweise sind im Fenster *Speichern unter* alle Elemente bis auf Adressleiste und die Felder Dateiname und Dateityp ausgeblendet, wie im Bild unten. Dann klicken Sie auf *Ordner durchsuchen*.

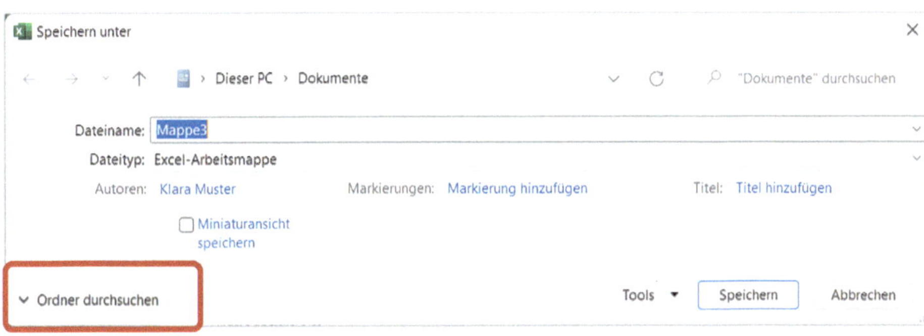

Bild 3.4 Klicken Sie auf Ordner durchsuchen

Schnelles Speichern per Symbol oder Tastenkombination

Microsoft 365:

Etwas anders ist der Ablauf, wenn Sie links oben in der Symbolleiste für den Schnellzugriff bzw. in der Titelleiste des Excel-Fensters auf das Symbol *Speichern* ❶ klicken oder die Tastenkombination **Strg+S** drücken.

In diesem Fall erscheint sofort das Fenster *Diese Datei speichern* und schlägt unter *Ort auswählen* ❷ den zuletzt verwendeten Ordner vor. Weitere zuletzt verwendete Ordner erscheinen nach einem Klick in das Feld. Geben Sie einen Dateinamen ein ❸ und klicken Sie auf *Speichern* ❹.

Falls der gesuchte Speicherort nicht in der Liste enthalten ist, so klicken Sie auf *Weitere Optionen...* ❺. Damit gelangen Sie zum Register *Datei* mit der Seite *Speichern unter* und können mit Klick auf *Durchsuchen* das Fenster *Speichern unter* öffnen und einen Speicherort auswählen oder einen neuen Ordner erstellen, s. Seite 62 f.

Bild 3.5 Das Fenster Diese Datei speichern

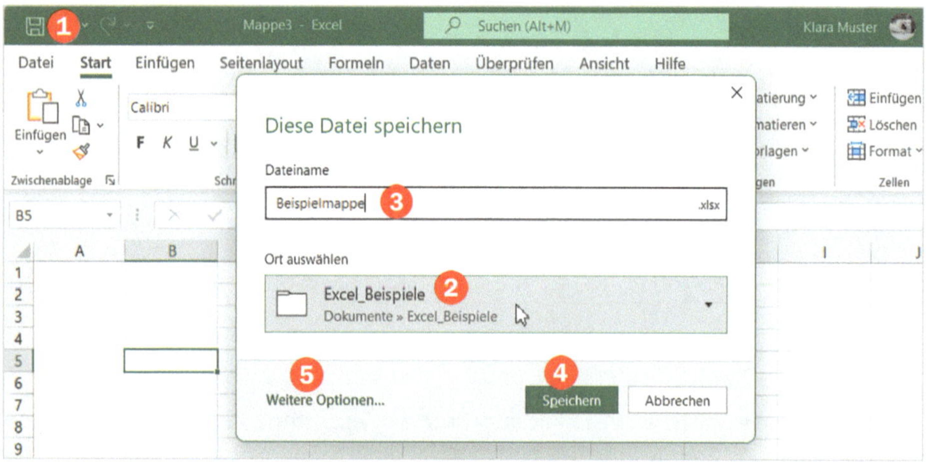

Was ist der Unterschied zwischen Speichern und Speichern unter?

Im Register *Datei* finden Sie zwei Möglichkeiten, nämlich *Speichern* und *Speichern unter*. Der Unterschied ergibt sich aus der Frage, ob die Datei schon einmal gespeichert wurde:

- Wenn Sie eine neue Arbeitsmappe das erste Mal speichern, dann müssen Sie Dateiname und Speicherort festlegen. Dazu öffnet sich in jedem Fall das Fenster *Speichern unter*, egal ob Sie *Speichern* oder *Speichern unter* wählen.
- Eine bereits gespeicherte Arbeitsmappe verfügt dagegen bereits über einen Dateinamen und der Speicherort steht ebenfalls fest. Dann wird im Hintergrund gespeichert, wenn Sie auf *Speichern* klicken.
- Möchten Sie eine geöffnete und bereits gespeicherte Arbeitsmappe unter einem anderen Namen und/oder an einem anderen Ort speichern, dann wählen Sie *Speichern unter*. Dadurch wird das Fenster *Speichern unter* erneut geöffnet und Sie können einen anderen Dateinamen eingeben und einen Speicherort wählen.

Wichtige Excel-Dateitypen

Unterhalb des Dateinamens können Sie im Fenster *Speichern unter* mit Klick auf den Pfeil den *Dateityp* auswählen, in dem die Arbeitsmappe gespeichert wird.

Der Standarddateityp .xlsx

Wenn nichts anderes angegeben wird, dann speichert Excel die Datei als *Excel-Arbeitsmappe* mit der Dateinamenerweiterung *.xlsx*. Dieser Dateityp ist seit Excel 2007 das Standardformat.

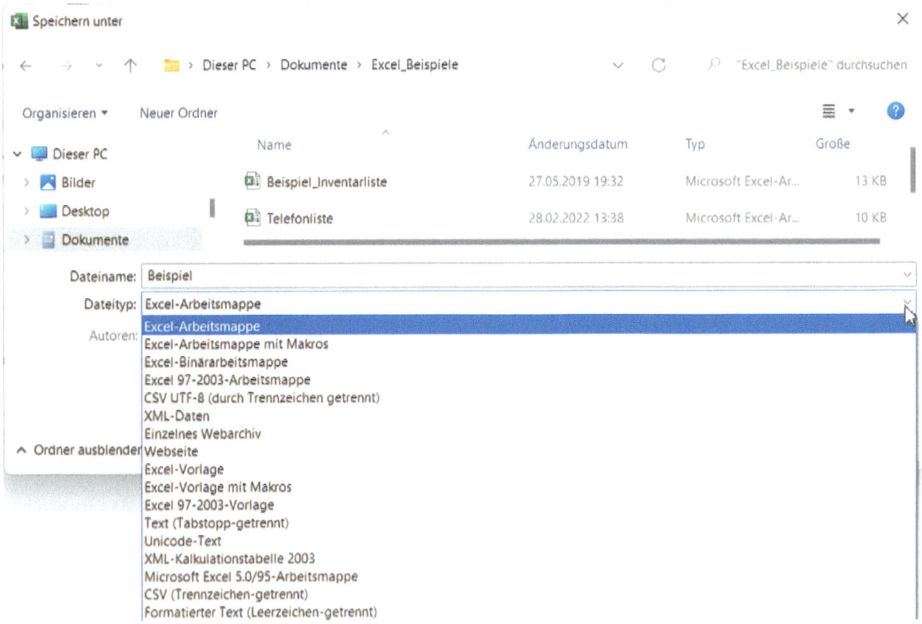

Bild 3.6 Dateityp auswählen

Ob im Fenster *Speichern unter* auch die Dateinamenerweiterung sichtbar ist, hängt von den Einstellungen des Datei-Explorers ab.

Im Dateiformat älterer Versionen speichern

Arbeitsmappen im xlsx-Format können nicht mit älteren Versionen vor Excel 2007 geöffnet werden. Falls eine Mappe auch mit Excel 2003 geöffnet werden soll, müssen Sie beim Speichern den Dateityp *Excel 97-2003-Arbeitsmappe* (*.xls*) auswählen. Arbeitsmappen in diesem Dateiformat erhalten im Datei-Explorer ein etwas anderes Symbol.

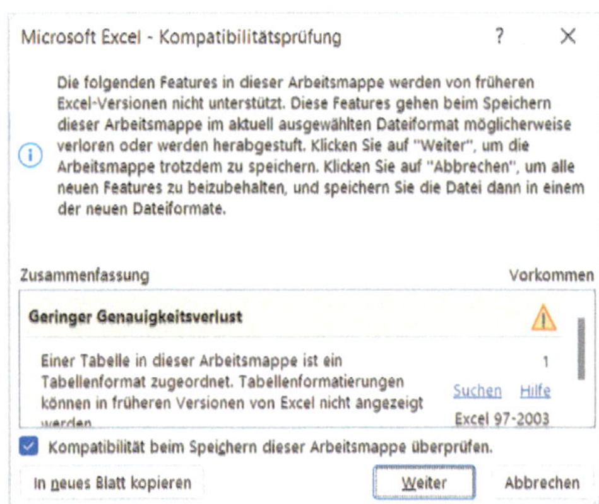

Achtung: Beim Speichern in einem älteren Dateiformat können Informationen verloren gehen, beispielsweise die Designfarben. Eine Meldung macht Sie auf vorliegende Kompatibilitätsprobleme aufmerksam. Klicken Sie auf *Weiter*, um mit der Speicherung fortzufahren.

Excel-Arbeitsmappe mit Makros

Manche Arbeitsmappen enthalten Makros. Hierbei handelt es sich um kleine Programme, mit denen häufig wiederkehrende Befehlsfolgen gespeichert und schnell ausgeführt werden können. In diesem Fall muss die Arbeitsmappe beim Speichern den Dateityp *.xlsm* als *Excel-Arbeitsmappe mit Makros* erhalten. In diesem Buch wird allerdings nicht näher auf Makros eingegangen. Was Sie beim Öffnen einer solchen Datei beachten müssen, erfahren Sie auf Seite 69.

Vorlagen für Excel-Tabellen

Wie Sie aus einer Vorlage eine Excel-Tabelle erstellen, haben Sie in Kapitel 1 bereits gelernt. Daneben können Sie auch eigene Vorlagen erstellen und speichern. Für diese muss beim Speichern der Dateityp Excel-Vorlage mit der Dateinamenerweiterung *.xltx* ausgewählt werden. Auch Vorlagen erhalten im Datei-Explorer ein eigenes Symbol. Mehr zur Erstellung von Vorlagen erfahren Sie im Kapitel 12.

Datenaustausch über das CSV-Dateiformat

CSV, Abkürzung für **C**omma **S**eparated **V**alues.

Das CSV-Dateiformat ist ein gebräuchlicher Dateityp für die Weitergabe von Daten in Tabellenform, der aber keinerlei Formatierung unterstützt. Statt der Aufteilung in Spalten sind hier die Werte mit Semikolon (;) getrennt, im englischen Sprachraum mit Komma, daher auch die Bezeichnung **C**omma **S**eparated **V**alues. CSV-Dateien können problemlos mit Excel geöffnet werden und lassen sich umgekehrt auch in fast jede andere Anwendung importieren.

Automatisches Speichern (Microsoft 365)

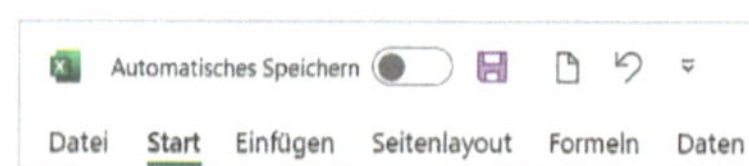

Wenn Sie Microsoft 365 nutzen, dann ist Ihnen sicherlich schon der Schalter *Automatisches Speichern* aufgefallen, der sich im Excel-Fenster links oben neben dem *Speichern*-Symbol befindet.

Diese Funktion speichert Ihre Änderungen automatisch und im Hintergrund, steht aber nur zur Verfügung, wenn die Mappe auf OneDrive gespeichert wurde. In diesem Fall sehen Sie rechts vom Dateinamen, im Bild *Übersicht Teilnehmer*, den aktuellen Status *Gespeichert* bzw. *Wird gespeichert*. Mit Klick auf den Schalter lässt sich das automatische Speichern bei Bedarf aktivieren und deaktivieren.

Bild 3.7 Automatisches Speichern

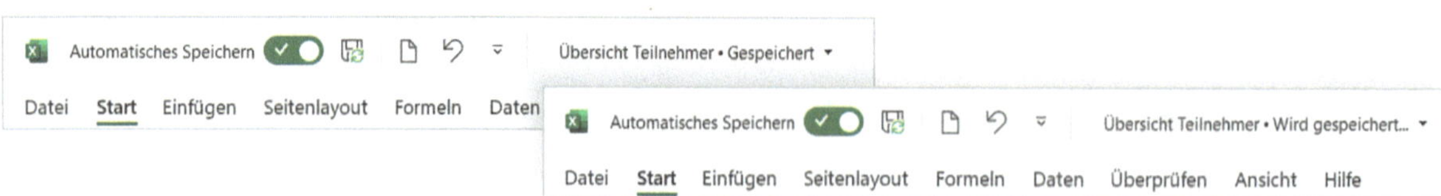

Ältere Versionen anzeigen

Ein weiterer Vorteil des automatischen Speicherns: Sie können bei Bedarf jederzeit wieder auf ältere Versionen zurückgreifen. Klicken Sie dazu beim Dateinamen bzw. Status auf den Pfeil ❶ und auf *Versionsverlauf* ❷.

Der Versionsverlauf ❸ erscheint in einem gesonderten Bereich am rechten Rand des Excel-Fensters und listet alle Versionen auf. Wenn Sie eine der Versionen anzeigen möchten, dann klicken Sie bei dieser auf *Version öffnen*.

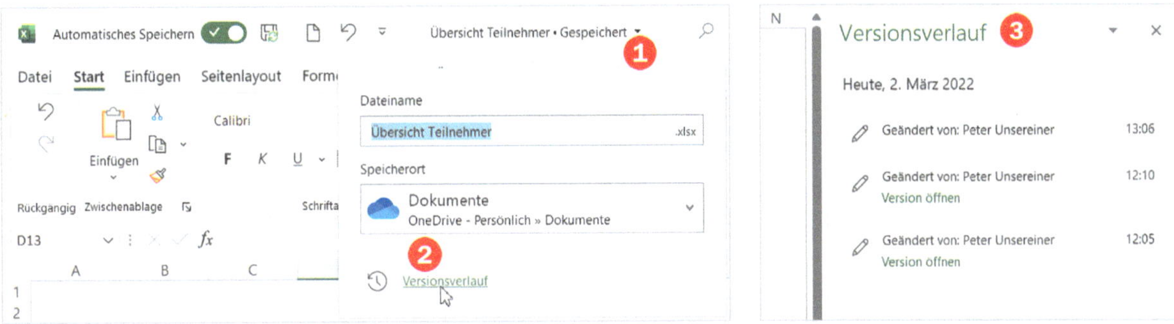

Bild 3.8 Versionen anzeigen

Beachten Sie: Ältere Versionen werden schreibgeschützt in einem eigenen Fenster geöffnet. Sie brauchen also nur das Fenster zu schließen, um zum Original zurückzukehren.

- Falls Sie die Version beibehalten möchten, so klicken Sie auf *Wiederherstellen*.
- Um eine Kopie der Version zu speichern, klicken Sie auf das Register *Datei* und auf *Speichern unter*.

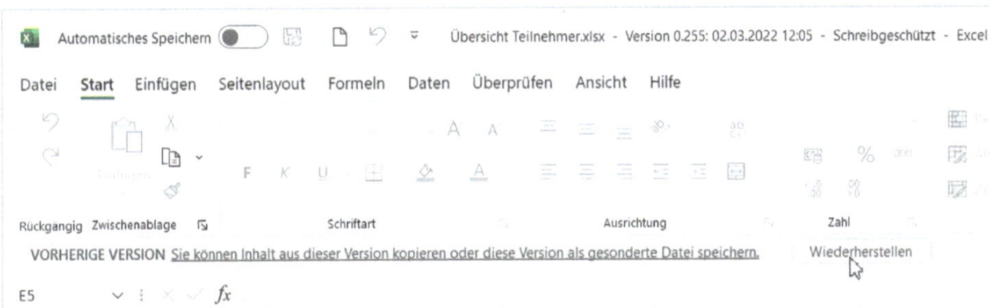

Bild 3.9 Ältere Version wiederherstellen

3.3 Gespeicherte Arbeitsmappe öffnen

Im Datei-Explorer öffnen

Das Öffnen von Dateien im Datei-Explorer von Windows ist eine der am häufigsten verwendeten Methoden und dürfte daher den meisten Anwendern bekannt sein. Aus diesem Grund hier nur eine kurze Zusammenfassung.

Öffnen Sie den Datei-Explorer mit Klick auf das Symbol in der Taskleiste. Wählen Sie dann entweder links in der Navigationsleiste oder, falls sichtbar im rechten Inhaltsbereich, den Speicherort der Datei aus und öffnen Sie diese mit einem Doppelklick.

Bild 3.10 Datei-Explorer über Symbol der Taskleiste öffnen

Aus Excel heraus öffnen

Wenn Excel bereits geöffnet ist, dann wählen Sie entweder auf der Startseite eine der zuletzt verwendeten Arbeitsmappen oder klicken für weitere Möglichkeiten auf *Öffnen* ❶. Die weitere Vorgehensweise läuft ähnlich ab wie beim Speichern.

1 Wie beim Speichern erscheinen auch beim Öffnen zunächst die zuletzt verwendeten Elemente ❷. Die Alternative ist auch hier wieder *Durchsuchen* ❸, wenn Sie einfach nur schnell das Fenster *Öffnen* anzeigen möchten.

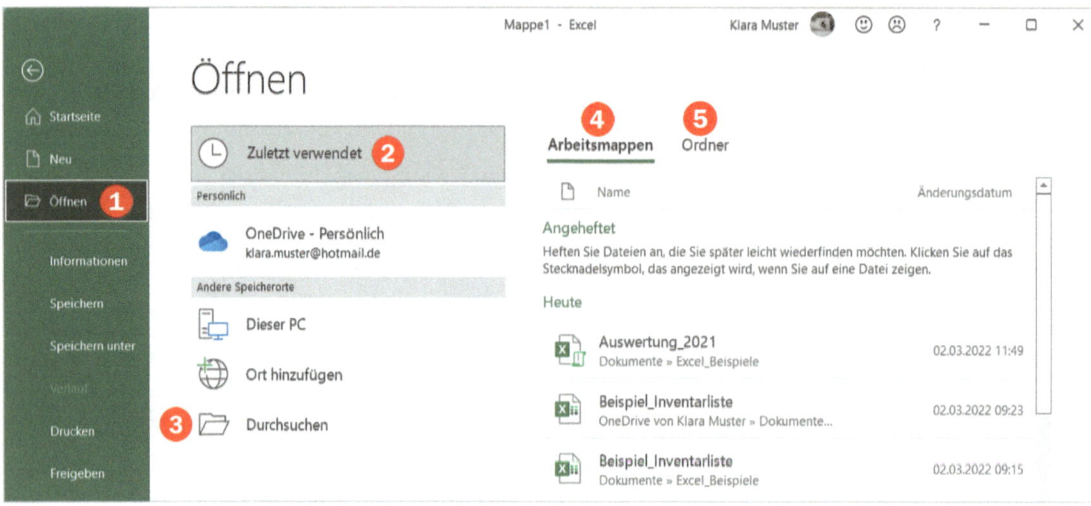

Bild 3.11 Register Datei - Öffnen

2 Im Gegensatz zum Speichern können Sie hier mit der Auswahl *Zuletzt verwendet* zusätzlich zwischen den Registern *Arbeitsmappen* ❹ und *Ordner* ❺ wählen.

- Um z. B. einen häufig verwendeten Ordner zu durchsuchen, klicken Sie auf *Ordner* ❺ und hier auf den gewünschten Ordner ❻, hier Excel-Beispiele. Unterhalb listet Excel alle Arbeitsmappen in diesem Ordner auf und zum Öffnen klicken Sie auf die gewünschte Mappe.
- Da manche Ordner sehr viele Elemente enthalten, können Sie auch nach der Mappe suchen und im Suchfeld ❼ einen Teil des Dateinamens eingeben.
- Mit Klick auf den nach oben weisenden Pfeil ❽ gelangen Sie schnell zum übergeordneten Ordner

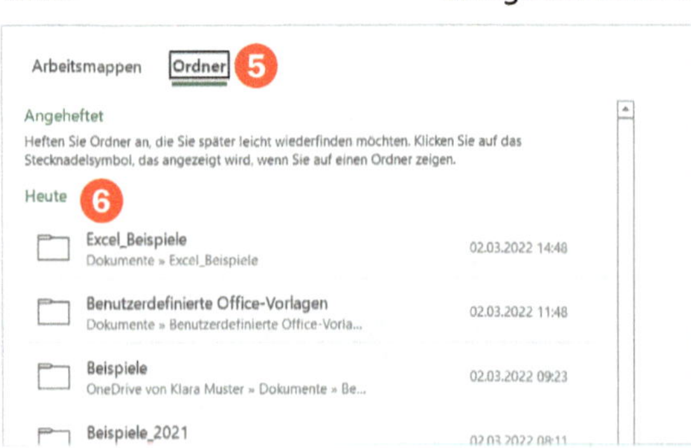

Bild 3.12 Zuletzt verwendete Ordner anzeigen

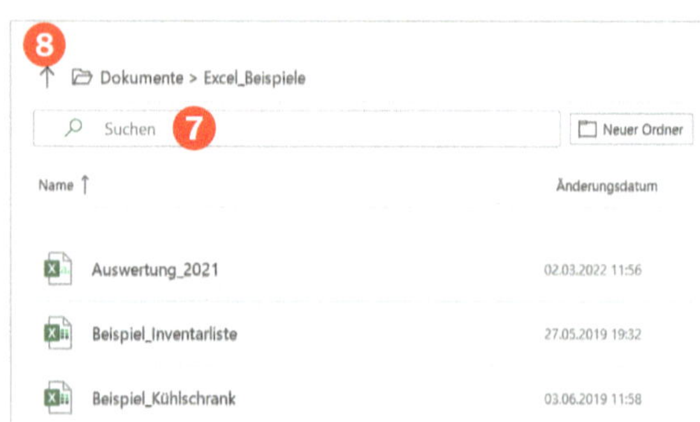

Bild 3.13 Ordner durchsuchen

Häufig benötigte Dateien und Ordner fest anheften

Häufig benötigte Arbeitsmappen und Ordner heften Sie am besten fest in der Liste *Zuletzt verwendet* an. Angeheftete Elemente erscheinen in einem gesonderten Abschnitt ganz am Anfang der Liste und verschwinden daraus auch nicht, wenn Sie die Mappe oder den Ordner längere Zeit nicht verwendet haben.

Fest angeheftete Elemente stehen sowohl beim Öffnen als auch beim Speichern von Arbeitsmappen zur Verfügung.

Beispiel Ordner fest anheften

Zeigen Sie in der Liste *Zuletzt verwendet* auf die Arbeitsmappe oder den Ordner, im Bild Excel_Beispiele, und klicken Sie dann auf das Pin-Symbol ❶. Es spielt keine Rolle, ob Sie zuvor auf *Öffnen* oder *Speichern unter* geklickt haben.

Der Ordner erscheint nun am Anfang der Liste unter *Angeheftet* ❷. Falls Sie später den Ordner daraus wieder entfernen möchten, so klicken Sie erneut auf das Pin-Symbol.

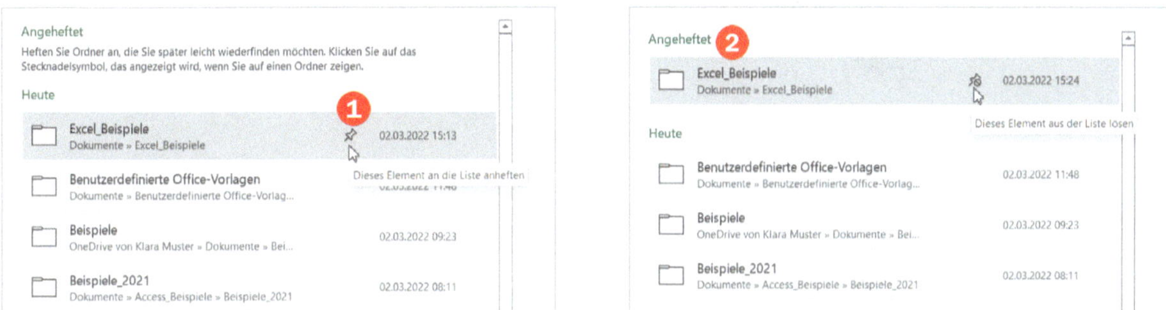

Bild 3.14 Ordner in der Liste Zuletzt verwendet anheften

Sicherheitseinstellungen beim Öffnen

Arbeitsmappen aus dem Internet oder verbundenen Netzlaufwerken

Office-Dokumente und damit auch Arbeitsmappen können unbemerkt Schadsoftware enthalten. Daher werden Mappen, die Sie aus dem Internet heruntergeladen oder per E-Mail erhalten haben, beim ersten Mal automatisch in der geschützten Ansicht geöffnet. Diese Ansicht verhindert, dass eventuelle Schadsoftware aktiviert wird. Der Inhalt kann trotzdem gelesen werden. Falls Sie die Tabelle aber auch bearbeiten oder drucken möchten, müssen Sie zuvor die Bearbeitung aktivieren. Dies gilt auch für Arbeitsmappen, die sich auf einem Netzlaufwerk befinden.

Diese Einstellung könnte zwar in den Excel-Optionen deaktiviert werden, dies ist aber aus Sicherheitsgründen nicht zu empfehlen.

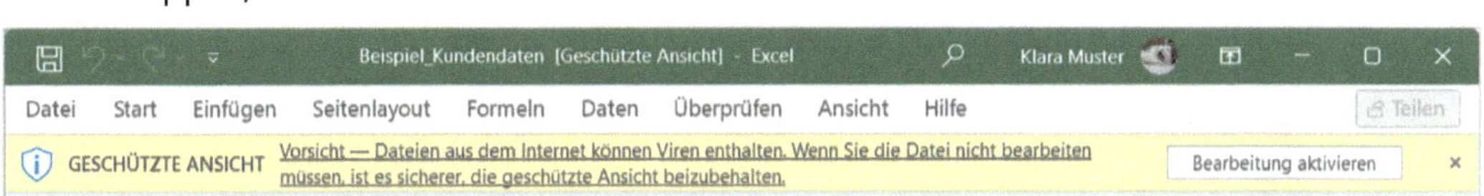

Bild 3.15 Die geschützte Ansicht

Achtung: Mit Klick auf *Bearbeitung aktivieren* könnten auch eventuell schädliche Inhalte aktiviert werden. Klicken Sie also nur darauf, wenn dies unbedingt erforderlich ist und Sie der Datenquelle vertrauen!

Arbeitsmappen mit Makros öffnen

Achtung: Auch das automatische Deaktivieren von Makros mit Warnung sollte in den Excel-Optionen unbedingt beibehalten werden.

Makros, d. h. kleine Programme, die Anwender von lästigen wiederkehrenden Aufgaben entlasten, können auch Schadsoftware enthalten und in böswilliger Absicht verbreitet werden. Aus diesem Grund müssen Arbeitsmappen im Dateityp *Excel-Arbeitsmappe mit Makros* gespeichert werden, siehe Seite 65.

> Beim Öffnen einer Arbeitsmappe mit Makros werden in der Standardeinstellung alle Makros zunächst deaktiviert und es erscheint die unten abgebildete Sicherheitswarnung. Wie bei der geschützten Ansicht gilt: Klicken Sie nur auf *Inhalt aktivieren*, wenn Sie der Mappe und dem Urheber vertrauen. Sie können den Inhalt der Arbeitsmappe einsehen, bearbeiten und drucken, auch ohne die Inhalte und damit die Makros zu aktivieren.

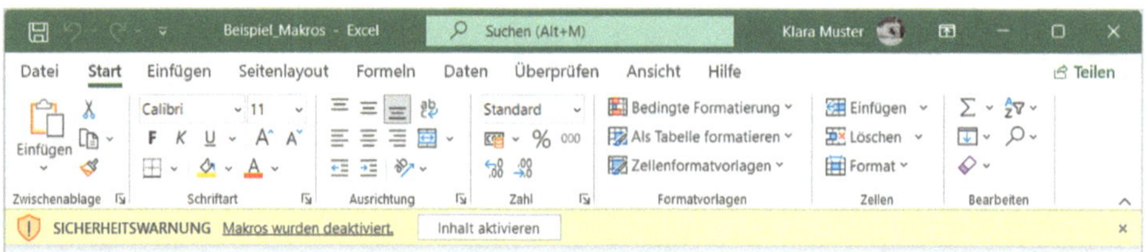

Bild 3.16 Sicherheitswarnung beim Öffnen von Arbeitsmappen mit Makros

Hinweis: Mit Klick auf *Inhalt aktivieren* wird die Mappe von Excel als vertrauenswürdig eingestuft und beim nächsten Öffnen erscheint diese Meldung nicht mehr.

Ältere Arbeitsmappen im Kompatibilitätsmodus öffnen

Arbeitsmappen, die im alten Dateiformat mit der Dateinamenerweiterung .xls gespeichert wurden, z. B. mit Excel 2003, werden automatisch im Kompatibilitätsmodus geöffnet. Ein entsprechender Hinweis erscheint in der Titelleiste.

Im Kompatibilitätsmodus stehen nicht alle Funktionen von Excel 2021 zur Verfügung. Falls Sie diese nutzen möchten, müssen Sie die Mappe im Standardformat Excel-Arbeitsmappe speichern. Dazu haben Sie zwei Möglichkeiten, beide können jedoch zu ungewollten Layoutänderungen führen.

Bild 3.17 xls-Arbeitsmappe in das Standarddateiformat umwandeln

- **Dateityp umwandeln**: Klicken Sie im Register *Datei* auf *Informationen* und hier auf die Schaltfläche *Konvertieren*. Nach vorheriger Rückfrage wird die Mappe in das

Dateiformat mit der Dateinamenserweiterung .xlsx umgewandelt und kann danach nicht mehr mit älteren Excel-Versionen geöffnet werden.

- **Arbeitsmappe erneut speichern**: Wenn die ursprüngliche Datei erhalten bleiben soll, dann klicken Sie im Register *Datei* auf *Speichern unter* und wählen im Fenster *Speichern unter* im Feld *Dateityp* den Typ *Excel-Arbeitsmappe (.xlsx)* aus. Dateiname und Speicherort können beibehalten werden.

3.4 Arbeitsmappen schützen

Mit Kennwort vor unbefugtem Öffnen schützen

Kennwörter schützen Arbeitsmappen mit persönlichem oder vertraulichem Inhalt. Vergeben Sie beispielsweise ein Kennwort, wenn die Arbeitsmappe auf einem Netzlaufwerk liegt und nicht alle Kollegen Einblick in die Datei erhalten sollen.

Kennwort festlegen

Um die aktuelle Mappe mit einem Kennwort zu schützen, klicken Sie im Register *Datei* auf *Informationen* ❶ und hier auf die Schaltfläche *Arbeitsmappe schützen* ❷. Wählen Sie *Mit Kennwort verschlüsseln* ❸, geben Sie im nachfolgenden Fenster ein Kennwort ein ❹ und klicken Sie auf *OK*. Anschließend müssen Sie das Kennwort ein zweites Mal eingeben. Wie bei allen Kennwörtern wird nach Groß- und Kleinschreibung unterschieden. Vergessen Sie außerdem anschließend nicht, die Arbeitsmappe zu speichern!

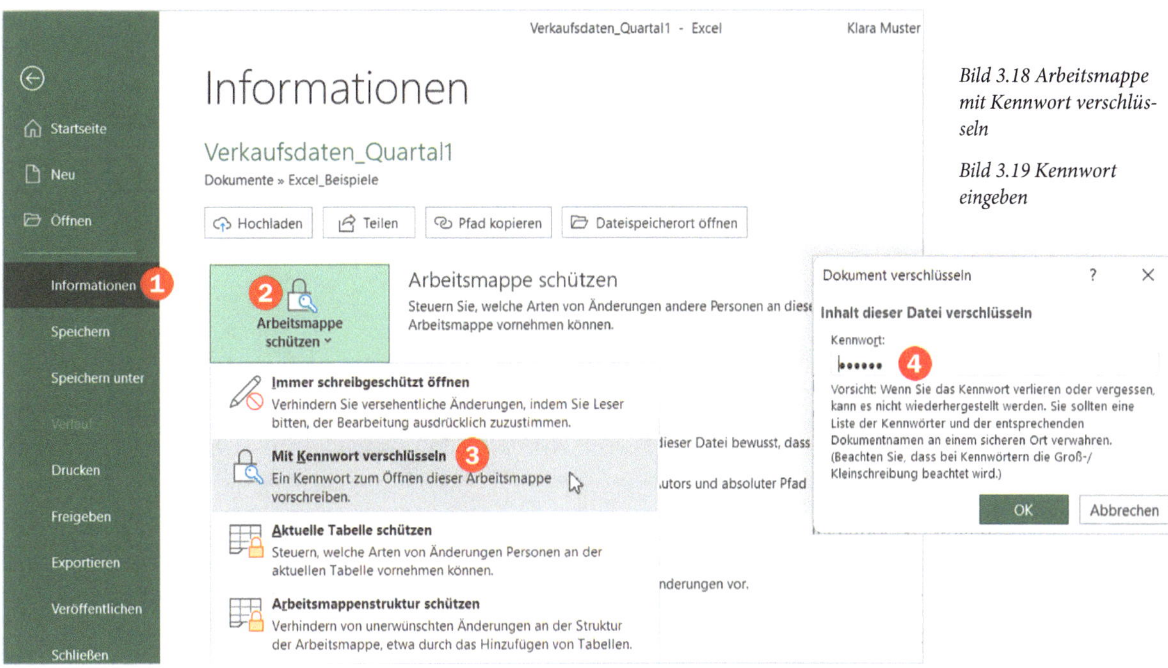

Bild 3.18 Arbeitsmappe mit Kennwort verschlüsseln

Bild 3.19 Kennwort eingeben

Kennwortgeschützte Datei öffnen

Beim Öffnen einer kennwortgeschützten Mappe wird das Kennwort abgefragt, erst danach erscheint der Inhalt der Arbeitsmappe.

Bild 3.20 Mappe mit Kennwortschutz öffnen

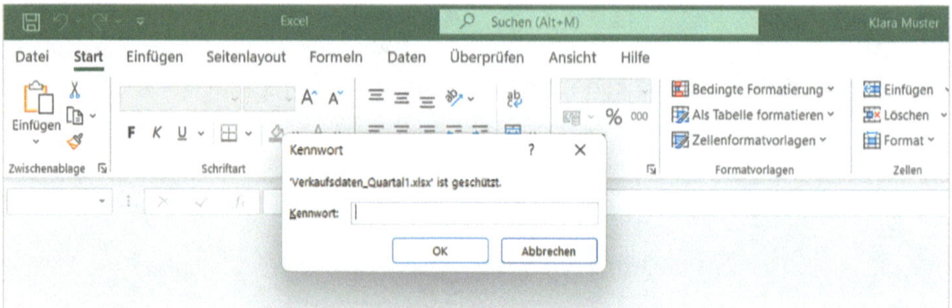

Kennwort entfernen

Falls Sie von einer kennwortgeschützten Arbeitsmappe das Kennwort wieder entfernen möchten, müssen Sie zunächst die Mappe unter Angabe des Kennwortes öffnen, siehe oben. Klicken Sie dann im Register *Datei* ▶ *Informationen* erneut auf die Schaltfläche *Arbeitsmappe schützen*, diese ist in geschützten Arbeitsmappen gelb hervorgehoben, und auf *Mit Kennwort verschlüsseln*. Löschen Sie das Kennwort, bestätigen Sie mit *OK* und speichern Sie die Arbeitsmappe.

Bild 3.21 Kennwort löschen

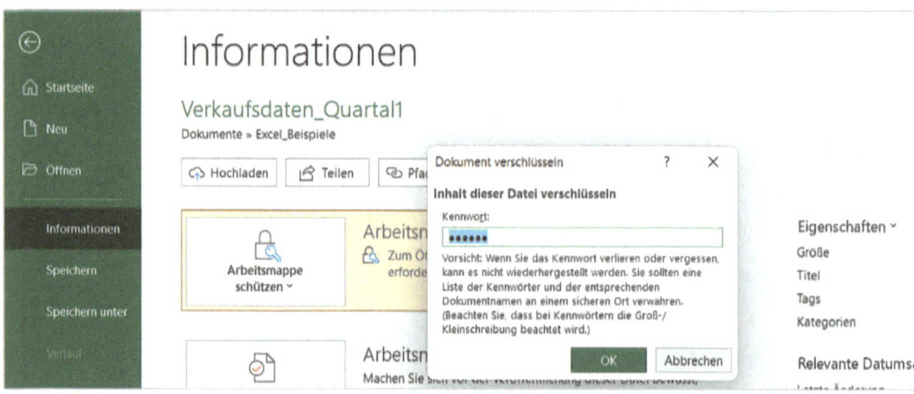

Arbeitsmappen schreibgeschützt öffnen

Zum Schutz vor unbeabsichtigten Änderungen kann eine Arbeitsmappe auch schreibgeschützt geöffnet werden, genauer gesagt muss beim Öffnen der Schreibschutz aktiviert werden, wie im Bild auf der nächsten Seite.

Wenn Sie oder ein anderer Nutzer zustimmen bzw. auf *Ja* klicken, dann erscheint im Titel neben dem Dateinamen der Zusatz *[Schreibgeschützt]* und der Inhalt kann zwar eingesehen, vorgenommene Änderungen aber nicht gespeichert werden, außer die Mappe wird unter anderem Namen und/oder an einem anderen Ort gespeichert.

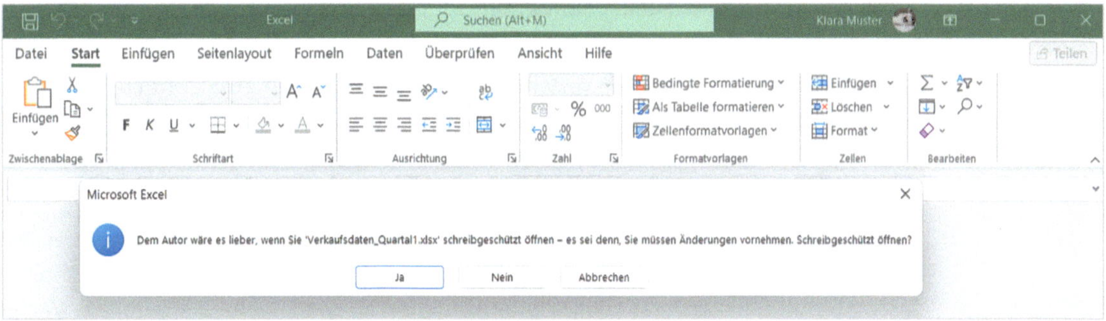

Bild 3.22 Schreibschutz beim Öffnen aktivieren

Schreibschutz einrichten

Um den oben beschriebenen Schreibschutz einzurichten, klicken Sie im Register *Datei* auf *Informationen* und auf die Schaltfläche *Arbeitsmappe schützen*, siehe Kennwortschutz auf Seite 71. Wählen Sie *Immer schreibgeschützt öffnen* und speichern Sie Ihre Änderungen an der Arbeitsmappe.

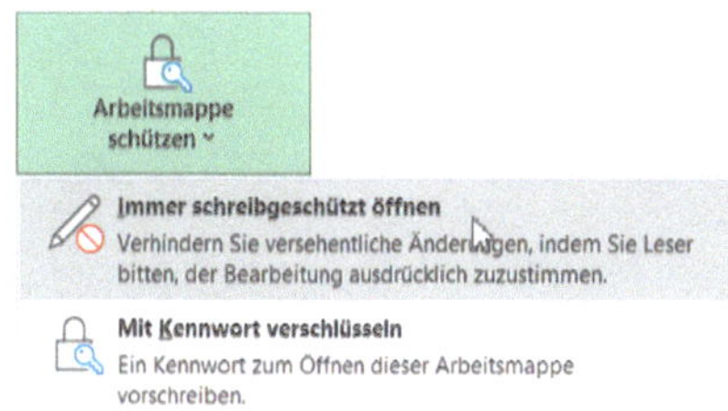

Schreibschutz aufheben

Wenn Sie im Bedarfsfall den Schreibschutz dauerhaft wieder entfernen möchten, dann müssen Sie zuerst die Arbeitsmappe ohne Schreibschutz öffnen bzw. beim Öffnen auf *Nein* klicken, siehe Bild 3.22. Klicken Sie dann erneut auf *Arbeitsmappe schützen* und auf *Immer schreibgeschützt öffnen* und speichern Sie danach Ihre Änderungen.

Hinweis: Sie finden beim Klick auf die Schaltfläche *Arbeitsmappe schützen* außerdem auch noch die Möglichkeit, die aktuelle Tabelle zu schützen. Wie das geht, erfahren Sie in Kapitel 12.

3.5 Nicht gespeicherte Arbeitsmappen wiederherstellen

Das automatische Speichern mit Microsoft 365 und in Verbindung mit OneDrive haben Sie in diesem Kapitel auf Seite 66 bereits kennengelernt.

Für das Speichern auf der Festplatte des PCs verfügt Excel über eine ähnliche Funktion, die aber auch mit OneDrive funktioniert. Diese speichert während der Arbeit automatisch in bestimmten Intervallen die Arbeitsmappe im Hintergrund und steht sowohl Nutzern von Microsoft 365 als auch von Excel 2021 zur Verfügung. Im Fall eines Programmabsturzes oder wenn Sie versehentlich die Mappe geschlossen haben, ohne zuvor zu speichern, kann beim nächsten Öffnen die automatisch gespeicherte Version wiederhergestellt werden.

Automatisches Wiederherstellen aktivieren

Voraussetzung ist, dass die AutoWiederherstellen-Funktion aktiviert ist. Die Einstellungen dazu finden Sie im Register *Datei* ▶ *Optionen*. Wählen Sie im Dialogfenster *Excel-Optionen* die Kategorie *Speichern*. Achten Sie darauf, dass das Kontrollkästchen *AutoWiederherstellen-Informationen speichern* aktiviert ist, s. Bild unten. Das Feld daneben legt das Speicherintervall in Minuten fest.

Die automatische Speicherung erfolgt in eine temporäre Datei, die beim Beenden von Excel wieder gelöscht wird, im Fall eines Programmabsturzes allerdings erhalten bleibt. Damit Sie die Datei auch wiederherstellen können, wenn Sie Excel aus Versehen schließen, muss außerdem das Kontrollkästchen *Beim Schließen ohne Speichern die letzte automatisch gespeicherte Version beibehalten* aktiviert sein.

Bild 3.23 AutoWiederherstellen-Informationen speichern

Tipp: Den Speicherort für automatische Sicherungen finden Sie im Feld unterhalb.

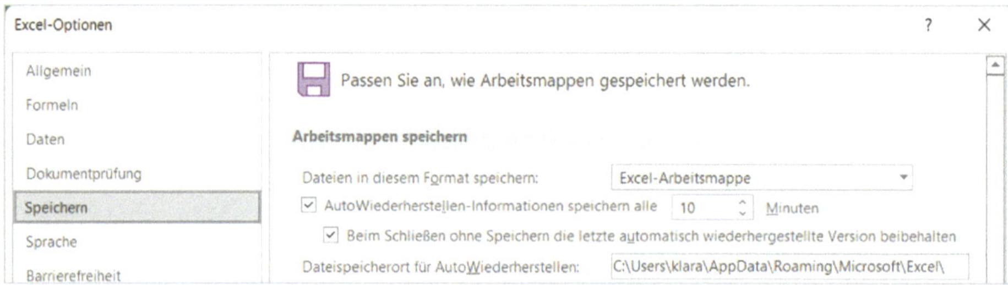

Mappe wiederherstellen

Die Vorgehensweise beim Wiederherstellen unterscheidet sich, je nachdem ob die Mappe überhaupt nicht gespeichert wurde oder bereits ein Dateiname vorhanden ist.

Nicht gespeicherte Änderungen wiederherstellen

Wenn die Arbeitsmappe bereits gespeichert wurde und Sie beim letzten Mal vergessen haben, Ihre Änderungen zu speichern, dann öffnen Sie die Mappe und klicken im Register *Datei* auf *Informationen*. Unter *Arbeitsmappe verwalten* finden Sie die letzte, nicht gespeicherte Version mit dem Zusatz *(bei Schließen ohne Speichern)* und können diese mit Klick darauf öffnen. **Achtung**: Die Mappe wird schreibgeschützt geöffnet. Wenn Sie die Version beibehalten möchten, klicken Sie in der Infoleiste auf *Wiederherstellen*, andernfalls schließen Sie die schreibgeschützte Version wieder.

Bild 3.24 Nicht gespeicherte Änderungen wiederherstellen

Info: Beim Wiederherstellen wird die letzte gespeicherte Version nach Rückfrage durch die wiederhergestellte Mappe ersetzt und ist damit nicht mehr schreibgeschützt.

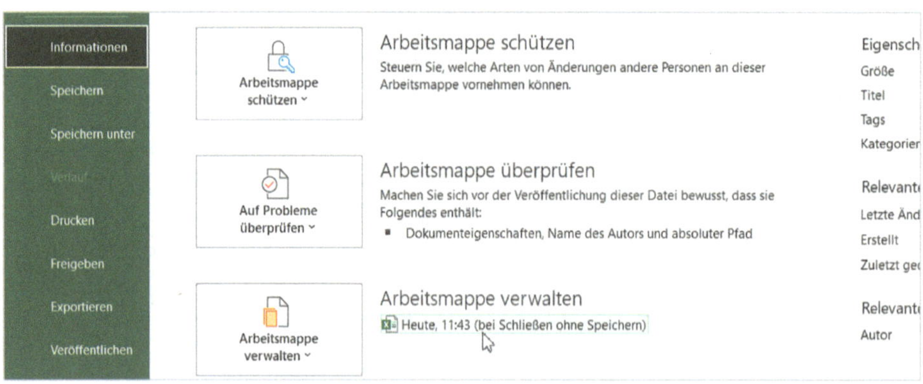

Nicht gespeicherte Arbeitsmappen wiederherstellen

Etwas anders gehen Sie vor, wenn Sie eine nicht gespeicherte Arbeitsmappe wiederherstellen möchten. Dazu klicken Sie im Register *Datei* auf *Öffnen* und wählen *Zuletzt verwendet*. Klicken Sie dann am unteren Rand des Fensters auf *Nicht gespeicherte Arbeitsmappen wiederherstellen* ❶. Das Dialogfenster *Öffnen* wird mit dem Inhalt des Ordners *UnsavedFiles* ❷ geöffnet. Wählen Sie die Mappe aus, die Sie wiederherstellen möchten, und klicken Sie auf *Öffnen*.

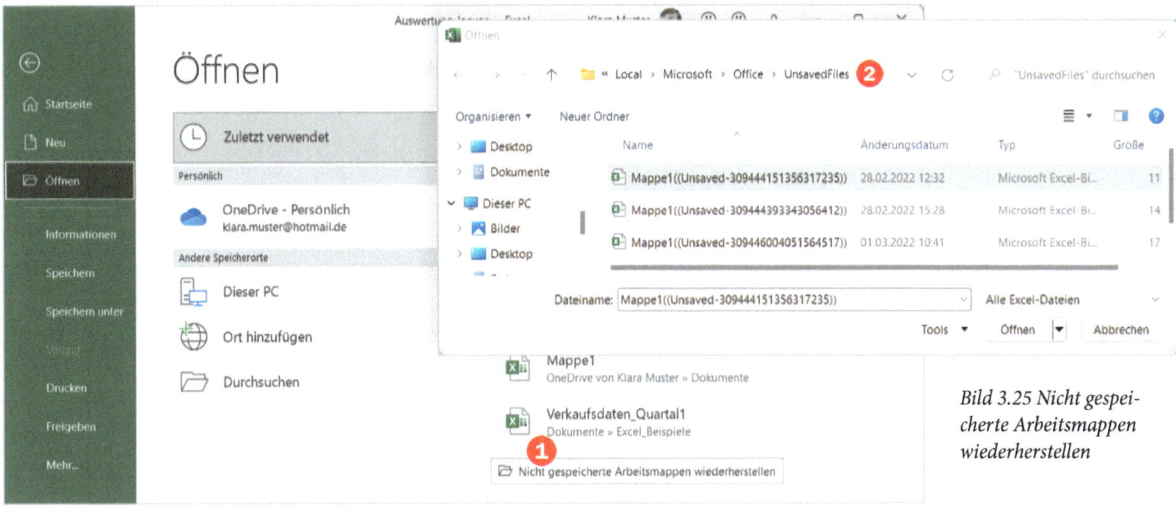

Bild 3.25 Nicht gespeicherte Arbeitsmappen wiederherstellen

Um die temporär gespeicherte und zunächst schreibgeschützte Arbeitsmappe anschließend dauerhaft zu speichern, klicken Sie in der Infoleiste auf *Speichern unter*, s. Bild unten.

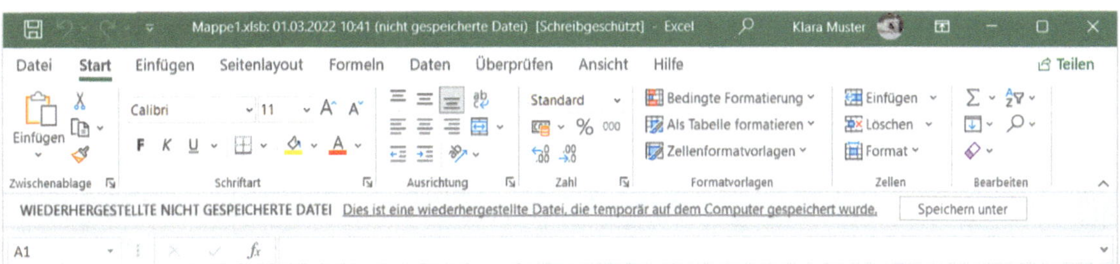

Bild 3.26 Die wiederhergestellte Mappe speichern

3.6 Excel-Arbeitsmappe als PDF-Datei speichern

Info: XPS ist ebenfalls ein Dateiformat zur Datenweitergabe, ist aber kaum verbreitet und daher nicht weiter relevant.

Excel bietet auch das Speichern im PDF-Dateiformat an. Damit werden alle Formate beibehalten und die Datei kann, unabhängig vom Betriebssystem, auf allen Computern geöffnet und gelesen werden, vorausgesetzt ein passendes Leseprogramm, wie z. B. Adobe Reader, ist installiert.

1 Klicken Sie im Register *Datei* auf *Exportieren* ❶, wählen Sie *PDF/XPS-Dokument erstellen* ❷ und klicken Sie auf die Schaltfläche *PDF/XPS-Dokument erstellen* ❸. Geben Sie dann im gleichnamigen Fenster einen Dateinamen ❹ ein und wählen Sie einen Speicherort aus. Unterhalb finden Sie die folgenden Optionen:

- *Datei nach dem Veröffentlichen öffnen* bedeutet, die PDF-Datei wird anschließend geöffnet.
- Bei *Optimieren für* können Sie wählen zwischen *Standard*, z. B. wenn die Datei gedruckt werden soll, und *Minimale Größe (Onlineveröffentlichung)* mit reduzierter Dateigröße, falls Sie das PDF per E-Mail versenden möchten.
- Über die Schaltfläche *Optionen...* kann bei Bedarf die Seitenzahl eingeschränkt und PDF/A-Kompatibilität festgelegt werden.

PDF/A ist ein Standard zur Archivierung digitaler Dokumente.

2 Klicken Sie zuletzt auf die Schaltfläche *Veröffentlichen* ❺.

Bild 3.27 Register Datei - Exportieren

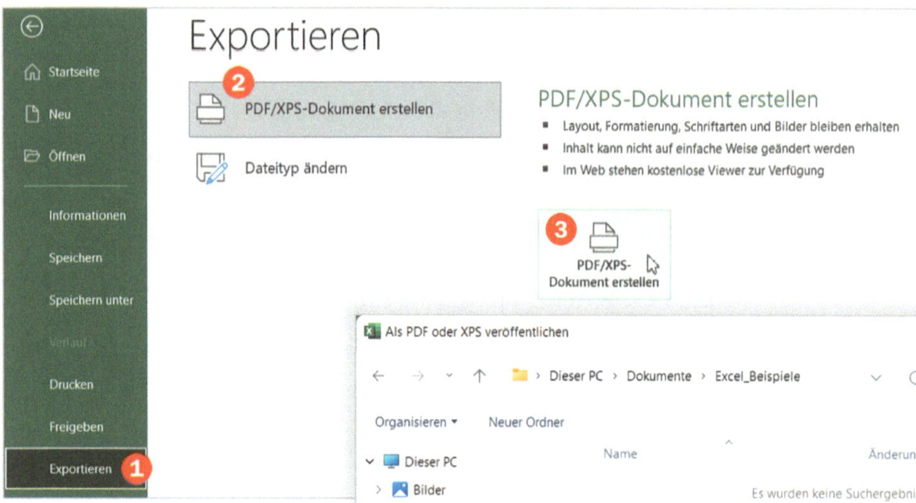

Bild 3.28 Dateiname, Speicherort und Exportoptionen

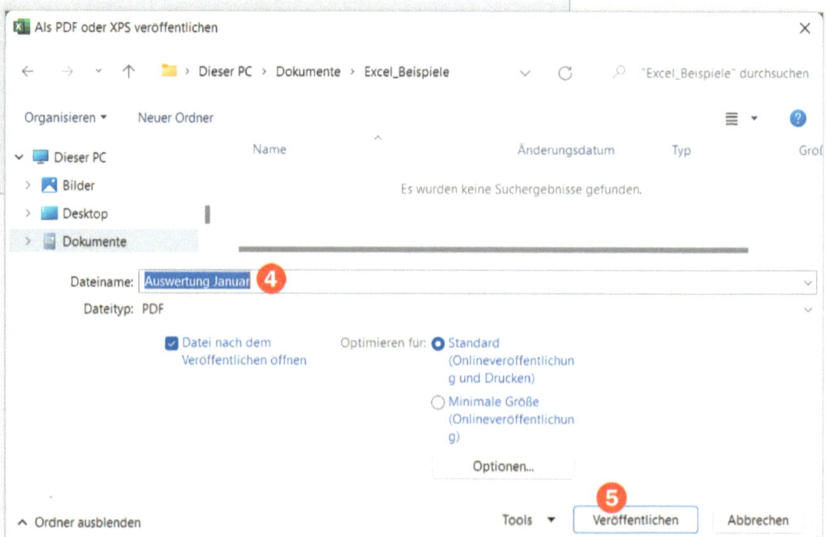

3.7 Allgemeine Einstellungen zum Öffnen und Speichern

Im den Excel-Optionen können Sie einige Einstellungen zum Öffnen und Speichern festlegen bzw. ändern. Klicken Sie dazu im Register *Datei* auf *Optionen*.

Bild 3.29 Sofort mit einer leeren Arbeitsmappe starten

Beim Start von Excel eine leere Arbeitsmappe anzeigen

Wenn Sie nach dem Start von Excel ohne Anzeige der Startseite sofort mit einer neuen leeren Arbeitsmappe beginnen möchten, dann wählen Sie in den Optionen die Kategorie *Allgemein* und entfernen im Abschnitt *Startoptionen* das Häkchen vor *Startbildschirm beim Start dieser Anwendung anzeigen* ❶. Damit öffnet Excel ab sofort beim Start automatisch eine leere Arbeitsmappe. Die Startseite können Sie trotzdem noch über das Register *Datei* und die Auswahl *Startseite* anzeigen.

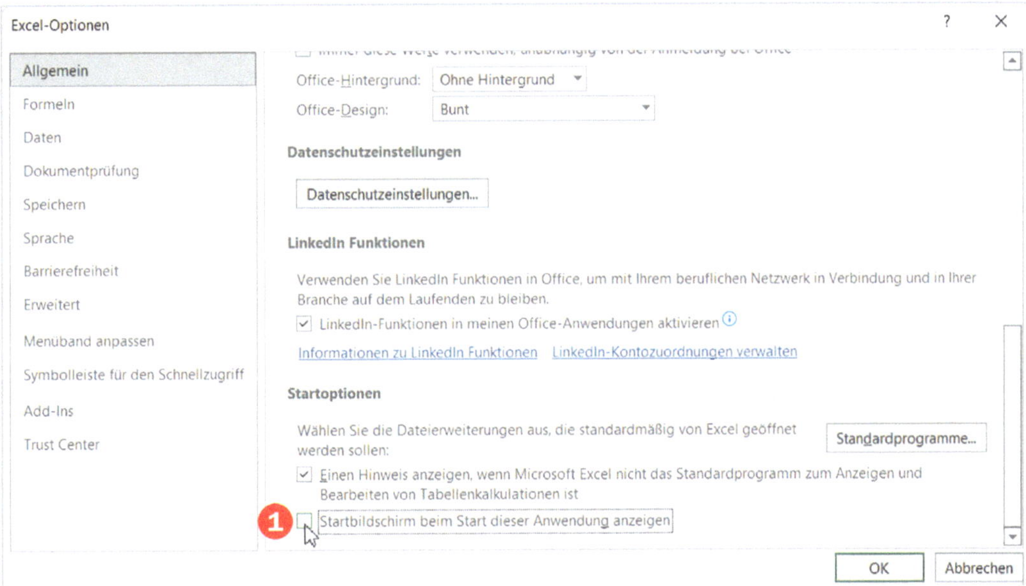

Speichereinstellungen

In der Kategorie *Speichern* ❷ (Bild auf der nächsten Seite) der Excel-Optionen finden Sie noch weitere nützliche Einstellungen.

Fenster Speichern unter sofort anzeigen

Um das Fenster *Speichern unter* zu öffnen, sind in der Standardeinstellung einige Klicks erforderlich, z. B. *Datei* ▶ *Speichern unter* ▶ *Durchsuchen*. Und auch wenn Sie zum Speichern einer neuen Arbeitsmappe auf das Symbol *Speichern* klicken oder die Tastenkombination **Strg+S** verwenden, dann erscheinen zunächst einige zuletzt verwendete Speicherorte und mit Klick auf *Weitere Optionen...* landen Sie wieder im Register *Datei* und dem Bereich *Speichern unter*.

- Wer in diesem Fall lieber sofort das Dialogfenster *Speichern unter* anzeigen möchte, aktiviert dazu das Kontrollkästchen (Häkchen) *Backstage beim Öffnen oder Speichern von Dateien mithilfe von Tastenkürzeln nicht anzeigen* ❸.

Standardspeicherorte

Auch zu den Speicherorten finden Sie in den Optionen nützliche Einstellungen:

- Bei Aufrufen des Bereichs *Speichern unter* ist standardmäßig *Zuletzt verwendet* ausgewählt. Soll hier *Dieser PC* angeboten werden, dann setzen Sie ein Häkchen bei *Datei* ▶ *Optionen* ▶ *Speichern* ▶ *Standardmäßig auf Computer speichern* ❹.
- Wenn Sie statt im Ordner *Dokumente* in der Regel an einem anderen Ort, z. B. einem Netzlaufwerk speichern, dann können Sie im Feld *Lokaler Standardspeicherort für Datei* ❺ bei Bedarf den Pfad zu diesem Ordner eingeben. Dieser erscheint dann beim Speichern automatisch anstelle des Ordners *Dokumente*, die Auswahl eines anderen Ordners ist natürlich trotzdem möglich.

Bild 3.30 Nützliche Speichereinstellungen

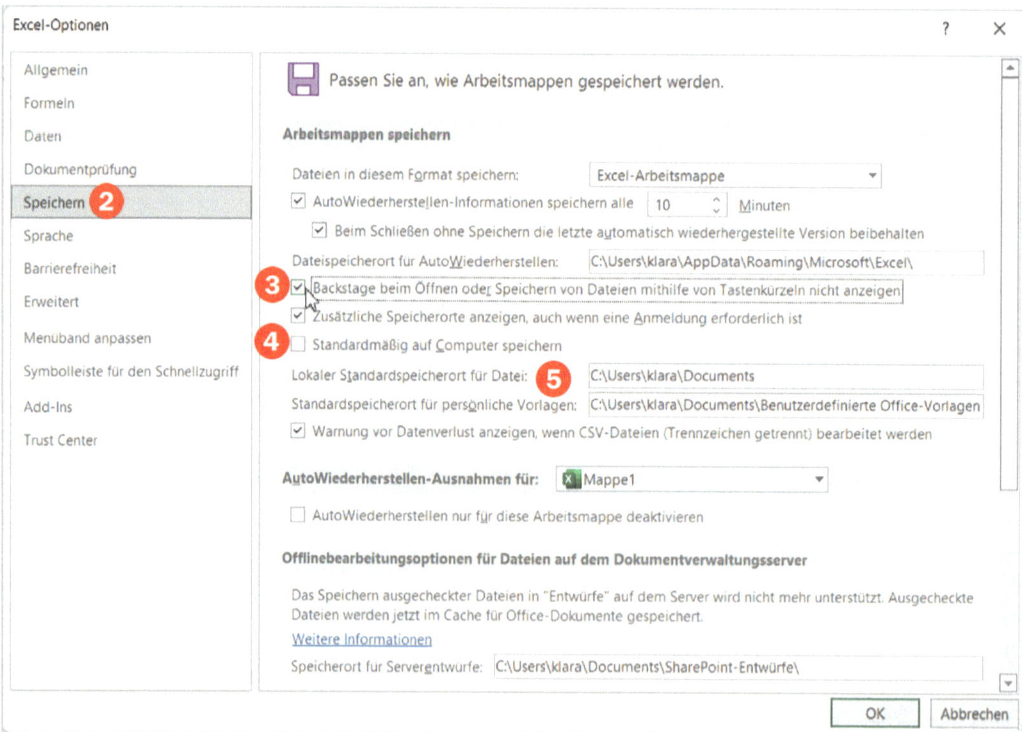

4 Daten eingeben

In diesem Kapitel lernen Sie...

- wie man Text, Zahlen und Datum eingibt
- Zellinhalte korrigieren, überschreiben oder löschen
- das Aussehen von Zahlen und Datumswerten mit Formaten ändern
- den Umgang mit Prozentzahlen
- wie man Reihen erzeugt
- Zellinhalte trennen und zusammenfügen

Das sollten Sie bereits wissen

- Excel Arbeitsumgebung und Befehlseingabe

Vor der Eingabe bzw. dem Anlegen einer Tabelle sollten Sie überlegen, wie die Tabelle aufgebaut sein soll und welche Spalten Sie benötigen. Beachten Sie dabei nach Möglichkeit die folgenden Grundregeln:

- Eine Tabelle kann in jeder beliebigen Zeile und Spalte beginnen. Da Sie die Ausrichtung auf einer Druckseite gesondert vornehmen können, z. B. zentriert, beginnen Sie am besten links oben in der ersten Spalte und Zeile.
- Innerhalb von zusammenhängenden Tabellenbereichen sollten Sie leere Zeilen und Spalten vermeiden. Die Funktionalität weiterführender Bearbeitungsmöglichkeiten (Diagramme, Sortierung, Filterung etc.) wird dadurch beeinträchtigt.
- Wenn Sie zur Visualisierung oder besseren Lesbarkeit Abstände benötigen, erhöhen Sie die Spaltenbreite oder die Zeilenhöhe. Dazu mehr in Kapitel 5.2.

4.1 Zellen und Zellbereiche markieren

Für die Eingabe von Daten muss mindestens eine Zelle markiert werden. Zur Steuerung der Eingabe über mehrere Zeilen bzw. Spalten kann es darüber hinaus manchmal auch sinnvoll sein, den Bereich zunächst zu markieren. Auch beim Löschen von Zellinhalten müssen die Zellen markiert werden. Deshalb beginnen wir das Kapitel Dateneingabe mit den verschiedenen Möglichkeiten, Zellen im Tabellenblatt zu markieren.

Einzelne Zelle markieren

Die Eingabe erfolgt immer in der markierten Zelle. Beim Öffnen einer neuen Arbeitsmappe ist standardmäßig die erste Zelle links oben (A1) markiert. Sie erkennen diese am Markierungsrahmen ❶. Diese Zelle wird als **aktive Zelle** bezeichnet.

- **Maus**: Zum Markieren einer anderen Zelle genügt ein einfacher Mausklick auf die Zelle. Wenn im Tabellenblatt der **Mauszeiger** als **weißes Kreuz** ✚ ❷ erscheint, dann können Sie mit einem Mausklick eine Zelle oder einen Zellbereich markieren.
- **Tastatur**: Um Zellen mit der Tastatur zu markieren, verwenden Sie die Pfeiltasten.

Bild 4.1 Aktive Zelle und Mauszeiger

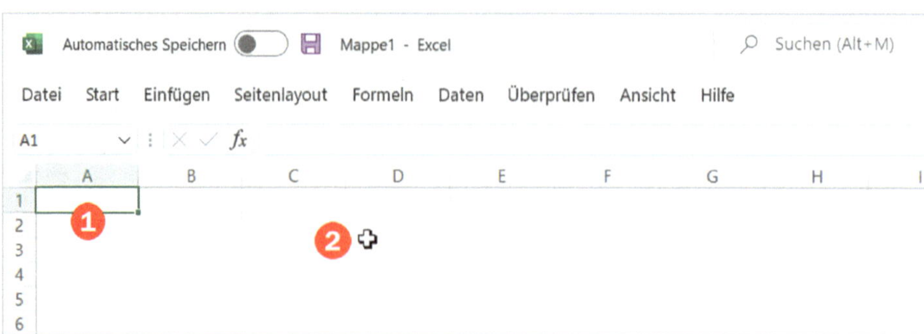

Zusammenhängenden Zellbereich markieren

- **Maus**: Zeigen Sie mit der Maus auf die erste zu markierende Zelle. Halten Sie die linke Maustaste gedrückt, während Sie die Maus über den gewünschten Zellbereich bewegen. Danach lassen Sie die Maustaste wieder los.

  Oder klicken Sie mit der Maus auf die erste Zelle des zu markierenden Bereichs und dann mit gleichzeitig gedrückter **Umschalt**-Taste auf die letzte Zelle.
- **Tastatur**: Auf der Tastatur verwenden Sie die Pfeiltasten zusammen mit der **Umschalt-** (Shift-) **Taste**, um einen Zellbereich zu markieren.
- **Erweiterungsmodus**: Alternativ hilft auch der Erweiterungsmodus, den Sie mit der Funktionstaste **F8** aktivieren. In der Statusleiste erscheint der Hinweis *Auswahl erweitern*. Im Erweiterungsmodus können Sie den Bereich um die aktive Zelle mit den Pfeiltasten oder durch Anklicken der letzten Zelle erweitern. Um den Erweiterungsmodus zu beenden, drücken Sie erneut **F8** oder die **Esc**-Taste.

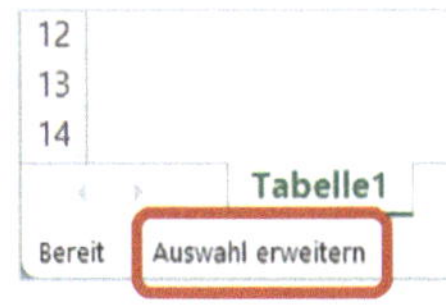

Ein grüner Rahmen grenzt den markierten Bereich ab. Wenn mehrere Zellen markiert wurden, ist der Bereich mit Ausnahme der ersten markierten Zelle grau hervorgehoben. In der weißen Zelle beginnt die Eingabe. Dazu gleich mehr.

> Die Markierung wird aufgehoben, sobald Sie mit der Maus an eine andere beliebige Stelle des Tabellenblattes klicken oder eine Pfeiltaste verwenden.

Mehrere nicht zusammenhängende Bereiche markieren

- Markieren Sie den ersten Zellbereich. Drücken Sie dann die **Strg**-Taste der Tastatur und halten Sie sie gedrückt, während Sie mit der Maus die restlichen Zellen oder Zellbereiche nacheinander durch Anklicken markieren.

Bild 4.2 Markierter Zellbereich

Bild 4.3 Nicht zusammenhängender markierter Zellbereich

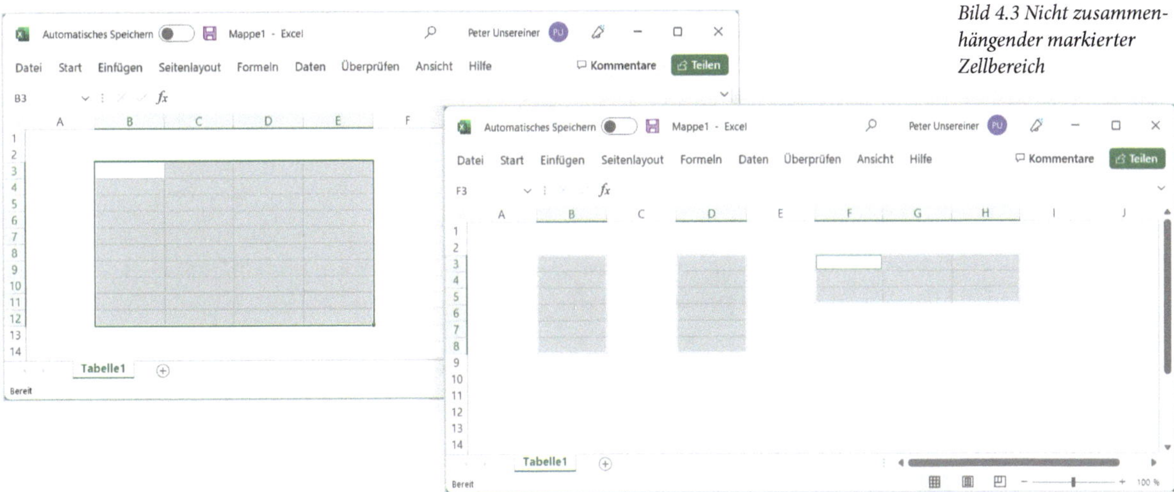

Gesamtes Tabellenblatt oder nichtleeren Zellbereich markieren

▶ Um das gesamte Tabellenblatt zu markieren, klicken Sie mit der Maus auf das Kästchen zwischen den Spalten- und Zeilenköpfen.

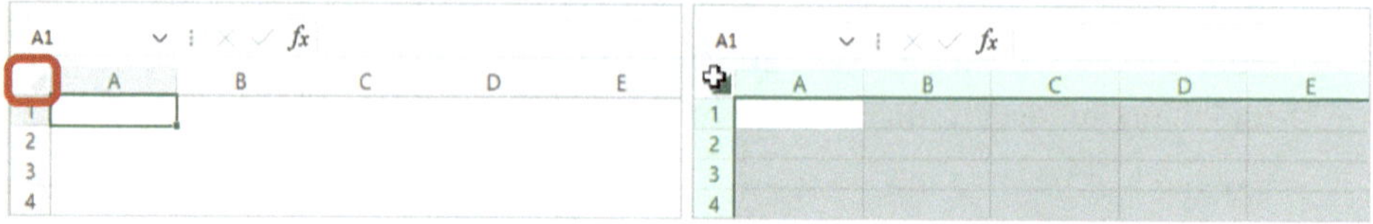

Bild 4.4 Gesamtes Tabellenblatt mit der Maus markieren

Markieren mit der Tastenkombination Strg+A

Alternativ können Sie auch die Tastenkombination **Strg+A** (Alles markieren) einsetzen. Beachten Sie aber, dass mit dieser Tastenkombination außer dem gesamten Tabellenblatt auch nichtleere zusammenhängende Zellbereiche markiert werden können. Das Resultat ist abhängig von der markierten Ausgangszelle:

- Befindet sich die markierte Zelle innerhalb eines zusammenhängenden Tabellenbereichs mit Inhalten, so wird durch **Strg+A** nur dieser Bereich markiert. Erst nochmaliges Drücken der Tastenkombination markiert dann das gesamte Tabellenblatt.

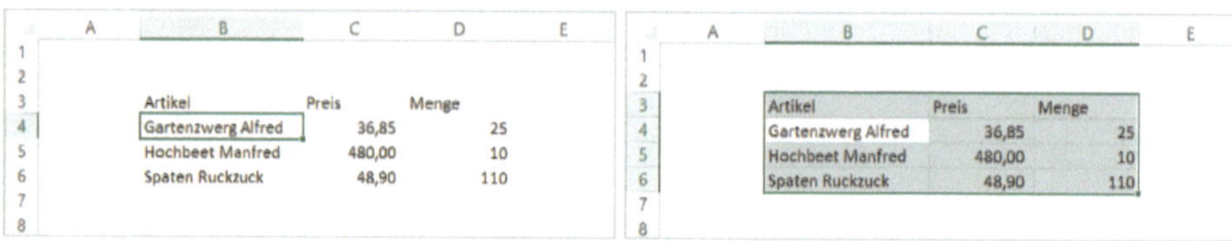

Bild 4.5 Markierte Zelle befindet sich innerhalb eines Tabellenbereichs

- Haben Sie eine Zelle markiert, die links oder oberhalb unmittelbar an den Tabellenbereich angrenzt, wird mit Strg+A ebenfalls nur der Tabellenbereich einschließlich der leeren Spalte links oder Zeile oberhalb markiert.

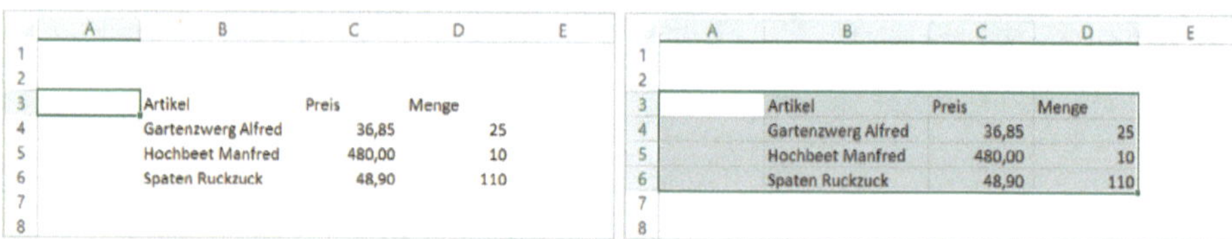

Bild 4.6 Markierte Zelle befindet sich links oder oberhalb eines Tabellenbereichs

- Ist die markierte Zelle von leeren Zellen umgeben oder befindet sich die markierte Zelle unmittelbar rechts oder unterhalb eines Tabellenbereichs, dann wird mit **Strg+A** sofort das gesamte Tabellenblatt markiert.

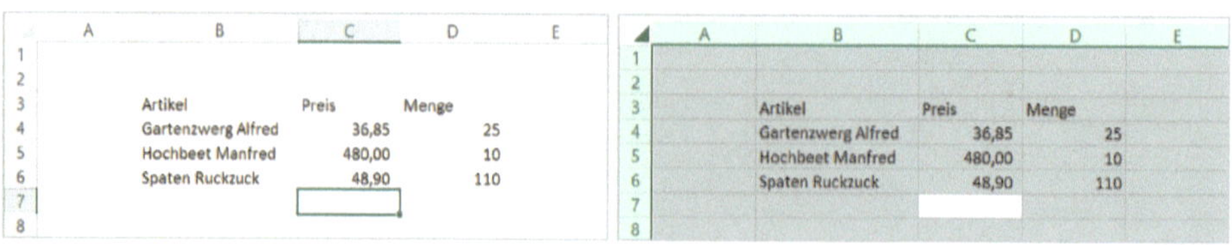

Bild 4.7 Markierte Zelle befindet sich rechts oder unterhalb eines Tabellenbereichs

Gesamte Spalte oder Zeile markieren

Hinweis Spalten- und Zeilenkopf

Die Leisten mit den Zeilen- und Spaltennummern links und oberhalb des eigentlichen Tabellenblatts werden in Excel als Zeilen- bzw. Spaltenköpfe bezeichnet, manchmal allerdings auch als Zeilen- und Spaltenüberschriften.

Um Verwechslungen mit Überschriften im Tabellenblatt vorzubeugen, verwendet dieses Buch die Bezeichnungen Zeilenkopf bzw. Zeilenköpfe ❶ und Spaltenkopf ❷.

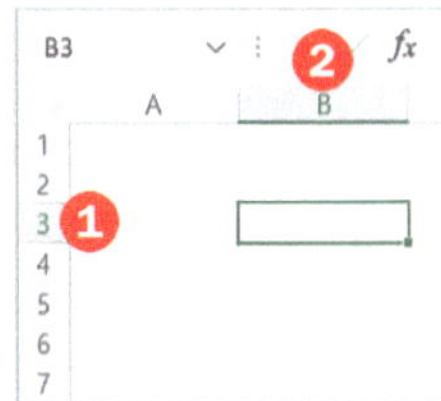

- Eine komplette Spalte markieren Sie durch Anklicken des Spaltenkopfs. Zeigen Sie mit der Maus auf den Spaltenkopf. Wenn als Mauszeiger ein **schwarzer Pfeil** erscheint, können Sie mit einem Klick die Spalte markieren. Analog verfahren Sie für die Zeile.

  Achtung: Klicken Sie auf den Buchstaben bzw. die Zahl und nicht auf die Trennlinie zur nächsten Spalte bzw. Zeile. An dieser Stelle erhält der Mauszeiger ein anderes Aussehen und damit eine andere Funktion.

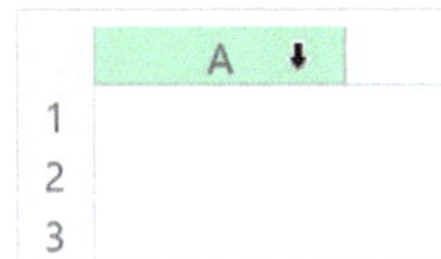

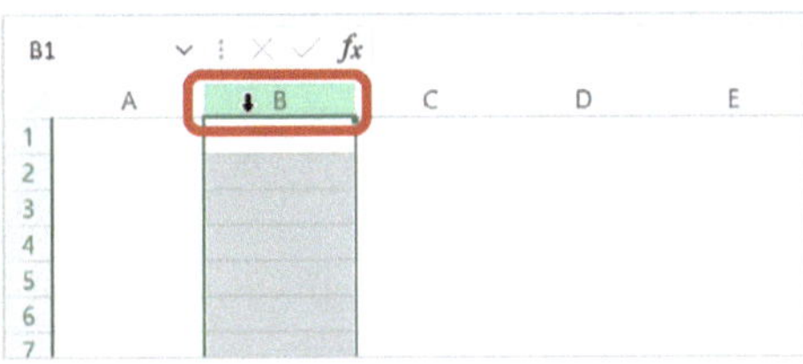

Bild 4.8 Gesamte Spalte markieren

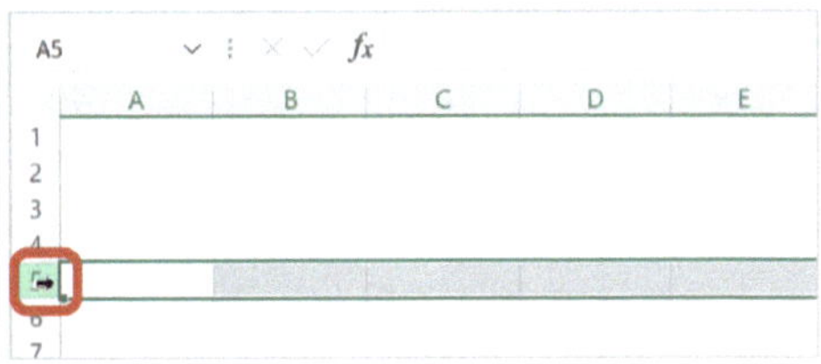

Bild 4.9 Gesamte Zeile markieren

- Um gleich mehrere aufeinanderfolgende Spalten oder Zeilen zu markieren, zeigen Sie mit der Maus in den Spalten- oder Zeilenkopf und ziehen bei gedrückter linker Maustaste über mehrere Spalten- bzw. Zeilenköpfe. Während des Ziehens erscheint die Zahl der markierten Zeilen und Spalten, wie im Bild unten. *1048596Z* steht für die Anzahl der markierten Zeilen (alle im Tabellenblatt) und *3S* für die Zahl der markierten Spalten, hier 3.

  Mit gleichzeitig gedrückter **Strg**-Taste markieren Sie dagegen nicht zusammenhängende Spalten oder Zeilen.

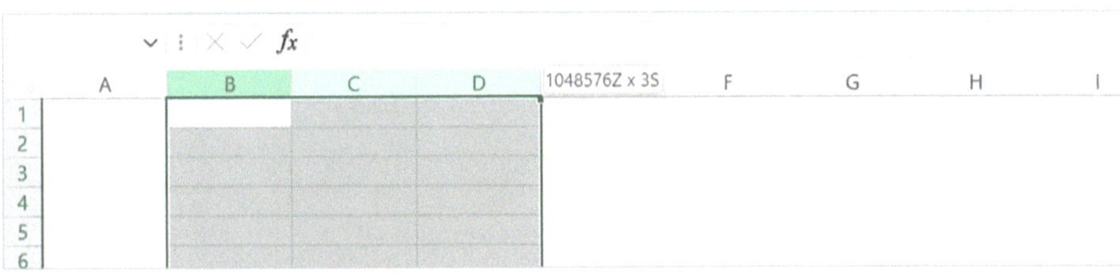

Bild 4.10 Beispiel: Spalten B bis D markieren

Alternative Tastenkombinationen

- **Zeile**: Klicken Sie in eine beliebige Zelle der betreffenden Zeile und drücken Sie die Tastenkombination **Umschalttaste+Leertaste**.
- **Spalte**: Klicken Sie auf eine beliebige Zelle der betreffenden Spalte und drücken Sie die Tasten **Strg+Leertaste**.

4.2 So geben Sie Inhalte in Zellen ein

Grundsätzliche Eingabetechniken

Info: Ein Excel-Tabellenblatt umfasst 16.384 Spalten und 1.048.576 Zeilen.

Ein Tabellenblatt besteht aus Zellen und jede einzelne Zelle wird durch Angabe des Spaltenbuchstabens (A, B, C ...) und der Zeilennummer (1, 2, 3 ...) genau bezeichnet, z. B. A1 oder E7. Man bezeichnet diese Angabe auch als Zelladresse.

- Da die Eingabe immer in die aktive Zelle erfolgt, müssen Sie zuerst die betreffende Zelle markieren. Nach Eintippen des ersten Zeichens wird in der Zelle der Cursor ❶ (Einfügemarke) sichtbar, gleichzeitig erscheint Ihre Eingabe in der **Bearbeitungsleiste** ❷ oberhalb.
- Sie brauchen bei der Eingabe keine Rücksicht auf die Spaltenbreite zu nehmen, da diese jederzeit geändert werden kann, siehe weiter unten. Zur Kontrolle werfen Sie einen Blick in die Bearbeitungsleiste: Hier sehen Sie den vollständigen Inhalt der markierten Zelle ❸, auch wenn er im Tabellenblatt abgeschnitten erscheinen sollte.

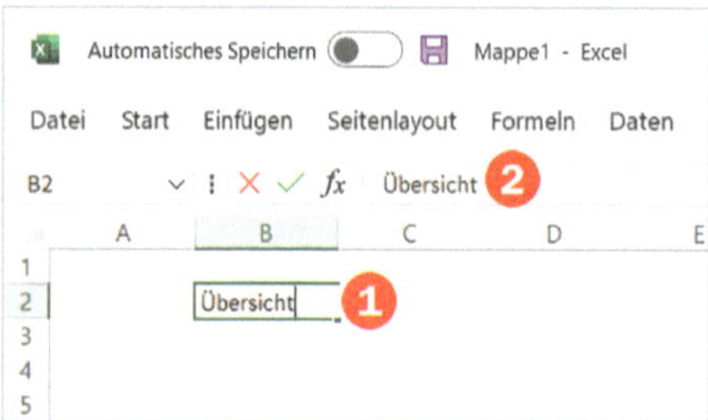

Bild 4.11 Eingabe in Zelle

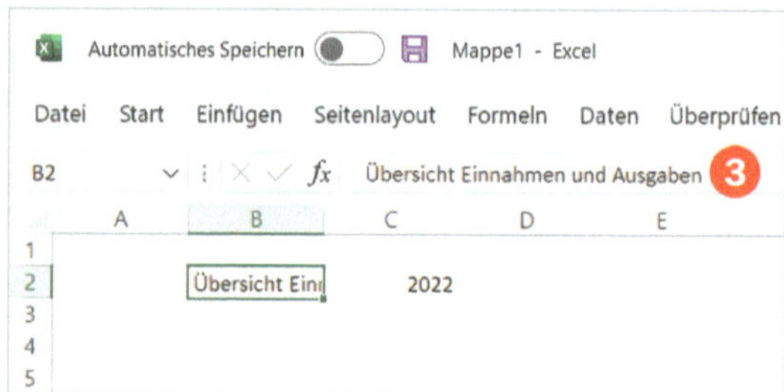

Bild 4.12 Der vollständige Inhalt ist in der Bearbeitungsleiste sichtbar

Eingabe übernehmen oder abbrechen

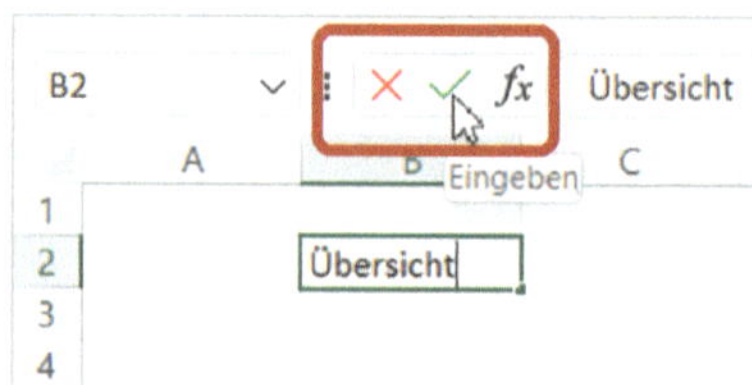

Bild 4.13 Die Symbole Eingeben und Abbrechen

- **Übernehmen**: Betätigen Sie die **Eingabetaste** (Enter) oder die **Tab**-Taste oder klicken Sie in der Bearbeitungsleiste auf das Symbol *Eingeben* ✓.
- **Eingabe abbrechen/nicht übernehmen**: Verwenden Sie die **Esc**-Taste oder klicken Sie in der Bearbeitungsleiste auf das Symbol *Abbrechen* ✕.

Nächste Zelle markieren

Welche Zelle nach der Eingabe als nächste automatisch markiert wird, hängt davon ab, wie Sie die Eingabe abschließen:

- **Nächste Zelle rechts markieren**: Tab-Taste
- **Zelle unterhalb markieren**: Eingabetaste (kann in den Excel-Optionen geändert werden)
- **Zelle bleibt markiert**: Symbol *Eingeben*

Achtung: Die Eingabe wird auch abgeschlossen und übernommen, wenn Sie eine andere Zelle markieren. Sie könnten also auch die Eingabe mit den Pfeiltasten oder durch Anklicken mit der Maus abschließen. Allerdings eignen sich diese beiden Methoden nicht für die Eingabe von Formeln, da dadurch nachträglich die Formel verändert wird und zu einem falschen Ergebnis führt.

Für die Praxis empfehlen wir Ihnen deshalb, grundsätzlich bei der Eingabe auf die Pfeiltasten und Klicken mit der Maus zu verzichten.

Tipps zur schnellen Eingabe in Tabellen

- Häufig erfolgt die Eingabe in Tabellen zeilenweise. Dann können Sie die Eingabe mit folgender Methode vereinfachen:
  - **Nächste Zelle rechts**: Schließen Sie innerhalb jeder Zeile die Eingabe mit der Tab-Taste ab. Dadurch wird automatisch die Zelle rechts von der aktuellen Zelle markiert.
  - **Anfang der nächsten Zeile**: Drücken Sie am Ende der Zeile die Eingabetaste, so markiert Excel automatisch die Zelle in der ersten Spalte der darunterliegenden Zeile.

Bild 4.14 Mit der Tab-Taste und der Eingabetaste zeilenweise eingeben

- Wenn die Anzahl der Zeilen und Spalten bereits feststeht, können Sie als Alternative **vor Beginn der Eingabe** den künftigen Tabellenbereich, z. B. A2 bis D9 wie im Bild unten, markieren. In diesem Fall wird mit der Tab-Taste bei zeilenweiser Eingabe die nächste Zelle rechts markiert und am Ende einer Zeile automatisch die erste Zelle der nächsten Zeile.

  Mit der Eingabetaste können Sie dagegen innerhalb des markierten Zellbereichs die Inhalte untereinander bzw. spaltenweise eingeben.

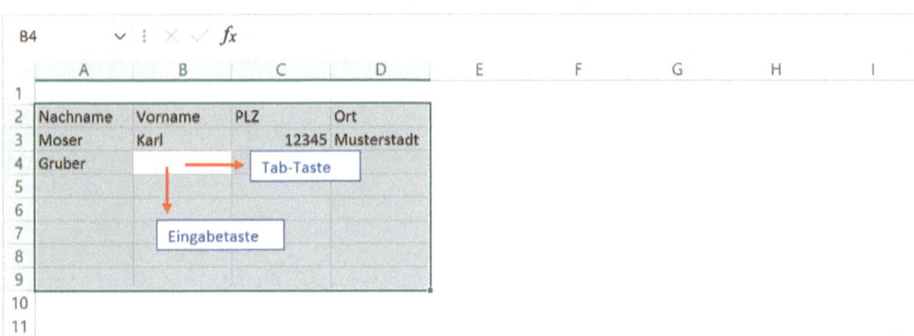

Bild 4.15 Zellbereich vor der Eingabe markieren und mit der Tab-Taste die Eingabe abschließen

Text und Zahlen eingeben

Excel unterscheidet bei der Eingabe grundsätzlich zwischen Text und Zahlen:

- **Text:** Als Text wird von Excel jede beliebige Kombination aus Buchstaben, Zahlen oder Sonderzeichen interpretiert, z. B. Hauptstr. 4 oder § 823 etc. Text erscheint wie eingegeben und wird automatisch in der Zelle **linksbündig** ausgerichtet.
- **Zahlen**: Zahlen werden in Excel automatisch **rechtsbündig** in der Zelle ausgerichtet und dürfen nur die Ziffern von 0 bis 9 sowie bestimmte Zeichen, siehe Tabelle unten, enthalten. Sollte eine Zahl linksbündig erscheinen, so enthält diese nicht zulässige Zeichen und wird aus diesem Grund als Text behandelt.

  Achtung: Spätere Berechnungen, z. B. Addieren, sind nur mit gültigen Zahlen möglich! Berücksichtigen Sie dies bei der Eingabe von Zahlen.

* Diese Zeichen können auch über ein Zahlenformat zugewiesen werden.

Tabelle: Erlaubte Zeichen bei der Eingabe von Zahlen

Zeichen	Beispiel	Zeichen	Beispiel
Ziffern von 0 bis 9	599	Punkt als Tausendertrennzeichen *	1.000.000
Vorzeichen + -	-100	Klammern	-(20)
Komma als Dezimalzeichen	45,95	Prozentzeichen % *	15,5%

Achtung: Ein Leerzeichen als Tausenderzeichen, z. B. 100 000, ist in Excel auf keinen Fall zulässig. Solche Eingaben werden nicht als Zahl sondern als Text interpretiert!

Verwendung von Dezimal- und Tausendertrennzeichen

Die als Dezimalzeichen und als Tausendertrennzeichen verwendeten Zeichen sind länderabhängig. Excel übernimmt die Schreibweise automatisch aus den Systemeinstellungen (*Region und Sprache*) von Windows; das bedeutet, in Deutschland und den meisten europäischen Ländern geben Sie ein Komma als Dezimaltrennzeichen ein und als Tausenderzeichen den Punkt. In den englischsprachigen Ländern, z. B. USA, ist es genau umgekehrt (Punkt als Dezimal- und Komma als Tausendertrennzeichen).

Besonderheiten bei der Eingabe von Zahlen

- Nachgestellte Nullen in Nachkommastellen, z. B. 15,00 oder 7,50 werden nach der Eingabe automatisch abgeschnitten und aus 15,00 wird 15. Mit wie vielen Dezimalstellen eine Zahl angezeigt wird, steuern Sie über Zahlenformate, Näheres hierzu weiter unten.
- Wenn Sie mit Zahlen Berechnungen durchführen möchten, dann dürfen diese nicht zusammen mit Text in eine Zelle eingegeben werden. Eingaben wie z. B. 20 kg werden von Excel nicht als Zahl erkannt sondern als Text interpretiert. Die einzigen Ausnahmen bilden das Prozentzeichen % und das Währungssymbol €, da diese gleichzeitig ein Zahlenformat darstellen.

  Für Zahlen mit Text als Zusatz erstellen Sie entweder ein benutzerdefiniertes Zahlenformat, siehe Seite 103, oder Sie geben den Zusatz in eine gesonderte Spalte, etwa mit der Überschrift *Einheit*, ein, wie in Bild 4.16.

> **Tipps und Hinweise**
>
> Geben Sie Zahlen so einfach wie möglich ein. So vermeiden Sie Fehler und sind außerdem auch noch schneller. Statt 15,70 können Sie also auch gleich 15,7 eingeben oder 10 statt 10,00. Das genaue Aussehen von Zahlen, z. B. mit Tausendertrennzeichen, Eurosymbol und die Anzahl der Nachkommastellen, steuern Sie über Zahlenformate, geben Sie also z. B. 75000 statt 75.000 € ein.
>
> An der linksbündigen Ausrichtung lässt sich Text leicht von Zahlen unterscheiden. Auf diese Weise werden fehlerhaft eingegebene Zahlen schnell erkannt.
>
> Manche Zahlen werden bei der Eingabe automatisch formatiert, so erhält z. B. eine Zelle, in die Sie 10% eingeben, gleichzeitig das Zahlenformat *Prozent*. Wenn in diese Zelle später wieder eine normale Zahl eingegeben werden soll, dann müssen Sie auch das Format der Zelle löschen bzw. zurücksetzen. Gleiches gilt auch, falls statt der eingegebenen Zahl plötzlich ein Datum in der Zelle erscheinen sollte. Wie Sie dabei vorgehen, lesen Sie weiter unten.

Im Bild unten einige Beispiele für häufige Fehler bei der Eingabe von Zahlen.

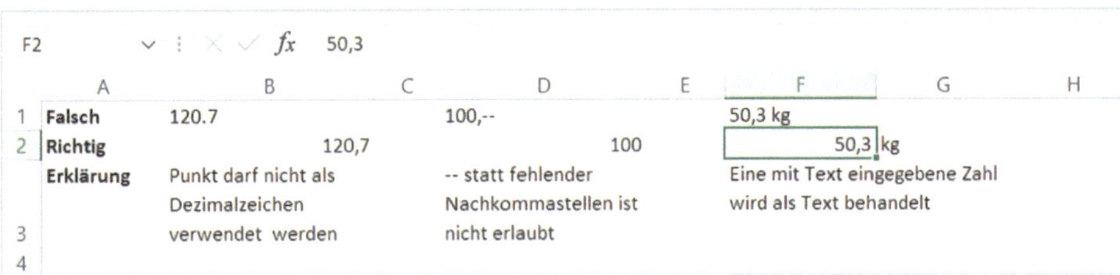

Bild 4.16 Typische Eingabefehler

Zahlen als Text eingeben

Umgekehrt werden manche Eingaben als Zahl interpretiert und automatisch in eine solche umgewandelt, obwohl es sich eigentlich um Text handelt. Dies passiert vor allem in folgenden Fällen:

- **Sonderzeichen werden als Datumstrennzeichen interpretiert**: So werden beispielsweise manche Nummern, die einen Punkt, Bindestrich oder Schrägstrich enthalten, wie im Bild rechts, in einigen Fällen in ein Datum umgewandelt.

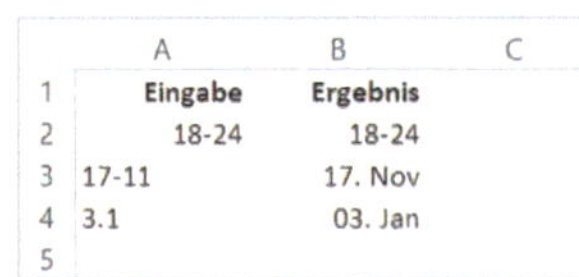

- **Führende 0 wird entfernt:** Wenn Sie eine Zahl mit einer führenden 0, z. B. die Postleitzahl 08151, eingeben, dann wird diese automatisch entfernt und in der Zelle erscheint die Zahl 8151.

Wenn die Zahlen nicht für Berechnungen benötigt werden, dann greifen Sie als Abhilfe zu einer der folgenden Methoden:

- **Der Eingabe einen Apostroph ' voranstellen**
  Handelt es sich um einzelne Zellen, dann geben Sie solche Zahlen als Text ein, indem Sie Ihrer Eingabe das Apostrophzeichen ' voranstellen. Dieses Zeichen erscheint nur in der Bearbeitungsleiste, nicht aber in der Zelle.

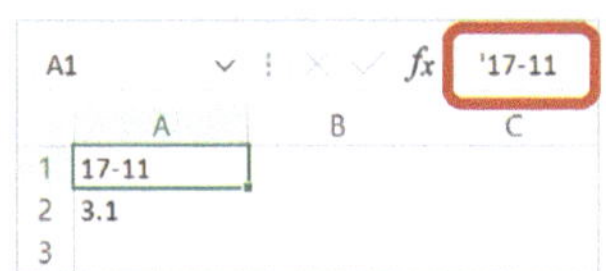

- **Zellen als Text formatieren**
  In größeren Tabellen formatieren Sie besser vor der Eingabe die gesamte Spalte als Text, z. B. bei Postleitzahlen, da Excel beim Sortieren zwischen Text und Zahlen unterscheidet. Wie das geht, lesen Sie auf Seite 107.

Sollen dagegen mit den Zahlen Berechnungen durchgeführt werden, so müssen Sie ein benutzerdefiniertes Zahlenformat erstellen, siehe Seite 103 ff.

Was Sie bei der Eingabe von Datum und Uhrzeit beachten müssen

Auch Datum und Uhrzeit werden von Excel als Zahlen behandelt, d. h. sie werden automatisch rechtsbündig ausgerichtet und können später für Berechnungen herangezogen werden. Beachten Sie, dass Excel erst Datumswerte ab dem 01.01.1900 als Datum erkennt, ein früheres Datum wird als Text behandelt.

Datumswerte werden in Excel standardmäßig in der Schreibweise TT.MM.JJJJ angezeigt, mit einem Punkt als Trennzeichen, z. B. 15.01.2022. Darüber hinaus sind noch weitere Datumsformate möglich, Näheres hierzu ab Seite 102.

Die Eingabe lässt sich mit folgenden Methoden vereinfachen:

- Auf die führende 0 kann verzichtet werden und das Jahr kann auch zweistellig eingegeben werden. Sie können also statt 01.01.2022 auch 1.1.22 eingeben, Ihre Eingabe wird von Excel trotzdem als Datum erkannt und im Standarddatumsformat angezeigt.

  Achtung: Abweichend davon müssen die Jahre bis einschließlich 1929 unbedingt vierstellig eingegeben werden, da Excel diese sonst dem aktuellen Jahrtausend zuordnet. Aus dem Geburtsdatum 25.02.1928 wird sonst schnell der 25.02.2028.

- Statt des Punkts können auch Bindestrich oder Schrägstrich als Trennzeichen eingegeben werden. Dies ist besonders praktisch, wenn Sie den Ziffernblock der Tastatur zur Eingabe verwenden.

- Handelt es sich um ein Datum des aktuellen Jahres, dann reicht die Eingabe von Tag und Monat aus, z. B. 3.5. Excel fügt automatisch das aktuelle Jahr hinzu, zeigt allerdings das Datum in der Schreibweise *03. Mai* an. Dass es sich trotzdem um ein vollständiges Datum handelt, davon können Sie sich mit einem Blick in die Bearbeitungsleiste überzeugen.

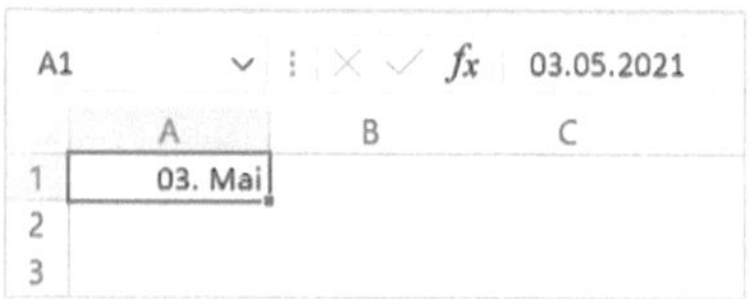

Uhrzeit eingeben

Uhrzeitangaben werden mit Doppelpunkt getrennt, z. B. 17:45:34, wobei die Sekunden auch weggelassen werden können. Bei der Eingabe einer vollen Stunde genügt die Angabe der Stunden zusammen mit dem Doppelpunkt. So wird beispielsweise aus der Eingabe 17: automatisch 17:00.

Nützliche Tastenkombinationen

Aktuelles Datum einfügen: **Strg+Punkt**(.)

Aktuelle Uhrzeit einfügen: **Strg+Umschalt+Punkt**(.)

Beispiele für die Eingabe von Datum und Uhrzeit

Eingabe	Ergebnis	Bemerkung
1.1.8	01.01.2008	
5.6	05. Jun	Das aktuelle Jahr wird automatisch ergänzt, aber das Datum nur mit Tag und Monat angezeigt. Ein anderes Datumsformat kann jederzeit gewählt werden.
22-2-23	22.02.2023	
1/1/80	01.01.1980	
4-12-26	04.12.2026	Sollte das Jahr 1926 gemeint sein, so muss das Jahr vierstellig eingegeben werden.
29.6.40	29.06.1940	
14:3	14:30	
19:	19:00	

Was passiert, wenn die Spaltenbreite nicht ausreicht?

Nicht immer werden die eingegebenen Daten vollständig angezeigt. Während sich die Höhe einer Zeile automatisch an die Zellinhalte anpasst, passiert dies bei der Spaltenbreite nicht. Hier müssen Sie tätig werden.

- **Anzeige von Text**
  Reicht die Spaltenbreite zur vollständigen Anzeige nicht aus, so wird Text nur dann ganz angezeigt, wenn die rechts angrenzende Zelle leer ist, wie im Bild unten. Andernfalls erscheint der Text zunächst abgeschnitten und erscheint erst wieder vollständig, wenn Sie die Spalte verbreitern. In der Bearbeitungsleiste dagegen ist der komplette Inhalt sichtbar.

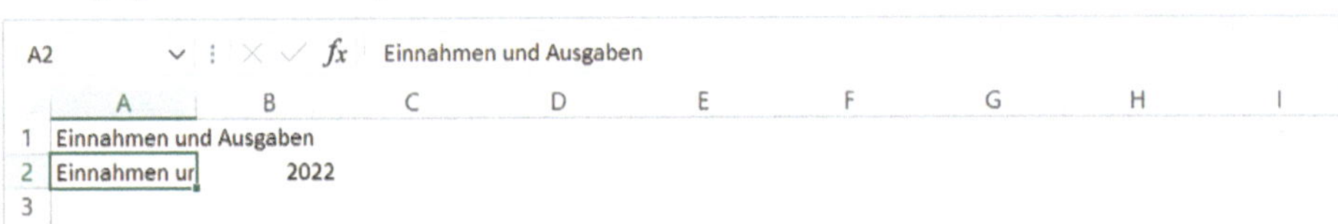

Bild 4.17 Text erscheint abgeschnitten, wenn die rechts angrenzende Zelle nicht leer ist

- **Anzeige von Zahlen**
  Zahlen und Datumswerte werden im Gegensatz zu Text nicht abgeschnitten. Was genau mit den Zahlen passiert, hängt von verschiedenen Faktoren ab:

- Dezimalzahlen werden automatisch kaufmännisch gerundet, wobei die ursprünglichen Nachkommastellen erhalten bleiben, wie ein Blick in die Bearbeitungsleiste zeigt.
- Sehr große Zahlen werden dagegen unmittelbar nach der Eingabe automatisch in Exponentialschreibweise dargestellt, s. Bild unten.
- Geben Sie dagegen eine sehr große Zahl zusammen mit Tausenderpunkt ein, z. B. 100.000.000.000, so wird häufig die Spalte automatisch verbreitert, allerdings nur, wenn zuvor die Spaltenbreite nicht manuell geändert wurde.
- Wenn Sie nachträglich die Breite einer Spalte verringern, dann erscheinen statt der Zahl oder des Datums die Platzhalterzeichen #####. Diese verschwinden beim Verbreitern der Spalte wieder. Auch in diesem Fall bleibt der Inhalt der Zelle erhalten.

Zur Info: Der Exponent gibt an, um wie viele Stellen das Komma nach rechts (bei einem negativen Vorzeichen nach links) verschoben wird. So steht z. B. 8E+10 für die Zahl 80.000.000.000

Bild 4.18 Spalte zu schmal für Inhalt - Beispiele

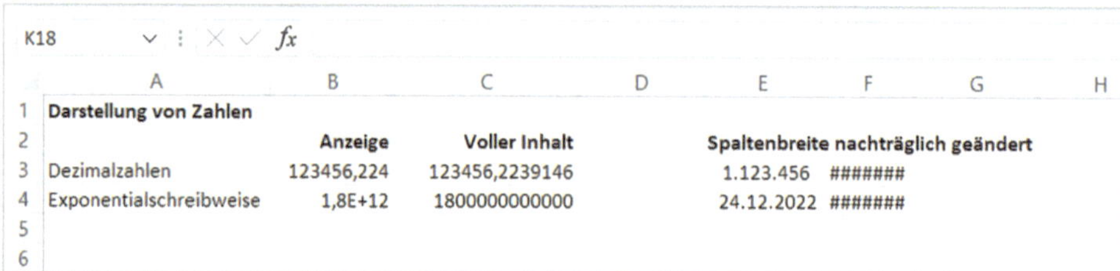

Beispiel: Spaltenbreite schnell mit der Maus anpassen

In allen oben genannten Fällen brauchen Sie nur die Spalte zu verbreitern, damit der Inhalt wieder vollständig angezeigt wird. Im Bild unten ein einfaches Beispiel:

Noch mehr Details zum Ändern von Spaltenbreite und Zeilenhöhe lesen Sie in Kapitel 5.1 nach.

1. Der Nachname in A4 ragt über die Zelle hinaus und ist vollständig sichtbar, solange die rechts angrenzende Zelle B4 leer ist. Aber nachdem in B4 ein Geburtsdatum eingegeben wurde, erscheint der Nachname abgeschnitten.
2. Zum Verbreitern der Spalte A zeigen Sie mit der Maus im Spaltenkopf dieser Spalte auf die **rechte** Trennlinie dieser Spalte. Als Mauszeiger erscheint ein waagrechter Doppelpfeil: Ziehen Sie nun mit gleichzeitig gedrückter linker Maustaste die Trennlinie nach rechts. Zum Verringern der Spaltenbreite verschieben Sie dagegen die Trennlinie nach links.

Beim Ändern der Spaltenbreite spielt es keine Rolle, welche Zelle gerade markiert ist.

Tipp: Ein Doppelklick auf die Trennlinie passt die Spaltenbreite automatisch an die Spalteninhalte an.

Bild 4.19 Spaltenbreite anpassen

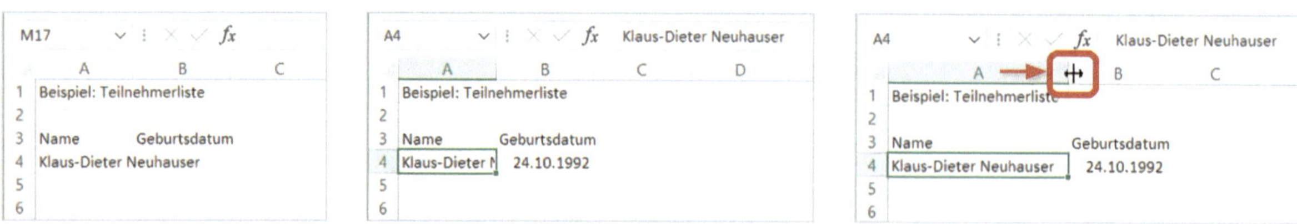

4.3 Zellinhalte nachträglich korrigieren oder löschen

Inhalte ersetzen oder korrigieren

Überschreiben, Inhalt ersetzen

Um den Inhalt einer Zelle zu überschreiben, markieren Sie die Zelle (nicht den Inhalt), geben den neuen Wert ein und übernehmen die Eingabe mit einer der, auf Seite 84 beschriebenen, Methoden, z. B. **Eingabe**- oder **Tab**-Taste. Damit wird der Inhalt der Zelle ersetzt.

Mit der **Esc**-Taste oder Klick auf das Symbol *Abbrechen* in der Bearbeitungsleiste wird dagegen die Eingabe abgebrochen und der ursprüngliche Inhalt bleibt erhalten.

Inhalt korrigieren

Falls Sie nicht den gesamten Inhalt ersetzen, sondern nur einzelne Zeichen einer Zelle korrigieren möchten, dann wechseln Sie dazu in der Zelle in den sogenannten Bearbeiten-Modus. Dies geht mit einer der folgenden Methoden:

- **Änderungen in der Bearbeitungsleiste vornehmen**
  Dazu markieren Sie zunächst die betreffende Zelle. Der Inhalt erscheint nun in der Bearbeitungsleiste. Klicken Sie in die Bearbeitungsleiste und nehmen Sie hier Ihre Änderungen vor.

- **Inhalt direkt in der Zelle bearbeiten**
  Markieren Sie die Zelle und drücken Sie die Funktionstaste **F2**. Damit erscheint der Cursor in der Zelle am Ende des Inhalts. Noch schneller geht's mit Doppelklick in die Zelle.

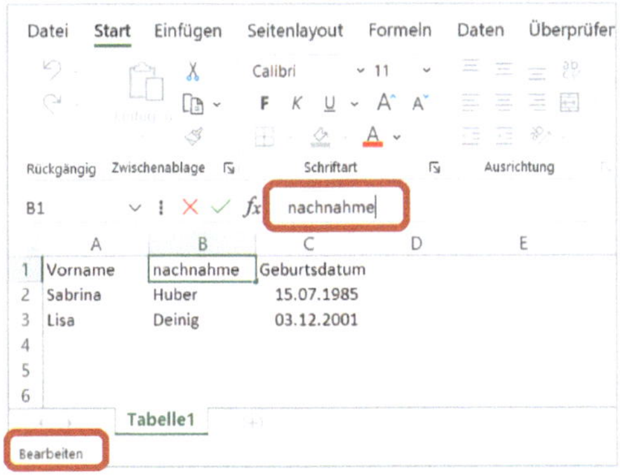

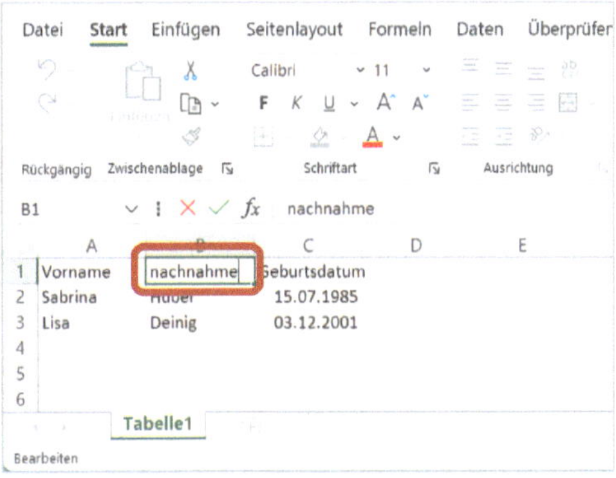

Bild 4.20 Korrektur in der Bearbeitungsleiste

Bild 4.21 … und direkt in der Zelle

Der Bearbeiten-Modus

Mit jeder der genannten Methoden wechselt Excel in den **Bearbeiten**-Modus und ganz links in der Statusleiste erscheint eine entsprechende Information, s. Bild oben. In diesem Modus kann ausschließlich der Zellinhalt bearbeitet werden, aus diesem Grund sind auch die meisten Symbole im Menüband inaktiv.

Pos1, Ende und die Pfeiltasten können auch außerhalb des Bearbeiten-Modus zur Navigation im Tabellenblatt verwendet werden.

Im Bearbeiten-Modus verwenden Sie die Maus oder die Pfeiltasten, um den Cursor innerhalb der Bearbeitungsleiste bzw. Zelle zu bewegen. An der Cursorposition können Zeichen eingefügt oder mit der **Korrektur**- bzw. **Entf**-Taste entfernt werden, auch das Markieren einzelner Zeichen mit gedrückter Maustaste ist möglich. Diese Tasten können Sie zur nachträglichen Korrektur verwenden:

Taste	Beschreibung
Pos1	Setzt den Cursor an den Anfang des Zellinhalts.
Ende	Setzt den Cursor an das Ende des Zellinhalts.
Pfeiltasten rechts / links	Bewegt den Cursor um ein Zeichen nach rechts / links.
Rückschritt- (Korrektur-) Taste	Löscht Zeichen links vom Cursor.
Entf- (Del-) Taste	Löscht Zeichen rechts vom Cursor.

Bearbeiten-Modus beenden

Damit Sie im Tabellenblatt weiterarbeiten können, müssen Sie zuerst den Bearbeiten-Modus mit einer der folgenden Methoden beenden:

- **Änderungen übernehmen**: Eingabetaste, Tab-Taste oder Symbol *Eingeben*.
- **Änderungen nicht übernehmen:** Esc-Taste oder Symbol *Abbrechen*.

Zellinhalte entfernen

Nur Inhalte löschen

Die Datei ist als Download verfügbar:

Beispiel_Inhalt_löschen.xlsx

Um den gesamten Inhalt einer Zelle zu löschen, markieren Sie die Zelle und verwenden die **Entf**-Taste auf der Tastatur. Dies funktioniert auch für mehrere markierte Zellen. Dazu ein Beispiel: In der unten abgebildeten Tabelle wurden die Überschriften (A3 bis D3) markiert und über Register *Start* ▶ Gruppe *Schriftart* ▶ Symbol *Füllfarbe* ❶ mit einer Hintergrundfarbe versehen. Nun sollen die Inhalte der Spalte D entfernt werden. Diese werden markiert und mit der **Entf**-Taste gelöscht.

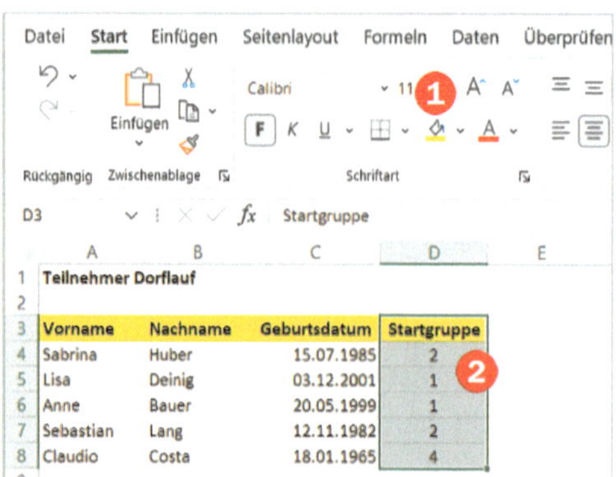

Bild 4.22 Die Überschriften wurden mit gelber Hintergrundfarbe versehen

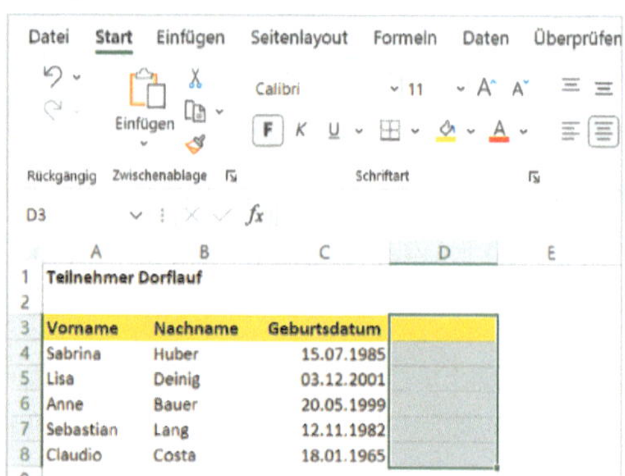

Bild 4.23 Diese bleibt nach dem Löschen der Inhalte mit der Entf-Taste erhalten

> Die **Entf**-Taste löscht ausschließlich den Inhalt der markierten Zellen, das Format, in unserem Beispiel die gelbe Hintergrundfarbe, bleibt erhalten!

Inhalte und/oder Zellenformate löschen

Soll neben dem Inhalt auch das Format einer Zelle, z. B. eine gelbe Hintergrundfarbe, gelöscht werden, dann nehmen Sie das Symbol *Löschen* im Menüband, Register *Start* zu Hilfe: Markieren Sie die Zelle oder die Zellen. Klicken Sie im Register *Start* ▶ Gruppe *Bearbeiten* auf *Löschen* und wählen Sie zwischen den folgenden Möglichkeiten:

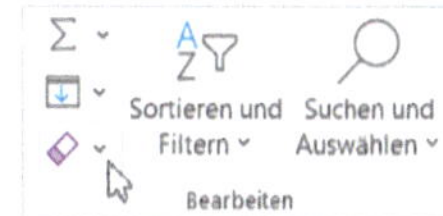

Bild 4.24 Symbol Löschen

- **Alle löschen**: entfernt Inhalte und Formate.
- **Formate löschen**: löscht nur die Formate, sämtliche Inhalte bleiben erhalten. Zahlen werden auf das Zahlenformat *Standard* zurückgesetzt.
- **Inhalte löschen**: entfernt nur die Inhalte, alle Formate bleiben erhalten. Entspricht der Entf-Taste.

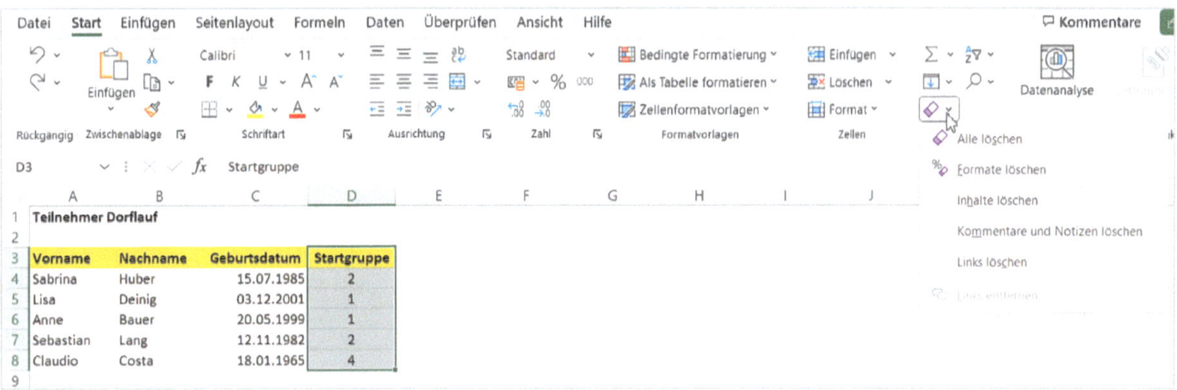

Beispiel: Hintergrund und Zahlenformat entfernen

Im unten abgebildeten Beispiel wurden die Preise mit gelbem Hintergrund sowie mit dem Eurozeichen und zwei Nachkommastellen versehen (Register *Start*, Symbol *Buchhaltungszahlenformat*). Damit sämtliche Formate entfernt werden, die eingegebenen Zahlen aber erhalten bleiben, markieren Sie den Bereich und klicken auf *Löschen* ▶ *Formate löschen*.

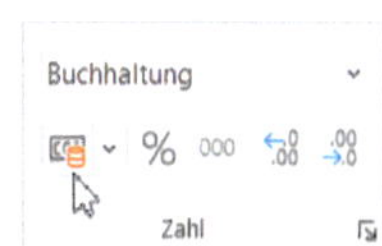

Bild 4.25 Beispiel Formate löschen

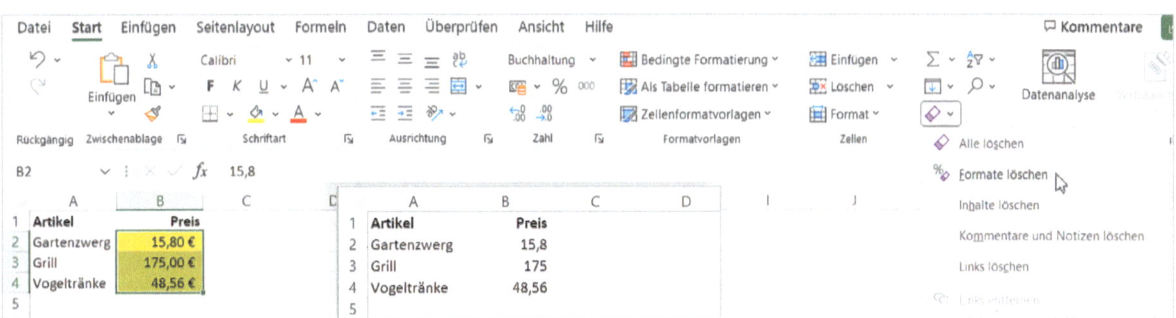

Problem aus der Praxis: Statt der Zahl erscheint ein Datum

Wenn Sie versehentlich statt des Kommas einen Punkt als Dezimalzeichen eingegeben haben, erscheint in manchen Fällen plötzlich ein Datum statt der Zahl. Was ist passiert?

Beispiel: Sie haben statt 12,5 versehentlich 12.5 eingegeben und nach Drücken der Eingabetaste erscheint in der Zelle 12. Mai, wie im Bild unten. Wenn Sie anschließend versuchen, in diese Zelle die richtige Zahl einzugeben, erscheint trotzdem immer noch ein Datum, diesmal der 12. Jan.

Die Erklärung dafür: Der Punkt dient in Excel als Datumstrennzeichen und da 12.05. ein gültiges Datum darstellt, siehe weiter unten, interpretiert Excel Ihre Eingabe als Datum und formatiert die Zelle entsprechend. Das bedeutet aber auch, dass ab jetzt alle Inhalte dieser Zelle als Datum dargestellt werden.

Abhilfe

Statt den Inhalt zu ändern, müssen Sie entweder alle Formate der Zelle entfernen oder nur das Zahlenformat zurücksetzen. **Achtung**: Nach dem Entfernen eines Datumsformats müssen Sie in jedem Fall die Zahl erneut eingeben!

- **Zellenformat löschen**: Markieren Sie die Zelle, klicken Sie im Menüband, Register *Start* auf *Löschen* und wählen Sie *Formate entfernen*.
- **Zahlenformat zurücksetzen**: Wenn, wie im Bild unten, die übrigen Formate fett und gelber Hintergrund erhalten bleiben sollen, dann setzen Sie nur das Zahlenformat zurück. Dazu markieren Sie die betreffende Zelle ❶, klicken im Menüband auf das Register *Start* und hier im Auswahlfeld der Gruppe *Zahl* ❷ auf den Pfeil. Wählen Sie dann in der Liste *Standard* ❸.

Bild 4.26 Klicken Sie in das Auswahlfeld der Gruppe Zahl und auf Standard

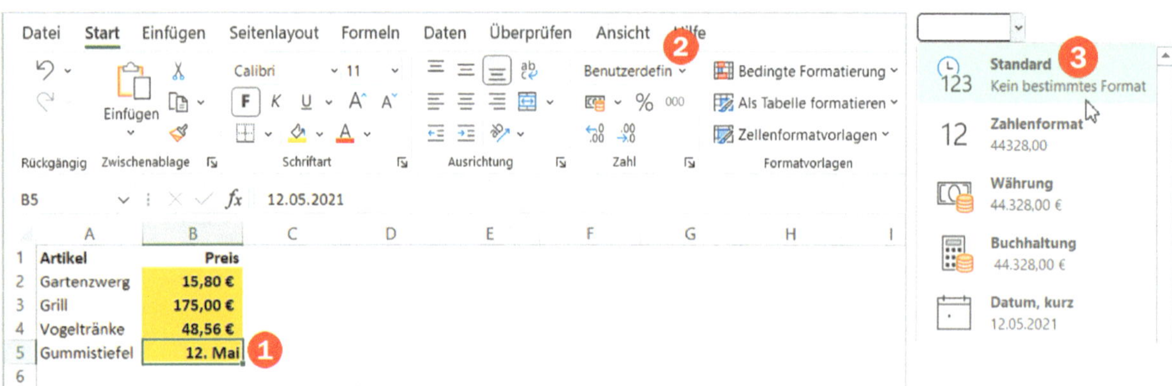

Aktionen rückgängig machen

Aktionen wie die Eingabe oder das Löschen von Daten, die Vereinbarung von Formaten oder das Löschen von Spalten können direkt im Anschluss Schritt für Schritt zurückgenommen werden. Die Symbole dazu finden Sie im Menüband, Register *Start* in der Gruppe *Rückgängig*.

Ein Mausklick auf das Symbol *Rückgängig* macht die zuletzt ausgeführte Aktion rückgängig und mit jedem weiteren Mausklick nehmen Sie einen weiteren Bearbeitungsschritt zurück usw. Klicken Sie dagegen auf den kleinen, nach unten weisenden Pfeil rechts vom Symbol, so öffnet sich eine Liste aller, seit dem Öffnen der Mappe ausgeführten Aktionen. Falls Sie gleich mehrere Aktionen zurücknehmen möchten, so klicken Sie auf den letzten unerwünschten Befehl. Dieser und alle seitdem ausgeführten Aktionen werden dann verworfen.

Haben Sie versehentlich zu viel rückgängig gemacht, so können Sie mit dem Symbol *Wiederholen* die Rücknahme wieder rückgängig machen.

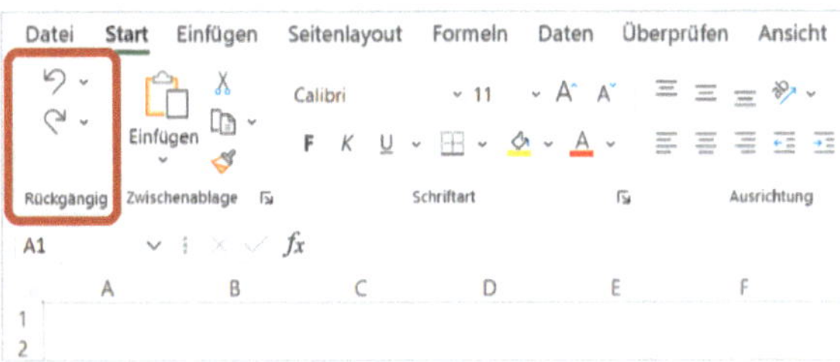

Bild 4.27 Rückgängig und Wiederholen

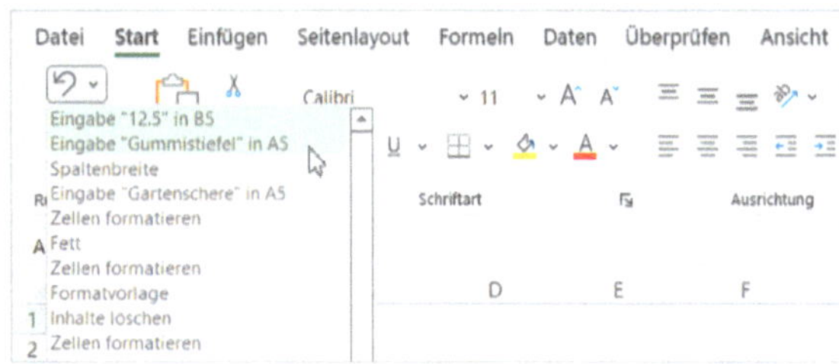

Bild 4.28 Mehrere Aktionen rückgängig machen

4.4 Zahlen- und Datumsformate

Wie Zahlen und Datumswerte im Tabellenblatt angezeigt werden, steuern Sie mit Zahlen- und Datumsformaten. Mit Ausnahme von Datum, Uhrzeit und Prozentzahlen besitzen alle Zellen zunächst das Format *Standard*. Das bedeutet, dass bei der Eingabe von Zahlen eine nachgestellte 0 in den Nachkommastellen automatisch verschwindet und beispielsweise die Zahl 12,50 als 12,5 angezeigt wird.

Die Symbole für die wichtigsten Zahlenformate finden Sie im Menüband, Register *Start* in der Gruppe *Zahl*. Das Format der markierten Zelle sehen Sie im Feld *Zahlenformat*, im Bild unten *Standard*.

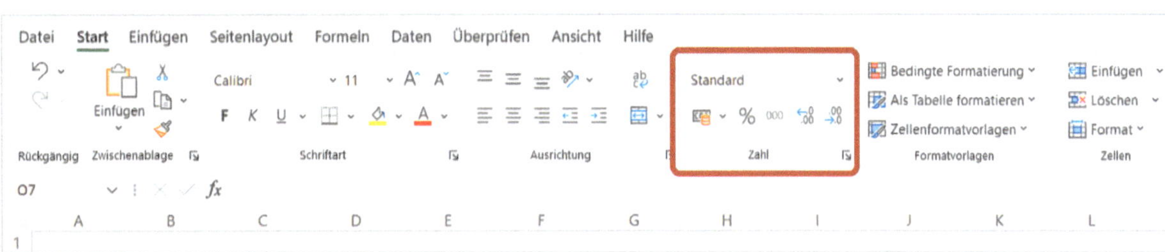

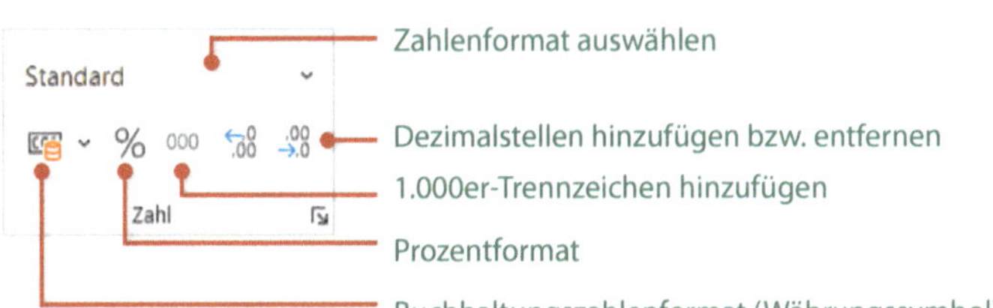

Bild 4.29 Die Gruppe Zahl

Dezimalstellen, Tausendertrennzeichen und Währungssymbol

Dezimalstelle hinzufügen oder entfernen

Mit den beiden Symbolen *Dezimalstelle hinzufügen* und *Dezimalstelle löschen* steuern Sie die Anzahl der Dezimalstellen und können so beispielsweise alle Zahlen einer Spalte einheitlich mit zwei Dezimalstellen versehen.

Dazu markieren Sie die Zelle oder den Zellbereich, wenn es sich um mehrere Zellen handelt. Klicken Sie dann auf das Symbol *Dezimalstelle hinzufügen* .

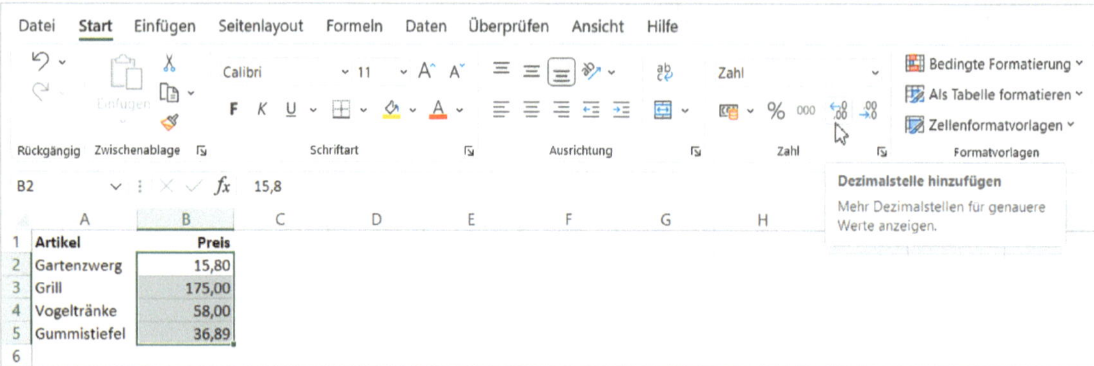

Bild 4.30 Zahlen mit einheitlich zwei Dezimalstellen anzeigen

Beachten Sie beim Hinzufügen oder Entfernen von Dezimalstellen

- Jeder Klick auf *Dezimalstelle hinzufügen* fügt eine weitere Dezimalstelle hinzu. Um also beispielsweise fünf Dezimalstellen zu erhalten, brauchen Sie nur mehrmals auf dieses Symbol zu klicken. Dasselbe gilt auch für das Entfernen von Dezimalstellen.
- Wenn Nachkommastellen entfernt wurden, werden die Zahlen kaufmännisch auf- oder abgerundet in der Zelle angezeigt. Die ursprünglichen Nachkommastellen bleiben jedoch selbstverständlich erhalten, wie ein Blick in die Bearbeitungsleiste zeigt.

Um Zahlen tatsächlich zu runden, stehen in Excel Rundungsfunktionen zur Verfügung. Mehr dazu erfahren Sie in Kapitel 9.6.

Achtung mögliche Rundungsfehler!

Das Runden durch Entfernen von Dezimalstellen betrifft nur die Anzeige, intern rechnet Excel jedoch mit allen Nachkommastellen. Dies kann bei weiteren Berechnungen zu Rundungsfehlern führen.

Als Beispiel im Bild unten rechts die Zahl 12,7. Diese wurde in B2 ohne Dezimalstellen formatiert. Multipliziert man den Inhalt der Zelle B2 mit 2, dann erhält man das Ergebnis 25,4. Eine Nachberechnung mit den sichtbaren Dezimalstellen, im Kopf oder mit dem Taschenrechner, liefert ein anderes Ergebnis.

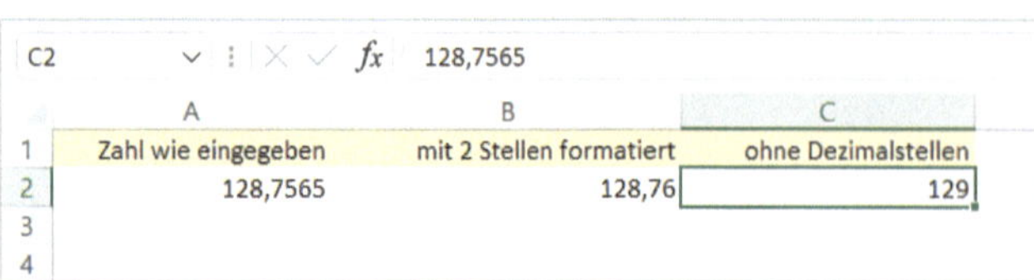

Bild 4.31 Die Zahlen werden kaufmännisch auf- oder abgerundet

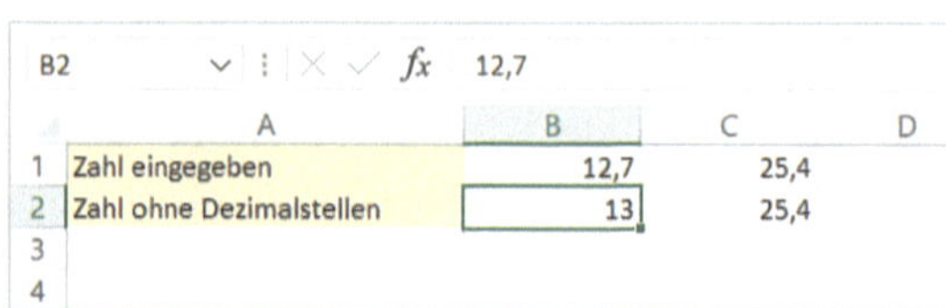

Bild 4.32 Vermeintlicher Rundungsfehler

Zahl als Euro-Betrag formatieren

Das Symbol *Buchhaltungszahlenformat* versieht Zahlen mit zwei Dezimalstellen und einem Währungssymbol, standardmäßig mit dem Euro-Symbol €, und rückt die Zahl von rechts etwas ein. Ein Mausklick auf den Dropdown-Pfeil rechts vom Symbol bietet die Wahl zwischen *€ Deutsch (Deutschland)* und *$ (Vereinigte Staaten)* an.

Hinweis: Währungssymbol und Schreibweise sind abhängig von den Ländereinstellungen von Windows. Daher erhalten Sie z. B. in der Schweiz ein anderes Buchhaltungszahlenformat als im Bild unten.

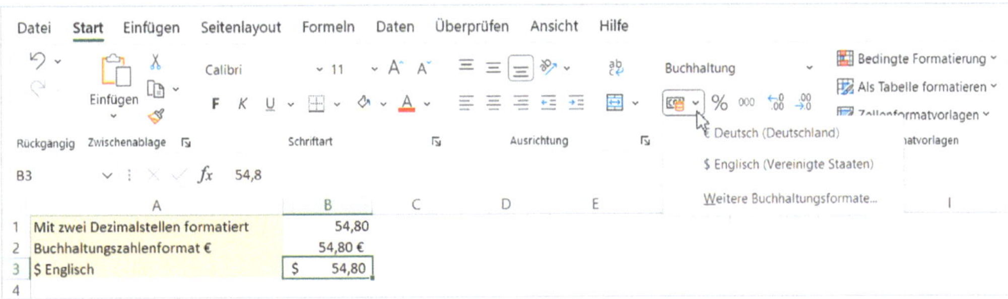

Bild 4.33 Buchhaltungszahlenformat

1.000er-Trennzeichen anzeigen

Mit dem Symbol *1.000er-Trennzeichen* 000 erhält die Zahl nicht nur Punkte als Tausendertrennzeichen, sondern außerdem zwei Dezimalstellen und wird von rechts eingerückt. Die Zahl der Dezimalstellen können Sie anschließend beliebig ändern.

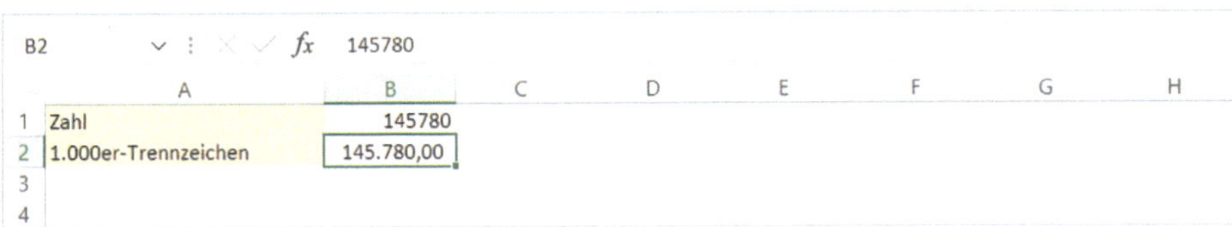

Bild 4.34 Mit 1.000er-Trennzeichen formatieren

Zahlenformat zurücksetzen

Die Auswahl des Formats *Standard* setzt Zahlen wieder auf ihr ursprüngliches Aussehen nach der Eingabe zurück. Im Beispiel unten sollen in Zeile 2 anstelle des Buchhaltungsformats wieder nur die Zahlen erscheinen. Markieren Sie die Zellen B2 bis E2, klicken Sie im Auswahlfeld der Gruppe *Zahl* auf den Pfeil und wählen Sie *Standard*.

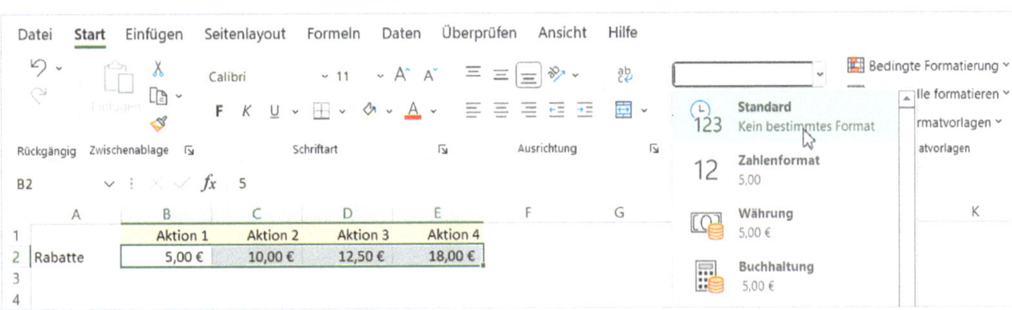

Bild 4.35 Auf Standardformat zurücksetzen

Prozentzahlen

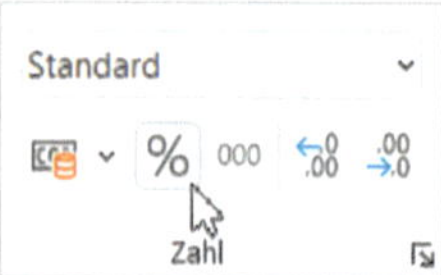

Prozentzahlen werden in Excel mit 100 multipliziert angezeigt und mit dem Prozentzeichen % versehen. Steht also beispielsweise 10% in einer Zelle, so entspricht dies der Zahl 0,1 und mit dieser Zahl wird auch gerechnet.

Zur Eingabe von Prozentzahlen haben Sie zwei Möglichkeiten:

Zur Erinnerung: 10% entspricht der Zahl 0,1.

- **Eingabe mit Prozentzeichen**: Am einfachsten geben Sie die Zahl gleich zusammen mit dem Prozentzeichen ein, z. B. 19%. Diese Methode hat sich in der Praxis als die schnellste und am wenigsten fehleranfällige erwiesen.
- **Als Prozentzahl formatieren**: Alternativ können Sie auch zuerst z. B. die Zahl 0,19 eingeben und diese anschließend mit Klick auf das Symbol *Prozentformat* % als Prozentzahl formatieren. **Achtung**: Um 19% zu erhalten, muss in diesem Fall 0,19 statt 19 eingegeben werden!

  Falls die Zelle bereits vorher mit dem Prozentformat formatiert wurde, können Sie dagegen problemlos die Zahl 19 eingeben. In diesem Fall erscheint während der Eingabe das Prozentzeichen in der Zelle, wie in B4 im Bild unten, und braucht nicht mehr mit der Zahl eingegeben werden.
- **Achtung Fehler!** Wenn Sie dagegen zuerst die Zahl, z. B. 19, eingeben und dieser anschließend das Prozentformat zuweisen, dann zeigt Excel als Ergebnis 1900% an.

Bild 4.36 Eingabe von Prozentzahlen

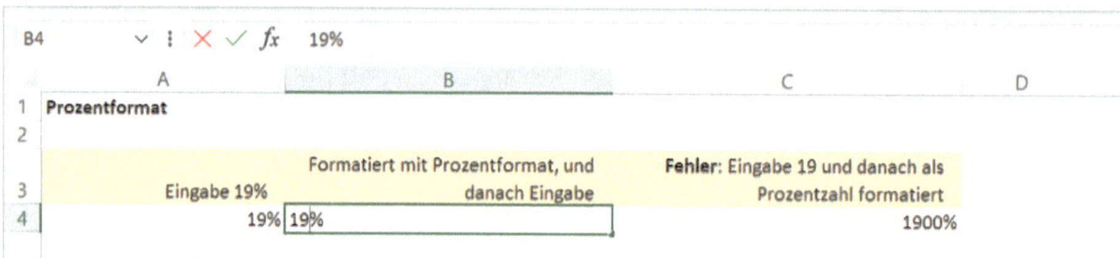

> Durch das Prozentformat wird eine Zahl mit 100 multipliziert angezeigt. 19% entspricht der Zahl 0,19 und mit dieser Zahl wird in Formeln auch gerechnet. Sie sehen sehr schön, mit welcher Zahl Excel eigentlich rechnet, wenn Sie von einer Prozentzahl das Zahlenformat entfernen. Markieren Sie dazu die Zelle und wählen Sie als Zahlenformat wieder *Standard* aus.

Achtung Dezimalstellen!

Das Symbol *Prozentformat* % formatiert Prozentzahlen **ohne Dezimalstellen**, d. h. statt beispielsweise 2,5% erscheint in der Zelle zunächst gerundet 3%. Die gewünschte Anzahl Nachkommastellen müssen Sie über das Symbol *Dezimalstelle hinzufügen* anfügen. Bei der Eingabe bleiben dagegen die Nachkommastellen erhalten, wenn Sie die Prozentzahl zusammen mit dem Prozentzeichen % eingeben, z. B. 5,75%. Wurde dagegen die Zelle vor der Eingabe mit dem Prozentformat versehen, so erscheint die Zahl trotz Eingabe einer Nachkommastelle ebenfalls gerundet.

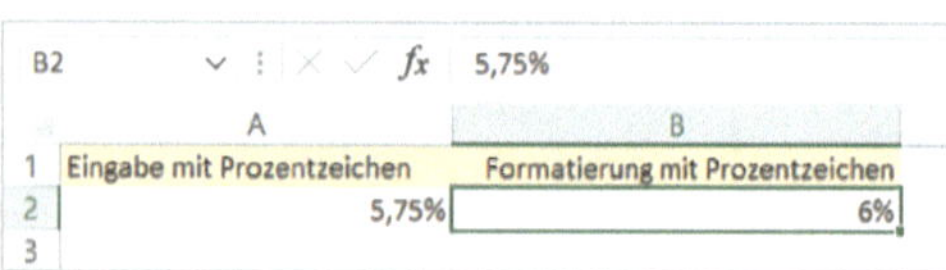

Weitere Zahlenformate

Weitere häufig verwendete Zahlenformate, nämlich *Zahlenformat* und *Währung*, erhalten Sie beim Klick auf den Dropdown-Pfeil des Feldes *Zahlenformat* ❶.

- *Zahlenformat* versieht die Zahl mit zwei Dezimalstellen,
- mit dem Format *Währung* erhält die Zahl ebenfalls zwei Dezimalstellen, dazu Tausendertrennzeichen und das Währungssymbol €.

Beachten Sie den Unterschied zwischen *Währung* und *Buchhaltung*: Beide fügen das Währungssymbol hinzu, aber die Position von Währungssymbol und Dezimalzeichen weicht voneinander ab, wie ein Vergleich im Bild unten zeigt.

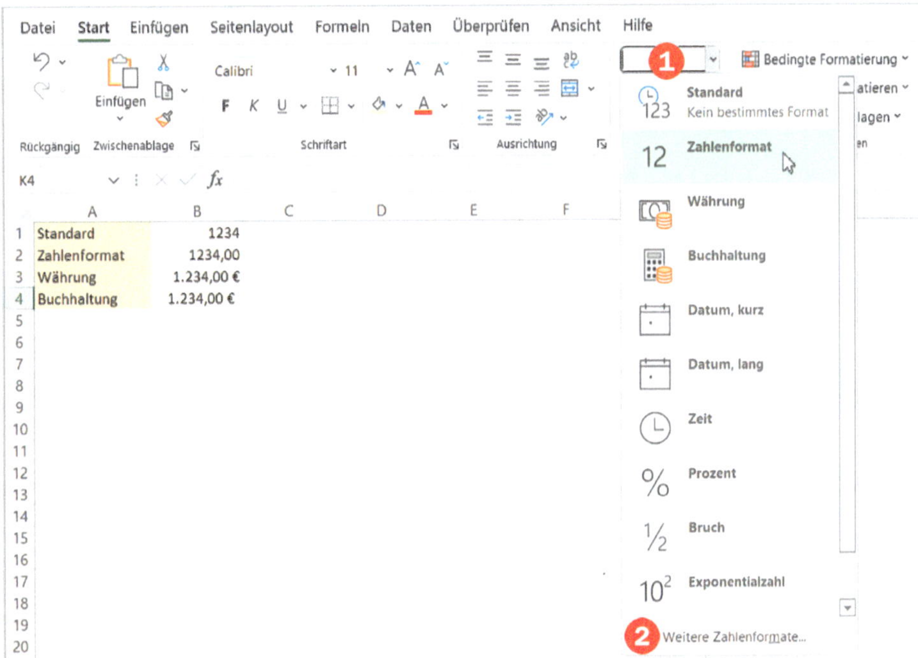

Bild 4.37 Die Auswahlliste im Feld Zahlenformat

Noch mehr Zahlenformate und Details finden Sie im Dialogfenster *Zellen formatieren*, Register *Zahlen*, das Sie mit einer der folgenden Methoden öffnen:

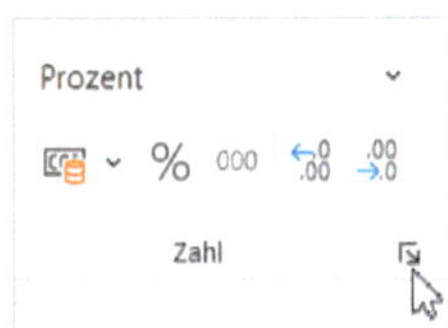

- Klicken Sie im Feld *Zahlenformat* auf den Pfeil und am Ende der Liste auf *Weitere Zahlenformate...* ❷ (s. Bild oben),
- oder klicken Sie auf das Pfeilsymbol ⇲ in der rechten unteren Ecke der Gruppe *Zahl*.
- Oder klicken Sie mit der **rechten** Maustaste auf die zu formatierende/n Zelle/n und auf *Zellen formatieren...*.

Klicken Sie links auf die gewünschte Kategorie, z. B. *Währung*, und wählen Sie dann rechts weitere Optionen, siehe Bild auf der nächsten Seite. Im Feld *Beispiel* sehen Sie eine Vorschau, wie sich das gewählte Format auf die markierte Zelle auswirkt.

Zahl

Bei der Kategorie *Zahl* können Sie eine beliebige Anzahl Dezimalstellen festlegen und über das Kontrollkästchen zusätzlich *1.000er-Trennzeichen verwenden*. Außerdem lässt sich die Darstellung negativer Zahlen mit oder ohne Vorzeichen und/oder in roter Schriftfarbe steuern.

Währung

Bei der Kategorie *Währung* wählen Sie neben der Zahl der Nachkommastellen im Feld *Symbol* auch das Währungssymbol, standardmäßig finden Sie hier das €-Zeichen. Wie beim Zahlenformat kann außerdem die Darstellung negativer Zahlen angegeben werden. Das Tausendertrennzeichen gehört dagegen fest zum Format *Währung*.

Mit Klick in das Feld *Symbol* kann unter *€* das €-Symbol rechts oder links von der Zahl angezeigt werden. Die Auswahl *Keine* zeigt die Zahl ohne Währungssymbol an; aber die Position des Dezimalzeichens bzw. des Kommas ändert sich dadurch nicht, so dass Zahlen mit und ohne Währungssymbol untereinander ausgerichtet werden können.

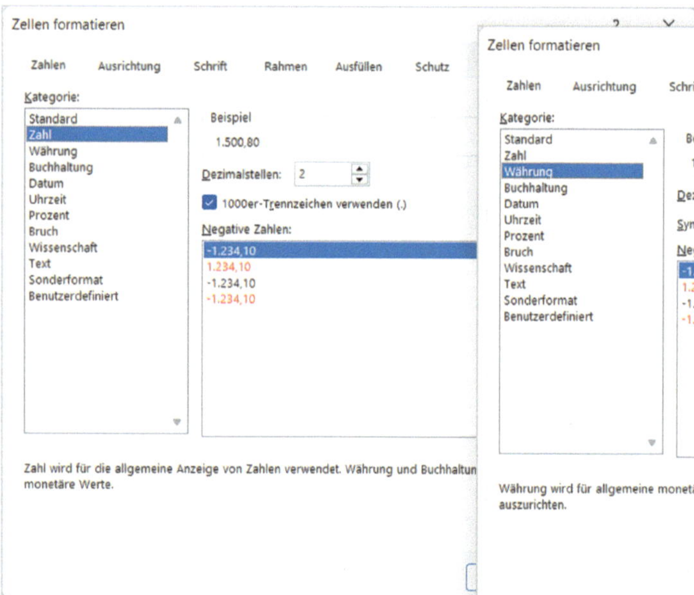

Bild 4.38 Kategorie Zahl

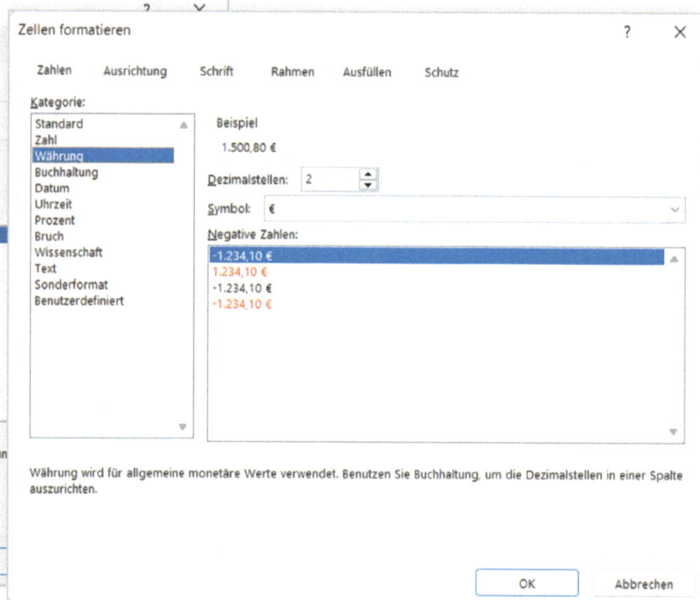

Bild 4.39 Kategorie Währung

Buchhaltung

Das Format *Buchhaltung* unterscheidet sich von *Währung* eigentlich nur dadurch, dass es für negative Zahlen keine Darstellungsvarianten gibt, hier wird das Vorzeichen grundsätzlich am linken Rand der Zelle ausgerichtet, wie im Bild auf der nächsten Seite in C12. Außerdem werden Zahl und Währungssymbol in der Zelle etwas weiter von rechts eingerückt. Genau wie bei *Währung* kann fast jedes Währungssymbol ausgewählt werden und auch wenn *Keine* gewählt wird, befinden sich Komma und Dezimalstellen exakt untereinander.

Im Bild unten ein Vergleich der einzelnen Kategorien. Beachten Sie die unterschiedliche Ausrichtung von Komma und der Dezimalstellen untereinander sowie die Position des Vorzeichens.

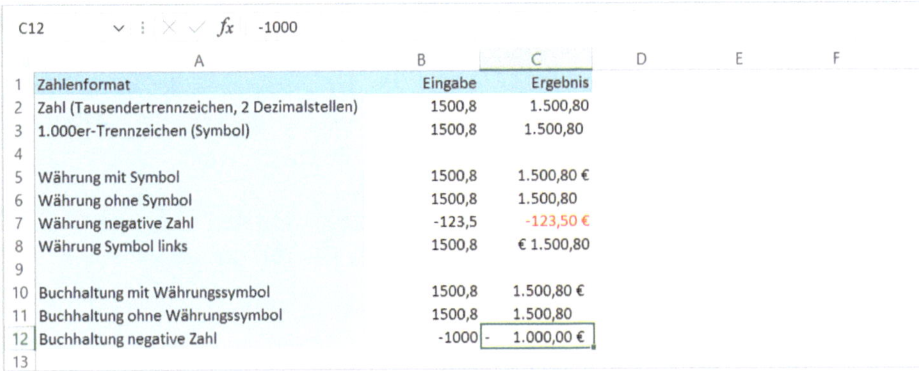

Bild 4.40 Die Kategorien Zahl, Währung und Buchhaltung im Vergleich

Bruch

Das Zahlenformat *Bruch* zeigt Dezimalzahlen wie z. B. 0,25 in der Schreibweise 1/4 an. **Achtung**: Wenn Sie eine Zahl als Bruch mit Schrägstrich eingeben möchten, dann müssen Sie **vor der Eingabe** die Zelle als Bruch formatieren, sonst erscheint z. B. bei der Eingabe von 1/4 das Datum 01. Apr.

Das Format *Bruch* erhalten Sie im Auswahlfeld *Zahlenformat* mit einem einstelligen Nenner. Im Fenster *Zellen formatieren* haben Sie dagegen die Wahl unter mehreren Typen, z. B. *Als Viertel* oder *Als Achtel*, wobei gerundet wird. s. Bild unten.

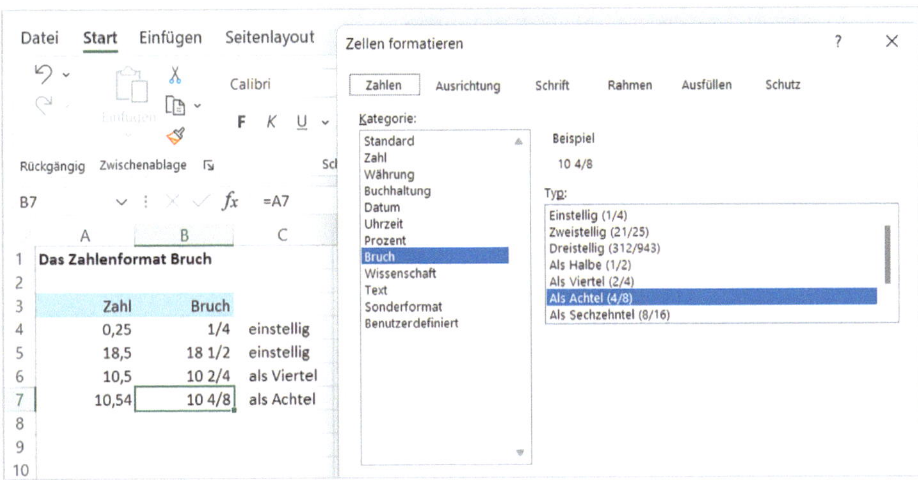

Bild 4.41 Dezimalzahlen als Bruch anzeigen

Exponentialschreibweise

Sehr große Zahlen können in Exponentialschreibweise angezeigt werden, z. B. die Zahl 10.000 als 10E+4. Das Format *Exponentialzahl* erhalten Sie in der Auswahlliste des Feldes *Zahlenformat* (s. Bild 4.37 auf Seite 99) oder wenn Sie im Fenster *Zellen formatieren* die Kategorie *Wissenschaft* wählen.

Datums- und Uhrzeitformate

Datum

Das Standarddatumsformat zeigt Tag und Monat zweistellig und das Jahr vierstellig an, z. B. 01.04.2022. Dieses Datumsformat finden Sie unter der Bezeichnung *Datum, kurz* auch in der Auswahlliste, die Sie mit Klick auf den Pfeil des Feldes *Zahlenformat* öffnen. Das zweite hier angebotene Datumsformat *Datum, lang* zeigt zusätzlich den Wochentag an und der Monat wird ausgeschrieben, Beispiel: Freitag, 01. April 2022.

> Wenn Sie das Jahr bei der Eingabe weglassen, so ergänzt Excel automatisch das aktuelle Jahr. Geben Sie z. B. 3.4 ein, so erscheint zunächst 03. Apr. Dieses Datum kann schnell als 03.04.2022 angezeigt werden, wenn Sie in der Auswahlliste *Datum, kurz* auswählen.

Weitere Datumsformate finden Sie wieder im Dialogfenster *Zellen formatieren*, das Sie mit Klick auf *Weitere Zahlenformate...* oder das Pfeilsymbol ↘ der Gruppe *Zahl* öffnen. Klicken Sie auf die Kategorie *Datum* ❶ und wählen Sie unter *Typ* ❷ eine Schreibweise. Sollten Sie das Datum z. B. in englischer Schreibweise benötigen, so wählen Sie zuerst im Feld *Gebietsschema* das Land, hier *Englisch (Vereinigte Staaten)* ❸ aus.

Bild 4.42 Datumsformate

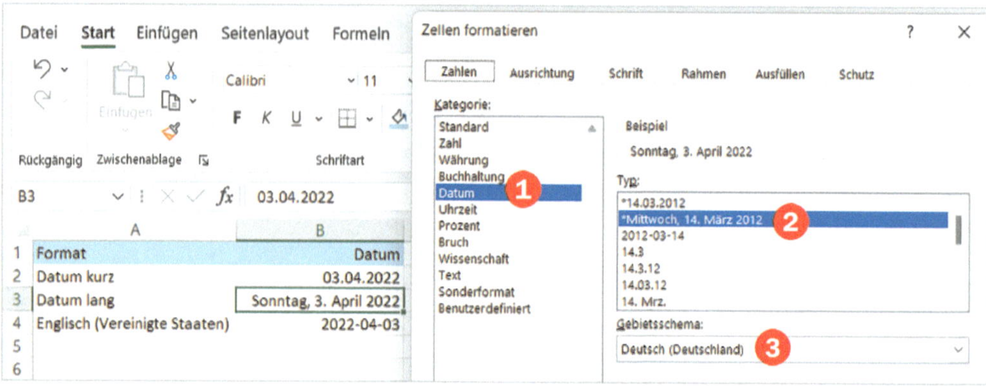

Uhrzeit

Uhrzeiten müssen mit Doppelpunkt eingegeben werden, z. B. 8:15 oder 16:08:25. Bei vollen Stunden, z. B. 12:00, können Sie die Minuten auch weglassen und 12: eingeben. Die Schreibweise Stunden und Minuten jeweils zweistellig entspricht dem Format *Zeit*, welches über die Auswahlliste im Feld *Zahlenformat* angeboten wird. Falls zusätzlich noch die Sekunden angezeigt werden sollen, so wählen Sie im Dialogfenster *Zellen formatieren* in der Kategorie *Uhrzeit* das passende Format aus.

> **Achtung**: Die Uhrzeitformate bilden in der Regel nur 24 Std. ab. Sollen mehr als 24 Std. angezeigt werden, wählen Sie den *Typ 37:30:55* aus. Dazu gleich mehr auf Seite 106.

Benutzerdefinierte Zahlen- und Datumsformate

Maßeinheiten hinzufügen

Excel bietet als Zusatz zu Zahlen nur Währungen an. Manchmal werden aber auch Einheiten wie beispielsweise km, kg, cm oder Stück benötigt. Diese können der Zahl über benutzerdefinierte Zahlenformate hinzugefügt werden.

Bild 4.43 Vergleich Zahl mit Text und benutzerdefiniertes Zahlenformat

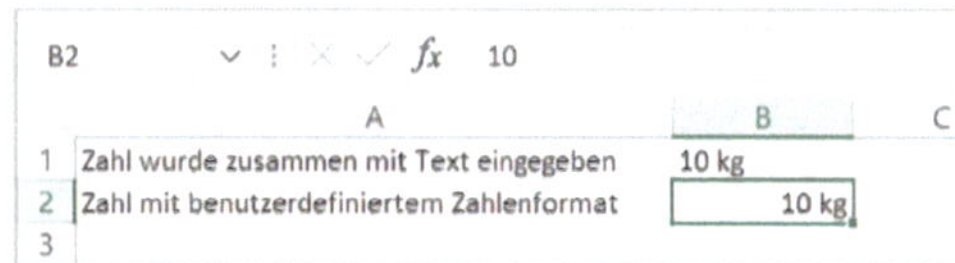

Der Unterschied zur Eingabe von Zahlen mit Text: Zahlen, die Sie mit Hilfe eines benutzerdefinierten Zahlenformats mit einem Zusatz versehen haben, im Bild in B2, werden als Zahl behandelt und können im Gegensatz zu Text, hier in B1, für Berechnungen herangezogen werden. Dies wird auch aus der unterschiedlichen Ausrichtung deutlich, außerdem erscheint der Zusatz eines benutzerdefinierten Zahlenformats nicht in der Bearbeitungsleiste.

Beispiel: Zahlen mit zwei Dezimalstellen und km formatieren

Als Beispiel ein Fahrtenbuch, in dem die gefahrenen Kilometer in Spalte B den Zusatz km erhalten sollen. So gehen Sie vor:

1. Markieren Sie den zu formatierenden Zellbereich, hier B4 bis B8 ❶.
2. Klicken Sie auf den Pfeil ❷ der Gruppe *Zahl*, um das Dialogfenster *Zellen formatieren* zu öffnen. Oder klicken Sie mit der rechten Maustaste auf die zuvor markierten Zellen und auf *Zellen formatieren...* ❸.

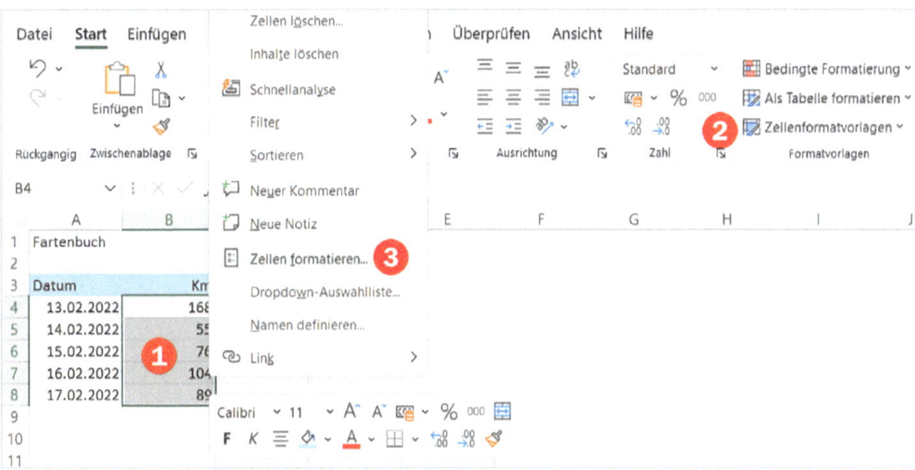

Bild 4.44 Öffnen Sie das Fenster Zellen formatieren

3. Wählen Sie im Dialogfenster *Zellen formatieren* das Register *Zahlen* aus und klicken Sie auf die Kategorie *Benutzerdefiniert* ❹.
4. Klicken Sie auf ein Zahlenformat ❺, das Ihren Vorstellungen am nächsten kommt, die Bedeutung der einzelnen Zeichen finden Sie weiter unten.
5. Das gewählte Zahlenformat erscheint im Feld *Typ*. Hier können Sie das Format nun bearbeiten bzw. den gewünschten Zusatz nach einem Leerzeichen einfach hinter der Zahl eingeben ❻. Beachten Sie:

- Zusätze, die mehr als ein Zeichen umfassen, wie etwa km oder kg, müssen in **Anführungszeichen** eingegeben werden, z. B. "km".
- Oberhalb, im Feld *Beispiel* 7, sehen Sie die formatierte Zahl in der Vorschau und mit der Schaltfläche *OK* übernehmen Sie das Format in das Tabellenblatt.

6 Um die Zahl mit zwei Nachkommastellen zu formatieren, klicken Sie in diesem Beispiel auf das Zahlenformat 0,00 und danach in das Feld *Typ*. Geben Sie hinter dem Zahlenformat ein Leerzeichen und danach "km" ein, also 0,00 "km". Schließen Sie zuletzt das Fenster mit Klick auf *OK*.

Bild 4.45 Benutzerdefiniertes Zahlenformat eingeben

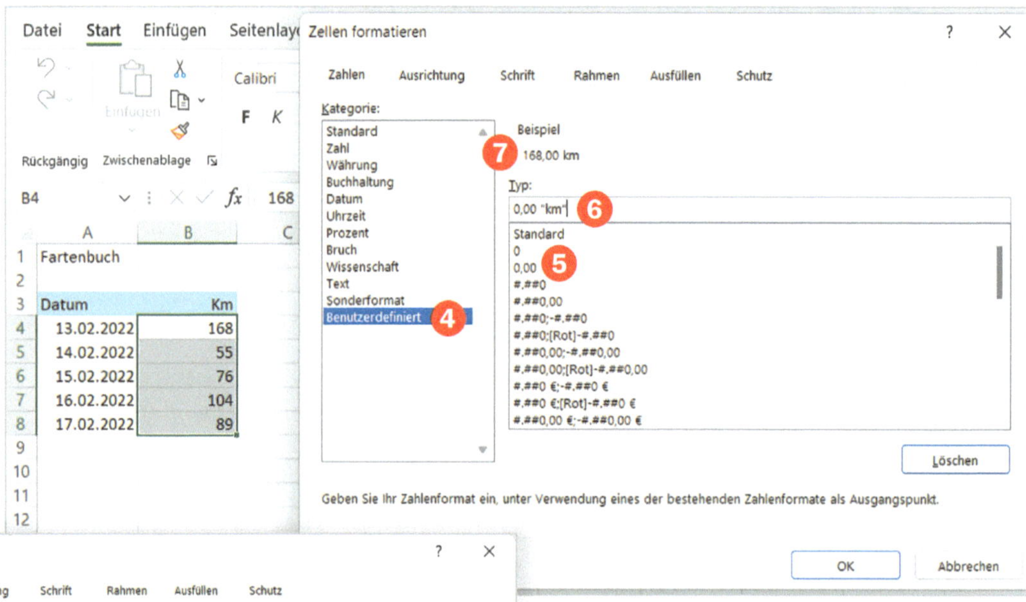

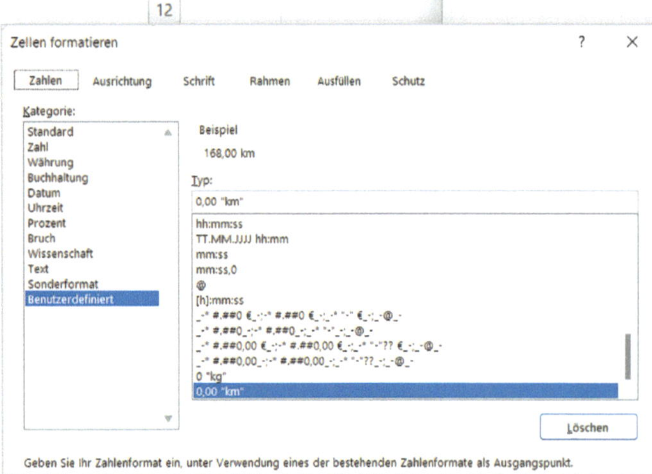

Zahlenformat erneut verwenden

Falls Sie ein benutzerdefiniertes Zahlenformat in der Mappe nochmals an anderer Stelle verwenden möchten, so finden Sie dieses im Fenster *Zellen formatieren*, Kategorie *Benutzerdefiniert* ganz am Ende der Liste der Zahlenformate, siehe Bild links.

> **Achtung**: Benutzerdefinierte Zahlenformate werden zusammen mit der Arbeitsmappe gespeichert und stehen daher nur innerhalb der jeweiligen Arbeitsmappe zur Verfügung.

Platzhalter in Zahlenformaten

Die Zahlenformate, die in der Kategorie *Benutzerdefiniert*, Feld *Typ* zur Auswahl stehen, verwenden Platzhalter für jede einzelne Stelle einer Zahl. In der Tabelle weiter unten finden Sie einige Beispiele.

- Der Platzhalter **0** steht für eine Ziffer, nicht belegte Stellen werden mit 0 aufgefüllt. Beispiel: Das Format 0,00 zeigt die Zahl 12 als 12,00 an und die Eingabe ,5 erscheint als 0,50 .
- Der Platzhalter **#** steht ebenfalls für eine Ziffer, aber im Gegensatz zur 0 werden nicht belegte Stellen nicht angezeigt. Dieses Zeichen wird benötigt, um die Position des Tausendertrennzeichens anzugeben. Beispiel: Das Format #.##0 zeigt die Zahl 1234 als 1.234 an.
- Für negative Zahlen kann, getrennt durch ein Semikolon (;), ein zweites Zahlenformat angegeben werden. Optional kann außerdem in eckigen Klammern jeweils eine abweichende Schriftfarbe dem Zahlenformat vorangestellt werden, z. B. [Rot]0,00.

  Tipp: Ein drittes Format legt das Aussehen fest, wenn die Zahl genau 0 ist. Beispiel: positive Zahlen blau, negative rot und 0 in schwarzer Farbe:
  [Blau]#.##0;[Rot]-#.##0;0
- Ein einzelnes Zeichen, z. B. € oder $, kann dem Zahlenformat auch ohne Anführungszeichen hinzugefügt werden. Wenn es sich dagegen um mehrere Zeichen handelt, müssen diese in Anführungszeichen stehen, z. B. 0,00 "km".
- Einige der vorgegebenen Formate bestehen aus zwei Abschnitten, die durch ein Semikolon **;** getrennt sind. Der erste Abschnitt wird für positive Zahlen, der zweite Abschnitt für negative Zahlen verwendet. Eine optionale Angabe in eckigen Klammern legt die Farbe für die Anzeige des jeweiligen Abschnittes fest.
- Wenn ein Zusatztext links von der Zahl linksbündig und die Zahl selbst rechtsbündig in der Zelle ausgerichtet werden soll, setzen Sie einen Stern * links vor die Zahl. Dieses Zeichen füllt den Abstand zwischen Zusatztext und der rechtsbündig ausgerichteten Zahl mit Leerzeichen auf.
- Die nach dem @-Zeichen eingegebenen Informationen bestimmen die Formatierung der Zelle, falls anstelle einer Zahl Text eingegeben wird.

Format	Eingabe	Anzeige
#.##0 "kg"	1234,7	1.235 kg
#.##0,00	1234,7	1.234,70
0000	12	0012
000-000	12345	012-345
000 - 000	12345	012 - 345

Format	Eingabe	Anzeige
"St."*#.##0	1135	St. 1.135
[Grün] #.##0; [Rot] -#.##0	1400 -1500	1.400 -1.500
0. "Tsd."	12700	13 Tsd.
#.##0. "Tsd."	1234000	1.234 Tsd.

Benutzerdefinierte Datums- und Uhrzeitformate erstellen

Excel verwendet die folgenden Platzhalterzeichen für Datums- und Uhrzeitformate, Trennzeichen und Leerzeichen erscheinen wie angegeben.

Einheit	Zeichen	Ergebnis
Tag	T TT TTT TTTT	1 01 Mo Montag
Monat	M MM MMM MMMM	1 01 Jan Januar
Jahr	JJ JJJJ	22 2022
Stunde (max. 24 Stunden)	h hh	5 05
Stunde (mehr als 24 Stunden)	[h]	36
Minute	mm	05
Sekunde	ss	08

Beispiel: Format	Ergebnis
TTTT, T. MM.	Montag, 5. Aug.
TTTT, TT. MMMM	Montag, 05. August
JJJJ-MM-TT	2022-12-31
hh.mm	19:45
hh:mm:ss	19:45:30

Beispiel: In Spalte A soll das Datum so angezeigt werden: 01.01.2022 - Samstag

1 Markieren Sie den zu formatierenden Bereich und öffnen Sie das Dialogfenster *Zellen formatieren* mit dem Register *Zahlen*.

2 Klicken Sie zunächst auf die Kategorie *Datum*. Behalten Sie den ersten, automatisch ausgewählten Typ bei und klicken Sie dann auf die Kategorie *Benutzerdefiniert*. Dadurch ist jetzt in dieser Kategorie bereits ein Datumsformat ausgewählt. Dieses müssen wir jetzt nur noch ergänzen.

3 Klicken Sie in die Zeile *Typ* und geben Sie hinter dem bereits bestehenden Format noch - TTTT (ohne Anführungszeichen) ein und bestätigen Sie mit *OK*.

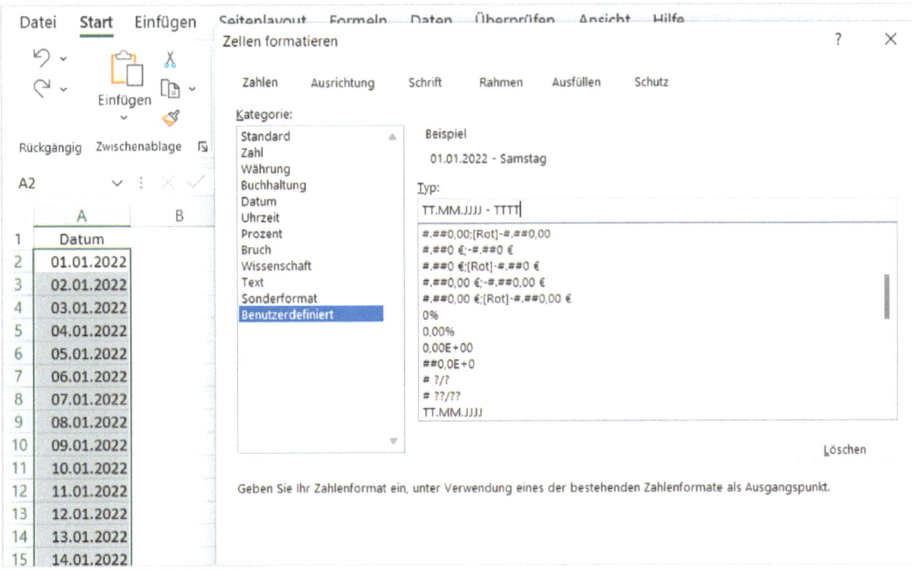

Bild 4.46 Benutzerdefiniertes Datumsformat

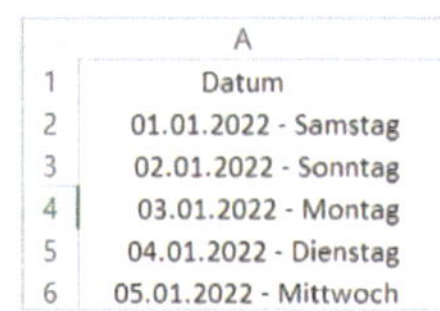

Tipp: Die Datumswerte werden in der Zelle rechtsbündig ausgerichtet. Soll das Datum linksbündig und der Wochentag rechtsbündig ausgerichtet werden, so geben Sie im Feld *Typ* folgendes Format ein: TT.MM.JJJJ * TTTT

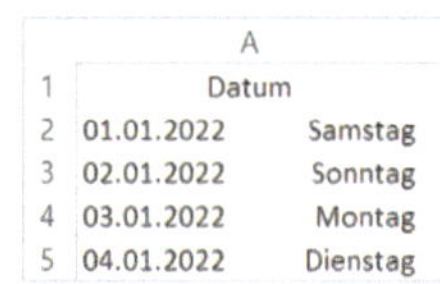

Führungsnull anzeigen - Zahlen als Text formatieren

Wie bereits bei der Eingabe von Zahlen erwähnt, bereiten Postleitzahlen, Telefonnummern oder Artikelnummern, die mit der Ziffer 0 beginnen, meist Probleme, da Excel Ihre Eingabe als Zahl interpretiert und die führende Null verschwindet. Damit die 0 in diesem Fall trotzdem angezeigt wird, stehen folgende Möglichkeiten zur Auswahl:

- **Zahl als Text mit Apostrophzeichen eingeben**
  Wenn es sich um einzelne Zellen handelt, dann stellen Sie bei der Eingabe das Apostrophzeichen der Zahl voran, z. B. '01234. Damit wird Ihre Eingabe als Text formatiert. Das Apostrophzeichen erscheint später zwar in der Bearbeitungsleiste, nicht aber in der Zelle und der Inhalt wird als 01234 linksbündig angezeigt.

- **Zellen vor der Eingabe als Text formatieren**
  Handelt es sich dagegen um eine ganze Spalte, dann formatieren Sie besser den Zellbereich bereits **vor der Eingabe** als *Text*. Nachträgliche Formatierung stellt eine

bereits verlorengegangene 0 nicht wieder her! Markieren Sie dazu die betreffenden Zellen, klicken auf den Pfeil im Feld *Zahlenformat* und hier auf *Text*.

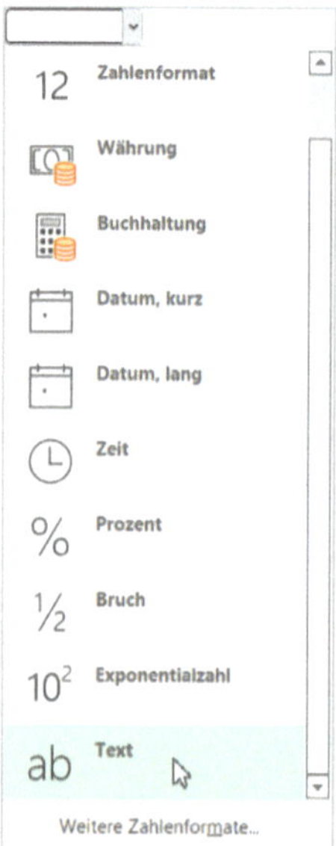

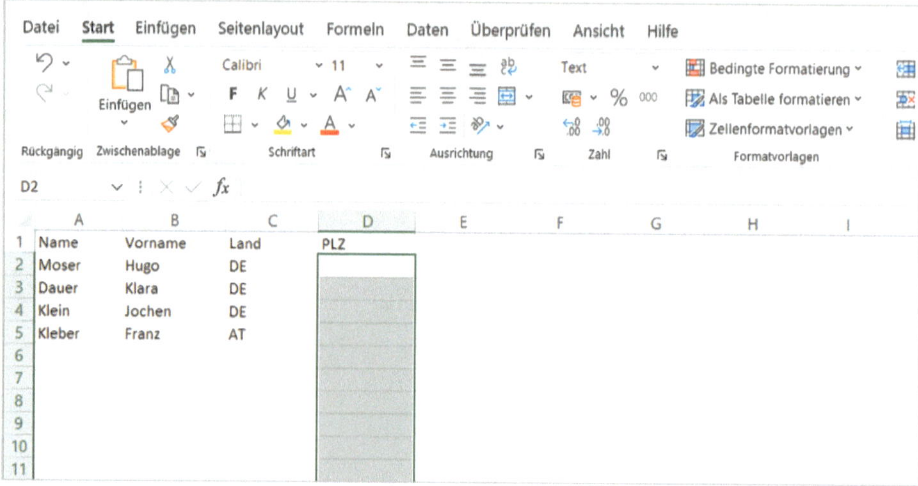

Bild 4.47 Die Spalte Postleitzahl als Text formatieren

In beiden Fällen macht Excel mit einem grünen Dreieck in der oberen linken Ecke der Zelle und einer Meldung darauf aufmerksam, dass Sie eine Zahl als Text formatiert haben. Wenn Sie die Formatierung beibehalten wollen, markieren Sie die Zelle(n), klicken auf das Dreieck, um die Dropdown-Liste zu öffnen, und wählen *Fehler ignorieren* aus.

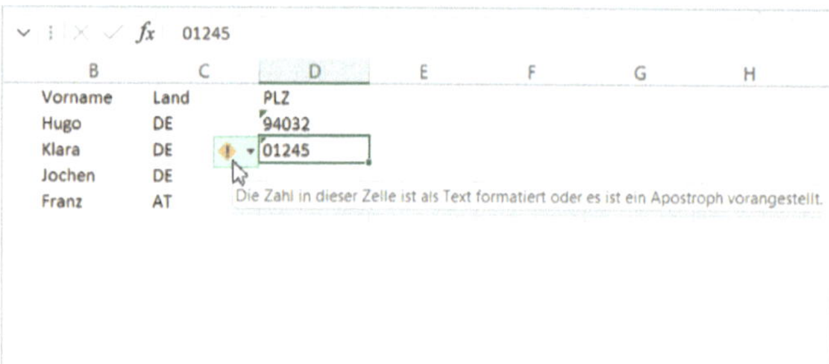

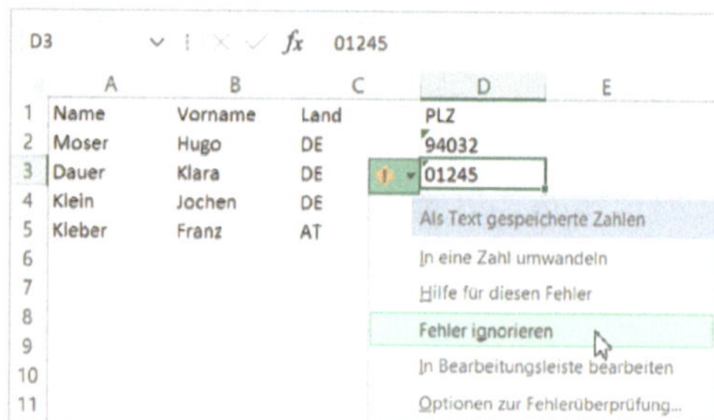

Bild 4.48 Fehlermeldung: als Text formatierte Zahlen

Weitere Möglichkeiten

- Darüber hinaus gibt es noch die Möglichkeit, ein entsprechendes benutzerdefiniertes Zahlenformat zu verwenden, s. Seite 103 ff. Im Fall der Postleitzahlen wäre dies das Format 00000.
- Im Dialogfenster *Zellen formatieren* finden Sie außerdem in der Kategorie *Sonderformat* verschiedene Formate, z. B. für Postleitzahlen oder ISBN-Nummern, auf die Sie ebenfalls zurückgreifen können.

> **Wichtig**: Achten Sie unbedingt innerhalb einer Spalte auf ein einheitliches Format, da sonst nicht korrekt sortiert werden kann.

4.5 Die Eingabehilfen von Excel

Automatisches Vervollständigen

- Bei der Eingabe von Text innerhalb einer Spalte erkennt Excel wiederkehrende Inhalte und schlägt diese automatisch nach Eingabe der ersten Buchstaben vor, siehe Bild 4.49. Zum Übernehmen drücken Sie die Eingabetaste, ansonsten ignorieren Sie den Vorschlag und tippen einfach weiter.
- Wenn Sie stattdessen sämtliche, bereits in dieser Spalte enthaltenen Elemente in Form einer Auswahlliste anzeigen möchten, dann klicken Sie mit der **rechten** Maustaste in die Zelle und wählen im Kontextmenü die *Dropdown-Auswahlliste* aus. Mit einem Mausklick übernehmen Sie den gewünschten Inhalt in die Zelle.

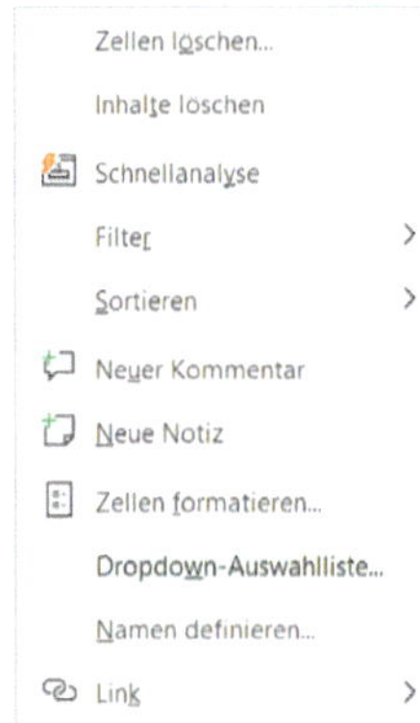

Tipp: Die Auswahlliste erscheint auch mit der Tastenkombination **Alt** + **Pfeil nach unten**. In diesem Fall verwenden Sie anschließend die Pfeiltaste nach unten bzw. oben, um einen Eintrag auszuwählen, und übernehmen diesen mit der Eingabetaste.

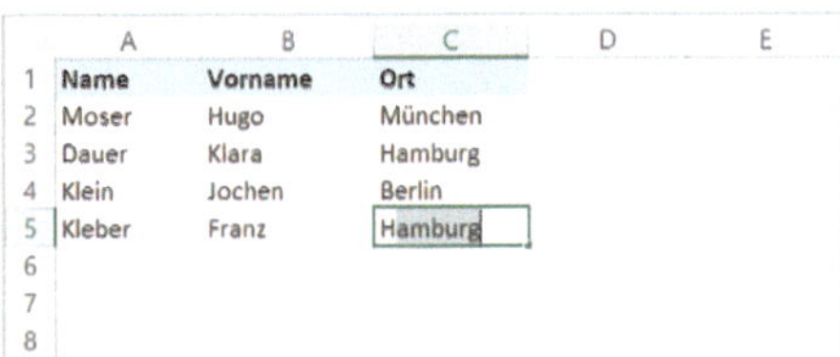

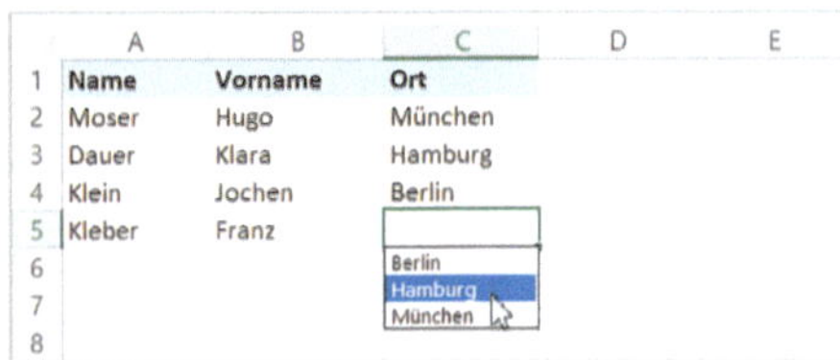

Bild 4.49 Automatisches Vervollständigen

Bild 4.50 Auswahlliste

Hinweis: Falls das automatische Vervollständigen auf Ihrem PC nicht funktionieren sollte, müssen Sie dies in den Excel-Optionen aktivieren. Wie das geht, lesen Sie in Punkt 4.6 auf Seite 119 ff.

Spaltenüberschriften: Wenn die Spaltenüberschriften abweichend vom Rest der Spalte formatiert sind, z. B. mit einer anderen Hintergrundfarbe und fett, wie im Bild oben, dann erkennt Excel an der unterschiedlichen Formatierung, dass es sich hier um eine Überschrift handelt, und diese erscheint nicht in der Auswahlliste.

Reihen ausfüllen

Sie möchten eine aufsteigende Zahlenfolge, alle Wochentage oder die Monate eines Jahres, in ein Tabellenblatt eintragen? Excel verfügt über die Möglichkeiten, dies schnell zu erledigen, und bewahrt Sie so vor der zeitraubenden manuellen Eingabe.

Automatisches Ausfüllen mit der Maus

In den meisten Fällen ist es am einfachsten, eine Reihe mit der Maus zu erzeugen. Zu diesem Zweck verwenden Sie das **Ausfüllkästchen** ▪. Dieses Kästchen befindet sich in der unteren rechten Ecke des Markierungsrahmens um eine Zelle oder einen Zellbereich. Sobald Sie mit der Maus auf das Kästchen zeigen, ändert sich die Form des Mauszeigers in ein +. Damit können Sie jetzt durch Ziehen bei gedrückter linker Maustaste eine Reihe ausfüllen, das Prinzip ist einfach:

1 Geben Sie in den beiden ersten Zellen Ihrer Reihe die ersten zwei Werte ein. Damit geben Sie den Anfangswert und ein Muster vor, nach dem die Reihe weitergeführt werden soll.

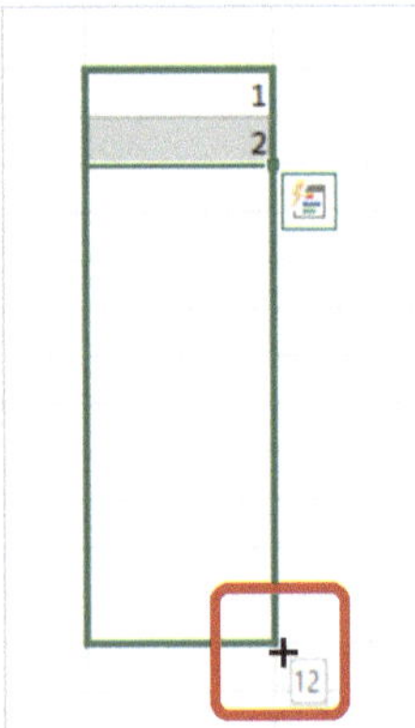

Bild 4.51 *Beispiele für Reihen*

2 Markieren Sie nun die beiden Zellen und zeigen Sie mit der Maus auf das Ausfüllkästchen. Wenn der Mauszeiger als + erscheint, ziehen Sie mit gedrückter linker Maustaste in die gewünschte Richtung.

3 Beim Ziehen erscheint neben der Reihe eine Zahl, die den aktuellen Endwert angibt. Die Zahlen selbst werden erst eingefügt, wenn Sie die Maus loslassen.

Eine Reihe wird fortgeführt, wenn Sie das Ausfüllkästchen nach rechts oder nach unten ziehen. Ziehen nach oben oder nach links ist ebenfalls möglich, in diesem Fall erhalten Sie die vorhergehenden Werte der Reihe.

Im Bild unten ein weiteres Beispiel, bei dem die Reihe jeweils um vier erhöht wird.

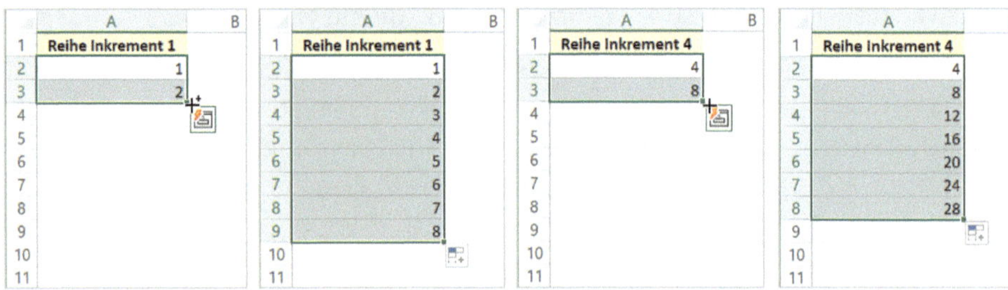

> **Alternative zum Erzeugen einer einfachen aufsteigenden Reihe**
>
> Geben Sie die erste Zahl, z. B. 1, in eine Zelle ein und zeigen Sie mit der Maus auf das Ausfüllkästchen, bis das + erscheint. Halten Sie dann während des Ziehens mit der Maus die **Strg**-Taste gedrückt.

Ausfülloptionen

Sobald Sie die Maustaste loslassen, erscheint in der rechten unteren Ecke der Reihe das Symbol *Auto-Ausfülloptionen* ❶ und mit einem Klick darauf erhalten Sie weitere Möglichkeiten zum Ausfüllen der Reihe. Dieselben Optionen erhalten Sie auch, wenn Sie das Ausfüllkästchen statt mit der linken mit gedrückter rechter Maustaste ziehen ❸.

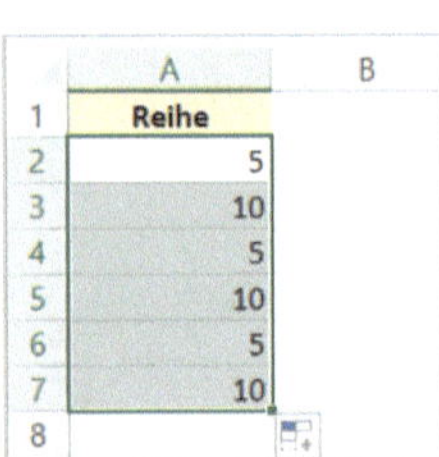

- Haben Sie nur den ersten Wert der Reihe eingegeben, wie im Bild unten, dann wird dieser zunächst kopiert ❷, statt die Reihe auszufüllen. Um nachträglich eine Datenreihe zu erhalten, wählen Sie dann die Option *Datenreihe ausfüllen*.
- Bei Vorgabe von zwei Werten werden dagegen mit der Option *Zellen kopieren* die Zahlen (im Bild links 5 und10) abwechselnd eingetragen, statt die Reihe fortzuführen.
- *Nur Formate ausfüllen* bedeutet, Sie übernehmen nur die Formate ohne Inhalt.
- *Ohne Formatierung ausfüllen* sorgt dafür, dass nur die Inhalte übernommen werden nicht aber die dazugehörigen Formate. Diese Option erweist sich als äußerst nützlich, wenn Sie beim nachträglichen Ausfüllen einer fertig gestalteten Tabelle, z. B. mit Rahmen und Hintergrundfarben, verhindern möchten, dass Ihre Formate wieder durcheinander geraten.

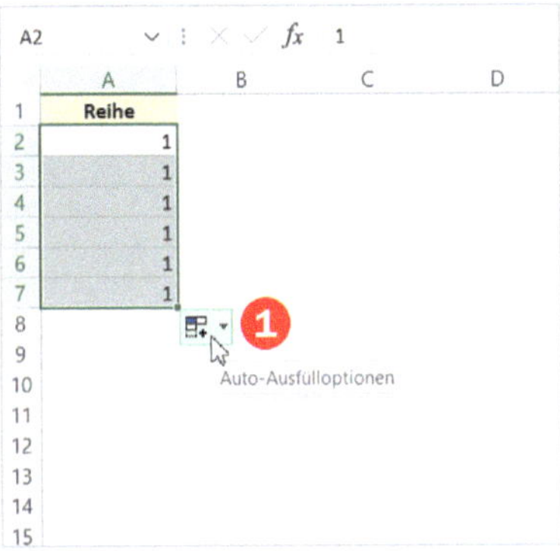

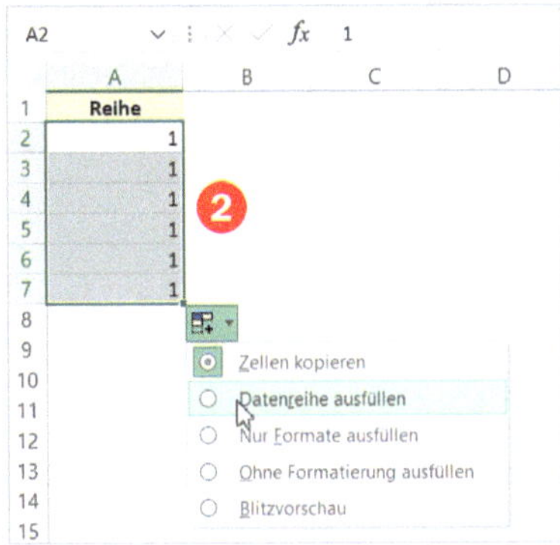

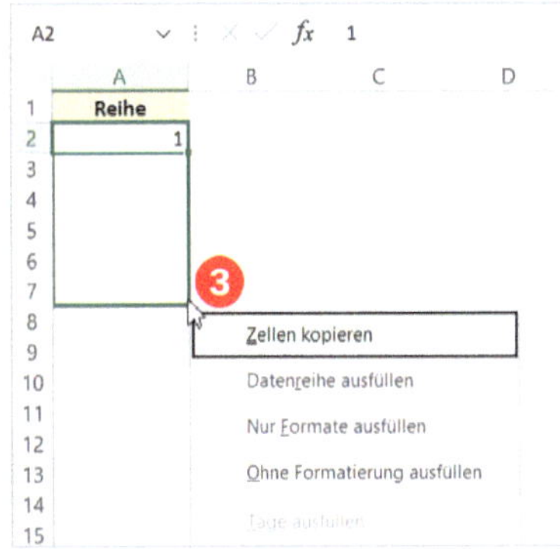

Bild 4.52 Das Symbol Auto-Ausfülloptionen

Bild 4.53 Wählen Sie eine Ausfüllmethode

Bild 4.54 Kontextmenü der rechten Maustaste

Datumsreihen erzeugen

Datumswerte werden von Excel automatisch als Anfang einer Reihe erkannt und damit genügt die Eingabe eines einzigen Wertes, um eine fortlaufende Reihe zu generieren. Hier bieten die *Auto-Ausfülloptionen* zusätzliche nützliche Optionen an, nämlich statt Tagen *Arbeitstage*, *Monate* oder *Jahre ausfüllen*. Benötigen Sie beispielsweise jeweils den ersten des Monats, dann beginnen Sie mit dem 01.01. und wählen die Option *Monate ausfüllen* wie im Bild unten rechts.

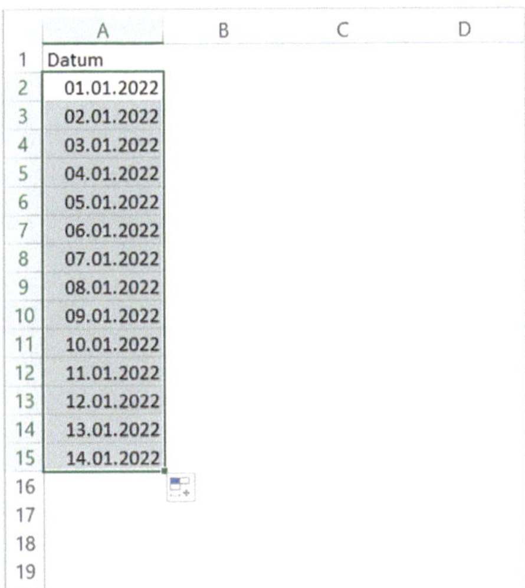

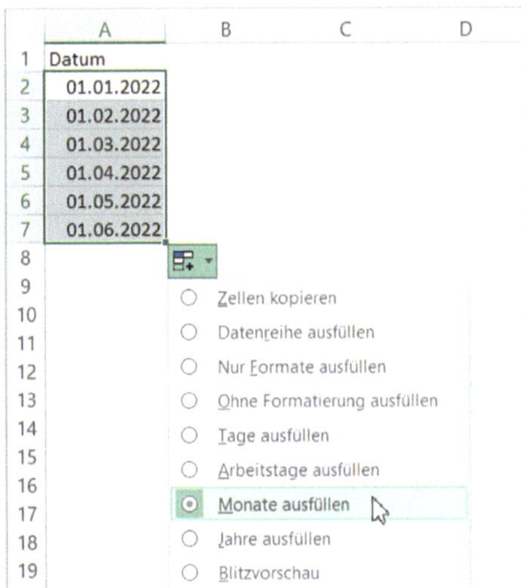

Bild 4.55 Fortlaufende Datumswerte

Bild 4.56 Monate ausfüllen

Reihen, die ohne Vorgabe eines Musters generiert werden

Eingabe	Reihe
15.10.2022	15.10.2022 16.10.2022 17.10.2022 ...
1.	1. 2. 3. 4. 5. ...
1. Quartal	1. Quartal 2. Quartal 3. Quartal 4. Quartal 1. Quartal ...
Spieler 1	Spieler 1 Spieler 2 Spieler 3 Spieler 4 ...
1. Tag	1. Tag 2. Tag 3. Tag 4. Tag ...*

***Achtung!** Zwischen einer Zahl mit Punkt und dem restlichen Text muss ein Leerzeichen sein!

Januar	Januar Februar März ...**
Jan	Jan Feb Mrz ...**
Montag	Montag Dienstag Mittwoch ...**
Mo	Mo Di Mi ...**

** Bei Wochentagen und Monatsnamen handelt es sich eigentlich um benutzerdefinierte Listen, die in Excel bereits hinterlegt wurden und nur deshalb generiert werden können.

Jede der oben aufgeführten Reihen kann mit einem beliebigen Wert, z. B. 3. Quartal, Freitag oder Juni, beginnen. Die Fortsetzung erfolgt ab dem gewählten Element und beginnt dann ggf. wieder von vorne.

Bild 4.57 Beispiele Reihen

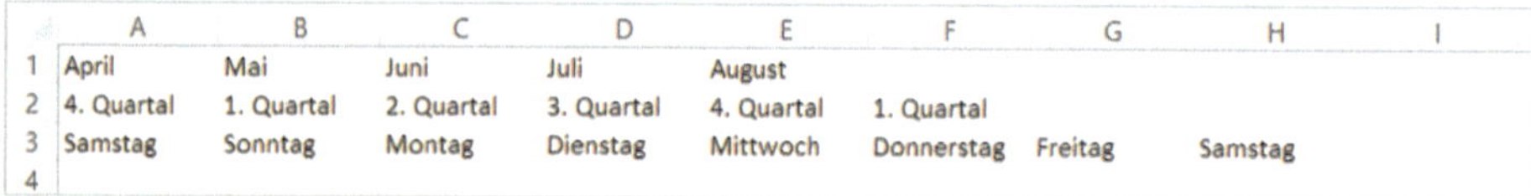

Kopieren von Zahlen und Text in angrenzende Zellen

Wird der Inhalt der markierten Zelle von Excel nicht als Teil einer Reihe erkannt, dann wird beim Ziehen des Ausfüllkästchens der Inhalt der Zelle einfach kopiert. Dies gilt sowohl für Zahlen als auch für Text, wie im Bild unten.

Bild 4.58 Zellinhalt kopieren

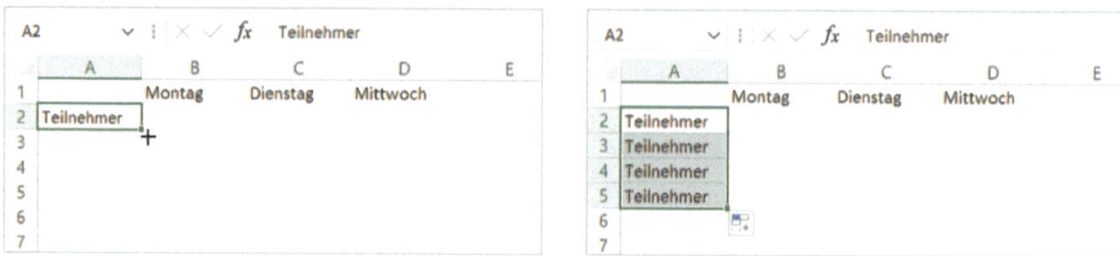

Tipp: Falls Sie bei Datumswerten oder anderen automatisch erkannten Reihen keine Reihe erzeugen, sondern das markierte Element kopieren möchten, z. B. Januar, dann halten Sie beim Ziehen mit der Maus die **Strg**-Taste gedrückt. Dadurch wird ein zweites Pluszeichen sichtbar und statt Fortführen der Reihe wird der Inhalt kopiert, wie im Bild unten. Oder wählen Sie in den Auto-Ausfülloptionen *Zellen kopieren*.

Bild 4.59 Zellinhalt mit gedrückter Strg-Taste kopieren

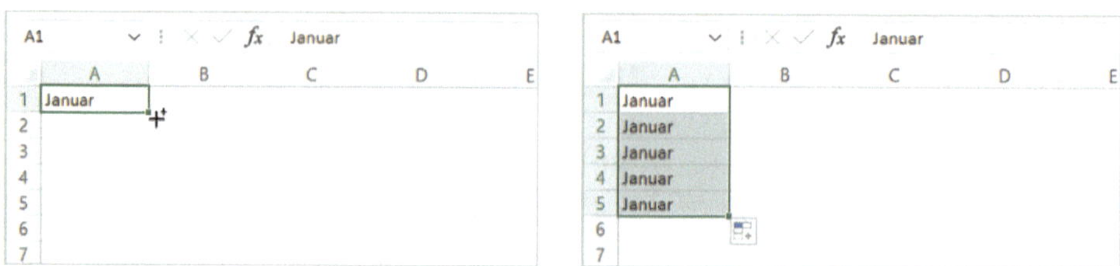

Hinweis: Falls das Ausfüllen von Reihen durch Ziehen mit der Maus auf Ihrem PC nicht funktionieren sollte, müssen Sie dies in den Excel-Optionen aktivieren. Wie das geht, lesen Sie unter Punkt 4.6 auf Seite 119 ff.

Das Dialogfenster Datenreihe

Ausfüllkästchen und Ziehen mit der Maus dürften in den meisten Fällen die einfachste und schnellste Methode sein, um eine Reihe zu erzeugen. Eine zweite Möglichkeit finden Sie im Dialogfenster *Reihe*. Im Gegensatz zum Ziehen mit der Maus können hier Endwert und verschiedene Muster vorgegeben werden. Diese Vorgehensweise bietet sich besonders für umfangreiche Reihen, z. B. die Zahlen von 1 bis 100 oder alle Tage eines Jahres, an.

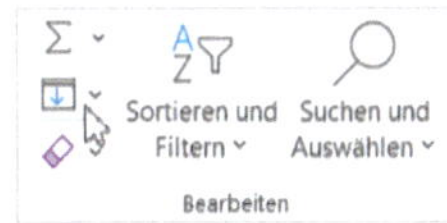

Bild 4.60 Datenreihe über Menüband ausfüllen

Zum Öffnen klicken Sie im Menüband, Register *Start* auf das Symbol *Ausfüllen* (Gruppe *Bearbeiten*) und hier auf *Datenreihe...*.

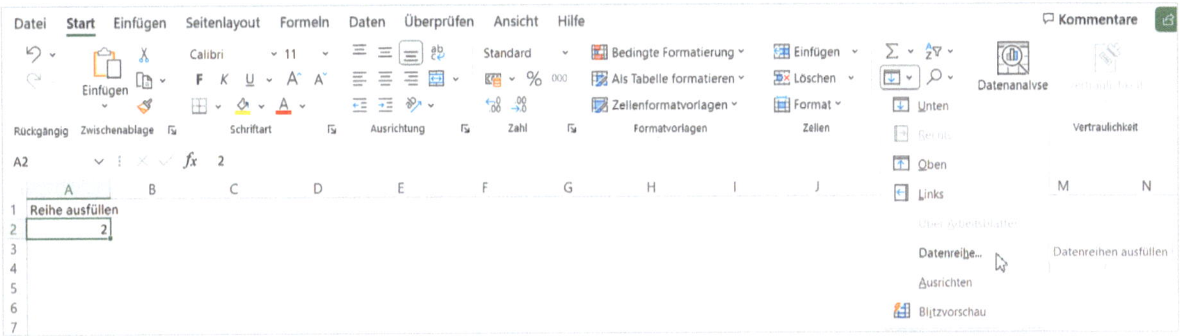

Beispiel 1: Eine Reihe mit allen Zahlen von 1 bis 100

1. Geben Sie in die erste Zelle den Anfangswert 1 ein und markieren Sie die Zelle. Klicken Sie im Menüband, Register *Start* auf das Symbol *Ausfüllen* und wählen Sie *Datenreihe...* (s. Bild oben).
2. Geben Sie an, ob die Reihe untereinander in der Spalte (Auswahl *Spalten*) oder nebeneinander in einer Zeile (*Zeilen*) fortgeführt werden soll, für dieses Beispiel wählen wir *Spalten*.
3. *Inkrement* ist der Wert, um den die Reihenwerte jeweils erhöht werden, hier 1, und als letzten Wert der Reihe geben Sie im Feld *Endwert* die Zahl 100 ein.
4. Das Feld *Typ* legt die Berechnungsart fest, die Auswahl *Linear* wie im Bild unten bedeutet, der Inkrementwert wird addiert.
5. Klicken Sie zuletzt auf *OK*.

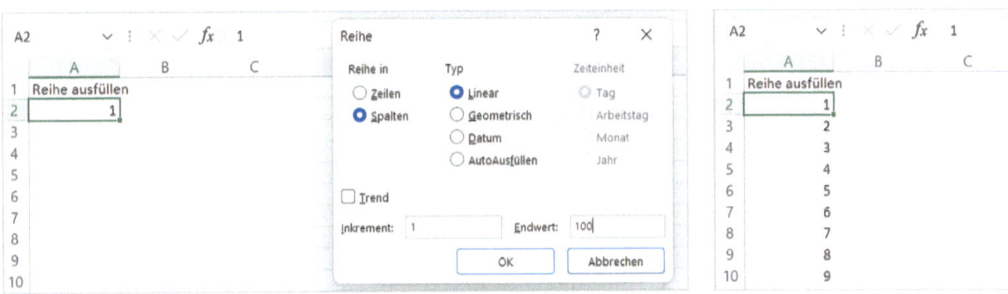

Bild 4.61 Beispiel: Alle Zahlen von 1 bis 100

Beispiel 2: Der vorhergehende Wert wird mit 2 multipliziert
Als zweites Beispiel soll eine Reihe gebildet werden, bei der jeder Wert mit 2 multipliziert wird, also 1*2, 2*2, 4*2, 8*2 usw. Dazu geben Sie wieder in die erste Zelle den ersten Wert 1 ein, markieren die Zelle und öffnen das Fenster *Reihe*.

Da die Zahlen untereinander eingefügt werden sollen, wählen Sie *Spalten* und diesmal den Typ *Geometrisch*. Geben Sie im Feld *Inkrement* 2 ein und als *Endwert* wieder 100. Die dadurch erzeugte Reihe endet mit der Zahl 64, da der nächste Wert 128 (64*2) größer ist als der vorgegebene Endwert.

Bild 4.62 Beispiel geometrische Reihe

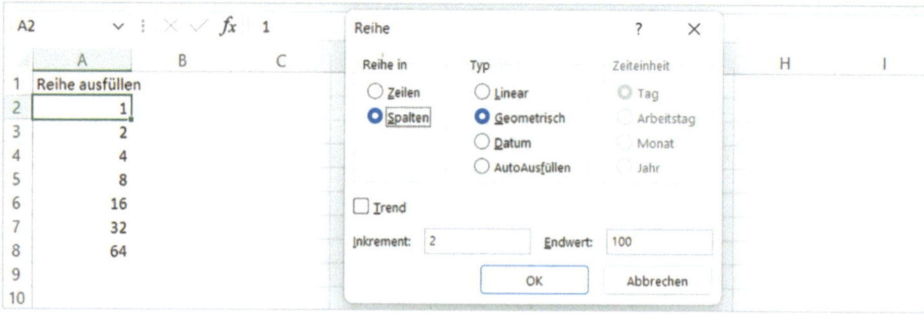

Info: Der Typ *AutoAusfüllen* entspricht der bereits beschriebenen Vorgehensweise mit der Maus.

Beispiel 3: Reihe mit Datumswerten
Als drittes Beispiel eine Reihe mit Datumswerten und zwar der jeweils erste des Monats für das Jahr 2022. Dazu geben Sie den 01.01.2022 in die erste Zelle ein und öffnen wieder das Fenster *Reihe*.

Der Typ *Datum* wurde automatisch erkannt und bereits ausgewählt. Dadurch kann jetzt rechts eine Zeiteinheit gewählt werden, für dieses Beispiel benötigen wir *Monat*. Inkrement 1 kann beibehalten werden und als Endwert geben Sie den letzten Tag des Jahres, den 31.12.2022 ein.

Bild 4.63 Datumsreihen: Der jeweils erste des Monats und des Jahres

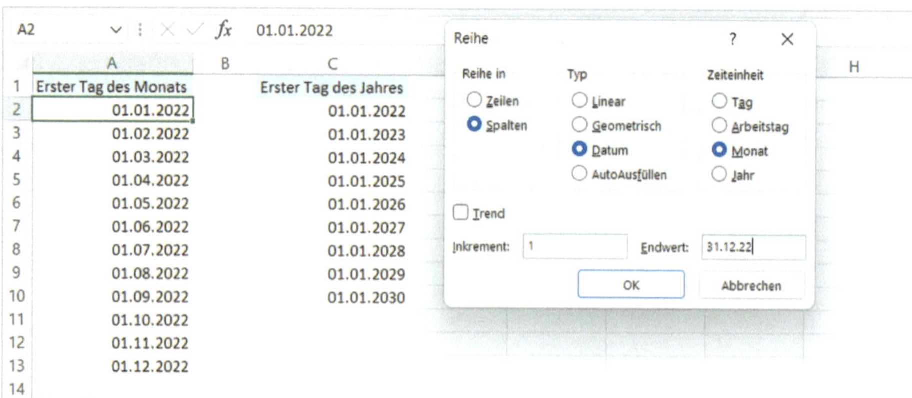

Hinweis: Falls Sie über mehrere Jahre einen bestimmten Tag, z. B. den ersten Januar, als Reihe benötigen, wie im Bild oben in Spalte C, dann geben Sie wieder den ersten Januar eines Jahres vor, wählen die Zeiteinheit *Jahr* und geben als Endwert z. B. den 31.12.2030 vor. Mit dieser Methode könnten Sie beispielsweise auch ermitteln, auf welchen Wochentag Ihr Geburtstag in den nächsten Jahren fällt. Sie brauchen dazu nur noch die Reihe mit einem Datumsformat, z. B. *Datum, lang*, versehen, das auch den Wochentag anzeigt.

Eigene Listen für die AutoAusfüllfunktion erstellen

Bei den Wochentagen und Monatsnamen handelt es sich eigentlich um bereits hinterlegte Datenreihen; weitere benutzerdefinierte Listen können Sie jederzeit hinzufügen.

- Dazu klicken Sie im Register *Datei* auf *Optionen* und hier auf die Kategorie *Erweitert*. Scrollen Sie ganz nach unten bis zum Abschnitt *Allgemein* und klicken Sie auf die Schaltfläche *Benutzerdefinierte Listen bearbeiten*.

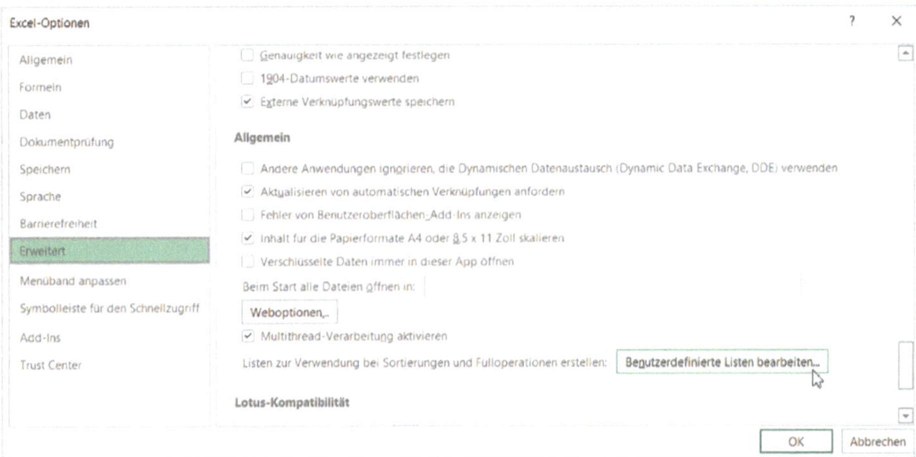

Bild 4.64 Klicken Sie in den Excel-Optionen auf Erweitert und scrollen Sie nach unten zum Abschnitt Allgemein

- **Daten eingeben**
  Wenn Sie eine neue Liste erstellen und die dazugehörigen Listeneinträge eingeben möchten, dann klicken Sie auf *Neue Liste* ❶. Klicken Sie dann in das Feld *Listeneinträge* und geben Sie die Einträge untereinander ein, indem Sie nach jeder Eingabe die Eingabetaste betätigen ❷. Zuletzt klicken Sie auf *Hinzufügen* ❸.

Tipp: Alternativ können Sie die Einträge auch mit Komma getrennt hintereinander eingeben.

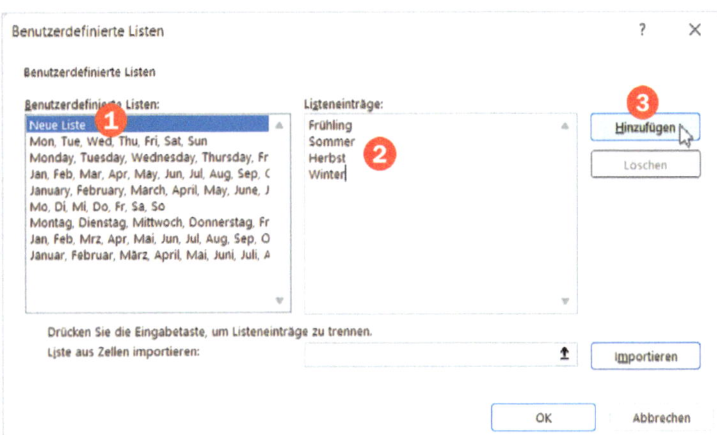

Bild 4.65 Neue Liste eingeben

- **Daten aus Tabelle übernehmen**
  Statt Eingeben können Sie auch eine vorhandene Datenreihe aus dem Arbeitsblatt übernehmen. Dazu wählen Sie ebenfalls *Neue Liste* und klicken in das Feld *Liste aus Zellen importieren* ❶. Markieren Sie anschließend im Arbeitsblatt den Zellbereich mit der Liste ❷, in diesem Beispiel die Bundesländer in A2:A17, und klicken dann auf *Importieren* ❸.

Schließen Sie zuletzt das Fenster *Benutzerdefinierte Listen* und die Excel-Optionen jeweils mit Klick auf *OK*.

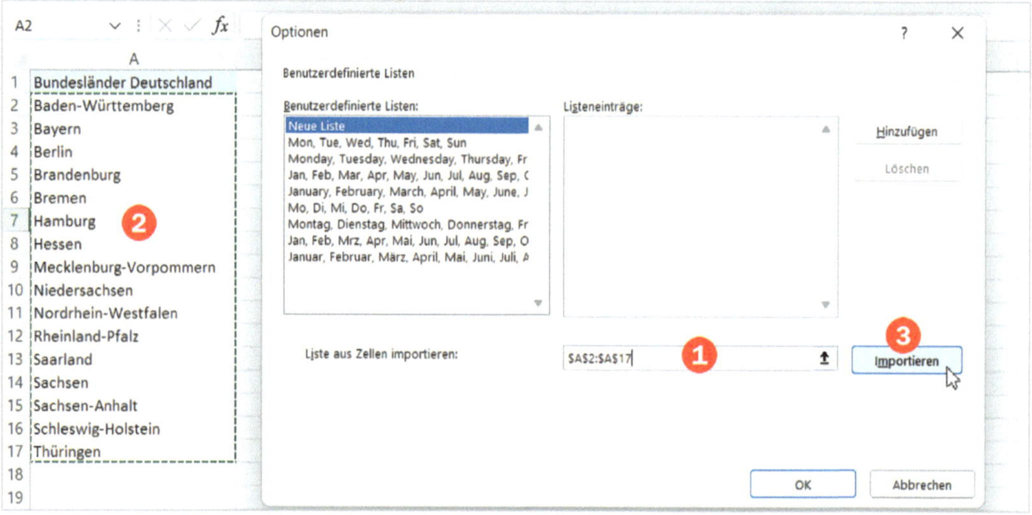

Zellinhalte aufteilen und zusammenfassen mit der Blitzvorschau

Die Blitzvorschau macht es möglich, Teile aus vorhandenen Spalteninhalten nachträglich in eine gesonderte Spalte zu kopieren oder Inhalte aus zwei und mehr Spalten in einer einzigen zusammenzufassen.

> **Voraussetzung**
> Zellinhalte anhand der Blitzvorschau aufzuteilen, funktioniert nur, wenn ein einheitliches Muster bzw. Trennzeichen in der Spalte vorhanden ist und die Spalteninhalte z. B. mit Leerzeichen, Komma oder Bindestrich getrennt sind. Ferner können die Werte nur in Spalten eingefügt werden, die rechts oder links unmittelbar an die aufzuteilende Spalte angrenzen.

Zellinhalt trennen

Mit der Blitzvorschau kopieren Sie einen Teil eines Zellinhalts und fügen diesen auf gleicher Höhe in eine der nebenstehenden Spalten ein. Dabei tippt man, sozusagen als Muster, in die erste Zelle der Spalte den zu kopierenden Inhalt ein. Für die restlichen Zellen wird der Inhalt nach dem gleichen Muster ergänzt. Ein praktischer Anwendungsbereich z. B. in einer Adresstabelle ist das Aufteilen von Vor- und Nachname auf zwei Zellen.

Beispiel: Name in Vor- und Nachname aufteilen und Adresse trennen

Als Beispiel sollen in der unten abgebildeten Tabelle die Namen in Vor- und Nachname aufgeteilt werden, so geht's:

1 Zunächst benötigen wir rechts von Spalte A eine leere Spalte: Zum Einfügen markieren Sie mit einem Klick in den Spaltenkopf die gesamte Spalte B ❶ und klicken dann im Menüband, Register *Start*, in der Gruppe *Zellen* auf *Einfügen* ❷.

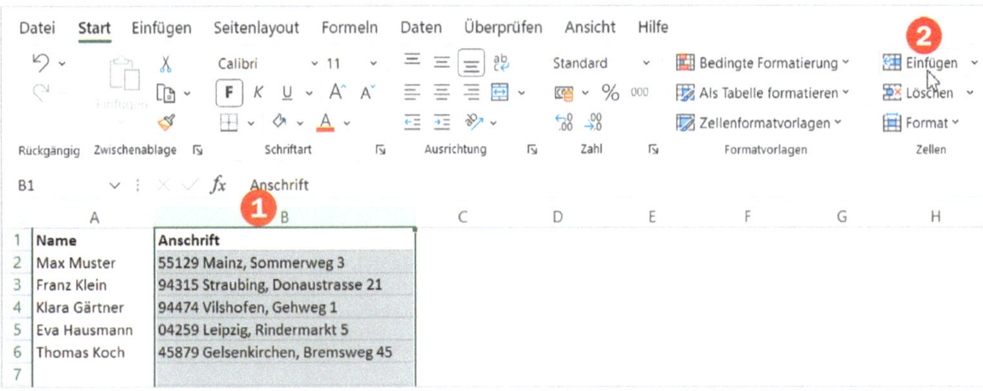

Bild 4.66 Spalte einfügen

2 Geben Sie der neuen Spalte eine Überschrift. Geben Sie dann in der Zeile darunter den ersten Vornamen ein ❸ und schließen Sie mit der Eingabetaste ab.

3 Beginnen Sie dann in der nächsten Zeile mit dem ersten Buchstaben des nächsten Vornamens ❹. Die Blitzvorschau zeigt nun alle weiteren Namen der Spalte an ❺ und mit der Eingabetaste übernehmen Sie die Liste. Wenn Sie stattdessen mit der manuellen Eingabe fortfahren möchten, drücken Sie die Esc-Taste.

Bild 4.67 Vornamen mit der Blitzvorschau in eine neue Spalte kopieren

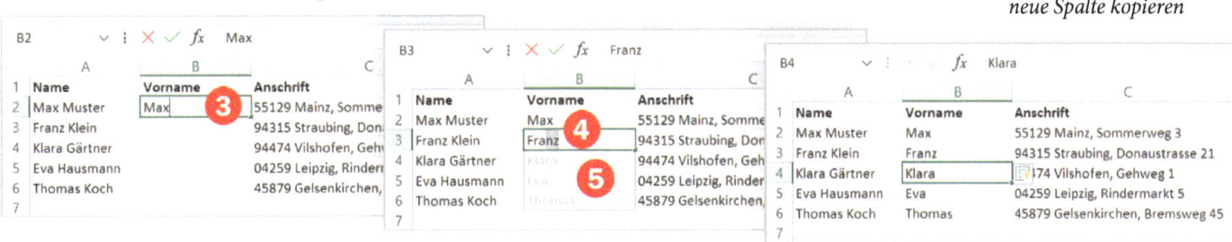

4 Um auch die Nachnamen in einer gesonderten Spalte zu erhalten, fügen Sie wieder zuerst eine neue Spalte rechts von Spalte A ein (siehe Schritt 1), diese erhält die Überschrift Nachname. Geben Sie darunter den ersten Nachnamen ein und verfahren Sie, wie oben in Schritt 3 beschrieben.

5 Dies funktioniert auch mit der Spalte Anschrift. Diese kann aufgeteilt werden in Postleitzahl, Ort und Straße mit Hausnummer. Wichtig ist nur, dass die Spalte einheitliche Trennzeichen enthält und Sie jeweils eine leere Spalte rechts oder links von der aufzuteilenden Spalte benötigen.

6 Wenn sie nicht mehr benötigt werden, können zuletzt die ursprünglichen Spalten Name und Anschrift gelöscht werden.

Bild 4.68 Das Ergebnis

	A	B	C	D	E	F	G
1	**Name**	**Nachname**	**Vorname**	**Anschrift**	**Strasse**	**Ort**	**PLZ**
2	Max Muster	Muster	Max	55129 Mainz, Sommerweg 3	Sommerweg 3	Mainz	55129
3	Franz Klein	Klein	Franz	94315 Straubing, Donaustrasse 21	Donaustrasse 21	Straubing	94315
4	Klara Gärtner	Gärtner	Klara	94474 Vilshofen, Gehweg 1	Gehweg 1	Vilshofen	94474
5	Eva Hausmann	Hausmann	Eva	04259 Leipzig, Rindermarkt 5	Rindermarkt 5	Leipzig	04259
6	Thomas Koch	Koch	Thomas	45879 Gelsenkirchen, Bremsweg 45	Bremsweg 45	Gelsenkirchen	45879
7							
8							

Zellinhalte zusammenfassen

Mit der Blitzvorschau können Inhalte von Zellen nicht nur getrennt, sondern auch zusammengeführt werden. Auch dazu geben Sie in der ersten Zelle der unmittelbar angrenzenden Spalte das Muster vor.

1 Tragen Sie in die angrenzende Zelle die Inhalte beider Spalten, getrennt durch ein Leerzeichen oder ein anderes Zeichen, ein.

2 In der Zelle darunter beginnen Sie mit dem ersten Zeichen bzw. Buchstaben. Die Blitzvorschau ergänzt entsprechend und zum Übernehmen in die gesamte Spalte drücken Sie die Eingabetaste.

Bild 4.69 Inhalte aus zwei Spalten zusammenfügen

C3 | *fx* Domplatz 3

	A	B	C	D	E	F	G	H
1	**Strasse**	**Hausnummer**	**Anschrift**					
2	Feldweg	45	Feldweg 45					
3	Domplatz	3	Domplatz 3					
4	Schlossallee 98 a		Schlossallee 98 a					
5	Lamge Gasse	21	Lamge Gasse 21					
6								

4.6 Eingabeeinstellungen in den Excel-Optionen

Sollte sich Excel bei der Eingabe und/oder Verwendung der oben genannten Eingabehilfen anders verhalten, als in diesem Kapitel beschrieben, dann kontrollieren und ändern Sie die dazugehörigen Einstellungen in den Excel-Optionen. Zum Öffnen der Excel-Optionen klicken Sie auf das Register *Datei* und hier auf *Optionen*.

Eingabe und Bearbeitung

Um das Verhalten von Excel bei der Eingabe und Bearbeitung zu steuern, klicken Sie auf die Kategorie *Erweitert*. Im dazugehörigen Abschnitt *Bearbeitungsoptionen* aktivieren oder deaktivieren Sie die folgenden Einstellungen durch Anklicken des dazugehörigen Kontrollkästchens, s. Bild unten.

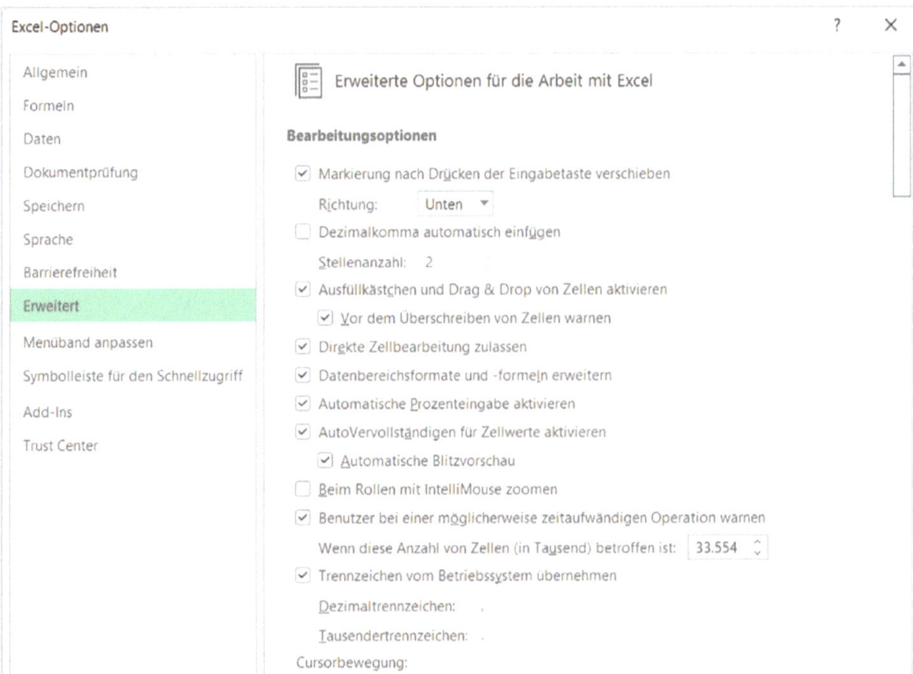

Bild 4.70 Die Bearbeitungsoptionen von Excel

- **Nächste Zelle nach Drücken der Eingabetaste markieren**
  Damit durch Drücken der Eingabetaste die nächste Zelle markiert wird, muss das Kontrollkästchen *Markierung mit Drücken der Eingabetaste verschieben* aktiviert sein (Häkchen). Welche Zelle dadurch markiert wird, wird im Feld *Richtung* festgelegt, die Standardeinstellung ist *Unten*.
- **Dezimalstellen automatisch berücksichtigen**
  Das Kontrollkästchen *Dezimalkomma automatisch einfügen* steuert, ob eine bestimmte Anzahl von Stellen, in der Standardeinstellung 2, automatisch als Dezimalstellen interpretiert werden. **Achtung**: Wenn diese Funktion aktiviert ist,

dann wird beispielsweise die Eingabe von 10050 automatisch in die Dezimalzahl 100,50 umgewandelt. Dieses Kontrollkästchen sollte also nur in Ausnahmefällen aktiviert werden.

- **Reihen durch Ziehen mit der Maus ausfüllen**
  Falls beim Zeigen in die rechte untere Ecke der markierten Zelle der Mauszeiger nicht als Plus-Zeichen erscheinen sollte, dann aktivieren Sie das Kontrollkästchen *AutoAusfüllkästchen und Drag & Drop von Zellen aktivieren*. Ebenfalls aktiviert sein sollte die Option *Vor dem Überschreiben von Zellen warnen*.
- **Zellbearbeitung mit Doppelklick oder F2**
  Das Kontrollkästchen *Direkte Zellbearbeitung zulassen* sollte aktiviert sein, da sonst keine nachträgliche Bearbeitung des Zellinhalts direkt in der Zelle, entweder mit Doppelklick oder der Funktionstaste **F2**, möglich ist. Änderungen in der Bearbeitungsleiste sind dagegen davon nicht betroffen.
- **Automatische Prozenteingabe**
  Das Kontrollkästchen *Automatische Prozenteingabe aktivieren* sollte unbedingt aktiv sein. Das bedeutet, bei der Eingabe in eine Zelle, die bereits mit dem Prozentzahlenformat formatiert ist, brauchen Sie nur 50 eingeben, um 50% zu erhalten. Ist dagegen dieses Kontrollkästchen deaktiviert, so erscheint nach der Eingabe 50 die Zahl 5000% und 50% muss als 0,5 eingegeben werden.

Achtung: Die automatische Prozentformatierung wirkt sich nicht auf nachträgliches Formatieren als Prozentzahl aus.

- **Automatisches Ergänzen und Blitzvorschau**
  Damit das automatische Ergänzen von Text während der Eingabe funktioniert, muss das Kontrollkästchen *AutoVervollständigung für Zellwerte aktivieren* aktiviert sein. Das darunterliegende Kontrollkästchen *Automatische Blitzvorschau* muss ebenfalls aktiviert sein, damit Sie die Blitzvorschau nutzen können.
- **Zoomen statt Scrollen**
  In der Standardeinstellung verschieben Sie durch Drehen des Mausrads den sichtbaren Bildschirmausschnitt nach oben oder unten (Scrollen). Falls Sie stattdessen die Anzeige vergrößern oder verkleinern möchten, aktivieren Sie das Kontrollkästchen *Beim Rollen mit IntelliMouse zoomen*. Scrollen erfolgt dann über die Bildlaufleisten am rechten und unteren Rand des Excel-Fensters.
- **Tausenderzeichen und Dezimalzeichen**
  Das aktivierte Kontrollkästchen *Trennzeichen vom Betriebssystem übernehmen* bedeutet, Tausendertrennzeichen (Punkt) und Dezimaltrennzeichen (Komma) werden automatisch aus den länderspezifischen Einstellungen von Windows übernommen. Diese Standardeinstellung sollte bis auf wenige Ausnahmefälle beibehalten werden, da ein Ändern zahlreiche Probleme nach sich ziehen würde.

Rechtschreibprüfung und automatische Korrekturen

Nicht nur Word, sondern auch Excel verfügt über eine Rechtschreibprüfung und die Möglichkeit, bestimmte Fehler während der Eingabe automatisch zu korrigieren (AutoKorrektur).

Rechtschreibung kontrollieren

Die Rechtschreibprüfung wird in Excel nur selten benötigt, da Excel-Tabellen häufig Namen oder Produktbezeichnungen enthalten, auf die sich die Regeln der Rechtschreibung ohnehin kaum anwenden lassen. Falls Sie doch einmal die Rechtschreibprüfung benötigen, so markieren Sie den betreffenden Zellbereich und klicken im Menüband, Register *Überprüfen* auf *Rechtschreibung*. Anschließend entscheiden Sie für jeden erkannten Fehler, ob Sie einen der Korrekturvorschläge annehmen oder den Fehler ignorieren möchten.

Bild 4.71 Markierten Zellbereich auf Rechtschreibung überprüfen

Automatische Korrekturen

Im Gegensatz zu Word sind in Excel automatische Korrekturen während der Eingabe nur selten erwünscht. Wenn Sie die Einstellungen zur AutoKorrektur kontrollieren und ändern möchten, dann klicken Sie in den Excel-Optionen auf die Kategorie *Dokumentprüfung* und hier auf die Schaltfläche *AutoKorrektur-Optionen….*

Um zu vermeiden, dass beispielsweise der Name Franz Adners automatisch in Franz Anders umgewandelt wird, muss das Kontrollkästchen *Während der Eingabe ersetzen* unbedingt deaktiviert sein. Das automatische Korrigieren von zwei Großbuchstaben am Wortanfang und bei unbeabsichtigter Verwendung der Feststelltaste kann hingegen auch in Excel durchaus nützlich sein.

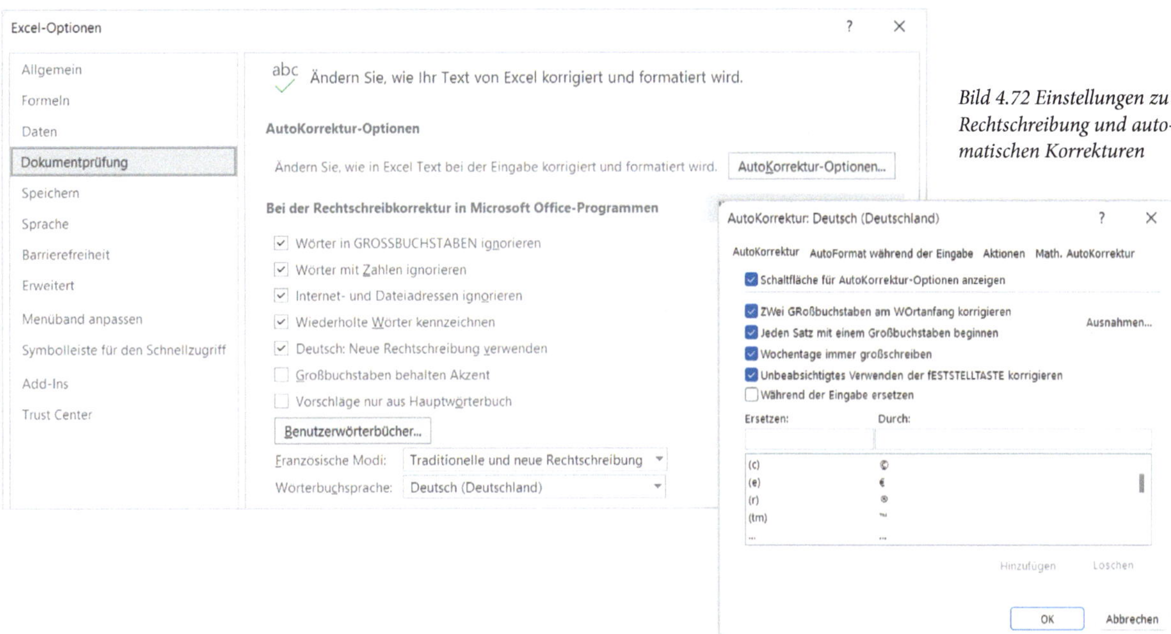

Bild 4.72 Einstellungen zu Rechtschreibung und automatischen Korrekturen

4.7 Übung

Aufgabe

Starten Sie Excel mit einer neuen leeren Arbeitsmappe und erstellen Sie im Blatt *Tabelle1* einen Belegungsplan für eine Ferienwohnung nach dem unten abgebildeten Muster. Nutzen Sie zur Eingabe die AutoAusfüllen-Funktion von Excel.

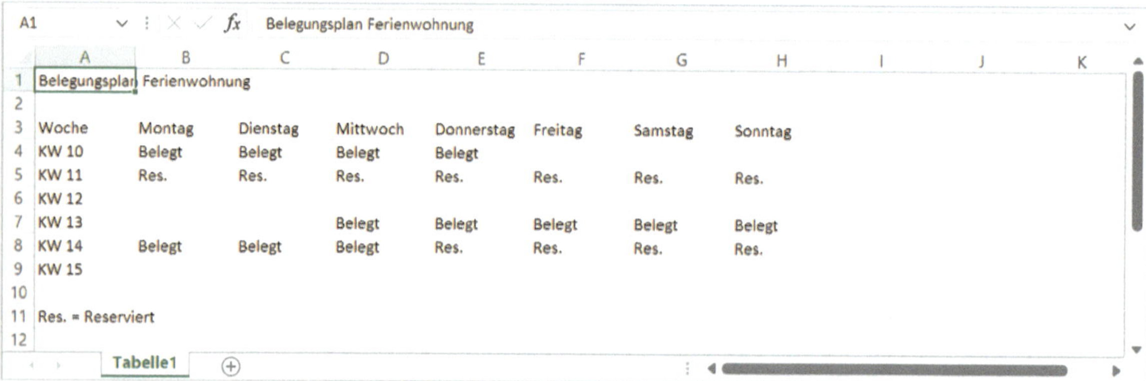

Lösungshinweise

- Kalenderwoche als Reihe ausfüllen: Geben Sie in A4 als erste Kalenderwoche KW 10 ein. Anschließend markieren Sie diese Zelle und ziehen das Ausfüllkästchen in der unteren rechten Ecke der Markierung nach unten. Lassen Sie die Maustaste wieder los, wenn die letzte benötigte Kalenderwoche angezeigt wird.
- Genauso gehen Sie beim Ausfüllen der Wochentage vor.
- AutoAusfüllen können Sie auch verwenden, um für die einzelnen Tage *Belegt* oder *Reserviert* einzugeben. Hierbei handelt es sich um keine Reihe, daher werden die Inhalte automatisch kopiert.

5 Der Umgang mit Tabellen

In diesem Kapitel lernen Sie...

- Spaltenbreite und Zeilenhöhe ändern
- nachträglich Zeilen und Spalten einfügen
- Zellinhalte verschieben oder kopieren
- die Office-Zwischenablage zum Kopieren bzw. Verschieben nutzen
- weitere Tabellenblätter einfügen, umbenennen, verschieben oder löschen

Das sollten Sie bereits wissen

- Daten in Excel eingeben

5.1 Zeilen und Spalten bearbeiten

Excel bezeichnet die grauen Leisten links und oberhalb der Tabelle als Spalten- bzw. Zeilenkopf oder -überschrift. Hier sind die Spalten fortlaufend mit Buchstaben, die Zeilen dagegen mit Zahlen durchnummeriert. Um Verwechslungen mit Überschriften im Tabellenblatt vorzubeugen, verwendet dieses Buch die Bezeichnungen Spaltenkopf bzw. Zeilenkopf.

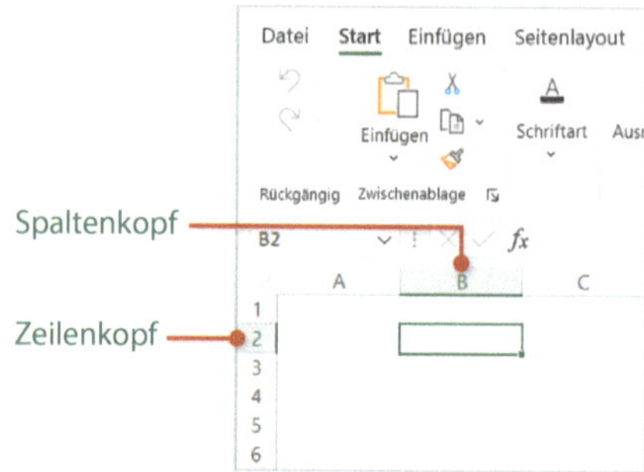

Spaltenbreite ändern

Mehr zur Anzeige von Text und Zahlen haben Sie bereits auf Seite 89 erfahren.

Die Breite einer Spalte wird nicht automatisch an die Inhalte der Zellen angepasst. Daher können längere Texte zunächst abgeschnitten erscheinen. Die Spaltenbreite kann mit den folgenden Methoden geändert werden.

Spaltenbreite durch Ziehen mit der Maus ändern

Am schnellsten geht's mit der Maus. Dabei spielt es keine Rolle, welche Zelle gerade markiert ist:

1. Zeigen Sie im Bereich der Spaltenköpfe mit der Maus auf die **rechte** Trennlinie derjenigen Spalte, deren Breite Sie ändern möchten, im Bild unten Spalte A.
2. Sobald der Mauszeiger als Doppelpfeil sichtbar wird, ziehen Sie zum Verbreitern die Linie mit gedrückter linker Maustaste nach rechts. Durch Ziehen nach links wird die Spalte dagegen schmäler. Im abgebildeten Beispiel wird die Spalte A durch Ziehen nach rechts so erweitert, dass alle Namen vollständig sichtbar sind.

Bild 5.1 Spaltenbreite durch Ziehen mit der Maus ändern

Bild 5.2 Gleiche Breite für mehrere Spalten

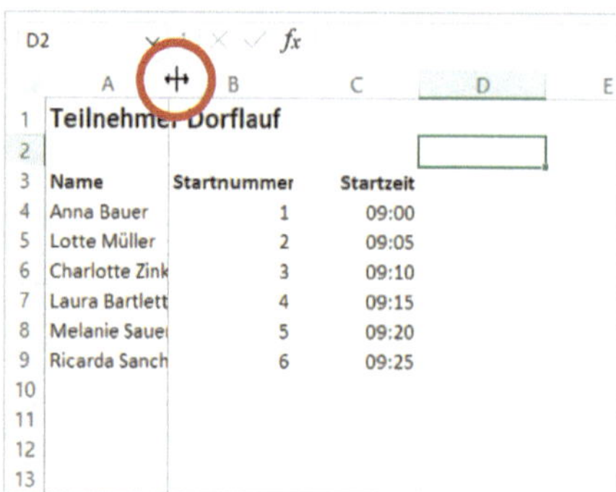

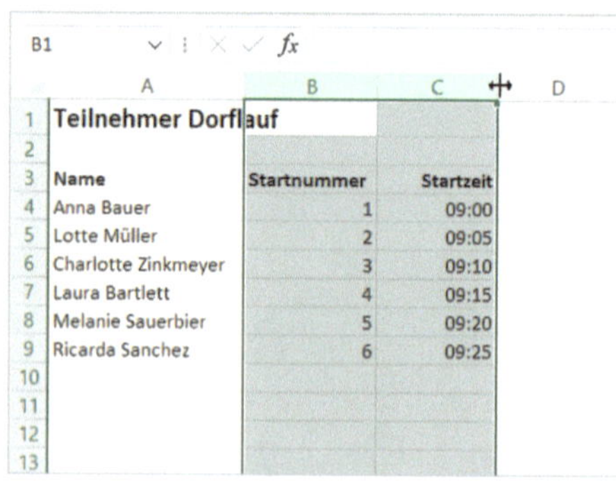

Das Beispiel ist als Download verfügbar:

Spaltenbreite.xlsx

Tipp: Gleiche Breite für mehrere Spalten

Sollen mehrere Spalten die gleiche Breite erhalten, wie im Bild 5.2 die Spalten B und C, dann müssen Sie zuvor diese Spalten markieren. Klicken Sie zum Markieren auf die Spaltenköpfe und ziehen Sie danach die Trennlinie einer beliebigen Spalte innerhalb der Markierung auf die gewünschte Breite.

Spaltenbreite automatisch an den Inhalt anpassen

Mit einem Doppelklick auf die rechte Trennlinie im Spaltenkopf können Sie die Breite der Spalte automatisch an den Inhalt anpassen. Der breiteste Inhalt der Spalte bestimmt dann die Spaltenbreite, wie im Bild unten.

Achtung: Im Bild unten orientiert sich die Spaltenbreite an der Überschrift in A1, da diese die größte Breite einnimmt. Dies führt in der Tabelle zu einem übergroßen Abstand zwischen Name und Startnummer. In diesem Fall sollten Sie besser die Spaltenbreite an den Zellbereich A3 bis A9 anpassen; wie das geht, lesen Sie weiter unten.

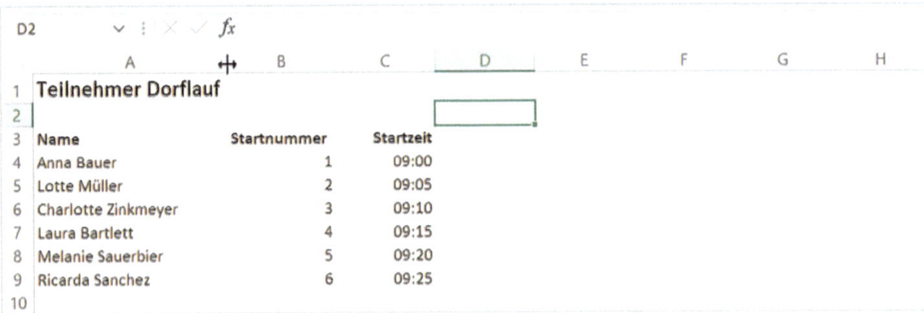

Bild 5.3 Spaltenbreite mit Doppelklick anpassen

Achtung: Bei nachträglichen Änderungen am Spalteninhalt müssen Sie eventuell die Spaltenbreite erneut anpassen, dies passiert nicht automatisch.

Spaltenbreite an einen bestimmten Zellbereich anpassen

Wenn Sie wie in diesem Fall die Überschrift aussparen wollen und sich die Breite der Spalte A ausschließlich nach den Inhalten eines bestimmten Zellbereichs, hier A3 bis A9 richten soll, dann müssen Sie etwas anders vorgehen:

- Markieren Sie den Zellbereich ❶, klicken Sie im Menüband, Register *Start*, Gruppe *Zellen* auf *Format* ❷ und wählen Sie *Spaltenbreite automatisch anpassen* ❸.

Bild 5.4 Spaltenbreite an markierten Zellbereich anpassen

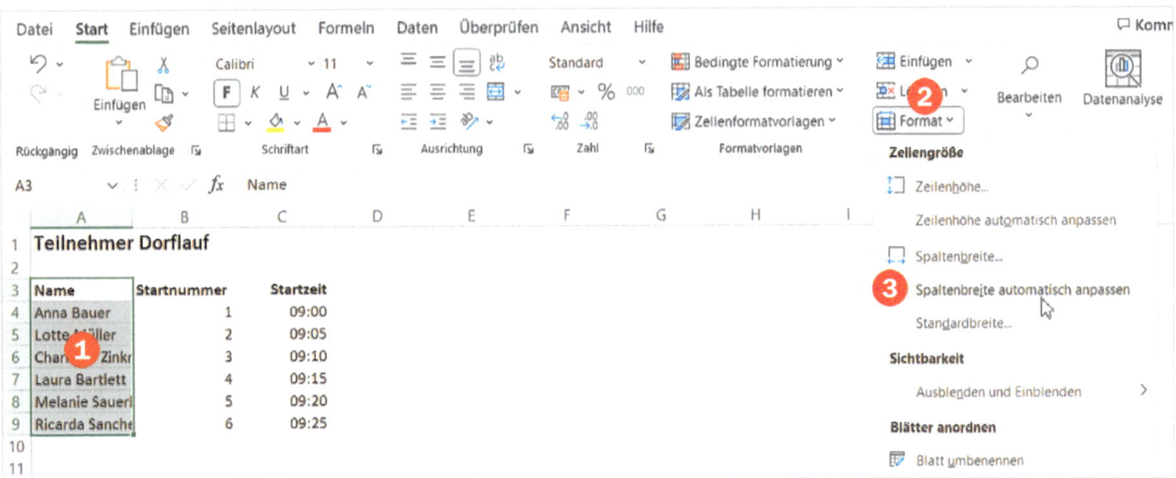

Spaltenbreite eingeben

Als mögliche Alternative können Sie die Breite einer Spalte auch als Wert eingeben. Beachten Sie in diesem Fall, dass Excel die Spaltenbreite in Anzahl Zeichen angibt, so bedeutet z. B. *10* zehn Zeichen der Standardschrift. Die maximal zulässige Breite beträgt 255. Die Standardbreite ist abhängig von der Bildschirmauflösung und beträgt etwa 10,78.

- Dazu markieren Sie eine beliebige Zelle der betreffenden Spalte ❶, im Bild unten Spalte A, klicken im Menüband, Register *Start*, Gruppe *Zelle* auf *Format* ❷ und wählen *Spaltenbreite* ❸. Geben Sie anschließend die gewünschte Breite ein, z. B. 15 ❹.
- Sie können selbstverständlich auch mehrere Spalten markieren und für diese gemeinsam eine einheitliche Breite festlegen.
- **Tipp**: Den Befehl *Spaltenbreite* erhalten Sie auch beim Rechtsklick in den Spaltenkopf der betreffenden Spalte oder der markierten Spalten.

Bild 5.5 Spaltenbreite eingeben

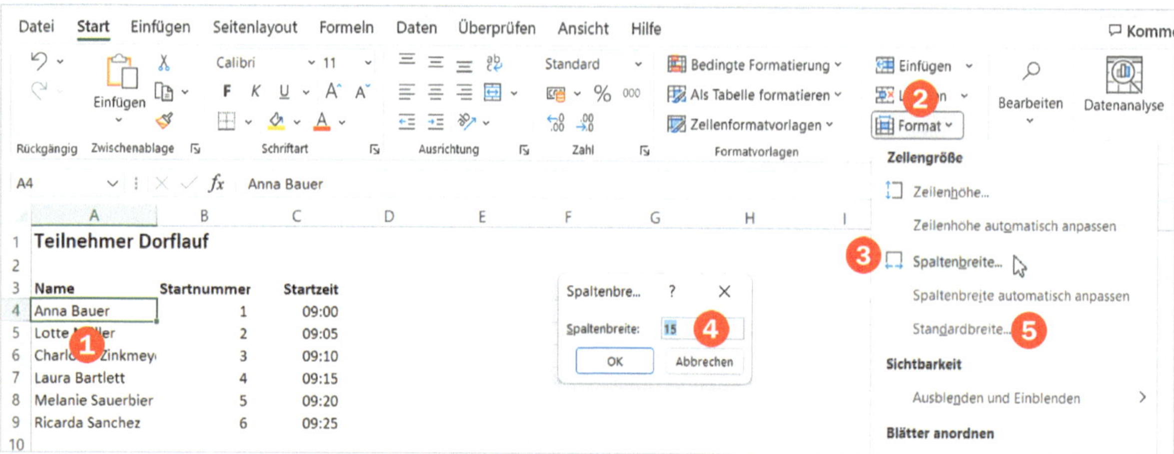

Tipp: Die aktuelle Spaltenbreite erscheint, wenn Sie im Spaltenkopf die rechte Trennlinie anklicken.

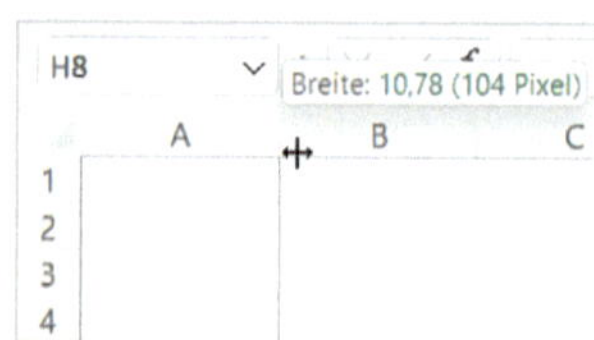

Standardspaltenbreite festlegen

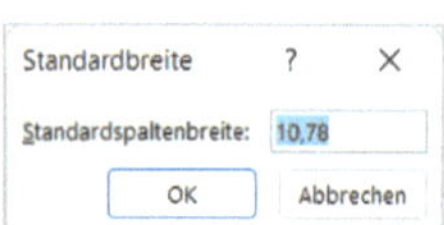

Über *Start* ▶ Gruppe *Zellen* ▶ *Format* ▶ *Standardbreite* ❺ (s. Bild 5.5 oben) haben Sie auch die Möglichkeit, für das gesamte Tabellenblatt eine neue Spaltenbreite festzulegen. Vorheriges Markieren eines bestimmten Zellbereichs ist hierzu nicht notwendig. Wurden allerdings im Vorfeld einzelne Spaltenbreiten bereits verändert, so wirkt sich die neue Standardbreite auf diese nicht aus.

Zeilenhöhe festlegen

Im Gegensatz zu den Spalten erfolgt die Anpassung der Zeilenhöhe meistens automatisch, z. B. wenn Sie den Schriftgrad in einer Zelle erhöhen. Darüber hinaus können Sie die Zeilenhöhe auch selbst anpassen, um beispielsweise einen Abstand zwischen Tabellenüberschriften und den Werten darunter herzustellen.

> Abstände zwischen Überschriften und Daten oder innerhalb von Tabellen erzeugen Sie am besten durch Vergrößerung der Zeilenhöhe. Auf leere Zeilen sollten Sie dagegen verzichten, da einige weiterführende Bearbeitungsmöglichkeiten nicht sinnvoll angewendet werden können, wenn Überschrift und Daten durch leere Zeilen getrennt sind, z. B. Diagramme, Pivot-Tabellen oder schnelles Sortieren.

Zeilenhöhe manuell mit der Maus verändern

- Zeigen Sie mit der Maus im Zeilenkopf am linken Rand des Tabellenblattes auf die **untere** Trennlinie der Zeile. Der Mauszeiger wird als Doppelpfeil sichtbar und Sie können die Trennlinie zum Vergrößern der Zeile nach unten verschieben. Ein Verschieben nach oben verringert dagegen die Zeilenhöhe.

Bild 5.6 Zeilenhöhe vergrößern

Die Datei ist als Download verfügbar:

Zeilenhöhe.xlsx

- Sollen mehrere Zeilen dieselbe Höhe erhalten, dann markieren Sie diese Zeilen durch Anklicken der Zeilenköpfe und ziehen innerhalb der Markierung eine der Zeilen mit der Maus in die gewünschte Höhe. Die Zeilenhöhe wird automatisch für alle markierten Zeilen übernommen.

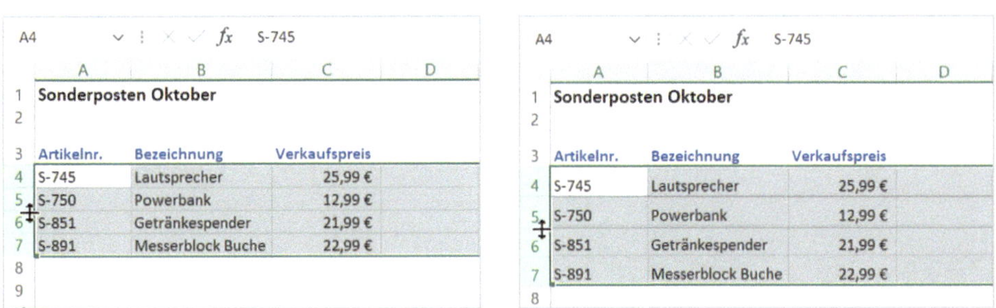

Bild 5.7 Gleiche Höhe für mehrere Zeilen

An den Inhalt anpassen

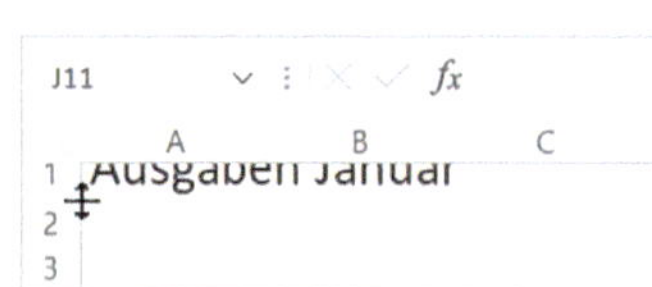

Die optimale Zeilenhöhe wird durch den höchsten Schriftgrad der Zeile bestimmt und in der Regel automatisch angepasst. Falls nicht, erhalten Sie durch einen Doppelklick auf die untere Trennlinie die optimale Zeilenhöhe.

Genaue Zeilenhöhe festlegen

Excel gibt die Zeilenhöhe in Punkt an, 1 Punkt entspricht 0,035 cm.

- Um die Zeilenhöhe einzugeben, markieren Sie eine beliebige Zelle der betreffenden Zeile ❶, klicken im Register *Start* ▶ Gruppe *Zellen* auf *Format* ❷ und wählen *Zeilenhöhe...* ❸. Geben Sie dann im nachfolgenden Fenster einen Wert ein ❹ (z. B. 42,5 wenn die Zeile 1,5 cm hoch sein soll).

  Tipp: Den Befehl *Zeilenhöhe* erhalten Sie auch beim Rechtsklick in den Zeilenkopf der betreffenden Zeile bzw. der markierten Zeilen.

Bild 5.8 Zeilenhöhe eingeben

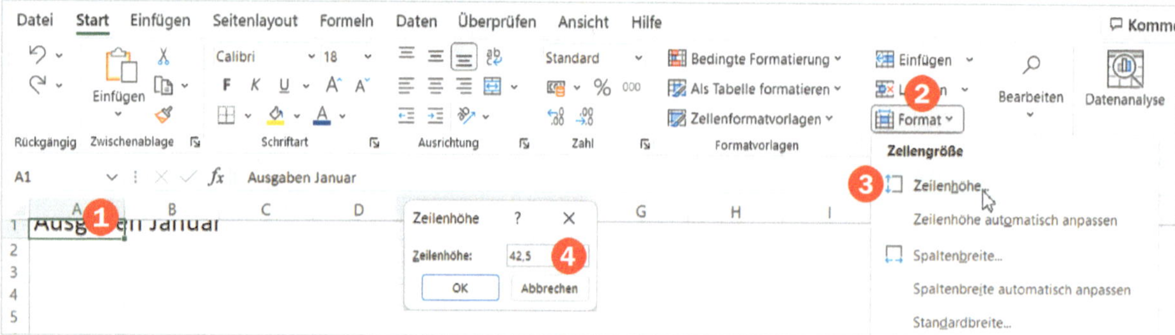

Tipp: Zeilenhöhe und Spaltenbreite in cm angeben

Falls Sie die genaue Spaltenbreite und/oder Zeilenhöhe in cm benötigen, dann nutzen Sie statt umständlichem Umrechnen besser die Ansicht *Seitenlayout*.

1 Klicken Sie im Menüband auf das Register *Ansicht* und in der Gruppe *Arbeitsmappenansichten* auf *Seitenlayout* ❶.

Oder klicken Sie rechts unten in der Statusleiste auf das Symbol *Seitenlayout* ❷.

Bild 5.9 Zur Ansicht Seitenlayout wechseln

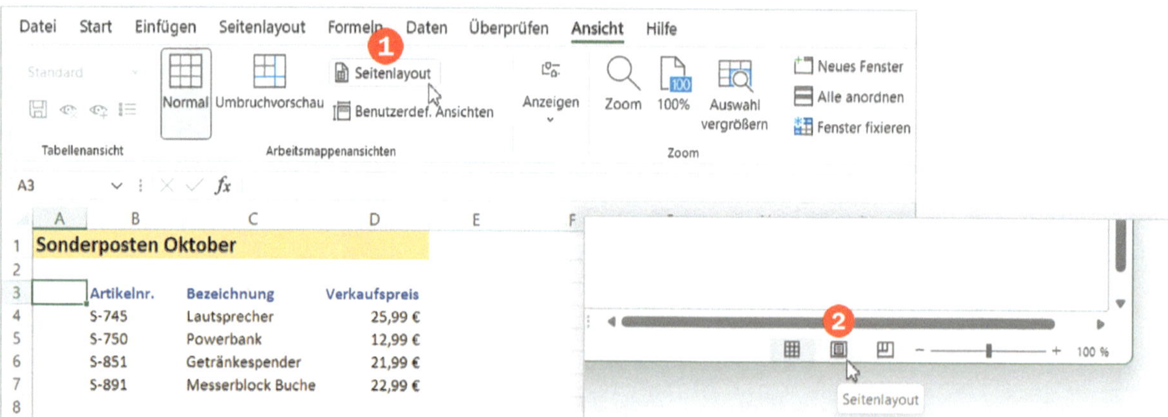

2 Klicken Sie dann im Register *Start* ▶ *Zellen* auf *Format* und auf *Zeilenhöhe* oder *Spaltenbreite*. Oder verwenden Sie einen Rechtsklick in den betreffenden Zeilen- oder Spaltenkopf und den Befehl *Zeilenhöhe* bzw. *Spaltenbreite*.

3 Die Zeilenhöhe bzw. Spaltenbreite erscheint nun mit dem Zusatz cm und Sie können den gewünschten Wert, z. B. 0,5 cm ❸ für die Breite der Spalte A im Bild unten, eingeben.

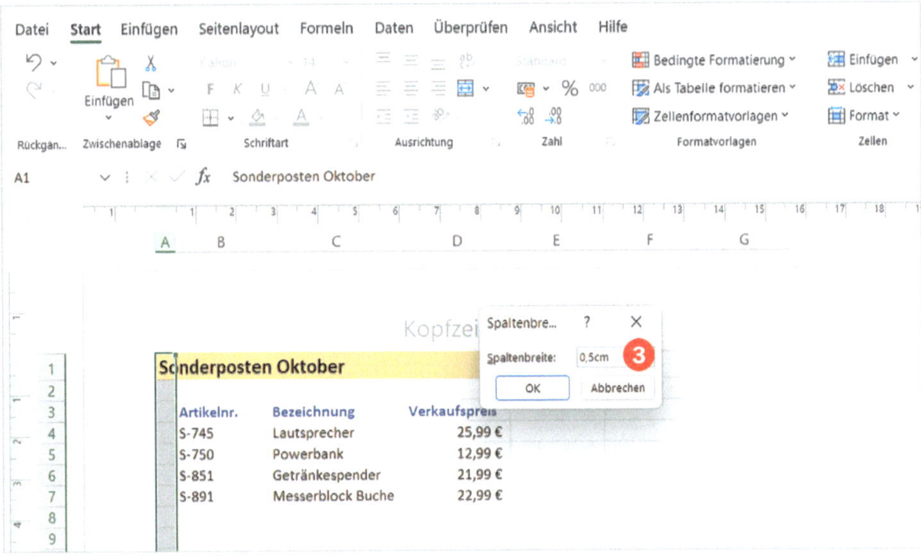

Bild 5.10 Geben Sie in der Ansicht Seitenlayout die Spaltenbreite in cm ein

Anschließend können Sie wieder zur Ansicht *Normal* zurückkehren, entweder mit Klick auf das Symbol in der Statusleiste oder über das Menüband, Register *Ansicht*.

Zeilen und Spalten nachträglich einfügen

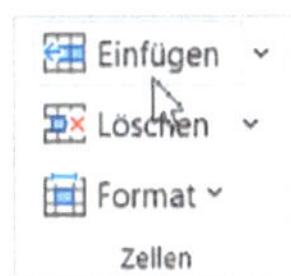

Zum nachträglichen Einfügen von einzelnen Zellen, Zeilen oder Spalten verwenden Sie im Menüband, Register *Start* ▶ Gruppe *Zellen* die Schaltfläche *Einfügen*. **Achtung**: Diese Schaltfläche ist zweigeteilt:

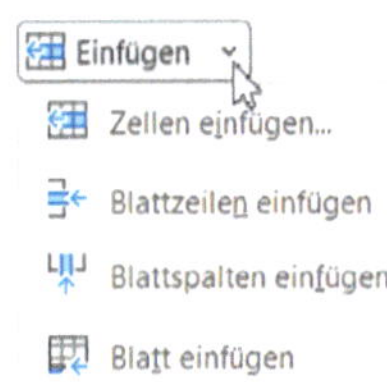

- Ein Mausklick direkt auf die Schaltfläche fügt Zellen, Zeilen oder Spalten, abhängig von der Markierung, ein. Haben Sie beispielsweise mit Klick auf den Spaltenkopf eine ganze Spalte markiert, dann wird mit Klick auf die Schaltfläche *Einfügen* eine neue, leere Spalte links von der markierten Spalte eingefügt.
- Klicken Sie dagegen auf den Dropdown-Pfeil der Schaltfläche *Einfügen*, so können Sie wählen, ob Sie einzelne Zellen, Zeilen oder Spalten einfügen möchten.

> **Beachten Sie beim Einfügen von Spalten und Zeilen**
>
> Spalten werden immer **links** von der markierten Spalte eingefügt. Zeilen werden **oberhalb** der markierten Zeile eingefügt.

Beispiel 1: Eine ganze Zeile einfügen

Als Beispiel soll in der unten abgebildeten Tabelle zwischen Überschrift und Daten eine weitere Zeile eingefügt werden:

- Markieren Sie die Zeile, über der die neue Zeile eingefügt werden soll, hier Zeile 4, indem Sie links auf den Zeilenkopf klicken. Klicken Sie anschließend auf die Schaltfläche *Einfügen*, s. Bild unten.
- **Alternative 1**: Rechtsklick in den Zeilenkopf der betreffenden Zeile und Befehl *Zellen einfügen*.
- **Alternative 2**: Markieren Sie eine beliebige Zelle der Zeile, über der Sie eine neue Zeile einfügen möchten. Klicken Sie dann auf den Dropdown-Pfeil der Schaltfläche *Einfügen* und wählen Sie *Blattzeilen einfügen*.

Bild 5.11 Zeile markieren und neue Zeile oberhalb einfügen

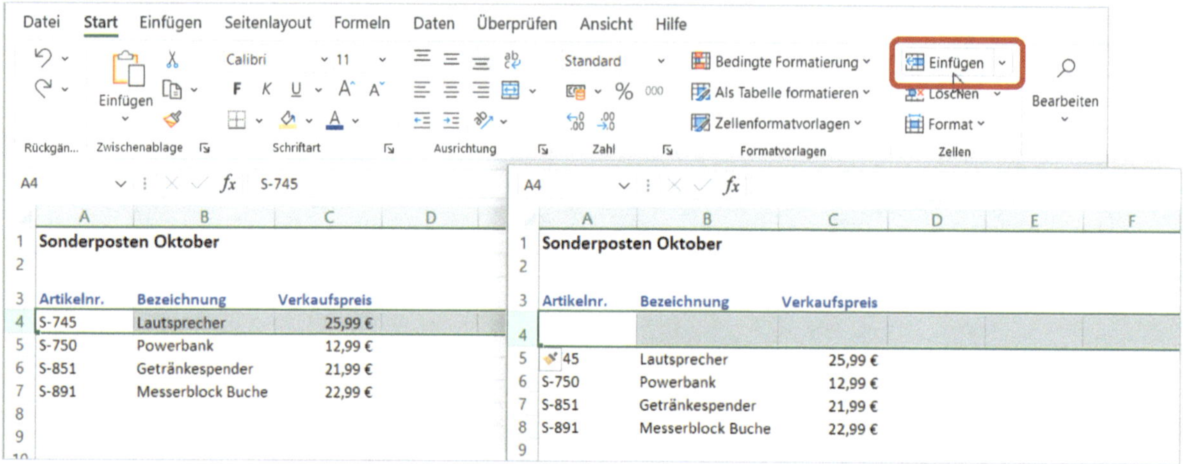

Analog verfahren Sie auch beim Einfügen von Spalten: Markieren Sie mit einem Klick in den Spaltenkopf die Spalte, neben der links die neue Spalte eingefügt werden soll, und klicken Sie auf die Schaltfläche *Einfügen*. Oder verwenden Sie einen Rechtsklick in den Spaltenkopf und den Befehl *Zellen einfügen*.

Beispiel 2: Eine Spalte links von Spalte A über das Kontextmenü einfügen

Als zweites Beispiel fügen wir eine neue Spalte links von der Spalte A ein, diesmal über das Kontextmenü der rechten Maustaste:

- Klicken Sie mit der rechten Maustaste in den Spaltenkopf der Spalte A und auf *Zellen einfügen*.

Bild 5.12 Eine Spalte links von Spalte A per Kontextmenü einfügen

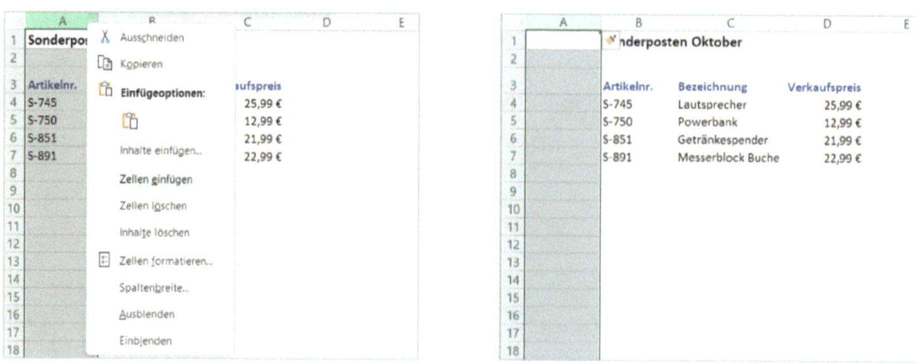

Zellformate übernehmen

Die Zellen nachträglich eingefügter Zeilen erhalten automatisch das gleiche Format wie die Zellen in der Zeile oberhalb, siehe Bild 5.11 auf Seite 130. Spalten übernehmen dagegen das Format der Zellen links daneben. Wie Sie dem abhelfen, lesen Sie weiter unten.

Mehrere Spalten oder Zeilen gleichzeitig einfügen

Sie können auch mehrere Zeilen bzw. Spalten gleichzeitig einfügen. Markieren Sie dazu einfach die benötigte Anzahl und klicken Sie auf die Schaltfläche *Einfügen*.

Beispiel: Drei leere Zeilen zwischen der Überschrift in Zeile 1 und der Tabelle einfügen

1 Markieren Sie die Zeilen 2 bis 4, indem Sie die Maus bei gleichzeitig gedrückter linker Maustaste über die Zeilenköpfe dieser Zeilen ziehen.

2 Klicken Sie dann im Menüband, Gruppe *Zellen* auf die Schaltfläche *Einfügen* oder Rechtsklick auf die markierten Zeilenköpfe und Befehl *Zellen einfügen*.

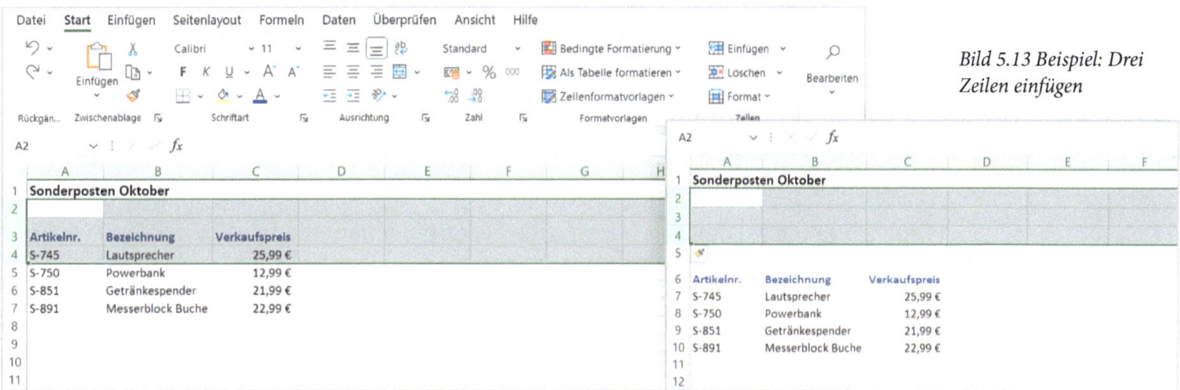

Bild 5.13 Beispiel: Drei Zeilen einfügen

Einzelne Zellen einfügen

Haben Sie nur einzelne Zellen markiert, dann fügt Excel nach einem Mausklick auf die Schaltfläche *Einfügen* immer nur die entsprechende Anzahl Zellen ein und die übrigen Zellen werden verschoben. Bei einer einzigen markierten Zelle wird die neue Zelle oberhalb eingefügt und die übrigen Zellen wandern nach unten. Bei zwei oder mehr markierten Zellen verhalten sich die restlichen Zellen wie folgt:

- **Untereinander liegende Zellen markiert**: Die rechts angrenzenden Zellen werden nach rechts verschoben.

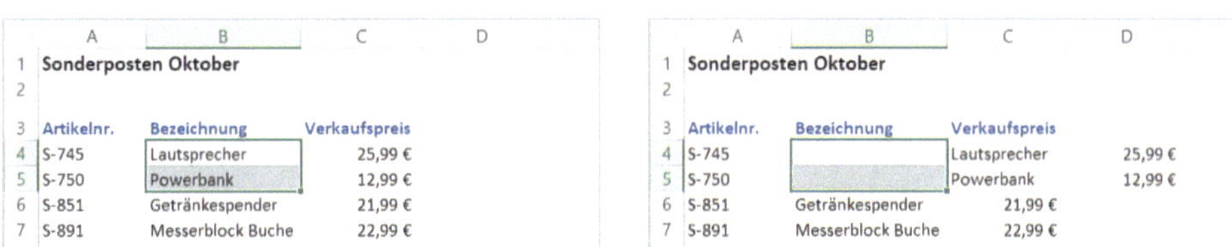

Bild 5.14 Untereinander liegende Zellen markiert

- **Nebeneinander liegende Zellen markiert**: Die unterhalb befindlichen Zellen werden nach unten verschoben.

Bild 5.15 Nebeneinander liegende Zellen markiert

Nützlich zu wissen: Umfasst der markierte Zellbereich mehrere Zeilen und Spalten, so steuert das Verhältnis Zeilen zu Spalten, wohin die übrigen Zellen verschoben werden. Ist die Zahl der markierten Zeilen kleiner oder gleich der Anzahl der Spalten, so wandern die übrigen Zellen nach unten. Sind dagegen mehr Zeilen als Spalten markiert, verschieben sich die restlichen Zellen nach rechts.

So steuern Sie mit den Einfügeoptionen die Übernahme von Zellformaten

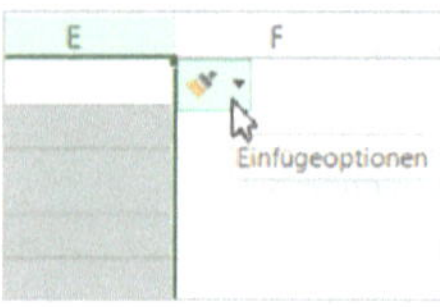

Wie Sie oben gesehen haben, erhalten die Zellen nachträglich eingefügter Zeilen automatisch das gleiche Format wie die Zellen der Zeile oberhalb, Spalten übernehmen dagegen das Format der Zellen links daneben. Mit Hilfe der Einfügeoptionen können Sie alternativ auch das Format der Zellen unterhalb bzw. rechts übernehmen oder eine Zeile/Spalte ohne Formate einfügen. Das Symbol *Einfügeoptionen* erscheint im Tabellenblatt unmittelbar nach dem Einfügen neuer Zeilen oder Spalten.

Im Bild unten ein Beispiel, bei dem die Zellen einer neuen, zwischen den Spalten C und D eingefügten Spalte, die Formate der rechts daneben befindlichen Spalte (Zahlenformat Buchhaltung sowie Überschriftenformat) erhalten sollen.

1. Klicken Sie unmittelbar nach dem Einfügen der neuen Spalte auf das Symbol *Einfügeoptionen*.
2. Es erscheint ein kleines Menü: Wählen Sie *Gleiches Format wie Zelle rechts*. Neben den Formaten wird auch die Breite der ausgewählten Spalte übernommen.

Bild 5.16 Mit den Einfügeoptionen das Format der Spalte rechts übernehmen

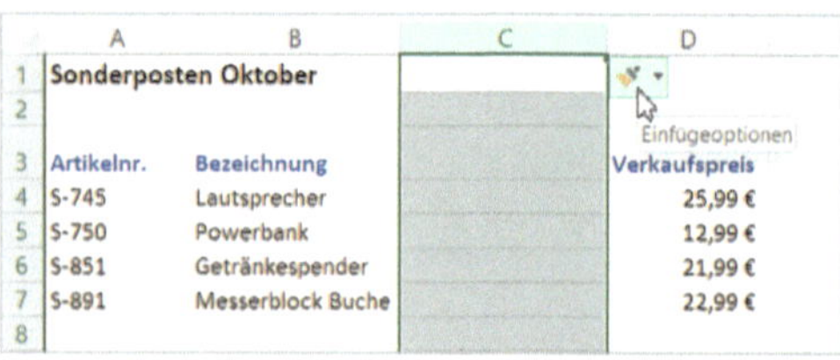

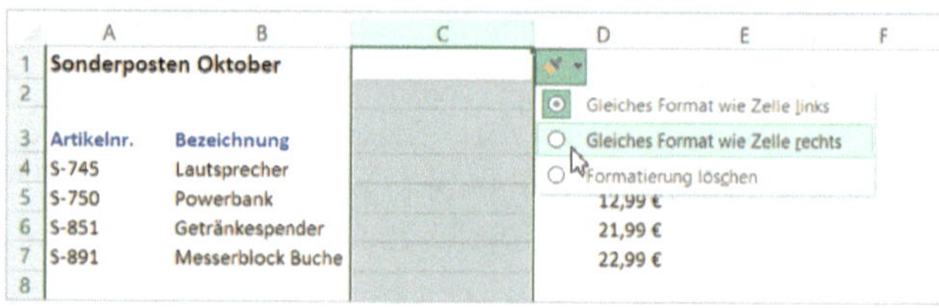

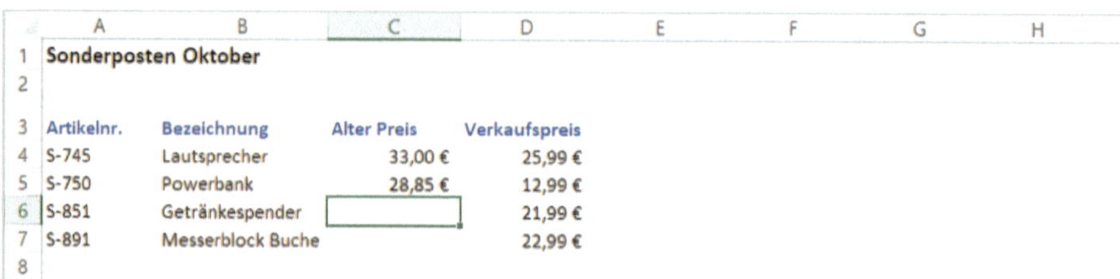

Dieselbe Vorgehensweise gilt auch beim Einfügen neuer Zeilen. Hier bieten die Einfügeoptionen die Wahl zwischen den Formaten der Zeile oberhalb oder unterhalb an und mit *Formatierung löschen* erhalten Sie eine Zeile ohne Formatierungen.

Beispiel: Zeile einfügen und Format aus Zeile unterhalb übernehmen
Als zweites Beispiel fügen wir zwischen den Zeilen 3 und 4 eine neue Zeile ein. Diese soll die Formate aus der Zeile unterhalb übernehmen.

- Markieren Sie die Zeile 4 und fügen Sie eine neue Zeile ein. Klicken Sie dann auf das Symbol *Einfügeoptionen* und wählen Sie *Gleiches Format wie Zeile unten*. Dadurch verringert sich die Zeilenhöhe und die Zellen in Spalte C erhalten das Zahlenformat *Buchhaltung*.

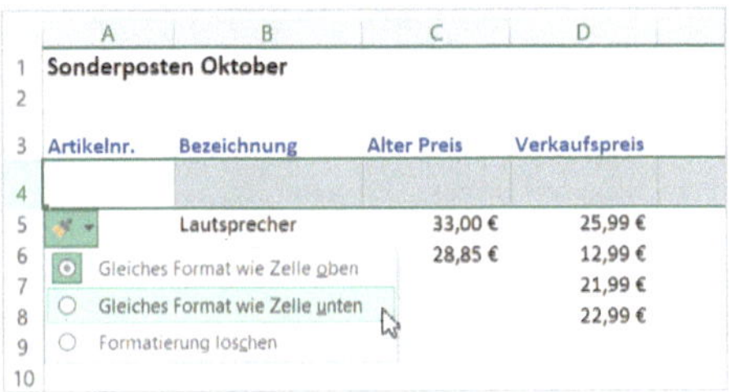

Bild 5.17 Zeile einfügen und Formate aus der Zeile unten übernehmen

Zeilen und Spalten entfernen

Das Löschen von Zellen, Zeilen und Spalten einschließlich Inhalt erfolgt über die Schaltfläche *Löschen* im Menüband, Register *Start*, Gruppe *Zellen*. Diese Schaltfläche ist wie die Schaltfläche *Einfügen* ebenfalls zweigeteilt:

- Ein Klick direkt auf die Schaltfläche bzw. auf das Symbol der Schaltfläche löscht die markierten Zellen, Spalten oder Zeilen mit Inhalt. Als Beispiel im Bild unten das Löschen der Zeile 3:

  Markieren Sie mit Klick auf den Zeilenkopf ❶ die betreffende Zeile und klicken Sie auf die Schaltfläche *Löschen* ❷. Die übrigen Zeilen rücken nach oben nach. Genauso funktioniert auch das Löschen von Spalten.

Bild 5.18 Beispiel: Ganze Zeile löschen

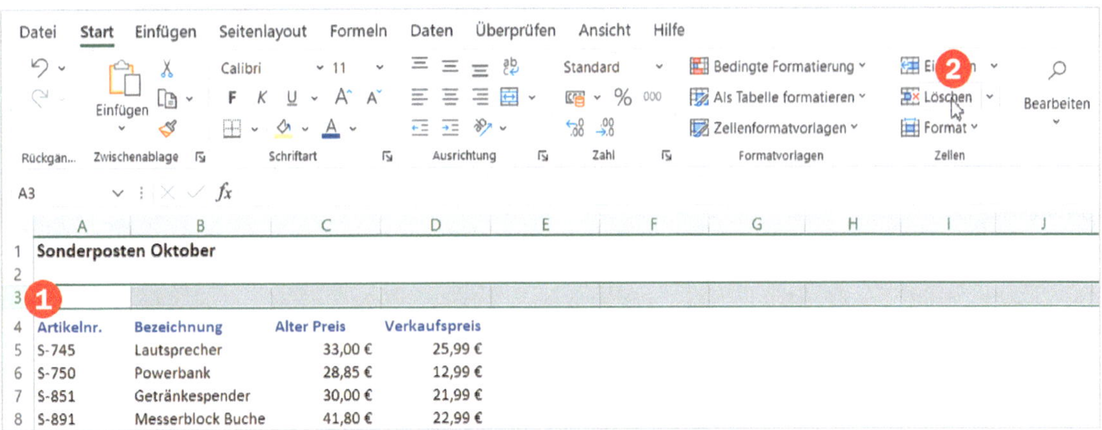

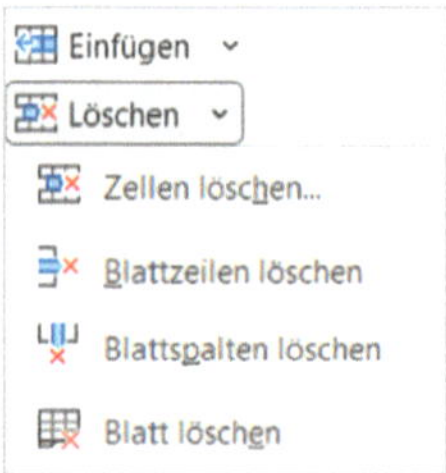

- Ein Klick auf den Dropdown-Pfeil der Schaltfläche dagegen erlaubt die Wahl zwischen (markierte) *Zellen löschen*, *Blattzeilen löschen* und *Blattspalten löschen*. Zum Löschen von Zeilen oder Spalten genügt in diesem Fall, wenn eine beliebige Zelle in der zu löschenden Zeile bzw. Spalte markiert ist.

> **Hinweis**: Die Taste **Entf** löscht nur die Inhalte der markierten Zellen und hinterlässt leere Zellen. Die Schaltfläche *Löschen* entfernt dagegen die markierten Zellen samt Inhalt und die übrigen Zellen rücken nach.

Tipp: Um ganze Zeilen oder Spalten zu löschen, bietet sich als Alternative wieder das Kontextmenü an. Klicken Sie mit der rechten Maustaste in den Zeilen- oder Spaltenkopf der betreffenden Spalte und auf *Zellen löschen*. Im Bild unten als Beispiel das Löschen der Spalte C.

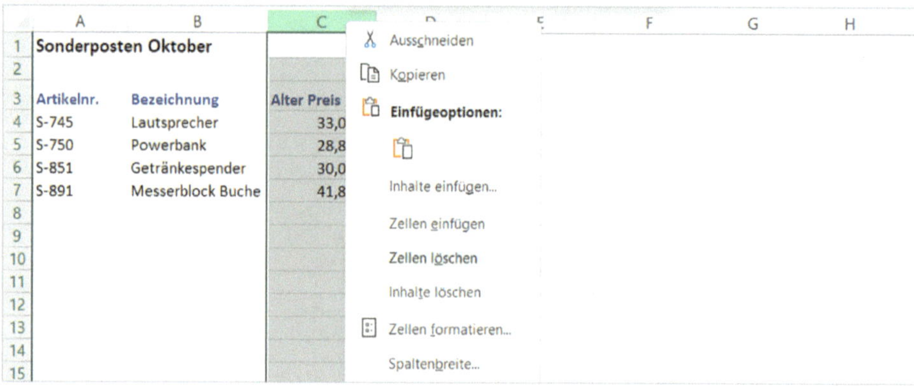

Vorsicht beim Löschen einzelner Zellen!

Genau wie beim Einfügen dürfte auch das Löschen einzelner Zellen nur selten benötigt werden. Meist passiert dies aus Versehen, z. B. wenn ein Zellbereich markiert ist und Sie statt auf den Dropdown-Pfeil direkt auf die Schaltfläche *Löschen* geklickt haben. Dann rücken die übrigen Zellen nach oben oder nach links nach, wie im Beispiel im Bild unten. Am besten machen Sie solche Aktionen sofort danach wieder rückgängig.

Bild 5.19 Markierte Zellen löschen

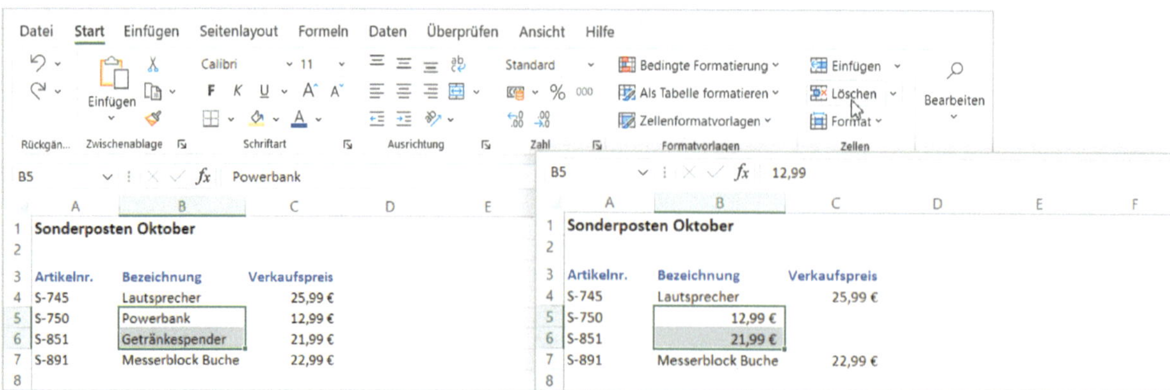

Spalten und Zeilen aus- und wieder einblenden

Spalten oder Zeilen, deren Inhalte noch benötigt werden, die aber die Übersichtlichkeit der Tabelle stören, können ausgeblendet werden. Diese Möglichkeit wird beispielsweise genutzt, wenn bestimmte Spalten nicht auf dem Ausdruck erscheinen sollen oder einzelne Rechenschritte über mehrere Spalten verteilt wurden und nur das Endergebnis sichtbar sein soll. Die restlichen Hilfsspalten werden dann einfach ausgeblendet.

Wichtig zu wissen: Im Gegensatz zum Löschen wird beim Ausblenden einer Spalte oder Zeile deren Breite bzw. Höhe auf den Wert 0 gesetzt. Die Inhalte der ausgeblendeten Spalte sind weiterhin vorhanden, werden gespeichert und können ggf. wieder eingeblendet werden.

Die Vorgehensweise beim Aus- und Einblenden von Spalten und Zeilen ist identisch. Als Beispiel die Schritte zum Aus- und Einblenden einer Spalte. Mit Zeilen verfahren Sie analog.

Spalte ausblenden

Das Ausblenden einer Spalte geht am einfachsten und schnellsten über das Kontextmenü der rechten Maustaste:

- Klicken Sie mit der rechten Maustaste auf den Spaltenkopf der auszublendenden Spalte ❶, im Bild unten Spalte C, und wählen Sie den Befehl *Ausblenden* ❷. Den Befehl *Ausblenden* erhalten Sie auch über das Symbol *Format* ❸ im Menüband (*Start* ▶ *Zellen*), dann genügt es, wenn eine Zelle dieser Spalte markiert ist.

  Mit derselben Methode können Sie auch gleich mehrere Spalten ausblenden: Markieren Sie die Spalten mit gedrückter Maustaste in den Spaltenköpfen, anschließend Rechtsklick auf einen markierten Spaltenkopf.

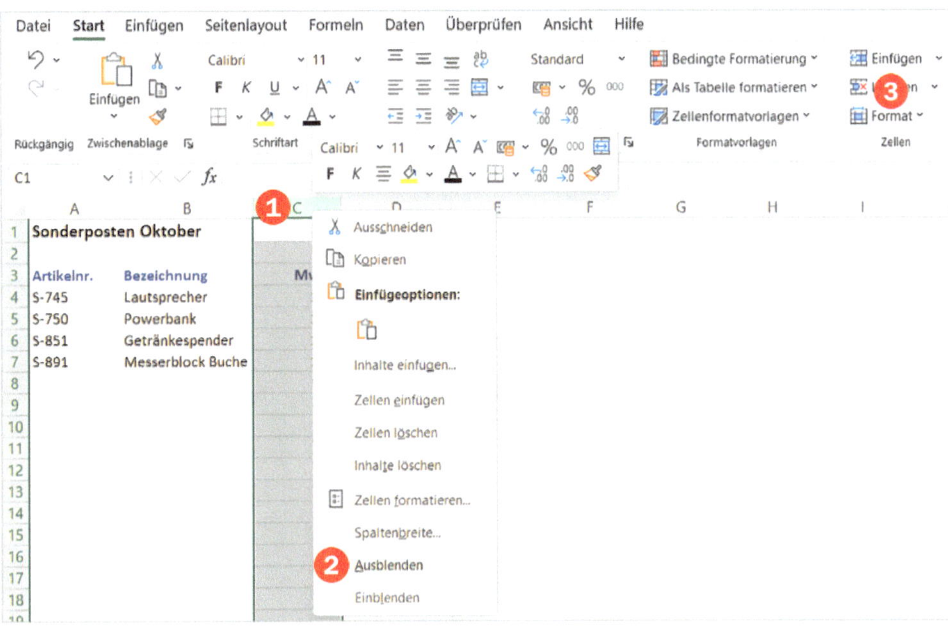

Bild 5.20 Spalte ausblenden

Die Datei ist als Download verfügbar:

Beispiel_Ausblenden.xlsx

Ausblenden durch Ziehen mit der Maus

Als Alternative ziehen Sie im Bereich der Spaltenköpfe die rechte Trennlinie mit gedrückter linker Maustaste nach links, bis die Spalte nicht mehr sichtbar ist bzw. Breite 0 angezeigt wird, wie im Bild unten.

Achtung: Lassen Sie bei dieser Vorgehensweise die Maustaste erst los, wenn Breite 0,00 erscheint! Andernfalls ist die Spalte nicht vollständig ausgeblendet, d. h. zum Einblenden kann nicht der Befehl *Einblenden* verwendet werden, sondern Sie müssen die Spalte ebenfalls wieder mit der Maus in die gewünschte Breite ziehen.

Bild 5.21 Spalte mit der Maus ausblenden

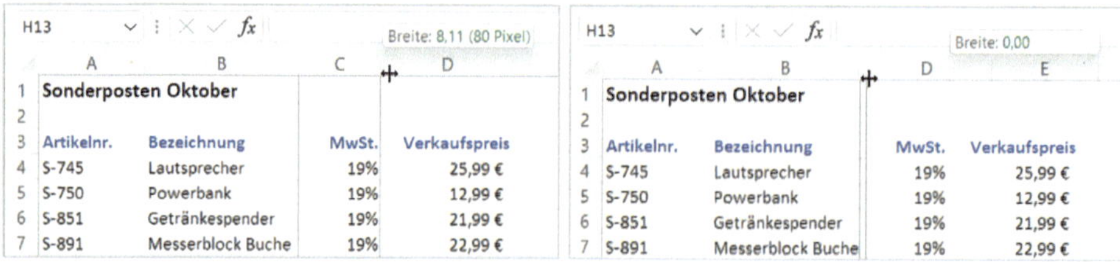

Spalten und Zeilen einblenden

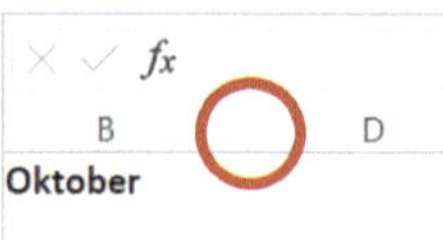

> **Kontrollieren Sie die Spalten- und Zeilenköpfe auf fehlende Nummern**
>
> Ausgeblendete Spalten erkennen Sie an den fehlenden Buchstaben in den Spaltenköpfen bzw. an der unterbrochenen Abfolge, dasselbe gilt auch für die Zeilennummern. Zudem erscheint im Bereich der Spalten- und Zeilenköpfe an der Stelle der ausgeblendeten Spalte oder Zeile eine doppelte statt einer einfachen Trennlinie, wenn auch nur schwach zu erkennen, s. Bild links.

Spalte mit der Maus einblenden

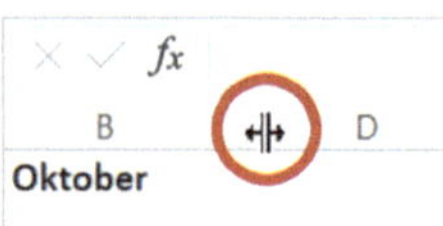

Wenn Sie im Bereich der Spalten- bzw. Zeilenköpfe mit der Maus an der Stelle der fehlenden Spalte etwas rechts von der Trennlinie zeigen, so erscheinen am Doppelpfeil zwei senkrechte Linien ❶ statt einer, s. Bild unten. Ziehen Sie nun die Spalte in die gewünschte Breite oder stellen Sie mit Doppelklick die optimale Spaltenbreite her. Oder verwenden Sie einen Rechtsklick an dieser Stelle und den Befehl *Einblenden* ❷.

Bild 5.22 Spalte wieder einblenden

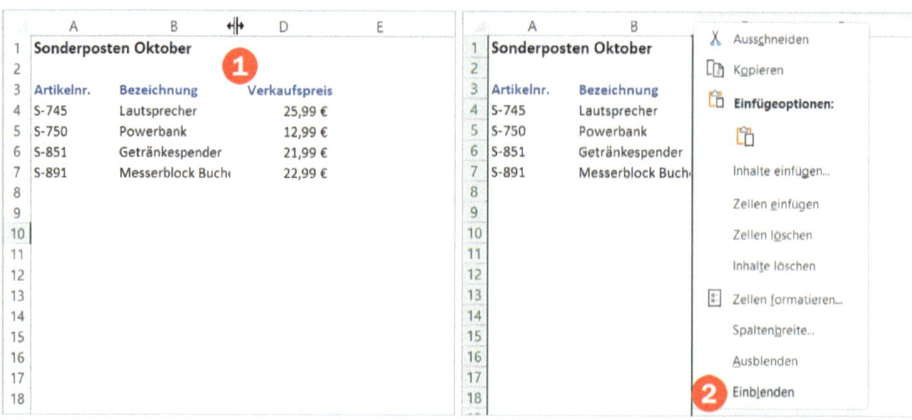

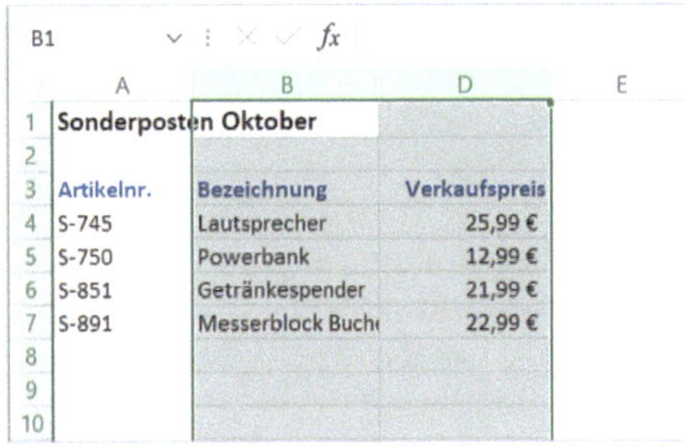

Tipp: Bereich markieren
Alternativ markieren Sie in den Spaltenköpfen einen Bereich, der die ausgeblendete Spalte einschließt, z. B. die Spalten B bis D, wenn wie im Bild rechts die Spalte C eingeblendet werden soll. Klicken Sie dann mit der rechten Maustaste in einen markierten Spaltenkopf und auf *Einblenden*.

Diese Methode eignet sich auch zum Einblenden von Zeilen. Insbesondere wenn gleich mehrere Zeilen ausgeblendet wurden, markieren Sie einfach in den Zeilenköpfen einen größeren Zeilenbereich, klicken mit der rechten Maustaste in diesen Bereich und wählen *Einblenden*.

5.2 Zellinhalte verschieben und kopieren

Zellinhalte können Sie jederzeit auch nachträglich an eine andere Position verschieben oder kopieren, entweder durch Ziehen mit der Maus oder auf dem Weg über die Zwischenablage.

> **In allen Fällen gilt**: Wenn der Zielbereich bereits Inhalte enthält, werden diese nach vorheriger Rückfrage durch die neuen Inhalte überschrieben.

Verschieben und Kopieren mit der Maus

- **Verschieben**: Markieren Sie die Zelle oder den Zellbereich, der verschoben werden soll, und zeigen Sie mit der Maus auf den Markierungsrahmen. Am Mauszeiger erscheinen vier Richtungspfeile: Ziehen Sie nun mit gedrückter linker Maustaste den Zellbereich an die gewünschte Stelle.

Bild 5.23 Markierten Zellbereich mit der Maus verschieben

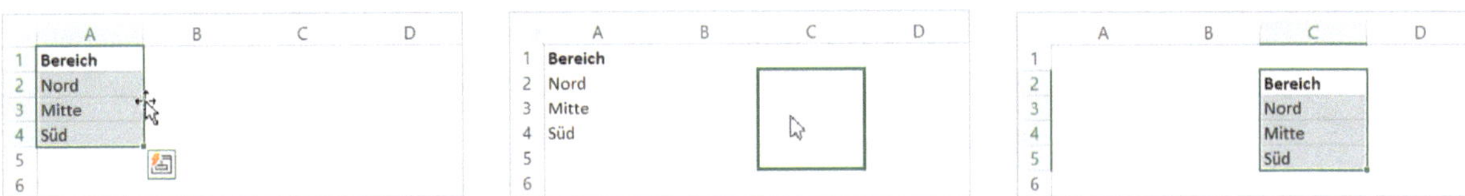

- **Kopieren**: Wenn Sie stattdessen den markierten Zellbereich kopieren möchten, dann halten Sie während des Ziehens mit der Maus die **Strg**-Taste der Tastatur gedrückt. In diesem Fall erscheint am Mauszeiger das Symbol +.

Bild 5.24 Markierten Zellbereich mit der Maus kopieren

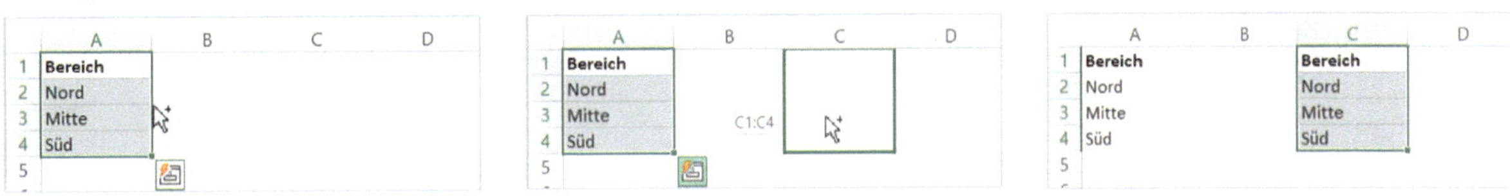

Details zum AutoAusfüllen lesen Sie in Kapitel 4 auf Seite 109 ff.

Tipp: Zellinhalte in angrenzende Zellen mit dem AutoAusfüllkästchen kopieren
Wenn Inhalte in angrenzende Felder kopiert werden sollen, leistet manchmal auch die Funktion *AutoAusfüllen* bzw. das Ausfüllkästchen in der rechten unteren Ecke des markierten Zellbereichs nützliche Dienste, wie im Bild unten.

Bild 5.25 Zellbereich mit AutoAusfüllen kopieren

> **Tipp**: Wenn Sie beim Kopieren oder Verschieben neben dem Inhalt auch die Spaltenbreite übernehmen möchten, dann markieren Sie die gesamte Spalte und kopieren/verschieben diese.

Schnelles Vertauschen von Spalten mit der Maus

Vielleicht möchten Sie nachträglich in einer Tabelle zwei Spalten vertauschen oder in eine andere Reihenfolge bringen, z. B. Vorname und Nachname. Leider werden beim einfachen Ziehen mit der Maus im Zielbereich bereits vorhandene Inhalte nach vorheriger Rückfrage überschrieben. Mit einem kleinen Trick, nämlich Ziehen mit gleichzeitig gedrückter **Umschalt**-Taste, funktioniert dies aber dennoch, da in diesem Fall gleichzeitig neue Zellen eingefügt werden. So geht's:

Beispiel: Die Spalten Vorname und Nachname vertauschen

1. Markieren Sie die zu verschiebenden Zellen, im unten abgebildeten Beispiel C1 bis C8. Alternativ könnte auch gleich die gesamte Spalte C markiert werden.
2. Zeigen Sie auf den Markierungsrahmen: Am Mauszeiger erscheinen wieder die Richtungspfeile. Halten Sie nun während des Ziehens mit der Maus zusätzlich die **Umschalt**-Taste der Tastatur gedrückt. Je nachdem, ob sich der Mauszeiger über einer Spalten- oder Zeilentrennlinie befindet, erscheint ein grüner senkrechter oder waagrechter Einfügebalken wie im Bild unten.
3. Lassen Sie die Maustaste erst los, wenn sich dieser Einfügebalken an der gewünschten Position befindet, hier zwischen den Spalten D und E. Die übrigen Spalten wandern nach rechts.

Bild 5.26 Spalten mit gleichzeitig gedrückter Umschalt-Taste vertauschen

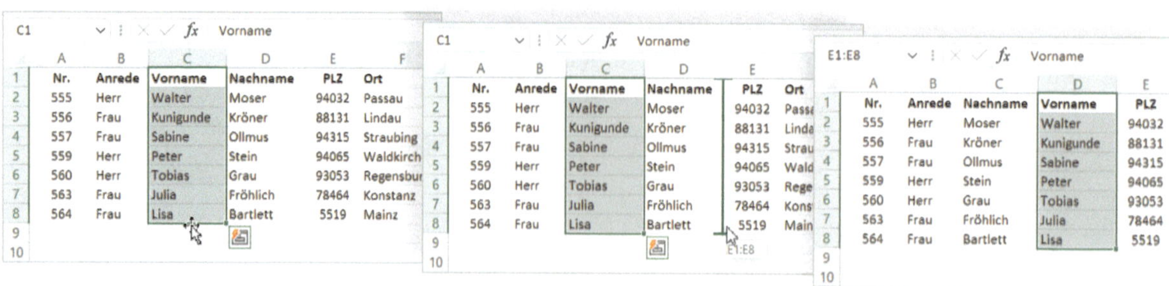

So nutzen Sie die Zwischenablage

Neben der Maus können Zellinhalte auch auf dem Weg über die Zwischenablage ausgeschnitten oder kopiert und an anderer Stelle eingefügt werden. Die Zwischenablage ist ein temporärer Speicher, in dem ausgeschnittene und kopierte Elemente vorübergehend gespeichert werden.

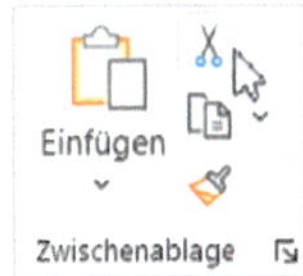

Die Befehle bzw. Symbole *Ausschneiden*, *Kopieren* und *Einfügen* finden Sie im Menüband, Register *Start* in der Gruppe *Zwischenablage*, alternativ können Tastenkombinationen verwendet werden, die Sie vielleicht bereits von Windows kennen. Hier eine Übersicht über die Symbole bzw. Befehle und Tastenkombinationen:

	Aktion	Tasten	Symbol
Ausschneiden	Schneidet den Inhalt des markierten Zellbereichs in die Zwischenablage aus.	**Strg + X**	
Kopieren	Kopiert den Inhalt des markierten Zellbereichs in die Zwischenablage.	**Strg + C**	
Einfügen	Fügt das zuletzt kopierte oder ausgeschnittene Element aus der Zwischenablage in den markierten Zellbereich ein.	**Strg + V**	Einfügen

Beispiel: Zellbereich kopieren

Als Beispiel sollen einige Namen aus der Tabelle im Bild unten in eine neue Tabelle ab Spalte H kopiert werden. So gehen Sie vor:

1. Markieren Sie den zu kopierenden Zellbereich, hier B2 bis D4.
2. Klicken Sie auf das Symbol *Kopieren* ❶ oder verwenden Sie die Tastenkombination **Strg**+**C**. Der markierte Zellbereich wird mit einem gestrichelten Rahmen versehen ❷.
3. Markieren Sie anschließend die Zelle, ab der die Inhalte eingefügt werden sollen, hier H1 ❸, und klicken Sie auf das Symbol *Einfügen* ❹ oder drücken Sie die Tasten **Strg**+**V**.

Bild 5.27 Markierte Zellen kopieren und an anderer Stelle einfügen

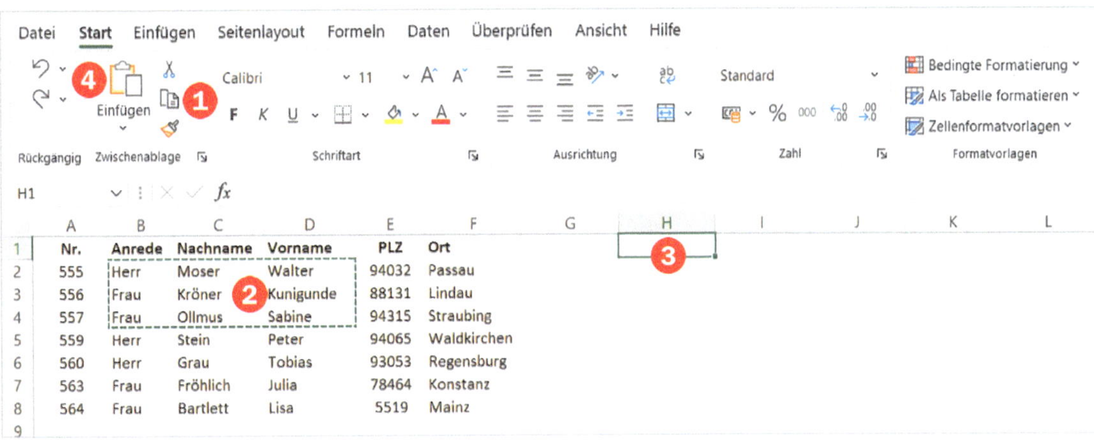

Ausschneiden

Die Vorgehensweise beim Ausschneiden eines Zellbereichs unterscheidet sich vom Kopieren nur dadurch, dass Sie dazu das Symbol *Ausschneiden* (Schere) oder die Tastenkombination **Strg**+**X** benutzen. Einfügen erfolgt hingegen ebenfalls mit dem Symbol *Einfügen* oder mit der Tastenkombination **Strg**+**V**.

Wichtige Hinweise

- Führen Sie zwischen Kopieren bzw. Ausschneiden und Einfügen keine weiteren Aktionen aus, z. B. Daten eingeben. Sonst verschwindet der Laufrahmen und ein Einfügen der Inhalte ist nicht mehr möglich. In diesem Fall müssen Sie von Neuem beginnen. Problemlos ist dagegen das Auswählen eines anderen Tabellenblatts oder einer anderen, bereits geöffneten Arbeitsmappe möglich.
- Sollte nach dem Einfügen der Laufrahmen um den ursprünglich markierten Zellbereich immer noch vorhanden sein, so verschwindet dieser, wenn Sie die **Esc**-Taste betätigen.
- Auf dem Weg über die Zwischenablage können Sie auch Zellinhalte aus einem Arbeitsblatt in ein anderes Blatt oder in eine andere Arbeitsmappe kopieren. Wechseln Sie einfach nach dem Ausschneiden oder Kopieren in das Tabellenblatt oder über die Taskleiste in die Arbeitsmappe.
- Auch das Kopieren aus anderen Anwendungen, z. B. aus einem Word-Dokument, ist möglich. Voraussetzung: Beide Dateien müssen geöffnet sein.

Die Office-Zwischenablage

Aus der normalen Zwischenablage können Sie immer nur das zuletzt ausgeschnittene oder kopierte Element wieder einfügen. Im Gegensatz dazu speichert die Office-Zwischenablage bis zu 24 Elemente und erlaubt auch späteres Einfügen, wenn Sie zwischenzeitlich bereits andere Aktionen ausgeführt haben (siehe Hinweise oben).

Office-Zwischenablage öffnen bzw. anzeigen

Damit die Office-Zwischenablage verwendet werden kann, muss der Aufgabenbereich *Zwischenablage* geöffnet, d. h. im linken Bereich des Excel-Fensters sichtbar sein. Zum Öffnen klicken Sie auf das Symbol ⧉ der Gruppe *Zwischenablage* im Register *Start*.

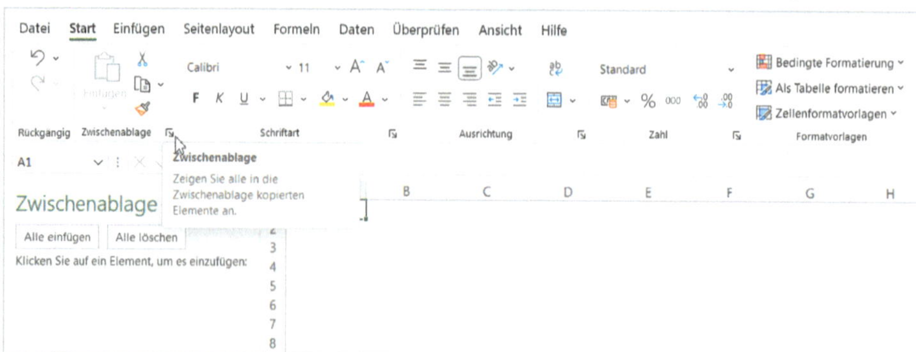

Bild 5.28 Office-Zwischenablage öffnen

- Anschließend können Sie nacheinander bis zu 24 Elemente in die Zwischenablage ausschneiden oder kopieren. Dies können sowohl die Inhalte einzelner Zellen als auch größerer Zellbereiche sein. Auch Zellformate und verbundene Zellen werden mit übernommen. Die Elemente der Zwischenablage können anschließend auch mehrfach und in beliebiger Reihenfolge wieder eingefügt werden. Zum Einfügen markieren Sie die erste Zelle des Zielbereichs und klicken in der Office-Zwischenablage mit der Maus auf das gewünschte Element.

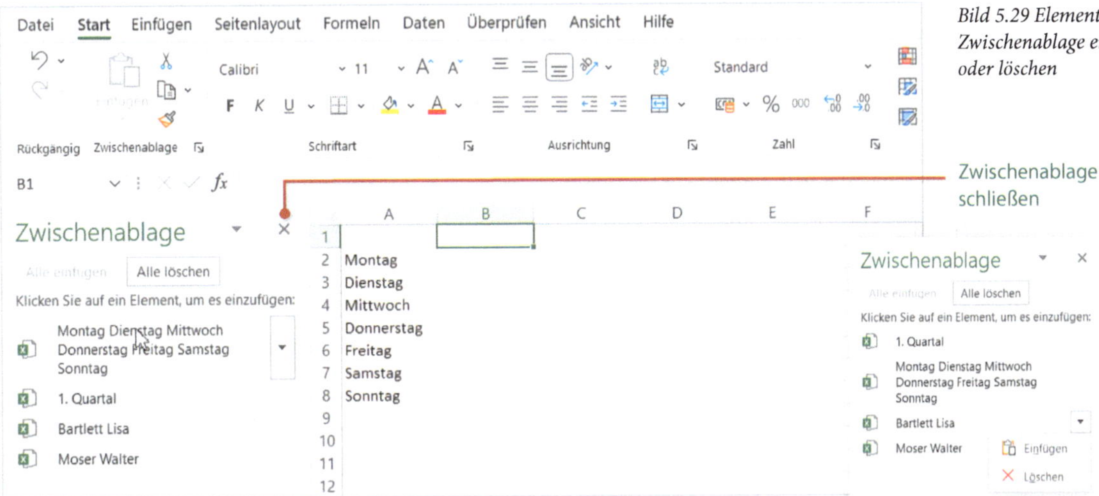

Bild 5.29 Elemente aus der Zwischenablage einfügen oder löschen

- Um ein kopiertes oder ausgeschnittenes Element aus der Zwischenablage zu entfernen, zeigen Sie mit der Maus auf den Eintrag. Rechts davon erscheint ein Dropdown-Pfeil (s. Bild oben) und mit Klick darauf erhalten Sie die Befehle *Einfügen* und *Löschen*. Die Schaltfläche *Alle löschen* entfernt alle Elemente aus der Zwischenablage.

Beim Einfügen die Übernahme von Formaten steuern

Vielleicht haben Sie schon bemerkt, dass kopierte Inhalte beim Einfügen aus der Zwischenablage mit ihrem ursprünglichen Aussehen am Zielort eingefügt werden. Dies muss allerdings nicht zwangsläufig so sein, denn über die Einfügeoptionen können Sie steuern, welche Merkmale Sie übernehmen möchten.

> **Achtung!** Die Einfügeoptionen stehen nur für kopierte, nicht aber für ausgeschnittene Inhalte zur Verfügung.

- Klicken Sie zum Einfügen im Menüband, Register *Start* ▶ *Zwischenablage* auf den Dropdown-Pfeil des Symbols *Einfügen* und wählen Sie eine Option (s. Bild auf der nächsten Seite).

- Oder klicken Sie unmittelbar nach dem Einfügen im Tabellenblatt auf das Symbol *Einfügeoptionen*, das am Einfügeort erscheint.

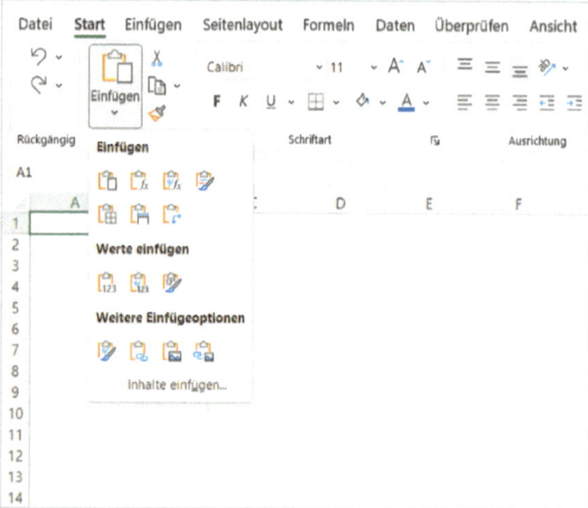

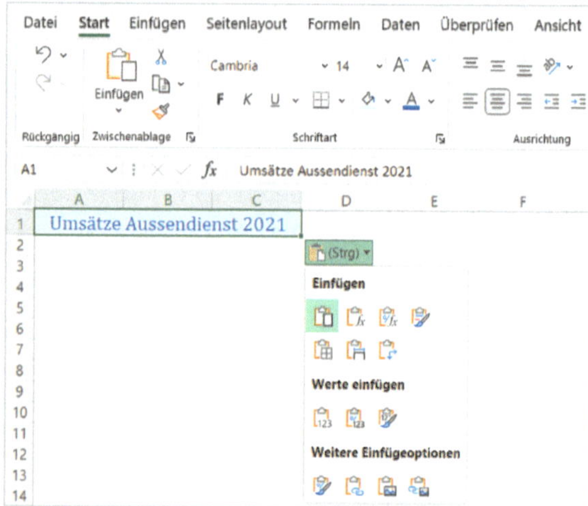

Bild 5.30 Dropdown-Pfeil der Schaltfläche Einfügen

Bild 5.31 Symbol Einfügeoptionen im Tabellenblatt

Eine Kurzinfo erscheint, wenn Sie auf ein Symbol zeigen. Hier eine Übersicht:

- **Einfügen:** Zellinhalt und Formatierung werden eingefügt.
- **Keine Rahmenlinien:** fügt den kopierten Zellinhalt einschließlich Zahlenformate und sonstiger Formatierungen (z. B. Füllfarbe) ein, mit Ausnahme der Rahmenlinien.
- **Breite der Ursprungsspalte beibehalten:** Alle Inhalte einschließlich aller Formatierungen und die ursprüngliche Spaltenbreite werden übernommen.
- **Transponieren:** Beim Einfügen werden Spalten und Zeilen vertauscht. Praktische Möglichkeit zum schnellen Umgestalten von Tabellen.
- **Werte:** fügt ausschließlich Zellinhalte (Werte) ohne Formatierungen ein. Wenden Sie diese Option auf ein Datum an, wird die Zahl, die dem Datum zugrunde liegt, angezeigt, z. B. statt 24.05.2019 wird 43609 angezeigt. Praktisch ist diese Option auch beim Kopieren von Formeln, wenn anstelle einer Formel nur deren Ergebnis in die Zielzelle eingefügt werden soll.
- **Werte und Zahlenformat:** fügt Zellinhalte zusammen mit den Zahlenformaten ein, sonstige Formatierungen (z. B. Schrift) werden nicht übernommen.
- **Werte und Quellformatierung:** fügt Zellinhalte, Zahlenformate und alle übrigen Formate ein.
- **Formatierung:** fügt ausschließlich die Zellenformatierung ein, die Zellen bleiben leer.

Tipp: Vorschau erhalten

Wenn Sie nicht sicher sind, dann benutzen Sie zum Einfügen den Dropdown-Pfeil der Schaltfläche *Einfügen* im Menüband. In diesem Fall erhalten Sie beim Zeigen auf eine Option im Tabellenblatt eine Vorschau und können entscheiden, welche Einfügemethode für Ihre Zwecke am besten passt.

Zeilen und Spalten mit Hilfe der Zwischenablage vertauschen

Mit Hilfe der Einfügeoptionen lassen sich auch Zeilen und Spalten schnell vertauschen. Das ist besonders praktisch, wenn Sie einen ungünstigen Aufbau Ihrer Tabelle erst später bemerken und Spalten lieber als Zeilen anzeigen möchten und umgekehrt. Als Beispiel im Bild unten ein Dienstplan. Durch die Namen in den Spaltenüberschriften ist die Tabelle unübersichtlich. Besser wäre es, die Wochentage als Spaltenüberschriften zu verwenden und die Namen in den Zeilen.

1 Markieren Sie die gesamte Tabelle ❶ und kopieren Sie diese in die Zwischenablage, z. B. mit **Strg+C**.

2 Markieren Sie die Zelle ❷, ab der die Tabelle eingefügt werden soll, hier A12.

3 Klicken Sie im Menüband, Register *Start* ▶ *Zwischenablage* auf den Dropdown-Pfeil der Schaltfläche *Einfügen* und auf *Transponieren* ❸. Bereits beim Zeigen auf die Option erscheint am Einfügeort eine Vorschau und mit einem Mausklick fügen Sie die Tabelle ein.

4 Anschließend können Sie die Zeilen mit der ursprünglichen Tabelle löschen.

Bild 5.32 Beispiel: Zeilen und Spalten vertauschen

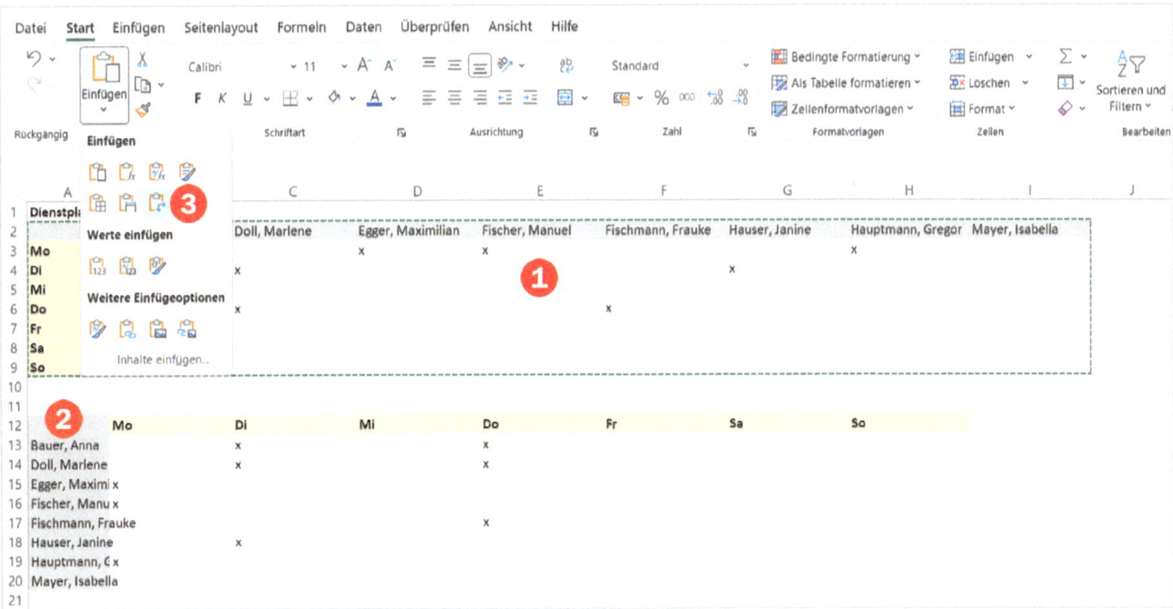

Inhalte ausgeblendeter Spalten oder Zeilen nicht kopieren

Enthält ein Zellbereich ausgeblendete Zeilen und/oder Spalten, so werden diese in der Standardeinstellung ebenfalls mitkopiert. Falls nur die sichtbaren Zeilen und Spalten kopiert werden sollen, gehen Sie so vor:

Zeilen und Spalten ausblenden, siehe Seite 135.

1 Markieren Sie den Bereich, den Sie kopieren möchten ❶ (Bild auf der nächsten Seite). Spalte B und Zeile 4 sind ausgeblendet.

2 Klicken Sie im Register *Start* ► Gruppe *Bearbeiten* auf *Suchen und Auswählen* ❷ und wählen Sie *Inhalte auswählen* ❸. Aktivieren Sie *Nur sichtbare Zellen* ❹ und klicken Sie auf *OK*.

Bild 5.33 Nur sichtbare Zellen auswählen

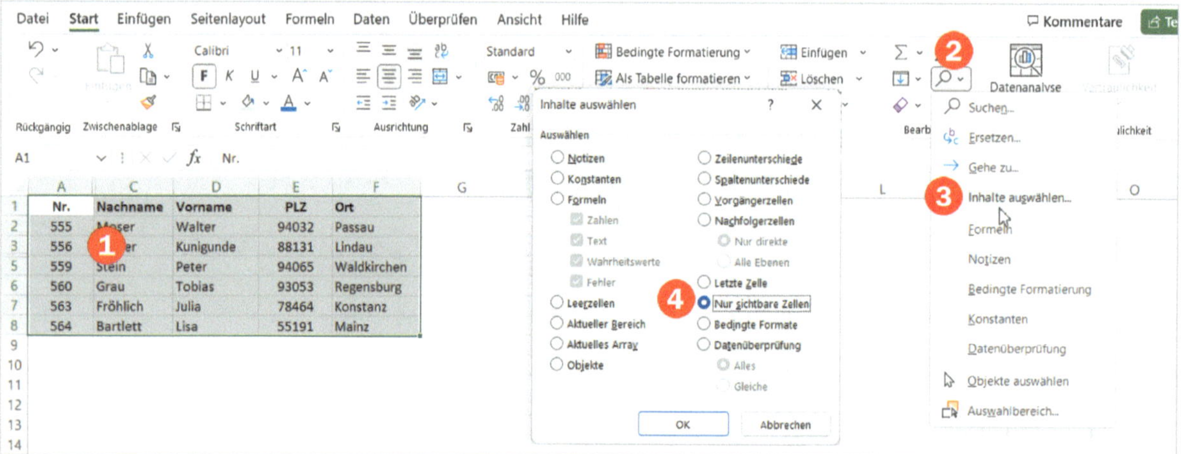

3 Kopieren Sie anschließend den Zellbereich mit **Strg**+**C** in die Zwischenablage. Jetzt werden nur die sichtbaren Zellbereiche mit dem grünen Laufrahmen hervorgehoben.

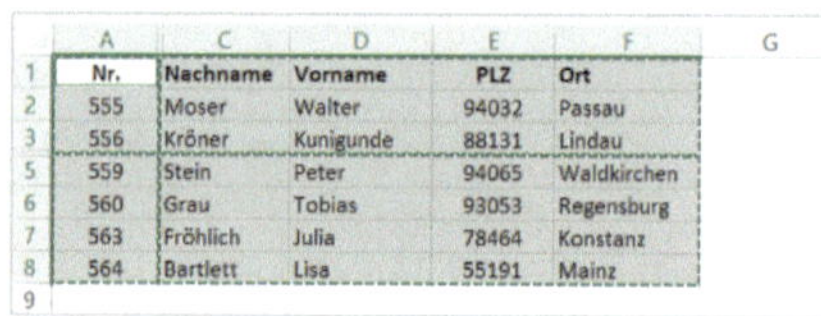

4 Fügen Sie dann die Tabelle mit einer der oben beschriebenen Methoden am gewünschten Ort ein, z. B. mit **Strg**+**V**.

5.3 Mit Tabellenblättern arbeiten

Wie eingangs bereits erwähnt, umfasst eine Excel-Arbeitsmappe mindestens ein Arbeits- oder Tabellenblatt. Falls nötig, können jederzeit weitere Tabellenblätter hinzugefügt, verschoben, kopiert, gelöscht oder umbenannt werden. Die vorhandenen Tabellenblätter bzw. deren Namen erscheinen im Blattregister unterhalb der Tabelle. Das aktuelle Tabellenblatt ist hell und unterstrichen hervorgehoben.

Jede neue Arbeitsmappe, die mit der Vorlage *Leere Arbeitsmappe* erstellt wurde, enthält standardmäßig ein Tabellenblatt mit dem Namen *Tabelle1*. Andere Vorlagen können auch mehr Tabellenblätter umfassen.

Bild 5.34 Das Blattregister unterhalb der Tabelle

Tabellenblätter einfügen, löschen und umbenennen

Blatt einfügen

Am einfachsten fügen Sie ein weiteres Tabellenblatt ein, indem Sie mit der Maus im Blattregister auf das Symbol *Neues Blatt* klicken. Neue Tabellenblätter erhalten standardmäßig den Namen *Tabellex*, wobei *x* für eine fortlaufende Nummer, entsprechend der Reihenfolge beim Einfügen, steht, also z. B. *Tabelle2*, *Tabelle3* usw. Ein neues Tabellenblatt wird stets rechts vom aktuellen Tabellenblatt, im Bild unten *Tabelle2*, eingefügt.

Bild 5.35 Neues Tabellenblatt einfügen

Achtung: Die Nummerierung der Tabellenblätter entspricht nicht unbedingt ihrer Position im Blattregister. Wird z. B. in eine Arbeitsmappe mit vier vorhandenen Blättern ein neues Blatt eingefügt, während *Tabelle1* das aktuell sichtbare Blatt ist, so landet *Tabelle5* rechts von *Tabelle1* und befindet sich nun zwischen *Tabelle1* und *Tabelle2*, wie im Bild unten. Dies stellt allerdings kein Problem dar, da Tabellenblätter jederzeit verschoben und/oder umbenannt werden können.

Info: Die maximale Anzahl der Arbeitsblätter in einer Arbeitsmappe richtet sich nach dem verfügbaren Arbeitsspeicher des Geräts.

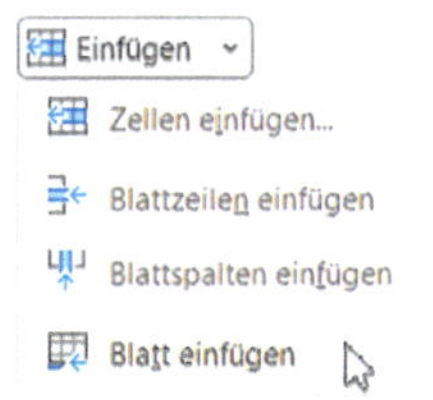

Weitere Möglichkeiten zum Hinzufügen von Tabellenblättern:

- Klicken Sie im Menüband, Register *Start*, Gruppe *Zellen* auf den Dropdown-Pfeil der Schaltfläche *Einfügen* und wählen Sie *Blatt einfügen*.
- Oder verwenden Sie die Tastenkombination **Umschalt**+**F11**.

Zwischen Tabellenblättern wechseln

- Zum Wechseln zwischen Tabellenblättern klicken Sie im Blattregister einfach auf den Namen des Blattes, z. B. *Tabelle3*.
- Reicht die Breite des Excel-Fensters zur Anzeige aller Blätter im Blattregister nicht mehr aus, dann verwenden Sie die **Navigationspfeile** ❶, um die übrigen Blätter anzuzeigen. Um schnell an den Anfang bzw. das Ende des Blattregisters zu navigieren, halten Sie die **Strg-Taste** gedrückt und klicken auf den linken bzw. rechten Navigationspfeil. Mit den **Navigationspunkten** ❷ am Anfang und Ende des Blattregisters springen Sie zum nächsten nicht mehr sichtbaren Register.

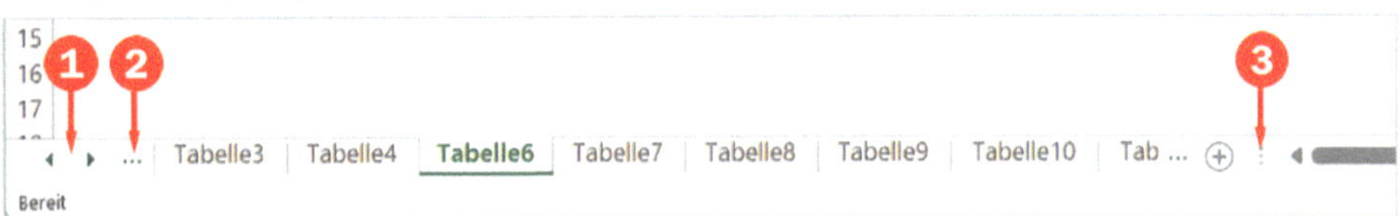

Bild 5.36 Die weiteren Symbole des Blattregisters

- Wenn Sie dem Blattregister mehr Platz geben möchten, dann verschieben Sie die senkrechte, gepunktete Linie zwischen Blattregister und Bildlaufleiste ❸ mit gedrückter linker Maustaste nach rechts. Allerdings verkleinern Sie dadurch den Bereich der Bildlaufleiste.
- Um die Tabellenblätter der Mappe übersichtlich in Listenform anzuzeigen, klicken Sie mit der rechten Maustaste auf einen der Navigationspfeile. Zum Auswählen eines Blatts klicken Sie einfach mit der Maus auf das gewünschte Tabellenblatt und danach auf *OK*.

Bild 5.37 Tabellenblatt aus Liste auswählen

Blatt löschen

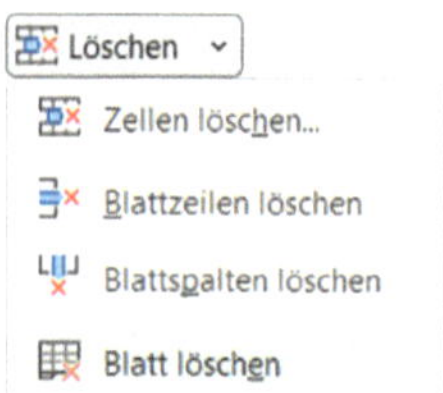

- Klicken Sie im Blattregister mit der rechten Maustaste auf den Namen des zu löschenden Blattes ❶ und wählen Sie *Löschen* ❷.
- Oder wählen Sie im Blattregister durch Anklicken zuerst das zu löschende Tabellenblatt aus. Anschließend klicken Sie im Register *Start*, Gruppe *Zellen*, auf den Dropdown-Pfeil der Schaltfläche *Löschen* ❸ und wählen hier *Blatt löschen* aus.
- Falls das Tabellenblatt Daten enthält, erscheint die unten abgebildete Rückfrage und Sie müssen mit Klick auf die Schaltflächen *Löschen* das Löschen erneut bestätigen oder können den Vorgang abbrechen.

Bild 5.38 Blatt löschen

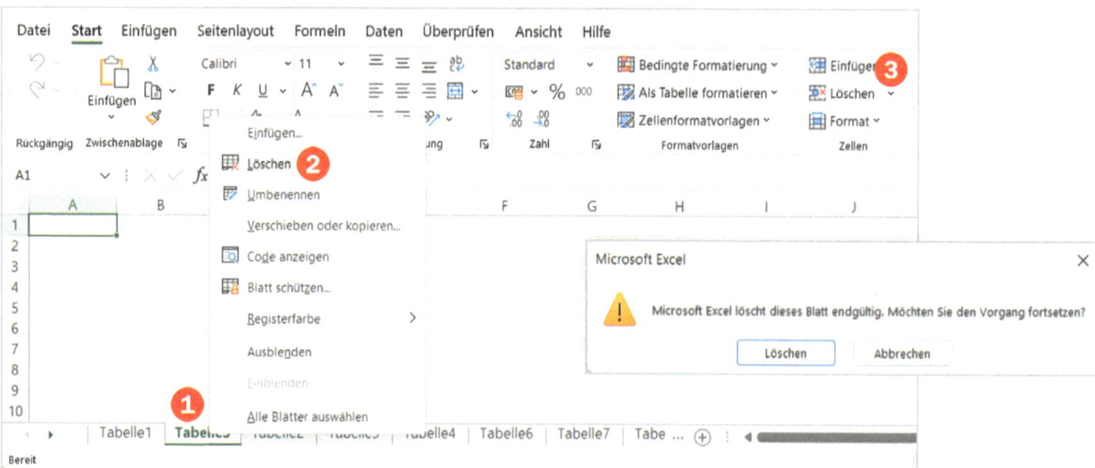

> **Vorsicht beim Löschen von Tabellenblättern!**
>
> Das Löschen von Tabellenblättern kann nicht mehr rückgängig gemacht werden. Befinden sich Daten im Blatt, werden diese unwiederbringlich gelöscht. Aus diesem Grund müssen Sie das Löschen nochmals bestätigen.

Blatt umbenennen

Wesentlich einfacher gestaltet sich die Navigation zwischen Arbeitsblättern, wenn Sie jedes Blatt mit einem Namen versehen. Beachten Sie, dass ein Blattname innerhalb einer Arbeitsmappe eindeutig sein muss und deshalb nicht mehrfach vorkommen darf.

Info: Ein Blattname darf maximal 31 Zeichen lang sein.

- Dazu doppelklicken Sie im Blattregister auf den Namen, im Bild unten *Tabelle2*. Dieser wird markiert. Geben Sie anschließend über die Tastatur den neuen Namen ein und betätigen Sie abschließend die Eingabetaste oder klicken Sie an eine beliebige Stelle im Tabellenblatt.
- Alternativ erhalten Sie den Befehl *Umbenennen* auch mit Rechtsklick in das Blattregister.

Bild 5.39 Tabellenblatt umbenennen

> **Befehle inaktiv?**
>
> Wenn im Menüband fast alle Befehle inaktiv, d. h. hellgrau dargestellt sind, dann liegt der Grund meist darin, dass im Blattregister der Name eines Tabellenblattes markiert ist oder sich der Cursor im Tabellenblatt in einer Zelle befindet. In beiden Fällen müssen Sie erst mit der Eingabetaste oder Klick an eine andere Stelle die Änderung abschließen, um weiterarbeiten zu können.

Registerfarben

Excel bietet darüber hinaus die Möglichkeit, zur besseren Unterscheidung die Tabellenblätter im Blattregister mit verschiedenen Farben zu kennzeichnen.

- Klicken Sie dazu im Blattregister mit der rechten Maustaste auf den Namen des Tabellenblatts, hier dann auf *Registerfarbe* und wählen danach die gewünschte Farbe. Falls Sie hier nichts Passendes finden, klicken Sie auf *Weitere Farben...* und eine vorhandene Farbe entfernen Sie mit der Auswahl *Keine Farbe*.

  Denselben Befehl erhalten Sie auch im Menüband, Register *Start* ▶ Gruppe *Zellen* ▶ über die Schaltfläche *Format*.

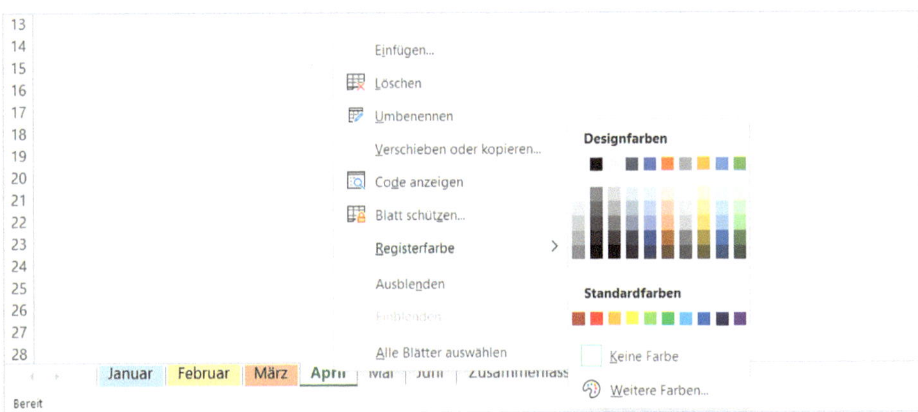

Bild 5.40 Registerfarbe wählen

Beachten Sie: Das aktive Tabellenblatt, d. h. das Blatt, dessen Inhalt gerade auf dem Bildschirm sichtbar ist, wird im Blattregister heller hervorgehoben. Aus diesem Grund erscheint auch die Registerfarbe blasser, wie im Bild links das Blatt *Februar*.

Tabellenblätter verschieben oder kopieren

Blatt mit der Maus verschieben/kopieren

Innerhalb einer Arbeitsmappe können Sie die Reihenfolge der Tabellenblätter beliebig verändern. Wenn Sie ein Blatt kopieren, dann erstellen Sie eine 1:1-Kopie des gesamten Blattes einschließlich der Spaltenbreiten, Zeilenhöhen und aller Druckeinstellungen.

- **Verschieben:** Ziehen Sie dazu einfach im Blattregister das Blatt mit gedrückter linker Maustaste an die neue Position, wie im Bild unten links.
- **Kopieren**: Beim Kopieren verfahren Sie wie beim Verschieben eines Tabellenblatts, halten allerdings während des Ziehens zusätzlich die **Strg**-Taste gedrückt. Am Mauszeiger wird dadurch ein Pluszeichen sichtbar und das Blatt wird kopiert, siehe Bild unten rechts.

Da Blattnamen innerhalb einer Arbeitsmappe nicht doppelt vorkommen dürfen, erhält die Kopie zum ursprünglichen Blattnamen eine Zahl als Zusatz, z. B. *Produktion (2)*.

Bild 5.41 Blatt verschieben

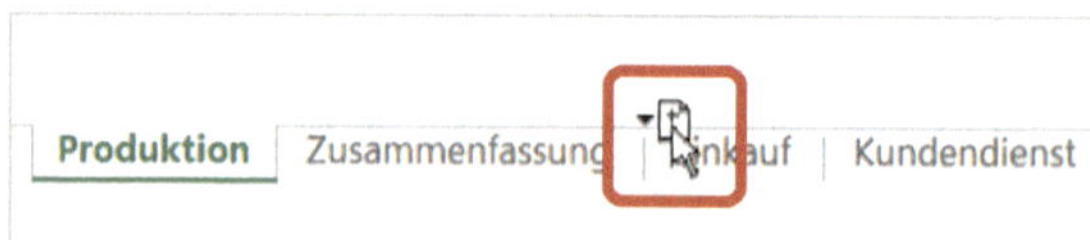

Bild 5.42 Blatt mit der Maus kopieren

Über Dialogfenster verschieben oder kopieren

Die Befehle zum Verschieben oder Kopieren erhalten Sie auch, wenn Sie im Blattregister mit der rechten Maustaste auf das betreffende Arbeitsblatt ❶ klicken und *Verschieben oder kopieren...* ❷ wählen. Im nachfolgenden Fenster geben Sie dann an, vor welchem Tabellenblatt das Blatt eingefügt werden soll ❸. **Achtung**: In der Standardeinstellung wird das Blatt verschoben. Wenn Sie eine Kopie einfügen möchten, müssen Sie das Kontrollkästchen *Kopie erstellen* ❹ aktivieren, bevor Sie auf *OK* klicken.

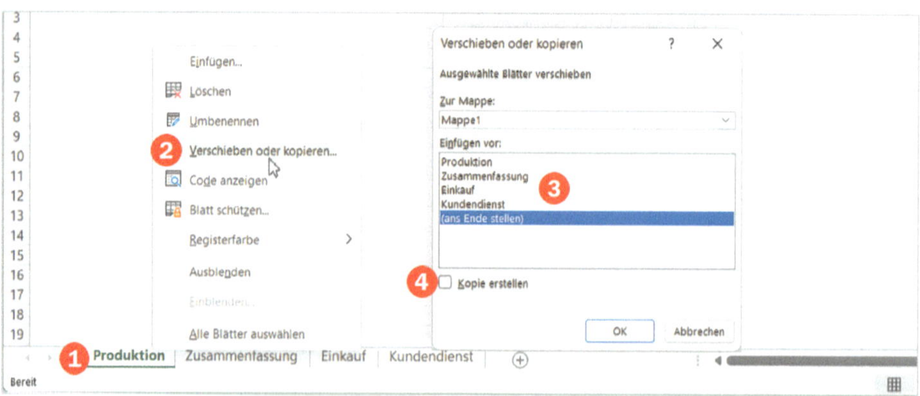

Bild 5.43 Das Dialogfenster Verschieben oder kopieren

Tabellenblatt in eine andere Mappe verschieben bzw. kopieren

Im Gegensatz zur Verwendung der Maus haben Sie bei dieser Methode auch die Möglichkeit, Tabellenblätter in eine andere Arbeitsmappe zu verschieben oder zu kopieren. Beachten Sie, dass dazu beide Arbeitsmappen geöffnet sein müssen.

Bild 5.44 Das Dialogfenster Verschieben oder kopieren

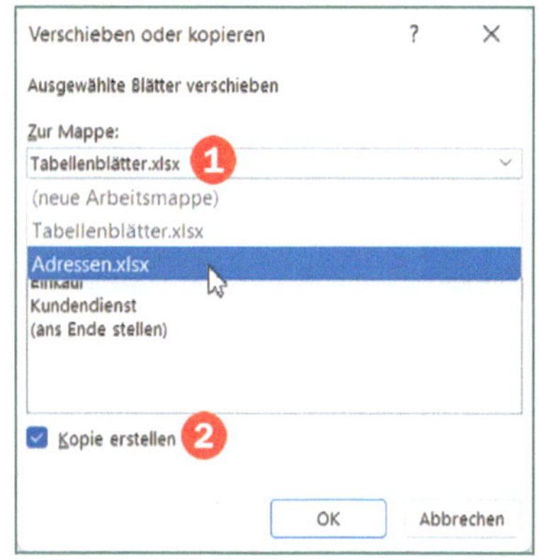

1. Klicken Sie mit der rechten Maustaste im Blattregister auf den Namen des zu kopierenden Blattes und auf den Befehl *Verschieben oder kopieren...*, siehe oben.
2. Wählen Sie die Mappe aus, in die das Blatt eingefügt werden soll ❶. Neben den aktuell geöffneten Mappen besteht hier auch die Möglichkeit, das Blatt in eine neue Mappe einzufügen.
3. Geben Sie die Position an, z. B. *(ans Ende stellen)*, und vergessen Sie nicht, das Kontrollkästchen *Kopie erstellen* ❷ zu aktivieren, wenn das Blatt nicht verschoben, sondern kopiert werden soll!
4. Klicken Sie zuletzt auf *OK*.

Tabellenblätter aus- und wieder einblenden

Bei Bedarf können einzelne Tabellenblätter ausgeblendet werden, z. B. um vertrauliche Inhalte zu verbergen oder zum Schutz vor unbeabsichtigten Änderungen.

Tabellenblatt ausblenden

- Um ein Tabellenblatt auszublenden, klicken Sie im Blattregister mit der rechten Maustaste auf den Namen des betreffenden Tabellenblattes und auf den Befehl *Ausblenden*.

Bild 5.45 Tabellenblatt ausblenden

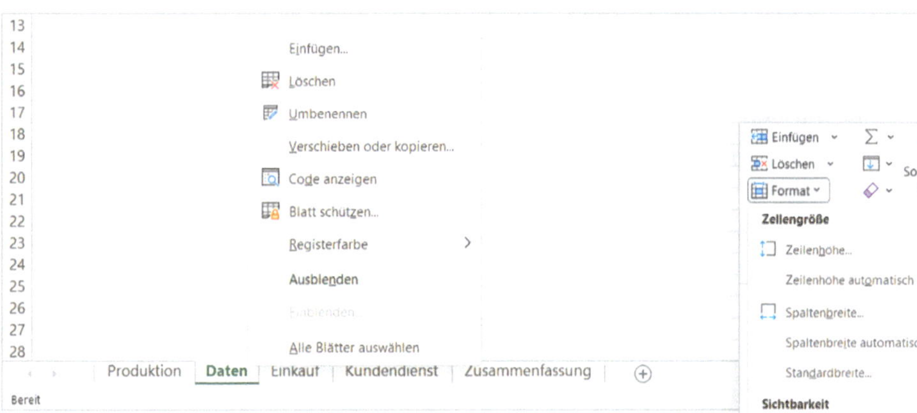

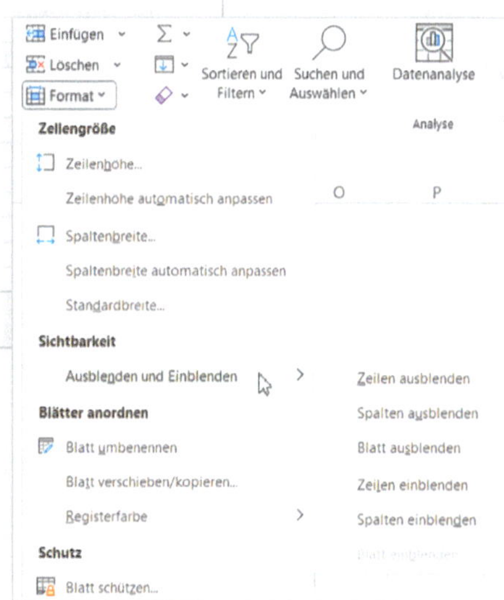

- Alternativ klicken Sie im Register *Start*, Gruppe *Zellen*, auf die Schaltfläche *Format*. Wählen Sie den Befehl *Ausblenden und Einblenden* und klicken Sie dann auf *Blatt ausblenden*.

  Achtung: Dieser Befehl bezieht sich auf das aktuelle Tabellenblatt, Sie müssen also zuvor dieses Tabellenblatt auswählen.

Tabellenblatt einblenden

- Zum Einblenden eines Blattes klicken Sie ebenfalls im Blattregister mit der rechten Maustaste auf den Namen eines beliebigen Tabellenblatts und wählen den Befehl *Einblenden* (s. Bild auf der vorherigen Seite).

  Oder klicken Sie im Menüband, Register *Start* ▶ *Zellen* auf *Format*, wählen *Ausblenden und Einblenden* und klicken anschließend auf *Blatt einblenden....*

- In beiden Fällen öffnet sich das Fenster *Einblenden*: Klicken Sie auf das Tabellenblatt, welches wieder angezeigt werden soll, und anschließend auf *OK*.

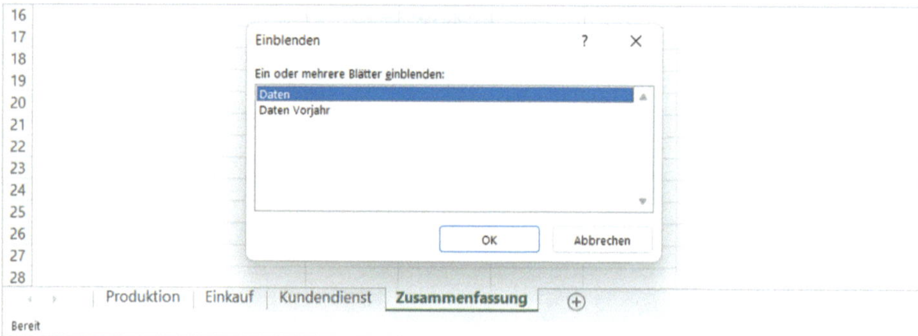

Bild 5.46 Tabellenblatt einblenden

Tipp: Falls Sie mehrere ausgeblendete Blätter mit einem einzigen Befehl einblenden möchten, markieren Sie diese durch Anklicken mit gedrückter **Strg**-Taste.

Mehrere Tabellenblätter gleichzeitig bearbeiten

Genau wie Zellen, Zeilen und Spalten können Sie auch mehrere Tabellenblätter gleichzeitig markieren und bearbeiten, z. B. wenn mehrere Tabellenblätter dieselbe Registerfarbe erhalten sollen.

- **Tabellenblätter markieren**
  Um mehrere Tabellenblätter zu markieren, klicken Sie im Blattregister auf das erste zu markierende Blatt und klicken danach die übrigen Blätter mit gleichzeitig gedrückter **Strg**-Taste an. Als Beispiel wurden im Bild unten die Blätter *Januar*, *Februar* und *März* markiert.

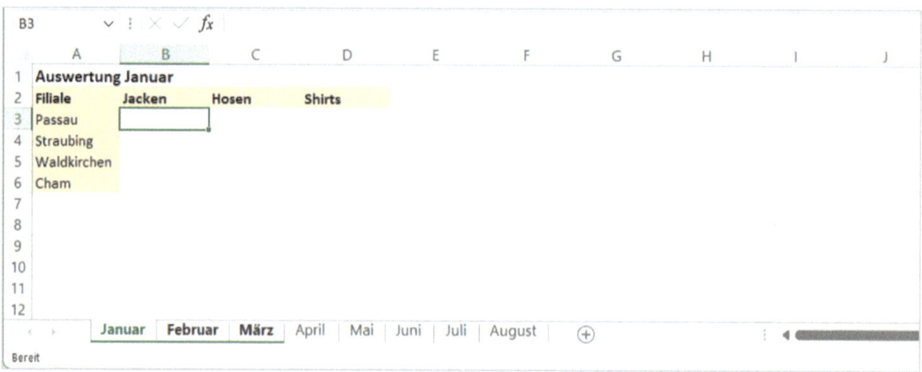

Bild 5.47 Markierte Tabellenblätter

- **Markierung aufheben**
  Zum Aufheben der Markierung klicken Sie im Blattregister einfach auf den Namen eines anderen, nicht markierten Blattes.

Wichtige Tipps und Hinweise

- Innerhalb der markierten Gruppe ist im Blattregister der Name des aktuellen bzw. auf dem Bildschirm sichtbaren Tabellenblattes grün hervorgehoben, im Bild auf der vorigen Seite das Blatt *Januar*. Sie können jederzeit durch Anklicken innerhalb der Gruppe zwischen den Tabellenblättern wechseln, ohne dass dadurch die Markierung aufgehoben wird.

Ausnahme: Sind alle Blätter der Mappe markiert, genügt ein Klick auf ein anderes Blatt zum Aufheben der Markierung.

- Sämtliche Aktionen im Tabellenblatt, z. B. Eingeben, Löschen oder Formatieren, erfolgen in allen markierten Tabellen. Haben Sie beispielsweise drei Blätter markiert und geben im aktuellen Blatt in die Zelle A1 den Text „Beispiel" ein, so erscheint die Eingabe an derselben Stelle auch in den übrigen beiden markierten Tabellenblättern.
- Die synchrone Bearbeitung gilt auch für Druckeinstellungen. Sie können also z. B. schnell mehrere Tabellenblätter mit einheitlichen Kopf- oder Fußzeilen versehen.

Druckseite einrichten, Kopf- und Fußzeilen, siehe Kapitel 7.

- Vergessen Sie nicht, zum Schluss die Markierung wieder aufzuheben, wenn Sie anschließend nur ein einzelnes Tabellenblatt bearbeiten möchten!

Achtung: Die Bearbeitung im Tabellenblatt erfolgt synchron in allen markierten Blättern!

Solange mehrere Tabellenblätter markiert sind, erfolgen auch sämtliche Bearbeitungen in der Tabelle synchron in allen markierten Blättern. Dies kann zu unbeabsichtigten Änderungen führen. Vergessen Sie daher nicht, die Markierung wieder aufzuheben, wenn diese nicht mehr benötigt wird.

Anzahl der Tabellenblätter in neuen Arbeitsmappen

In der Standardeinstellung enthält eine neue leere Arbeitsmappe zunächst ein Tabellenblatt. Wenn Sie diese Voreinstellung ändern möchten, dann klicken Sie im Register Datei auf *Optionen* und auf die Kategorie *Allgemein*. Wählen Sie dann im Abschnitt *Beim Erstellen neuer Arbeitsmappen* im Feld *So viele Arbeitsblätter einfügen* über die Pfeile die gewünschte Anzahl aus.

Bild 5.48 Anzahl Arbeitsblätter in neuen Arbeitsmappen

5.4 Übung

Öffnen Sie die Übungsdatei Spendenliste.xlsx.

N15

	A	B	C	D	E	F	G	H	I	J	K
1	Spendenliste										
2											
3	Nachname	Vorname	PLZ	Ort	Straße	Telefon	Betrag				
4	Biber	Kevin	940315	Straubing	Donaustr. 4	08421-65122	10,00 €				
5	Heller	Thorsten	93805	Regensburg	Isarstr. 6	0941-712344	5,00 €				
6	Sommer	Elke	80638	München	Wintergasse 3	089-8176007	20,00 €				
7	Tauber	Lisa	93326	Abensberg	Hauptstr. 26	09443-12447	50,00 €				
8	Winter	Andreas	94315	Straubing	Hopfengasse	08422-45879	25,00 €				
9	Zink	Nadine	94032	Passau	Donauweg 14	0851-6700	30,00 €				
10											
11											
12											
13											

Tabelle1

Bereit

Download:
Spendenliste.xlsx

- Passen Sie die Spaltenbreiten an den Inhalt der Zelle an.
- Alle Zeilen der Tabelle erhalten eine einheitliche Zeilenhöhe von 21 pt.
- Verschieben Sie die Telefonnummern so, dass sie zwischen den Spalten *Vorname* und *PLZ* eingefügt werden, ohne die vorhandenen Inhalte zu löschen.
- Fügen Sie zwischen den Zeilen 6 und 7 eine Zeile ein und geben Sie hier eine beliebige Adresse ein.
- Fügen Sie links von *Nachname* in Spalte A eine Spalte für die Anrede ein und ergänzen Sie die Tabelle entsprechend.
- Verschieben Sie die Überschrift *Spendenliste* nach B1 und löschen Sie Zeile 2.
- Das Tabellenblatt soll den Namen *2021* erhalten.
- Erzeugen Sie ein neues Tabellenblatt und nennen Sie es *2022*. Das neue Tabellenblatt *2022* soll an erster Stelle des Blattregisters angezeigt werden.
- Kopieren Sie die gesamten Inhalte des Tabellenblatts *2021* in das Tabellenblatt *2022* und löschen Sie die Inhalte der Spalte *Betrag*.

6 Tabellen gestalten

In diesem Kapitel lernen Sie...

- allgemeine Zellformate, z. B. Rahmenlinien und Füllfarben
- schnelle Gestaltung mit Formatvorlagen
- Design zusammenstellen und eigene Designfarben auswählen
- Zellen abhängig vom Inhalt formatieren

Das sollten Sie bereits wissen

- Daten in Tabellen eingeben
- Zellen markieren
- Spaltenbreite und Zeilenhöhe anpassen

6.1 Schnelle Tabellengestaltung mit Formatvorlagen

Excel verfügt über umfangreiche Gestaltungsmöglichkeiten, mit denen Sie Ihre Arbeitsmappe optisch aufbereiten können. Am einfachsten ist die Verwendung einer Tabellenformatvorlage, die automatisch die gesamte Tabelle mit Farben, Rahmenlinien etc. gestaltet. Daneben können Sie natürlich auch einzelnen Zellen und Zellbereichen verschiedene Schriftarten, Rahmenlinien oder Hintergrundfarben zuweisen.

Nähere Details zu den Organisations- und Analysemöglichkeiten von intelligenten Tabellen lesen Sie in Kapitel 10.

Die angebotenen Tabellenformatvorlagen sind vom aktuell verwendeten Design abhängig und mit der Auswahl anderer Designfarben und/oder Schriften erhält die gesamte Arbeitsmappe ein völlig anderes Aussehen. Dazu gleich mehr im Kapitel 6.2.

Einen Zellbereich als Tabelle formatieren

Das Beispiel ist als Download verfügbar:

Kühlschränke.xlsx

Zum Formatieren ganzer Tabellen verfügt Excel über einen Katalog verschiedener Vorlagen, den Sie im Register *Start* ▶ Gruppe *Formatvorlagen* mit Klick auf die Schaltfläche *Als Tabelle formatieren* anzeigen. Gleichzeitig wird aus dem markierten Bereich eine „intelligente" Tabelle. Dies bedeutet, dass beim Hinzufügen weiterer Zeilen und/oder Spalten vorhandene Formate, dazu gehören auch abwechselnde Zeilenfarben, automatisch übernommen werden und der Tabellenbereich erweitert wird.

- Markieren Sie den Zellbereich, der formatiert werden soll. Da es sich meist um einen zusammenhängenden Zellbereich handelt, genügt es auch, wenn eine einzelne Zelle in diesem Bereich markiert ist, wie im Bild unten ❶.
- Klicken Sie auf die Schaltfläche *Als Tabelle formatieren* ❷ und danach auf eine der Vorlagen. Excel blendet anschließend das Fenster *Als Tabelle formatieren* ein, in dem Sie den Zellbereich der Tabelle kontrollieren und ggf. verändern können.

Bild 6.1 Wählen Sie eine Vorlage und kontrollieren Sie den Zellbereich

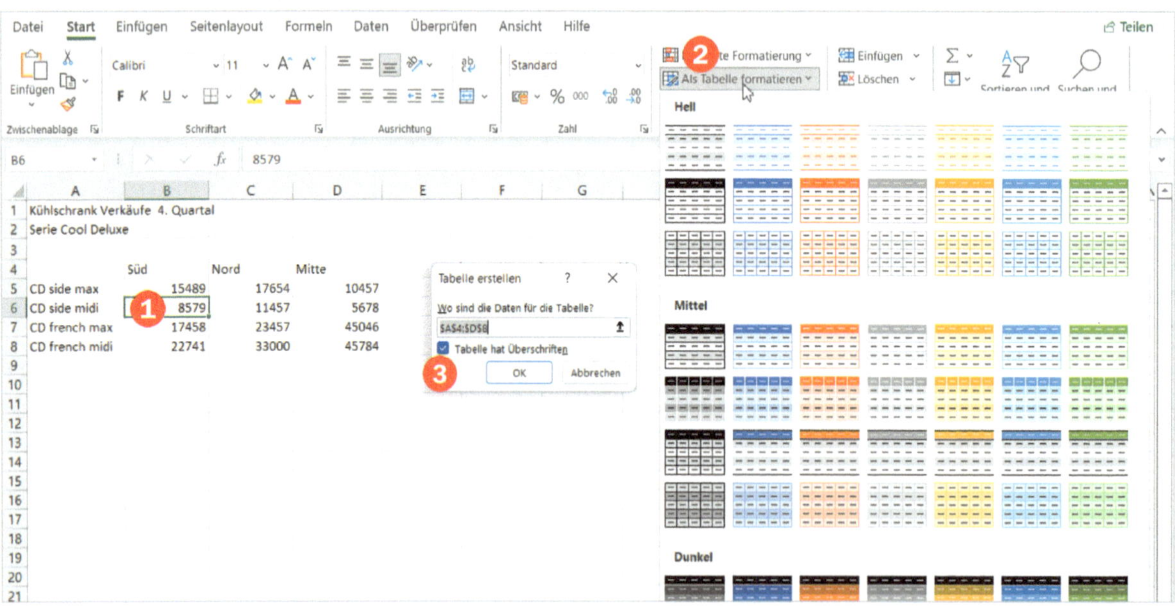

- Überprüfen Sie das Kontrollkästchen *Tabelle hat Überschriften* ❸. Wenn Ihre Tabelle Überschriften enthält, dann muss hier ein Häkchen sein. Falls diese nicht richtig erkannt wurden, aktivieren Sie es durch Anklicken. Bestätigen Sie mit *OK*.

  Achtung: Enthält der markierte Bereich keine Überschriften, dann sorgt das aktivierte Kontrollkästchen dafür, dass automatisch eine Zeile mit den Spaltenbeschriftungen *Spalte1*, *Spalte2* etc. hinzugefügt wird. Diese Überschriften können danach problemlos geändert oder entfernt werden.

Übernahme von Sonderformaten

Zur weiteren Bearbeitung der Tabelle steht jetzt das kontextbezogene Register *Tabellenentwurf* zur Verfügung. **Achtung**: Dieses Register ist nur sichtbar, wenn die Tabelle oder eine Zelle innerhalb der Tabelle markiert ist.

Bild 6.2 Das Register Tabellenentwurf

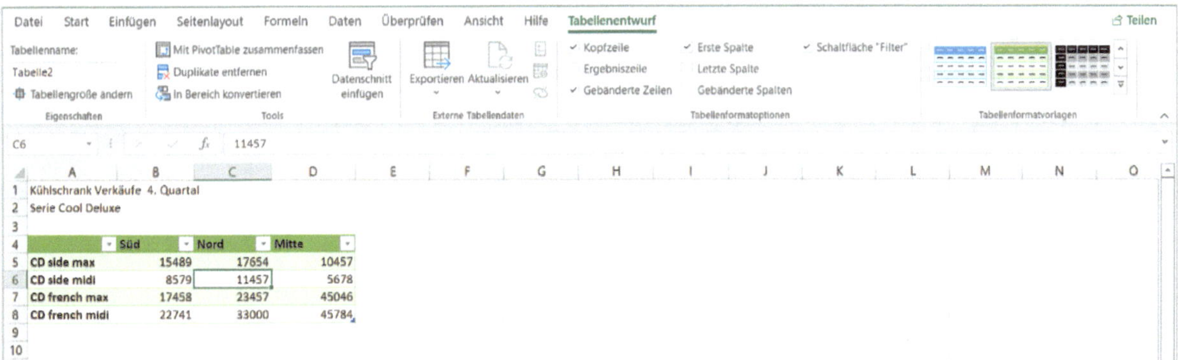

Mittels der Kontrollkästchen der Gruppe *Tabellenformatoptionen* steuern Sie die Übernahme verschiedener Sonderformate.

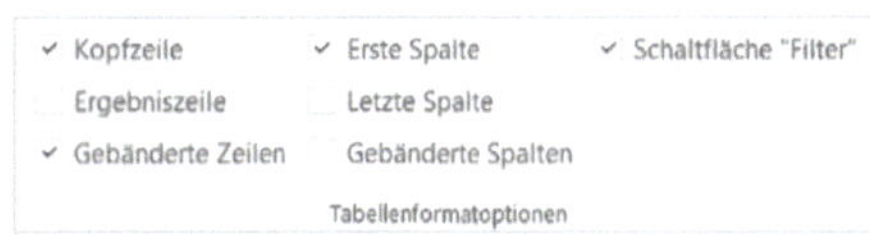

- **Überschriftzeile hinzufügen/entfernen**
  Falls Sie eine versehentlich hinzugefügte Überschriftzeile entfernen möchten, so deaktivieren Sie das Kontrollkästchen *Kopfzeile*. Umgekehrt lässt sich damit auch nachträglich eine Überschriftzeile hinzufügen.

- **Abweichende Formate für erste und/oder letzte Spalte**
  Enthält die erste Spalte eine Beschriftung, dann können Sie diese über das Kontrollkästchen *Erste Spalte* mit einer abweichenden Formatierung hervorheben. Gleiches gilt auch für etwaige Ergebnisse in der letzten Spalte.

Hinweis: Formatvorlagen für Tabellenbereiche beziehen keine Zahlenformate, z. B. Währung oder Prozent, ein!

- **Abwechselnde Zeilen und/oder Spaltenfarben**
  Die meisten Formatvorlagen enthalten auch abwechselnde Zeilenfarben. Diese können Sie bei Bedarf über das Kontrollkästchen *Gebänderte Zeilen* deaktivieren bzw. aktivieren. *Gebänderte Spalten* sorgt dagegen für abwechselnden Spaltenhintergrund.

- **Filterschaltflächen**
  Die Spaltenüberschriften werden zusätzlich mit Pfeilen versehen, über die Sie die Tabelle schnell sortieren und filtern können (siehe auch Kapitel 10). Wenn

Sie die Pfeile als störend empfinden, dann deaktivieren Sie das Kontrollkästchen *Schaltfläche "Filter"*.

- **Zusammenfassende Ergebnisse hinzufügen**
  Das Kontrollkästchen *Ergebniszeile* fügt an die Tabelle eine Zeile für zusammenfassende Ergebnisse an, z. B. die Summe über eine Spalte. Allerdings ist diese Methode gegenüber der Eingabe von Formeln wenig flexibel. Das Deaktivieren des Kontrollkästchens blendet die Ergebniszeile wieder aus.

Andere Formatvorlage wählen

Falls Ihnen die aktuelle Formatvorlage nicht mehr gefällt, so klicken Sie in die Tabelle und danach im Menüband, Register *Tabellenentwurf*, Gruppe *Tabellenformatvorlagen* auf den Pfeil *Weitere* . Der gesamte Katalog öffnet sich erneut und Sie brauchen nur auf die gewünschte Vorlage klicken.

Bild 6.3 Andere Formatvorlage wählen

Tipp: In diesem Fall erhalten Sie bereits beim Zeigen auf eine Vorlage in der Tabelle eine Vorschau ❶ und können die Wirkung vorab testen.

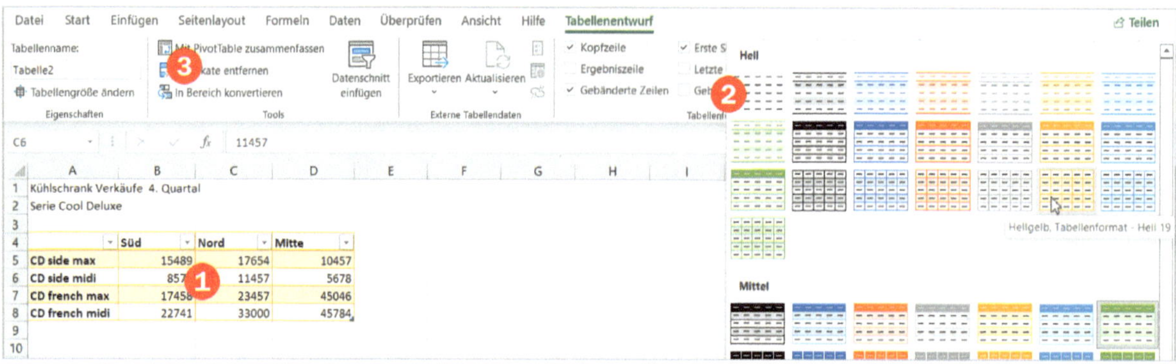

Alle Formatierungen entfernen, Tabelle zurücksetzen

Um alle Formatierungen einer Vorlage wieder zu entfernen, öffnen Sie im Register *Tabellenentwurf* den Formatvorlagenkatalog, siehe oben, und wählen links oben die erste Formatvorlage *Keine* ❷. Die intelligente Tabelle bleibt allerdings dadurch erhalten.

Intelligente Tabelle wieder in normalen Zellbereich umwandeln

Wenn Sie den Tabellenbereich wieder in einen normalen Zellbereich zurückverwandeln möchten, dann klicken Sie im Menüband, Register *Tabellenentwurf* ▶ *Tools* auf *In Bereich konvertieren* ❸ und bestätigen die nachfolgende Rückfrage mit *Ja*. Beachten Sie, dass vorhandene Tabellenformate dadurch nicht entfernt werden. Falls Sie also die Tabelle wieder auf das Ausgangsformat zurücksetzen möchten, müssen Sie ihr vor dem Konvertieren die Formatvorlage *Keine* zuweisen (s. oben).

Alternativ klicken Sie mit der rechten Maustaste auf eine beliebige Zelle der Tabelle, wählen *Tabelle* und klicken im Untermenü auf *In Bereich konvertieren*.

> **Tabelle ohne intelligenten Tabellenbereich formatieren**
>
> Falls Sie die Tabellenformatvorlagen ohne intelligenten Tabellenbereich nutzen möchten, dann klicken Sie zunächst auf *Als Tabelle formatieren* und wählen die gewünschte Vorlage. Klicken Sie danach in die Tabelle und im Register *Tabellenentwurf* auf *In Bereich konvertieren*. Sämtliche Tabellenformate bleiben dadurch erhalten.

Zellenformatvorlagen

Für Zellen stellt Excel ebenfalls verschiedene Formatvorlagen bereit. Da es sich um Vorlagen für einzelne Zellen handelt, müssen Sie im Gegensatz zu Tabellenformatvorlagen zuerst die entsprechenden Zellen markieren, im Bild unten als Beispiel die Überschriften ❶.

Klicken Sie dann im Menüband, Register *Start* ▶ Gruppe *Formatvorlagen* auf *Zellenformatvorlagen* ❷ und wählen Sie eine Vorlage aus. Sie können nacheinander auch mehrere Zellenformate auswählen, z. B. Schrift und Linien aus der Gruppe *Titel und Überschriften* ❸, die Hintergrundfarbe aus der Gruppe *Zellenformatvorlagen mit Designs* ❹ und das Aussehen von Zahlen in der Gruppe *Zahlenformat* ❺.

Bild 6.4 Zellenformatvorlagen

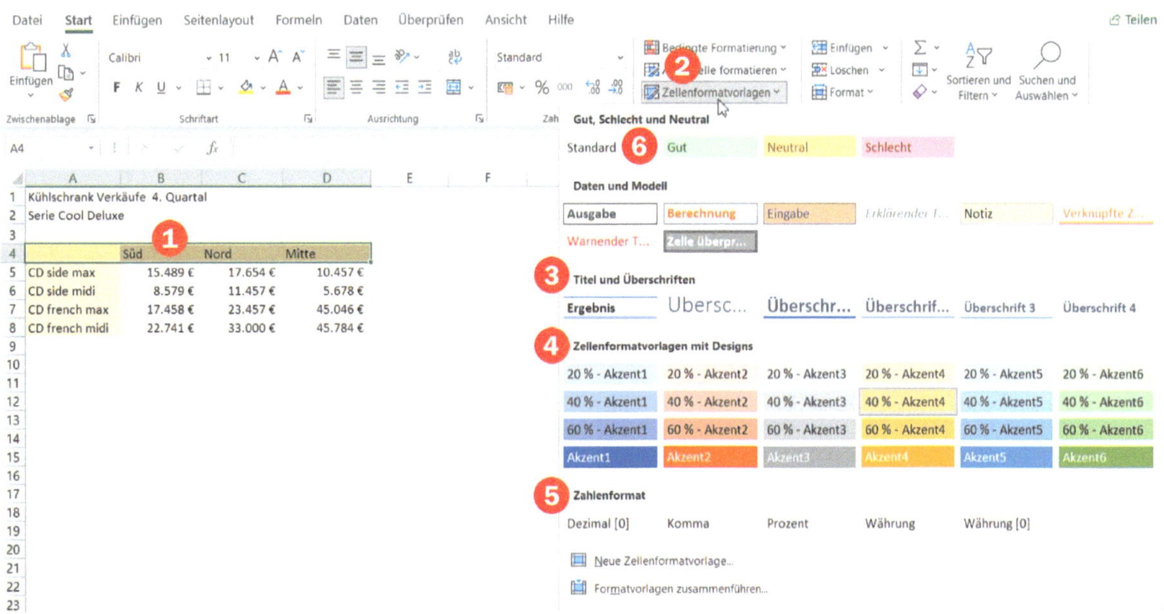

Alle Formatierungen entfernen

Wenn Sie alle Formate schnell wieder entfernen möchten, dann klicken Sie links oben auf die Vorlage *Standard* ❻. Diese setzt die markierten Zellen auf das Standardformat zurück und alle vorgenommenen Formatierungen werden entfernt, z. B. Prozent, Nachkommastellen, Ausrichtungen usw.

6.2 Ein Design für die Arbeitsmappe wählen

Auch bei der Auswahl der Schriftart oder einer Farbe, z. B. Füll- oder Schriftfarbe, erscheinen zunächst die Schriftarten und Farben des aktuellen Designs.

Farben und Schriftarten aller Formatvorlagen, nicht nur für Tabellen, sondern auch für Diagramme, beruhen auf Designs. Designs sind Zusammenstellungen von ausgewählten Schriftarten, aufeinander abgestimmten Farben sowie grafischen Effekten und gewährleisten ein einheitliches Erscheinungsbild der gesamten Arbeitsmappe. Standardmäßig verwendet Excel das Design *Office* mit der Standardschriftart *Calibri* und einer Farbpalette mit Blau-, Orange-, Gelb- und Grüntönen.

Wenn Sie andere Farben und/oder Schriften wünschen, dann wählen Sie entweder eines der vorgegebenen Designs oder stellen Ihr eigenes Design aus Farben und Schriftarten zusammen.

Wählen Sie Design und/oder Farben vor der Verwendung von Formatvorlagen!

Die Auswahl eines anderen Designs bzw. die Änderung von Designfarben und -schriften wirkt sich auf die gesamte Arbeitsmappe aus. Genauer gesagt werden alle, auf dem Design beruhenden Formatierungen ebenfalls geändert und dies wiederum kann ein erneutes Anpassen der Spaltenbreiten erforderlich machen. Falls Sie Formatvorlagen verwenden möchten, sollten Sie daher die Designfarben und -schriften festlegen, bevor Sie mit der Formatierung beginnen.

Sie finden die Designs, Designfarben und Schriftarten sowie Effekte für grafische Elemente im Menüband, Register *Seitenlayout* in der Gruppe *Designs*.

Ein vorgegebenes Design verwenden

Klicken Sie auf das Register *Seitenlayout* und in der Gruppe *Designs* auf die Schaltfläche *Designs*. Falls im aktuellen Tabellenblatt Zellen oder eine Tabelle mit Formatvorlagen formatiert wurden, sehen Sie hier eine Vorschau, wenn Sie mit der Maus auf ein Design zeigen. Erst mit einem Klick wird das neue Design übernommen.

Bild 6.5 Design auswählen

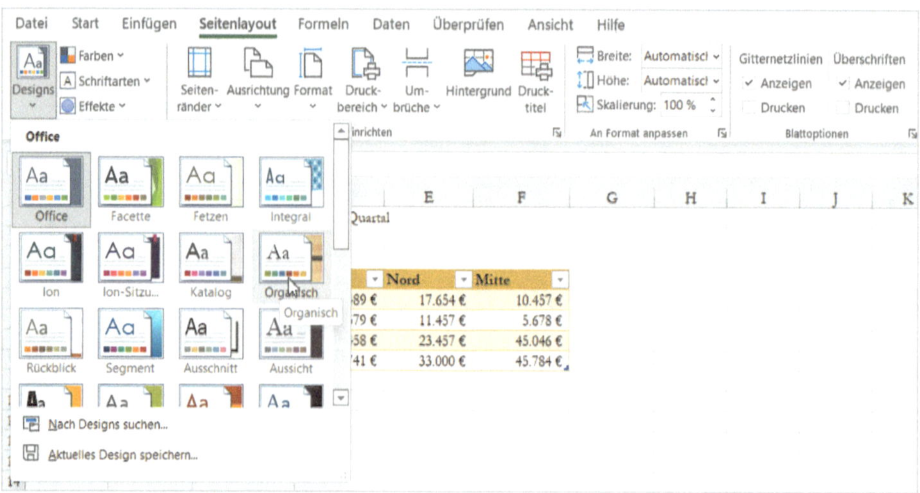

Hinweis: Mit dem Design ändert sich auch die Schriftart der Zeilen und Spaltennummern, wie im Bild.

Farben auswählen

Wenn Ihnen keines der Designs zusagt, dann wählen Sie jeweils gesondert Designfarben und Schriftarten und stellen so Ihr eigenes Design zusammen. Dazu klicken Sie in der Gruppe *Designs* auf *Farben* ❶ und wählen eine Farbzusammenstellung. Auch für Farben gilt: Werden im aktuellen Tabellenblatt bereits Designfarben verwendet, dann erhalten Sie beim Zeigen eine Vorschau.

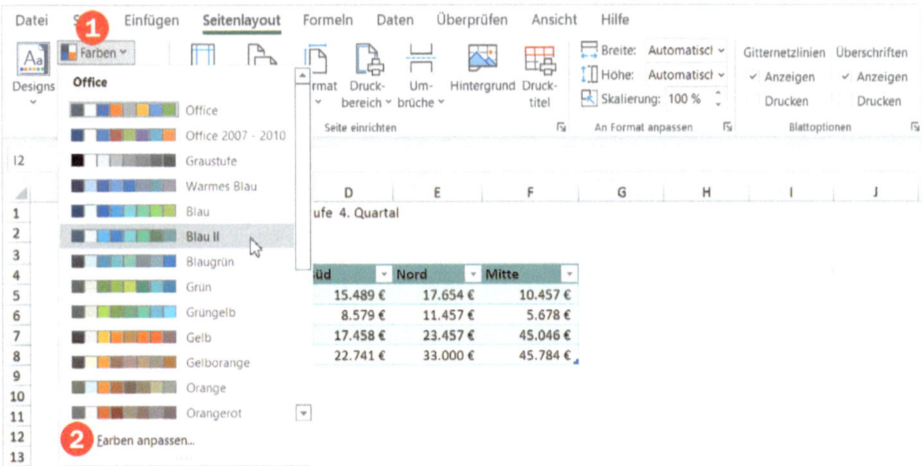

Bild 6.6 Wählen Sie eine Farbzusammenstellung

So stellen Sie Ihre eigenen Designfarben zusammen

Falls Sie für das Corporate Design Ihrer Firma oder aus anderen Gründen bestimmte Farben benötigen, dann stellen Sie Ihre eigenen Designfarben zusammen und speichern diese anschließend.

1 Dazu klicken Sie auf die Schaltfläche *Farben* und wählen zunächst eine Zusammenstellung, die den Vorstellungen am nächsten kommt. Klicken Sie dann erneut auf *Farben* und am Ende der Liste auf *Farben anpassen...* ❷. Im Fenster *Neue Designfarben erstellen* können Sie nun einzelne Farben ersetzen.

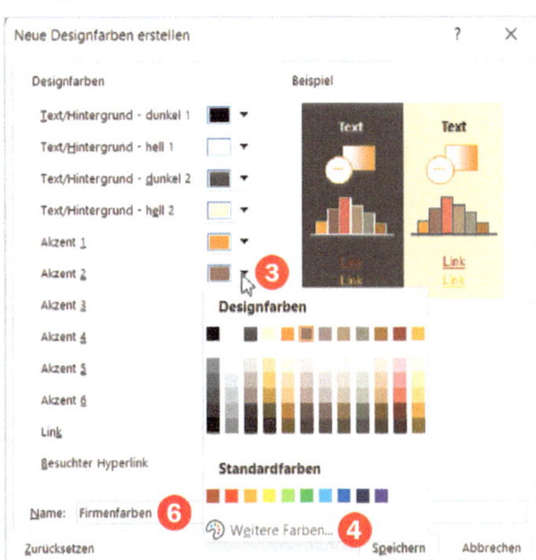

Bild 6.7 Neue Designfarben erstellen

Bild 6.8 Benutzerdefinierte Farbe anhand des RGB-Werts festlegen

2 Um eine Farbe zu ersetzen, klicken Sie auf den Pfeil der jeweiligen Farbe, z. B. *Akzent 2* ❸, und wählen entweder eine der angebotenen Farben oder klicken auf *Weitere Farben...* ❹. Im Fenster *Farben* können Sie dann entweder im Register *Standard* eine der Standardfarben wählen oder im Register *Benutzerdefiniert* ❺ eine Farbe anhand ihres RGB-Farbwerts genau festlegen.

3 Im Fenster *Neue Designfarben erstellen* können Sie anschließend die Wirkung der Farben in einer Vorschau beurteilen und ggf. mit Klick auf die Schaltfläche *Zurücksetzen* schnell wieder die ursprünglichen Farben herstellen.

Hinweis: Benutzerdefinierte Designfarben sind auch in den übrigen Office-Anwendungen, also z. B. PowerPoint, verfügbar.

4 Geben Sie zuletzt im Feld *Name* ❻ einen Namen für Ihre Designfarben ein und klicken Sie auf *Speichern*.

Diese Farben sind anschließend beim Klick auf *Farben* im Abschnitt *Benutzerdefiniert* nicht nur in Excel, sondern auch allen anderen Office-Anwendungen verfügbar.

Farben nachträglich bearbeiten/löschen

Um die Farben nachträglich zu bearbeiten, klicken Sie mit der **rechten** Maustaste auf Ihre Farben und auf *Bearbeiten...*. Mit *Löschen...* können Sie nicht benötigte Designfarben wieder entfernen.

Bild 6.9 Farben nachträglich bearbeiten oder löschen

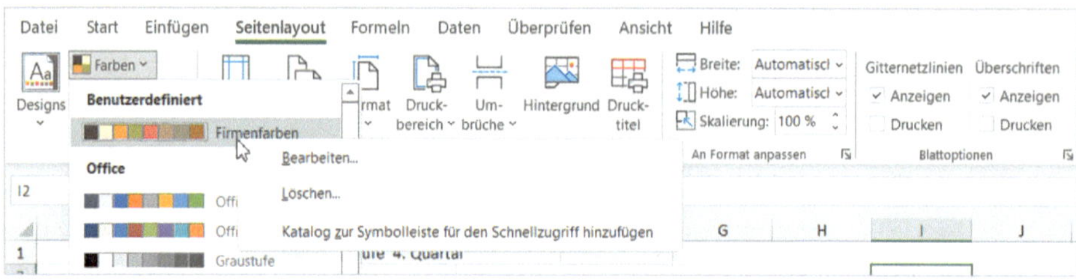

Schriftarten festlegen

Designs benutzen meist ein oder zwei verschiedene Schriftarten, eine Standardschrift für alle normalen Zellinhalte und eine zweite für die Überschriften. Falls Sie eine andere Schriftart verwenden möchten, so klicken Sie auf *Schriftarten* und auf die gewünschte Schriftgruppe, z. B. *Arial*.

Achtung: Die gewählte Schriftart gilt für alle Tabellenblätter der aktuellen Arbeitsmappe sowie für die Zeilen- und Spaltennummern. Außerdem wirkt sich die geänderte Schriftart automatisch auch auf vorhandene Inhalte aus, sofern diese nicht zuvor mit einer bestimmten Schriftart formatiert wurden.

Falls sich in der Liste nichts Passendes findet, so klicken Sie am Ende der Liste auf *Schriftarten anpassen* (Bild auf der nächsten Seite). Im Fenster *Neue Designschriftarten erstellen* können Sie aus allen, auf Ihrem Computer installierten Schriftarten auswählen: Bestimmen Sie eine Schriftart für Überschriften (siehe Zellenformatvorlagen) und eine für den Textkörper, d. h. alle übrigen Zellinhalte. Geben Sie dann einen Namen für die neue Schriftgruppe ein und klicken Sie dann auf *Speichern*. Genau wie die Farben stehen auch benutzerdefinierte Schriftarten im Abschnitt *Benutzerdefiniert* in allen Office-Anwendungen zur Verfügung.

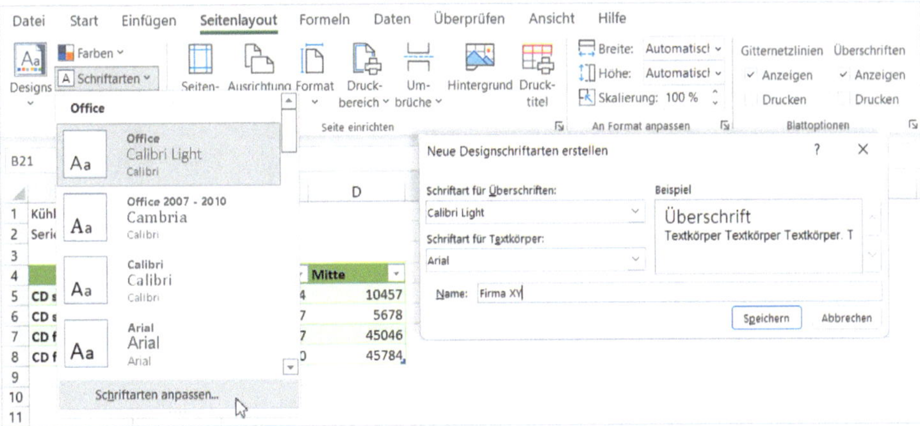

Bild 6.10 Designschriftarten wählen

Exkurs: Standardschriftgröße ändern

Manche Schriftarten wirken bei gleichbleibender Schriftgröße kleiner oder größer z. B. Arial. Excel verwendet als Voreinstellung Schriftgröße 11 (Punkt) und diese ändert sich auch bei der Wahl einer anderen Designschriftart nicht. Leider gibt es für die Designschriftarten keine schnelle Möglichkeit, auch die Schriftgröße zu ändern. Das funktioniert nur über das Ändern der Zellenformatvorlagen, z. B. *Standard*, wenn Sie in der Arbeitsmappe eine kleinere Standardschrift benötigen.

Zellenformatvorlagen erstellen und ändern, siehe Seite 175.

Eine andere Möglichkeit finden Sie in den Excel-Optionen: Klicken Sie auf die Kategorie *Allgemein* und ändern Sie im Abschnitt *Beim Erstellen neuer Arbeitsmappen* im Feld *Schriftgrad* die Größe z. B. auf 10.

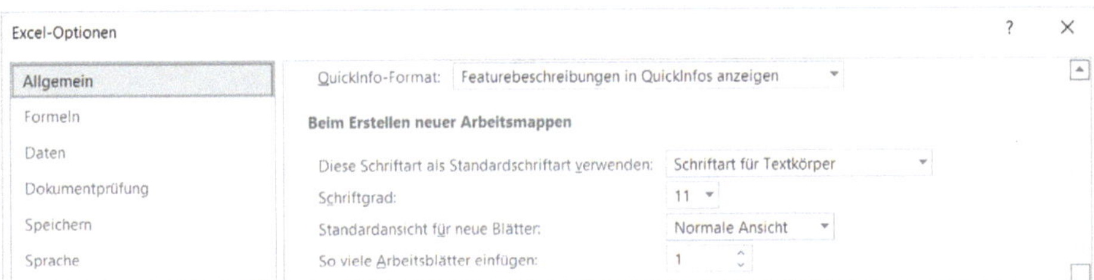

Bild 6.11 Schriftgröße für neue Arbeitsmappen

Achtung: Diese Einstellung wird erst wirksam, nachdem Sie Excel beendet und neu gestartet haben, und wirkt sich nur auf alle nachfolgenden neuen Arbeitsmappen aus. Die aktuelle Arbeitsmappe wird davon nicht berührt.

Grafische Effekte

In der Gruppe *Designs* finden Sie außerdem die Schaltfläche *Effekte*. Dahinter verbirgt sich eine Sammlung verschiedener Schatten-, Spiegelungs- und 3D-Effekte, die sich aber nur auf grafische Elemente, z. B. Rahmen, Formen und Diagramme, auswirken.

Alles zum Thema Formen finden Sie in Kapitel 11.

Eine Vorschau erhalten Sie bei der Auswahl von Effekten nur, wenn sich ein entsprechendes Element, z. B. Diagramm oder Form, im aktuellen Tabellenblatt befindet, das außerdem mit einer Formatvorlage formatiert sein muss.

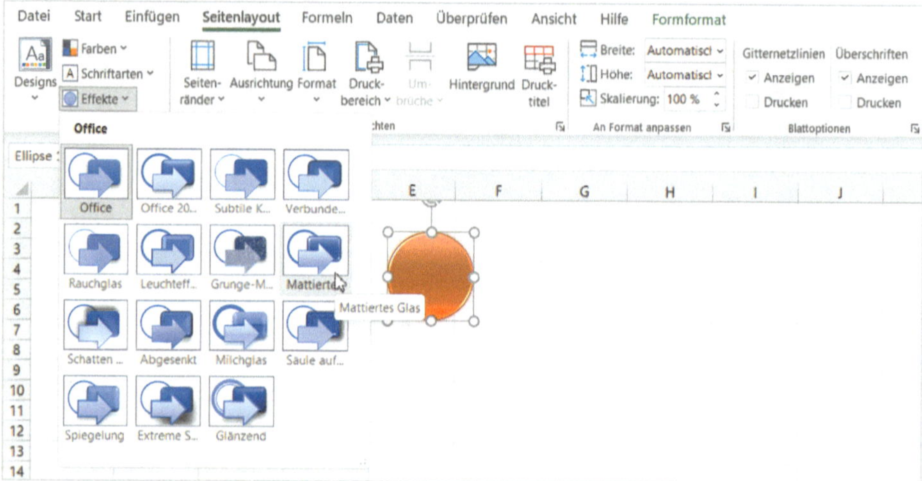

Bild 6.12 Effekte für grafische Objekte

Ein benutzerdefiniertes Design für weitere Verwendungen speichern

Sie können die geänderten Farben, Schriftarten und ggf. Effekte nicht nur einzeln, sondern auch zusammen als benutzerdefiniertes Design speichern. Dazu wählen Sie zunächst, wie oben beschrieben, Farben, Schriftarten und evtl. auch Effekte aus.

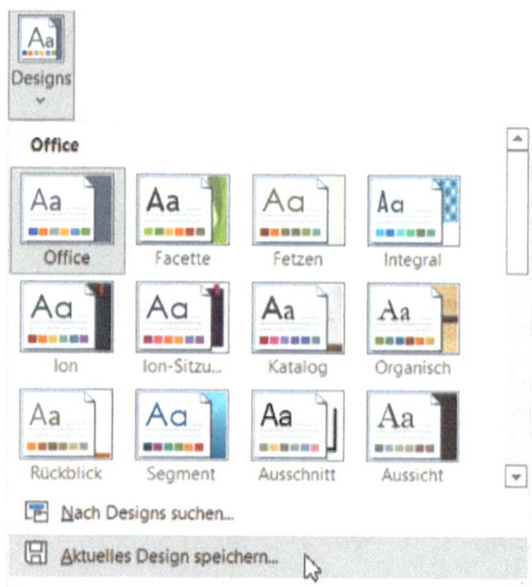

Bild 6.13 Designauswahl

- Klicken Sie dann im Menüband, Register *Seitenlayout* auf *Designs* und auf *Aktuelles Design speichern....*
- Geben Sie nun im nachfolgenden Fenster *Aktuelles Design speichern* einen Dateinamen ein und klicken Sie auf *Speichern*.
- Das neue Design findet sich ganz oben in der Liste der Designs im Abschnitt *Benutzerdefiniert*.

Was Sie wissen sollten
Designs werden standardmäßig auf der lokalen Festplatte im Ordner *Microsoft\Templates\Document Themes* des jeweiligen Benutzers mit der Dateinamenserweiterung *.thmx* gespeichert und stehen ab sofort auch in den Office-Anwendungen Word und PowerPoint zur Verfügung. Umgekehrt sind in Excel natürlich auch Designs verfügbar, die mit PowerPoint oder Word erstellt und gespeichert wurden.

6.3 Individuelle Zellenformatierungen

Die Formatierungsbefehle auf einen Blick

Unabhängig von Formatvorlagen können Sie natürlich auch einzelne Zellen und ganze Tabellen komplett nach eigenen Vorstellungen gestalten. Dazu stehen Ihnen die folgenden Möglichkeiten offen.

> **Achtung**: Alle nachfolgend beschriebenen Formatierungen beziehen sich ausschließlich auf die markierte Zelle bzw. den markierten Zellbereich.

- **Menüband**: Im Register *Start* des Menübands finden Sie in den Gruppen *Schriftart, Ausrichtung* und *Zahl* alle wichtigen Werkzeuge zur Formatierung.

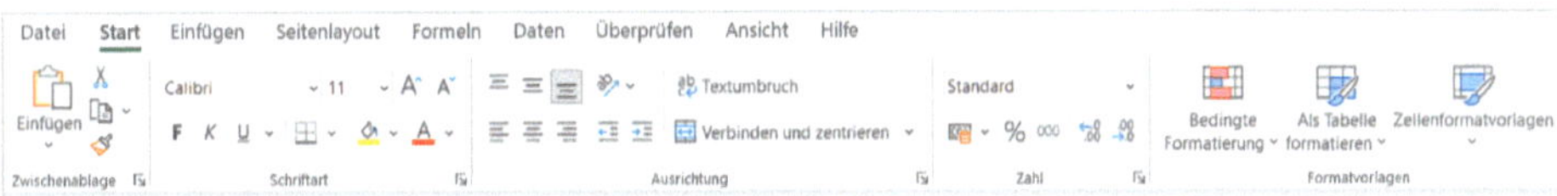

Bild 6.14 Menüband, Register Start

- **Dialogfenster Zellen formatieren**: Das Dialogfenster *Zellen formatieren* enthält, in Register aufgeteilt, eine Zusammenfassung aller Zellenformate, z. B. Schriftart, Rahmenlinie, Füllfarbe und auch alle Zahlenformate.
  - Zum Öffnen dieses Fensters klicken Sie mit der rechten Maustaste auf die Zelle oder den markierten Zellbereich und wählen den Befehl *Zellen formatieren...*.
  - Oder klicken Sie auf das Pfeilsymbol der Gruppe *Schriftart*, *Ausrichtung* oder *Zahl*. In diesem Fall wird das Dialogfenster *Zellen formatieren* gleich mit dem entsprechenden Register geöffnet.

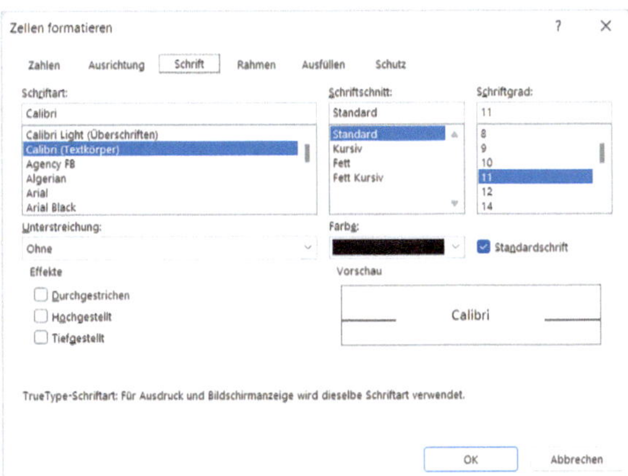

Bild 6.15 Dialogfenster Zellen formatieren

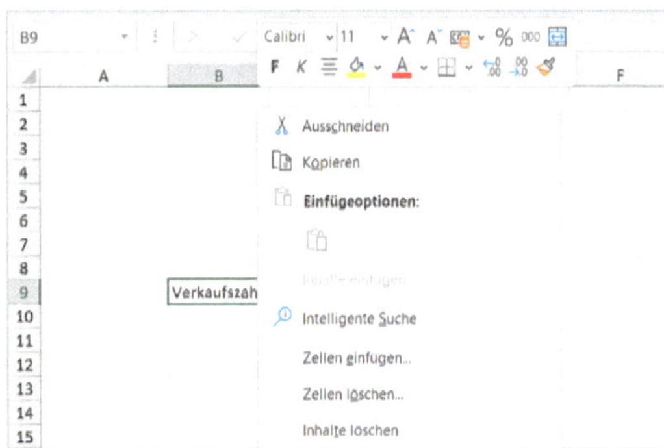

Bild 6.16 Minisymbolleiste

- **Minisymbolleiste**: Die Minisymbolleiste (Bild oben rechts) enthält nur eine Zusammenstellung häufig verwendeter Formatierungen. Sie erscheint zusammen mit dem Kontextmenü, wenn Sie mit der rechten Maustaste auf eine Zelle oder einen markierten Zellbereich klicken.

Schriftart und -größe sowie sonstige Schriftattribute

Die Symbole im Menüband, gleiches gilt auch für die Minisymbolleiste, dienen nicht nur zur Auswahl einer Formatierung, sondern zeigen auch die aktuelle Formatierung der markierten Zelle an. So ist z. B. das Symbol *Fett* hervorgehoben, wenn die aktuelle Zelle fett formatiert wurde.

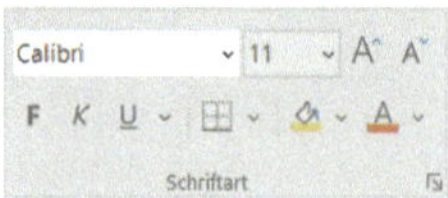

Schriftart

Das Feld *Schriftart* zeigt die aktuelle Schriftart der markierten Zelle an, meist Calibri. Zum Ändern klicken Sie auf den Dropdown-Pfeil im Feld und benutzen dann die Bildlaufleiste zum Scrollen durch die umfangreiche Liste. Wenn Sie mit der Maus auf eine Schriftart zeigen, sehen Sie in der markierten Zelle eine Vorschau, und durch Anklicken übernehmen Sie die gewünschte Schriftart.

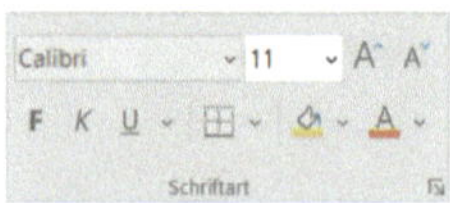

Schriftgröße/Schriftgrad

Rechts der Schriftart befindet sich das Feld *Schriftgrad* mit der aktuell verwendeten Schriftgröße. Diese wird in dem typografischen Maß Punkt (Pt.) angegeben, wobei ein Punkt etwa 0,35 mm entspricht. Zum Ändern klicken Sie auf den Dropdown-Pfeil und auf die gewünschte Größe.

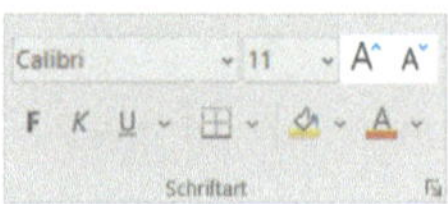

- **Tipp**: Die Symbole *Schriftgrad vergrößern* und *Schriftgrad verkleinern* ändern ebenfalls die Schriftgröße, wobei Sie das Ergebnis sofort im Tabellenblatt mitverfolgen können: Jeder Mausklick vergrößert bzw. verkleinert die Schrift um 1 Punkt (bei Verwendung einer Standardschriftart).
- Falls die benötigte Größe, z. B. 13 Pt., nicht in der Liste enthalten ist, so klicken Sie in das Feld, geben die Schriftgröße über die Tastatur ein und übernehmen diese anschließend mit der Eingabetaste.

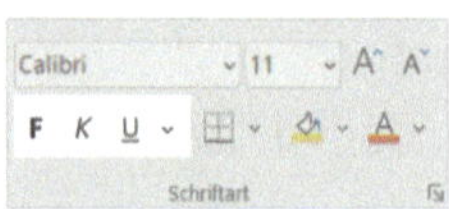

Schriftattribute

Mit den Symbolen Fett, Kursiv und Unterstrichen schalten Sie die Schriftattribute *Fett*, *Kursiv* und *Unterstrichen* ein bzw. wieder aus. Ein Klick auf den Dropdown-Pfeil des Symbols *Unterstreichen* bietet zusätzlich die Option *Doppelt unterstreichen* an.

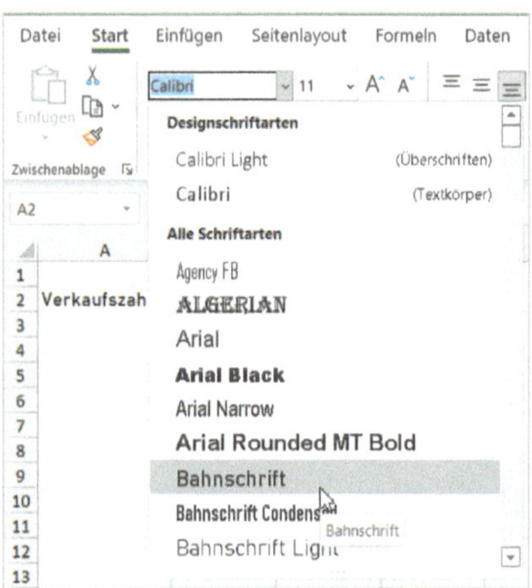

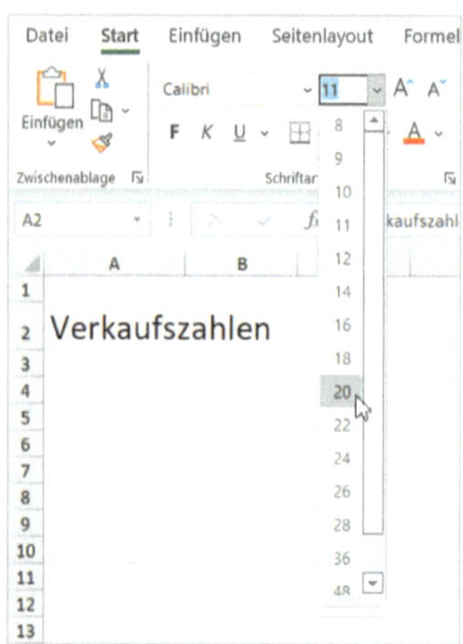

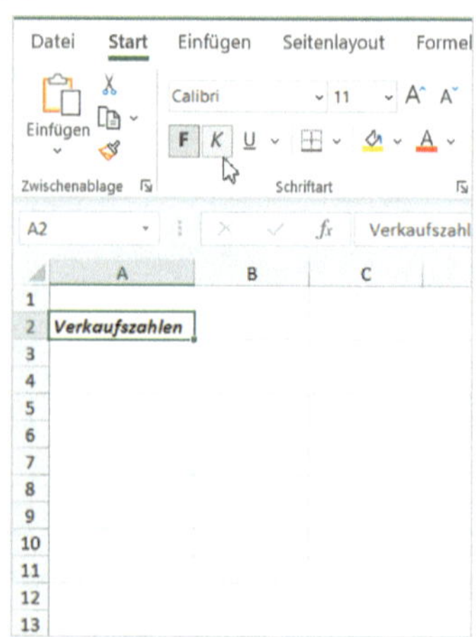

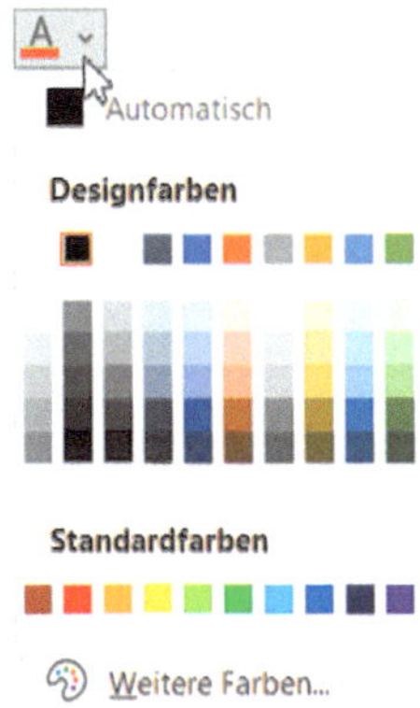

Schriftfarbe

Klicken Sie auf den Pfeil des Symbols *Schriftfarbe* und auf die gewünschte Farbe. Die Auswahl *Automatisch* bedeutet, es wird die Standardfarbe Ihres Druckers, in der Regel Schwarz, verwendet.

Einzelne Zeichen des Zellinhalts formatieren

Normalerweise bezieht sich eine Änderung auf den gesamten Zellinhalt. Wenn in Ausnahmefällen nur einzelne Zeichen oder Worte innerhalb einer Zelle ein abweichendes Format, z. B. fett und rote Schrift, erhalten sollen, dann erledigen Sie dies am besten in der Bearbeitungsleiste. Klicken Sie auf die betreffende Zelle und markieren Sie dann in der Bearbeitungsleiste die Zeichen mit gedrückter linker Maustaste. Allerdings erscheint das Format nicht in der Bearbeitungsleiste, sondern nur in der Zelle.

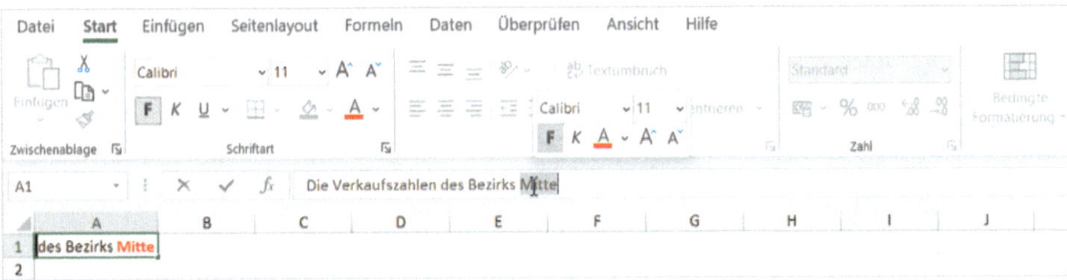

Hintergrundfarben

Um die markierten Zellen mit einer Farbe auszufüllen, klicken Sie auf den Dropdown-Pfeil des Symbols *Füllfarbe* und wählen entweder eine der Designfarben oder eine Standardfarbe. Um die gesamte Farbpalette zur Auswahl anzuzeigen, klicken Sie auf *Weitere Farben...*.

Die Auswahl *Keine Füllung* entfernt eine Füllfarbe wieder.

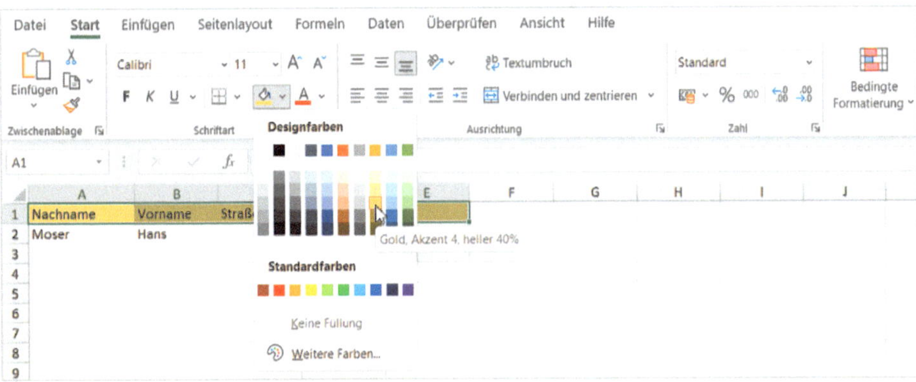

Bild 6.17 Füllfarbe auswählen

Tipp: Das Symbol Füllfarbe zeigt immer die zuletzt ausgewählte Farbe an. Diese kann daher mit Klick direkt auf das Symbol schnell auch anderen Zellen zugewiesen werden.

> **Auch Weiß ist eine Farbe!**
>
> In Zellbereichen mit einer Füllfarbe sind die Gitternetzlinien des Tabellenblattes nicht sichtbar. Dies gilt auch für die Füllfarbe Weiß. Die Gitternetzlinien erscheinen nur, wenn Sie als Füllfarbe *Keine Füllung* wählen.

Zellinhalte ausrichten

Standardmäßig werden bei der Eingabe Zahlen rechtsbündig und alle übrigen Inhalte linksbündig in der Zelle ausgerichtet. Änderungen der horizontalen oder vertikalen Ausrichtung und des Einzugs nehmen Sie im Register *Start* mit den Symbolen der Gruppe *Ausrichtung* vor. Die Ausrichtung steuern Sie mit den folgenden Schaltflächen:

> **Die automatische Ausrichtung ist auch eine gute Kontrolle**
>
> Beachten Sie, dass die automatische Ausrichtung von Text (linksbündig) und Zahlen (rechtsbündig) während der Eingabe auch der Kontrolle dient. Es ist daher empfehlenswert, die Ausrichtung erst im Anschluss an die Eingabe zu ändern.

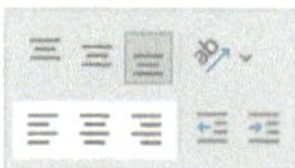

Horizontale Ausrichtung
Mit diesen Symbolen richten Sie den Zellinhalt linksbündig, zentriert oder rechtsbündig aus, egal ob es sich um Text oder Zahlen handelt.

Vertikale Ausrichtung
Standardmäßig werden Zellinhalte am unteren Rand der Zelle ausgerichtet (*Unten ausrichten*). Mit den nebenstehend abgebildeten Symbolen können Sie Zellinhalte auch oben oder zentriert ausrichten. Dies macht sich aber nur bei ausreichender Zeilenhöhe bemerkbar.

Zellinhalte drehen
Um Platz zu sparen, können Sie Zellinhalte, z. B. Tabellenüberschriften, auch diagonal oder vertikal drehen, wie im Bild unten. Dazu markieren Sie den Zellbereich und klicken auf das Symbol *Ausrichtung*. Wählen Sie dann die gewünschte Drehung, hier *Text nach oben drehen* (90°). Die Zeilenhöhe passt sich automatisch an.

Falls Sie den beliebigen Winkel selbst angeben möchten, so klicken Sie auf *Zellenausrichtung formatieren...* und ändern dann die Drehung entweder durch Ziehen mit der Maus ❶ oder geben den Winkel hier ein ❷. Um die Drehung wieder zurückzusetzen, klicken Sie einfach auf das Symbol *Ausrichtung* und nochmals auf die verwendete Drehung (grau hervorgehoben).

Bild 6.18 Zellinhalte diagonal oder vertikal drehen

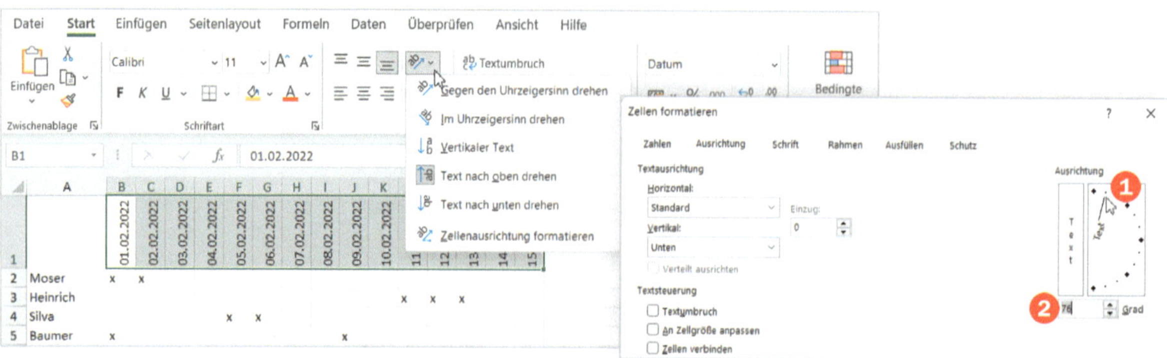

Zellinhalte einrücken

Ein Einzug verhindert, dass Zellinhalte unmittelbar am linken oder rechten Zellenrand ausgerichtet werden. Zum Ein- oder Ausrücken verwenden Sie die Symbole *Einzug vergrößern* und *Einzug verkleinern*. Ein Einzug ist vor allem dann praktisch, wenn wie im Bild unten die Inhalte der einen Spalte rechtsbündig und die der nächsten Spalte linksbündig ausgerichtet sind. Hier haben die Inhalte der Spalte B einen Einzug erhalten. Jeder Klick auf *Einzug vergrößern* rückt den Zellinhalt vom linken Rand um jeweils ein Zeichen nach rechts ein, mit *Einzug verkleinern* rückt der Inhalt wieder nach links.

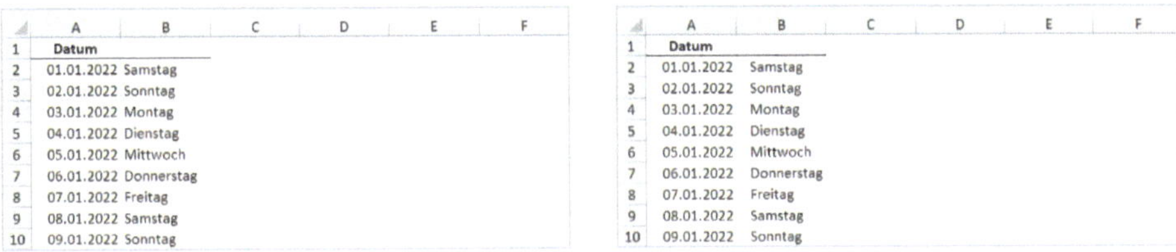

Bild 6.19 Beispiel Einzug verkleinern

Zahlen einrücken: Zahlen oder Datumswerte, die automatisch rechtsbündig ausgerichtet sind, werden durch *Einzug vergrößern* ebenfalls eingerückt, aber gleichzeitig linksbündig ausgerichtet. Um anschließend die ursprüngliche, rechtsbündige Ausrichtung wiederherzustellen, klicken Sie auf das Symbol *Rechtsbündig ausrichten*, der Einzug wird beibehalten.

Mehrere Zellen verbinden, z. B. zu einer Überschrift

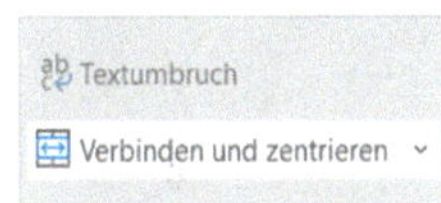

Wird eine Überschrift über mehrere Spalten benötigt, dann verbinden Sie mit dem Symbol *Verbinden und zentrieren* (*Start*, Gruppe *Ausrichtung*) die markierten Zellen zu einer einzigen Zelle. Sie können sowohl horizontal nebeneinanderliegende Zellen als auch vertikal untereinander befindliche Zellen (s. Bild unten) miteinander verbinden. **Achtung**: Enthält eine der zu verbindenden Zellen bereits Inhalte, so bleibt nur der Inhalt der ersten, d. h. der linken bzw. oberen, Zelle erhalten.

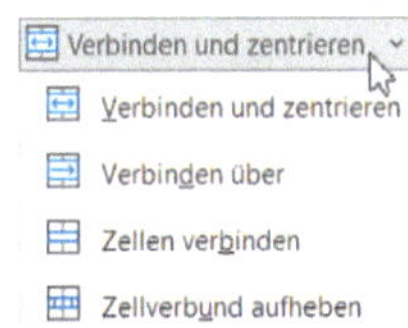

Dazu markieren Sie die betreffenden Zellen, im Bild C2 bis G2, und klicken auf *Verbinden und zentrieren*. Falls gewünscht, können Sie anschließend den Inhalt der verbundenen Zelle auch links- oder rechtsbündig ausrichten. Die Zellen A3 bis A10 wurden ebenfalls verbunden, außerdem wurde hier der Text zusätzlich gedreht (*Text nach oben drehen*) und vertikal zentriert. Falls Sie eine Verbindung wieder aufheben möchten, so markieren Sie die verbundene Zelle und klicken erneut auf *Verbinden und zentrieren*.

Bild 6.20 Beispiel Zellen verbinden

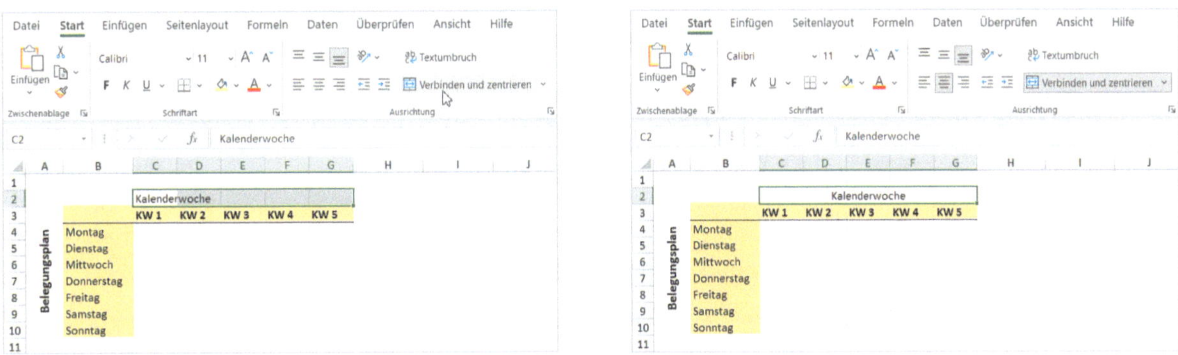

Zeilenumbruch in Zellen

Bei Textinhalten erfolgt in Excel im Gegensatz zu einem Textverarbeitungsprogramm kein automatischer Zeilenumbruch innerhalb einer Zelle. Falls ein Zeilenumbruch benötigt wird, müssen Sie diesen manuell einfügen. Hierzu gibt es zwei Möglichkeiten:

- **Tasten während der Eingabe**: Drücken Sie dazu während der Eingabe an der gewünschten Stelle die Tasten **Alt+Eingabetaste**, im unten abgebildeten Beispiel nach dem Wort *Anzahl*, und geben dann in der zweiten Zeile der Zelle *Teilnehmer* ein. Die Zeilenhöhe passt sich automatisch an.

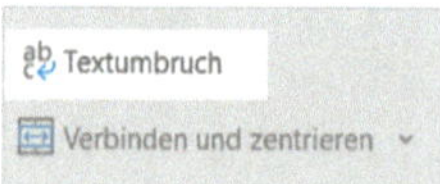

Bild 6.21 Textumbruch

- **Symbol Textumbruch**: Auch das Symbol *Textumbruch* (Gruppe *Ausrichtung*) aktiviert für die markierte Zelle einen automatischen Zeilenumbruch, allerdings mit einem Nachteil: Excel verfügt über keine Silbentrennung, daher können bei dieser Methode Worte an beliebiger Stelle getrennt werden. Kontrollieren Sie also die Zeilenumbrüche und fügen Sie im Bedarfsfall manuell an der gewünschten Stelle einen Trennstrich oder einen Zeilenumbruch (**Alt+Eingabetaste**) ein.

- **Zeilenumbruch aufheben**: Markieren Sie die Zelle bzw. den Zellbereich und klicken Sie erneut auf das Symbol *Textumbruch*.

Bild 6.22 Bearbeitungsleiste erweitern

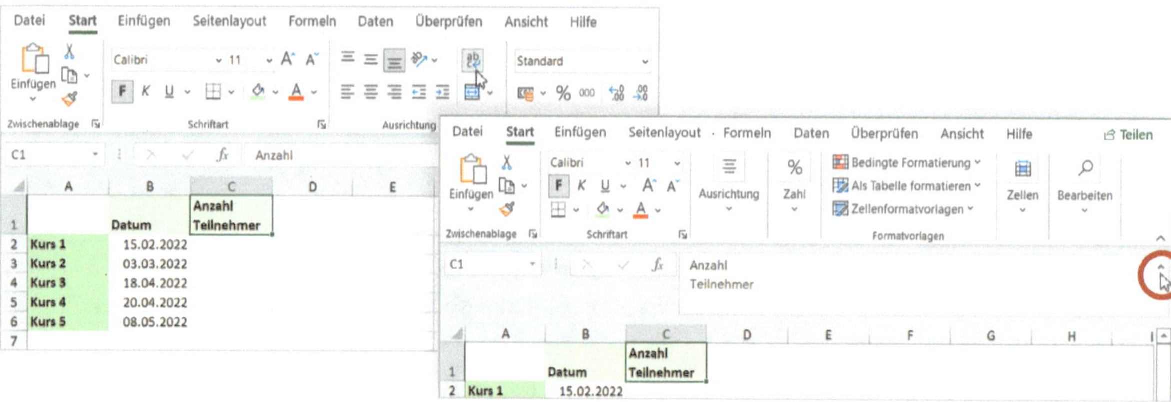

Tipp: Bearbeitungsleiste vergrößern

Die Bearbeitungsleiste zeigt in der Standardeinstellung nur eine Zeile des Zellinhalts an. Um alle Zeilen anzuzeigen, klicken Sie in der Bearbeitungsleiste rechts auf den Pfeil *Bearbeitungsleiste erweitern* (Bild oben).

Rahmenlinien

Druckoptionen, siehe Kapitel 7.

Mancher mag sich fragen, wozu Rahmenlinien benötigt werden. Das Excel-Tabellenblatt ist doch bereits mit einem schönen Raster versehen. Diese Gitternetzlinien dienen allerdings der Orientierung am Bildschirm und werden in der Standardeinstellung nicht gedruckt. Und falls doch, so beschränken sich die Linien nicht auf den eigentlichen Tabellenbereich, sondern werden auf der gesamten Seite ausgedruckt.

Rahmenlinien sind also durchaus sinnvoll, etwa zur Aufteilung von Tabellenbereichen oder Abgrenzung der Überschriften. Um eine Tabelle mit Rahmenlinien zu versehen, stellt Excel verschiedene Möglichkeiten zur Verfügung. Welche Vorgehensweise am sinnvollsten ist, hängt vom Umfang des zu formatierenden Zellbereichs ab.

Schnelle Linien über das Symbol Rahmenlinien

Das Symbol *Rahmenlinien* (Register *Start*, Gruppe *Schriftart*) enthält eine umfangreiche Liste von Linienvarianten, z. B. *Rahmenlinie unten* oder *Alle Rahmenlinien*, und ist daher eine schnelle und einfache Methode auch für umfangreiche Tabellen.

Beispiel Überschriften mit Rahmenlinien: Als Beispiel erhalten die Spaltenüberschriften der unten abgebildeten Tabelle oben eine einfache und unten eine doppelte Linie. Dazu markieren Sie den Zellbereich, den Sie mit Rahmenlinien versehen möchten, im Bild F4 bis I4. Klicken Sie dann im Menüband, Register *Start* ▶ *Schriftart* auf den Drop-down-Pfeil der Schaltfläche *Rahmenlinien* und auf die gewünschte Rahmenart, hier *Rahmenlinie oben und doppelte unten*. Im Bild unten rechts das Ergebnis.

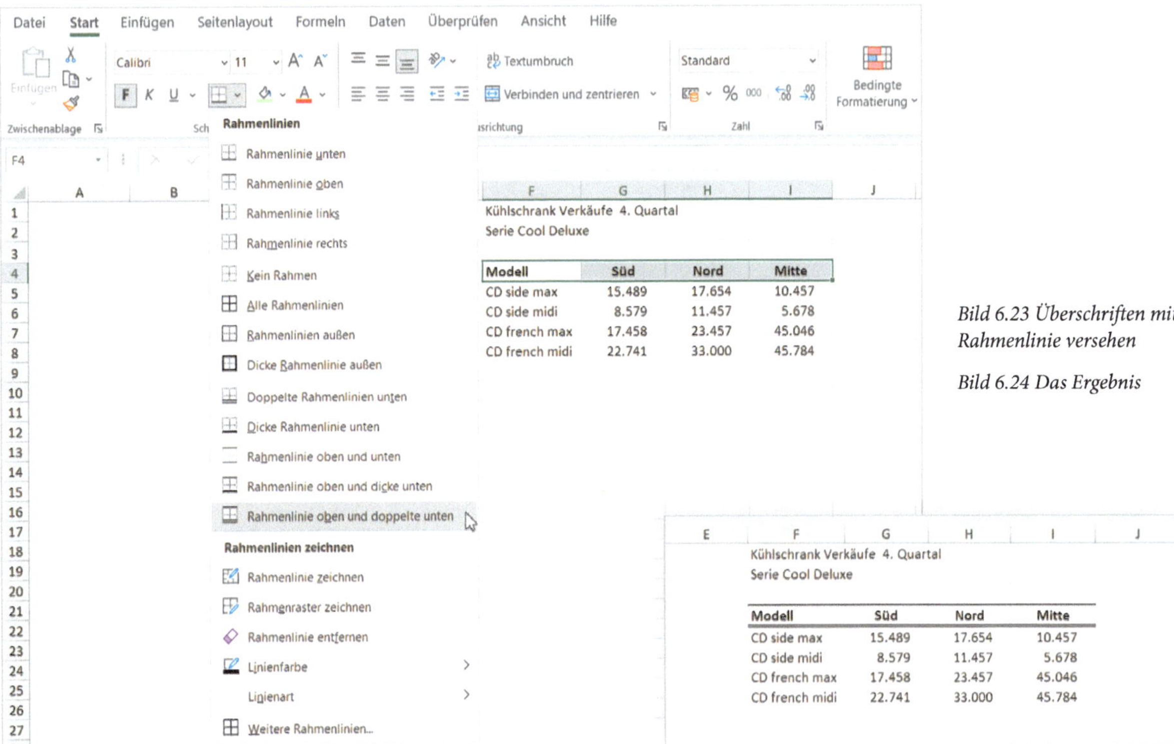

Bild 6.23 Überschriften mit Rahmenlinie versehen

Bild 6.24 Das Ergebnis

Hinweis: Das Symbol *Rahmenlinien* zeigt immer die zuletzt verwendete Rahmenart an. Benötigen Sie also dieselbe Rahmenlinie ein zweites Mal, dann genügt ein Klick direkt auf das Symbol.

Rahmenlinien entfernen

Um alle Rahmenlinien wieder zu entfernen, markieren Sie den Zellbereich, klicken auf das Symbol *Rahmenlinien* und wählen *Kein Rahmen* aus, siehe Bild oben. Wenn Sie sicher gehen möchten, dass auch wirklich alle Rahmen entfernt werden, dann macht es nichts, wenn Sie auch Zellen mit markieren, die keine Rahmenlinien enthalten.

Rahmenlinien zeichnen

Alternativ können in kleineren Tabellen die Rahmenlinien auch gezeichnet werden. Klicken Sie dazu ebenfalls zuerst auf den Dropdown-Pfeil der Schaltfläche *Rahmenlinien*, s. Bild auf der vorigen Seite, und verwenden dann aber die Befehle im unteren Abschnitt *Rahmenlinien zeichnen*.

1 Zuerst wählen Sie nacheinander mit Klick auf *Linienfarbe* ❶ und *Linienart* die gewünschte Farbe und Art, z. B. *Doppelte Linie*.

2 Klicken Sie danach auf *Rahmenlinie zeichnen* ❷. Das Aussehen des Mauszeigers ändert sich in einen Stift ❸; klicken Sie damit auf die betreffenden Gitternetzlinien, z. B. unterhalb der Überschriften, oder zeichnen Sie die Linien mit gedrückter Maustaste nach.

3 Zum Beenden des Zeichnen-Modus doppelklicken Sie oder drücken die **Esc**-Taste.

4 Mit der Auswahl *Linien entfernen* verwandelt sich der Mauszeiger in einen Radierer und Sie können einzelne Linien durch Anklicken wieder entfernen. Bei größeren Zellbereichen geht's schneller, wenn Sie den Zellbereich markieren und stattdessen *Kein Rahmen* wählen (s. Seite 169).

Bild 6.25 Rahmenlinien zeichnen

> **Achtung bei abweichenden Linienfarben und Linienarten!**
>
> Excel merkt sich die zuletzt gewählte Linienfarbe und -art und verwendet diese automatisch, wenn Sie das nächste Mal über das Symbol *Rahmenlinien* eine Linienvariante wählen oder Rahmenlinien zeichnen. Kontrollieren Sie also eventuell anhand von *Linienfarbe* und *Linienart* die aktuelle Einstellung.

Rahmenlinien im Dialogfenster Zellen formatieren

Wenn Sie unterschiedliche Linienarten und/oder -farben benötigen, auch in größeren Tabellen, dann erledigen Sie das Formatieren mit Rahmenlinien am besten im Dialogfenster *Zellen formatieren*. Diese Vorgehensweise ist auch am flexibelsten.

1 Dazu markieren Sie zuerst wieder den Zellbereich ❶, klicken dann mit der rechten Maustaste in den Bereich und auf *Zellen formatieren...*. Wählen Sie im Dialogfenster das Register *Rahmen* ❷.

2 Klicken Sie auf die gewünschte Linienart, z. B. gepunktete Linie ❸. Falls Sie eine andere Linienfarbe benötigen, wählen Sie diese im Feld *Farbe* aus, hier Blau.

3 Wählen Sie dann entweder eine der Voreinstellungen ❹, z. B. *Innen*, oder benutzen Sie die Symbole ❺, wenn beispielsweise nur senkrechte Rahmenlinien gewünscht werden. Alternativ können Sie auch direkt in der Vorschau auf die gewünschten Stellen klicken. Ein weiterer Klick auf eine Linie oder das dazugehörige Symbol entfernt diese ggf. wieder.

Bild 6.26 Individuelle Rahmenlinien im Dialogfenster Zellen formatieren

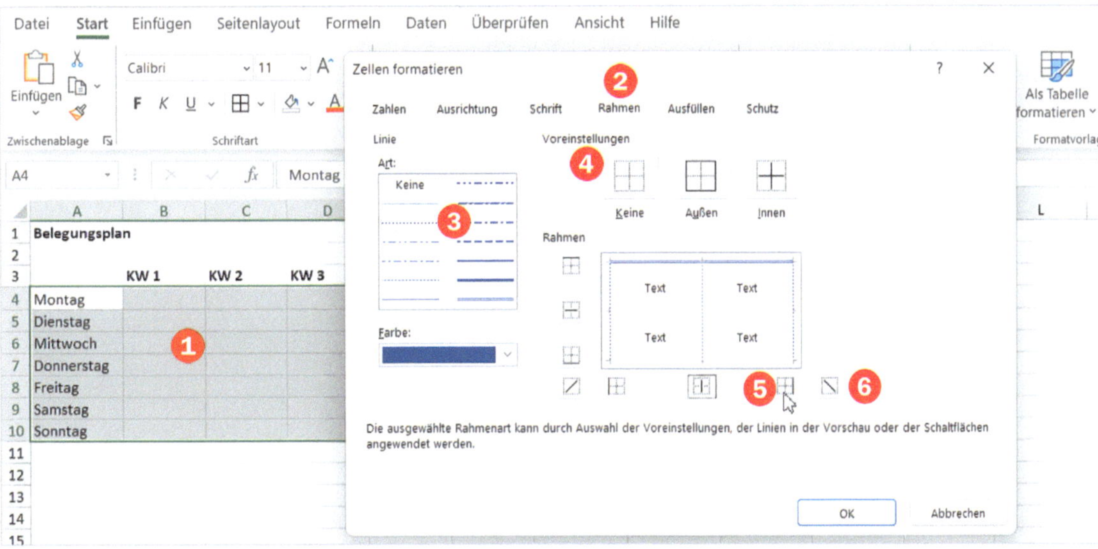

Tipp: Mit diesem Symbol ❻ können Sie einzelne leere Zellen auch mit einer diagonalen Linie versehen.

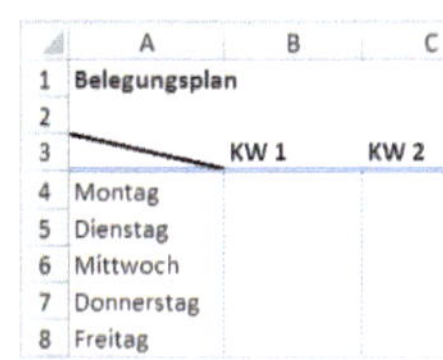

Wenn Sie anschließend den markierten Bereich noch mit einer durchgezogenen einfachen Rahmenlinie unterhalb versehen möchten, dann klicken Sie einfach auf diesen Linientyp und danach auf das entsprechende Symbol oder in der Vorschau an die Stelle. Genauso verfahren Sie auch, wenn Sie Typ oder Farbe einer bereits vorhandenen Linie ändern möchten: Wählen Sie die gewünschte Art und/oder Farbe und klicken Sie in der Vorschau die Linie/n erneut an. Schließen Sie zuletzt das Fenster mit *OK*.

So beheben Sie Probleme mit Rahmenlinien

- **Rahmenlinien verschwunden**: Ist der Inhalt länger als die Spaltenbreite eigentlich erlaubt, dann kann der Zellinhalt auch eine Rahmenlinie überdecken, wie im Beispiel unten in Zelle F3 zu sehen. Sobald die Spaltenbreite vergrößert wird, erscheint auch die Rahmenlinie wieder.

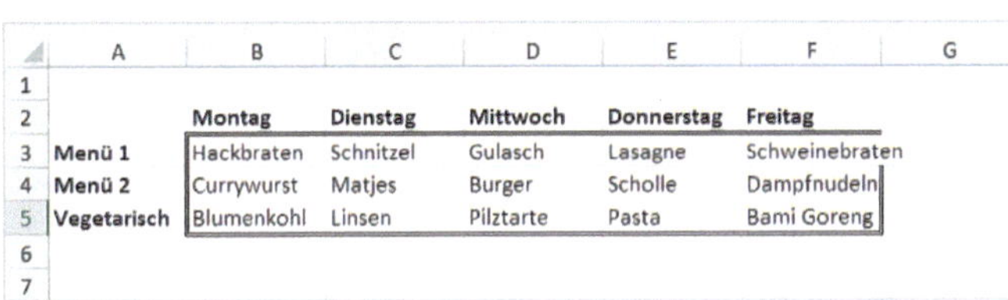

	A	B	C	D	E	F	G
1							
2		Montag	Dienstag	Mittwoch	Donnerstag	Freitag	
3	Menü 1	Hackbraten	Schnitzel	Gulasch	Lasagne	Schweinebraten	
4	Menü 2	Currywurst	Matjes	Burger	Scholle	Dampfnudeln	
5	Vegetarisch	Blumenkohl	Linsen	Pilztarte	Pasta	Bami Goreng	
6							
7							

- **Rahmenlinien geraten beim Kopieren durcheinander**: Beim Kopieren von Zellen und Ausfüllen von Datenreihen werden auch alle Formate, also auch die Rahmenlinien, mitkopiert. Dadurch passiert es immer wieder, dass beim Kopieren, z. B. von For-

Die Tabelle erst nach Abschluss aller sonstigen Arbeiten mit Rahmenlinien zu formatieren, ist natürlich auch eine Lösung, die sich aber nicht immer durchhalten lässt.

meln, die zuvor mühsam gestalteten Rahmenlinien durcheinandergeraten, wie im Bild unten. Wenn Sie Ihre Rahmenlinien beibehalten möchten, dann kopieren Sie entweder mit gedrückter rechter Maustaste und wählen anschließend *Ohne Formatierung ausfüllen*. Oder klicken Sie unmittelbar nach dem Kopieren auf das Symbol *AutoAusfülloptionen* und auf *Ohne Formatierung ausfüllen*, wie im Bild unten. In beiden Fällen müssen Sie zwar dann noch die Zahlen formatieren, dies dürfte aber das kleinere Übel sein.

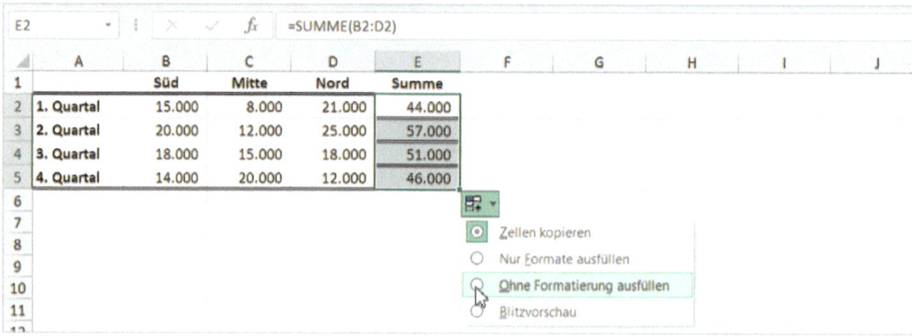

Bild 6.27 Kopieren ohne Formatierung

6.4 Weitere Zellen mit vorhandenen Formaten versehen

Häufig werden Zellenformate an mehreren Stellen benötigt, z. B. wenn die Überschrift einer, nachträglich an eine Tabelle angefügten Spalte dasselbe Aussehen wie die bestehenden Überschriften erhalten soll oder alle Tabellen einer Arbeitsmappe ein einheitliches Aussehen erhalten sollen. In solchen Fällen können Sie entweder Zellenformate kopieren oder eine benutzerdefinierte Zellenformatvorlage erstellen.

Zellenformate kopieren (übertragen)

Mit dem Symbol *Format übertragen* (Register *Start*, Gruppe *Zwischenablage*) lässt sich die gesamte Formatierung einer Zelle (Farbe, Rahmenlinie, Zahlenformat, Währung, Nachkommastellen etc.) schnell auf andere Zellen oder Zellbereiche kopieren.

Format auf eine Zelle oder einen zusammenhängenden Zellbereich übertragen

Hier ein Beispiel, wie Sie schnell eine nachträglich hinzugefügte Spaltenüberschrift an die vorhandenen Überschriften anpassen. In diesem Fall werden zwar bei der Eingabe in angrenzende Zellen einige Formate häufig automatisch übernommen, nicht aber beispielsweise Rahmenlinien.

1 Markieren Sie die Zelle, die bereits im gewünschten Format gestaltet ist ❶, und klicken Sie im Menüband, Register *Start* ▶ *Zwischenablage* auf das Symbol *Format übertragen* ❷.

- Am Mauszeiger erscheint ein Pinselsymbol ❸. Klicken Sie nun auf die Zelle, die das Zellenformat erhalten soll. Mehrere Zellen markieren Sie mit gedrückter linker Maustaste.

Bild 6.28 Beispiel Überschriftformat übertragen

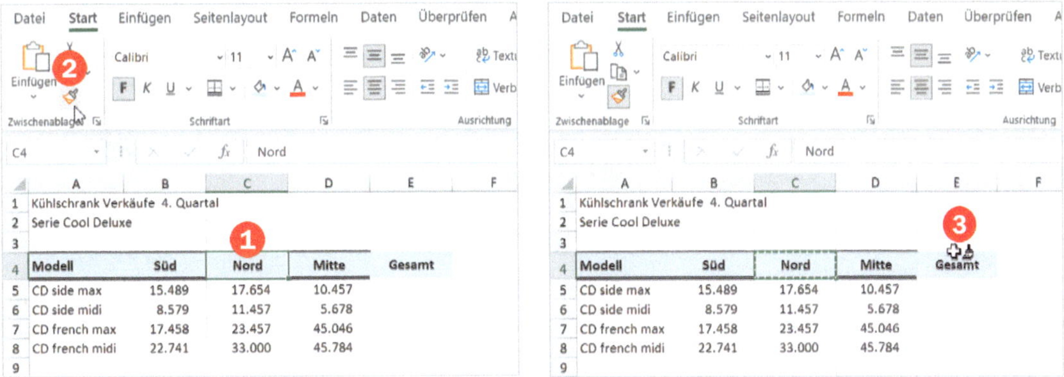

Format auf mehrere Zellen nacheinander übertragen

Falls Sie ein Format gleich auf mehrere nicht zusammenhängende Zellen oder Zellbereiche übertragen möchten, so aktivieren Sie *Format übertragen* mit Doppelklick auf das Symbol und klicken dann nacheinander die zu formatierenden Zellen oder Zellbereiche an. Ein erneuter Klick auf das Symbol oder die **Esc**-Taste beendet *Format übertragen* wieder.

Mehrere Formate gleichzeitig übertragen

Sie können auch unterschiedliche Formate mehrerer Zellen in einem einzigen Arbeitsgang übertragen, allerdings nur, wenn der Zielbereich identisch aufgebaut ist. Zusätzliche Spalten oder weniger Zeilen in der zweiten Tabelle, wie im Bild unten, sind kein Problem. Umfasst dagegen die zu formatierende Tabelle mehr Zeilen, so beginnt Excel automatisch wieder mit dem Format der ersten Tabellenzeile.

1 Dazu markieren Sie den formatierten Zellbereich ❶, hier die gesamte Tabelle mit Überschriften, und klicken auf *Format übertragen* ❷.

Bild 6.29 Tabellenformat übertragen

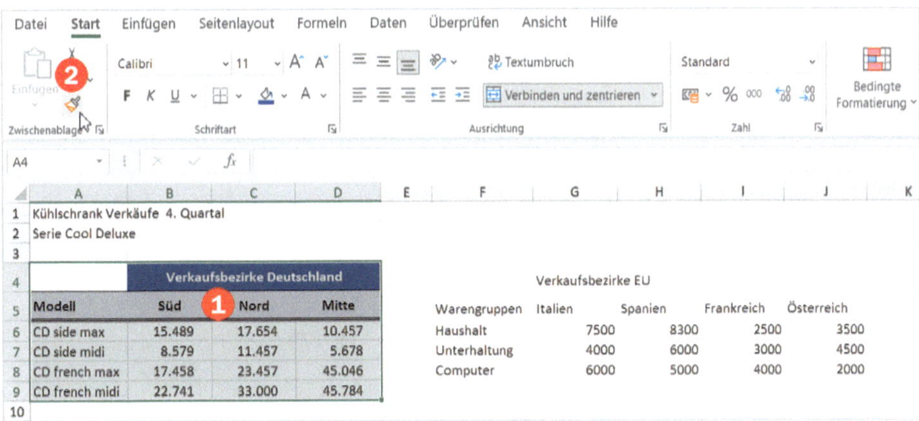

2 Anschließend markieren Sie den Bereich, der das Tabellenformat erhalten soll, hier F4 bis J8 ❸.

Bild 6.30 Ergebnis

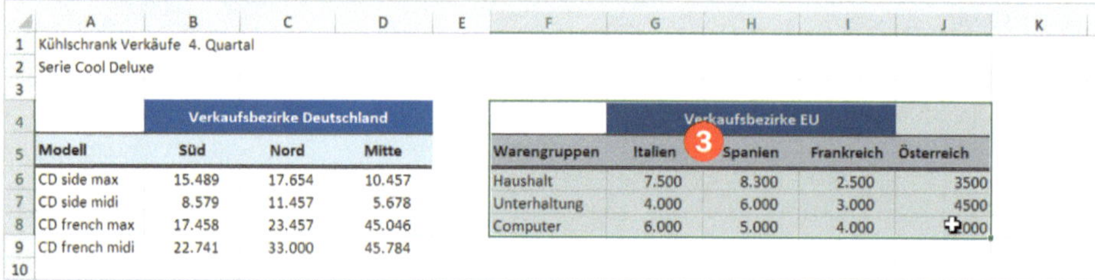

Hinweis: *Format übertragen* schließt nur Zellenformate ein, nicht aber Zeilenhöhe und Spaltenbreite.

Formate über die Zwischenablage kopieren

Als zweite Möglichkeit können Sie eine Tabelle auch in die Zwischenablage (siehe Seite 139) kopieren und anschließend an anderer Stelle nur die Formatierung einfügen. Diese Methode eignet sich auch prima, um ein Tabellenformat in eine andere Arbeitsmappe zu kopieren. Zeilenhöhen und Spaltenbreiten werden allerdings nicht übernommen.

Als Beispiel kopieren wir die unten abgebildete Tabelle und fügen daneben die leere Tabelle mit allen Formaten ein.

1 Markieren Sie die gesamte zu kopierende Tabelle, hier A2 bis E6 ❶, und klicken Sie im Menüband, Register *Start* ▶ *Zwischenablage* auf *Kopieren* ❷ oder verwenden Sie die Tasten **Strg+C**.

2 Markieren Sie die Zelle ❸, ab der die Tabelle eingefügt werden soll, hier G2, und klicken Sie zum Einfügen im Menüband *Start* ▶ *Zwischenablage* auf den Dropdown-Pfeil des Symbols *Einfügen*. Wählen Sie im Abschnitt *Weitere Einfügeoptionen* das Symbol *Formatierung* ❹.

Bild 6.31 Tabellenformat kopieren und einfügen

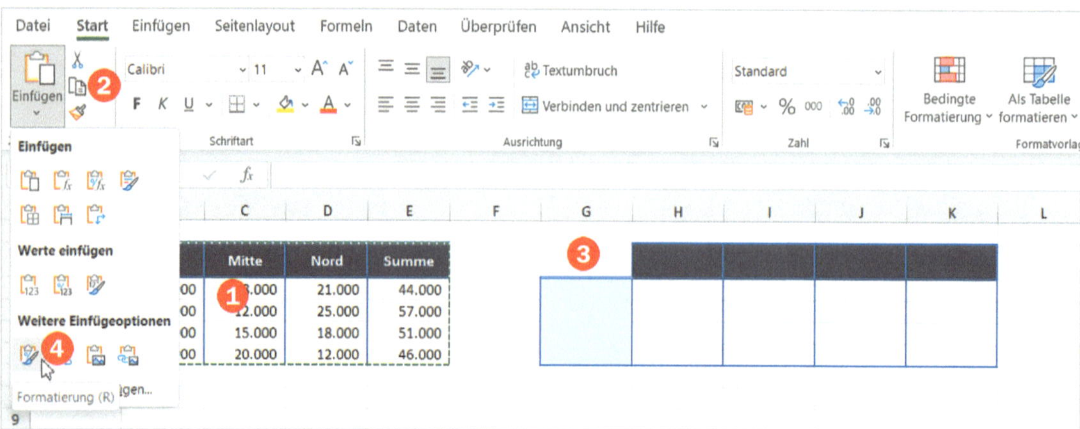

Eigene Zellenformatvorlagen erstellen

Wie Sie Zellenformatvorlagen zum schnellen Formatieren einsetzen, haben Sie in diesem Kapitel bereits auf Seite 157 gesehen. Auch eigene Zellenformatvorlagen können hier hinzugefügt werden, z. B. um schnell Überschriften zu formatieren oder Zahlen mit einem bestimmten Zahlenformat zu versehen. Benutzerdefinierte Zellenformatvorlagen werden allerdings mit der aktuellen Arbeitsmappe gespeichert und sind daher nur in dieser verfügbar.

Beispiel Zellenformatvorlage für Überschriften

1 Markieren Sie eine entsprechend formatierte Zelle ❶, klicken Sie im Menüband *Start* ▶ *Formatvorlagen* auf *Zellenformatvorlagen* ❷ und auf *Neue Zellenformatvorlage...* ❸.

Bild 6.32 Benutzerdefinierte Zellenformatvorlage erstellen

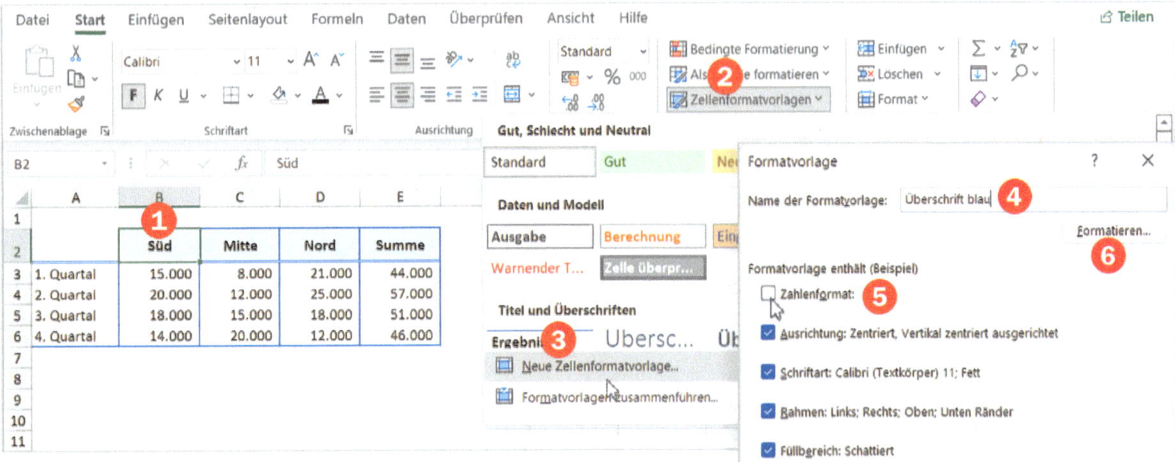

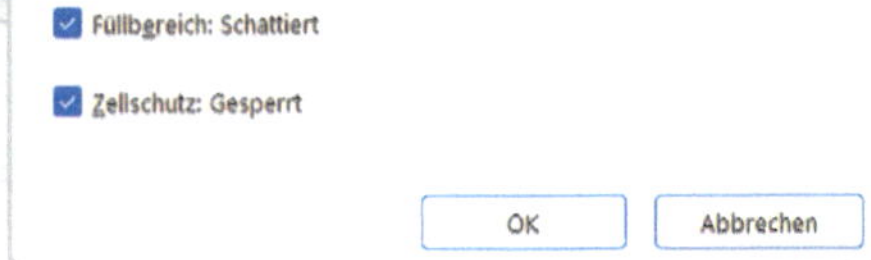

2 Geben Sie Ihrer Zellenformatvorlage einen Namen ❹.

3 Unterhalb legen Sie fest, welche Formatierungen der Zelle übernommen werden sollen. Wenn Sie beispielsweise das Kontrollkästchen *Zahlenformat* ❺ deaktivieren, so bleibt bei der Anwendung der Zellenformatvorlage das ursprüngliche Zahlenformat der Zelle erhalten. Über die Schaltfläche *Formatieren...* ❻ können Sie bei Bedarf noch weitere Formate hinzufügen oder entfernen. Klicken Sie zuletzt auf *OK*.

Zellenformatvorlage ändern

Sie finden Ihre Zellenformatvorlage im Abschnitt *Benutzerdefiniert*. Falls Sie nachträglich Änderungen vornehmen möchten, so klicken Sie diese Vorlage mit der rechten Maustaste an und wählen *Ändern...*.

Bild 6.33 Zellenformatvorlage ändern

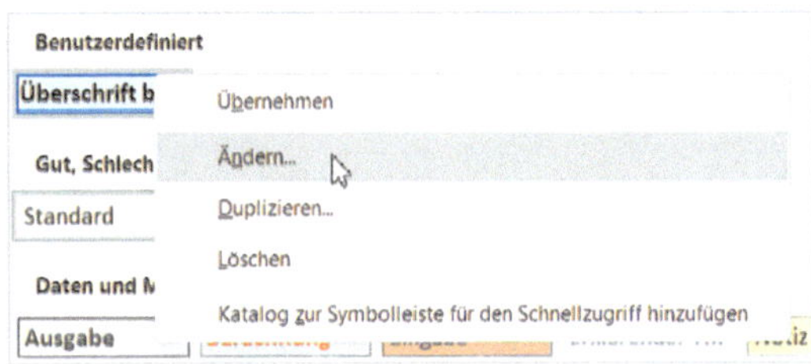

Tipp: Dies funktioniert auch bei integrierten Formatvorlagen. Verpassen Sie z. B. der Vorlage *Standard* die Schriftgröße 10, so wirkt sich das auf alle Zellen und Tabellenblätter der aktuellen Arbeitsmappe aus.

6.5 Zellen abhängig vom Inhalt formatieren

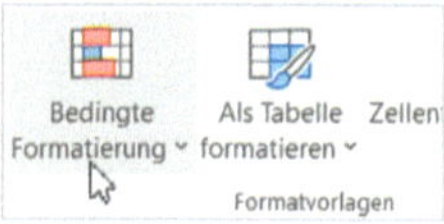

Mit der bedingten Formatierung können Sie Zellen abhängig vom Inhalt automatisch formatieren. Die Anwendungsmöglichkeiten sind vielfältig; so visualisieren Sie beispielsweise die höchsten Werte einer Reihe, geben negativen Zahlen eine rote Füllfarbe oder formatieren alle Werte farbig, die über dem Durchschnitt liegen. Zur optischen Hervorhebung stehen Ihnen auch Datenbalken, Farbskalen oder Symbole zur Verfügung. Sie finden das Symbol *Bedingte Formatierung* im Menüband, Register *Start* ▶ *Formatvorlagen*.

Für alle bedingten Formatierungen gilt:

- Ändert sich der Wert einer Zelle, so ändert sich auch die Formatierung entsprechend der zugrundeliegenden Regel.
- Auf einen Zellbereich können auch mehrere bedingte Formatierungen gleichzeitig angewendet werden.

Werte visuell vergleichen mit Balken, Farbskalen und Symbolen

Das Beispiel ist als Download verfügbar:

Dorflauf.xlsx

Am einfachsten gestaltet sich die Verwendung von grafischen Vorlagen. Im Bild unten als Beispiel der Vergleich von Teilnehmerzahlen am Dorflauf. Markieren Sie die Teilnehmerzahlen, hier in B3 bis B12, klicken Sie auf *Bedingte Formatierung* und wählen Sie zwischen den folgenden Möglichkeiten:

- Mit der Auswahl *Datenbalken* werden die Zellen, entsprechend ihres Wertes, mit farbigen Balken hinterlegt, vergleichbar einem Balkendiagramm, s. Tabelle links.
- *Farbskalen* heben die höchsten und niedrigsten Werte hervor, s. Tabelle rechts.
- Über *Symbolsätze* versehen Sie die Zellen mit Symbolen, z. B. Ampelsymbolen oder Pfeilen.

Bild 6.34 Zahlenvergleich mit Datenbalken und Farbskala

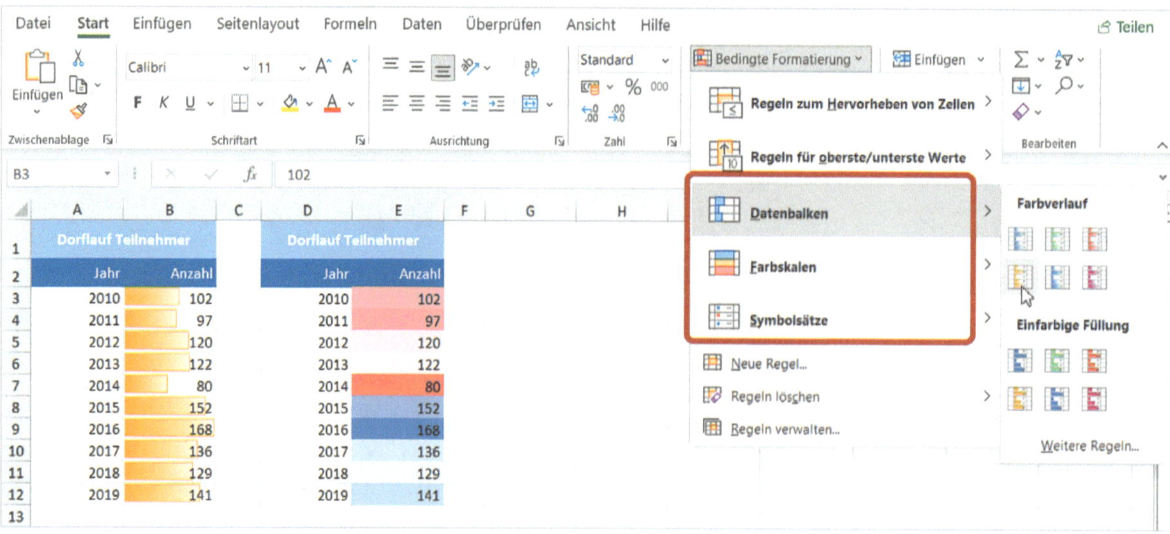

Hinweis: Beim Zeigen auf eine Vorlage, z. B. Datenbalken und Farbverlauf gelb, sehen Sie in der Tabelle eine Vorschau, aber erst durch Anklicken wird die Vorlage übernommen.

Im Bild auf der vorigen Seite wurde zum Vergleich die linke Tabelle mit Datenbalken formatiert, hier erhält die Zelle mit dem höchsten Wert den längsten Datenbalken. Die Tabelle rechts wurde mit einer Farbskala von Rot (niedrigste Werte) nach Blau (höchste Werte), versehen, Weiß steht für neutral.

> **Auf die Markierung kommt es an!**
>
> Markieren Sie nur die Werte, die Sie unmittelbar miteinander vergleichen möchten, da sich die grafischen Vorlagen automatisch am jeweils niedrigsten und höchsten Wert des markierten Zellbereichs richten.

Beispiel Umsatzvergleich

Als Beispiel dafür, wie sich der Umfang des markierten Zellbereichs auf das Ergebnis auswirkt, ein Vergleich der Umsätze von Außendienstmitarbeitern anhand von Datenbalken (*Einfarbige Füllung*).

Das Beispiel ist als Download verfügbar:

Symbolsätze.xlsx

- **Alle Mitarbeiter über vier Quartale vergleichen**
  Im Beispiel unten links werden die Umsätze aller Außendienstmitarbeiter über vier Quartale miteinander verglichen. Der höchste Umsatz erhält den längsten Balken. Dazu wurde der Zellbereich B3 bis E6 markiert.

- **Die Umsätze je Quartal**
  Möchten Sie dagegen sehen, welcher Mitarbeiter innerhalb eines Quartals am erfolgreichsten war, dann müssen Sie auch die Umsätze quartalsweise markieren und jeweils mit Datenbalken versehen. Dazu beginnen Sie mit den Zellen B3 bis B6 und wählen dann eine Vorlage.

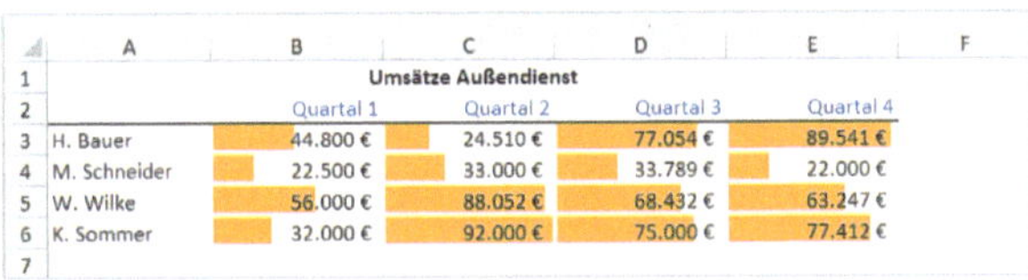

	A	B	C	D	E	F
1		Umsätze Außendienst				
2		Quartal 1	Quartal 2	Quartal 3	Quartal 4	
3	H. Bauer	44.800 €	24.510 €	77.054 €	89.541 €	
4	M. Schneider	22.500 €	33.000 €	33.789 €	22.000 €	
5	W. Wilke	56.000 €	88.052 €	68.432 €	63.247 €	
6	K. Sommer	32.000 €	92.000 €	75.000 €	77.412 €	
7						

Bild 6.35 Umsatzvergleich über vier Quartale

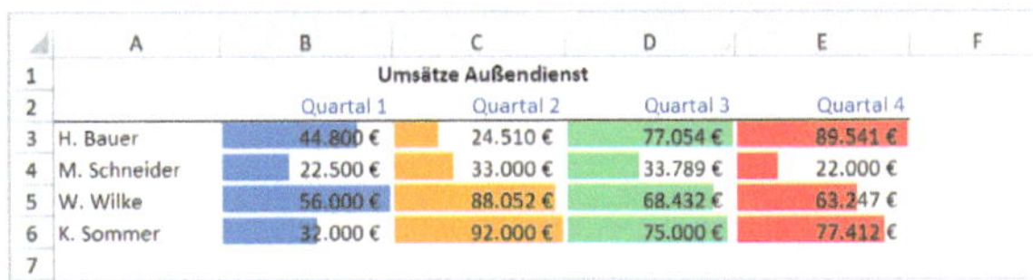

	A	B	C	D	E	F
1		Umsätze Außendienst				
2		Quartal 1	Quartal 2	Quartal 3	Quartal 4	
3	H. Bauer	44.800 €	24.510 €	77.054 €	89.541 €	
4	M. Schneider	22.500 €	33.000 €	33.789 €	22.000 €	
5	W. Wilke	56.000 €	88.052 €	68.432 €	63.247 €	
6	K. Sommer	32.000 €	92.000 €	75.000 €	77.412 €	
7						

Bild 6.36 Umsätze je Quartal

Datenbalken, Farbskalen und Symbolsätze - so wird formatiert

- **Datenbalken**: Die höchste Zahl im markierten Bereich erhält einen Datenbalken, der die gesamte Zelle ausfüllt (100 %). Die Längen der übrigen Balken verhalten sich proportional dazu.

- **Farbskalen**: Die Aufteilung der Farben beruht auf der Berechnung eines 50 % Quantils, auch Median genannt. Der Median teil die Anzahl der Werte in zwei Hälften, wobei die eine Hälfte unterhalb des Medians und die andere darüber liegt.

  Bei einer 3-Farben-Skala, im Beispiel auf der nächsten Seite *Blau-Weiß-Rot-Skala*, entspricht die mittlere Farbe Weiß dem Median von 35 ❶. Alle Werte, die kleiner als der Median sind, werden rot dargestellt, und alle Werte darüber sind blau. Die

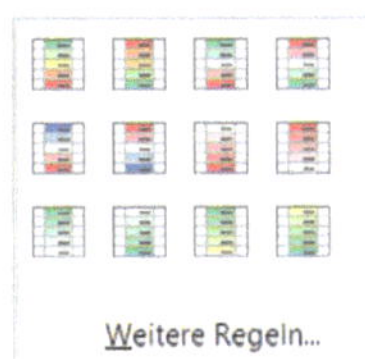

Farbe wird umso heller, je näher sich der Wert am Median befindet. In der zweiten Tabelle entspricht kein Wert dem Median von 25 ❷, daher hat auch keine Zelle einen weißen Hintergrund.

Bild 6.37 Farbaufteilung 3-Farben-Skala

	A	B	C	D	E	F	G	H	I	J
1	Werte	Median	35		Werte	Median	25			
2	10		❶		10		❷			
3	20				15					
4	30				20					
5	35				20					
6	35				30					
7	40				40					
8	50				55					
9	60				60					
10										

Info: Eine solche Aufteilung bezeichnet man auch als Quantile. Quantile zerlegen einen, nach Größe geordneten Wertebereich in gleich große Abschnitte.

Bei Symbolsätzen mit vier Farben erfolgt die Aufteilung in je 25%.

Achtung: Excel berechnet bei der bedingten Formatierung 33 % bzw. 67 % vom höchsten Wert!

Symbolsätze: Symbolsätze mit drei Farben verwenden meist die klassischen Ampelfarben Grün, Gelb und Rot in Verbindung mit verschiedenen Symbolen, z. B. Pfeile. Als Beispiel im Bild unten der Symbolsatz *3-Pfeile*. Die Schwellenwerte berechnet Excel mit 33 % und 67 % (Quantile) des höchsten Wertes, dieser entspricht 100 %, und ordnet die folgenden Farben zu:

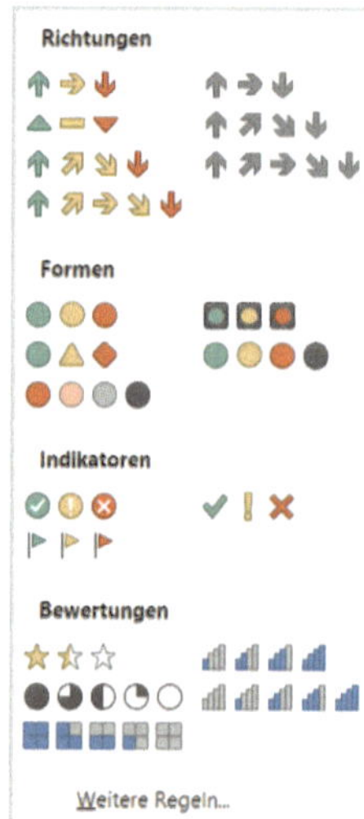

- **Grün**: Ein grünes Symbol wird für Zellen verwendet, deren Wert größer oder gleich 67 % (zwei Drittel) des höchsten Werts im markierten Bereich ist, hier 7.400, davon 67 % entspricht 4.958.
- **Rot**: Ein rotes Symbol erscheint, wenn der Wert in der Zelle kleiner ist als 33 % (ein Drittel) des höchsten Werts, in diesem Beispiel 2.442.
- **Gelb**: Alle dazwischenliegenden Werte erhalten ein gelbes Symbol.

Bild 6.38 Symbolsätze und Schwellenwerte

	A	B	C	D	E	F	G	H	I	J
1	Symbolsätze									
2		Quartal 1	Quartal 2	Quartal 3	Quartal 4					
3	H. Bauer	- €	2.000 €	2.999 €	4.000 €		grün >= 67%	HöchsterWert	7.400 €	
4	M. Schneider	7.400 €	4.950 €	5.300 €	5.400 €		gelb < 67% und >= 33%	33% Quantil	2.442 €	
5	W. Wilke	3.500 €	6.100 €	2.442 €	2.441 €		rot < 33%	67% Quantil	4.958 €	
6	K. Sommer	7.100 €	7.200 €	7.300 €	4.960 €					
7										

Umsatzvergleich.xlsx

Diese Berechnung geht nur auf, wenn der kleinste Wert 0 ist. Ist dies nicht der Fall, führt Excel eine alternative Berechnung durch. Zunächst wird vom höchsten Wert der niedrigste abgezogen. Dieses Ergebnis verwendet Excel zur Berechnung der Schwellenwerte bei 67 % und 33 %. Zu den Werten für 67 % und 33 % wird nun wieder der niedrigste Wert addiert.

Nur bestimmte Werte hervorheben

Anhand eines Vergleichswerts hervorheben

Sollen Zellen hervorgehoben werden, deren Wert *größer als...*, *kleiner als...* oder *gleich...* einem bestimmten Wert sind, dann verwenden Sie *Regeln zum Hervorheben von Zellen*.

Als Vergleichswert kann auch ein Bezug auf eine Zelle angegeben werden, die diesen Wert enthält.

Als Beispiel sollen alle Temperaturen, die höher als 25°C sind, mit roter Füllfarbe hervorgehoben werden:

Temperaturen.xlsx

1 Markieren Sie den Bereich mit den Temperaturen ❶. Die Datumswerte dürfen nicht mit markiert werden, da diese sonst ausnahmslos die Füllfarbe erhalten.

2 Klicken Sie auf *Bedingte Formatierung*, wählen Sie *Regeln zum Hervorheben von Zellen* und klicken Sie auf *Größer als...* ❷.

3 Geben Sie die Zahl 25 in das Feld ein ❸ und klicken Sie das Feld daneben ❹ an, um eine Formatierung auszuwählen. **Tipp**: Die Auswahl *benutzerdefiniertem Format...* öffnet das Fenster *Zellen formatieren* mit den Registern *Zahlen*, *Schrift*, *Rahmen* und *Ausfüllen* und Sie können hier Ihr eigenes Format zusammenstellen.

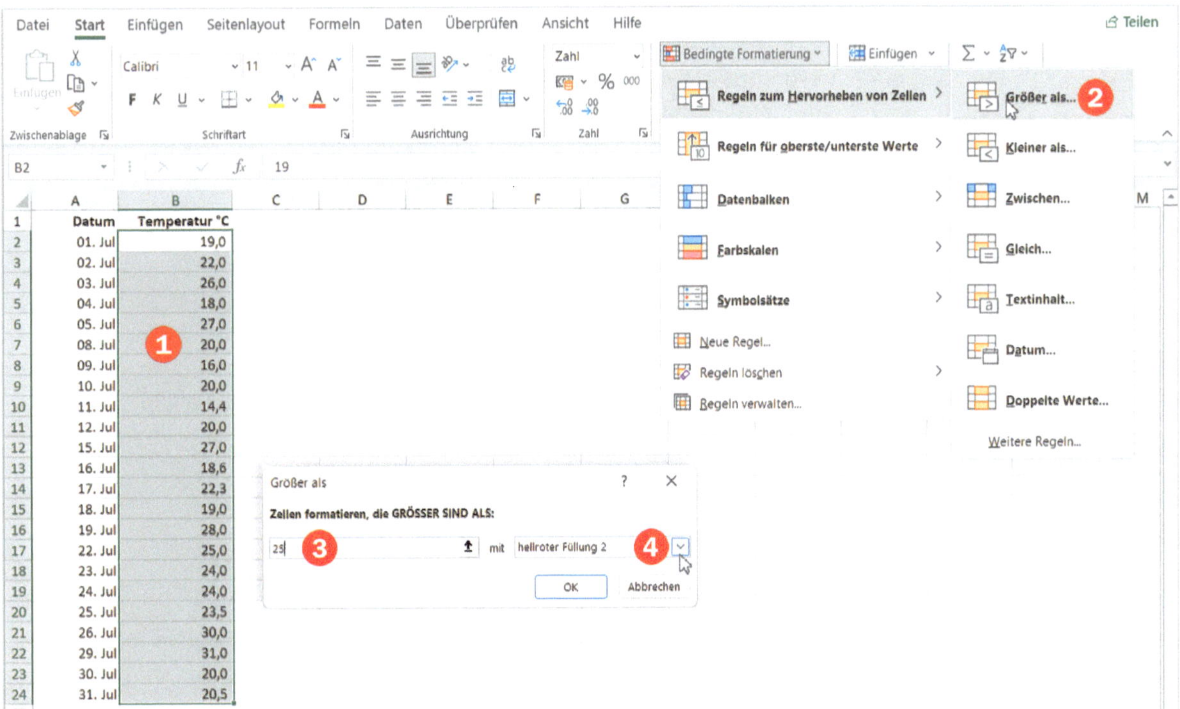

Bild 6.39 Zellen anhand eines Vergleichswerts hervorheben

Eine zweite Regel hinzufügen

Wenn Sie im selben Bereich alle Temperaturen unter 18°C mit blauer Farbe hervorheben möchten, dann markieren Sie den Zellbereich erneut, wählen wieder *Regeln zum Hervorheben von Zellen* und klicken auf *Kleiner als...*. Geben Sie den Vergleichswert 18 ein und wählen Sie im Feld daneben *benutzerdefiniertem Format...*. Klicken Sie im nachfolgenden Fenster auf das Register *Ausfüllen* und wählen Sie einen blauen Farbton, wie im Bild unten.

Bild 6.40 Eine zweite Regel hinzufügen

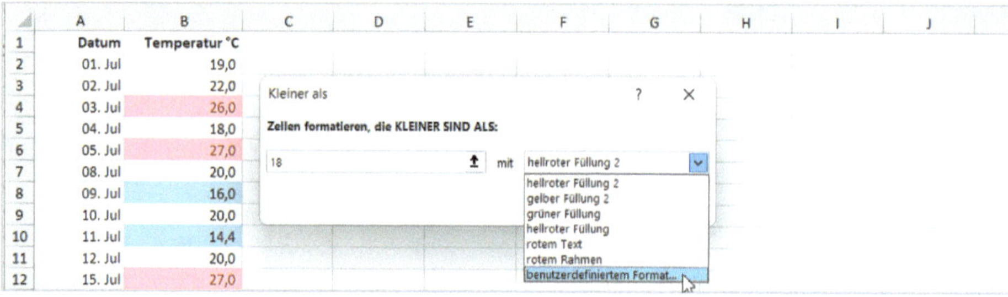

Mittels der beschriebenen Vorgehensweise ist es leider nicht möglich, einen Wert *größer gleich* (>=) **und** *kleiner gleich* (<=) oder die gesamte Zeile hervorzuheben. Dazu müssen Sie über *Weitere Regeln* eine eigene Regelbeschreibung mittels Formel festlegen.

Tipp: Datumswerte hervorheben

Unter *Regeln zum Hervorheben von Zellen* erhalten Sie mit der Auswahl *Datum…* auch verschiedene Möglichkeiten, bestimmte Datumswerte hervorzuheben, z. B. die aktuelle Woche wie im Bild rechts.

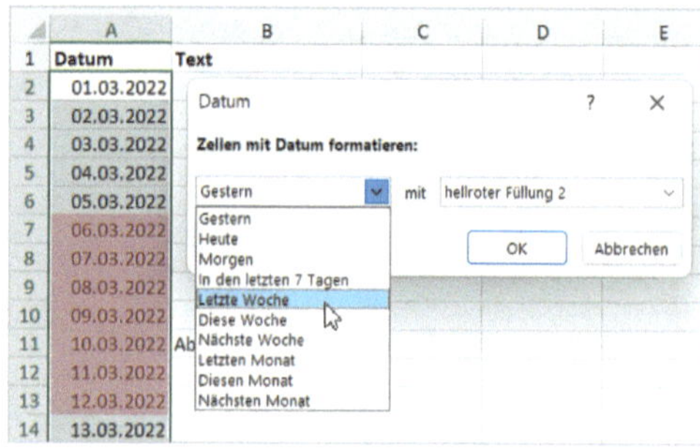

Über oder unter dem Durchschnitt und Top 10

Zur Hervorhebung beispielsweise der besten drei, der schlechtesten 10 % oder aller Werte, die unter oder über dem Durchschnitt liegen, wählen Sie *Regeln für oberste/unterste Werte*. Um wie im unten abgebildeten Beispiel die drei besten Ergebnisse hervorzuheben, wählen Sie *Regeln für oberste/unterste Werte* ❶ und klicken im Untermenü auf *Obere 10 Elemente* ❷. Geben Sie dann die Anzahl der benötigten Elemente ❸, hier 3, ein und wählen Sie ein Format.

Bild 6.41 Beispiel: Die besten 3 Ergebnisse

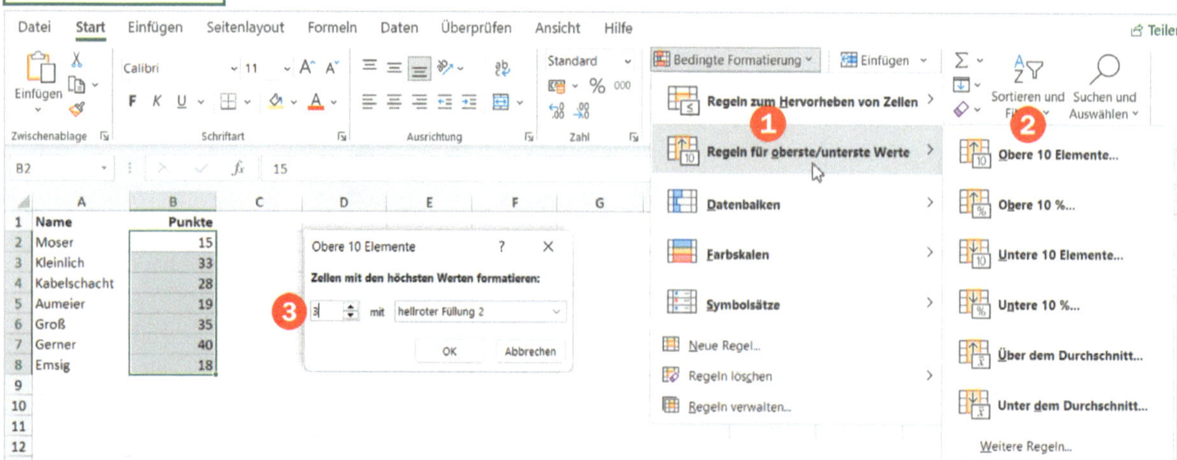

Genauso verfahren Sie auch, wenn Sie beispielsweise die oberen oder unteren Prozent oder Werte über oder unter dem Durchschnitt hervorheben möchten. Im letzteren Fall brauchen Sie nur eine Formatierung festzulegen, der Durchschnitt wird von Excel automatisch aus den markierten Werten berechnet.

Duplikate (gleiche Inhalte) hervorheben

Mit *Bedingte Formatierung* ▶ *Regeln zum Hervorheben von Zellen* ▶ *Doppelte Werte* ermitteln Sie schnell übereinstimmende Werte in einer Spalte.

Bild 6.42 Doppelte Werte innerhalb einer Spalte hervorheben

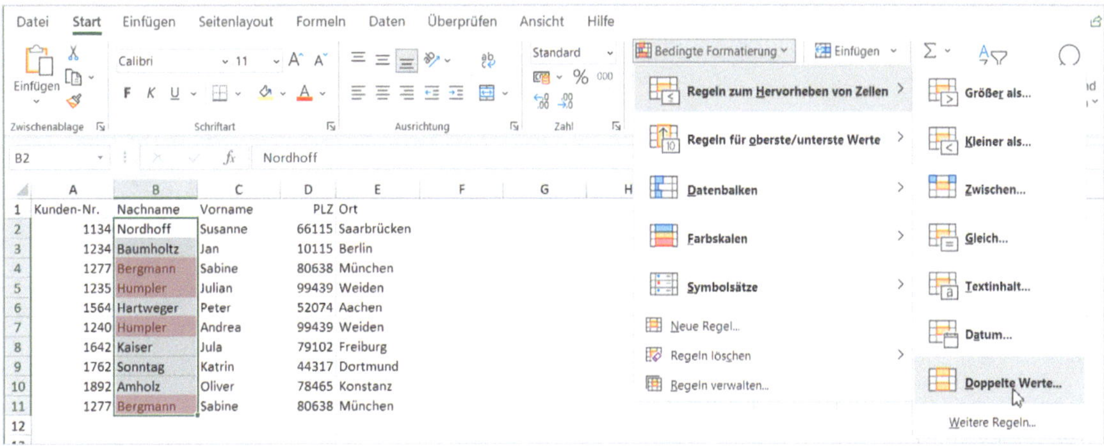

Die Schnellanalyse verwenden

Einige der beschriebenen bedingten Formatierungsoptionen können auch über das Symbol *Schnellanalyse* ausgewählt werden. Dazu markieren Sie den Zellbereich, klicken danach auf *Schnellanalyse* und wählen das Register *Formatierung*.

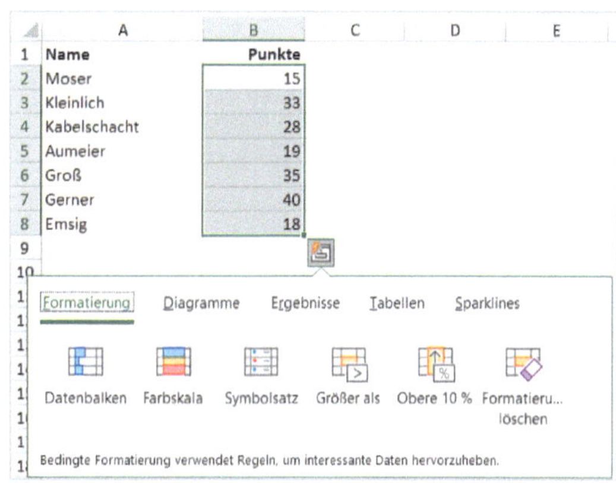

Bild 6.43 Schnellanalyse, Register Formatierung

Regeln ändern und bedingte Formatierung entfernen

Regeln nachträglich bearbeiten/löschen

Falls Sie nachträglich eine bedingte Formatierung ändern möchten, z. B. eine andere Farbe oder andere Vergleichswerte wählen möchten, so klicken Sie auf *Bedingte Formatierung* und auf *Regeln verwalten...* ❶ (s. Bild auf der nächsten Seite). Im nachfolgenden Fenster *Manager für Regeln zur bedingten Formatierung* können Sie die Regeln in der Arbeitsmappe bearbeiten, löschen oder neue erstellen.

1 **Tabellenblatt auswählen**: Im ersten Schritt wählen Sie das aktuelle Tabellenblatt (*Dieses Arbeitsblatt*) ❷ aus. Unterhalb erscheinen nun alle Regeln im ausgewählten Tabellenblatt. In der Spalte *Wird angewendet auf* sehen Sie außerdem, auf welchen Zellbereich sich die Regel bezieht.

2 **Regel bearbeiten/löschen**: Zum Bearbeiten einer Regel markieren Sie diese ❸ und klicken auf die Schaltfläche *Regel bearbeiten* ❹. Mit Klick auf *Regel löschen* ❺ entfernen Sie die markierte Regel und damit die bedingte Formatierung.

3 **Reihenfolge ändern**: Beziehen sich mehrere Regeln auf denselben Zellbereich und überschneiden sich einige Regeln, ändern Sie die Reihenfolge mit Klick auf die Pfeile ❻. Die oberste Regel hat immer Priorität.

Bild 6.44 Regeln für bedingte Formatierung verwalten

Regeln löschen/Bedingte Formatierung entfernen

Bild 6.45 Untermenü Regeln löschen

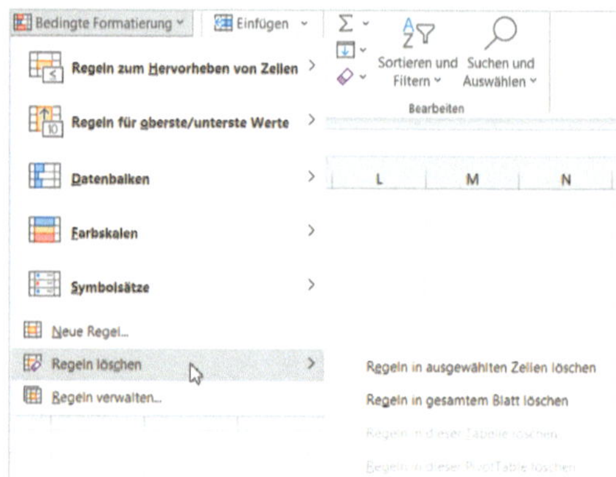

Beim Klick auf *Bedingte Formatierung* (siehe Bild oben) finden Sie ebenfalls den Befehl *Regeln löschen* und im Untermenü haben Sie die Wahl zwischen *Regeln in ausgewählten Zellen löschen*, d. h. im markierten Zellbereich, und *Regeln im gesamten Blatt löschen*.

Diese Möglichkeit können Sie selbstverständlich ebenfalls nutzen. Sie hat aber gegenüber dem oben beschriebenen *Manager für Regeln zur bedingten Formatierung* den Nachteil, dass möglicherweise die bedingte Formatierung nicht von allen Zellen entfernt wird. Außerdem können Sie bei mehreren vorhandenen Regeln nicht gezielt eine bestimmte Regel löschen.

6.6 Übungen

Aufgabe 1 - Tabellen formatieren

Starten Sie Excel mit einer neuen leeren Arbeitsmappe und speichern Sie die Mappe unter dem Namen *Urlaubsübersicht*. Geben Sie im Arbeitsblatt die nebenstehende Tabelle ein und formatieren Sie die Tabelle ähnlich der Vorlage rechts.

Diese und die nachfolgenden Aufgaben und Lösungen sich auch als Download verfügbar:

Übung_Formate.xlsx

Urlaubsliste										
Januar										
	KW 1					KW 2				
Abteilung/ Name	Montag	Dienstag	Mittwoch	Donnerstag	Freitag	Montag	Dienstag	Mittwoch	Donnerstag	Freitag
Buchhaltung										
Brösel, Nadine	U	U	U							
Hintermoser, Xaver										
Machnitz, Werner										
EDV										
Bittig, Oliver					U	U	U	U	U	U
Wurmdobler, Irene										
Drösel, max		U								

Aufgabe 2 - Bedingte Formatierung

Geben Sie die unten abgebildete Tabelle ein und formatieren Sie die Zahlen mit Tausenderpunkt, ohne Dezimalstellen und mit dem Zusatz St. Heben Sie die Werte in der Spalte *Verkauft*, abhängig vom Inhalt mit Symbolsätzen hervor.

Turnschuhproduktion

Modell	Produziert	Verkauft
Leisetreter	20.000 St	18.500 St
Skysprinter	20.000 St	7.900 St
Las Vegas Men	20.000 St	9.600 St
Las Vegas Women	20.000 St	12.800 St
CoolRunner Men	20.000 St	4.800 St

Aufgabe 3

Öffnen Sie die Arbeitsmappe Übung_formate.xlsx und wählen Sie das Blatt *Aufgabe3 Daten*. Oder geben Sie die Texte und Zahlen, wie im Bild auf der nächsten Seite in eine neue Arbeitsmappe ein.

- Formatieren Sie die Zelle A1 mit Schriftgrad 18, fett und kursiv. Formatieren Sie A3 in Größe 14, fett.
- Formatieren Sie die Spaltenüberschriften in Zeile 5 und die Zeilenbeschriftungen mit einer beliebigen Designfarbe in etwas hellerer Abstufung als Füllfarbe, s. Bild

unten. Die Überschriften in Zeile 6 erhalten dieselbe Designfarbe in dunklerer Abstufung, außerdem Schriftgrad 10, fett und weiße Schriftfarbe. Formatieren Sie die Zeilenbeschriftungen in Größe 10, fett. Zentrieren Sie die beiden Überschriften *Parkett* und *Laminat* über den dazugehörigen Spalten,

- Versehen Sie die Tabelle mit Rahmenlinien wie unten abgebildet.
- Der Zellbereich A7 bis A12 erhält optimale Spaltenbreite, die Spalten B bis G sollen gleiche Breite erhalten. Die Zeilen 6 bis 12 erhalten eine einheitliche Höhe von 18 Punkt.

So etwa sollte die fertige Tabelle aussehen:

Holzhandlung Wurmdobler GmbH, Musterstadt

Stand:

Lagerbestände in m²

	Parkett			Laminat		
	3,5 mm	**5 mm**	**6 mm**	**2 mm**	**2,5 mm**	**3 mm**
Buche	100		800	700	200	30
Eiche	60	250	100		20	100
Esche	120	300		80	50	
Nordische Birke		60	200	100	80	5
Japanische Walnuss	35	55	90	150		100
Kirschbaum	50			60	45	

7 Tabellen drucken

In diesem Kapitel lernen Sie...

- Besonderheiten beim Drucken von Excel-Tabellen
- Druckseite einrichten,
- Druckbereich festlegen
- Kopf- und Fußzeilen gestalten, Seitenzahlen einfügen
- Zeilen- und Spaltenüberschriften auf Druckseiten wiederholen

Das sollten Sie bereits wissen

- Dateneingabe
- Tabellen formatieren

Nicht immer müssen Excel-Tabellen auch gedruckt werden, deshalb zielt die Darstellung auch mehr auf die Anzeige auf dem Bildschirm. Wenn Sie eine Tabelle dann doch einmal drucken möchten, dann sollten Sie unbedingt vorab das Ergebnis kontrollieren und die Seitenränder, ggf. auch Spaltenbreiten, entsprechend anpassen. Wenn nichts anderes angegeben wird, dann wählt Excel den Druckbereich automatisch. Dieser beginnt mit der Zelle A1 und schließt alle nicht leeren Zellen ein.

7.1 Schnelles Drucken von Tabellen

Die Ansicht *Normal* eignet sich optimal für das Arbeiten am Bildschirm, ignoriert aber im Gegensatz zu Word das Papierformat und sämtliche dazugehörigen Einstellungen. Wenn Sie eine Tabelle drucken möchten, dann bieten die Ansicht *Seitenlayout* und die Druckvorschau den besseren Überblick.

Druckvorschau und Ausdruck starten

Um das aktuelle Tabellenblatt zu drucken, klicken Sie auf das Register *Datei* und wählen *Drucken* ❶, alternativ rufen Sie Drucken und Druckvorschau mit den Tasten **Strg**+**P** auf. Rechts sehen Sie eine Vorschau ❷ auf den Ausdruck, falls dieser mehrere Seiten umfasst, sehen Sie hier deren Anzahl ❸ und blättern mit den Pfeilen durch die Seiten.

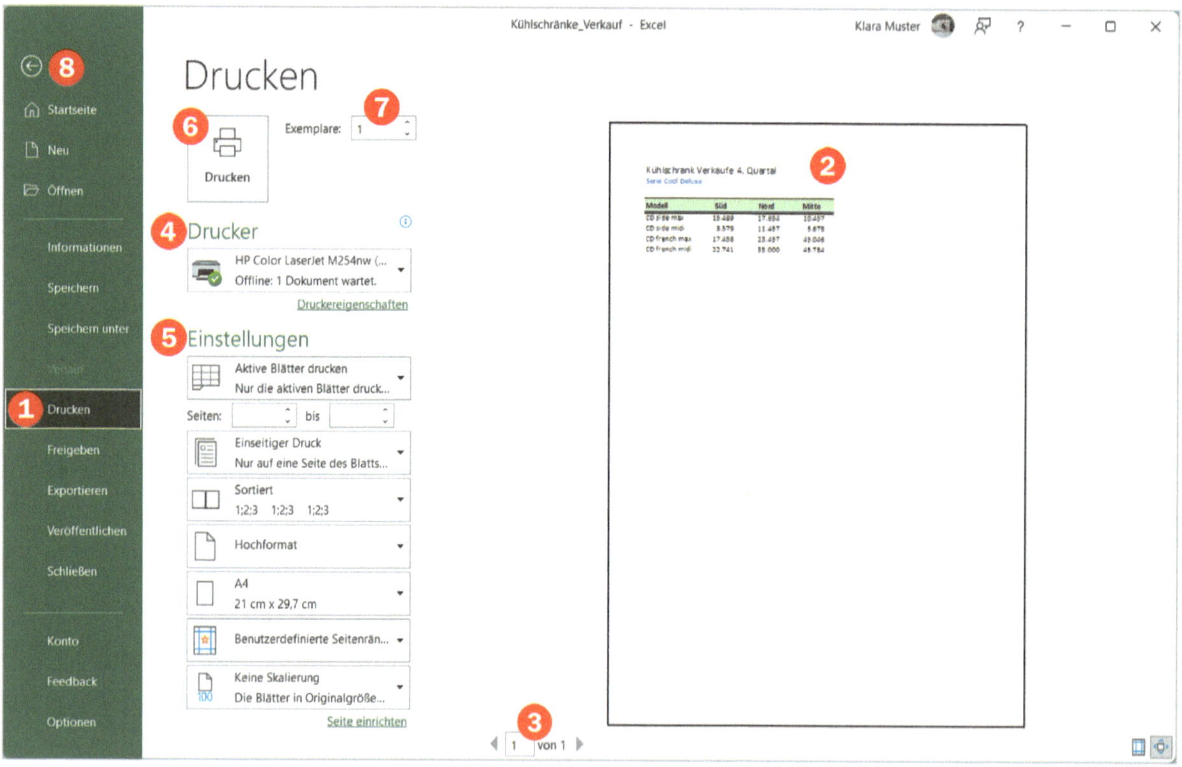

Bild 7.1 Register Datei - Druckvorschau und Drucken

- **Drucker kontrollieren/ändern**
  Unter *Drucker* ❹ sehen Sie den aktuell verwendeten Drucker und können im Bedarfsfall mit Klick in das Feld einen anderen Drucker auswählen.

- **Allgemeine Druckeinstellungen**
  Im Abschnitt *Einstellungen* ❺ finden Sie verschiedene Druckeinstellungen, darunter Papierformat und -ausrichtung. Diese werden im nächsten Punkt genauer beschrieben.

Ausdruck starten/Anzahl Exemplare

Mit Klick auf die Schaltfläche *Drucken* ❻ starten Sie den Ausdruck. Falls die Tabelle mehrmals gedruckt werden soll, legen Sie zuvor hier ❼ die Anzahl der Exemplare fest.

Wenn Sie dagegen ohne Drucken zum Tabellenblatt zurückkehren möchten, dann klicken Sie auf den Pfeil ❽.

Seitenränder in der Ansicht Normal

Nach dem Drucken oder auch nur nach der Anzeige in der Druckvorschau erscheinen in der Ansicht Normal die Seitenumbrüche als gestrichelte Linien, wie im Bild unten. Diese Linien leisten gute Dienste, wenn Sie beispielsweise die Spaltenbreiten so anpassen wollen, dass alle Spalten auf eine Druckseite passen. Die Linien lassen sich nicht ausblenden, sind aber beim nächsten Öffnen der Arbeitsmappe nicht mehr sichtbar.

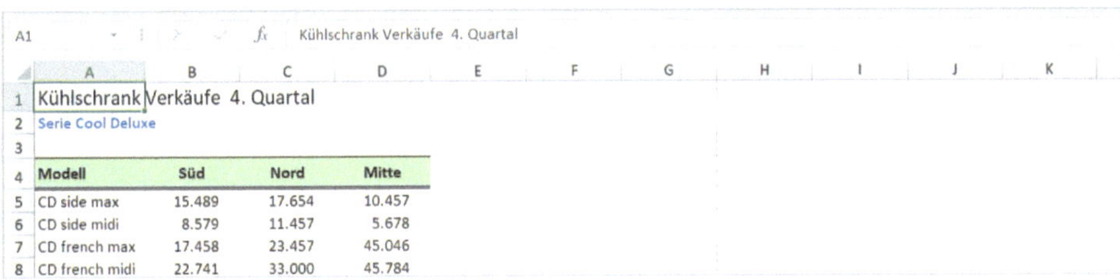

	A	B	C	D
1	Kühlschrank Verkäufe 4. Quartal			
2	Serie Cool Deluxe			
3				
4	Modell	Süd	Nord	Mitte
5	CD side max	15.489	17.654	10.457
6	CD side midi	8.579	11.457	5.678
7	CD french max	17.458	23.457	45.046
8	CD french midi	22.741	33.000	45.784

Bild 7.2 Seitenumbruch in der Ansicht Normal

Kühlschränke_verkauf.xlsx

Besonderheiten beim Drucken von Excel-Tabellen

Druckbereich, leere Seiten

Wenn nichts anderes festgelegt wird, dann wählt Excel den Druckbereich automatisch. Dieser beginnt stets mit A1 und schließt alle nicht leeren Zellen mit ein. **Achtung**: Excel interpretiert auch Zellen ohne Inhalt, aber mit Rahmenlinien und/oder Füllfarbe als nicht leer. Dadurch passiert es immer wieder, dass Excel scheinbar leere Seiten druckt, obwohl die eigentliche Tabelle problemlos auf eine Druckseite passt. In solchen Fällen müssen Sie den Druckbereich manuell festlegen. Wie das geht, lesen Sie weiter unten auf Seite 194.

Spalten werden nicht getrennt

Beim Drucken werden Spalten nicht getrennt. Das bedeutet, dass unter Umständen eine Spalte auf die nächste Seite wandert, obwohl eigentlich auf der vorhergehenden Seite noch Platz ist. In diesem Fall brauchen Sie nur die Spaltenbreite verringern, manchmal nur um wenige Millimeter. Tipps und Tricks dazu finden Sie am Ende dieses Kapitels.

Tabellenausrichtung auf der Druckseite

Tabellen werden beim Drucken auf der Druckseite automatisch links und oben ausgerichtet, wie im Bild 7.1 auf Seite 186. Dies ist aber kein Grund, im Tabellenblatt links von der Tabelle leere Spalten einzufügen, wenn eine Tabelle in der Mitte gedruckt werden soll. Zumal das auf diesem Weg ohnehin nicht exakt gelingt. Die horizontale und vertikale Ausrichtung einer Tabelle steuern Sie im Dialogfenster *Seite einrichten*, auch hierzu Näheres weiter unten.

Die Ansicht Seitenlayout

Die zweite Möglichkeit, ein Tabellenblatt vor dem Drucken zu kontrollieren, ist die Ansicht Seitenlayout. Diese zeigt das Tabellenblatt ebenfalls so an, wie es gedruckt wird, also einschließlich aller Seitenränder und Seitenumbrüche und hat gleichzeitig den Vorteil, dass hier auch im Tabellenblatt gearbeitet werden kann, siehe Bild.

Seitenlayout anzeigen

Sie rufen die Ansicht *Seitenlayout* entweder im Menüband, Register *Ansicht* über das Symbol *Seitenlayout* auf oder klicken in der Statusleiste auf das Symbol *Seitenlayout*. Auf demselben Weg gelangen Sie auch wieder zurück zur Ansicht *Normal*.

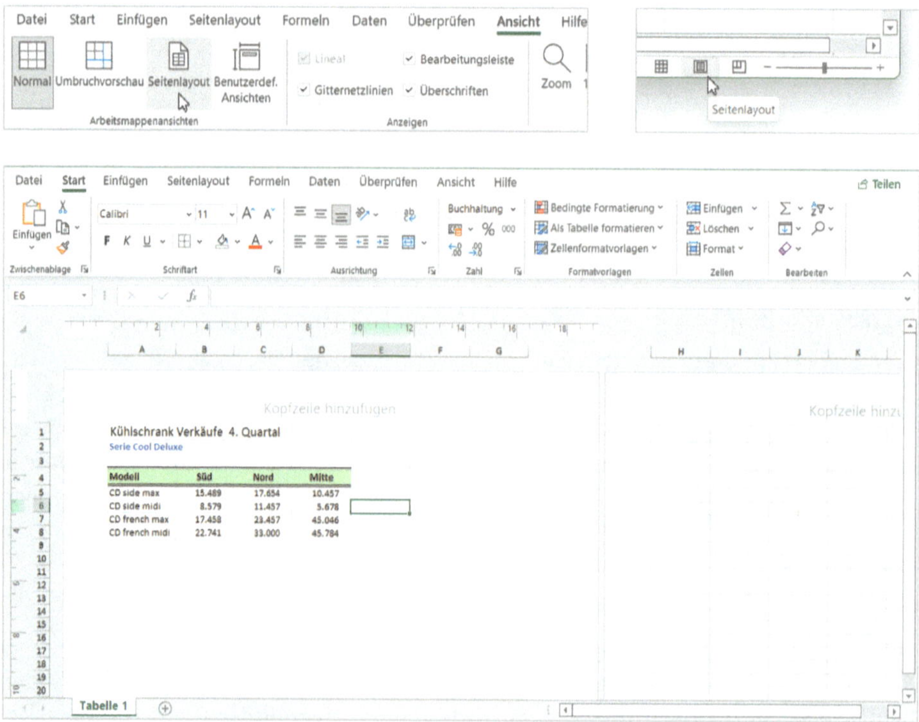

Bild 7.3 Ansicht Seitenlayout anzeigen

7.2 Druckseite einrichten

Seitenränder, Papierausrichtung und -format

Zum Einrichten der Druckseite stellt Excel zusammen mit der Druckvorschau die wichtigsten Einstellungen zur Verfügung, siehe Bild 7.1 auf Seite 186. Diese finden Sie auch in übersichtlicher Form im Menüband im Register *Seitenlayout*.

Mit Ausnahme der Kopf- und Fußzeilen spielt es keine Rolle, ob Sie die Druckeinstellungen in der Ansicht Seitenlayout oder Normal vornehmen.

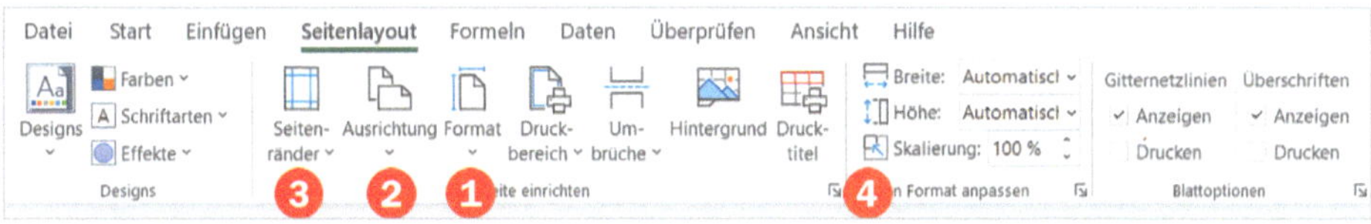

- **Papierformat**: Klicken Sie auf *Papierformat* ❶ und wählen Sie ein Format. A4 dürfte in den meisten Fällen bereits als Standardeinstellung vorgegeben sein.
- **Hoch- oder Querformat**: Über das Symbol *Ausrichtung* ❷ haben Sie die Wahl zwischen Hoch- und Querformat.
- **Seitenränder**: Mit Klick auf *Seitenränder* ❸ schlägt Excel verschiedene vordefinierte Randeinstellungen vor. Falls Sie die Seitenränder selbst eingeben möchten, so klicken Sie auf *Benutzerdefinierte Seitenränder…* und geben im Fenster *Seite einrichten* anschließend die gewünschten Ränder ein, siehe nächster Punkt.

Druckeinstellungen im Dialogfenster Seite einrichten

Sämtliche Druckeinstellungen können Sie auch im Fenster *Seite einrichten* vornehmen, das Sie über das Symbol *Seitenränder* und den Befehl *Benutzerdefinierte Seitenränder…* öffnen. Schneller geht's mit Klick auf das Pfeilsymbol ↘ ❹ der Gruppe *Seite einrichten* (Bild oben).

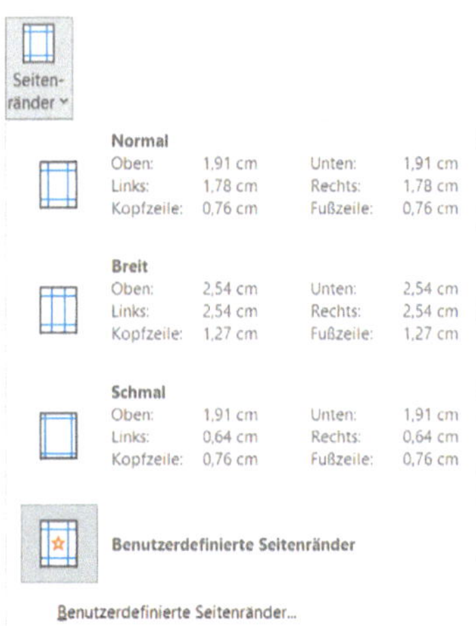

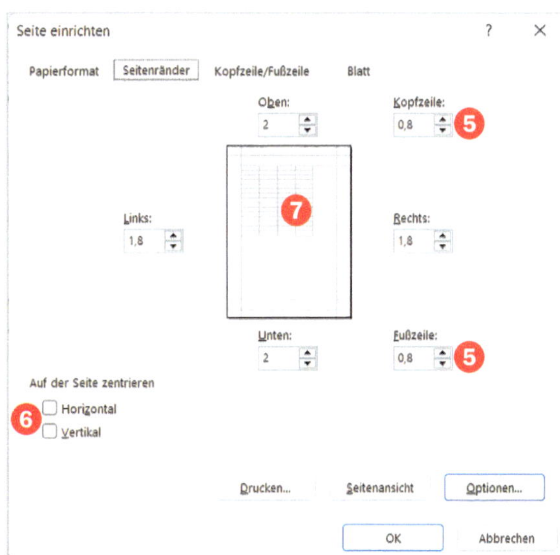

Bild 7.4 Seitenränder, weitere Seitenränder…

Bild 7.5 Fenster Seite einrichten, Register Seitenränder

Tipp: Das Dialogfenster *Seite einrichten* kann auch aus der Druckvorschau heraus geöffnet werden. Dazu klicken Sie unterhalb der Druckeinstellungen auf *Seite einrichten*.

- **Seitenränder**: Geben Sie im Register *Seitenränder* die gewünschten Ränder links, rechts, oben und unten in die Felder ein.
- **Bereich für Kopf- und Fußzeile**: Zusätzlich können Sie auch den Abstand der Kopf- und Fußzeile zum Blattrand ❺ ändern.
- **Tabelle auf der Druckseite zentrieren**: Wenn die Tabelle auf der Seite horizontal und/oder vertikal zentriert gedruckt werden soll, dann aktivieren Sie das jeweilige Kontrollkästchen unter *Auf der Seite zentrieren* ❻.

Im Fenster erhalten Sie eine ungefähre Vorschau ❼. Um das Ergebnis in der Druckvorschau zu kontrollieren, klicken Sie auf die Schaltflächen *Seitenansicht* oder *Drucken*.

Seitenzahlen, Datum und Text in Kopf- oder Fußzeile einfügen

Auch über das Menüband, Register *Einfügen* ▶ *Text* und Symbol *Kopf- und Fußzeile* gelangen Sie in die Ansicht *Seitenlayout*, dies ist allerdings eindeutig der umständlichere Weg.

Zusätzliche Elemente, wie Seitenzahlen, Datum sowie Dateiname und -pfad, fügen Sie in die Kopf- oder Fußzeile ein. Diese werden auf jeder Seite gedruckt und befinden sich im Bereich des oberen und unteren Seitenrandes. Für umfangreichere Informationen benötigen Sie daher eventuell etwas mehr oberen bzw. unteren Seitenrand.

1. Den Inhalt von Kopf- und Fußzeile bearbeiten Sie in der Ansicht Seitenlayout: Klicken Sie daher zuerst im Menü *Ansicht* oder in der Statusleiste auf *Seitenlayout*.
2. Kopf- und Fußzeile bestehen je aus einem linken, einem mittleren und einem rechten Bereich, dessen Inhalte automatisch linksbündig, zentriert und rechtsbündig ausgerichtet werden, s. Bild unten. Klicken Sie in einen Bereich und geben Sie den gewünschten Inhalt ein. Dies kann beliebiger Text, z. B. Ihr Name, sein oder fügen Sie über das Menüband, Register *Kopf- und Fußzeile* ▶ *Kopf- und Fußzeilenelemente* eines der angebotenen Elemente ein, z. B. *Seitenzahl*.
3. Über das Menüband eingefügte Elemente werden zunächst in der Schreibweise &[Elementname], z. B. *&[Register]*, angezeigt, der eigentliche Inhalt erscheint erst, nachdem Sie in einen anderen Abschnitt geklickt haben.

Bild 7.6 Beispiel Kopfzeile mit Register Kopf- und Fußzeile

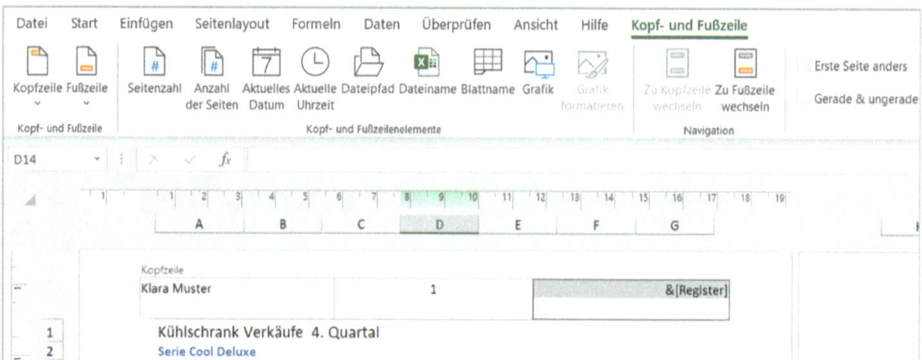

- **Datum und Uhrzeit**: Mit den Symbolen *Aktuelles Datum* und *Aktuelle Uhrzeit* sind Datum und Uhrzeit des Ausdrucks gemeint. Wenn Sie ein festes Datum benötigen, dann müssen Sie dieses über die Tastatur eingeben.

- **Seitenzahlen**: *Seite* zeigt die Seitenzahl der aktuellen Seite an, *Seitenzahlen* dagegen die Anzahl aller Seiten. Werden z. B. die Seitenzahlen in der Schreibweise 1/5 gewünscht, dann müssen Sie den Schrägstrich per Tastatur eingeben.
- **Dateiname und -pfad**: Falls für interne Zwecke Dateiname und -pfad benötigt werden, so klicken Sie auf *Dateipfad*, wie im Bild unten. Das Symbol *Dateiname* fügt hingegen nur den Dateinamen ein.
- **Logo einfügen**: Wenn Sie ein Logo einfügen möchten, dann klicken Sie auf *Grafik*, wählen *Aus Datei* und wählen danach die Bilddatei aus.
- **Zeilenumbruch**: Für mehrzeilige Angaben, z. B. Ihr Name und darunter das Datum, fügen Sie mit der **Eingabetaste** einen Zeilenumbruch ein. In diesem Fall sollten Sie zusätzlich einen größeren Seitenrand oben bzw. unten einrichten.

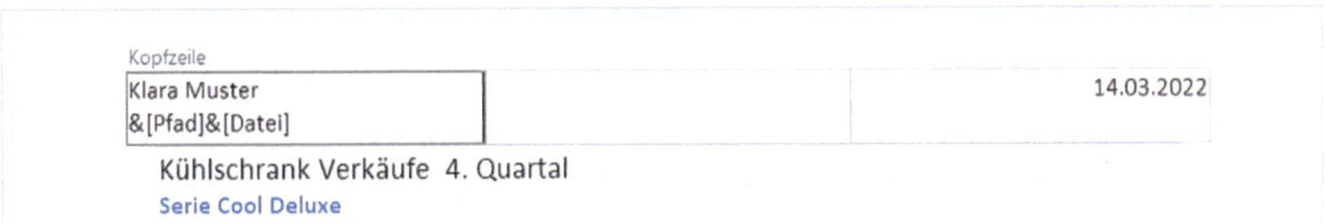

Bild 7.7 Beispiel zwei Zeilen

- **Zwischen Kopf- und Fußzeile wechseln:** Um Inhalte in die Fußzeile einzufügen, scrollen Sie entweder nach unten oder klicken im Menüband ▶ *Kopf- und Fußzeile* auf das Symbol *Zu Fußzeile wechseln*.
- **Inhalte formatieren**: Sämtliche Elemente der Kopf- und Fußzeile erhalten zunächst die Standardschrift, können jedoch beliebig formatiert werden. Dazu klicken Sie in den betreffenden Bereich bzw. markieren den Inhalt und benutzen die Symbole im Register *Start* des Menübands oder in der Minisymbolleiste.
- **Inhalt löschen**: Um einen Inhalt zu entfernen, klicken Sie in den Bereich. Der Inhalt wird markiert und kann mit der **Entf**-Taste gelöscht werden.

Vorgefertigte Inhalte einfügen

Falls Sie statt individueller Kopf- und Fußzeilen auf vorgefertigte Inhalte zurückgreifen möchten, so klicken Sie im Menüband ▶ *Kopf- und Fußzeile* je nach Position auf *Kopfzeile* oder *Fußzeile* und auf eine Vorlage. Die Aufteilung in die Bereiche Links, Mitte und Rechts erkennen Sie am Semikolon (;).

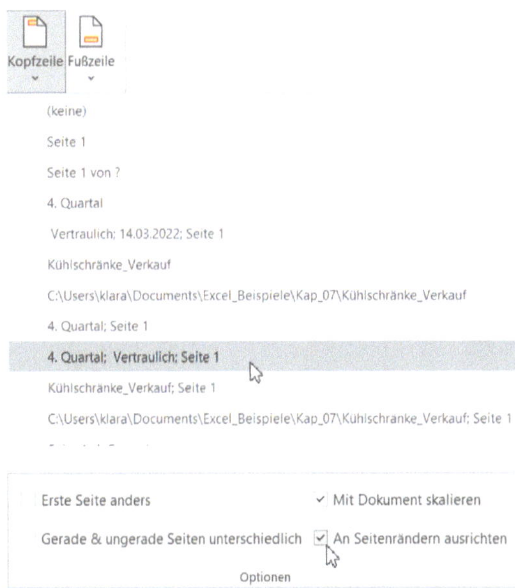

Ausrichtung an den Seitenrändern

Die Ausrichtung der Inhalte von Kopf- und Fußzeile orientiert sich an den Standardseitenrändern. Haben Sie diese nachträglich geändert, so befinden sich Kopf- und Fußzeile nicht mehr exakt am linken oder rechten Seitenrand. Um dies zu korrigieren, aktivieren Sie im Menüband, Register *Kopf- und Fußzeile* in der Gruppe *Optionen* das Kontrollkästchen *An Seitenrändern ausrichten*.

> **Zurück zur Ansicht Normal**
>
> Wenn Sie nach erfolgter Bearbeitung von Kopf- und Fußzeile wieder zur Ansicht *Normal* zurückkehren möchten, müssen Sie zuerst den Kopf- oder Fußzeilenbereich verlassen, da diese Inhalte in der Ansicht *Normal* nicht dargestellt werden können. Sollte also das Symbol *Normal* inaktiv bzw. ausgegraut sein, so klicken Sie einfach auf eine beliebige Zelle im Tabellenblatt.

Gitternetzlinien sowie Zeilen- und Spaltennummern drucken

Standardmäßig erscheinen auf dem Ausdruck ausschließlich diejenigen Zellen mit Rahmenlinien, die Sie mit Rahmenlinien formatiert haben, nicht aber die Gitternetzlinien des Tabellenblattes.

- Falls diese in Ausnahmefällen dennoch gedruckt werden sollen, z. B. zu Kontrollzwecken, dann aktivieren Sie im Menüband, Register *Seitenlayout* ▶ *Blattoptionen* unter *Gitternetzlinien* ❶ das Kontrollkästchen *Drucken*. *Anzeigen* blendet dagegen die Gitternetzlinien auf dem Bildschirm ein und aus.
- Zusammen mit den Gitternetzlinien werden auf dem Ausdruck meist auch die Spalten- und Zeilennummern benötigt, z. B. beim Drucken von Formeln. Dazu aktivieren Sie in derselben Gruppe unter *Überschriften* ❷ das Kontrollkästchen *Drucken*.

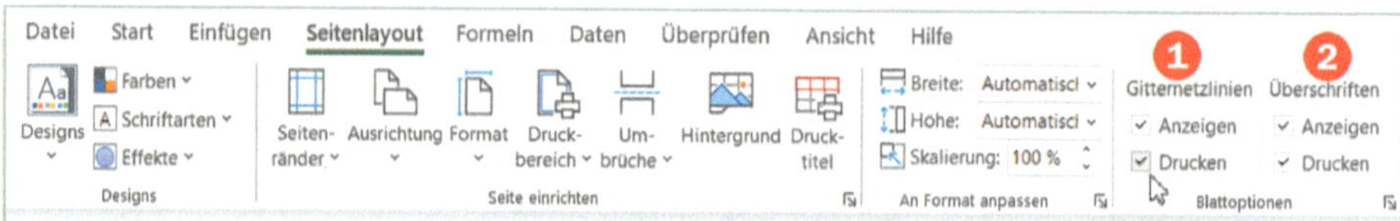

Bild 7.8 Gitternetzlinien sowie Zeilen- und Spaltenköpfe drucken

Spaltenüberschriften auf jeder Seite drucken

Erstreckt sich eine Tabelle über mehrere Druckseiten, dann sollten auch die dazugehörigen Spaltenüberschriften nicht nur auf der ersten, sondern auf jeder Seite gedruckt werden. Die Überschriften müssen dabei nicht zwangsläufig in der ersten Zeile des Tabellenblatts beginnen und können auch mehrere zusammenhängende Zeilen umfassen. So gehen Sie vor:

1. Wählen Sie im Menüband das Register *Seitenlayout* und klicken Sie in der Gruppe *Seite einrichten* auf *Drucktitel* ❶. Es öffnet sich das Dialogfenster *Seite einrichten* mit dem Register *Blatt* (Bild auf der nächsten Seite).
2. Klicken Sie in das Feld *Wiederholungszeilen oben* ❷ und danach im Tabellenblatt an eine beliebige Stelle in der betreffenden Zeile. Mehrere Zeilen markieren Sie mit gedrückter linker Maustaste ❸. Der Mauszeiger erscheint dabei als

waagrechter Pfeil, d. h. es wird die gesamte Zeile markiert und im Feld erscheint bei diesem Beispiel die Adressangabe $1:$2 für Zeile 1 und Zeile 2.

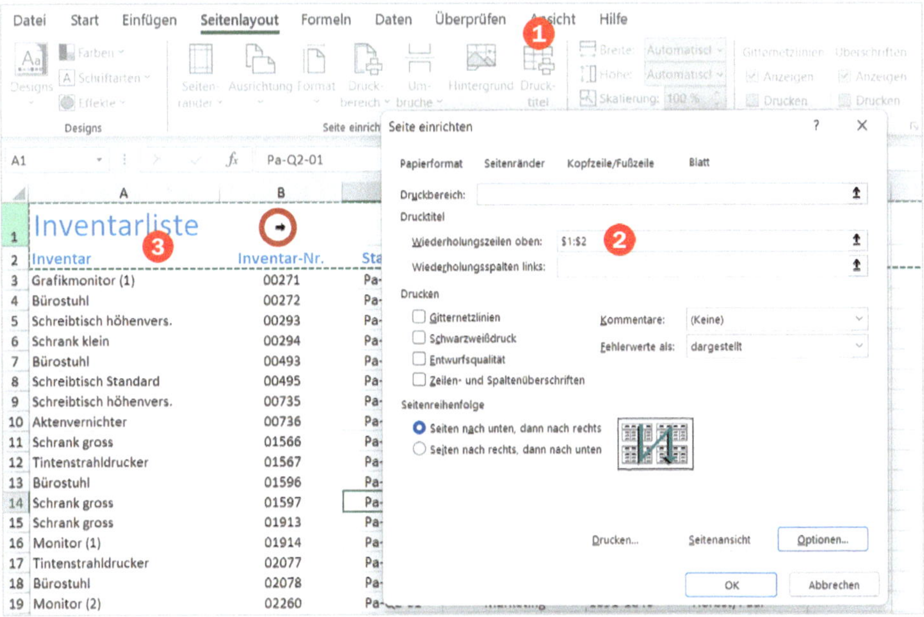

Bild 7.9 Überschriften auf jeder Seite drucken

Beispiel_Inventarliste.xlsx

Spalteninhalte auf jeder Druckseite wiederholen

Falls sich die Breite einer Tabelle über zwei oder mehr Druckseiten erstreckt, können auch die Inhalte ausgewählter Spalten auf jeder Seite gedruckt werden. In diesem Fall verfahren Sie genauso: Klicken Sie in das Feld *Wiederholungsspalten links* und markieren Sie anschließend im Tabellenblatt die betreffende/n Spalte/n.

7.3 Druckbereiche nutzen

Wie Sie vielleicht bereits festgestellt haben, legt Excel den , d. h. den zu druckenden Tabellenbereich, automatisch fest. Falls jedoch Ihr Tabellenblatt z. B. mehrere Tabellen enthält und Sie nur eine bestimmte Tabelle drucken möchten, oder Sie einen bestimmten Zellbereich vom Druck ausschließen möchten, dann legen Sie den Druckbereich manuell fest.

> **Achtung: Druckbereich eventuell wieder aufheben**
>
> Ein benutzerdefinierter Druckbereich wird mit der Arbeitsmappe gespeichert. Falls der Tabelle nachträglich weitere Spalten und Zeilen hinzugefügt werden, muss der Druckbereich entweder aufgehoben oder neu festgelegt werden, damit die zusätzlichen Zellen beim Drucken ebenfalls berücksichtigt werden.

Benutzerdefinierten Druckbereich festlegen

Um einen Zellbereich als Druckbereich festzulegen, markieren Sie diesen Bereich ❶ und klicken im Menüband, Register *Seitenlayout* ▶ *Seite einrichten* auf *Druckbereich* ❷. Wählen Sie *Druckbereich festlegen* ❸. Der Druckbereich wird im Tabellenblatt von einer feinen grauen Linie eingeschlossen ❹.

Bild 7.10 Druckbereich festlegen

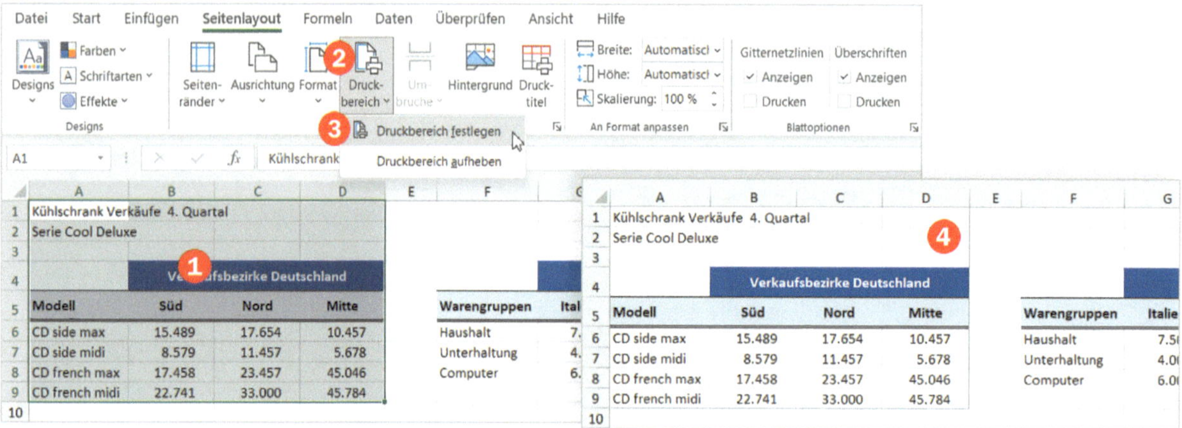

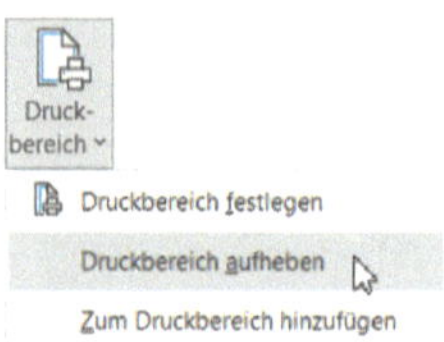

Druckbereich aufheben

Zum Aufheben des Druckbereichs klicken Sie erneut auf *Druckbereich* und wählen *Druckbereich aufheben*. Vorheriges Markieren ist nicht nötig.

Mehrere Druckbereiche

Beim Festlegen eines Druckbereichs wird ein eventuell bereits vorhandener Druckbereich überschrieben. Falls Sie stattdessen zwei Druckbereiche festlegen möchten, markieren Sie den zweiten Druckbereich, klicken auf *Druckbereich* und wählen *Druckbereich hinzufügen*. Oder markieren Sie den ersten Druckbereich und unmittelbar danach mit gleichzeitig gedrückter **Strg**-Taste den zweiten Druckbereich (Mehrfachmarkierung), klicken auf *Druckbereich* und auf *Druckbereich festlegen*.

Bild 7.11 Zwei Druckbereiche festlegen

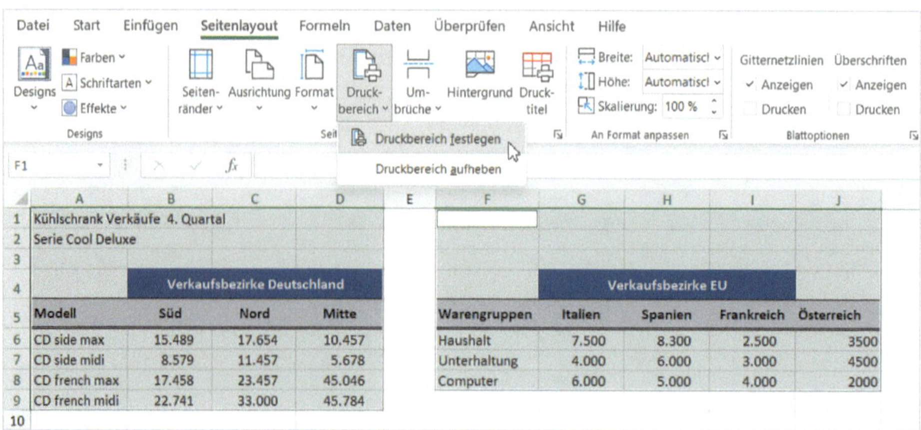

Diese Methode funktioniert auch für mehrere Druckbereiche.

Unabhängig davon, wie Sie die Druckbereiche festgelegt haben, beginnt jeder Druckbereich auf einer neuen Seite.

Druckbereich in der Umbruchvorschau anzeigen und verändern

Einen guten Überblick über Druckbereiche erhalten Sie in der Ansicht *Umbruchvorschau*. Zudem können Sie in dieser Ansicht den Druckbereich bei Bedarf mit der Maus schnell anpassen.

- Zum Anzeigen der Umbruchvorschau klicken Sie entweder im Menüband, Register *Ansicht* ▶ *Arbeitsmappenansichten* auf *Umbruchvorschau* oder benutzen das gleichnamige Symbol in der Statusleiste.

Druckbereich vergrößern/verkleinern

Der Druckbereich, im Bild unten zwei, wird in der Umbruchvorschau durch einen blauen Rahmen abgegrenzt und Sie sehen, auf welcher Seite der jeweilige Bereich gedruckt wird. Um den Druckbereich zu erweitern, z. B. um eine Zeile wie im Bild, zeigen Sie mit der Maus an dieser Stelle auf die Rahmenlinie und verschieben diese anschließend mit gedrückter linker Maustaste in die gewünschte Richtung. Auf demselben Weg können Sie einen Druckbereich auch verkleinern.

Bild 7.12 Druckbereich in der Umbruchvorschau anpassen

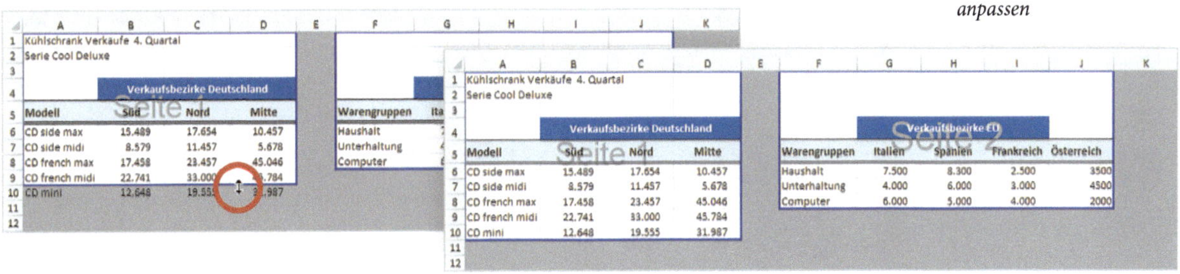

Abschließend wechseln Sie wieder zurück zur Ansicht *Normal*, entweder über das Symbol im Menüband, Register *Ansicht* oder das Symbol in der Statusleiste.

7.4 Umfangreiche Tabellen drucken

Seitenumbruch in der Umbruchvorschau kontrollieren

Die Umbruchvorschau (siehe oben) leistet auch beim Drucken umfangreicher Tabellen gute Dienste, da sie neben dem Druckbereich auch den Seitenumbruch in Form von gestrichelten blauen Linien anzeigt, s. Bild auf der nächsten Seite. In diesem Fall könnten Sie beispielsweise durch Verkleinern des Druckbereichs nicht benötigte Spalten ausklammern oder durch die Wahl von Querformat erreichen, dass alle Spalten auf eine Druckseite passen. Auch das Verringern der Spaltenbreite wäre eine Alternative.

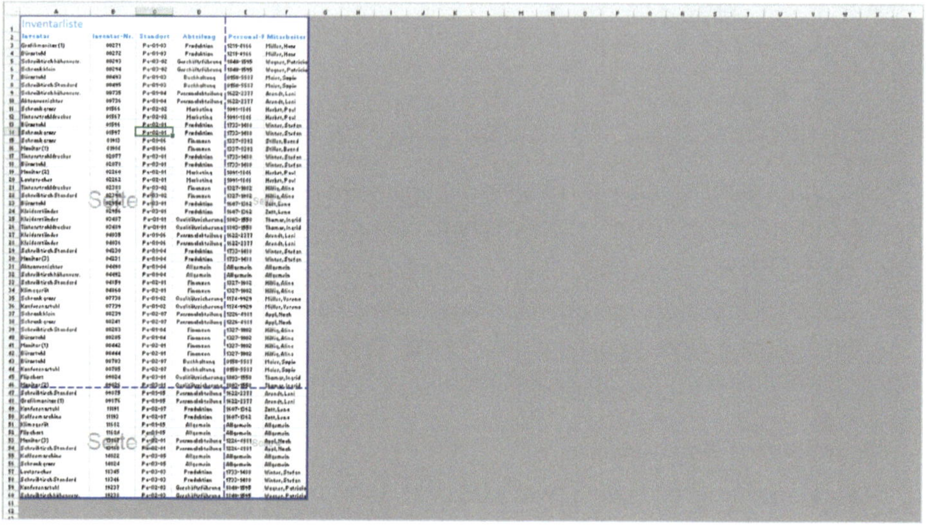

Bild 7.13 Druckbereich und Seitenumbruch in der Umbruchvorschau

Beispiel_Inventarliste.xlsx

> **Vorsicht beim Verschieben des Seitenumbruchs!**
>
> Genau wie der Druckbereich lässt sich in der Umbruchvorschau auch der Seitenumbruch mit der Maus verschieben. Hier ist Vorsicht geboten: Verschieben Sie beispielsweise den Seitenumbruch nach rechts, damit alle Spalten auf eine Druckseite passen, s. Bild oben, so wird die Tabelle automatisch skaliert, d. h. verkleinert. Wie Sie eine Tabelle gezielt skalieren und die Skalierung kontrollieren, lesen Sie im nächsten Punkt.

Tabelle beim Drucken verkleinern (Skalieren)

Passen ein oder zwei Spalten nicht mehr auf eine Druckseite, dann können Sie neben dem Verringern der Spaltenbreite oder der Seitenränder auch die gesamte Tabelle entsprechend verkleinern (Skalieren). Dies gilt nur für den Ausdruck, auf dem Bildschirm erscheint die Tabelle unverändert und die Schriftgröße etwa bleibt gleich.

- Am einfachsten legen Sie die Skalierung im Menüband, Register *Seitenlayout* ▶ *An Format anpassen* über die Felder *Breite* und *Höhe* fest. Wählen Sie statt der Standardeinstellung *Automatisch* (ohne Größenänderung) die gewünschte Anzahl Druckseiten.
- Im Feld *Skalierung* sehen Sie statt der Standardeinstellung 100 % das Ergebnis.

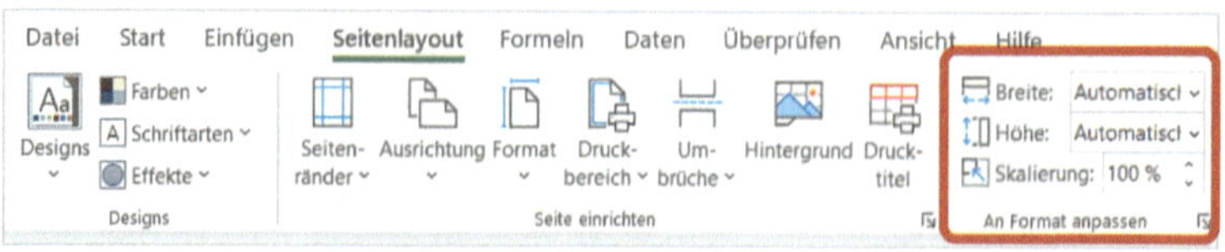

Bild 7.14 Tabelle skalieren

Tipp: Theoretisch können Sie die Skalierung in jeder Ansicht ändern. Am besten eignet sich aber die *Umbruchvorschau*, da Sie hier im Tabellenblatt sofort den Seitenumbruch kontrollieren können. Die Ansicht *Seitenlayout* zeigt dagegen den geänderten Umbruch nicht sofort an.

Beispiel: Damit beim Drucken die Tabelle aus Bild 7.13 so verkleinert wird, dass alle Spalten auf eine Seite passen, klicken Sie in das Feld *Breite* und wählen *1 Seite*. Im Feld *Höhe* kann dagegen *Automatisch* beibehalten werden. Die Tabelle wird dadurch auf 83 % der ursprünglichen Größe verkleinert gedruckt.

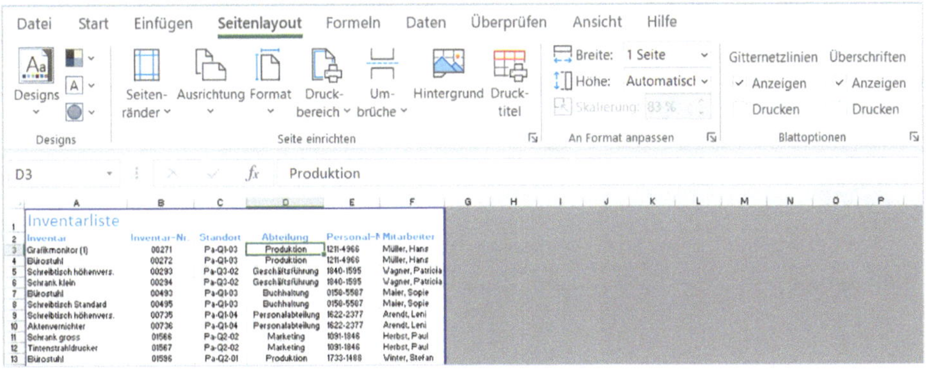

Bild 7.15 Beispiel: Breite an 1 Seite anpassen

Hinweis: Natürlich können Sie als Alternative auch einfach den Seitenumbruch nach rechts verschieben.

Skalierung entfernen/zurücksetzen

Wenn Sie die Skalierung wieder entfernen möchten, dann ändern Sie zunächst Breite und Höhe wieder auf *Automatisch*. Dadurch ist das Feld *Skalierung* nicht mehr inaktiv. Geben Sie hier anschließend *100* ein und betätigen Sie zum Übernehmen die Eingabetaste. Alternativ benutzen Sie zum Ändern die kleinen Pfeile im Feld.

Skalierung in der Druckvorschau

Auch in der Druckvorschau im Register *Datei* (*Drucken*) können Sie eine Tabelle schnell skalieren. Klicken Sie dazu unter *Einstellungen* auf die aktuelle Skalierung, in der Regel *Keine Skalierung*, und wählen Sie zwischen den unten abgebildeten Optionen.

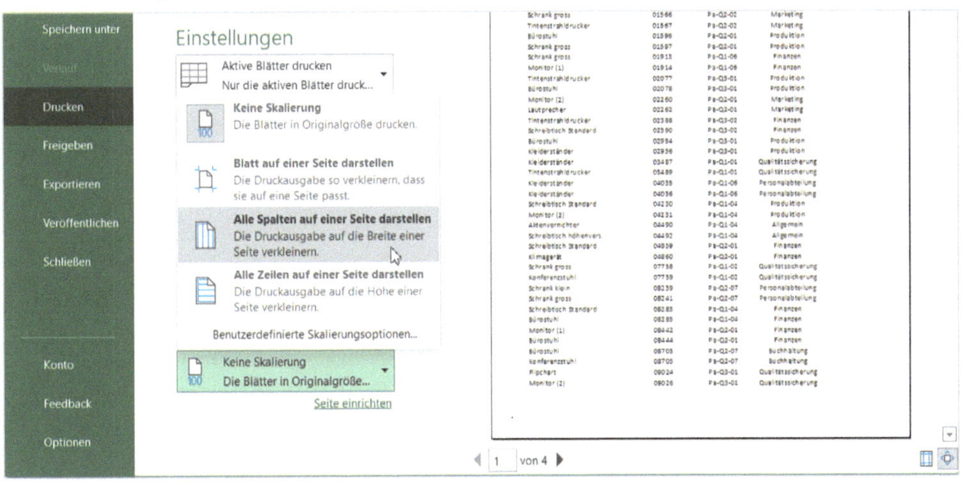

Bild 7.16 Skalierung in der Druckvorschau wählen

7.5 Druckeinstellungen in der Druckvorschau

Allgemeine Druckeinstellungen

Neben der Vorschau und dem Starten des Druckvorgangs finden Sie im Register *Datei* ▶ *Drucken* neben den bereits beschriebenen Einstellungen (Papiergröße, Ausrichtung und Seitenränder; ein Klick auf *Seite einrichten* ❶ öffnet das gleichnamige Dialogfenster) noch die folgenden Möglichkeiten. Ein Klick in das Feld zeigt alle Optionen an.

Bild 7.17 Die Druckeinstellungen in der Druckvorschau

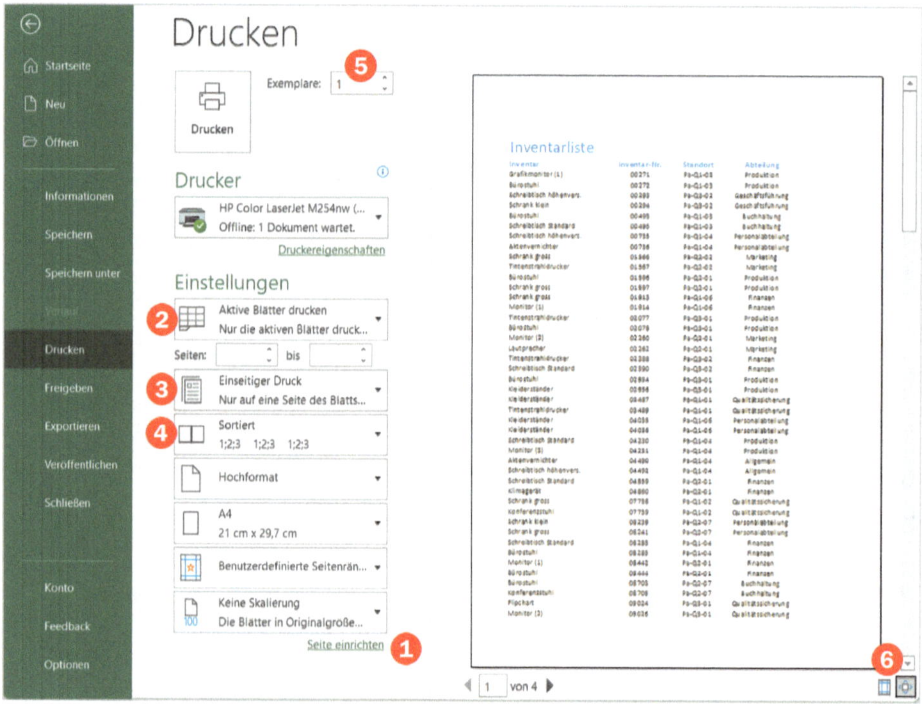

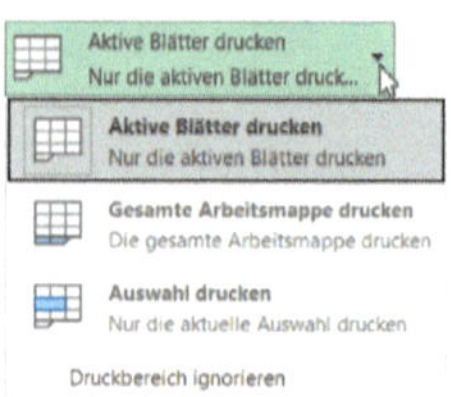

- **Umfang festlegen**: In diesem Feld ❷ können Sie den Umfang festlegen und z. B. statt des aktuellen Tabellenblatts (*Aktive Blätter drucken*) gleich alle Blätter der Mappe oder nur den markierten Zellbereich drucken (*Auswahl drucken*). Falls ein Druckbereich festgelegt wurde und dieser beim Drucken nicht berücksichtigt werden soll, so wählen Sie *Druckbereich ignorieren*. **Achtung**: Die gewählte Einstellung bleibt solange wirksam, bis sie durch erneutes Anklicken bzw. die Auswahl *Aktive Blätter drucken* wieder deaktiviert wird.

  Wenn Sie den Umfang anhand der Seiten festlegen möchten, dann geben Sie unterhalb in den Feldern *Seiten* und *Bis* die entsprechenden Seitenzahlen ein.

- **Beidseitiger Druck**: Falls Sie auf Vorder- und Rückseite des Papiers drucken möchten, so klicken Sie hier ❸ und wählen, ob das Blatt an der langen oder kurzen Seite gedreht werden soll.

- **Mehrere Exemplare sortieren**: Eine sortierte Ausgabe ❹ ist nur sinnvoll, wenn Sie mehrere Exemplare ❺ drucken und der Ausdruck mehrere Seiten umfasst.

Seitenränder und Spaltenbreiten in der Druckvorschau anpassen

In der rechten unteren Ecke der Vorschau ❻ finden Sie zwei nützliche Symbole.

Vorschau vergrößern/verkleinern

Das rechte Symbol *Auf Seite zoomen* ist normalerweise automatisch aktiviert und sorgt dafür, dass eine Druckseite vollständig sichtbar ist. Falls Sie die Tabelle in der Vorschau in der Originalgröße anzeigen möchten, so brauchen Sie diese Einstellung nur durch Anklicken des Symbols deaktivieren. Ein weiterer Klick auf das Symbol zeigt wieder die verkleinerte Druckseite an.

Seitenränder und Spaltenbegrenzungen anzeigen und verschieben

Ein Klick auf das Symbol *Seitenränder anzeigen* blendet nicht nur die Seitenränder, sondern am oberen Rand auch die Spaltenbegrenzungen ein. Besonders praktisch ist, dass sich beide anschließend mit der Maus verschieben lassen.

- **Seitenränder**: Zeigen Sie auf eine Linie, im Bild der rechte Seitenrand, so erscheint ein Doppelpfeil ❶ und Sie können den Rand mit gedrückter linker Maustaste verschieben.
- **Kopf- und Fußzeilenbereich**: Beachten Sie, dass am oberen und unteren Rand gleich zwei Linien sichtbar sind. Dazwischen ❷ befindet sich der Bereich von Kopf- bzw. Fußzeile, den Sie ebenfalls vergrößern und verkleinern können.
- **Spaltenbreite**: Die Markierungen oben ❸ stehen für die rechte Begrenzung der Spalten. Diese lassen sich ebenfalls mit der Maus verschieben, um die Breite einzelner Spalten anzupassen.

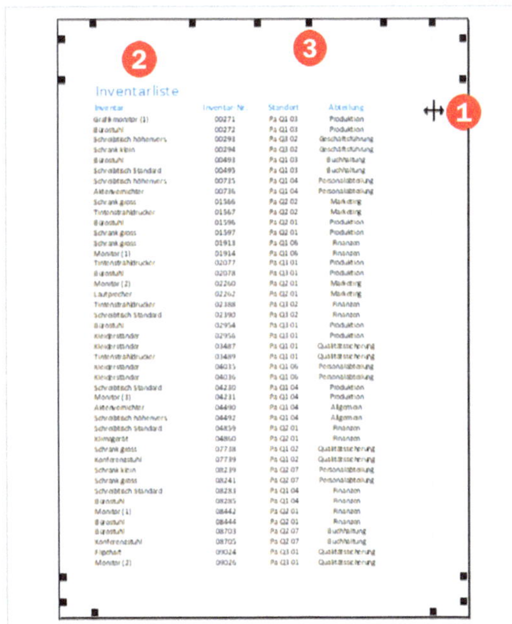

Übersicht: Wie passt eine Tabelle am besten auf eine Druckseite

Hier eine kurze Zusammenfassung der Möglichkeiten, falls Sie feststellen, dass nicht alle Spalten auf eine Druckseite passen. Welche Sie wählen, hängt von den Gegebenheiten ab.

- Spaltenbreite und Seitenränder links und rechts verringern, siehe oben.

- Querformat zum Ausdrucken wählen.
- Tabelle verkleinert drucken (Skalieren), siehe Seite 196.
- Nicht benötigte Spalten ausschließen:
  - entweder durch Verkleinern des Druckbereichs,
  - oder blenden Sie die Spalten einfach vorübergehend aus (Rechtsklick in den Spaltenkopf und Befehl *Ausblenden*),
  - oder markieren Sie die zu druckenden Spalten mit gedrückter **Strg**-Taste (Mehrfachmarkierung) und wählen Sie in der Druckvorschau *Nur Auswahl drucken*.

7.6 Übung

1. Öffnen Sie die Übungsdatei **Übung_Drucken.xlsx**. Fügen Sie in die Kopfzeile links Ihren Namen und darunter das aktuelle Datum ein. Rechts in der Kopfzeile soll der Dateiname und in der Mitte der Fußzeile die Seitenzahl gedruckt werden.
2. Sorgen Sie dafür, dass die Tabelle im Querformat auf eine Druckseite passt.
3. Außerdem soll nur die eigentliche Tabelle gedruckt werden, die Rabattstaffelung links oben soll auf dem Ausdruck nicht erscheinen.

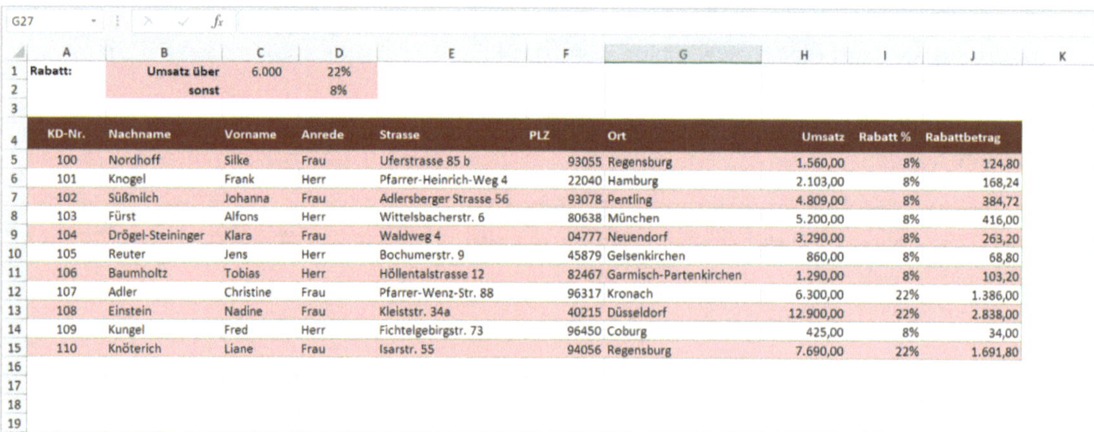

	A	B	C	D	E	F	G	H	I	J	K
1	Rabatt:	Umsatz über	6.000	22%							
2		sonst		8%							
3											
4	KD-Nr.	Nachname	Vorname	Anrede	Strasse	PLZ	Ort	Umsatz	Rabatt %	Rabattbetrag	
5	100	Nordhoff	Silke	Frau	Uferstrasse 85 b	93055	Regensburg	1.560,00	8%	124,80	
6	101	Knogel	Frank	Herr	Pfarrer-Heinrich-Weg 4	22040	Hamburg	2.103,00	8%	168,24	
7	102	Süßmilch	Johanna	Frau	Adlersberger Strasse 56	93078	Pentling	4.809,00	8%	384,72	
8	103	Fürst	Alfons	Herr	Wittelsbacherstr. 6	80638	München	5.200,00	8%	416,00	
9	104	Drögel-Steininger	Klara	Frau	Waldweg 4	04777	Neuendorf	3.290,00	8%	263,20	
10	105	Reuter	Jens	Herr	Bochumerstr. 9	45879	Gelsenkirchen	860,00	8%	68,80	
11	106	Baumholtz	Tobias	Herr	Höllentalstrasse 12	82467	Garmisch-Partenkirchen	1.290,00	8%	103,20	
12	107	Adler	Christine	Frau	Pfarrer-Wenz-Str. 88	96317	Kronach	6.300,00	22%	1.386,00	
13	108	Einstein	Nadine	Frau	Kleiststr. 34a	40215	Düsseldorf	12.900,00	22%	2.838,00	
14	109	Kungel	Fred	Herr	Fichtelgebirgstr. 73	96450	Coburg	425,00	8%	34,00	
15	110	Knöterich	Liane	Frau	Isarstr. 55	94056	Regensburg	7.690,00	22%	1.691,80	
16											
17											
18											
19											

8 Einfache Berechnungen

In diesem Kapitel lernen Sie...

- wie man Formeln eingibt und korrigiert
- wie Formeln schnell kopiert werden können
- Summen berechnen
- einfache Funktionen verwenden
- Zellbezüge und Namen in Formeln

Das sollten Sie bereits wissen

- Dateneingabe und Zahlenformate
- Tabellen formatieren

8.1 Eine Formel eingeben

Excel kann rechnen! Zwei der Hauptaufgaben von Excel sind Berechnungen und Auswertungen, wobei die entsprechende Formel in eine Zelle eingegeben wird. Die Bandbreite reicht von einfachen Formeln, z. B. Zahlen addieren, bis hin zu statistischen oder mathematischen Funktionen, die von Excel bereitgestellt werden.

Gegenüber einem Taschenrechner bietet Excel einige Vorteile: Wenn nachträglich eine Zahl, die für die Berechnung verwendet wurde, geändert wird, erfolgt sofort eine automatische Neuberechnung. Sie sehen also im Tabellenblatt stets die aktuellen Formelergebnisse. Darüber hinaus können Formeln für gleichbleibende Berechnungen schnell mit der Maus in angrenzende Zellen kopiert werden.

Die grundlegenden Bestandteile einer Formel

Tipp! Die Adresse der aktiven Zelle sehen Sie im Namenfeld links oben.

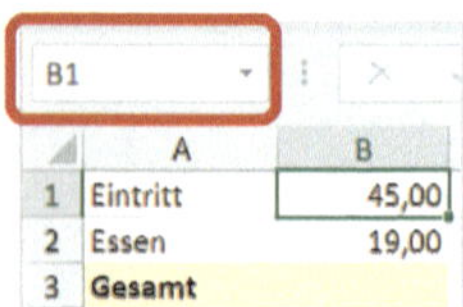

- Jede Formel beginnt mit einem **Gleichheitszeichen** (=).
- Excel-Formeln verwenden in der Regel **Zellbezüge** statt Zahlen. Dies ermöglicht eine automatische Neuberechnung, wenn nachträglich der Inhalt der betreffenden Zelle geändert wird. Jede Zelle eines Tabellenblatts verfügt über eine eindeutige Adresse in der Schreibweise *Spalte Zeile*, zum Beispiel A7. In der Abbildung links befindet sich die Zahl 45 in der Zelle B1. Verwenden Sie den Zellbezug B1 in der Formel, dann erfolgt die Berechnung mit dem Inhalt dieser Zelle. Schreiben Sie dagegen die Zahl (in diesem Beispiel 45) in eine Formel, so wird unabhängig vom Zellinhalt stets mit dieser Zahl gerechnet.
- Natürlich ist es trotzdem möglich, Zahlen statt Zellbezüge in eine Formel einzugeben. Ein Beispiel sind **konstante Werte**, die sich nicht ändern, wie die zwölf Monate eines Jahres oder 24 Stunden. Diese können problemlos direkt in die Formel eingegeben werden. Vermeiden Sie aber Zahlen, die sich ändern können, z. B. Rabatt 2 %.
- Neben Zellbezügen benötigen Sie in Formeln auch **Operatoren** (+ - usw.). Dazu können die folgenden arithmetischen Operatoren und Vergleichsoperatoren verwendet werden:

Operator	Beschreibung
*	Multiplizieren
/	Dividieren
^	Potenzieren
+	Addieren
-	Subtrahieren
&	Zeichenfolgen aneinanderfügen, verketten

Operator	Beschreibung
=	Gleich
<	Kleiner als
<=	Kleiner oder gleich
>	Größer als
>=	Größer oder gleich
<>	Ungleich, Nicht

- Beachten Sie die Prioritäten der Operatoren: Auch in Excel gilt die Regel „Punkt vor Strich". Das bedeutet, dass zuerst Potenzen, Multiplikation und Division berechnet werden und erst danach Addition und Subtraktion. Für eine abweichende Berechnungsreihenfolge müssen Sie runde Klammern verwenden.

So gehen Sie bei der Eingabe einer Formel vor

Im Beispiel unten sollen die Ausgaben für Eintritt und Essen zusammengerechnet werden. Die dazugehörige Formel in B3 muss lauten *=B1+B2*.

1 Markieren Sie die Zelle, in der Sie die Formel berechnen möchten, hier die Zelle B3, und geben Sie das Gleichheitszeichen = über die Tastatur ein.

2 **Zellbezüge mit der Maus in eine Formel übernehmen:** Klicken Sie mit der Maus auf die erste Zelle, die Sie für die Berechnung benötigen, hier B1. Diese Zelladresse erscheint automatisch in der Formel und die Zelle selbst ist mit einem gestrichelten Laufrahmen gekennzeichnet.

Anstelle der Maus können Sie auch die Pfeiltasten zur Auswahl der Zelle verwenden oder die Adresse über die Tastatur eintippen.

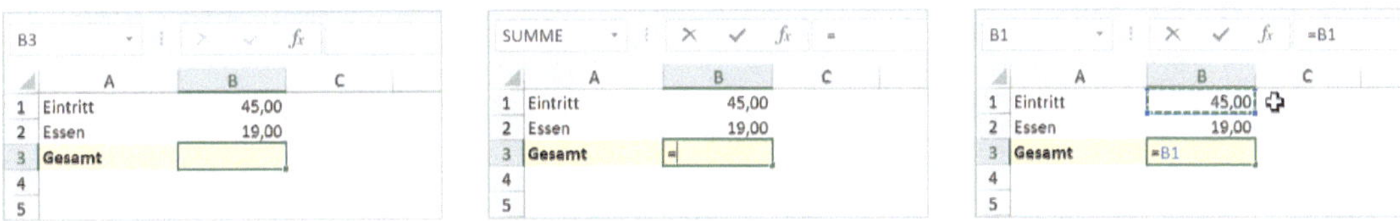

Bild 8.1 Formel eingeben, Teil 1

Formeln.xlsx

3 Geben Sie nun über die Tastatur den Operator + (Addition) ein und klicken Sie anschließend mit der Maus auf die nächste Zelle, hier B2. Anhand der unterschiedlichen farbigen Kennzeichnung lassen sich die Zellbezüge leicht zuordnen.

4 Schließen Sie zuletzt die Formeleingabe ab, entweder mit einem Mausklick auf das Symbol *Eingeben* ✓ ❶ in der Bearbeitungsleiste oder durch Drücken der **Eingabetaste**.

5 In der Zelle B3 erscheint nun das Ergebnis statt der Formel. Dass die markierte Zelle eine Formel enthält, erkennen Sie beim Blick in die Bearbeitungsleiste ❷.

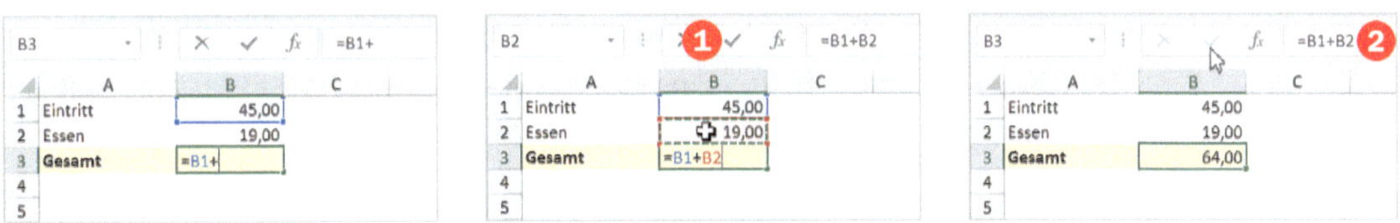

Bild 8.2 Formel eingeben, Teil 2

> **Achtung: Formeleingabe nicht mit den Pfeiltasten oder Klicken mit der Maus beenden!**
>
> Beenden Sie die Eingabe einer Formel nicht mit den Pfeiltasten oder durch Anklicken einer anderen Zelle mit der Maus. Pfeiltasten und die Maus können bei der Formeleingabe zum Eingeben von Zellbezügen verwendet werden und verändern daher möglicherweise die bereits eingetippte Formel.

Formel kontrollieren und ändern

Im Tabellenblatt zeigt Excel das Ergebnis anstelle der Formel an. Inhalt der Zelle B3 ist dennoch nach wie vor die Formel. Dies lässt sich auch ganz einfach feststellen: Markieren Sie die Zelle und werfen Sie einen Blick in die Bearbeitungsleiste, hier ist die Formel sichtbar. Falls Sie diese auch im Tabellenblatt anzeigen möchten, genügt ein Doppelklick mit der Maus in die Ergebniszelle. Mit Drücken der **Esc**-Taste blenden Sie die Formel wieder aus. Änderungen an der Formel können Sie sowohl in der Bearbeitungszeile als auch in der Tabellenzelle vornehmen, Näheres hierzu weiter unten auf Seite 212.

Automatische Neuberechnung bei Änderung der Zellinhalte

Bleiben wir bei unserem Beispiel: Sie stellen fest, dass ohne Ihr Wissen noch zwei Eis am Stiel für insgesamt 6,00 € verzehrt wurden. Diese erhöhen den Betrag in Zelle B2 von 19,00 € auf 25,00 €.

Markieren Sie die Zelle B2, geben Sie den neuen Betrag ein und schließen Sie die Eingabe mit der Eingabetaste ab. In B3 erscheint sofort der neue Gesamtbetrag.

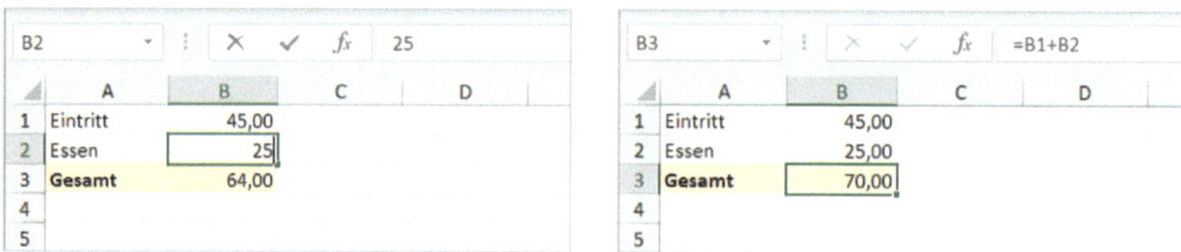

Bild 8.3 Automatische Neuberechnung nach Änderung des Zellinhalts

8.2 Die Funktion Summe und weitere einfache Funktionen

Excel bringt eine Vielzahl vordefinierter Formeln mit, in die Sie nur noch die Zellbezüge einfügen brauchen. Diese werden als Funktionen bezeichnet. Mit ihrer Hilfe können Sie beispielsweise schnell umfangreiche Zahlenkolonnen addieren, den Durchschnitt berechnen oder passend zum Datum die Kalenderwoche anzeigen.

Funktionen verfügen immer über einen Namen, z. B. SUMME, MITTELWERT oder KALENDERWOCHE. Zur Auswahl und Eingabe von Funktionen bietet Excel verschiedene Möglichkeiten an, auf die in der Folge näher eingegangen wird.

Aufbau einfacher Funktionen

- Funktionen beginnen wie Formeln mit einem **Gleichheitszeichen**. Dieses muss allerdings nur eingetippt werden, wenn Sie die Funktion vollständig über die Tastatur eingeben. Wählen Sie dagegen die Funktion im Menüband oder anderweitig aus, so wird das Gleichheitszeichen zusammen mit der Funktion eingefügt.

- Danach folgt der Funktionsname, z. B. SUMME, und unmittelbar dahinter in runden Klammern die Zellbezüge.

  Achtung: Für Zellbereiche, z. B. die Zellen B2, B3, B4 und B5, verwenden Funktionen Bereichsangaben in der Schreibweise ErsteZelle:LetzteZelle, z. B. B2:B5. Das bedeutet, alle Zellen zwischen der ersten und letzten angegebenen Zelle werden in die Berechnung einbezogen, ein Beispiel dafür finden Sie gleich anschließend.

- Mehrere nicht zusammenhängende Bereiche werden mit Semikolon (;) getrennt. Auf Seite 208 sehen Sie, wie unabhängige Bereiche in der Funktion Summe durch Semikolon getrennt werden: *=SUMME(B7:D7;B16:D16)*

Zellen mit der Funktion SUMME addieren

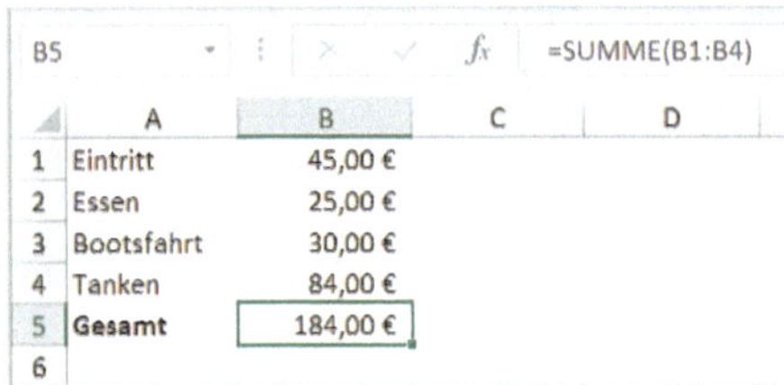

Eine der wichtigsten Excel-Funktionen ist die Funktion SUMME, die die Inhalte eines Zellbereichs (oder auch mehrerer Zellbereiche) addiert. Der Aufbau ist einfach: Um im rechts abgebildeten Beispiel die Inhalte der Zellen B1 bis B4 zu addieren, lautet die Funktion: *=SUMME(B1:B4)*.

Natürlich könnte man dasselbe Ergebnis auch mit der Formel *=B1+B2+B3+B4* berechnen. Dies ist allerdings zeitraubend und fehleranfällig.

Sie finden die Summe im Menüband gleich an zwei Stellen: im Register *Start*, Gruppe *Bearbeiten* ❶ und im Register *Formeln* in der *Funktionsbibliothek* unter der Bezeichnung *AutoSumme* ❷. Welches der beiden Symbole Sie wählen, spielt keine Rolle.

Bild 8.4 Symbol Summe/ AutoSumme im Menüband

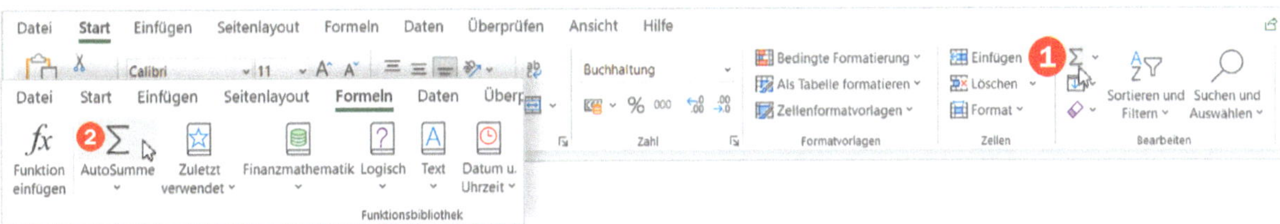

Wie Sie bei der Eingabe der Funktion SUMME vorgehen, hängt davon ab, in welcher Zelle das Ergebnis berechnet werden soll.

Möglichkeit 1: Die Summe in der markierten Zelle berechnen

Wenn Sie die Summe in einer bestimmten Zelle berechnen möchten, dann müssen Sie zuerst diese Zelle markieren. Die Vorgehensweise im Detail:

1. Markieren Sie die Zelle, in der Sie die Summe berechnen möchten ❶, im Bild auf der nächsten Seite E1. Klicken Sie dann im Menüband auf das Symbol *Summe* bzw. *AutoSumme* ❷.

2. Markieren Sie mit der Maus den Zellbereich, den Sie addieren möchten, hier B1 bis B4 ❸, dieser wird mit einem gestrichelten Laufrahmen hervorgehoben.

3 Gleichzeitig erscheint in der Ergebniszelle die Funktion =SUMME(B1:B4). Betätigen Sie zum Übernehmen die **Eingabetaste** oder klicken Sie in der Bearbeitungsleiste auf das Symbol *Eingeben* ✓.

4 In der Zelle erscheint nun das Ergebnis ❹. Wenn Sie die Zelle markieren, sehen Sie in der Bearbeitungsleiste die Formel.

Bild 8.5 Die Summe in einer beliebigen Zelle berechnen

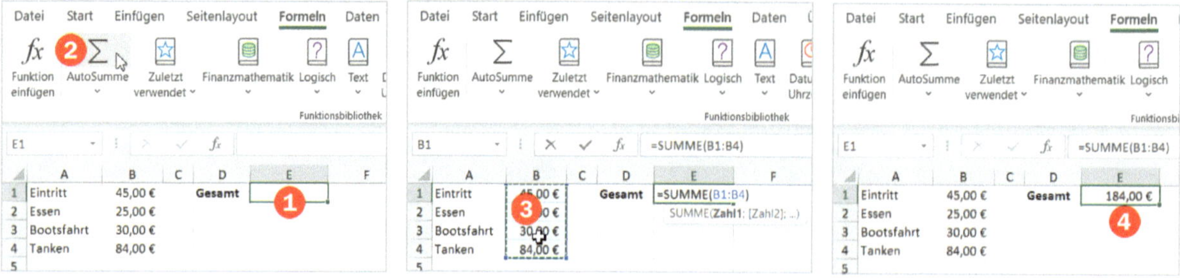

Hinweis: Falls sich oberhalb oder links von der markierten Zelle Zahlen befinden, schlägt Excel diesen Zellbereich automatisch vor, zu erkennen am Laufrahmen. Solange der Laufrahmen aktiv ist, können Sie jederzeit mit der Maus einen anderen Zellbereich markieren.

> Solange während der Eingabe der Funktion der Laufrahmen aktiv ist, können Sie jederzeit durch Markieren eines neuen Bereichs den zu addierenden Zellbereich ändern (Zeigen-Modus).

Möglichkeit 2: Die Summe in der angrenzenden Zelle einfügen

Wenn Sie die Summe in die, an den zu addierenden Bereich unmittelbar angrenzende Zelle einfügen möchten, dann können Sie auch die verkürzte Methode wählen.

1 Markieren Sie den zu addierenden Zellbereich ❶, hier wieder B1 bis B4, und klicken Sie auf das Symbol *AutoSumme* ❷.

2 Das Ergebnis wird dadurch automatisch in die Zelle unmittelbar unterhalb ❸ des markierten Bereichs eingefügt.

Bild 8.6 Summe automatisch in angrenzende Zelle einfügen

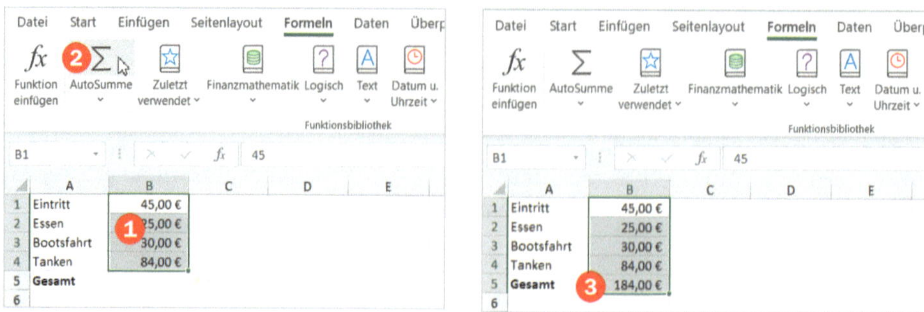

Werte in Zeile addieren: Diese Methode funktioniert natürlich auch, wenn Sie mehrere, in einer Zeile nebeneinander befindliche Zahlen addieren möchten. In diesem Fall wird die Summe automatisch in die unmittelbar rechts angrenzende Zelle eingefügt.

Möglichkeit 3: Schnellanalyse nutzen

Als dritte Alternative kommt noch die Schnellanalyse in Betracht. Auch diese fügt die Summe automatisch in die unmittelbar angrenzende Zelle ein.

1 Dazu markieren Sie ebenfalls zuerst den zu addierenden Zellbereich und klicken auf das Symbol *Schnellanalyse* ❶, das im Tabellenblatt rechts unterhalb des markierten Bereichs erscheint.

2 Wählen Sie das Register *Ergebnisse* ❷ und klicken Sie auf *Summe* (in Zeile unterhalb) ❸. In Ihrer Tabelle sehen Sie fett hervorgehoben eine Vorschau auf das Ergebnis, das Sie mit der **Eingabetaste** übernehmen.

Bild 8.7 Summe in der Zeile unterhalb mit der Schnellanalyse einfügen

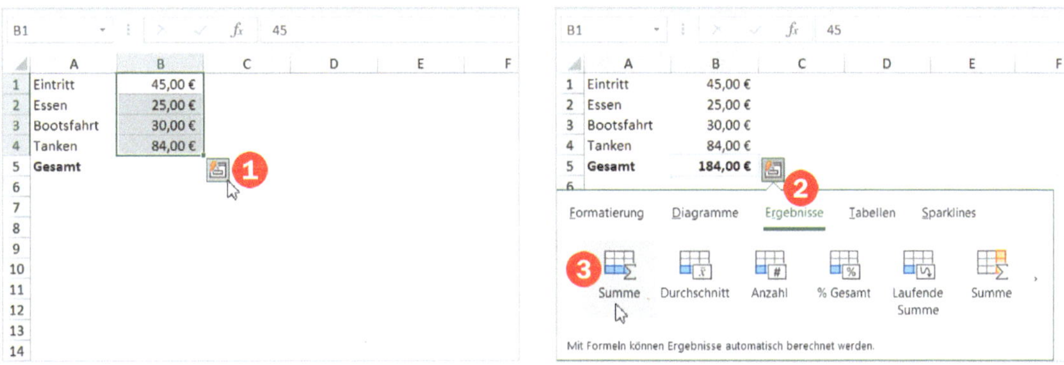

Mehrere Summen gleichzeitig berechnen

Viele Tabellen sind einheitlich aufgebaut und häufig müssen die Summen gleich für mehrere Spalten und/oder Zeilen berechnet werden. Diese können Sie in einem einzigen Arbeitsschritt berechnen, indem Sie gleich mehrere Zellen markieren.

Im unten abgebildeten Beispiel soll die Summe der Ausgaben je Monat, also für Januar, Februar und März in einem einzigen Arbeitsschritt berechnet werden.

- Dazu markieren Sie entweder den Zahlenbereich, wie im Bild links, oder den Ergebnisbereich, wie im mittleren Bild, und klicken danach auf *AutoSumme*.
- In beiden Fällen fügt Excel die Ergebnisse gesondert für alle drei Spalten ein, siehe Bild rechts.

Bild 8.8 Summen für mehrere Spalten in einem Arbeitsschritt berechnen

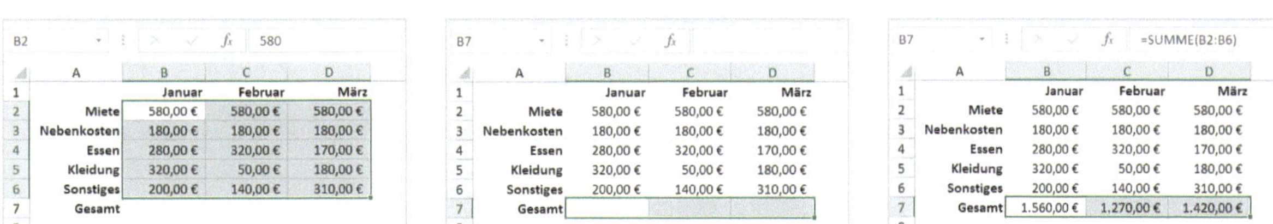

Die Datei ist als Download verfügbar:

Summen.xlsx

Diese Vorgehensweise funktioniert natürlich auch, wenn Sie statt Spaltensummen die Zeilensummen berechnen möchten.

Mehrere, nicht zusammenhängende Ergebnisbereiche

Auch für nicht zusammenhängende Ergebnisbereiche können Sie die Summen in einem einzigen Schritt einfügen.

Im folgenden Beispiel sollen die Gesamtbeträge aller Ausgaben für die Monate Januar, Februar, März und in der Tabelle darunter für April, Mai und Juni berechnet werden.

- Markieren Sie zunächst den ersten Zellbereich, im Bild links B2:D6. Drücken Sie dann die **Strg**-Taste und halten Sie die Taste gedrückt, während Sie mit der Maus den zweiten Bereich markieren. Oder markieren Sie den ersten Ergebnisbereich und dann mit gleichzeitig gedrückter **Strg**-Taste die übrigen Ergebnisbereiche, wie im Bild rechts.
- Klicken Sie dann im Menüband auf *Autosumme*.

Bild 8.9 Bild links: Zwei unabhängige Zahlenbereiche markieren

Bild 8.10 Bild rechts: Zwei Ergebnisbereiche markieren

B10 | fx 580

	A	B	C	D	E
1		Januar	Februar	März	
2	Miete	580,00 €	580,00 €	580,00 €	
3	Nebenkosten	180,00 €	180,00 €	180,00 €	
4	Essen	280,00 €	320,00 €	170,00 €	
5	Kleidung	320,00 €	50,00 €	180,00 €	
6	Sonstiges	200,00 €	140,00 €	310,00 €	
7	Gesamt				
8					
9		April	Mai	Juni	
10	Miete	580,00 €	580,00 €	580,00 €	
11	Nebenkosten	180,00 €	180,00 €	180,00 €	
12	Essen	410,00 €	190,00 €	210,00 €	
13	Kleidung	80,00 €	260,00 €	180,00 €	
14	Sonstiges	150,00 €	200,00 €	270,00 €	
15	Gesamt				
16					

B15 | fx

	A	B	C	D	E
1		Januar	Februar	März	
2	Miete	580,00 €	580,00 €	580,00 €	
3	Nebenkosten	180,00 €	180,00 €	180,00 €	
4	Essen	280,00 €	320,00 €	170,00 €	
5	Kleidung	320,00 €	50,00 €	180,00 €	
6	Sonstiges	200,00 €	140,00 €	310,00 €	
7	Gesamt				
8					
9		April	Mai	Juni	
10	Miete	580,00 €	580,00 €	580,00 €	
11	Nebenkosten	180,00 €	180,00 €	180,00 €	
12	Essen	410,00 €	190,00 €	210,00 €	
13	Kleidung	80,00 €	260,00 €	180,00 €	
14	Sonstiges	150,00 €	200,00 €	270,00 €	
15	Gesamt				
16					

Summe über nicht zusammenhängende Zellbereiche berechnen

Mit der Funktion SUMME können Sie auch die Summe über Zahlen berechnen, die sich nicht in einem zusammenhängenden Zellbereich befinden. Auch hierzu benötigen Sie wieder eine Mehrfachmarkierung mit der **Strg**-Taste. Im Bild auf der nächsten Seite ein Beispiel, bei dem in G2 die Summe aus den Zahlen in A2:A8 und in D2:D4 berechnet werden soll.

1. Markieren Sie die Zelle G2 und klicken Sie im Menüband auf *AutoSumme*.
2. Sollte Excel anschließend einen, allerdings komplett unsinnigen, Zellbereich vorschlagen wie im Bild auf der nächsten Seite, dann ignorieren Sie diesen Vorschlag und markieren stattdessen den ersten Zellbereich, hier A2:A8.
3. Markieren Sie dann mit gleichzeitig gedrückter **Strg**-Taste den zweiten Zellbereich, hier D2:D4, und schließen Sie die Eingabe mit der **Eingabetaste** ab.

Die Zellbereiche werden während der Eingabe in unterschiedlichen Farben gekennzeichnet und die Funktion lautet in diesem Fall: =SUMME(A2:A8;D2:D4). Der erste und der zweite Zellbereich werden mit Semikolon (;) getrennt. Diese Vorgehensweise funktioniert auch mit mehr als zwei nicht zusammenhängenden Zellbereichen.

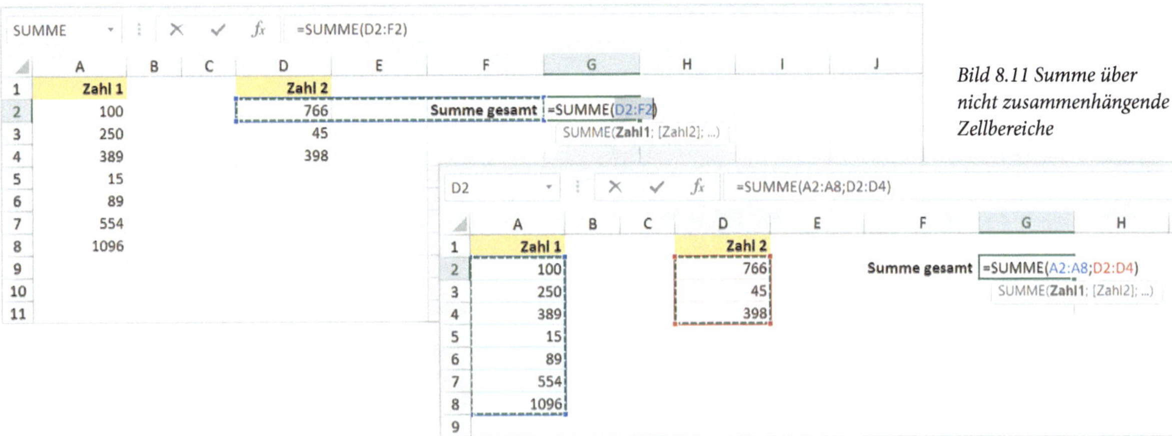

Bild 8.11 Summe über nicht zusammenhängende Zellbereiche

Anzahl, Mittelwert, größten und kleinsten Wert ermitteln

Im Dropdown-Menü der Schaltfläche *AutoSumme* finden Sie noch weitere, häufig benötigte Funktionen, mit denen Sie den Mittelwert (Durchschnitt), den größten und kleinsten Wert sowie die Anzahl der Zahlen eines Zellbereichs ermitteln können.

Funktion	Beschreibung
Mittelwert	Berechnet den Durchschnitt, genauer gesagt den arithmetischen Mittelwert aus dem angegebenen Zellbereich.
Anzahl Zahlen	Ermittelt die Anzahl der Zahlen im angegebenen Zellbereich, Text hingegen wird ignoriert.
Max	Ermittelt den größten Wert eines Zellbereichs.
Min	Ermittelt den kleinsten Wert eines Zellbereichs.

Noch mehr Funktionen lernen Sie in Kapitel 9 kennen.

Die Eingabemöglichkeiten sind dieselben wie bei der Funktion SUMME: Markieren Sie die Ergebniszelle oder den Zahlenbereich und klicken Sie zum Einfügen der Funktion entweder im Register *Start* oder im Register *Formeln* auf den Dropdown-Pfeil der Schaltfläche *AutoSumme*.

Beispiel: Eine kleine Auswertung mit ANZAHL, MITTELWERT, MIN und MAX

Sie haben eine Excel-Tabelle mit den Ergebnissen eines Laufwettbewerbs vor sich (Bild auf der nächsten Seite) und möchten die folgenden Werte ermitteln:

Die Datei ist als Download verfügbar:

Anzahl_Mittelwert_Min_Max.xlsx

- Wie viele Personen haben teilgenommen? (Anzahl Zahlen)
- Beste Zeit, Siegerzeit: (kleinste Zeit, also Min)
- Letzter im Ziel, schlechteste Zeit: (langsamste bzw. größte Zeit = Max)
- Durchschnittliche Zeit: (Mittelwert)

1. Teilnehmerzahl berechnen

1. Klicken Sie auf die Zelle E2 und danach im Menüband auf den Dropdown-Pfeil des Symbols *AutoSumme* (Register *Start* oder *Formeln*).
2. Wählen Sie *Anzahl Zahlen*, markieren Sie danach den Bereich B2:B14 und betätigen Sie zum Übernehmen die Eingabetaste.

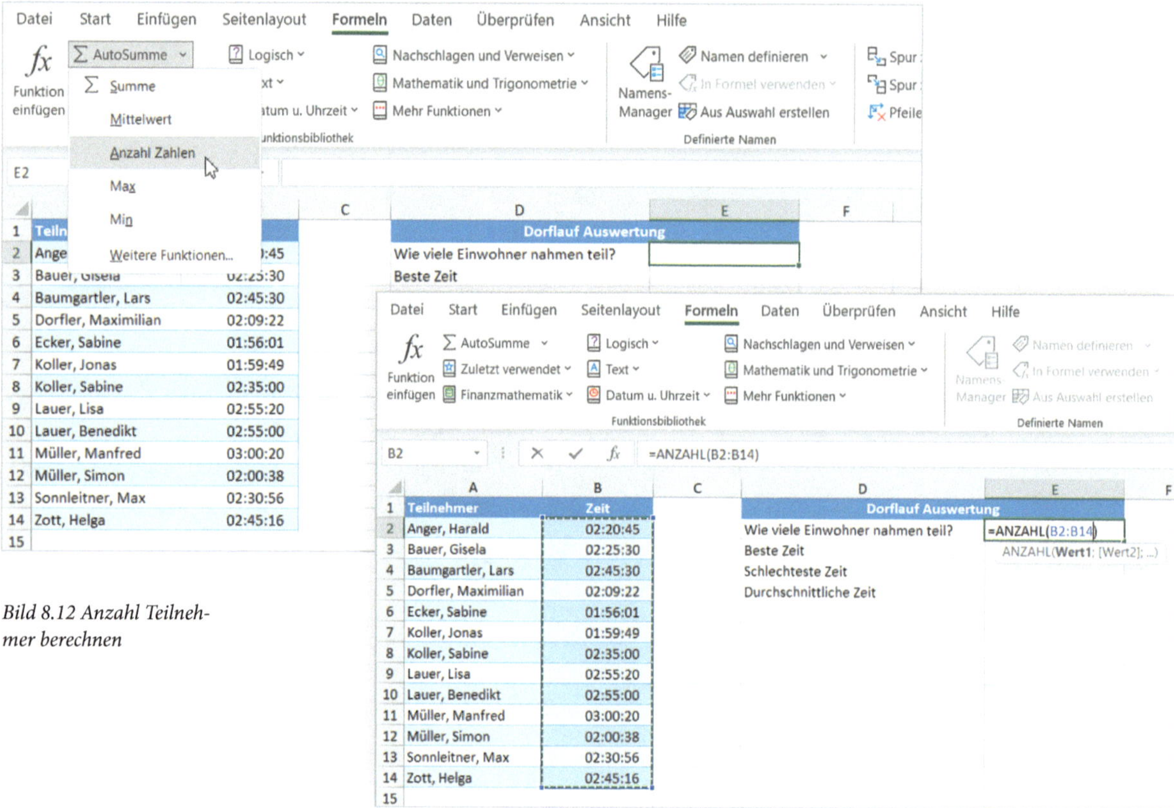

Bild 8.12 Anzahl Teilnehmer berechnen

Weshalb B2:B14 und nicht A2:A14 als Zellbereich wählen?
Die Antwort ist ganz einfach: Die Funktion ANZAHL zählt nur die Zahlen, wozu auch Datumswerte und Uhrzeit gehören. Die Spalte A dagegen enthält Text und die Angabe des Bereichs A2:A14 würde das (korrekte) Ergebnis 0 liefern.

Tipp: Sollten nur Namen zur Verfügung stehen, so hilft die Funktion ANZAHL2. Diese berücksichtigt alle nicht leeren Zellen.

2. Durchschnittszeit berechnen

Um die Durchschnittszeit zu berechnen, klicken Sie auf die Zelle E5 und wählen über den Dropdown-Pfeil des Symbols *AutoSumme* den *Mittelwert* aus. Markieren Sie danach die Zeiten in B2:B14 und übernehmen Sie die Funktion mit der Eingabetaste.

3. Min und Max berechnen

Zur Ermittlung der besten und schlechtesten Zeit in E3 und E4 verfahren Sie genauso und wählen *Min* und *Max* aus.

> **Summe, Mittelwert und Anzahl anzeigen ohne Einfügen**
>
> Falls Sie Mittelwert, Anzahl oder die Summe eines Zahlenbereichs schnell anzeigen möchten, ohne das Ergebnis in das Tabellenblatt einzufügen, dann markieren Sie den entsprechenden Zellbereich und werfen einen Blick in die Statusleiste. Hier erscheinen standardmäßig Mittelwert, Anzahl und Summe über den markierten Bereich. Falls diese nicht erscheinen oder Sie noch andere Ergebnisse benötigen, so klicken Sie mit der rechten Maustaste an eine beliebige Stelle der Statusleiste und aktivieren die Funktion, z. B. *Minimum*.
>
> Beachten Sie einen kleinen Unterschied bei der Ermittlung der Anzahl. Die Auswahl *Anzahl Zahlen* aus dem Dropdown-Menü des Symbols *AutoSumme* (siehe oben) liefert die Anzahl der Zahlen im markierten Bereich, während *Anzahl* in der Statusleiste unabhängig vom Inhalt alle nicht leeren Zellen zählt. Falls in der Statusleiste nur die Anzahl der Zahlen gewünscht wird, müssen Sie hier *Numerische Zahl* aktivieren.

Bild 8.13 Zusammenfassungen in der Statusleiste

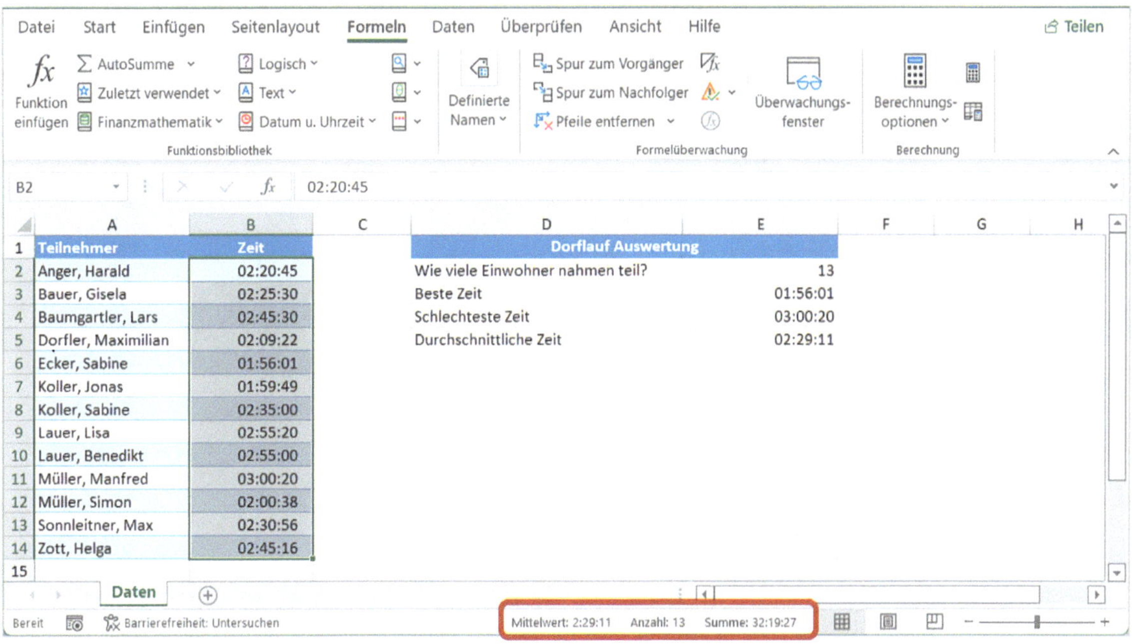

Durchschnitt und Anzahl über die Schnellanalyse einfügen

Durchschnitt und Anzahl können Sie auch über die Schnellanalyse einfügen. Markieren Sie dazu den auszuwertenden Zellbereich, in diesem Beispiel die Zeiten in B2:B14, klicken Sie im Tabellenblatt auf das Symbol *Schnellanalyse* und wählen Sie das Register *Ergebnisse*.

8.3 Formeln und Funktionen nachträglich bearbeiten

Formeln anzeigen

Enthält eine Zelle eine Formel, so sehen Sie im Tabellenblatt nur das Formelergebnis. Um die Formel anzuzeigen, verwenden Sie eine der folgenden Methoden:

- **Bearbeitungsleiste**: Markieren Sie die Zelle, so erscheint die Formel in der Bearbeitungsleiste ❶.

Die Funktionstaste **F2** zeigt ebenfalls den Zellinhalt, also die Formel, im Tabellenblatt an.

- **Formel im Tabellenblatt anzeigen**: Wenn die Formel auch im Tabellenblatt erscheinen soll, dann doppelklicken Sie auf die betreffende Zelle oder markieren Sie die Zelle und betätigen Sie die Funktionstaste **F2**. Dadurch erscheint anstelle des Ergebnisses wieder die Formel, die Zellbezüge und die dazugehörigen Zellen sind farbig gekennzeichnet ❷. Mit Drücken der **Esc**-Taste verschwindet die Formel wieder.

Bild 8.14 Formel anzeigen

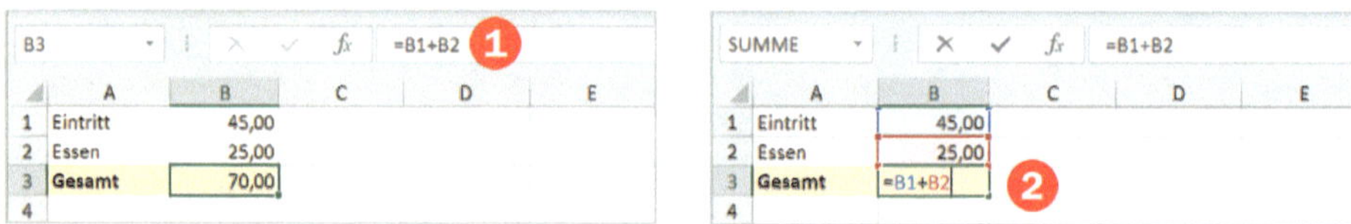

> **Vorsicht beim Klicken, wenn die Formel im Tabellenblatt sichtbar ist!**
> Die Methode Doppelklick ist eindeutig der bessere Weg, eine Formel zu kontrollieren. Beachten Sie aber, dass dadurch eine Formel auch geändert werden kann, siehe weiter unten. Beenden Sie also zuerst den Bearbeiten-Modus mit der **Esc**-Taste, bevor Sie im Tabellenblatt mit der Arbeit fortfahren.

Formeln bearbeiten

Mit den oben genannten Methoden lassen sich Formeln nicht nur anzeigen, sondern auch nachträglich ändern. Markieren Sie dazu entweder die Zelle mit der Formel, klicken in der Bearbeitungsleiste in die Formel und nehmen hier Ihre Änderungen vor. Oder doppelklicken Sie auf die Zelle und ändern Sie die Formel direkt im Tabellenblatt.

Zellbezüge mit der Maus korrigieren

Löschen und Neueingabe bzw. Überschreiben eines fehlerhaften Zellbezugs in der Formel sind selbstverständlich ebenfalls möglich, wenn auch umständlicher.

In beiden Fällen werden anschließend die Zellbezüge in der Formel farbig gekennzeichnet und die dazugehörigen Zellen im Tabellenblatt in derselben Farbe umrandet. Dadurch lassen sich die Zellbezüge in der Formel leicht überprüfen und fehlerhafte Bezüge schnell mit der Maus korrigieren. So gehen Sie vor:

1. Doppelklicken Sie auf die Zelle mit der Formel. Anhand der farbigen Umrandungen wird der Fehler in der Formel schnell klar, im Beispiel auf der nächsten Seite ist der Zellbezug versehentlich um eine Zelle nach unten gerutscht.
2. Zeigen Sie mit der Maus auf die Umrandung dieser Zelle, hier B3. Am Mauszeiger erscheinen vier Richtungspfeile. Verschieben Sie nun den farbigen Rahmen auf

die richtige Zelle und übernehmen Sie die geänderte Formel entweder mit der **Eingabetaste** oder Klick auf das Symbol *Eingeben* ✓ in der Bearbeitungsleiste.

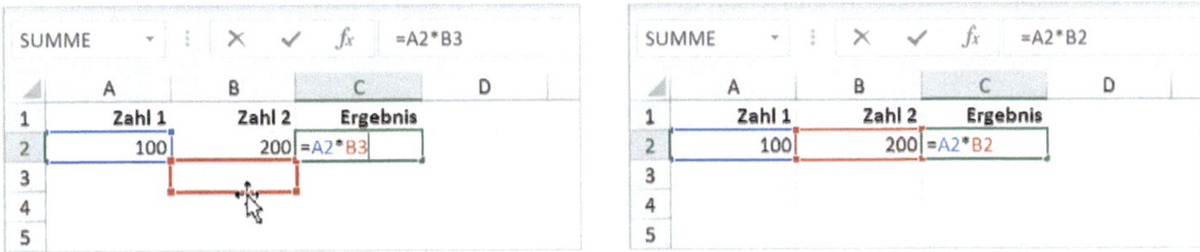

Bild 8.15 Beispiel fehlerhaften Zellbezug korrigieren

Zellbereiche anpassen

Auch Zellbereiche, z. B. bei der Summenberechnung, lassen sich auf diese Weise mit der Maus schnell vergrößern, verkleinern oder verschieben. Im unten abgebildeten Beispiel sehen Sie einen häufigen Fehler: Die Summe wurde ursprünglich für die Monate Januar bis März berechnet und der Monat April erst später hinzugefügt. Zum Vergrößern des Zellbereichs zeigen Sie in eine Ecke der Umrandung. Als Mauszeiger erscheint ein Doppelpfeil und Sie können durch Ziehen den Bereich vergrößern.

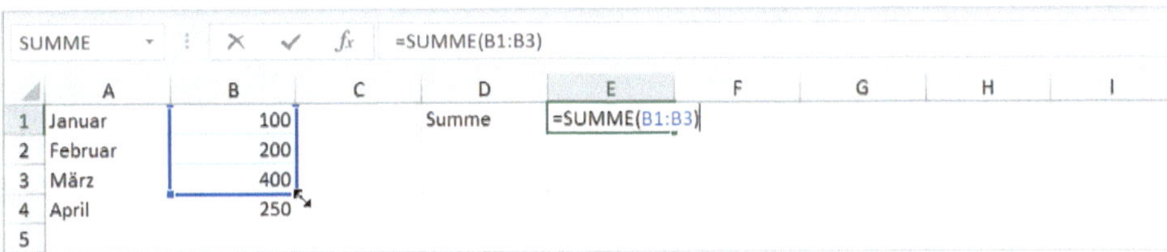

Bild 8.16 Zellbereich in der Formel anpassen

Achtung: Bearbeiten-Modus!

Während eine Formel im Tabellenblatt bearbeitet oder auch nur angezeigt wird, befindet sich Excel im Bearbeiten-Modus. Das bedeutet, Sie können ausschließlich den Inhalt der aktuellen Zelle bearbeiten und im Menüband sind die meisten Symbole inaktiv, wie im Bild unten. Damit Sie im Tabellenblatt fortfahren können, müssen Sie erst den Bearbeiten-Modus mit der Eingabetaste oder Esc-Taste beenden.

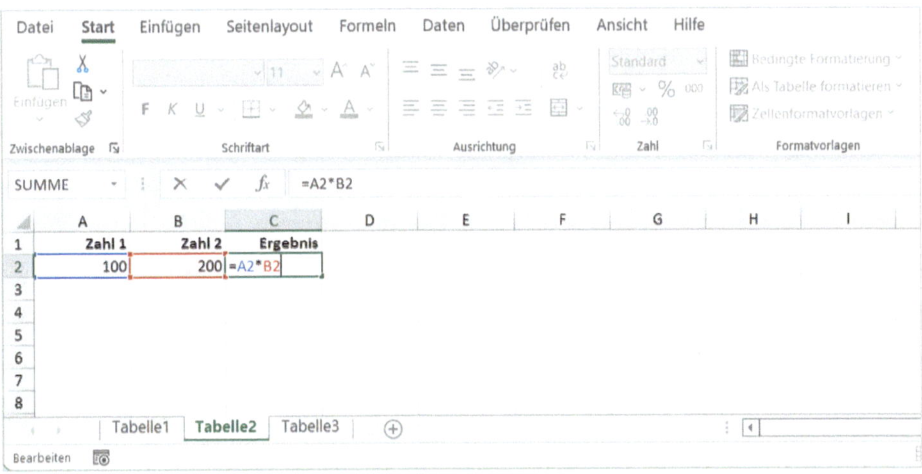

Bild 8.17 Bearbeiten-Modus

Fehler in Formeln erkennen und beheben

Excel kann einige Fehler in Formeln automatisch erkennen, dann erscheint in der Zelle anstelle des Formelergebnisses einer der folgenden Fehlerwerte:

Fehlerwert	Ursache
DIV/0!	Sie dividieren eine Zahl durch 0 oder eine leere Zelle. Dies ist mathematisch nicht möglich.
#NAME?	Die Formel enthält einen nicht existierenden Namen. Entweder wurde der Name einer Funktion nicht korrekt geschrieben oder Sie verwenden anstelle eines Zellbezugs einen nicht existierenden Namen (siehe Seite 229). Außerdem erscheint dieser Fehlerwert, wenn zwei Zellbezüge ohne Trennung aufeinanderfolgen, z. B. =A2B2.
#WERT!	Sie führen eine arithmetische Berechnung mit einer Zelle durch, die Text anstelle einer Zahl enthält. So ist beispielsweise 12,-- keine gültige Zahl. Auch ein Leerzeichen in einer vermeintlich leeren Zelle kann die Meldung hervorrufen.
#NV!	Mit einer Verweisfunktion wurde kein passender Wert gefunden (Nicht Verfügbar).
#BEZUG!	In einer Formel befindet sich ein Zellbezug, der beim Löschen einer Zeile oder Spalte entfernt wurde. Beim Kopieren oder Verschieben einer Formel werden die Zellbezüge automatisch angepasst. Wenn eine Anpassung aufgrund der Zielposition nicht möglich ist, erscheint dieser Fehlerwert ebenfalls.
#NULL!	Falls dieser Fehlerwert erscheint, kontrollieren Sie die Zellbereiche in der Formel auf fehlenden Doppelpunkt. Möglicherweise fehlt auch das Semikolon zwischen zwei Zellbereichen oder zwischen zwei Zellbezügen wurde anstelle eines Operators ein Leerzeichen eingegeben.

Hilfe zum Fehlerwert erhalten

Tipp: Bereits beim Zeigen auf das Warnsymbol erhalten Sie eine erste Information.

Im Beispiel unten sollen die Gesamtausgaben auf die Teilnehmer verteilt werden. Allerdings liefert die Formel in B4: =B2/B3 den Fehlerwert #DIV0!, da die Zelle B3 vorerst noch leer ist. Zusammen mit dem Fehlerwert erscheint in der linken oberen Ecke der Zelle ein kleines grünes Dreieck sowie ein Warnsymbol, sobald Sie die Zelle markieren.

Um weitere Informationen und Hilfe zu erhalten, markieren Sie diese Zelle und klicken auf das gelbe Warnsymbol. Mit der Auswahl *Hilfe zu diesem Fehler* öffnet sich die Excel-Hilfe mit Beispielen zu möglichen Fehlern. In diesem Beispiel ist allerdings die Fehlerursache klar und sobald Sie die endgültige Teilnehmerzahl in B3 eintragen, verschwindet auch der Fehlerwert samt grünem Dreieck.

Bild 8.18 Weitere Informationen und Hilfe zu Fehlerwerten

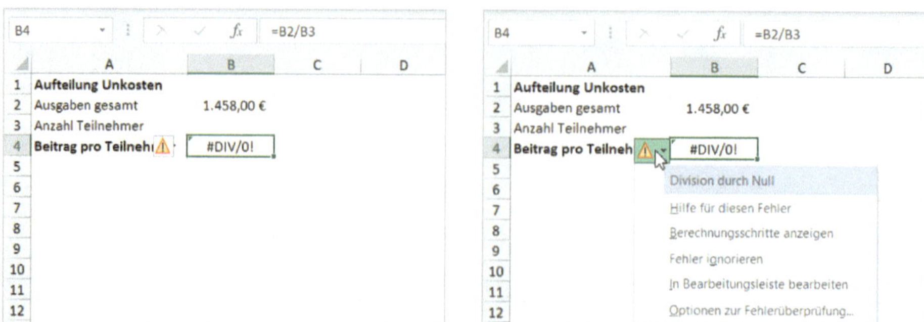

Was bedeutet das grüne Dreieck?

Ein kleines Dreieck in der linken oberen Ecke der Zelle weist Sie auf mögliche Fehler hin, auch wenn kein Fehlerwert erscheint. Für weitere Informationen markieren Sie in solchen Fällen die Zelle und klicken ebenfalls auf das dazugehörige Warnsymbol. Im Beispiel in Bild 8.19 erhalten Sie die Meldung, dass die Formel =SUMME(B1:B3) nicht alle angrenzenden Zellen einschließt, und Sie können mit der Auswahl *Bezug erweitern, um Zellen einzuschließen* schnell den Zellbereich anpassen.

Nicht immer liegt auch wirklich ein Fehler vor. Das grüne Dreieck erscheint beispielsweise auch, wenn sich eine Formel von den übrigen in der Spalte/Zeile unterscheidet oder wenn eine Zahl als Text formatiert wurde. In Bild 8.20 wurde als Beispiel in D1 und D4 jeweils die Summe aller Einnahmen und Ausgaben berechnet. Prompt versieht Excel beide Zellen mit dem grünen Dreieck, da hier an den, in der Formel verwendeten Zellbereichen weitere Zahlen angrenzen.

Da in diesem Fall die Formel korrekt ist, können Sie mit der Auswahl *Fehler ignorieren* das grüne Dreieck ausblenden. Das ist auch gleich für mehrere Zellen möglich.

Bild 8.19 Zellbereich schnell erweitern

Bild 8.20 Fehler ignorieren

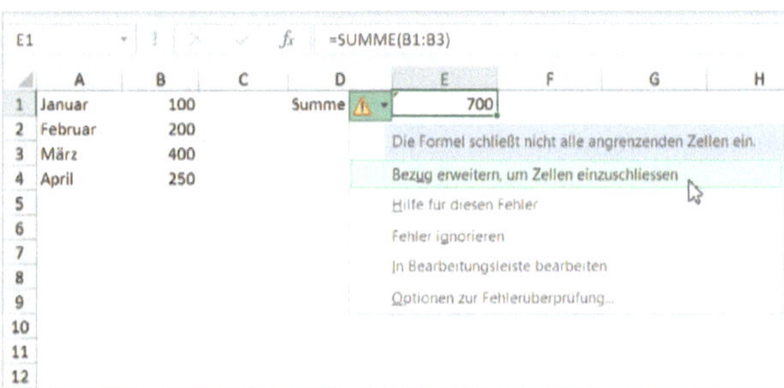

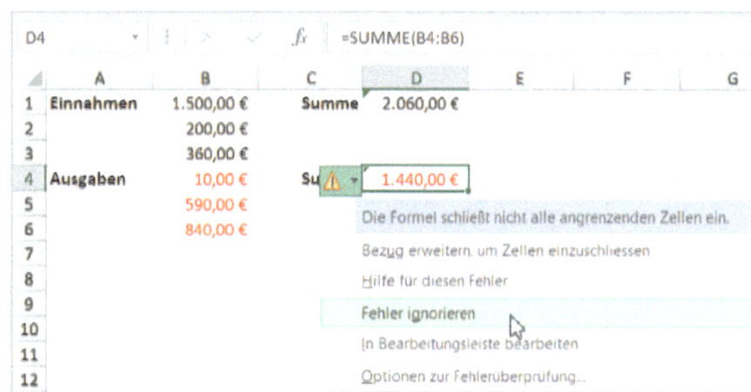

Was ist ein Zirkelbezug?

Ein Zirkelbezug liegt vor, wenn Sie in einer Formel die Zelladresse des Formelergebnisses verwenden - zum Beispiel, wenn Sie, wie im Bild unten, in B4 die Summe über B1:B4 zu berechnen versuchen. Diese kann von Excel nicht berechnet werden und nach Betätigen der Eingabetaste erscheint eine Zirkelbezugswarnung.

- Klicken Sie in solchen Fällen auf *OK* und korrigieren Sie anschließend die Formel.

Bild 8.21 Beispiel Zirkelbezug

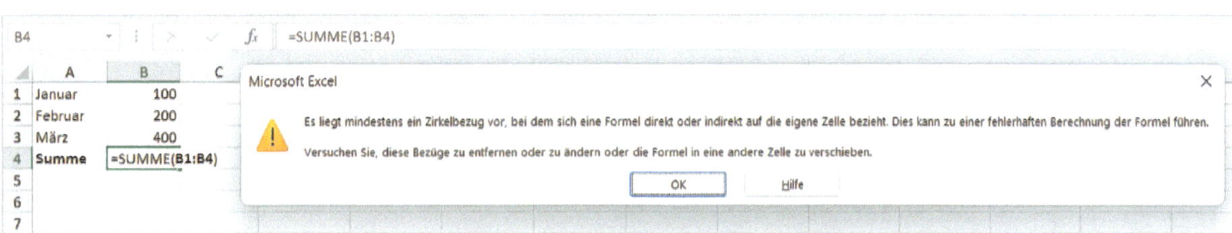

Wenn in einer Arbeitsmappe ein nicht berichtigter Zirkelbezug vorhanden ist, erscheint in der Statusleiste ein Hinweis auf die fehlerhafte Zelle und auch beim Öffnen einer solchen Arbeitsmappe erhalten Sie eine Warnung.

Rautezeichen #

Erscheinen in der Zelle #-Zeichen anstelle eines Formelergebnisses, so ist dies eigentlich keine Fehlermeldung (Ausnahme negative Datums- oder Uhrzeitformate), sondern bedeutet in der Regel nur, dass die Spaltenbreite zur Anzeige der vollständigen Zahl nicht ausreicht. Ändern Sie die Spaltenbreite oder formatieren Sie, falls möglich, die Zahl mit weniger Nachkommastellen.

8.4 Formeln kopieren

Formel in angrenzende Zellen kopieren

Häufig wird eine Formel oder Funktion gleich für mehrere Zeilen oder Spalten benötigt. Dann können Sie diese mithilfe des **AutoAusfüllkästchens** schnell in angrenzende Zellen kopieren.

1 Geben Sie die Formel in die erste Zelle ein, im Bild unten in D2, und schließen Sie die Formeleingabe ab. Markieren Sie dann die Zelle mit der Formel und zeigen Sie mit der Maus auf das AutoAusfüllkästchen in der unteren rechten Ecke des Markierungsrahmens. Der Mauszeiger erscheint als Pluszeichen (+).

2 Drücken Sie nun die linke Maustaste und ziehen Sie mit gedrückter Maustaste über den auszufüllenden Zellbereich. Die Formel wird in diese Zellen kopiert.

Bild 8.22 Formel mit dem AutoAusfüllkästchen kopieren

Zellbezüge.xlsx

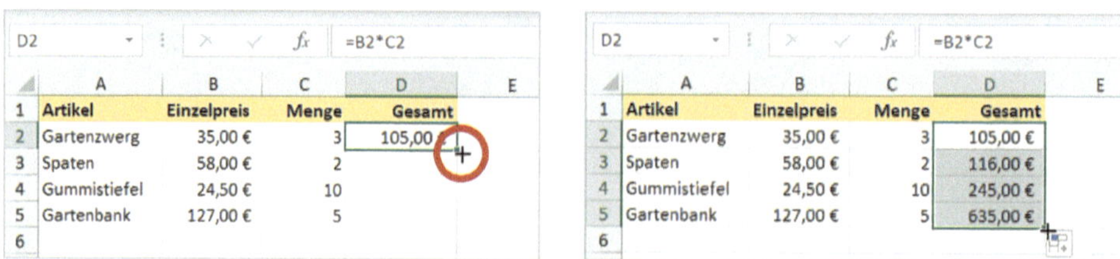

> **Tipp: Schnelles Kopieren über mehrere Zeilen**
>
> Ein Doppelklick auf das Ausfüllkästchen kopiert die Formel automatisch nach unten in alle Zeilen einer Liste bis zur ersten Leerzeile. Dies ist vor allem beim Kopieren von Formeln in umfangreichen Tabellen nützlich, allerdings darf die Tabelle keine Leerzeilen enthalten.
>
> Eine Formel kann auch mit den Symbolen *Kopieren* und *Einfügen* (Register *Start*) oder den Tasten **Strg+C** und **Strg+V** in andere Zellen kopiert werden.

Formel ohne Formatierung kopieren

Ein häufiges Problem beim Kopieren von Formeln entsteht dadurch, dass zusammen mit der Formel auch alle Zellformate, wie z. B. Füllfarben oder Rahmenlinien, kopiert werden und somit vorhandene Tabellenformatierungen durcheinandergeraten.

Dies können Sie verhindern, indem Sie unmittelbar nach dem Kopieren auf das Symbol *Auto-Ausfülloptionen* klicken und *Ohne Formatierung ausfüllen* auswählen.

Zahlenformate werden dadurch zwar ebenfalls nicht übernommen, diese lassen sich aber erfahrungsgemäß schneller wieder zuweisen als Füllfarben und Rahmenlinien.

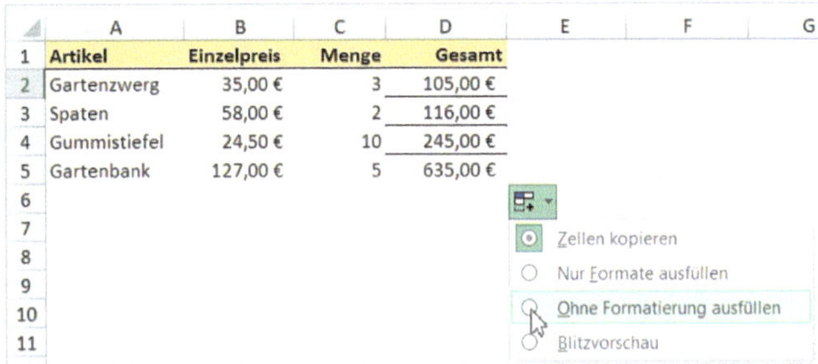

Was passiert mit den Zellbezügen beim Kopieren einer Formel?

Beim Kopieren werden die Zellbezüge in der Formel automatisch entsprechend der Kopierrichtung angepasst. Bezogen auf unser Beispiel bedeutet das: Aus der Formel =B2*C2 wird beim Kopieren in der nächsten Zeile =B3*C3 usw., wie Sie mit einem Blick in die Bearbeitungsleiste oder Doppelklick auf die Formel leicht feststellen können.

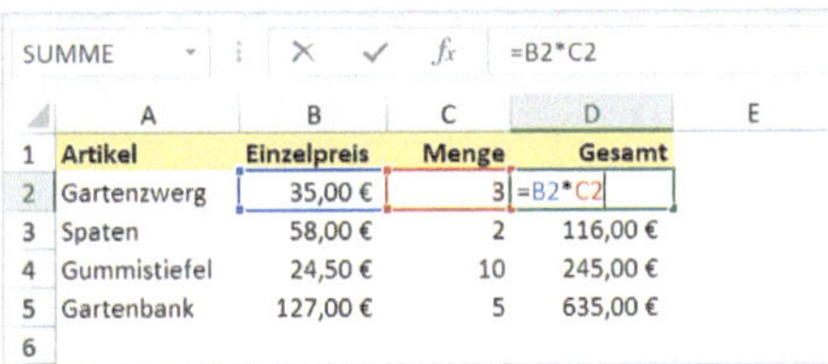

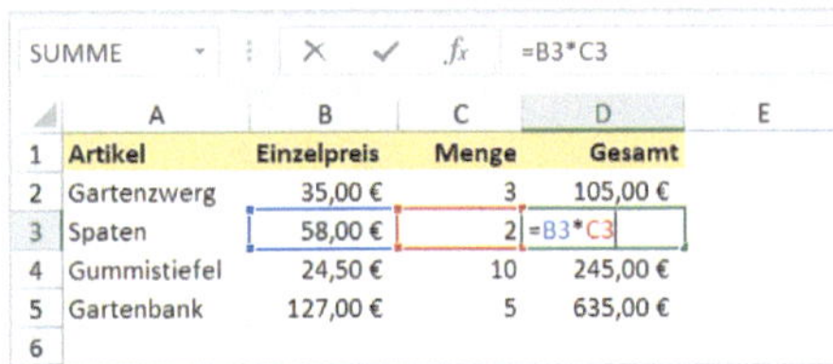

Bild 8.23 Die Zellbezüge werden beim Kopieren automatisch angepasst

Dasselbe gilt natürlich auch für Spalten: Beim Kopieren nach rechts würde z. B. aus der Adresse A1 die neue Adresse B1.

Relative Zellbezüge genauer betrachtet

Die in diesem Beispiel verwendeten Zellbezüge in der Schreibweise A1, B5 oder D7 werden als relative Zellbezüge bezeichnet. Diese Bezeichnung kommt daher, dass Excel die Zelle eigentlich ausgehend von der aktuellen Zelle, also relativ zur Ergebniszelle ermittelt. Befindet sich beispielsweise in B2 eine Formel mit dem Bezug A3, so ermittelt Excel diese Zelle wie folgt: aktuelle Spalte -1 und aktuelle Zeile +1.

Wenn Sie also im oben abgebildeten Beispiel in der Formel in D2 die relativen Zellbezüge B2 und C2 verwenden, dann sind dies Verweise auf die links angrenzenden Zellen (Spalte -2 und Spalte -1) in derselben Zeile. Vereinfacht bedeutet die Formel: Multipliziere die Werte der beiden Spalten links von der aktuellen Zelle.

Kopieren Sie die Formel in die Zeile 3, genauer gesagt nach D3, so enthält die Formel immer noch Verweise auf die beiden Zellen links von der Formel, in diesem Fall B3 und C3, und liefert ebenfalls das richtige Ergebnis. In Zeile 99 würde dann die Formel lauten: =B99*C99 und wäre auch noch korrekt.

Somit behält eine Formel mit relativen Zellbezügen, die sich, wie in diesem Beispiel, immer auf Zellen derselben Zeile bezieht, immer Gültigkeit und kann daher problemlos kopiert werden.

Automatisches Anpassen durch feste (absolute) Zellbezüge verhindern

Nicht in jedem Fall ist beim Kopieren einer Formel ein Anpassen der Zellbezüge erwünscht. Dies ist eigentlich immer dann der Fall, wenn Sie eine Formel kopieren und dabei stets auf dieselbe Zelle verweisen möchten.

Hierzu ein einfaches Beispiel: Eine Firma hat für Aushilfen einen einheitlichen Stundenlohn von 12,80 Euro. Dieser Wert befindet sich in Zelle B1.

- Würden Sie in C4 den Betrag für die erste Mitarbeiterin mit der Formel =B4*B1 berechnen, dann würde diese Formel nach dem Kopieren in C5 lauten: =C5*B2 und als Ergebnis 0 anzeigen. Die Ursache ist nach einem Doppelklick auf die Zelle schnell klar: Der Bezug auf B5 ist zwar korrekt, nicht aber der auf B2, wie das Bild unten zeigt.

Bild 8.24 B1 darf nicht als relativer Zellbezug angegeben werden

Zellbezüge.xlsx
Blatt: Feste Zellbezüge

- Damit der Bezug auf B1 auch beim Kopieren beibehalten wird, benötigen Sie hier einen festen oder absoluten Zellbezug. Dies erreichen Sie, indem Sie der Spalte und der Zeile jeweils ein Dollarzeichen $ voranstellen, also $B$1. Die Formel in C4 muss also lauten: =C4*$B$1 und kann danach problemlos kopiert werden.

Bild 8.25 Die Formel mit absolutem Zellbezug auf B1

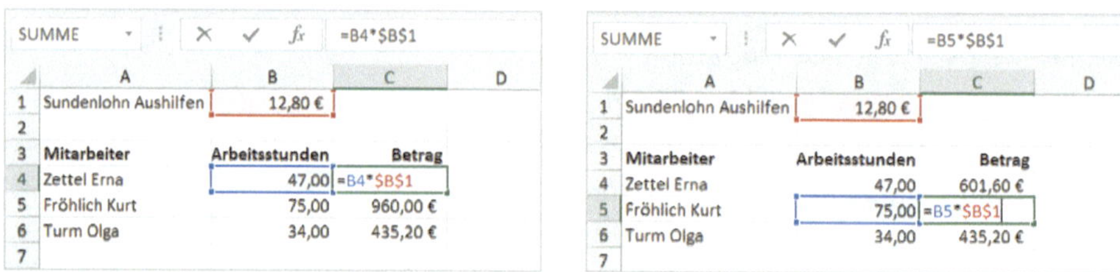

Zellbezüge mit der Taste F4 schnell umwandeln

Damit Sie das Dollarzeichen nicht umständlich über die Tastatur eingeben müssen, benutzen Sie die Funktionstaste **F4**. Dazu wählen Sie während der Formeleingabe zuerst durch Anklicken die Zelle aus bzw. fügen den Zellbezug in die Formel ein und betätigen unmittelbar danach die Funktionstaste **F4**. Spalte und Zeile des zuletzt eingefügten Zellbezugs sind nun mit dem Dollarzeichen versehen.

Achtung: Der Cursor muss sich zum Ändern entweder unmittelbar vor, zwischen oder hinter der Zelladresse befinden.

Nachträgliches Umwandeln mit F4: Um eine Formel nachträglich zu korrigieren, editieren Sie die Formel im Tabellenblatt mit Doppelklick. Klicken Sie dann in die umzuwandelnde Zelladresse oder markieren Sie diese und betätigen Sie die Taste **F4**. Übernehmen Sie zuletzt die geänderte Formel durch Drücken der Eingabetaste. In der Bearbeitungsleiste ist dies selbstverständlich ebenfalls möglich.

Bei mehrmaligem Drücken der Taste **F4** erhalten Sie außerdem der Reihe nach die folgenden Varianten. Um einen absoluten Zellbezug wieder in einen relativen umzuwandeln, brauchen Sie also nur mehrmals die Taste F4 zu drücken.

Bezug	Bedeutung
A1	Relativer Zellbezug, die Adresse wird beim Kopieren angepasst.
$A$1	Fester Zellbezug, bleibt beim Kopieren unverändert.
$A1	Die Spalte bleibt beim Kopieren gleich, der Zeilenbezug wird angepasst (gemischter Bezug - siehe unten).
A$1	Die Zeile bleibt beim Kopieren gleich, der Spaltenbezug wird angepasst (gemischter Bezug - siehe unten).

Wann relative und wann absolute Zellbezüge?

Für Einsteiger ist es manchmal nicht ganz leicht, auf Anhieb festzustellen, ob für eine Zelle ein relativer oder absoluter Zellbezug benötigt wird. Daher hier eine kurze Zusammenfassung und einige Tipps.

- Relative Zellbezüge in Formeln werden beim Kopieren automatisch an die neue Position angepasst.
- Feste bzw. absolute Zellbezüge werden dagegen beim Kopieren der Formel nicht verändert. Hierzu muss der Spalte und der Zeile ein Dollarzeichen vorangestellt werden. Das Umwandeln von relativen in absolute Zellbezüge und umgekehrt erledigen Sie am schnellsten mit der Funktionstaste **F4**.

Wenn Sie nicht sicher sind, dann helfen Ihnen vielleicht die folgenden Überlegungen weiter:

- Feste Zellbezüge werden in einer Formel nur dann benötigt, wenn Sie die Formel kopieren möchten und sich alle kopierten Formeln auf dieselbe(n) Zelle(n) beziehen sollen.
- Geben Sie die Formel eventuell auch zunächst mit relativen Bezügen ein und doppelklicken Sie dann auf die Zelle, um die verwendeten Zellen farbig hervorzuheben. Stellen Sie sich nun vor, was passiert, wenn Sie die Formel nach unten oder nach rechts kopieren. Dann würden auch alle Zellbezüge bzw. Rahmen nach unten oder rechts verschoben und die Entscheidung fällt leicht, für welche Zellen dies erforderlich oder unerwünscht ist.
- Kontrollieren Sie nach dem Kopieren einer Formel mit Doppelklick, ob die Formel auch in der nächsten und übernächsten Zeile noch korrekt ist.

Gemischte Zellbezüge

Manche knifflige Konstellationen auf Tabellenblättern erfordern zum korrekten Kopieren einer Formel sogenannte gemischte Bezüge. Hier soll nur ein Teil des Zellbezugs, die Spalte oder die Zeile, unverändert bleiben, der andere Teil beim Kopieren der Formel angepasst werden. Dazu setzen Sie das Dollarzeichen $ entweder nur vor die Spalte oder nur vor die Zeile. Beispielsweise bewirkt der gemischte Bezug *$A1*, dass zwar die Zeilennummer beim Kopieren anpasst wird, die Spalte A jedoch bleibt unverändert.

Zellbezüge.xlsx
Blatt: Gemischte Bezüge

Beispiel: Hierzu ein einfaches Beispiel, das Sie vielleicht kennen. In der unten abgebildeten Tabelle sollen jeweils die Zahlen in Spalte A mit den Zahlen in Zeile 1 multipliziert werden, und zwar mit einer einzigen Formel, die anschließend nach unten und nach rechts kopiert wird.

1. Geben Sie dazu in B2 die folgende Formel ein: =$A2*B$1
2. Kopieren Sie anschließend die Formel nach rechts. Markieren Sie dann den Zellbereich B2:K2 und kopieren Sie diesen nach unten. Diagonales Kopieren, also gleichzeitig nach rechts und unten, ist leider nicht möglich.
3. Wenn Sie abschließend kontrollieren möchten, ob die Formel korrekt ist, dann klicken Sie doppelt auf eine beliebige Ergebniszelle.

Bild 8.26 Werte aus Spalte A mit den Zahlen aus Zeile 1 multiplizieren

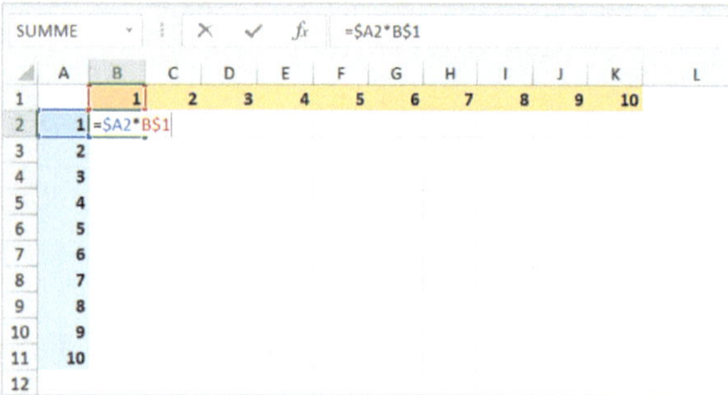

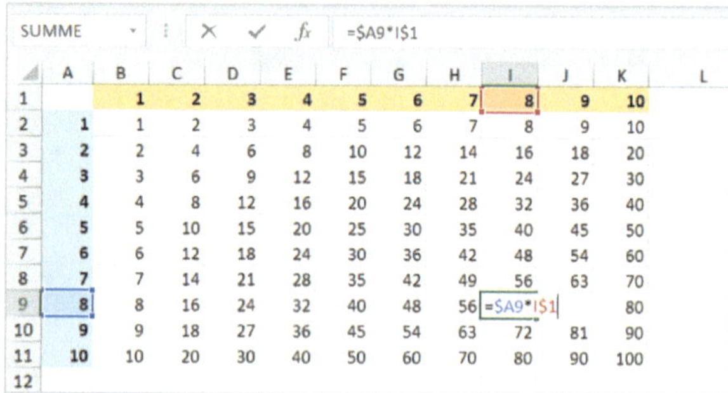

> **Was passiert mit Zellbezügen beim Einfügen oder Löschen von Spalten oder Zeilen?**
>
> Wenn Sie nachträglich Spalten oder Zeilen in ein Tabellenblatt einfügen oder löschen, werden auch die Zellbezüge in Formeln entsprechend angepasst. Eine Korrektur der Formeln ist also nicht erforderlich, dies gilt auch für feste oder gemischte Zellbezüge.

Besondere Zellbezüge in formatierten Tabellen

Wie Sie einen Zellbereich als Tabelle formatieren, lesen Sie auf Seite 154.

Wenn Sie einen Zellbereich als Tabelle formatiert haben (Register *Start* ▶ *Formatvorlagen* ▶ *Als Tabelle formatieren*), dann sehen die Zellbezüge in Formeln etwas anders aus und das Kopieren von Formeln erübrigt sich meist. Als Beispiel im Bild unten eine solche Tabelle, die im Gegensatz zu normalen Zellbereichen auch als intelligente Tabelle bezeichnet wird.

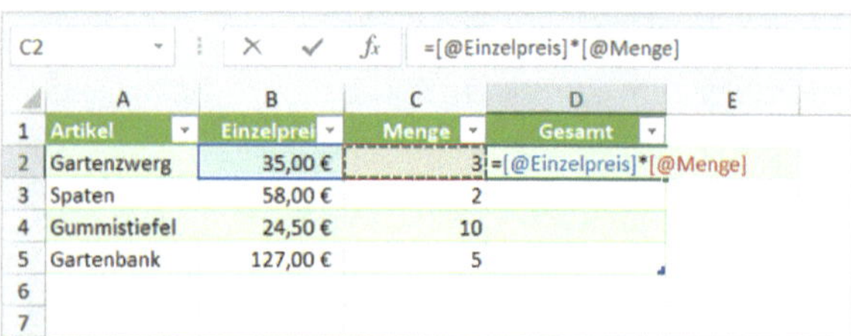

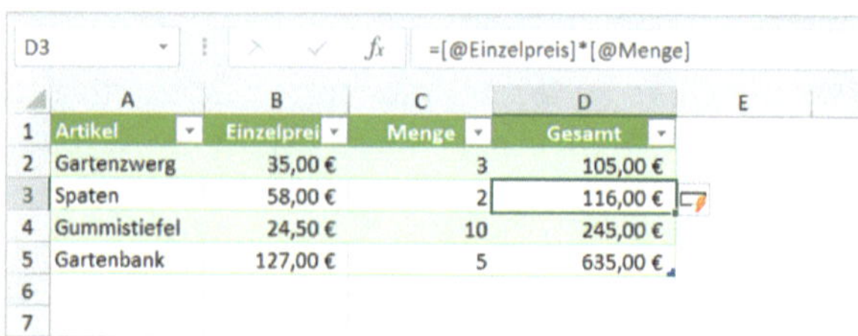

Bild 8.27 Zellbezüge in Tabellenbereichen

1. Wenn Sie in dieser Tabelle in D2 den Gesamtpreis berechnen möchten und nach Eingabe des Gleichheitszeichen die erste Zelle, hier B2, anklicken, dann erscheint

in der Formel statt des Zellbezugs *[@Einzelpreis]* und dasselbe passiert beim Anklicken von C2; hier erscheint dann *[@Menge]*.

2 Nach dem Übernehmen der Formel bzw. Betätigen der Eingabetaste wird die Formel automatisch in die restlichen Zeilen der Tabelle kopiert.

Solche Bezüge werden auch als strukturierte Verweise bezeichnet, da sie sich auf die Spaltenüberschriften der Tabelle statt auf die Spaltenbezeichnungen des Arbeitsblatts beziehen.

8.5 Rechnen mit Prozentzahlen, Datum und Uhrzeit

Prozentberechnungen

Eine Prozentzahl, beispielsweise 7%, ist in Excel eine Zahl, die mit 100 multipliziert und zusammen mit dem Prozentzeichen angezeigt wird. Die Anzeige 7% entspricht also der Zahl 0,07 und mit dieser Zahl wird auch gerechnet.

Siehe Zahlenformate, Kapitel 4.6.

Prozentanteile berechnen

Hier ein einfaches Beispiel, wie Sie mit Excel Prozentanteile berechnen. Die Tabelle im Bild unten enthält die Ergebnisse einer Kundenbefragung nach dem Lieblingseis und Sie möchten nun in Spalte C die dazugehörigen Prozentanteile berechnen.

Die folgenden Beispiele finden Sie in der Mappe **Prozentrechnungen.xlsx**

- Dazu berechnen Sie in B8 die Summe und geben dann in C2 die folgende Formel ein: =B2/$B$8
- Das Multiplizieren mit 100 entfällt in der Formel, wenn Sie hinterher das Ergebnis im Prozentformat formatieren, wie im Bild unten. Kopieren Sie dann die Formel nach unten in die Zellen C3 bis C7.

Bild 8.28 Beispiel: Prozentanteile berechnen

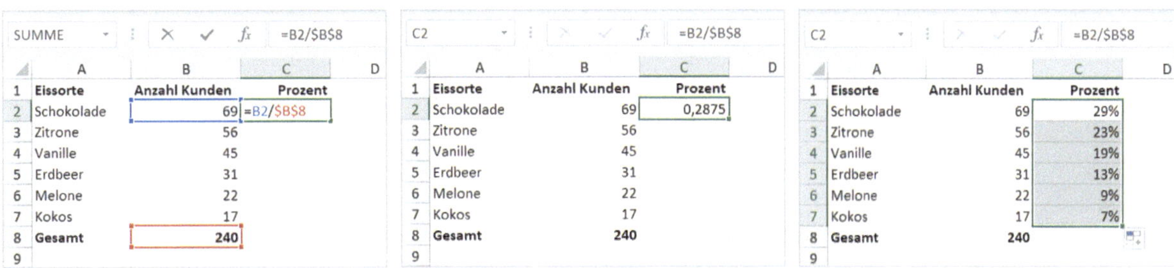

Mit Prozentzahlen rechnen

Prozentzahlen eingeben

Wenn Sie dagegen eine Prozentzahl eingeben möchten, dann geben Sie diese am einfachsten gleich zusammen mit dem Prozentzeichen ein, z. B. 10%. Die Zelle erhält da-

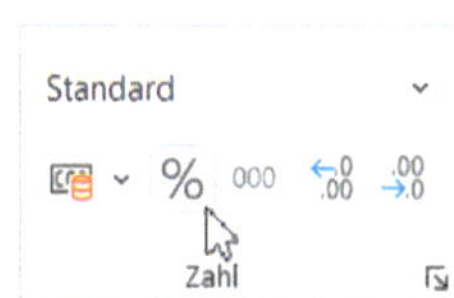

durch automatisch das Prozentformat. Alternativ können Sie natürlich auch zuerst die Zahl 0,1 eingeben und die Zelle danach mit dem Zahlenformat *Prozent* % versehen. Wenn die Zelle bereits mit dem Prozentformat formatiert wurde, genügt es, wenn Sie die Zahl 10 eintippen. Das Prozentzeichen erscheint automatisch bei der Eingabe.

Beispiel 1: Mehrwertsteuerbetrag vom Nettopreis berechnen (vom Hundert)
Als Beispiel dafür, wie Excel mit Prozentzahlen rechnet, soll vom Nettopreis 1.500,00 € der Mehrwertsteuerbetrag berechnet werden, der Mehrwertsteuersatz beträgt 19% . Im Taschenrechner würden Sie eintippen: 1.500 * 0,19.

- Excel zeigt den Mehrwertsteuersatz zwar mit 19% an, aber eigentlich enthält die Zelle die Zahl 0,19. Daher genügt in B2 die Formel: =B1*B2 (s. Bild 8.29).

Beispiel 2: Nettopreis aus dem Bruttopreis herausrechnen (auf Hundert)
Häufig muss auch auf Hundert gerechnet werden. Hierzu als Beispiel das Berechnen des Nettopreises aus dem Bruttoverkaufspreis (Bild 8.30).

Taschenrechner:
1.785 / 1,19
(zur Erinnerung: 1,19 entspricht 119 %)

- Um den Mehrwertsteuersatz in B3 einzubeziehen, verwenden Sie mit Excel in B3 die Formel: =B1/(1+B2)

Bild 8.29 Vom Hundert rechnen

SUMME | =B1*B2

	A	B	C
1	Preis Netto	1.500,00	
2	Mehrwertsteuersatz	19%	
3	Mehrwersteuerbetrag	=B1*B2	
4			

Bild 8.30 Auf Hundert rechnen

SUMME | =B1/(1+B2)

	A	B	C
1	Bruttoverkaufspreis	1.785,00	
2	Mehrwertsteuersatz	19%	
3	Preis Netto	=B1/(1+B2)	
4			

Beispiel 3: Vorwärtskalkulation mit Excel
Als drittes Beispiel, ausgehend vom Listenpreis, eine Vorwärtskalkulation mit Excel. Die Prozentwerte in den jeweiligen Zellen werden in die Formeln einbezogen und können somit auch geändert werden. Hierzu muss auch im Hundert gerechnet werden.

Bild 8.31 Vorwärtskalkulation mit Prozentrechnen im Hundert

D2 | 1000

	A	B	C	D	E	F	G	H
1	**Beispiel Zuschlagskalkulation**							
2			Listenpreis	**1.000,00 €**				
3	-	15,0%	Lieferrabatt	150,00 €	=D2*B3			
4			Zieleinkaufspreis	850,00 €	=D2-D3			
5	-	2,0%	Liefererskonto	17,00 €	=D4*B5			
6			Bareinkaufspreis	833,00 €	=D4-D5			
7	+		Bezugskosten	120,00 €				
8			Bezugskostenpreis	953,00 €	=D6+D7			
9	+	20,0%	Geschäftskosten	190,60 €	=D8*B9			
10			Selbstkostenpreis	1.143,60 €	=D8+D9			
11	+	20,0%	Gewinn	228,72 €	=D10*B11			
12			Barverkaufspreis	1.372,32 €	=D10+D11			
13	+	3,0%	Skonto	42,44 €	=D12/(1-B13)*B13	im Hundert		
14			Zielverkaufspreis	1.414,76 €	=D12+D13			
15	+	20,0%	Kundenrabatt	353,69 €	=D14/(1-B15)*B15	im Hundert		
16			Netto Verkaufspreis (Listenpreis)	1.768,45 €	=D14+D15			
17	+	19,0%	Mwst.	336,01 €	=D16*B17	vom Hundert		
18			**Bruttoverkaufspreis**	**2.104,46 €**	=D16+D17			
19								

Dieses Beispiel ist auch als Download verfügbar:
Prozentrechnungen.xlsx

Rechnen mit Datumswerten

Ein Datum ist in Excel eigentlich eine fortlaufende Zahl, die mit dem 01.01.1900 beginnt und als Datum formatiert ist. Daher sind in Excel auch Berechnungen mit Datumswerten möglich.

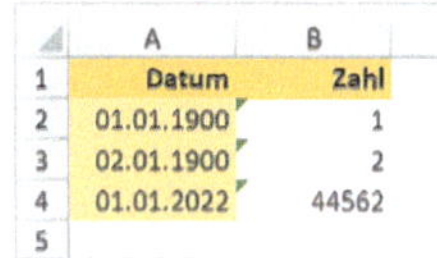

Beachten Sie bei Berechnungen mit Datumswerten

- Ein Datum vor 1900 wird als Text behandelt und kann nicht für Berechnungen herangezogen werden.
- Wenn Sie die Zahl anzeigen möchten, mit der Excel die Datumsberechnung durchführt, geben Sie ein Datum ein und löschen das Format (Register *Start* ▶ Gruppe *Bearbeiten* ▶ Schaltfläche *Löschen* ▶ *Formate löschen*) oder weisen der Zelle das Format *Standard* zu.

Datum_Zeit.xlsx

Beispiel 1: Berechnung des Fälligkeitstags einer Rechnung
Addieren Sie zum Rechnungsdatum das Zahlungsziel in Tagen. Als Ergebnis erscheint der Fälligkeitstag im Datumsformat, wie in Bild 8.32 unten.

Beispiel 2: Wie viele Tage liegen zwischen zwei Datumswerten?
Um die Differenz in Tagen zwischen zwei Datumswerten zu berechnen, subtrahieren Sie das kleinere Datum vom größeren (Bild 8.33). Sollte statt der Tage ein Datum als Ergebnis erscheinen, so formatieren Sie die Zelle mit dem Format *Standard*.

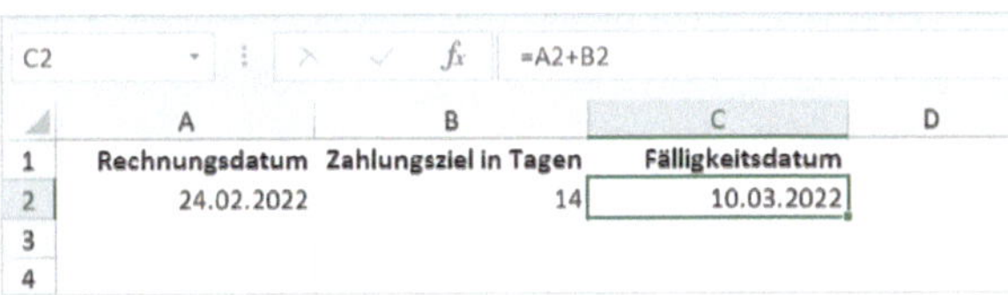

Bild 8.32 Fälligkeitsdatum berechnen

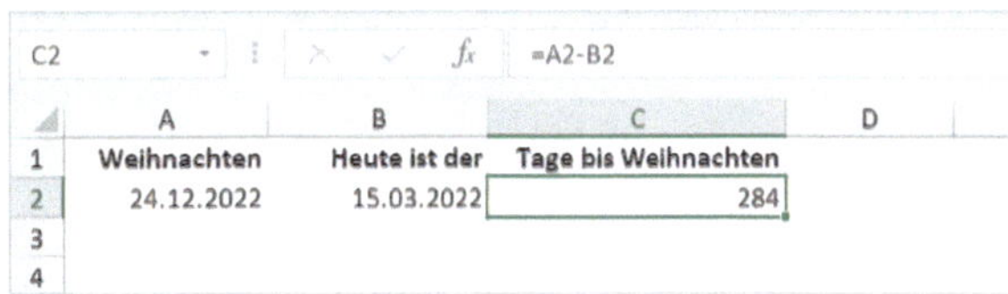

Bild 8.33 Differenz in Tagen berechnen

Achtung bei negativen Datumswerten als Formelergebnis: Excel kann zwar negative Datumswerte berechnen, nicht aber im Datumsformat darstellen. Falls eine Formel ein negatives Datum als Ergebnis liefert, erscheinen anstelle eines Datums #-Zeichen. Ein negativer Wert in Tagen ist dagegen kein Problem.

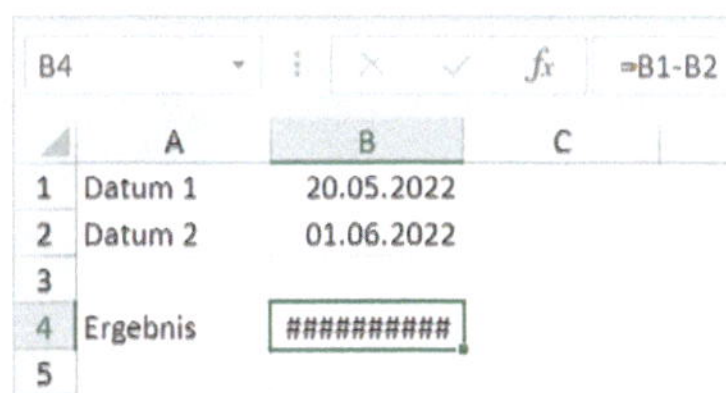

Das aktuelle Datum einfügen

Häufig wird für Datumsberechnungen das aktuelle Datum benötigt. Hierzu stellt Excel die beiden folgenden Möglichkeiten zur Verfügung. Welche davon Sie verwenden, hängt davon ab, ob Sie ein festes Datum benötigen oder stets das aktuelle Datum angezeigt werden soll.

Noch mehr Funktionen zum Rechnen mit Datumswerten finden Sie in Kapitel 9.7.

- **Das aktuelle Datum fest eingeben:** Markieren Sie die Zelle und drücken Sie die Tasten **Strg**+ **.** (Punkt)
- **Stets das aktuelle Datum erhalten:** Geben Sie in die Zelle die folgende Funktion ein und schließen Sie mit der Eingabetaste ab: =heute()

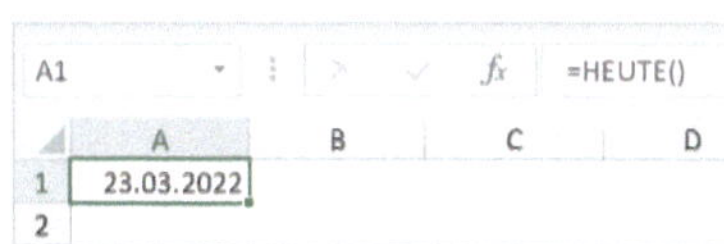

Zeitberechnungen

Zeitangaben geben Sie in Excel mit einem Doppelpunkt zwischen Stunde und Minute bzw. Minute und Sekunde ein. Dadurch erhält die Zelle automatisch ein Uhrzeitformat. Zeiten sind formatierte Dezimalzahlen auf der Basis eines Tages (24 Stunden), wobei beispielsweise 0,5 für 12 Uhr mittags steht (0,5 * 24 = 12). Aus diesem Grund können auch Zeitangaben für Berechnungen verwendet werden. Beachten Sie außerdem:

- Das Standarduhrzeitformat von Excel zeigt nicht mehr als 24 Stunden an. Liefert das Ergebnis einer Formel mehr als 24 Stunden, dann müssen Sie ein anderes Uhrzeitformat verwenden, siehe Beispiel weiter unten.
- Negative Zeiten als Formelergebnis können nicht dargestellt werden, dann erscheinen stattdessen #-Zeichen.

Beispiel: Tägliche Arbeitszeiten berechnen

In der unten abgebildeten Stundenliste soll für jeden Tag die Gesamtarbeitszeit aus Vormittags- und Nachmittagsstunden berechnet werden. Dazu muss jeweils die Beginn-Zeit von der End-Zeit abgezogen werden, und die Formel in F5 muss lauten:

= C5-B5 + E5-D5

Diese Formel kann anschließend in die Zellen F6 bis F10 kopiert werden.

Bild 8.34 Tägliche Arbeitszeiten und Wochenarbeitszeit berechnen

SUMME | fx =C5-B5+E5-D5

	A	B	C	D	E	F	G	H	I
1	Stundenabrechnung Aushilfen								
2	21.03.2022	bis	26.03.2022		Name:	Stefan Fröhlich			
3									
4		Vormittags		Nachmittags		Gesamt			
5	Mo.	08:30	12:30	13:00	16:45	=C5-B5+E5-D5			
6	Di	07:50	12:00	12:45	16:00	07:25			
7	Mi	08:15	13:00			04:45			
8	Do	08:20	12:15			03:55			
9	Fr					00:00			
10	Sa	08:15	13:00			04:45			
11					Summe	04:35			
12									

Wochenarbeitszeit berechnen

Um alle geleisteten Stunden der Woche zu addieren, verwenden Sie die Funktion SUMME und geben in F11 die folgende Formel ein: =SUMME(F5:F10)

Das Ergebnis 4:35 (Stunden), siehe Bild oben, kann allerdings nicht stimmen. Die Ursache: Excel verwendet das Standarduhrzeitformat hh:mm, welches nicht mehr als 24 Stunden anzeigt. Zur Abhilfe müssen Sie die Zelle in einem anderen Uhrzeitformat formatieren:

Oder Rechtsklick auf die Zelle und Befehl *Zellen formatieren....*

- Markieren Sie die Ergebniszelle der Wochenarbeitszeit, hier F11, und klicken Sie im Menüband, Register *Start* auf das Pfeilsymbol der Gruppe *Zahl*. Wählen Sie im Register *Zahlen* des Dialogfensters *Zellen formatieren* in der Kategorie *Uhrzeit* den Typ *37:30:55* ❶ aus.

- Allerdings umfasst dieses Uhrzeitformat auch Sekunden. Wenn diese nicht angezeigt werden sollen, dann wechseln Sie zur Kategorie *Benutzerdefiniert* und wählen hier das Format ❷ *[h]:mm:ss* aus. Klicken Sie dann in die Bearbeitungszeile oberhalb ❸ und löschen Sie den Teil *:ss*. In der Zelle erscheint nun das korrekte Ergebnis 28:85.

Bild 8.35 Uhrzeitformate mit mehr als 24 Stunden

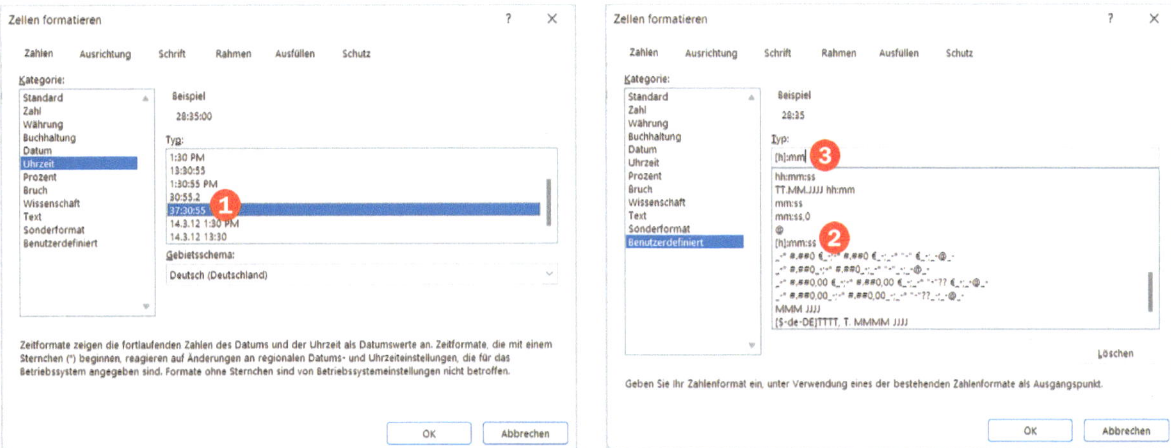

Uhrzeit in Dezimalzahl (Industriezeit) umwandeln

Wenn Sie anschließend die Wochenarbeitszeit mit dem Stundenlohn multiplizieren und so den Wochenarbeitslohn berechnen möchten, dann müssen Sie die Zeiten in Dezimalzahlen (Industriezeiten) umrechnen, sonst erhalten Sie ein falsches Ergebnis.

- Zeitwerte sind eigentlich Tage, wobei die Zahl 1 für einen ganzen Tag bzw. 24 Stunden steht. Um also z. B. statt der Zeitangabe 5:30 die Dezimalzahl 5,5 zu erhalten, multiplizieren Sie einfach die Uhrzeit mit 24 und formatieren das Ergebnis als Zahl. Die Formel zur Berechnung des Wochenarbeitslohns in F13: =F11*24*B13

Bild 8.36 Beispiel Uhrzeit in Dezimalzahl umrechnen

SUMME | =F11*24*B13

	A	B	C	D	E	F	G	H	I
4		Vormittags		Nachmittags		Gesamt	Dezimal		
5	Mo.	08:30	12:30	13:00	16:45	07:45	7,75		
6	Di	07:50	12:00	12:45	16:00	07:25	7,42		
7	Mi	08:15	13:00			04:45	4,75		
8	Do	08:20	12:15			03:55	3,92		
9	Fr					00:00	0,00		
10	Sa	08:15	13:00			04:45	4,75		
11					Summe	28:35	28,58		
12									
13	Stundenlohn:	14,20 €			Gesamt	=F11*24*B13			
14									

Tipp: Wenn Sie die tägliche Arbeitszeit als Dezimalzahl anzeigen möchten, dann ergänzen Sie die Tabelle um eine weitere Spalte (s. Bild oben) und multiplizieren hier die jeweilige Zeit mit 24. Oder ergänzen Sie die Formel in F5 wie folgt: =(C5-B5+E5-D5)*24, formatieren die Zelle als Zahl und kopieren die geänderte Formel nach unten.

8.6 Blatt- und arbeitsmappenübergreifende Bezüge in Formeln

Bezüge auf Zellen in anderen Tabellenblättern

Eine Formel kann auch Bezüge auf Zellen in anderen Tabellenblättern enthalten. Dann muss der Zelladresse der Name des Tabellenblatts, gefolgt von einem Ausrufezeichen (!) vorangestellt werden; die Schreibweise:

Blattname!Zelladresse

Beispiel: Auswertung über mehrere Blätter

Eine Arbeitsmappe enthält in den einzelnen Tabellenblättern die Teilnehmerlisten verschiedener Kurse. In einem weiteren Tabellenblatt mit dem Namen *Übersicht* soll die Anzahl der Teilnehmer pro Kurs (*KursA*, *KursB* und *KursC*) ermittelt werden.

1 Markieren Sie die Zelle ❶, in die Sie die Formel eingeben möchten, hier B2 im Blatt *Übersicht*, klicken Sie im Register *Formeln* auf den Pfeil des Symbols *Auto-Summe* und wählen Sie *Anzahl Zahlen*.

2 Klicken Sie dann im Blattregister auf das Blatt *KursA* ❷. In der Bearbeitungsleiste sehen Sie, dass der Name des Arbeitsblatts in die Formel eingefügt wurde: *KursA!*.

3 Markieren Sie den Zellbereich ❸, hier die Teilnehmerzahlen, und schließen Sie danach die Formeleingabe mit der Eingabetaste ab. Excel kehrt automatisch wieder zum Blatt mit der Formel zurück und Sie sehen das Formelergebnis. Hier können Sie anschließend mit Doppelklick die Formel nochmals kontrollieren ❹.

Bild 8.37 Funktion Anzahl einfügen

Bild 8.38 Blatt auswählen und Zellbereich markieren

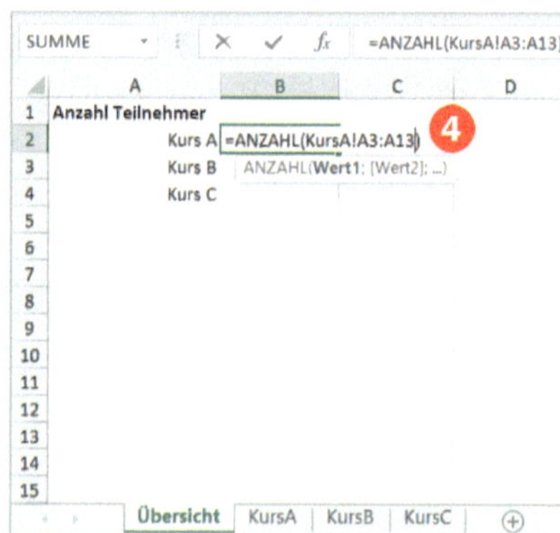

Bild 8.39 Die Formel

Die Datei ist als Download verfügbar:

Kursteilnehmer.xlsx

Achtung: Falls Sie in der Formel noch weitere Zellbezüge benötigen, so geben Sie immer zuerst den Operator (z. B. +) ein und klicken dann erst auf die Zelle oder wählen im Blattregister ein anderes Tabellenblatt aus. Sollte sich die Zelle im selben Blatt wie die Formel befinden, so stellt Excel ebenfalls den Blattnamen voran.

Falls der Name eines Tabellenblatts Leerzeichen enthält, wird dieser in der Formel in Hochkomma eingeschlossen und dann würde die Formel in diesem Beispiel lauten: =ANZAHL('Kurs A'!A3:A13)

So bitte nicht!
Verzichten Sie unbedingt darauf, zum Abschluss wieder auf das Blatt mit der Formel zu klicken, außer Sie möchten der Formel Zellbezüge in diesem Blatt hinzufügen. Excel kehrt automatisch zum Ausgangsblatt zurück, wenn Sie die Formeleingabe mit der Eingabetaste abschließen.

Wenn Sie dagegen nach dem Markieren des Zellbereichs wieder auf das Blatt *Übersicht* klicken, dann setzt Excel den Namen dieses Arbeitsblatts vor die Zellbezüge und Sie erhalten ein falsches Ergebnis, wie das Bild rechts zeigt.

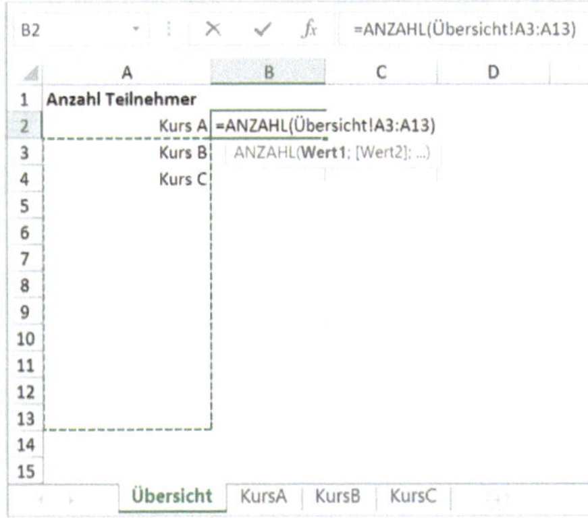

So klappt die Eingabe von Zellbezügen in anderen Tabellenblättern

Während der Formeleingabe stellt Excel bei jedem Klick im Blattregister auf ein Tabellenblatt der aktuell ausgewählten Zelle (Laufrahmen) den Namen dieses Tabellenblatts voran. Klicken Sie daher erst nach Eingabe des Operatorzeichens bzw. Semikolons (Mehrfachauswahl oder Funktion) auf ein anderes Tabellenblatt, falls Sie einen weiteren Zellbezug benötigen. Andernfalls wird in der Formel der Blattname des zuletzt eingefügten Zellbezugs geändert. Beim Beenden der Formeleingabe kehrt Excel automatisch zum Blatt mit der Formel zurück.

Inhalte einzelner Zellen als Verknüpfung einfügen

Benötigen Sie aus einem anderen Arbeitsblatt nur den Inhalt einer bestimmten Zelle, dann geben Sie eine Formel in der Schreibweise =Blattname!Zelladresse ein, siehe oben. Dadurch wird auch jede nachträgliche Änderung am Zellinhalt automatisch übernommen. Solche Formeln werden auch als Verknüpfung bezeichnet. Alternativ können Sie die Formel auch auf dem Weg über die Zwischenablage erzeugen, hier ein Beispiel.

Beispiel: Wert des Vormonats übernehmen
In einem Kassenbuch soll der Endbestand des Vormonats in das Tabellenblatt des aktuellen Monats übernommen werden, s. Bild unten. So geht's:

Bild 8.40 Wert in die Zwischenablage kopieren und als Verknüpfung einfügen

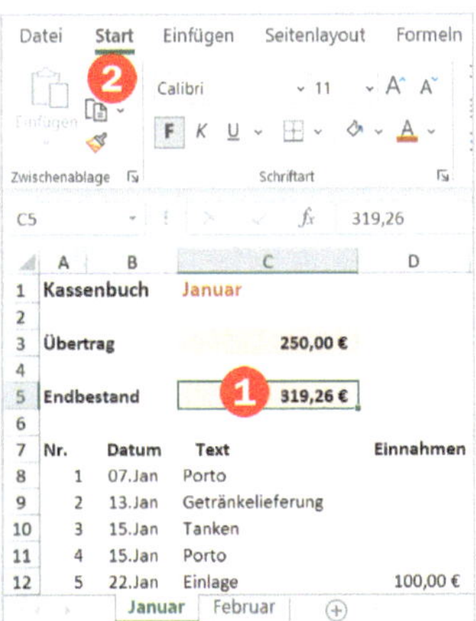

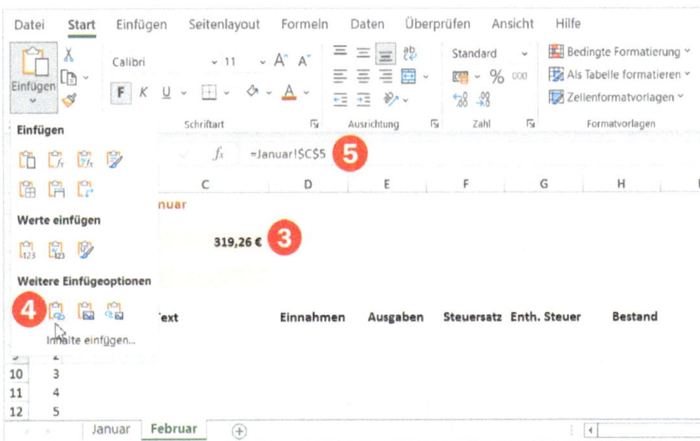

1. **Zelle kopieren:** Wechseln Sie in das Arbeitsblatt des Vormonats *Januar*, markieren Sie die Zelle mit dem Endbestand ❶ und kopieren Sie den Inhalt in die Zwischenablage. Verwenden Sie entweder die Tasten **Strg+C** oder klicken Sie im Register *Start* auf das Symbol *Kopieren* ❷.
2. **Verknüpfung einfügen:** Wechseln Sie in das Tabellenblatt *Februar*, markieren Sie die Zielzelle ❸ und klicken Sie im Register *Start*, Gruppe *Zwischenablage*, auf den Dropdown-Pfeil der Schaltfläche *Einfügen*. Wählen Sie *Verknüpfung einfügen* ❹.
3. Excel fügt den Zellbezug als Formel ein, hier =Januar!$C$5 ❺. Die Dollarzeichen stehen für einen festen Zellbezug.

Bezüge auf Zellen in anderen Arbeitsmappen

Auf die gleiche Weise können Sie sich in Formeln auch auf Werte aus einer anderen Arbeitsmappe beziehen, sogenannte externe Bezüge. Beachten Sie, dass bei der Eingabe der Formel beide Mappen geöffnet sein müssen.

1. Dazu wählen Sie während der Formeleingabe bzw. nach Eingabe des Gleichheitszeichens zunächst über die Taskleiste am unteren Rand des Bildschirms die Arbeitsmappe aus.
2. Anschließend klicken Sie in dieser Mappe ggf. zunächst auf das benötigte Tabellenblatt und markieren dann die Zelle oder den Zellbereich mit den benötigten Werten. Auch hier gilt: Mit Beenden der Formeleingabe, z. B. durch Drücken der Eingabetaste, kehrt Excel automatisch wieder zur ursprünglichen Arbeitsmappe bzw. dem Tabellenblatt mit der Formel zurück.

Der Dateiname wird dem Blattnamen und der Zelladresse in eckigen Klammern [ ] vorangestellt. Die Schreibweise bei arbeitsmappenübergreifenden Zellbezügen in Formeln lautet:

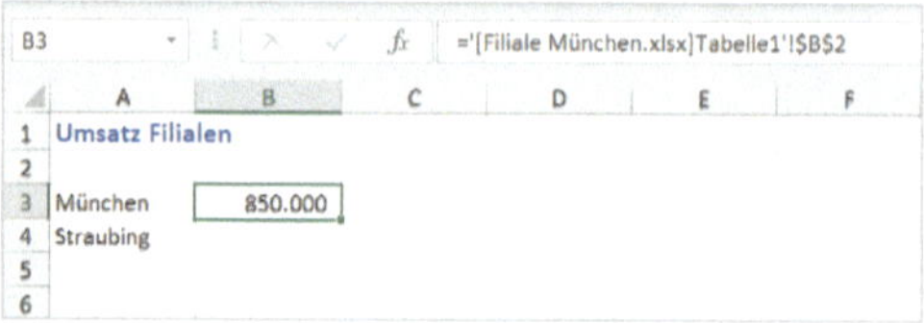

=[Dateiname.xlsx]Blattname!Zellbezug

Hinweise zur Verwendung externer Bezüge

Beim späteren Öffnen einer Mappe mit externen Bezügen bietet Excel das Aktualisieren der Verknüpfungen an. Falls die verknüpfte Arbeitsmappe nachträglich verschoben oder umbenannt wird, erhalten Sie allerdings stattdessen eine Fehlermeldung. Beim ersten Öffnen erscheint außerdem eine Sicherheitswarnung und Sie müssen auf *Inhalt aktivieren* klicken, wenn Sie der Datenquelle vertrauen.

Bild 8.41 Verknüpfungen beim Öffnen aktualisieren

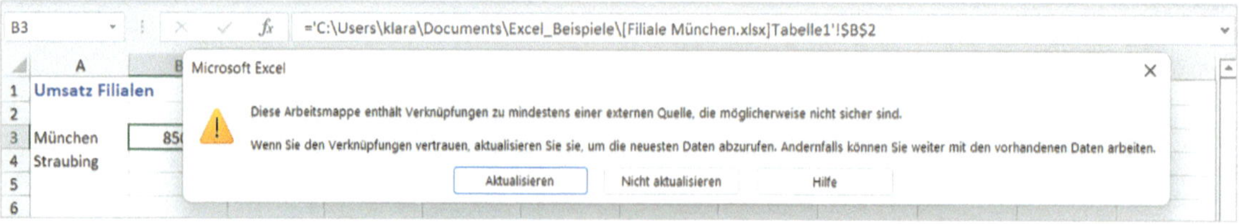

Formelergebnis als Wert einfügen

Soll nur das Formelergebnis in die Arbeitsmappe übernommen werden, ohne eine Verknüpfung zu einer anderen Arbeitsmappe zu erstellen, dann kopieren Sie die Formel ebenfalls in die Zwischenablage und fügen anschließend das Ergebnis als Wert ein. Die Zelle enthält nun eine Zahl statt der Formel und wird bei eventuellen Änderungen nicht aktualisiert.

- Zum Einfügen klicken Sie im Register *Start* auf den Dropdown-Pfeil der Schaltfläche *Einfügen* und wählen unter *Werte einfügen* aus, ob Sie den Wert mit oder ohne Formatierung einfügen möchten.
- Als Alternative können Sie auch nach dem Einfügen (**Strg**+**V**) das Symbol *Einfügeoptionen (Strg)* anklicken und hier *Werte einfügen* wählen.

8.7 Namen statt fester Zellbezüge verwenden

Besonders in umfangreichen Arbeitsmappen oder Tabellen werden Formeln durch feste Zellbezüge und/oder Bezüge auf andere Tabellenblätter schnell unübersichtlich. Abhilfe können hier Namen für Zellen und Zellbereiche schaffen. Diese können in Formeln statt fester Zellbezüge verwendet werden.

Regeln für Namen

- Namen werden in Formeln anstelle von festen Zellbezügen verwendet. Vergeben Sie daher nur Namen für Zellen und Zellbereiche, die Sie in Formeln mit festem Zellbezug benötigen!
- Ein Name muss mit einem Buchstaben beginnen und darf weder Leerzeichen noch Bindestrich, Punkt, Semikolon oder Doppelpunkt enthalten. Namen unterscheiden nicht zwischen Groß- und Kleinschreibung, die maximale Länge beträgt 255 Zeichen.
- Namen besitzen, wenn nichts anderes festgelegt wurde, in der gesamten Arbeitsmappe Gültigkeit. Daher darf jeder Name innerhalb der Mappe nur einmal vorkommen.

Namen für Zellen und Zellbereiche vergeben

Zum Erstellen von Namen gibt es verschiedene Möglichkeiten:

Namen über das Namenfeld der Bearbeitungsleiste erstellen

Am einfachsten verwenden Sie das Namenfeld in der Bearbeitungsleiste zur Vergabe von Namen. Normalerweise sehen Sie hier die Adresse der markierten Zelle, z. B. A1. Namen, die Sie auf diesem Weg erstellen, besitzen automatisch in der gesamten Arbeitsmappe Gültigkeit. Die Vorgehensweise:

1 Markieren Sie die Zelle, der Sie einen Namen zuweisen möchten, im Bild unten B1 ❶ mit dem normalen Mehrwertsteuersatz von 19 %.

2 Klicken Sie in das Namenfeld ❷. Überschreiben Sie die vorhandene Zelladresse mit dem gewünschten Namen ❸ und betätigen Sie danach die **Eingabetaste**.

Bild 8.42 Namen im Namenfeld eingeben

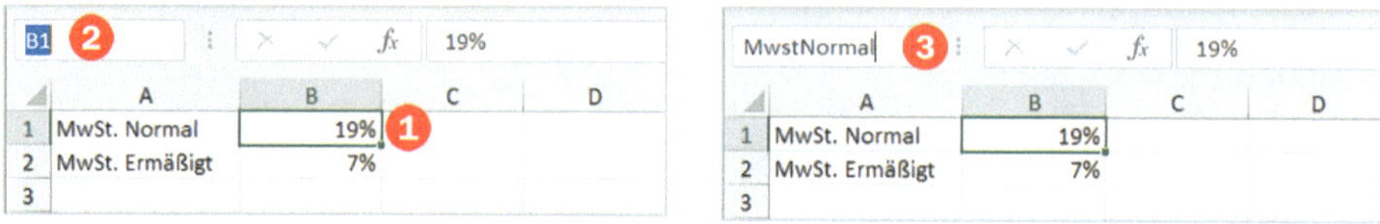

Namen für Zellbereiche: Falls Sie einem Zellbereich einen Namen geben möchten, verfahren Sie genauso: Markieren Sie den Zellbereich, klicken Sie in das Namenfeld und geben einen Namen ein. Schließen Sie die Eingabe unbedingt mit der Eingabetaste ab.

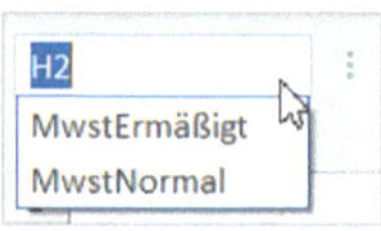

Tipp: Namen anzeigen
Wenn Sie alle Namen in der Arbeitsmappe anzeigen möchten, dann klicken Sie im Namenfeld auf den Dropdown-Pfeil. Wenn Sie außerdem wissen möchten, auf welche Zelle sich ein Name bezieht, dann klicken Sie diesen an. Excel markiert daraufhin sofort die dazugehörige Zelle. Diese kann sich auch in einem anderen Tabellenblatt befinden.

Namen definieren und Gültigkeitsbereich wählen

1 Statt über das Namenfeld können Sie Namen auch über das Menüband vergeben. Markieren Sie dazu ebenfalls die Zelle oder den Zellbereich und klicken Sie im Register *Formeln* ▶ *Definierte Namen* auf *Namen definieren* ❶.

2 Geben Sie im Fenster *Neuer Name* den gewünschten Namen ein ❷; falls sich im Tabellenblatt in der angrenzenden Zelle bereits eine Beschriftung befindet, übernimmt Excel diese automatisch, wie im Bild.

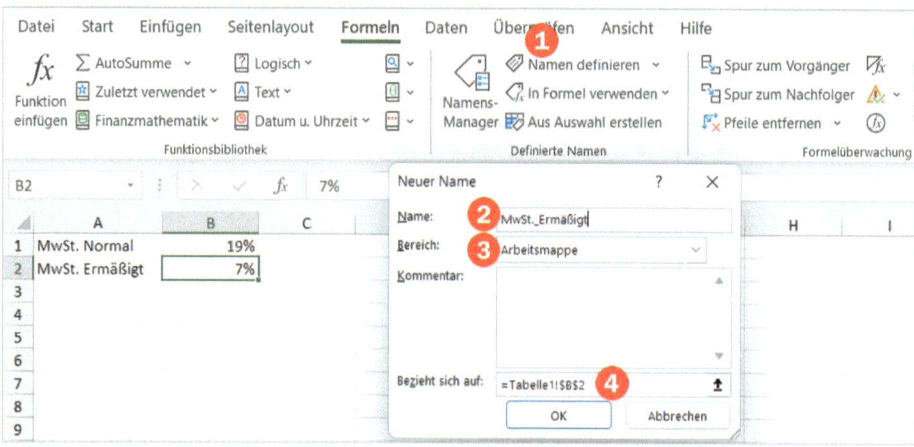

- Im Feld *Bereich* ❸ können Sie auswählen, ob der Name in der gesamten Arbeitsmappe oder nur in einem bestimmten Tabellenblatt gültig sein soll.

- Optional können Sie im Feld *Kommentar* eine kurze Beschreibung hinterlegen. Diese erscheint später als Infotext beim Einfügen in eine Formel.
- Im Feld *Bezieht sich auf* sehen Sie die dazugehörige Zelladresse ❹, hier die aktuell markierte Zelle. Falls Sie eine andere Zelle auswählen möchten, so klicken Sie in das Feld und anschließend im Tabellenblatt auf die Zelle.

Mehrere Namen gleichzeitig aus Tabelle übernehmen

Wenn sich, wie im Bild oben, in den angrenzenden Zellen bereits eine passende Beschriftung befindet, können Sie aus diesen automatisch Namen erstellen. Praktischerweise funktioniert dies auch gleich für mehrere Zellen.

1. Markieren Sie dazu die Zellen samt der dazugehörigen Beschriftung, hier A4:B6 ❶, und klicken Sie im Menüband, Register *Formeln* auf *Aus Auswahl erstellen* ❷.
2. Geben Sie an, aus welchen Zellen die Namen erstellt werden sollen, hier *Linker Spalte* ❸, und klicken Sie auf *OK*.

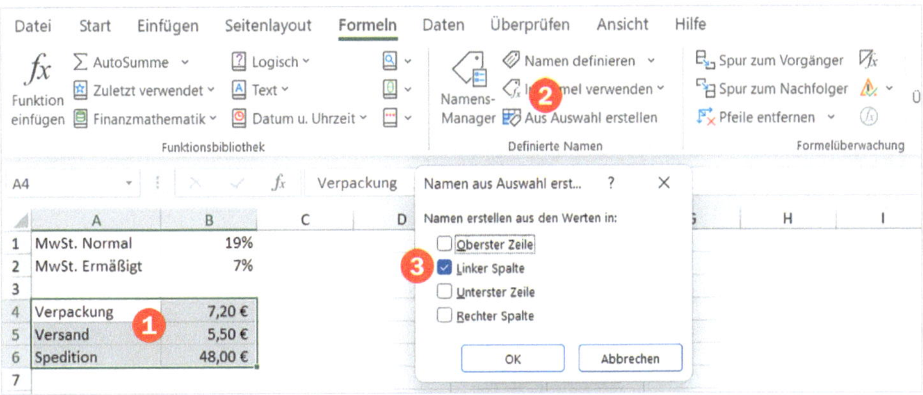

Bild 8.43 Mehrere Namen gleichzeitig aus Beschriftung im Tabellenblatt erstellen

Namen in Formeln verwenden

Auch beim Einfügen von Namen in eine Formel haben Sie die Wahl zwischen verschiedenen Möglichkeiten.

- Falls sich die betreffende Zelle im selben Tabellenblatt befindet, dann klicken Sie während der Formeleingabe einfach auf diese Zelle. Hat die Zelle einen Namen, dann wird dieser automatisch statt der Zelladresse in die Formel eingefügt.
- Oder tippen Sie während der Eingabe die ersten Zeichen des Namens über die Tastatur ein. Es erscheint eine Liste von Funktionen und Namen, letztere sind am Symbol ▦ zu erkennen. Zum Übernehmen klicken Sie doppelt auf den benötigten Namen. Oder wählen Sie in der Liste den Namen mit der Pfeiltaste nach unten aus und drücken zum Übernehmen die **Tab**-Taste. **Achtung**: Die Liste kann sehr umfangreich sein, tippen Sie also besser zwei oder mehr Zeichen ein.

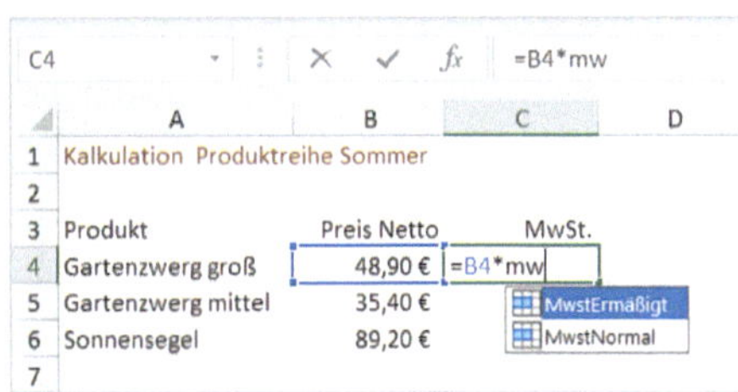

- Oder klicken Sie bei der Formeleingabe im Menüband, Register *Formeln* auf *In Formel verwenden* und wählen hier den Namen aus.

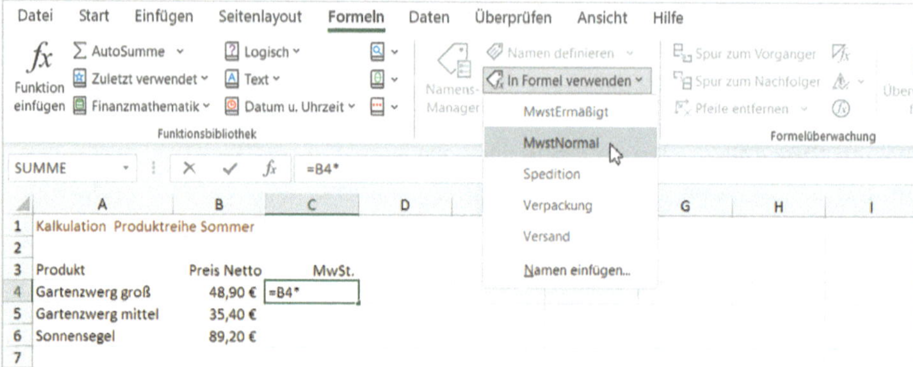

Bild 8.44 Name über das Menüband einfügen

> **Namen verhalten sich beim Kopieren wie feste Zellbezüge**
>
> Beachten Sie beim Kopieren von Formeln mit Namen, dass sich Namen immer auf eine bestimmte Zelle der Arbeitsmappe beziehen und sich daher wie feste Zellbezüge verhalten.

Namen im Namens-Manager verwalten

Die beste Übersicht über alle Namen in der Arbeitsmappe erhalten Sie im Namens-Manager. Hier können Sie außerdem Namen bearbeiten, z. B. den Zellbezug ändern, löschen sowie neue Namen erstellen.

Zum Öffnen des Namens-Managers klicken Sie im Menüband, Register *Formeln* auf die gleichnamige Schaltfläche.

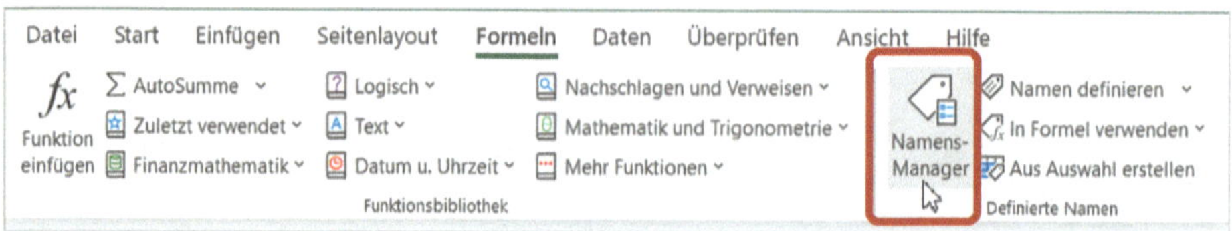

Bild 8.45 Namens-Manager öffnen

Im nachfolgenden Fenster listet Excel alle Namen der aktuellen Arbeitsmappe mit aktuellem Wert, Zelladresse und Gültigkeitsbereich auf, s. Bild auf der nächsten Seite.

Hinweis: Im Namens-Manager erscheinen nicht nur von Ihnen vergebene Namen von Zellen und Zellbereichen, sondern auch Namen von Tabellenbereichen. Gemeint sind damit Zellbereiche, die über das Menüband, Register *Start* als Tabelle formatiert wurden, s. Kap. 6.1. Diese erhalten automatisch Namen und zwar, wenn nichts anderes festgelegt wird, *Tabelle1*, *Tabelle2*, usw. Diese dürfen aber nicht mit Namen von Tabellenblättern verwechselt werden. Solche Tabellen unterscheiden sich auch durch ihr Symbol von den definierten Namen, um die es hier geht.

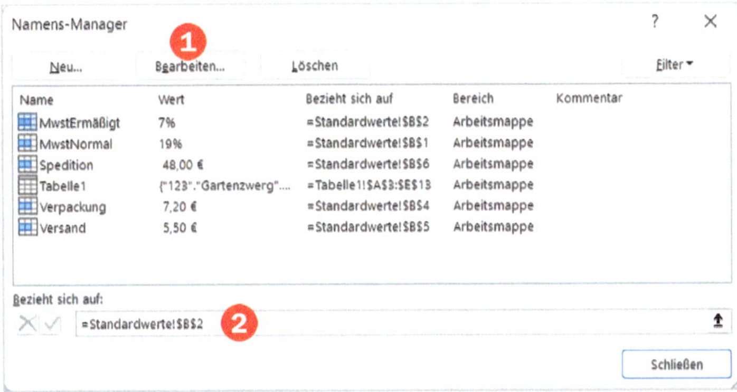

Bild 8.46 Namen der Arbeitsmappe im Namens-Manager verwalten

Mit Klick auf die Schaltfläche *Filter* können Sie im Bedarfsfall die Anzeige auch auf Namen eines bestimmten Tabellenblatts beschränken. *Filter löschen* zeigt wieder alle Namen an.

- **Namen bearbeiten**
  Um einen Namen zu ändern, markieren Sie diesen und klicken auf die Schaltfläche *Bearbeiten...* ❶. Im Fenster *Name bearbeiten* können Sie anschließend den Namen selbst ändern, einen Kommentar hinzufügen oder den Zellbezug ändern. Nicht mehr änderbar ist dagegen der Bereich.

  Änderungen des Namens oder Zellbezugs werden automatisch in alle Formeln übernommen, die diesen Namen verwenden.

- **Namen löschen**
  Mit der Schaltfläche **Löschen** können Sie den markierten Namen entfernen.

  Achtung: Falls dieser Name in Formeln verwendet wird, erscheint hier anstelle des Ergebnisses der Fehlerwert *#NAME?*.

- **Namen erstellen**
  Mit Klick auf die Schaltfläche *Neu...* öffnet sich das bereits beschriebene Fenster *Neuer Name* und Sie können einen neuen Namen erstellen.

- **Bezug ändern**
  Den Zellbezug des markierten Namens können Sie auch im Feld *Bezieht sich auf* ❷ direkt im Namens-Manager ändern. Klicken Sie in das Feld und löschen Sie den Inhalt mit Ausnahme des Gleichheitszeichens. Wählen Sie das Tabellenblatt aus und klicken Sie dann im Tabellenblatt auf die betreffende Zelle ❸. Übernehmen Sie die Änderung mit der Eingabetaste oder Klick auf das Symbol ❹.

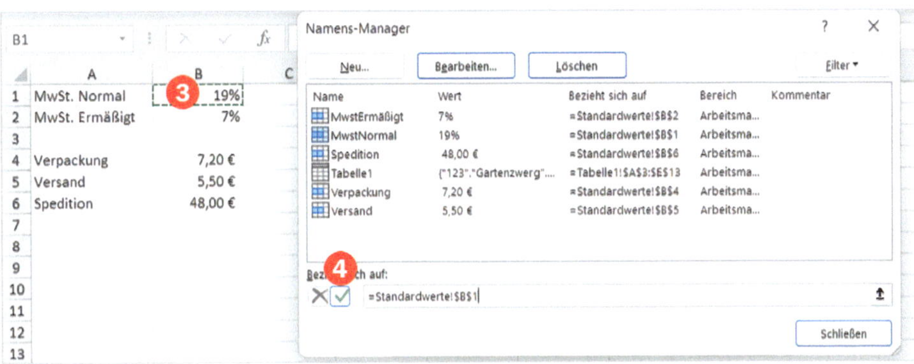

Bild 8.47 Zellbezug ändern

Namen nachträglich festlegen und in Formeln übernehmen

Falls Sie erst nachträglich feststellen, dass für manche Zellen Namen die bessere Lösung darstellen, dann können Sie dies noch nachholen. Nachträglich definierte Namen haben aber keinerlei Auswirkungen auf bereits vorhandene Formeln. Das bedeutet, hier bleiben die ursprünglichen Zellbezüge bestehen, die Formeln liefern aber trotzdem das korrekte Ergebnis.

Wenn Sie Zellbezüge in Formeln durch nachträglich definierte Namen ersetzen möchten, dann klicken Sie im Menüband, Register *Formeln* auf den Dropdown-Pfeil der Schaltfläche *Namen definieren* und wählen Sie *Namen übernehmen....* Markieren Sie im nachfolgenden Fenster den/die betreffenden Namen und klicken Sie auf *OK*.

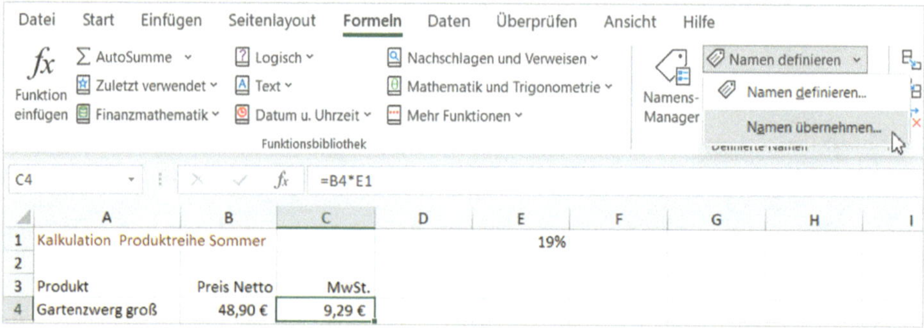

Achtung: Excel kann nur Bezüge auf Zellen im selben Tabellenblatt wie die Formel ersetzen

Beachten Sie beim nachträglichen Übernehmen von Namen in Formeln: Der Name muss sich auf eine Zelle im selben Tabellenblatt wie die Formel beziehen. Ein Bezug auf ein anderes Tabellenblatt der Arbeitsmappe kann nicht nachträglich durch einen Namen ersetzt werden. In diesem Fall müssen Sie den Namen zuerst für eine Zelle im selben Tabellenblatt definieren und für diesen Namen anschließend im Namens-Manager den Bezug ändern, siehe vorherige Seite.

8.8 Formeln anzeigen und drucken

Zur besseren Übersicht können Sie im aktuellen Arbeitsblatt alle Formeln anstelle der Ergebnisse anzeigen und somit auch drucken.

Klicken Sie dazu im Menüband, Register *Formeln* ▶ *Formelüberwachung* auf *Formeln anzeigen* ❶ (Bild unten). Mit einem weiteren Klick auf dieselbe Schaltfläche stellen Sie die ursprüngliche Anzeige wieder her.

Beachten Sie außerdem:

- Die Formelansicht berücksichtigt keinerlei Zahlenformate. Deshalb werden Datum, Uhrzeit und Prozentwerte stets als Zahlen mit allen Nachkommastellen angezeigt, wie die Zeitangaben im unten abgebildeten Beispiel.
- Da Formeln meist mehr Platz benötigen, ändert sich außerdem vorübergehend auch die Spaltenbreite. Sobald Sie *Formeln anzeigen* deaktivieren, erhalten Sie wieder den vorherigen Zustand mit allen Formatierungen und Spaltenbreiten.
- In dieser Ansicht genügt zum farbigen Hervorheben der Zellbezüge ein einfacher Klick auf eine Formel. Außerdem können Sie fehlerhafte Formeln, z. B. Zellbezüge, korrigieren.

Bild 8.48 Alle Formeln anzeigen

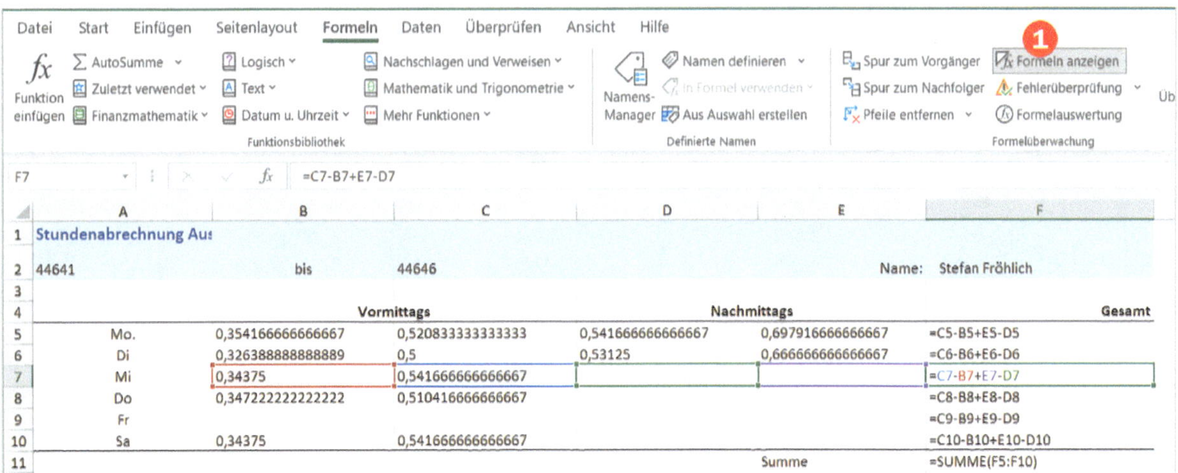

Hinweis: Sie können natürlich auch in dieser Ansicht im Bedarfsfall die Breite einzelner Spalten verändern. Allerdings wird dann nach dem Ausblenden der Formeln die ursprüngliche Spaltenbreite nicht wiederhergestellt und Sie müssen die Breite manuell ändern.

Tabelle mit Formeln drucken

Wenn Sie die Tabelle mit Formeln drucken möchten, dann sollten Sie zur besseren Kontrolle auch die Zeilen- und Spaltennummerierung und die Gitternetzlinien drucken. Aktivieren Sie dazu im Menüband, Register *Seitenlayout* ▶ *Blattoptionen* bei *Gitternetzlinien* und *Überschriften* jeweils das Kontrollkästchen *Drucken* und vergessen Sie nicht, diese hinterher wieder zu deaktivieren.

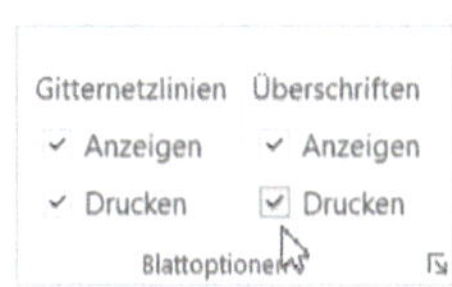

8.9 Übungen

Die Übungen sind auch als Download verfügbar:

Übung_Rechnen.xlsx

Aufgabe 1 - Formeln

- Starten Sie Excel mit einer neuen, leeren Arbeitsmappe und speichern Sie die Mappe unter dem Namen *Formelübung*. Geben Sie im ersten Tabellenblatt die Werte der nebenstehenden Abbildung ein und formatieren Sie die Tabelle nach Ihren Vorstellungen. Benennen Sie das Tabellenblatt um, es erhält den Namen *Beispiel 1*. Berechnen Sie in B8 den gesamten Reisepreis. Achtung, für eine korrekte Berechnung benötigen Sie Klammern!

	A	B	C
1	Reisepreis pro Person und Tag	45,00	
2	Zuschlag für Erwachsen	5,00	
3	Zuschlag für Kinder	2,00	
4	Reisedauer in Tagen	10,00	
5	Anzahl Erwachsene	2,00	
6	Anzahl Kinder	3,00	
7			
8	**Reispreis gesamt**		
9			

Aufgabe 2 - einfache Funktionen

- Geben Sie die Werte der unten abgebildeten Tabelle in ein neues Tabellenblatt ein, das Blatt erhält den Namen *Beispiel 2*. Formatieren Sie die Tabelle.

	A	B	C	D	E	F	G	H	I
1	**Turnschuhproduktion**								
2					Verkauft				
3	Modell Nr.	Produziert Stück	% Anteil an der Gesamtproduktion	Inland	EU	Sonst. Länder	Verkauft Gesamt	Überschuss in Zahlen	Überschussanteil Produktion
4	14-777	12.000		4.000	3.000	1.000			
5	14-778	14.000		2.800	5.000	2.000			
6	14-779	8.000		5.600	1.000				
7	15-209	5.000		3.000	200	400			
8									
9	Gesamt								
10	Anzahl Modelle								
11	Mittelwert								
12									

- Berechnen Sie in den Spalten C, G, H und I die fehlenden Werte. Berechnen Sie außerdem in B9 die gesamte Produktion, in B10 die Anzahl der verschiedenen Modelle und in B11 die durchschnittliche Produktion je Modell.

9 Wichtige Funktionen richtig einsetzen

In diesem Kapitel lernen Sie...

- allgemeiner Aufbau und Eingabemöglichkeiten von Funktionen
- Logikfunktionen einsetzen
- mehrere Funktionen verschachteln
- einfache Auswertungen
- Rundungsfehler vermeiden
- Einsatz wichtiger Funktionen mit Beispielen

Das sollten Sie bereits wissen

- einfache Formeln eingeben und bearbeiten
- relative und feste Zellbezüge verwenden

9.1 Aufbau und Eingabe von Funktionen

Neben den, im vorherigen Kapitel beschriebenen Funktionen SUMME, MITTELWERT, ANZAHL, MIN und MAX verfügt Excel über eine Vielzahl weiterer Funktionen für verschiedene Zwecke. Einige wichtige und häufig verwendete Funktionen und ihre Einsatzmöglichkeiten lernen Sie in diesem Kapitel anhand von Beispielen kennen, eine umfassende Aufstellung aller Funktionen würde allerdings den Rahmen dieses Buches sprengen.

Wenn Sie Funktionen einsetzen, dann sollten Sie mit der Schreibweise, dem allgemeinen Aufbau und den Eingabemöglichkeiten vertraut sein. Eine Funktion kann auf folgenden Wegen eingefügt werden:

- per Funktionsassistent
- Auswahl aus der Funktionsbibliothek
- Eingabe über die Tastatur

Aufbau und Schreibweise von Funktionen

Als Argumente einer Funktion können verwendet werden:
- Zellbezüge
- Zellbereiche
- Text oder Zahlen
- Formeln
- Funktionen

Wie jede Formel beginnt auch eine Funktion immer mit dem Gleichheitszeichen (=). Nach dem Gleichheitszeichen folgt der Name der Funktion, dahinter in Klammern die erforderlichen Argumente. Bei Verwendung mehrerer Argumente werden diese mit Semikolon (;) getrennt. Als Funktionsargumente können Text oder Zahlen, Zellbezüge, Zellbereiche, Formeln oder weitere Funktionen angegeben werden. Einige Funktionen benötigen keine Argumente, die Klammern sind trotzdem erforderlich.

Der allgemeine Aufbau (Syntax) einer Funktion:

```
=FUNKTIONSNAME(Argument1;Argument2;Argument3;...)
```

So nutzen Sie den Funktionsassistenten zur Eingabe

Bei der Auswahl und Eingabe von Funktionen unterstützt Sie der Funktionsassistent von Excel. Auch wenn Sie eine Funktion zu einem bestimmten Zweck suchen, die genaue Bezeichnung jedoch nicht kennen, dann verwenden Sie am besten zur Eingabe den Funktionsassistenten, die Vorgehensweise ist immer gleich. Als Beispiel die Berechnung des Durchschnitts (Mittelwert) mithilfe des Funktionsassistenten. Diese Funktion dürfte bereits aus dem vorherigen Kapitel bekannt sein.

Funktion_eingeben.xlsx

1. Schritt: Funktion auswählen/suchen

1 Markieren Sie die Zelle ❶, in der die Funktion berechnet werden soll, und klicken Sie im Register *Formeln* ▶ *Funktionsbibliothek* auf das Symbol *Funktion einfügen* *fx* ❷ oder auf das gleiche Symbol in der Bearbeitungsleiste ❸. Das Gleichheitszeichen wird vom Funktionsassistenten automatisch eingefügt, muss also in diesem Fall nicht über die Tastatur eingegeben werden!

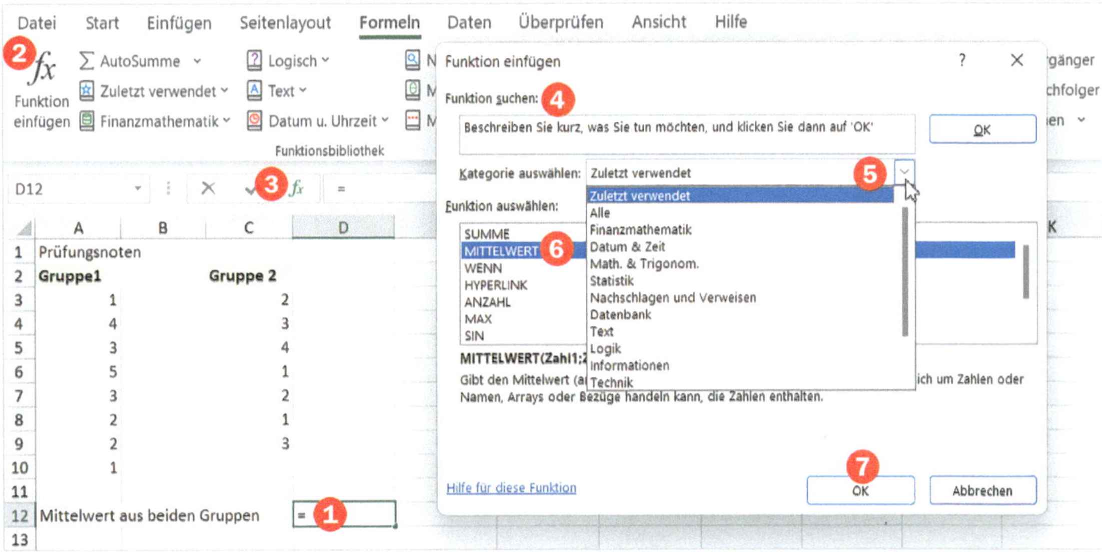

Bild 9.1 Funktion auswählen

2 Das Fenster *Funktion einfügen* öffnet sich.

- Tippen Sie im Feld *Funktion suchen* ❹ einen Suchbegriff ein und klicken Sie daneben auf *OK*, um die Suche zu starten.
- Oder wählen Sie im Feld darunter eine Kategorie aus ❺, z. B. *Datum & Zeit*. Mit der Auswahl *Alle* werden alle Funktionen alphabetisch aufgelistet. Standardmäßig ist die Kategorie *Zuletzt verwendet* mit allen zuletzt verwendeten Funktionen aktiv.

3 Die Suchergebnisse bzw. die Funktionen der ausgewählten Kategorie erscheinen unterhalb ❻. Klicken Sie auf die gewünschte Funktion und dann auf *OK* ❼.

Tipp: Falls Sie nicht genau wissen, welche Funktion Sie verwenden sollen: Unterhalb der Liste erhalten Sie eine Kurzbeschreibung der markierten Funktion. Oder klicken Sie auf den Link *Hilfe für diese Funktion*. Damit öffnen Sie die Excel-Hilfe mit einer genaueren Beschreibung zusammen mit Beispielen.

2. Schritt: Funktionsargumente eingeben

4 Nach Auswahl der Funktion und Klick auf die Schaltfläche *OK* öffnet sich das nächste Fenster *Funktionsargumente* (Bild auf der nächsten Seite). Hier finden Sie für jedes Funktionsargument ein Eingabefeld. Argumente, die für die Berechnung zwingend erforderlich sind, sind fett gekennzeichnet. Für die, als Beispiel ausgewählte Funktion MITTELWERT werden zwei Eingabefelder angeboten, eine Angabe ist jedoch nur im ersten (*Zahl1*) zwingend erforderlich.

> Manche Funktionen erfordern auch mehrere Funktionsargumente, wobei jedes Argument im dafür vorgesehenen Eingabefeld eingegeben werden muss . Klicken Sie also immer zuerst in das Eingabefeld und erst danach im Tabellenblatt auf die Zelle oder den Zellbereich.

5 Sie können die Funktionsargumente entweder über die Tastatur in die Eingabefelder eingeben oder Zellbezüge durch Anklicken aus dem Tabellenblatt übernehmen. Dazu klicken Sie zuerst in das betreffende Eingabefeld ❶ und anschließend im Tabellenblatt auf die Zelle oder markieren den Zellbereich, hier A2:A10 ❷. Unterhalb sehen Sie eine Vorschau auf das Formelergebnis ❸.

Bild 9.2 Funktionsargumente eingeben

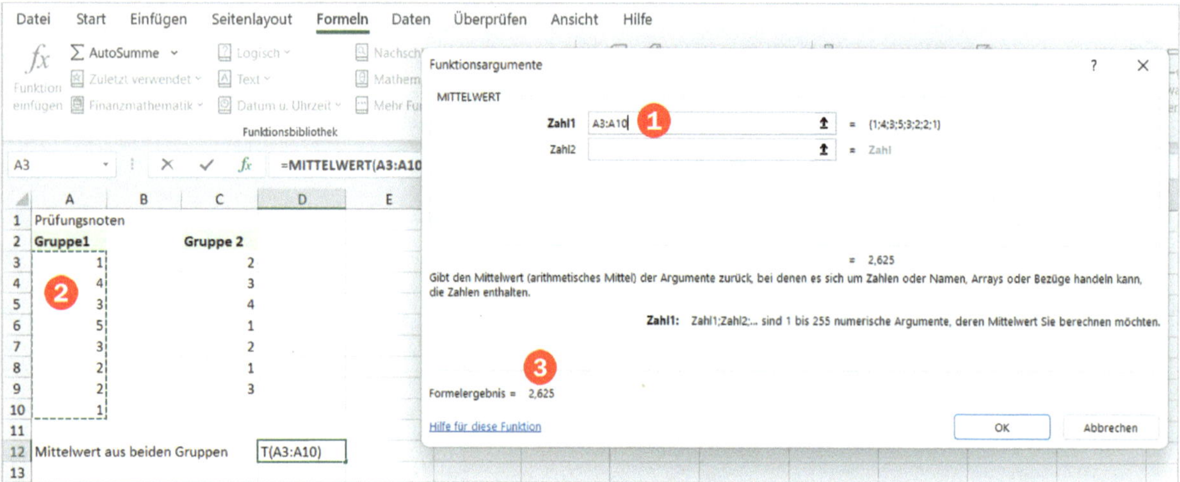

6 Da hier der Mittelwert über beide Gruppen berechnet werden soll, muss noch der zweite Zellbereich angegeben werden. Klicken Sie daher in das zweite Eingabefeld (*Zahl2*) ❹ und markieren Sie dann mit gedrückter Maustaste den Bereich C3:C9 ❺. Sie könnten noch weitere Bereiche hinzufügen, da jetzt automatisch ein weiteres Eingabefeld (*Zahl3*) erscheint. Dieses kann jedoch auch leer bleiben.

7 Mit Klick auf *OK* ❻ wird die Funktion in das Tabellenblatt übernommen.

Bild 9.3 Weiteres Funktionsargument

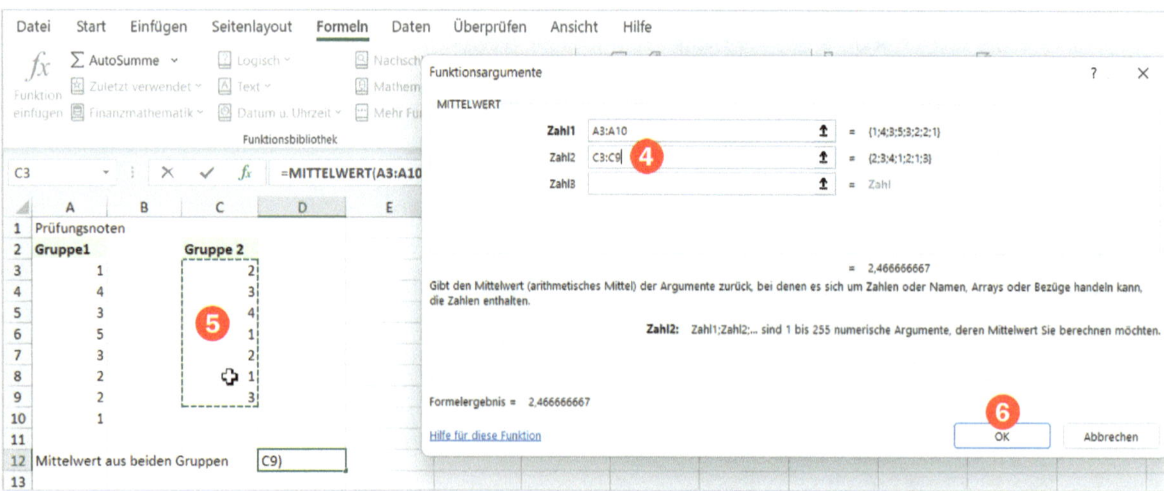

Tipp: Sollte für die Eingabe der Argumente im Tabellenblatt der benötigte Zellbereich durch das Fenster *Funktionsargumente* verdeckt sein, so klicken Sie in einen freien Bereich des Fensters und ziehen es mit gedrückter Maustaste einfach beiseite. Als Alternative verwenden Sie das kleine Symbol ⭱ rechts vom jeweiligen Eingabefeld: Ein Klick darauf reduziert das Fenster auf die Größe des Eingabefeldes, ein weiterer Klick auf das Symbol, wie im Bild unten, stellt das gesamte Fenster wieder her.

Bild 9.4 Das Fenster Funktionsargumente ausblenden.

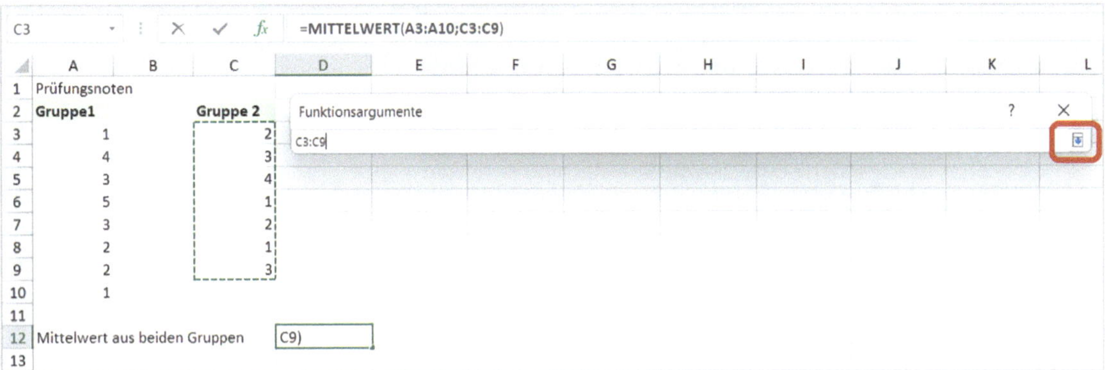

Kleine Hilfen zur Eingabe der Funktionsargumente

- Fett hervorgehobene Argumente sind zwingend für die Berechnung erforderlich, alle anderen sind optional.
- Nähere Informationen zum Argument erhalten Sie unterhalb, sobald sich der Cursor im betreffenden Eingabefeld befindet.
- Rechts von jedem Argument bzw. vom Eingabefeld erscheint der Wert der angegebenen Zelle oder das Zwischenergebnis, falls als Argument eine Formel verwendet wird. Eine Vorschau auf das Ergebnis der gesamten Funktion erhalten Sie ganz unten (*Formelergebnis =*).
- **Wichtig!** Wird Text als Funktionsargument eingegeben, so muss dieser in Anführungszeichen (" ") stehen.

Funktion nachträglich ändern/erneut im Fenster Funktionsargumente anzeigen

Falls Sie eine Funktion zur Kontrolle oder Korrektur später erneut im Fenster *Funktionsargumente* anzeigen möchten, so markieren Sie die Zelle mit der Funktion und klicken in der Bearbeitungsleiste oder im Register *Formeln* auf das Symbol *Funktion einfügen*.

Bild 9.5 Funktion erneut im Fenster Funktionsargumente anzeigen

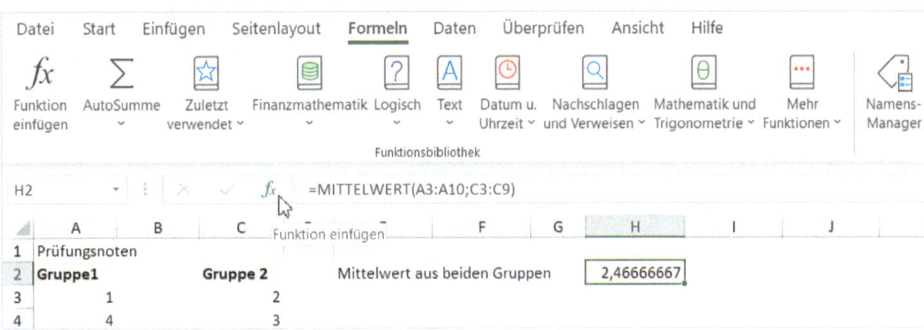

Das Fenster *Funktionsargumente* wird zusammen mit der Funktion erneut geöffnet und Sie können bei Bedarf Änderungen an den Argumenten vornehmen. Zum Übernehmen von Änderungen klicken Sie auf *OK*, mit *Abbrechen* dagegen wird die ursprüngliche Funktion beibehalten. Daneben kann eine Funktion auch, wie jede Formel, in der Bearbeitungsleiste oder nach einem Doppelklick direkt im Tabellenblatt nachträglich bearbeitet werden.

Funktion über das Register Funktionsbibliothek einfügen

Im Menüband finden Sie im Register *Formeln* in der Gruppe *Funktionsbibliothek* alle Excel-Funktionen nach Kategorien geordnet. Wenn Sie wissen, zu welcher Kategorie die benötigte Funktion gehört, können Sie eine Funktion auch auf diesem Weg einfügen. Klicken Sie dazu auf eine Kategorie und wählen Sie eine Funktion. Anschließend öffnet Excel ebenfalls das Fenster *Funktionsargumente* (siehe oben), in dem Sie die erforderlichen Argumente festlegen. Mit Klick auf *Zuletzt verwendet* erhalten Sie auch hier schnellen Zugriff auf kürzlich verwendete Funktionen.

Bild 9.6 Funktionsbibliothek, Beispiel Kategorie Logik

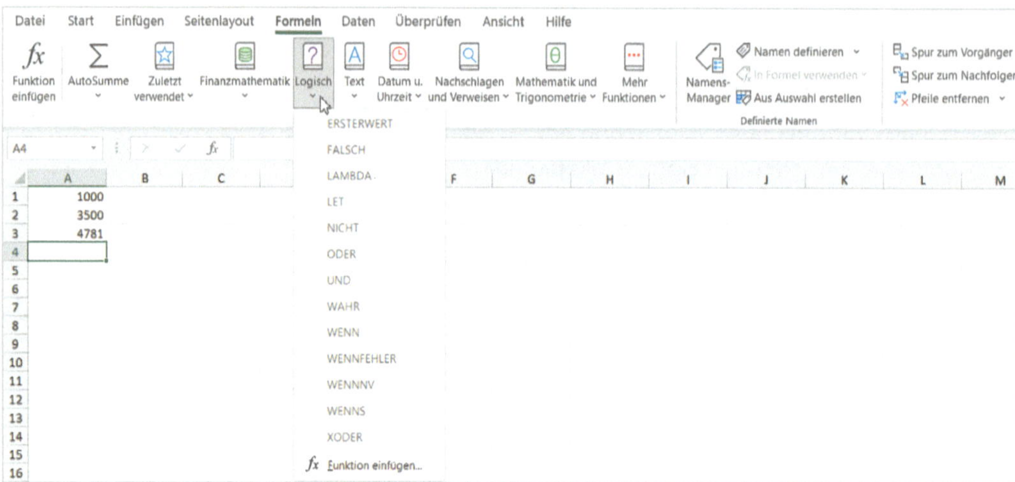

Hinweis: Da hier nicht alle Funktionskategorien Platz finden, erhalten Sie die übrigen Kategorien, z. B. *Statistik*, mit Klick auf *Mehr Funktionen*.

Tipp: Leider ist hier die praktische Kategorie *Alle* nicht vorhanden. Aber am Ende jeder Liste finden Sie den Befehl *Funktion einfügen...*. Dieser öffnet das gleichnamige Fenster des Funktionsassistenten, das Sie bereits von Seite 238 kennen. Auch das Symbol *Funktion einfügen* öffnet schnell den Funktionsassistenten.

Hilfe zu Funktionen allgemein, eine passende Funktion suchen

Wenn Sie den Namen einer Funktion nicht kennen, kann die Suche nach einer passenden Funktion zur Lösung eines bestimmten Problems vor allem für Excel-Einsteiger manchmal frustrierend sein, zumal die Zuordnung zu einer Kategorie nicht immer logisch und nachvollziehbar ist. Leider sind in solchen Fällen auch der Funktionsassistent und die intelligente Hilfe von Excel bzw. das Feld *Suchen* oberhalb des Menübands keine nennenswerte Unterstützung. So kann es durchaus passieren, dass Sie überhaupt keine Treffer erhalten, z. B. wenn Sie eine Funktion zum Thema Durchschnitt suchen.

Suche im Hilferegister

Die umfassendsten Informationen zu Funktionen erhalten Sie im Register *Hilfe* des Menübands. Klicken Sie hier auf *Hilfe*, geben Sie im Suchfeld einen Suchbegriff ein, z. B. Rangfolge wie im Bild unten, und betätigen Sie die Eingabetaste oder klicken Sie auf das Symbol *Lupe*. Unterhalb erscheinen verschiedene weiterführende Hilfethemen und Vorschläge für passende Funktionen, die Sie für ausführlichere Erklärungen und Beispiele nur anklicken brauchen.

Wenn Sie dagegen genau wissen, zu welcher Funktion Sie weitere Informationen möchten, dann geben Sie einfach den Namen der Funktion, z. B. SVERWEIS, in das Suchfeld ein.

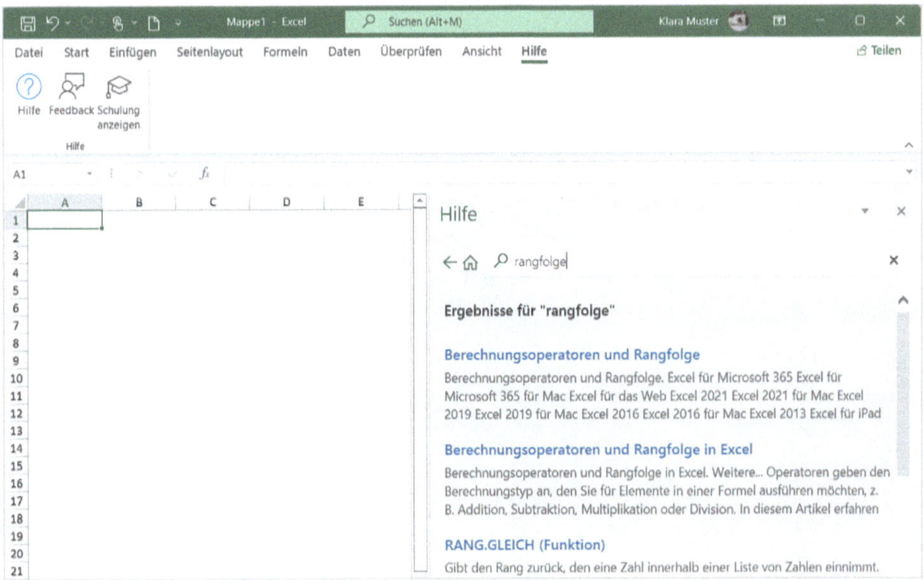

Bild 9.7 Hilfe zu Funktionen im Register Hilfe

Alle Excel-Funktionen auflisten

Einen guten Überblick über alle Excel-Funktionen erhalten Sie auch, wenn Sie auf der Startseite ⌂ der Hilfe auf *Formeln und Funktionen* klicken, anschließend das Register *Funktionen* wählen und hier entweder *Alle Funktionen (alphabetisch)* oder *Alle Funktionen (Kategorien)* anklicken. Wählen Sie dann einen Anfangsbuchstaben oder eine Kategorie aus und klicken Sie auf die gewünschte Funktion.

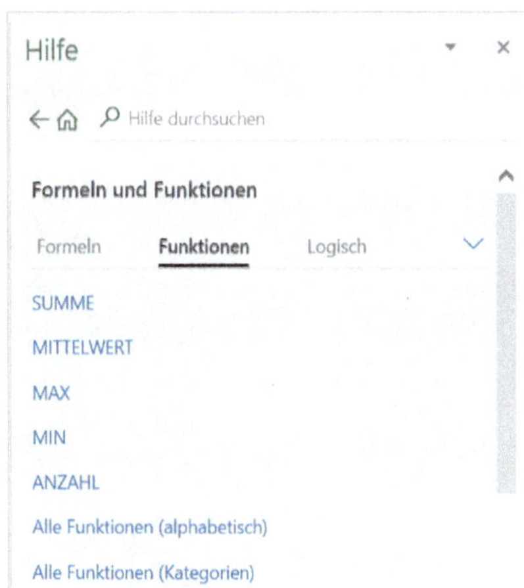

Eine Funktion über die Tastatur eingeben

Als Alternative zum Funktionsassistenten und zum Fenster *Funktionsargumente* kann eine Funktion auch einfach in die Zelle eingetippt werden. Dies ist häufig sogar die schnellere Alternative, zumal Sie Excel mit verschiedenen Eingabehilfen unterstützt.

1 Beginnen Sie mit dem Gleichheitszeichen und tippen Sie die ersten Zeichen des Funktionsnamens ein, im Bild unten Mittelwert.

Info: Die Statistik kennt mehrere Mittelwerte und Excel verfügt entsprechend über gleich mehrere Funktionen zur Berechnung von Mittelwerten. Achten Sie also darauf, die richtige Funktion auszuwählen. Die übrigen Mittelwerte sind hier nicht weiter relevant.

2 Sofort zeigt Excel eine Liste entsprechender Funktionen an und mit Doppelklick auf den Funktionsnamen übernehmen Sie die gewünschte Funktion.

Tipp: Als Alternative können Sie eine Funktion aus der Liste der Vorschläge auch mit der Tastatur auswählen und einfügen: Markieren Sie die Funktion mit der Pfeiltaste nach unten bzw. oben und übernehmen Sie dann die markierte Funktion mit der **Tab**-Taste.

3 Anschließend sehen Sie im Tabellenblatt die Abfolge der erforderlichen Argumente. Das aktuell zu bearbeitende Argument ist fett hervorgehoben. Beachten Sie, dass mehrere Argumente durch Semikolon (;) getrennt werden. Diese müssen über die Tastatur eingegeben werden.

4 Schließen Sie die Funktionseingabe mit der Eingabetaste ab. Die Eingabe der schließenden Klammer ist nicht zwingend erforderlich, sie wird in den meisten Fällen von Excel automatisch ergänzt.

Bild 9.8 Beispiel: Die Funktion Mittelwert eingeben

Ein Funktionsname wird zwar in Großbuchstaben angezeigt, kann aber einfach in Kleinbuchstaben eingegeben werden. Die Umwandlung in Großbuchstaben erfolgt automatisch.

Gleichheitszeichen, Semikolon und evtl. Klammern müssen über die Tastatur eingegeben werden

Im Gegensatz zum Fenster *Funktionsargumente* müssen das Gleichheitszeichen, sowie Semikolon (;) zum Trennen der Argumente und eventuell weitere Klammern immer per Tastatur eingegeben werden.

Diese Methode hat noch einen weiteren Vorteil

Bei manchen Funktionen kann mit zusätzlichen Parametern die Berechnungsmethode gesteuert werden. Im Gegensatz zum Fenster *Funktionsargumente* listet Excel bei der Tastatureingabe die zur Verfügung stehenden Parameter samt Kurzbeschreibung auf (Bild nächste Seite) und der gewünschte Parameter kann durch Doppelklick in die Funktion übernommen werden.

Als Beispiel im Bild auf der nächsten Seite die Funktion WOCHENTAG: Diese ermittelt aus einem Datum, in diesem Fall in A1, den Wochentag als Zahl und der Parameter *Typ* legt fest, mit welchem Tag die Zählung beginnt. Wenn nach mitteleuropäischer Norm die Woche mit dem Montag beginnt, dann müssen Sie Typ 2 wählen.

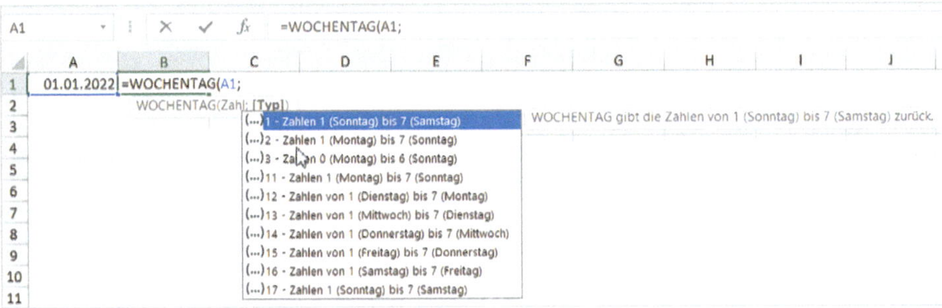

Bild 9.9 Wochentag als Zahl: Mit welchem Tag beginnt die Woche?

Häufige Formeln und Funktionen über die Schnellanalyse eingeben

Eine weitere Möglichkeit zur Eingabe von Funktionen erhalten Sie auch über die Schnellanalyse. Diese enthält zwar nur eine eingeschränkte Auswahl an Auswertungsfunktionen, bietet dafür aber auch die Berechnung von Prozentanteilen und laufenden Summen an. Außerdem können Summe, Mittelwert und Anzahl in einem einzigen Vorgang auch gleich über mehrere markierte Spalten oder Zeilen eingefügt werden. Die Vorgehensweise ist einfach:

1 Markieren Sie den Bereich, für den Sie beispielsweise Mittelwerte oder Summen berechnen möchten, im Bild unten B3:C6.

2 An der rechten unteren Ecke der Markierung erscheint im Tabellenblatt ein kleines Symbol ❶, die Schnellanalyse. Klicken Sie auf dieses Symbol.

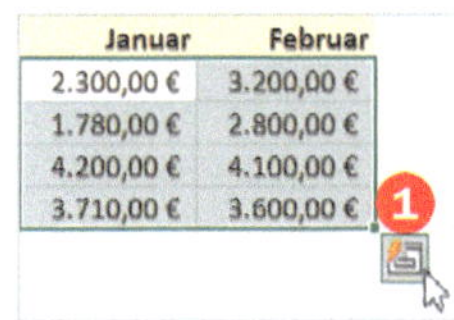

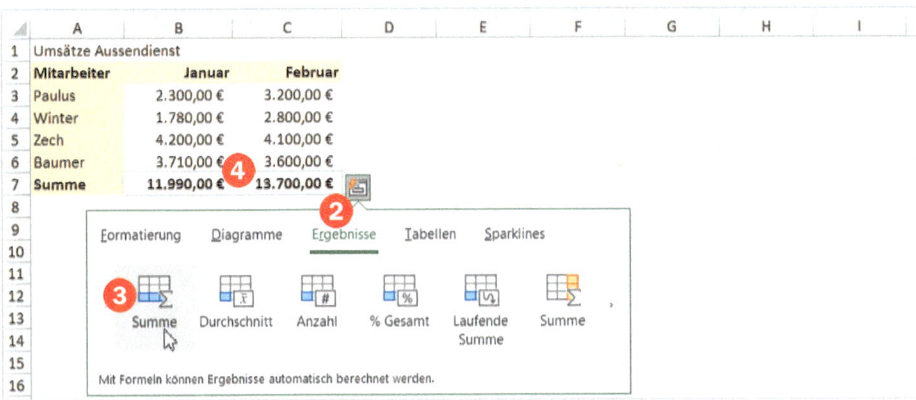

Bild 9.10 Die Schnellanalyse berechnet Zeilen- und Spaltenergebnisse auch für mehrere markierte Zeilen/Spalten.

3 Klicken Sie in der Schnellanalyse auf das Register *Ergebnisse* ❷ und wählen Sie eine der Funktionen, hier *Summe* ❸. Sie erhalten beim Zeigen auf die Funktion in der Tabelle eine Vorschau ❹, erst mit einem Mausklick übernehmen Sie die Funktion in das Tabellenblatt.

Prozentanteile berechnen

Die Schnellanalyse macht auch die Berechnung von Prozentanteilen leicht. Als Beispiel berechnen wir für den Monat Februar (Bild unten) in einer neuen Spalte die Prozentanteile des Umsatzes. Da die Schnellanalyse die Ergebnisse automatisch entweder unmittelbar unterhalb oder rechts neben der Markierung einfügt, müssen Sie eventuell noch rechts vom Umsatz des Monats Februar eine neue Spalte einfügen.

1 Markieren Sie den Zellbereich, für den Sie die Prozentanteile berechnen möchten, im Bild unten C3:C6, und klicken Sie in der Schnellanalyse auf *Ergebnisse*.

2 Klicken Sie auf den Pfeil nach rechts und wählen Sie *% Gesamt* (in Spalte ber.).

Bild 9.11 Prozentanteile mit der Schnellanalyse einfügen

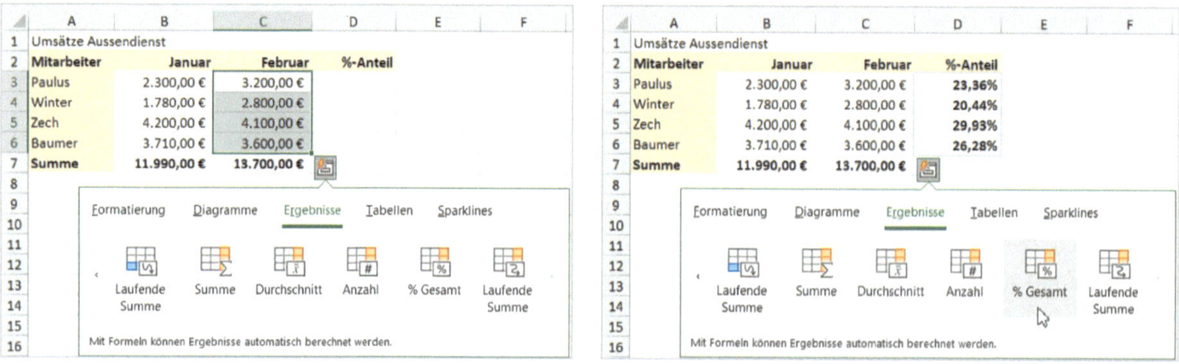

Laufende (kumulierte) Summen berechnen

Diese Arbeitsmappe ist als Download verfügbar:

Schnellanalyse.xlsx

Die laufende Summe addiert zum vorherigen Ergebnis den neuen Wert. Markieren Sie dazu, wie oben beschrieben, den Zellbereich. Die Funktion *Laufende Summe* (in Spalte berechnen) erhalten Sie mit Klick auf den Pfeil nach rechts (siehe Bild unten).

Bild 9.12 Laufende Summen per Schnellanalyse einfügen

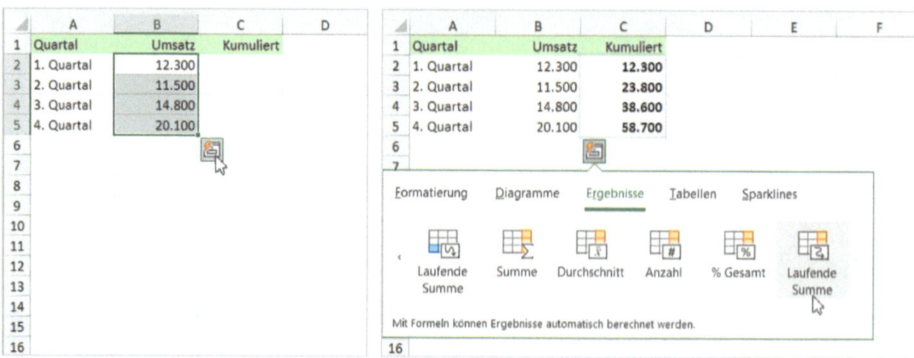

Hinweis: Einige Ergebniszellen sind anschließend mit einem grünen Dreieck versehen und wenn Sie eine solche Zelle markieren, macht Sie Excel darauf aufmerksam, dass nicht alle Zahlen der Spalte in die Formel einbezogen werden, was bei einer laufenden Summe ja auch völlig korrekt ist. Da diese Dreiecke nicht gedruckt werden, können Sie sie einfach ignorieren. Falls Sie die Kennzeichnung ausblenden möchten, so markieren Sie die betreffenden Zellen, klicken auf das Ausrufezeichen und wählen *Fehler ignorieren*.

9.2 Bedingungen mit den Funktionen WENN und WENNS

Allgemeiner Aufbau der Funktion WENN (Kategorie Logik)

Die Funktion WENN macht die Verwendung von Werten oder weitere Berechnungen davon abhängig, ob eine Bedingung erfüllt ist. In Verbindung mit weiteren WENN-Funktionen und/oder den Logikfunktionen UND und ODER können auch mehrere Bedingungen geprüft werden. Sie ist vielseitig einsetzbar und daher eine der wichtigsten Excel-Funktionen.

Aufbau und Argumente

```
WENN(Wahrheitstest;Wert_wenn_wahr;Wert_wenn_falsch)
```

- **Wahrheitstest:** Als Wahrheitstest geben Sie die Bedingung an, die geprüft werden soll. Diese liefert als Ergebnis die Werte WAHR oder FALSCH (Ja oder Nein).
- **Wert_wenn_wahr:** Das Argument *Wert_wenn_wahr* legt den Wert fest, der verwendet wird, wenn der Wahrheitstest das Ergebnis WAHR ergibt.
- **Wert_wenn_falsch:** Liefert der Wahrheitstest das Ergebnis FALSCH, so wird das Argument *Wert_wenn_falsch* verwendet.
- **Beachten Sie außerdem:**
  - Die Argumente *Wert_wenn_wahr* und *Wert_wenn_falsch* können eine Zahl, eine Formel, Text oder eine weitere Funktion sein.
  - Wird eines der Argumente *Wert_wenn_wahr* und *Wert_wenn_falsch* nicht angegeben, so liefert die Funktion WENN stattdessen das Ergebnis des Wahrheitstests, also WAHR oder FALSCH. Wenn die Zelle leer bleiben soll, dann geben Sie als Argument zwei Anführungszeichen "" an.
  - Das Argument *Wahrheitstest* liefert als Ergebnis einen der beiden Wahrheitswerte, WAHR oder FALSCH. Wenn im Fenster *Funktionsargumente* die Anzeige FALSCH erscheint, weist dies also nicht auf eine fehlerhafte Eingabe hin!

Beispiel Provision abhängig vom Umsatz berechnen

Die Ausgangsdaten für dieses und die nachfolgenden Beispiele finden Sie in der Mappe **WENN_und_WENNS.xlsx**

Sie möchten in der unten abgebildeten Tabelle für die Mitarbeiter im Außendienst die Höhe der monatlichen Provision berechnen. Bei einem Umsatz von 5.000 Euro oder mehr erhält der Mitarbeiter 5% des Umsatzes als Provision, sonst 3%.

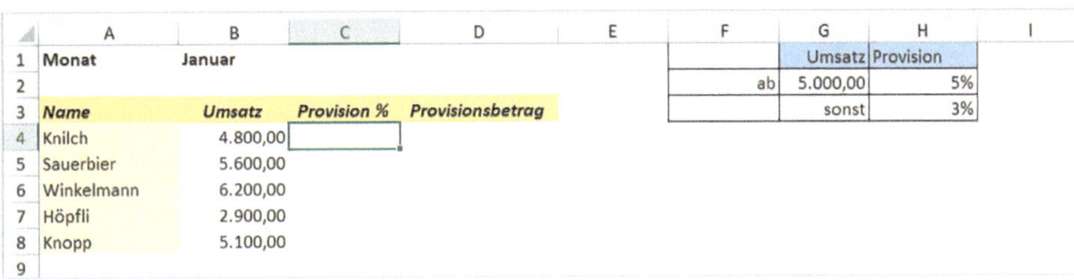

Bild 9.13 Die Ausgangstabelle

Sie könnten nun theoretisch für jeden einzelnen Mitarbeiter anhand seines Umsatzes die Provision in die Tabelle eintragen und anschließend in der Spalte daneben den Provisionsbetrag berechnen. Was aber, wenn Sie diese Tabelle kopieren und auch für die nachfolgenden Monate mit anderen Zahlen nutzen möchten? Zudem ist diese Methode in einer umfangreichen Tabelle sehr arbeitsaufwändig und fehleranfällig. Wenn Sie dagegen die Provision mit Hilfe der Funktion WENN ermitteln, dann genügt eine einzige Formel, die Sie nur kopieren brauchen. Bei jeder Änderung des Umsatzes wird die Provision automatisch neu berechnet.

1 Im ersten Schritt sollten Sie im Tabellenblatt alle in der Funktion benötigten Werte jeweils in eine eigene Zelle eintragen ❶, also ohne Textzusatz.

2 Markieren Sie zur Eingabe der Funktion die erste Zelle, in der die Provision berechnet werden soll, hier C4 ❷, und klicken Sie in der Bearbeitungsleiste auf das Symbol *Funktion einfügen*. Anschließend wählen Sie die Funktion *WENN* (Kategorie *Logik*) und klicken auf die Schaltfläche *OK*.

3 Geben Sie nun nacheinander die Funktionsargumente wie im Bild unten ein ❸. **Achtung**: Da die Funktion anschließend kopiert werden soll, sind für die Zellen G2, H2 und H3 feste Zellbezüge mit $-Zeichen erforderlich!

4 Übernehmen Sie die Funktion mit Klick auf die Schaltfläche *OK*.

Hinweis: Das Ergebnis FALSCH ❹ neben dem Feld *Wahrheitstest*, wie im Bild unten, weist auf keinen Fehler hin, sondern ist das Ergebnis des Wahrheitstests und bedeutet, der Umsatz in B4 ist nicht größer oder gleich 5.000.

Bild 9.14 Provision mit der WENN-Funktion berechnen

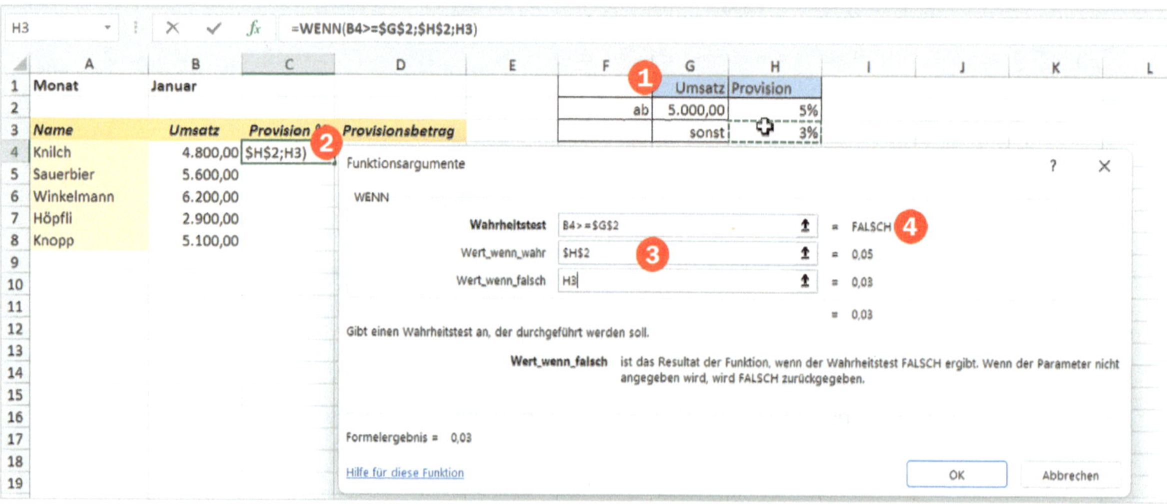

5 Anschließend kopieren Sie die Funktion in die restlichen Zeilen der Liste und formatieren die Ergebnisse im Prozentformat.

6 Berechnen Sie dann in D4 den Provisionsbetrag mit der Formel =B4*C4 und kopieren Sie diese Formel ebenfalls.

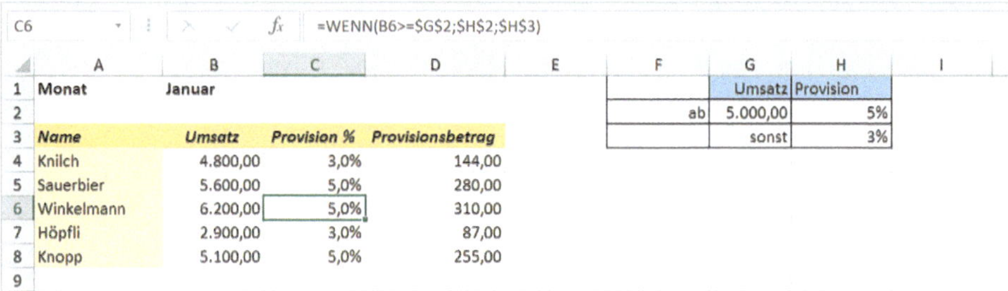

Bild 9.15 Die Ergebnisse

Verwenden Sie, wenn möglich, Zellbezüge statt fester Werte

Natürlich könnten Sie statt fester Zellbezüge auch den Vergleichsumsatz und die Prozentwerte direkt in die Funktion schreiben. Die hier verwendete Methode hat allerdings einen entscheidenden Vorteil: Ändert sich die Provision, z. B. auf 6% statt wie bisher 5%, dann brauchen Sie nur den neuen Wert in die Zelle H2 zu schreiben. Die Provision in der Tabelle wird automatisch aktualisiert.

Formel innerhalb der WENN-Funktion berechnen

Die oben verwendete Funktion trägt nur die jeweiligen Prozentsätze ein, daher müssen Sie in einer weiteren Spalte auch noch die Höhe der Provision berechnen. Diese Berechnungsmethode hat für Einsteiger den Vorteil, dass sich das Ergebnis leicht überprüfen lässt. Sie können aber auch die Provision gleich innerhalb der WENN-Funktion berechnen. Dann multiplizieren Sie, wie im Bild unten, als *Wert_wenn_wahr* und *Wert_wenn_falsch* die jeweilige Provision mit dem Umsatz wie im Bild unten.

Bild 9.16 Provision in der WENN-Funktion berechnen

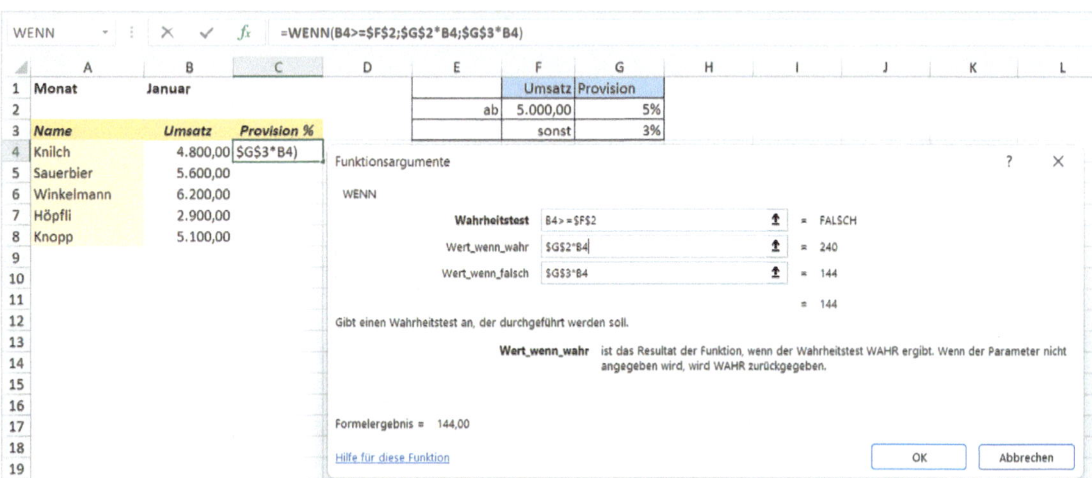

Beispiel mit Textvergleich

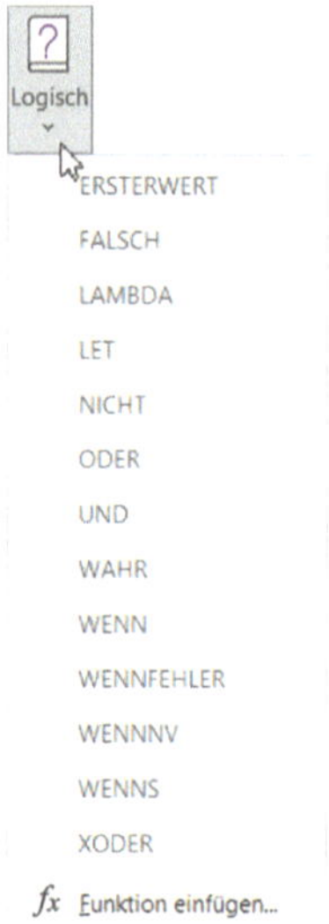

Im einem zweiten Beispiel sollen Sonderpreise in Höhe von 60% des Verkaufspreises berechnet werden. Allerdings nur für solche Artikel, die als Auslaufware gekennzeichnet sind, bei allen anderen soll die Zelle leer bleiben. Auch hierzu bietet sich die Funktion WENN an, damit später die Formel kopiert werden kann. Diesmal fügen wir die Funktion über die Funktionsbibliothek ein.

1. Markieren Sie die erste Zelle, in die Sie die Funktion eingeben möchten, im Beispiel E3. Klicken Sie im Register *Formeln* auf die Kategorie *Logisch* und wählen Sie die Funktion *WENN*.

2. Geben Sie dann als Wahrheitstest den Ausdruck C3="ja" ein, wobei der Vergleichstext in Anführungszeichen eingegeben werden muss. Damit die Funktion kopiert werden kann, benötigen Sie zur Berechnung des Sonderpreises für den Prozentwert in E2 einen festen Zellbezug: D3*$E$2 Das Argument *Wert_wenn_falsch* wird hier eigentlich nicht benötigt; damit aber nicht das Ergebnis des Wahrheitstests FALSCH erscheint, geben Sie zwei Anführungszeichen ein.

> Text, den Sie per Tastatur als Argument in einer Formel oder Funktion eingeben, muss grundsätzlich in Anführungszeichen " " eingeschlossen sein.

Bild 9.17 Textvergleich

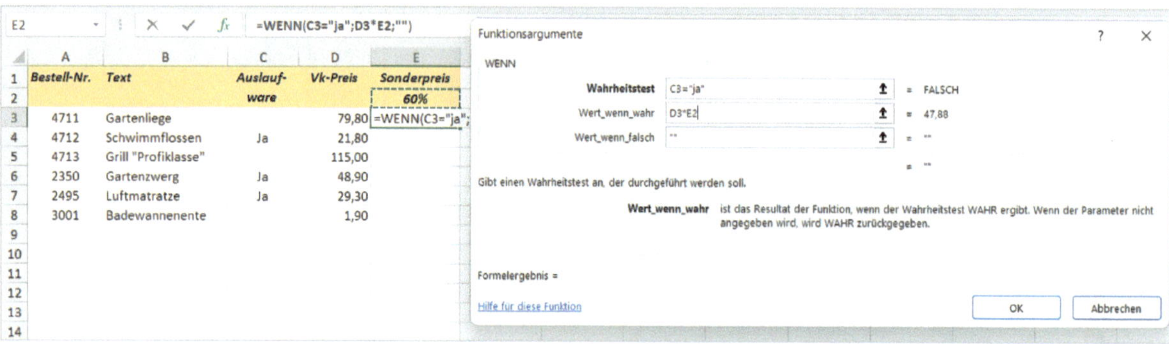

Leerwert zuweisen

In manchen Fällen wird eines der beiden Argumente *Wert_wenn_wahr* und *Wert_wenn_falsch* nicht benötigt z. B. wenn, wie hier, nur für Auslaufware Sonderpreise berechnet werden sollen. Wenn Sie allerdings das Argument einfach weglassen, dann zeigt Excel als Funktionsergebnis das Resultat des Wahrheitstests an, also WAHR oder FALSCH. Da dies nur selten erwünscht ist, lassen Sie das Argument nicht einfach leer, sondern geben die Zahl 0 ein, wenn diese als Ergebnis erscheinen soll. Wenn dagegen die Zelle leer bleiben soll, dann geben Sie einen Leerwert in Form von zwei Anführungszeichen ohne Leerzeichen dazwischen ("") ein.

Achtung: Bei korrekter Berechnung bleibt also in diesem Beispiel die Zelle E3 leer! Kopieren Sie anschließend die Funktion, um die restlichen Ergebnisse zu erhalten.

Tipps zur Fehlersuche und -korrektur

Erfahrungsgemäß bereiten komplexere Funktionen wie die WENN-Funktion Einsteigern manchmal Probleme bei der nachträglichen Suche nach Fehlern und deren Korrektur. Wenn Sie einige Grundregeln beachten, dann sollte dabei eigentlich nichts schief gehen.

- Wenn Sie die Formel über mehrere Zellen kopiert haben, dann korrigieren Sie stets die erste, ursprüngliche Formel und kopieren diese anschließend erneut. Wenn z. B. die Provision nur bei manchen Mitarbeitern falsch berechnet wurde, dann deutet dies auf eine insgesamt fehlerhafte Formel hin. Machen Sie also nicht den Fehler und korrigieren die Formel nur in dieser Zelle.
- Wie bereits erwähnt, können Sie die Funktion jederzeit mit Klick auf das Symbol *Funktion einfügen*, entweder in der Bearbeitungsleiste oder im Register *Formeln*, wieder im Fenster *Funktionsargumente* anzeigen und hier korrigieren. In vielen Fällen ist es jedoch hilfreicher, wenn Sie einen Doppelklick auf die Zelle machen und sich die Funktion im Tabellenblatt mit den verwendeten Zellen anzeigen lassen. Insbesondere falsche Zellbezüge lassen sich so schnell aufspüren und mit der Maus korrigieren. Ein Beispiel sehen Sie im Bild unten.

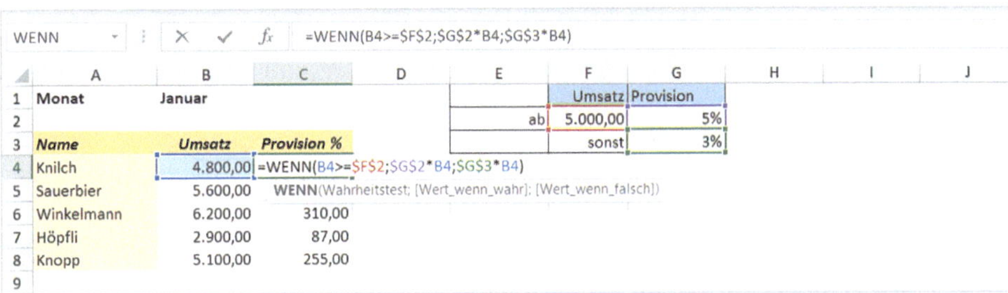

Bild 9.18 Beispiel: Zellbezüge kontrollieren und ggf. mit der Maus korrigieren

Mehrere Bedingungen nacheinander mit WENNS prüfen

Häufig reicht ein einziger Wahrheitstest nicht und es müssen mehrere Bedingungen geprüft werden. Falls Sie Excel aus älteren Versionen kennen, dann denken Sie jetzt vermutlich an verschachtelte WENN-Funktionen. Mit der Funktion WENNS lässt sich dieses Problem jedoch auch wesentlich einfacher mit einer einzigen Funktion lösen. WENNS kann bis zu 127 Wahrheitstests nacheinander durchführen, der Aufbau ist einfach:

```
WENNS(Wahrheitstest1;Wert_wenn_wahr1; Wahrheitstest2;Wert_wenn_wahr2;
Wahrheitstest3;Wert_wenn_wahr3; ...)
```

Als Beispiel die Rabattberechnung anhand einer Mengenstaffel. Bei der Eingabe über den Funktionsassistenten bzw. im Fenster *Funktionsargumente* sieht die Funktion wie im Bild auf der nächsten Seite aus.

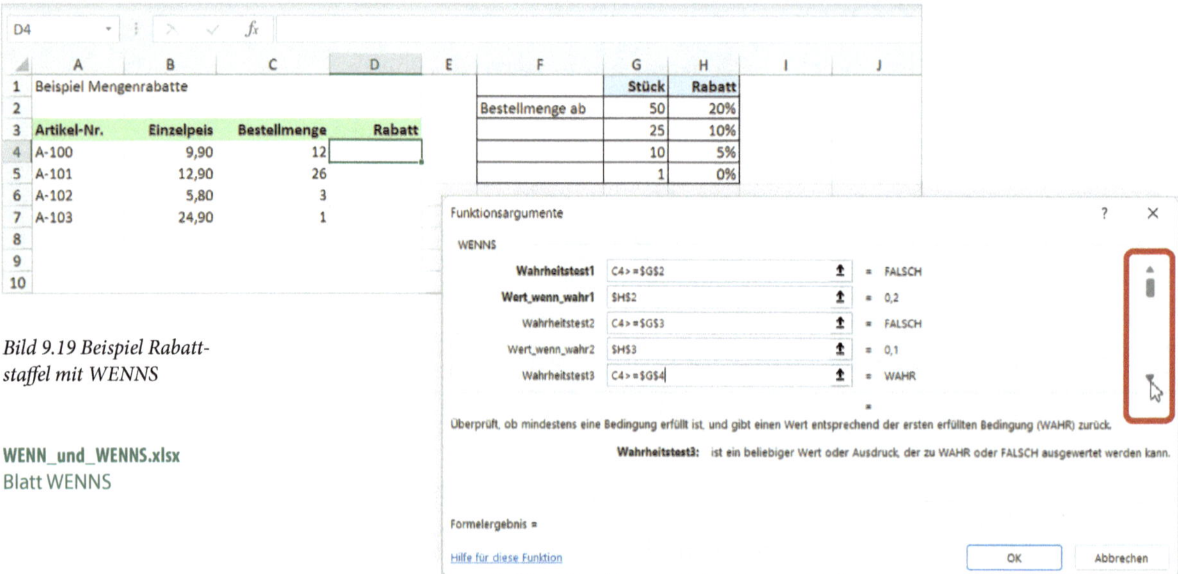

Bild 9.19 Beispiel Rabattstaffel mit WENNS

WENN_und_WENNS.xlsx
Blatt WENNS

Dieses Beispiel ließe sich auch mit der Funktion SVERWEIS berechnen, siehe Seite 259.

Weitere Zeilen zur Eingabe der Wahrheitswerte werden während der Eingabe der Argumente automatisch hinzugefügt. Beachten Sie außerdem, dass Sie bei einer Vielzahl von Argumenten im Fenster *Funktionsargumente* die Bildlaufleiste (s. Bild oben) zur Anzeige aller Argumente benutzen müssen.

Hier nochmals die Formel in D4, zur besseren Übersicht ohne die eigentlich erforderlichen festen Zellbezüge:

```
=WENNS(C4>=G2;H2;C4>=G3;H3;C4>=G4;H4;C4>=G5;H5)
```

Wo ist das Argument Wert_wenn_falsch?

Da diese Funktion im Gegensatz zu WENN kein Argument *Wert_wenn_falsch* anbietet, geben Sie anstelle des letzten Wahrheitstests (C4>=G5) einfach das Ergebnis *WAHR* an und H5 als dazugehörigen Wert (im Bild unten). Dieser kommt dann zum Einsatz, wenn alle vorangegangenen Bedingungen nicht erfüllt wurden. Die Funktion könnte also auch wie folgt lauten:

```
=WENNS(C4>=G2;H2;C4>=G3;H3;C4>=G4;H4;WAHR;H5)
```

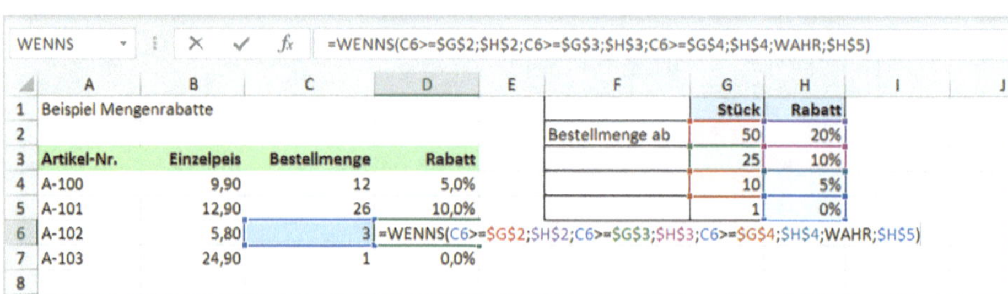

Bild 9.20 Das Ergebnis WAHR ersetzt den letzten Wahrheitstest

9.3 Mehrere Funktionen kombinieren (verschachteln)

Wie bereits erwähnt können als Funktionsargumente auch Formeln und somit weitere Funktionen eingesetzt werden. Solche Funktionen, die ihrerseits Funktionen enthalten, werden als verschachtelte Funktionen bezeichnet. Mit der aktuellen Excel-Version können bis zu 64 Ebenen ineinander verschachtelt werden.

Wahrheitstests mit Logikfunktionen

Ein häufiger Einsatzbereich für verschachtelte Funktionen ist die WENN-Funktion in Verbindung mit Logikfunktionen, mit denen sich zwei und mehr Wahrheitstests miteinander kombinieren lassen. Mit WENNS können Sie zwar problemlos in einer einzigen Funktion mehrere Wahrheitstests nacheinander durchführen. Nicht selten müssen aber zwei oder mehr Bedingungen gleichzeitig geprüft werden. Außerdem können diese Bedingungen unterschiedlich kombiniert sein: Genügt es, wenn eine der Bedingungen erfüllt ist oder müssen beide zutreffen?

Zum Verknüpfen mehrerer Bedingungen verwenden Sie die Funktionen UND, ODER und NICHT aus der Kategorie *Logik*. Diese liefern als Ergebnis die Wahrheitswerte WAHR oder FALSCH. Sie werden nur selten im Arbeitsblatt eingesetzt, sondern dienen hauptsächlich dazu, innerhalb einer Formel oder Funktion mehrere Bedingungen miteinander zu verknüpfen. Folgende Funktionen sind zu unterscheiden, wobei alle denselben Aufbau besitzen, als Beispiel die Funktion UND:

```
UND(Bedingung1;Bedingung2;Bedingung3;...)
```

- Verknüpfen Sie zwei oder mehr Bedingungen mit UND, so erhalten Sie nur dann das Ergebnis WAHR, wenn alle Bedingungen erfüllt sind, Beispiele:

UND("Katze"="Tier";"Hund"="Tier")	WAHR
UND("Katze"="Tier";"Rose"="Tier")	FALSCH

- Bei einer ODER-Verknüpfung unterscheidet Excel zwischen zwei Möglichkeiten: Die Funktion ODER liefert das Ergebnis WAHR, wenn mindestens eine der Bedingungen erfüllt ist. Mit XODER dagegen erhalten Sie nur dann WAHR, wenn maximal eine der Bedingungen erfüllt ist (ausschließendes ODER), Beispiele:

ODER("Katze"="Tier";"Hund"="Tier")	WAHR
ODER("Katze"="Tier";"Rose"="Tier")	WAHR
XODER("Katze"="Tier";"Rose"="Tier")	WAHR
XODER("Katze"="Tier";"Hund"="Tier")	FALSCH

- Eine dritte Funktion NICHT kehrt das Ergebnis um, liefert also das Ergebnis WAHR, wenn die Bedingung das Ergebnis FALSCH ergibt.

Übersicht

Funktion	Beschreibung
UND(Wahrheitswert1;Wahrheitswert2)	Diese Funktion liefert das Ergebnis WAHR, wenn alle Bedingungen WAHR ergeben.
ODER(Wahrheitswert1;Wahrheitswert2)	Diese Funktion liefert das Ergebnis WAHR, wenn mindestens eine der Bedingungen WAHR ist.
XODER(Wahrheitswert1;Wahrheitswert2)	Diese Funktion liefert das Ergebnis WAHR, wenn maximal eine der Bedingungen WAHR ist.
NICHT(Wahrheitswert)	Diese Funktion liefert das Ergebnis WAHR, wenn die Bedingung FALSCH ergibt (kehrt das Ergebnis um).

Mit den Logikfunktionen UND und ODER lassen sich bis zu 30 Bedingungen abfragen. Im Fenster *Funktionsargumente* erscheint daher nach Eingabe der zweiten Bedingung (*Wahrheitswert2*) automatisch ein weiteres Feld zur Eingabe der nächsten Bedingung.

So setzen Sie die WENN-Funktion zusammen mit Logikfunktionen ein

Häufig ist es die WENN-Funktion, in der eine zweite Funktion benötigt wird. Daher beschreiben wir die Vorgehensweise zum Erstellen verschachtelter Funktionen am Beispiel WENN zusammen mit der Logikfunktion ODER.

Beispiel Sonderpreise berechnen

WENN_und_WENNS.xlsx
Blatt WENN ODER

Im Bild unten sollen für alle Modelle der Produktgruppen A oder B Sonderpreise mit einem Preisnachlass von 50% berechnet werden. Bei allen anderen Produktgruppen wird kein Sonderpreis berechnet. Der Wahrheitstest der WENN-Funktion muss also zuerst mit ODER ermitteln, ob es sich um die Produktgruppe A oder B handelt. So gehen Sie im Funktionsassistenten vor:

1 Markieren Sie die Zelle D5 und klicken Sie auf *Funktion einfügen* ❶. Wählen Sie die Funktion WENN aus und klicken Sie auf *OK*.

2 Klicken Sie im Fenster *Funktionsargumente* in das Feld *Wahrheitstest* ❷ und klicken Sie in der Bearbeitungsleiste in das Feld ganz links ❸. Hier werden Ihnen jetzt anstelle der aktuellen Zelladresse die zuletzt verwendeten Funktionen mit WENN an erster Stelle angeboten. Klicken Sie hier auf den Dropdown-Pfeil und wählen Sie die benötigte Funktion aus.

Sollte die Funktion ODER hier nicht aufgeführt sein, so klicken Sie auf *Weitere Funkt.* ❹ und wählen diese im nachfolgenden Fenster *Funktion einfügen* aus.

3 Im Fenster *Funktionsargumente* erscheint jetzt die Funktion ODER. Klicken Sie in das Feld *Wahrheitswert1* und geben Sie die erste zu prüfende Bedingung B5="A" ein. In das Feld *Wahrheitswert2* geben Sie die zweite Bedingung ein: B5="B" ❺. Da es sich bei den Produktgruppen um Text handelt, müssen diese in Anführungszeichen eingegeben werden.

4 Klicken Sie anschließend **nicht** auf *OK*, sondern kontrollieren Sie die Bearbeitungsleiste. Die Funktion ODER wurde in die Funktion WENN eingefügt ❻ und um wieder zu WENN zurückzukehren, klicken Sie in der Bearbeitungsleiste auf den Namen dieser Funktion.

Bild 9.21 ODER-Funktion bearbeiten

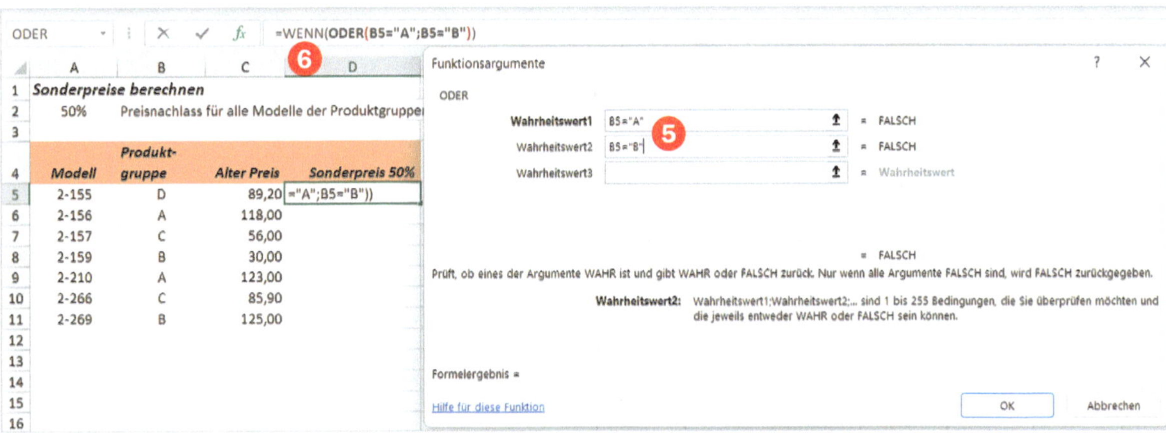

5 Das Fenster *Funktionsargumente* zeigt jetzt wieder die WENN-Funktion an ❼ und im Feld *Wahrheitstest* sehen Sie die vollständige Funktion ODER.

Bild 9.22 Zurück zur WENN-Funktion

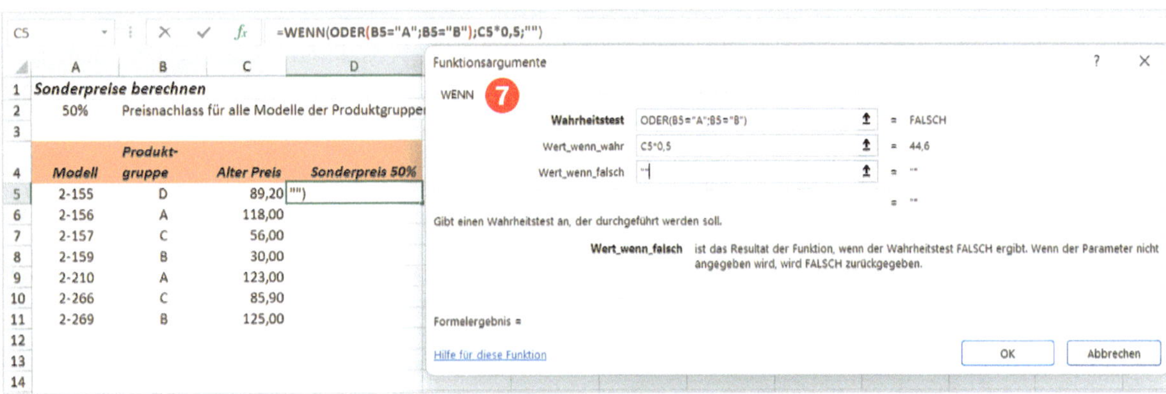

6 Geben Sie als *Wert_wenn_wahr* die Formel zur Berechnung des Sonderpreises ein. Als *Wert_wenn_falsch* geben Sie zwei Anführungszeichen "" ein. Dadurch wird kein Preis berechnet und die Zelle bleibt leer. Anschließend klicken Sie auf *OK*, um die Funktion in das Tabellenblatt zu übernehmen.

7 Kopieren Sie die Funktion in die restlichen Zellen der Spalte. Da für das erste Modell in Zeile 5 der Wahrheitstest FALSCH ergibt, bleibt in diesem Beispiel bei korrekter Eingabe der Funktion die Zelle D5 leer.

Tipps und Hinweise zur Eingabe verschachtelter Funktionen

Funktion auswählen

Im Prinzip kann jede Funktion als Argument eingefügt werden. Das Feld zur Funktionsauswahl in der Bearbeitungsleiste zeigt immer die zuletzt verwendete Funktion an, z. B. WENN. Um eine andere Funktion auszuwählen, klicken Sie auf den Dropdown-Pfeil. Die Auswahl *Weitere Funktionen...* öffnet das Fenster *Funktion einfügen* (Funktionsassistent) und bietet Zugriff auf alle Excel-Funktionen.

Bild 9.23 Funktion auswählen und in eine Funktion einfügen

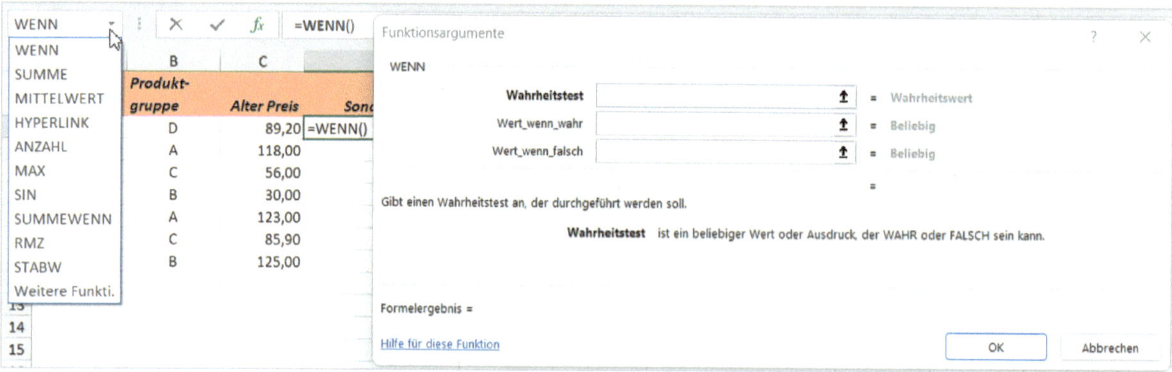

Wechsel zwischen den Funktionen

Solange das Fenster *Funktionsargumente* geöffnet ist, benutzen Sie die Bearbeitungsleiste, um zwischen den Funktionen zu wechseln und eine Funktion im Fenster *Funktionsargumente* anzuzeigen und zu bearbeiten. Klicken Sie dazu einfach auf den Namen der Funktion. Schließen Sie das Fenster *Funktionsargumente* erst bzw. klicken Sie erst dann auf *OK*, wenn alle Funktionsargumente vollständig angegeben wurden, sonst erhalten Sie eine Fehlermeldung.

Eingabe über die Tastatur

Verschachtelte Funktionen können auch über die Tastatur eingegeben werden, dann sollten Sie außerdem noch folgendes beachten:

- Weitere Formeln und Funktionen innerhalb einer Funktion werden ohne Gleichheitszeichen eingegeben.
- **Achten Sie auf die Klammern!** Bei der Eingabe über den Funktionsassistenten bzw. im Fenster *Funktionsargumente* werden auch in verschachtelten Funktionen alle da-

zugehörigen Klammern korrekt eingefügt. Wenn Sie dagegen eine Funktion manuell über die Tastatur als Funktionsargument eingeben, dann müssen Sie auch die Klammern über die Tastatur eingeben und dürfen vor allem die schließenden Klammern nicht vergessen. Als kleine Hilfe sind zusammengehörige Klammernpaare jeweils farblich gekennzeichnet.

B5 =wenn(oder(B5="a";B5="b");)

	A	B	C	D	E	F	G	H	I
4	Modell	Produkt-gruppe	Alter Preis	Sonderpreis 50%					
5	2-155	D	89,20	=wenn(oder(B5="a";B5="b");)					
6	2-156	A	118,00	WENN(Wahrheitstest; [Wert_wenn_wahr]; [Wert_wenn_falsch])					
7	2-157	C	56,00						

Bild 9.24 Bei der Eingabe über die Tastatur sind zusammengehörende Klammernpaare farbig gekennzeichnet

Tipp: Damit Sie keine Klammer vergessen, geben Sie am besten unmittelbar nach Eingabe des Funktionsnamens und der öffnenden Klammer die dazugehörige schließende Klammer ein und erst danach dazwischen die Funktionsargumente.

Zwei oder mehr WENN-Funktionen verschachteln

WENNS ist zwar eine komfortable Lösung, wenn mehrere Wahrheitstests systematisch nacheinander durchgeführt werden sollen. Manchmal ist es aber einfacher, wenn in einer WENN-Funktion eine weitere Bedingung einfach mit einer zweiten WENN-Funktion abgefragt und als *Wert_wenn_wahr* oder *Wert_wenn_falsch* eingefügt wird. Hier ein Beispiel, bei dem in Spalte F die Bestellmenge abhängig von Fehlbestand und Mindestbestellmenge berechnet werden soll. Folgende Bedingungen müssen eingehalten werden:

- Eine Bestellung ist nur erforderlich, wenn der Lagerbestand (Lager1+Lager2) kleiner ist als der Sollbestand.
- Wenn die Differenz zwischen Lagerbestand und Sollbestand (fehlende Menge) kleiner ist als die Mindestbestellmenge, dann muss die Mindestbestellmenge bestellt werden. Andernfalls wird die fehlende Menge bestellt.

	A	B	C	D	E	F	G	H
1		Lagerbestand			Mindest-			
2	Artikel	Lager1	Lager2	Sollbestand	bestellmenge	Bestellmenge		
3	Spaten	5	20	50	20			
4	Hacke, extra	3	20	50	10			
5	Hacke, klein	10	8	20	10			
6	Schaufel	20	3	50	20			
7	Rechen, Holz	15	40	50	20			
8								

Bild 9.25 Bestellmenge abhängig von mehreren Bedingungen berechnen

Diese Datei ist als Download verfügbar:
WWENN_und_WENNS.xlsx
Blatt WENN verschachtelt

So gehen Sie systematisch vor

1 Markieren Sie die Zelle F3, klicken Sie auf *Funktion einfügen* und wählen Sie die Funktion WENN aus.

2 Der erste Wahrheitstest prüft, ob überhaupt eine Bestellung erforderlich ist ❶. Als *Wert_wenn_wahr* muss anschließend geprüft werden, ob die fehlende Men-

ge kleiner ist als der Mindestbestand. Klicken Sie also in dieses Feld ❷ und fügen Sie über die Bearbeitungsleiste die zweite WENN-Funktion ein ❸.

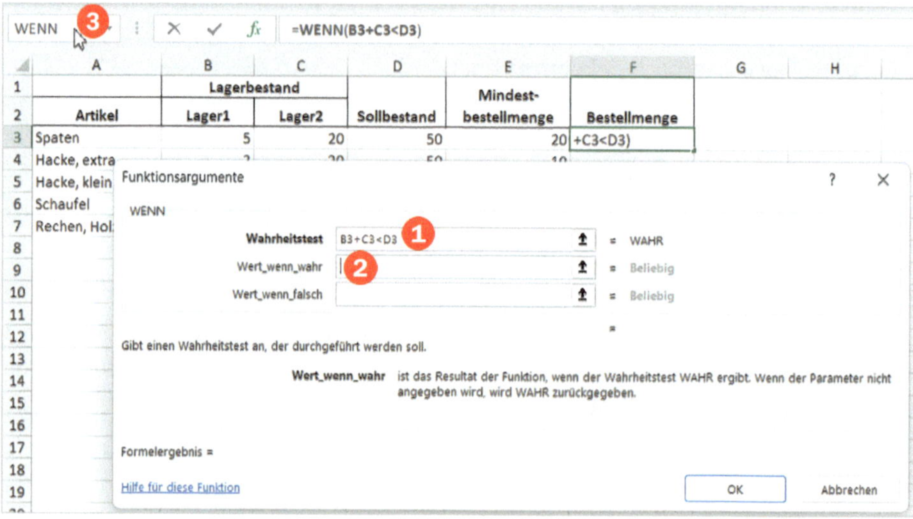

Bild 9.26 WENN-Funktion als Argument einfügen

Dies ist nur eine mögliche Lösung. Sie könnten auch mit dem Wahrheitstest B3+C3>D3 beginnen und die zweite WENN-Funktion als *Wert_wenn_falsch* einfügen.

3 Geben Sie in der zweiten WENN-Funktion den nächsten Wahrheitstest mit *Wert_wenn_wahr* (E3) und *Wert_wenn_falsch* D3-(B3+C3) ein ❹, wie im Bild unten.

4 Klicken Sie dann in der Bearbeitungsleiste auf die erste WENN-Funktion ❺ und ergänzen Sie hier noch den *Wert_wenn_falsch*, indem Sie 0 eingeben. Schließen Sie zuletzt die Funktionsargumente mit Klick auf *OK*.

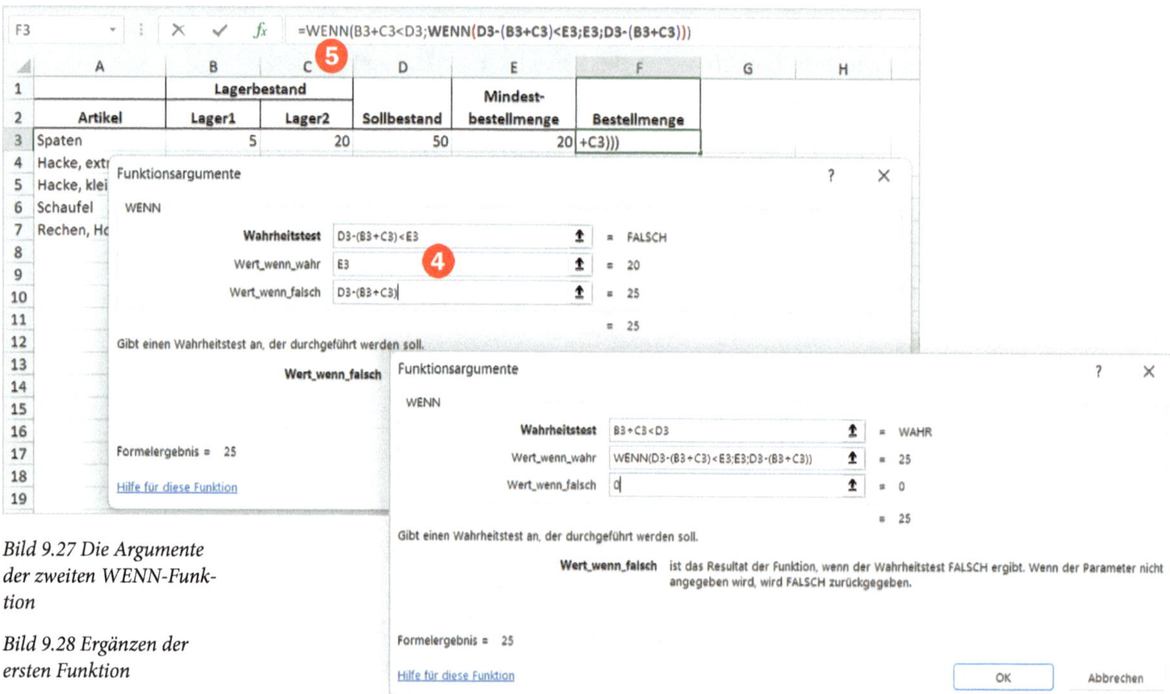

Bild 9.27 Die Argumente der zweiten WENN-Funktion

Bild 9.28 Ergänzen der ersten Funktion

5 Kopieren Sie dann die Funktion in die restlichen Zellen.

F3 | `=WENN((B3+C3)<D3;WENN(D3-(B3+C3)<E3;E3;D3-(B3+C3));0)`

	A	B	C	D	E	F	G	H
1		Lagerbestand			Mindest-			
2	Artikel	Lager1	Lager2	Sollbestand	bestellmenge	Bestellmenge		
3	Spaten	5	20	50	20	25		
4	Hacke, extra	3	20	50	10	27		
5	Hacke, klein	10	8	20	10	10		
6	Schaufel	20	3	50	20	27		
7	Rechen, Holz	15	40	50	20	0		
8								

Bild 9.29 Die Ergebnisse

Hinweis: Die Berechnung könnte auch mit WENNS erfolgen, am besten probieren Sie es selbst aus. Eine mögliche Lösung finden Sie in den Beispieldateien zum Download.

9.4 Tabellen mit Nachschlage- und Verweisfunktionen durchsuchen

Wenn es darum geht, eine Tabelle, in der Folge auch als Matrix bezeichnet, nach einem bestimmten Inhalt zu durchsuchen, dann kommen die Nachschlage- und Verweisfunktionen von Excel zum Einsatz. Sie gehören zur Kategorie *Nachschlagen und Verweisen*. Die wichtigste und am häufigsten eingesetzte Funktion aus dieser Gruppe ist die Funktion SVERWEIS.

Aufbau und Funktionsweise von SVERWEIS

SVERWEIS (Senkrecht-Verweis) durchsucht die **erste Spalte** einer Tabelle (Matrix) von oben nach unten nach einem vorgegebenen Suchkriterium und liefert bei der ersten Übereinstimmung einen Wert aus dieser Zeile und der angegebenen Spalte (Spaltenindex). Hier kann angegeben werden, ob exakte Übereinstimmung mit dem Suchkriterium vorliegen muss oder ob ein Näherungswert genügt. Wird kein Wert gefunden, der dem Suchkriterium entspricht, zeigt Excel den Fehlerwert #NV (nicht verfügbar) an. Die Funktion besitzt folgenden Aufbau:

```
SVERWEIS(Suchkriterium;Matrix;Spaltenindex;Bereich_Verweis)
```

Die Argumente der Funktion

- *Suchkriterium*: der Wert, nach dem die Tabelle (Matrix) durchsucht wird. **Achtung**: Dieser muss sich zwingend in der ersten Spalte der Tabelle befinden.
- *Matrix*: Geben Sie hier den gesamten zu durchsuchenden Tabellenbereich an, statt der Zelladressen kann auch ein Bereichsname verwendet werden. Die Werte der ersten Spalte müssen die gesuchten Werte enthalten, dies können Zahlen, Datumswerte oder Zeichenfolgen sein. Bei Text wird nicht zwischen Groß- und Kleinbuchstaben unterschieden.
- Der *Spaltenindex* gibt an, in der wie vielten Spalte der Matrix sich der gesuchte Wert befindet. Der Spaltenindex ist eine fortlaufende Zahl, beginnend mit der

ersten Spalte der Matrix (1) und darf nicht verwechselt werden mit der Spaltennummerierung des Tabellenblatts! Der Spaltenindex 3 liefert z. B. den Wert aus der dritten Spalte der Matrix.

- *Bereich_Verweis*: legt fest, ob nur bei genauer Übereinstimmung mit dem Suchkriterium ein Ergebnis angezeigt werden soll oder ob auch der nächstliegende Wert (Bereich) als Ergebnis verwendet werden darf.
    - Wird als *Bereich_Verweis* der Wert WAHR oder 1 angegeben oder ist das Argument leer, so ist keine exakte Übereinstimmung mit dem Suchkriterium erforderlich und SVERWEIS liefert als Ergebnis den nächstgelegenen Wert aus der darüber liegenden Zeile. Daher muss in diesem Fall die Matrix unbedingt nach der ersten Spalte sortiert sein!
    - Geben Sie dagegen als *Bereich_Verweis* FALSCH oder 0 an, so erhalten Sie nur bei exakter Übereinstimmung mit dem Suchkriterium ein Ergebnis, andernfalls den Wert #NV (nicht verfügbar). Falls die erste Spalte der Matrix zwei oder mehr übereinstimmende Werte enthält, so wird nur der erste Wert gefunden.
    - **Tipp**: Hilfe zu *Bereich_Verweis* erhalten Sie sowohl im Funktionsassistent als auch bei der Eingabe über die Tastatur. Hier bietet Excel sogar die Werte WAHR bzw. FALSCH zur Übernahme in die Funktion an.

Details zur Funktion XVERWEIS, siehe Seite 263.

Beachten Sie beim Einsatz von SVERWEIS

- SVERWEIS kann nur nach einem Kriterium suchen, das sich in der ersten Spalte der Matrix befindet. Unter Umständen müssen Sie also zuvor die Tabelle umstellen oder Sie verwenden XVERWEIS statt SVERWEIS. Wenn sich der gesuchte Wert rechts von der Spalte mit dem Suchkriterium befindet, können Sie auch die Matrix so festlegen, dass diese mit der Spalte beginnt, die das Suchkriterium enthält.
- Ist das Suchkriterium mehrfach vorhanden, so berücksichtigt SVERWEIS nur die erste Fundstelle.

Beispiel 1: Genaue Übereinstimmung mit dem Suchkriterium

Dieses und die nachfolgenden Beispiele sind als Download verfügbar:

Verweisfunktionen.xlsx

Sie können die Funktion SVERWEIS beispielsweise nutzen, um wie im Bild auf der nächsten Seite anhand des Namens aus einer Tabelle die dazugehörige Telefonnummer zu ermitteln. Als Suchkriterium dient der Name in C1, darunter in C2 soll mit der Funktion SVERWEIS die Telefonnummer ermittelt werden.

1. Fügen Sie in C2 die Funktion SVERWEIS ein und geben Sie als Suchkriterium die Zelle C1 an.
2. Als Matrix legen Sie den Zellbereich (ohne Überschriftzeile) fest, der das Suchkriterium zusammen mit der gesuchten Telefonnummer enthält, also A5:E18.
3. Die gesuchte Telefonnummer befindet sich in der vierten Spalte der zuvor angegebenen Matrix. Geben Sie also den Spaltenindex 4 ein.
4. Was soll passieren, wenn der gesuchte Wert nicht in der Matrix gefunden wird? Da in diesem Beispiel der nächstgelegene Wert, die Telefonnummer aus der

darüber liegenden Zeile falsch wäre, müssen Sie als Argument *Bereich_Verweis* FALSCH oder 0 eingeben. Dies bedeutet, Sie erhalten den Wert #NV (nicht verfügbar), falls das Suchkriterium nicht in der Tabelle gefunden wird.

Bild 9.30 Hier ist exakte Übereinstimmung mit dem Suchkriterium erforderlich!

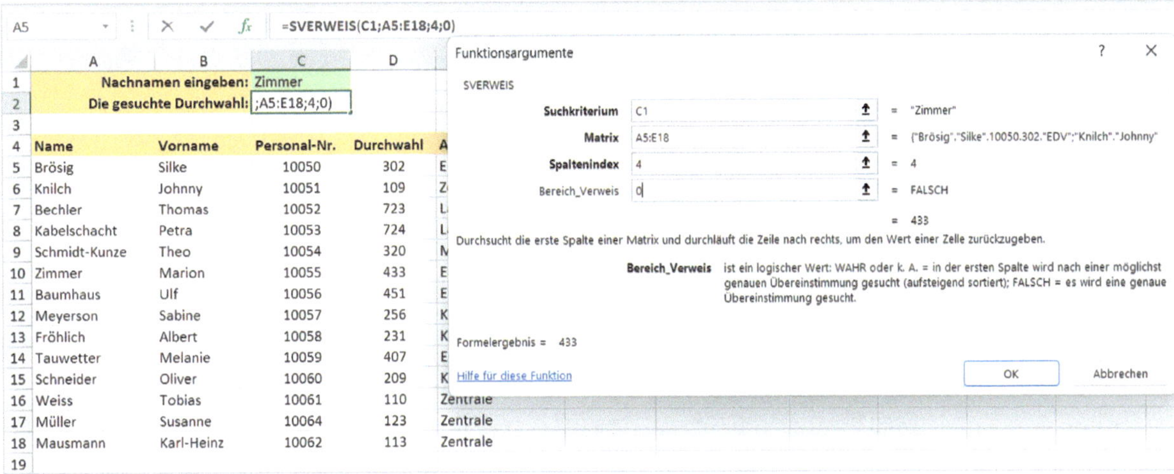

Dieses Beispiel ließe sich noch um die Suche nach Abteilung und/oder Personalnummer erweitern. Als einzigen Unterschied zu oben müssten Sie dann in der Funktion SVERWEIS den Spaltenindex 5 (Abteilung) bzw. 3 (Personalnummer) angeben. Schneller und in einer einzigen Funktion lässt sich dies aber mit XVERWEIS erledigen.

Beispiel 2: Den nächstgelegenen Wert ermitteln

Verweisfunktionen.xlsx
Blatt: SVERWEIS Bereich Verweis

Anders verhält es sich, wenn Sie beispielsweise anhand von Prüfungsergebnissen in Punkten die dazugehörige Note aus einer zweiten Tabelle, der Notentabelle, ermitteln möchten, wie im Bild unten. Da die Notentabelle nicht jede einzelne Punktzahl, sondern nur die Schwellenwerte enthält, muss als *Bereich_Verweis* der Wert WAHR oder 1 angegeben werden oder Sie lassen das Argument leer. **Achtung**: Die Matrix, hier die Notentabelle, muss in diesem Fall unbedingt sortiert sein.

Bild 9.31 Beispiel Noten anhand der Punktzahl ermitteln

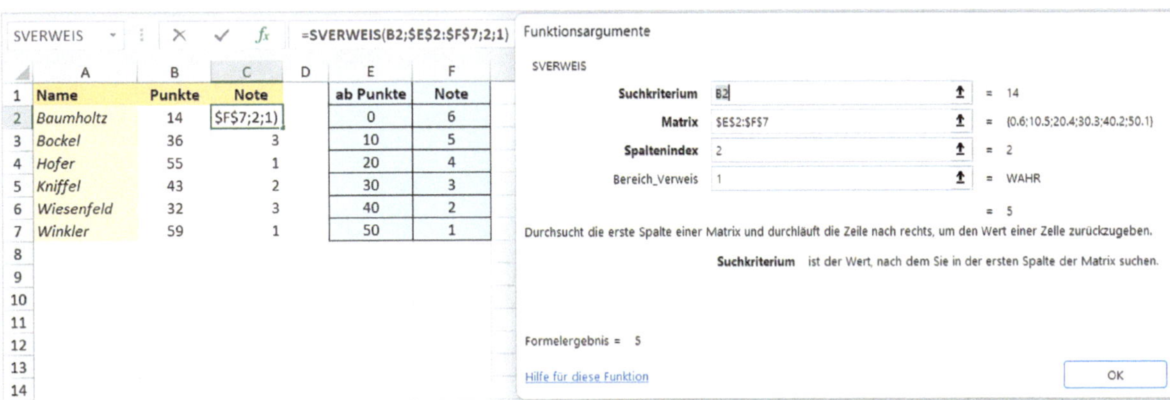

Dieses Beispiel könnte auch mit der Funktion WENNS berechnet werden, allerdings wesentlich umständlicher.

- Wird die genaue Punktzahl in der Notentabelle nicht gefunden, so liefert SVERWEIS die nächstgelegene Note aus der Zeile darüber.
- Als Suchkriterium verwenden Sie die jeweils erzielte Punktzahl, die Notentabelle bildet die Matrix. Damit die Funktion später kopiert werden kann, sind hier feste Zellbezüge erforderlich. Die gesuchte Note befindet sich in der zweiten Spalte der Matrix, daher Spaltenindex 2.

Beachten Sie bei Bereichsverweisen bzw. Bereich_Verweis WAHR

Wenn die Matrix nur Schwellenwerte enthält und der nächstgelegene Wert aus der darüber liegenden Zeile benötigt wird (Bereichsverweis), dann muss die Matrix nach der ersten Spalte sortiert sein.

Mit WVERWEIS die erste Zeile einer Tabelle waagrecht durchsuchen

Die Funktion WVERWEIS (Waagrecht-Verweis) hat den gleichen Aufbau und dieselbe Funktionsweise wie SVERWEIS, durchsucht aber im Gegensatz zu dieser waagrecht von links nach rechts die **erste Zeile** der Matrix und liefert den Wert aus der angegebenen Zeile (Zeilenindex). Diese Funktion setzen Sie daher ein, wenn die erste Zeile der zu durchsuchenden Tabelle das Suchkriterium enthält.

```
WVERWEIS(Suchkriterium;Matrix;Zeilenindex;Bereich_Verweis)
```

Das hierzu verwendete Beispiel im Bild unten kennen Sie vielleicht aus Katalogen von Reiseveranstaltern, in denen Hotels je nach Saison zu unterschiedlichen Preisen angeboten werden. In C13 soll aus der Hotelpreisliste der Preis der jeweiligen Hotels zum angegebenen Datum ermittelt werden.

Suchkriterium ist das Anreisedatum in C11. Außerdem wird hier der Zeilenindex nicht in der Formel, sondern in C12 angegeben, so dass auch nach anderen Hotels gesucht werden kann. Als Matrix geben Sie den Bereich A3:H8 an und da der Anreisetermin meist zwischen den angegebenen Datumswerten der Matrix liegt, ist außerdem als *Bereich_Verweis* WAHR oder 1 erforderlich.

C13 =WVERWEIS(C11;A3:H8;C12;WAHR)

	A	B	C	D	E	F	G	H	I
1	**Preis pro Tag (übernachtung, Frühstück & Halbpension**								
2			ab Datum						
3	Zeile	Hotel	01.01.2022	15.04.2022	15.06.2022	10.09.2022	11.11.2022	31.12.2022	
4	2	Bella Vista	33	45	65	75	55	40	
5	3	Club Amigo	42	48	80	69	55	50	
6	4	Sole mio	50	60	75	85	60	55	
7	5	Mare Club	63	75	105	110	95	85	
8	6	Casa sole	79	85	119	125	110	90	
9									
10	**Preis ermitteln**								
11	Anreisedatum		**01.07.22**						
12	gewünschtes Hotel Zeile		**3**						
13	Preis pro Übernachtung		**80**	=WVERWEIS(C11;A3:H8;C12;WAHR)					
14									

Bild 9.32 Sowohl WVERWEIS als auch SVERWEIS funktionieren auch mit Datumswerten als Suchkriterium, wie das Beispiel zeigt.

Verweisfunktionen.xlsx
Blatt: WVERWEIS

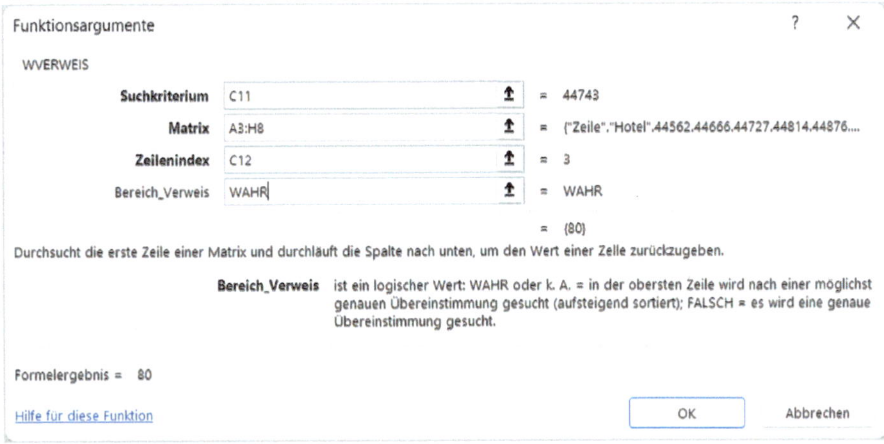

Bild 9.33 Die Funktion im Fenster Funktionsargumente

Flexible Suche mit XVERWEIS

Die neuere Funktion XVERWEIS kann statt SVERWEIS und WVERWEIS eingesetzt werden und ist darüber hinaus wesentlich flexibler als diese. Der Aufbau:

```
XVERWEIS(Suchkriterium; Suchmatrix; Rückgabematrix; [wenn_nicht_gefunden];
[Vergleichsmodus]; [Suchmodus])
```

Hinweis: XVERWEIS ist erst ab Excel 2021 und mit Microsoft 365 verfügbar. Enthält eine Mappe Formeln mit XVERWEIS, so liefert diese trotzdem auch mit älteren Excel-Versionen ein Ergebnis, erscheint aber als _xlfn.XLOOKUP.

Beachten Sie, dass XVERWEIS genau wie SVERWEIS und WVERWEIS nur den ersten gefundenen Wert liefert. Die Argumente:

- *Suchkriterium*: Nach welchem Wert soll gesucht werden (siehe SVERWEIS)?
- *Suchmatrix*: Zellbereich, der durchsucht werden soll. Dies kann im Gegensatz zu SVERWEIS eine beliebige Spalte oder Zeile (statt WVERWEIS) sein. Auch die Angabe mehrerer Spalten/Zeilen ist möglich, ein Beispiel finden Sie weiter unten.
- *Rückgabematrix*: Zellbereich, der den benötigten Wert enthält (Rückgabewert). Dieser muss ein zusammenhängender Zellbereich sein und kann auch mehrere Spalten oder Zeilen umfassen.
- *Wenn_nicht_gefunden*: Mit diesem optionalen Argument können Sie angeben, welcher Wert zurückgegeben wird, wenn keine Übereinstimmung mit dem Suchkriterium gefunden wird. Dies kann eine Zahl oder beliebiger Text sein. Wird dieses Argument weggelassen, erhalten Sie #NV, wenn keine Übereinstimmung gefunden wird.
- Standardmäßig liefert XVERWEIS nur bei genauer Übereinstimmung mit dem Suchkriterium ein verwertbares Ergebnis. Mit dem optionalen Argument *Vergleichsmodus* können Sie den Übereinstimmungstyp festlegen:
  - Keine Angabe oder 0 bedeutet, Sie erhalten nur bei genauer Übereinstimmung ein Ergebnis, ansonsten #NV. Dasselbe Ergebnis erhalten Sie auch, wenn Sie als Suchmodus 0 angeben.

- Mit -1 erhalten Sie das nächstkleinere Element aus der Zeile darüber, falls keine genaue Übereinstimmung gefunden wird.
- 1 liefert dagegen den nächstgrößeren Wert aus der Zeile darunter, falls keine Übereinstimmung vorliegt.
- 2 erlaubt die Verwendung der Platzhalterzeichen * und ?. Die Verwendung dieser Zeichen dürfte den meisten Anwendern bekannt sein: ? steht für ein einzelnes Zeichen und * ersetzt eine beliebige Anzahl von Zeichen.

▶ Das optionale Argument *Suchmodus* legt die Suchrichtung fest: 1 oder keine Angabe bedeutet, die Suche erfolgt von oben nach unten bzw. von links nach rechts. Mit -1 beginnt dagegen die Suche unten oder ganz rechts.

Die Vorteile von XVERWEIS gegenüber SVERWEIS und WVERWEIS auf einen Blick

- Das Suchkriterium muss sich nicht in der ersten Spalte der zu durchsuchenden Tabelle (Matrix) befinden.
- Als Suchmatrix kann sowohl eine Zeile als auch eine Spalte angegeben werden.
- Die Rückgabematrix kann sich auch links vom Suchkriterium befinden. Werden mehrere Rückgabewerte benötigt, können die betreffenden Spalten (oder Zeilen) als Rückgabematrix angegeben werden. Einzige Voraussetzung: Diese muss ein zusammenhängender Zellbereich sein.

Beispiel 1: Artikelbezeichnung anhand der Artikelnummer finden

Sie möchten aus der unten abgebildeten Liste anhand der Artikelnummer dessen Bezeichnung finden. Die Artikelnummer befindet sich in B2 und daneben in C2 soll mit XVERWEIS die Bezeichnung ermittelt werden.

Bild 9.34 Die Artikelliste

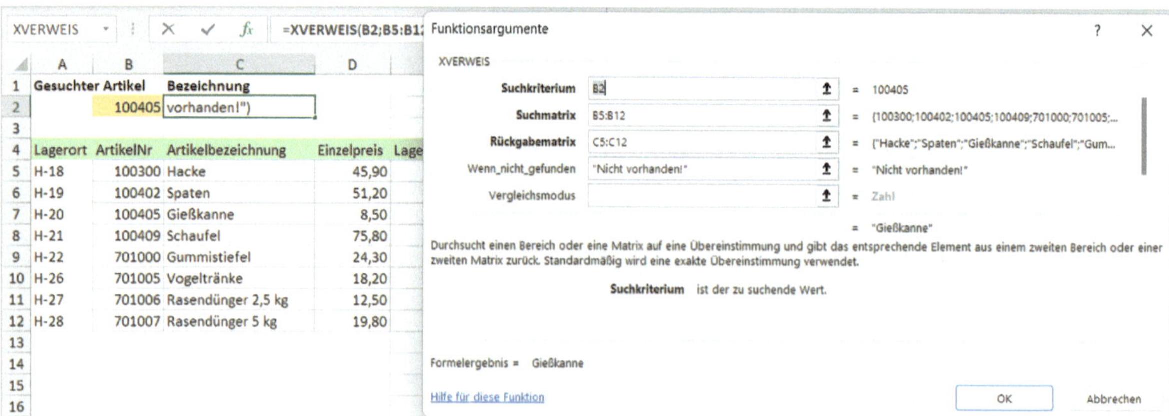

Verweisfunktionen.xlsx
Blatt: XVERWEIS

- Suchkriterium ist die Artikelnummer in B2.
- Suchmatrix ist die Spalte mit den Artikelnummern, hier B5:B12.
- Rückgabematrix ist die Spalte mit den Artikelbezeichnungen, hier C5:C12.
- Wenn die angegebene Artikelnummer nicht existiert, dann soll der Hinweis erscheinen: Nicht vorhanden!

```
C2: =XVERWEIS(B2;B5:B12;C5:C12;"Nicht vorhanden!")
```

Falls Sie diese Aufgabe mit SVERWEIS lösen möchten, würde die Funktion in C2 lauten:

```
C3: =SVERWEIS(B2;B5:F12;2;FALSCH)
```

XVERWEIS mit mehreren Rückgabewerten

Wenn Sie zur Artikelbezeichnung auch noch Preis und Lagerbestand benötigen, müssten Sie bei der Verwendung von SVERWEIS diese Funktion jedes Mal neu eingeben. XVERWEIS erledigt dies dagegen in einer einzigen Formel. Sie brauchen nur als Rückgabematrix den Bereich B5:E12 statt B5:B12 wie im vorherigen Beispiel angeben. Die Funktion in C2 lautet dann:

```
C2: =XVERWEIS(B2;B5:B12;C5:E12;"Nicht vorhanden!")
```

Achtung: Die Rückgabematrix muss ein zusammenhängender Zellbereich sein. Mehrfachmarkierung mit gedrückter Strg-Taste ist nicht zulässig.

Excel erweitert den Ausgabebereich automatisch auf die Zellen D2 und E2, zu erkennen am Erweiterungsrahmen. Dieser erscheint nur, wenn die Zelle mit der eigentlichen Formel, also C2, markiert ist.

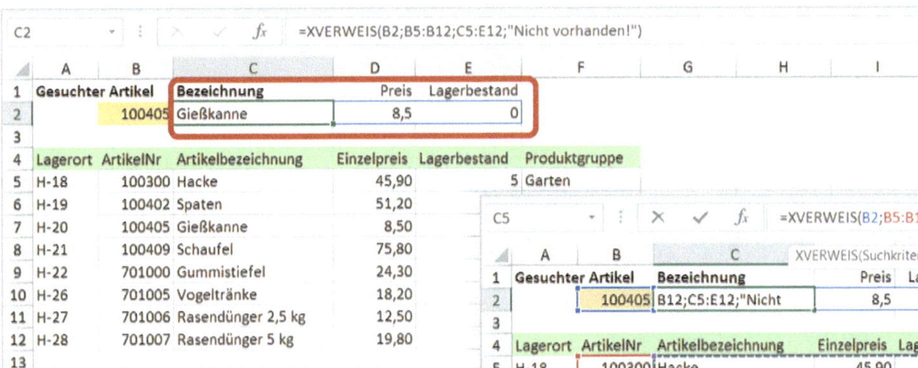

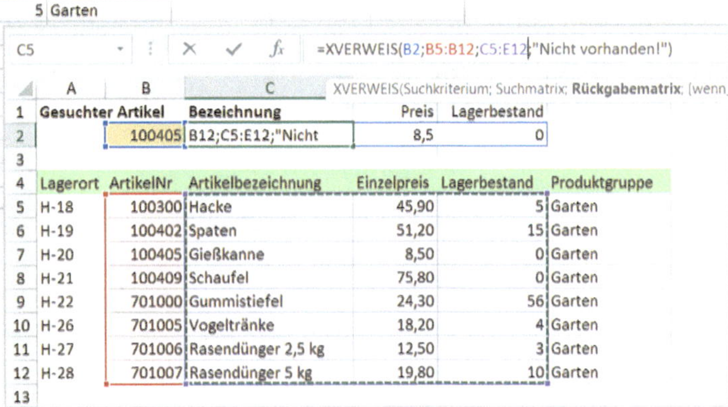

Bild 9.35 Mehrere Rückgabewerte ausgeben

Hinweis: Der Ausgabebereich bildet einen fest zusammenhängenden Bereich, aus dem einzelne Teile, z. B. der Lagerbestand, nicht gelöscht werden können. Dazu müssten Sie in der Formel in C2 die Rückgabematrix ändern.

Beispiel 2: XVERWEIS mit zwei Suchkriterien

Verweisfunktionen.xlsx
Blatt: Zwei Suchkriterien XVERWEIS

Da bei XVERWEIS Suchmatrix und Rückgabematrix zwei getrennte Argumente sind, können im Gegensatz zu SVERWEIS auch mehrere Suchkriterien verwendet werden. Als Beispiel soll in einer Adressentabelle (Bild auf der nächsten Seite) die Telefonnummer anhand von Nachname und Vorname gesucht werden.

- Dazu werden die beiden Suchkriterien in E2 und F2 mit dem &-Operator zu einer einzigen Zeichenfolge zusammengefügt (verkettet). Das Suchkriterium lautet E2&F2 und liefert im abgebildeten Beispiel MüllerJochen.
- Entsprechend müssen als Suchmatrix auch die beiden Spalten Nachname und Vorname zusammengefügt werden: A2:A9&B2:B9.
- Rückgabematrix ist der Bereich mit den Telefonnummern; hier C2:C9

G2: =XVERWEIS(E2&F2;A2:A9&B2:B9;C2:C9)

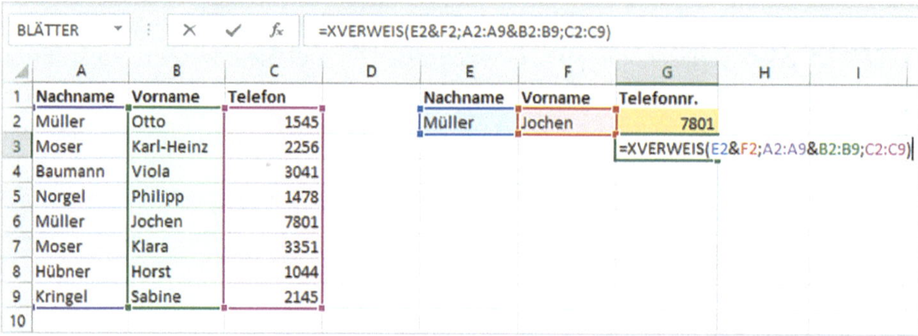
BLÄTTER | =XVERWEIS(E2&F2;A2:A9&B2:B9;C2:C9)

	A	B	C	D	E	F	G	H	I
1	Nachname	Vorname	Telefon		Nachname	Vorname	Telefonnr.		
2	Müller	Otto	1545		Müller	Jochen	7801		
3	Moser	Karl-Heinz	2256				=XVERWEIS(E2&F2;A2:A9&B2:B9;C2:C9)		
4	Baumann	Viola	3041						
5	Norgel	Philipp	1478						
6	Müller	Jochen	7801						
7	Moser	Klara	3351						
8	Hübner	Horst	1044						
9	Kringel	Sabine	2145						
10									

Bild 9.36 Zwei und mehr Suchkriterien

Mehr zum Thema Aneinanderfügen bzw. Verketten von Zeichenfolgen mit & lesen Sie auf Seite 277 nach.

9.5 Einfache Auswertungsfunktionen

Neben den in Kapitel 8 bereits beschriebenen Funktionen SUMME, ANZAHL, MIN und MAX sollten Sie noch einige weitere wichtige Auswertungsfunktionen von Excel kennen.

Anzahl der Zellen oder Werte mit ANZAHL und ANZAHL2 ermitteln

Sie möchten wissen, wie viele Werte ein Zellbereich umfasst, z. B. wie viele Kunden eine Excel-Tabelle enthält? Eine Möglichkeit dazu, die Funktion ANZAHL, haben Sie bereits im vorherigen Kapitel kennengelernt. Allerdings berücksichtigt diese Funktion ausschließlich numerische Werte, also Zahlen und Datumswerte.

Was aber, wenn keine entsprechende Nummer vorhanden ist? In solchen Fällen setzen Sie die Funktion ANZAHL2 (Kategorie *Statistik*) ein. Diese zählt alle nicht leeren Zellen des angegebenen Bereichs, egal ob diese Text oder Zahlen enthalten. Der Aufbau dieser Funktion unterscheidet sich nicht von der Funktion ANZAHL.

Im folgenden Beispiel soll in C1 die Anzahl aller Kunden ermittelt werden. Die einzige Spalte mit numerischem Inhalt ist der Umsatz. Da aber bei einigen Kunden kein Umsatz vorhanden ist, scheidet diese Spalte aus. Also müssen Sie die Funktion ANZAHL2 einsetzen und beispielsweise anhand der Nachnamen zählen.

1 Einfache Funktionen lassen sich am schnellsten über die Tastatur eingeben: Markieren Sie C1, geben Sie das Gleichheitszeichen und die ersten Zeichen der benötigten Funktion ein und übernehmen Sie *ANZAHL2* mit Doppelklick.

2 Legen Sie dann durch Markieren mit der Maus den Zellbereich B5:B15 fest und schließen Sie die Formeleingabe mit der Eingabetaste ab.

Hinweis: Wenn die Tabelle zuvor mit einer Formatvorlage als Tabelle formatiert wurde, erscheint in der Formel anstelle des Zellbereichs die Spaltenüberschrift in eckigen Klammern, wie im Bild unten.

Dieses und die nachfolgenden Beispiele sind als Download verfügbar:

Auswertungen.xlsx

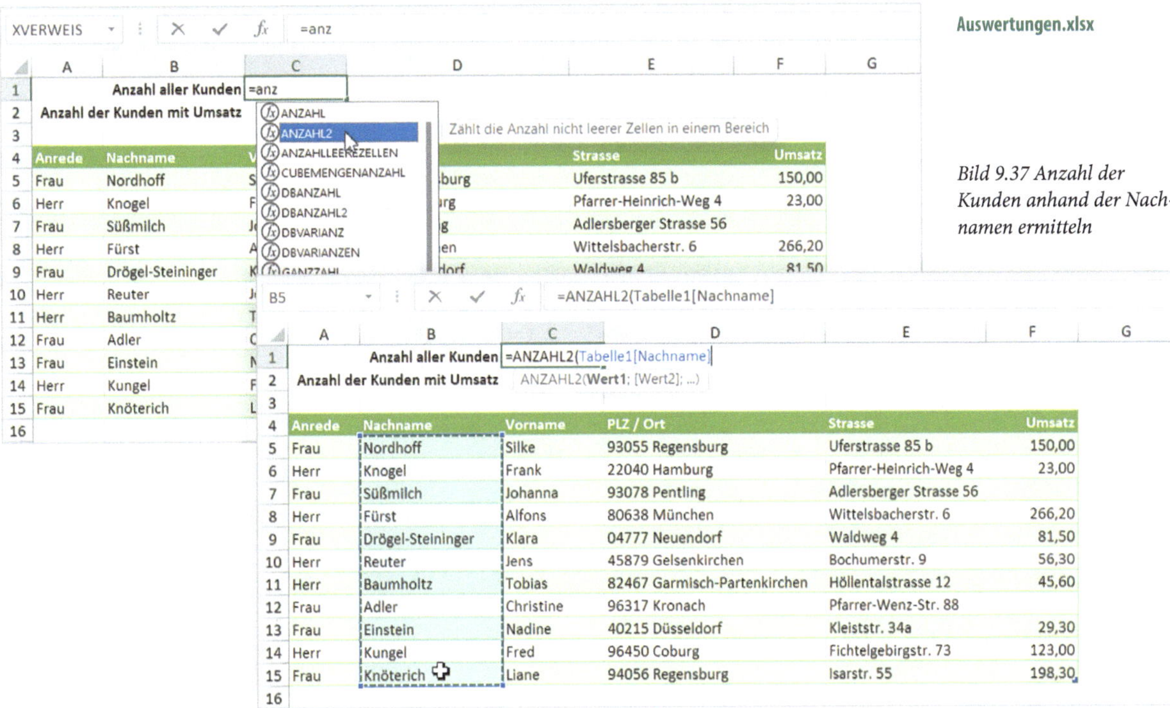

Bild 9.37 Anzahl der Kunden anhand der Nachnamen ermitteln

Tipp: Die Tatsache, dass ANZAHL ausschließlich Zahlen berücksichtigt, können Sie sich zunutze machen, wenn Sie in diesem Beispiel in C2 auch noch die Anzahl aller Kunden mit Umsatz ermitteln möchten. Dazu verwenden Sie die Funktion ANZAHL, diese können Sie wie oben ebenfalls über die Tastatur eingeben. Markieren Sie dazu als Zellbereich die Umsätze in F5:F15. Leere Zellen oder Zellen, in denen anstatt einer Zahl ein Strich, also Text vorhanden ist, werden ignoriert und Sie erhalten das Ergebnis 9.

Auswertungen.xlsx
Blatt: Anzahl

Nur bestimmte Inhalte zählen

Möchten Sie nur bestimmte Inhalte zählen bzw. die Berechnung der Anzahl mit einer Bedingung verknüpfen, dann verwenden Sie die Funktion ZÄHLENWENN. Diese Funktion ermittelt aus einem Zellbereich die Anzahl aller Zellen, deren Inhalt mit einem vorgegebenen Suchkriterium übereinstimmt. Das Suchkriterium kann eine Zahl oder eine Zeichenfolge sein- Der Aufbau der Funktion:

ZÄHLENWENN(Bereich;Suchkriterien)

Auswertungen.xlsx
Blatt: ZÄHLENWENN

Hier ein Beispiel, in dem mit ZÄHLENWENN jeweils die Anzahl der Urlaubstage (U) und Krankheitstage (K) für jeden Mitarbeiter ermittelt werden soll. Am besten legen Sie dazu eine gesonderte Auswertungstabelle an, hier in G3:K5.

- Als *Bereich* geben Sie in der Tabelle Urlaubskalender die Spalte des jeweiligen Mitarbeiters an. Für den ersten Mitarbeiter Moser ist dies die Spalte B ab B4.
- *Suchkriterium* ist "U" (Urlaubstage) bzw. "K" für die Krankheitstage.
- Beginnen Sie mit der Berechnung der Urlaubs- und Krankheitstage beim ersten Mitarbeiter und kopieren Sie anschließend beide Funktionen nach rechts für die übrigen Mitarbeiter.

Bild 9.38 Anzahl Krankheitstage und Urlaubstage mit ZÄHLENWENN berechnen

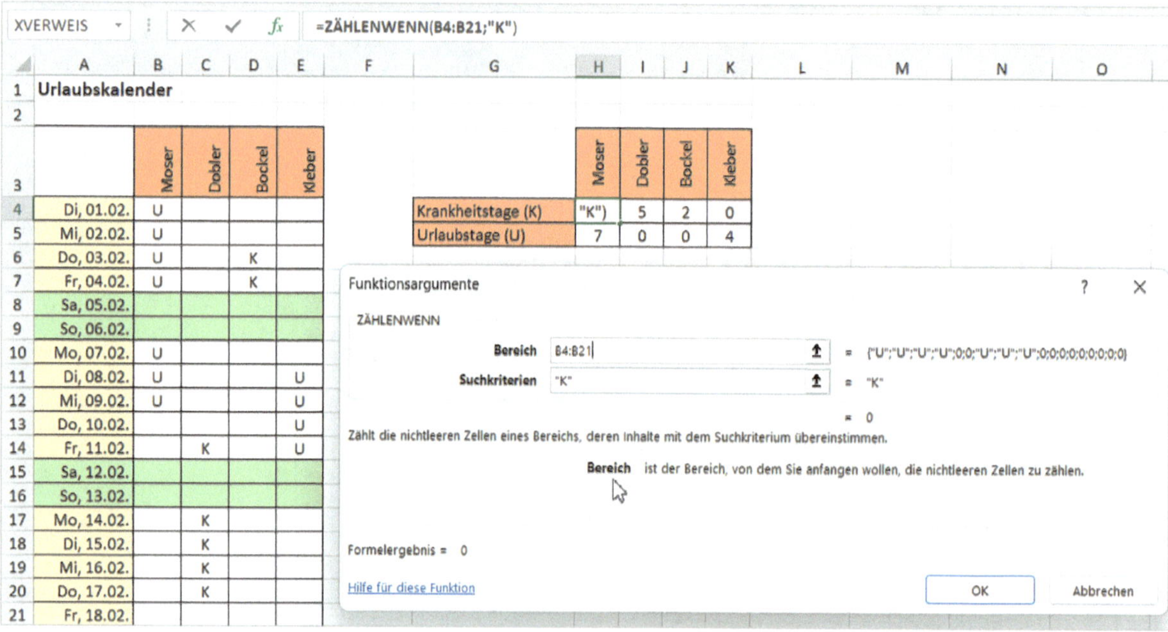

Hinweis: Theoretisch könnte als Suchkriterium auch eine Zelle der auszuwertenden Tabelle mit passendem Inhalt angegeben werden, z. B. B4 für die Urlaubstage. Dies sollten Sie jedoch grundsätzlich vermeiden, da manche Tabellen möglicherweise später nach anderen Kriterien sortiert werden und somit die angegebene Zelle auch einen anderen Inhalt enthalten kann.

Ein Beispiel für die Verwendung von Vergleichsoperatoren finden Sie bei der Funktion SUMMEWENN auf der nächsten Seite.

Vergleichsoperatoren werden als Text behandelt!

Wenn Sie Vergleichsoperatoren, z. B. ">=100" als Suchkriterium verwenden möchten, dann müssen diese in Anführungszeichen angegeben werden, da sie als Text behandelt werden.

Befindet sich der Vergleichswert in einer Zelle, z. B. in A1, dann muss das Suchkriterium lauten ">="&A1

Nur bestimmte Werte addieren

Auch die Summe können Sie nur über bestimmte Zellen berechnen. Dazu stellt Excel die Funktion SUMMEWENN zur Verfügung. Diese addiert nur dann die Werte eines Zellbereichs, wenn die Inhalte dieses oder eines anderen Bereichs mit dem angegebenen Suchkriterium übereinstimmen. Die Funktion benötigt folgende Argumente:

SUMMEWENN finden Sie allerdings im Gegensatz zu den oben beschriebenen Funktionen nicht in der Kategorie *Statistik*, sondern in der Kategorie *Mathematik und Trigonometrie*.

```
SUMMEWENN(Bereich;Suchkriterien;Summe_Bereich)
```

- *Bereich* legt fest, welcher Zellbereich auf das angegebene Suchkriterium überprüft werden soll.
- Als *Suchkriterien* können Zahlen, Text oder Ausdrücke angegeben werden. Text und Ausdrücke mit Vergleichsoperatoren müssen wieder in Anführungszeichen (" ") eingeschlossen sein.
- *Summe_Bereich* ist der Zellbereich, dessen Werte addiert werden sollen.

Als Beispiel soll im Bild unten die Umsatzsumme je Warengruppe berechnet werden. Wie bei ZÄHLENWENN geschieht dies am besten in einer gesonderten Auswertungstabelle. Als *Bereich* geben Sie die Spalte Warengruppen B2:B7 an. *Suchkriterium* ist der Inhalt von E2 und der zu addierende Bereich (*Summe_Bereich*) ist die Spalte Umsatz bzw. C2:C7. Wenn Sie mit Ausnahme des Suchkriteriums feste Zellbezüge verwenden, dann können Sie die Funktion anschließend problemlos nach unten kopieren.

Auswertungen.xlsx
Blatt: SUMMEWENN

Bild 9.39 Umsatzsumme je Warengruppe berechnen

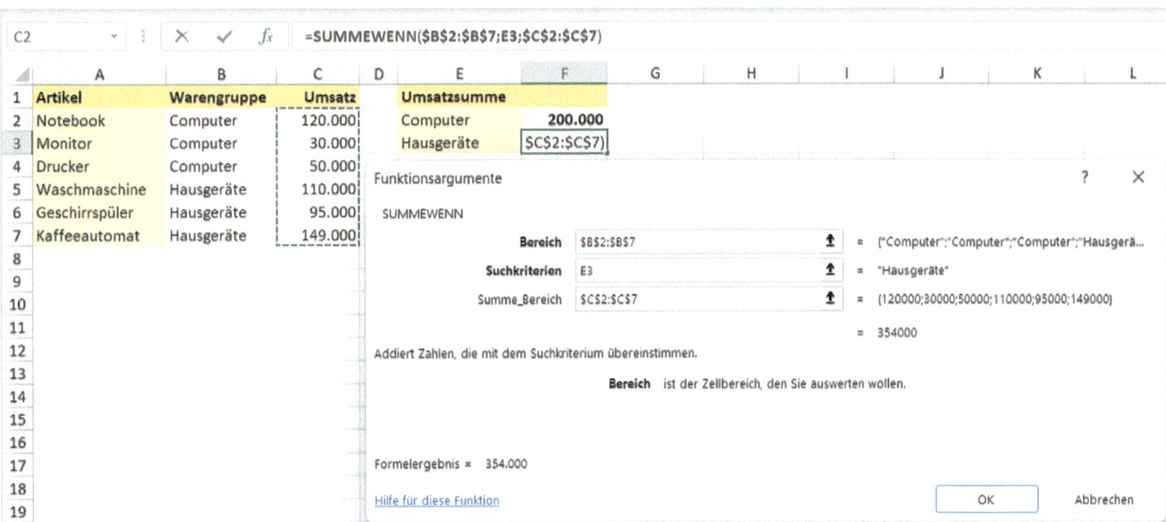

Summe anhand eines Vergleichswerts berechnen

Als zweites Beispiel (s. Bild auf der nächsten Seite) soll die Summe aller Umsätze über 50.000 berechnet werden, der Vergleichswert befindet sich in F1 und die dazugehörige Funktion, hier in G1, lautet:

Auswertungen.xlsx
Blatt: SUMMEWENN Vergleichsportator

```
=SUMMEWENN(C2:C7;">"&F1;C2:C7)
```

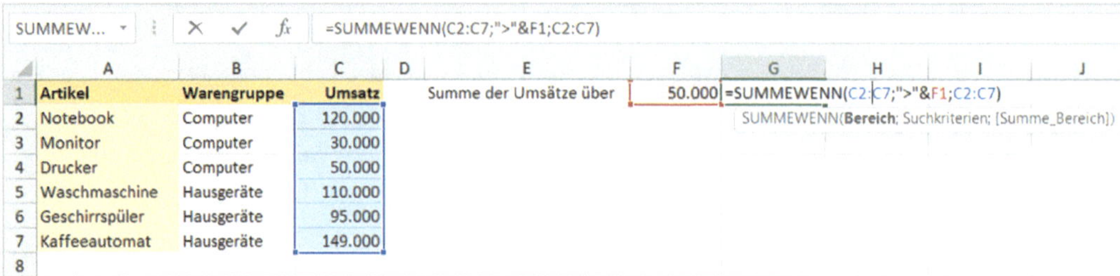

=SUMMEWENN(C2:C7;">"&F1;C2:C7)

	A	B	C	D	E	F	G
1	Artikel	Warengruppe	Umsatz		Summe der Umsätze über	50.000	=SUMMEWENN(C2:C7;">"&F1;C2:C7)
2	Notebook	Computer	120.000				SUMMEWENN(Bereich; Suchkriterien; [Summe_Bereich])
3	Monitor	Computer	30.000				
4	Drucker	Computer	50.000				
5	Waschmaschine	Hausgeräte	110.000				
6	Geschirrspüler	Hausgeräte	95.000				
7	Kaffeeautomat	Hausgeräte	149.000				
8							

Bild 9.40 Summe anhand eines Vergleichswerts berechnen

Mittelwerte mit Bedingung berechnen

Eine weitere Funktion, MITTELWERTWENN, hat denselben Aufbau wie die Funktion SUMMEWENN. Mit ihrer Hilfe können Sie den Mittelwert, in Abhängigkeit von einem Suchkriterium, berechnen. Hierzu als Beispiel die Auswertung eines Sportwettbewerbs, in der die durchschnittliche Punktzahl nach Männern (m) und Frauen (w) getrennt berechnet wird.

Bild 9.41 Beispiel MITTELWERTWENN

Auswertungen.xlsx
Blatt: MITTELWERTWENN

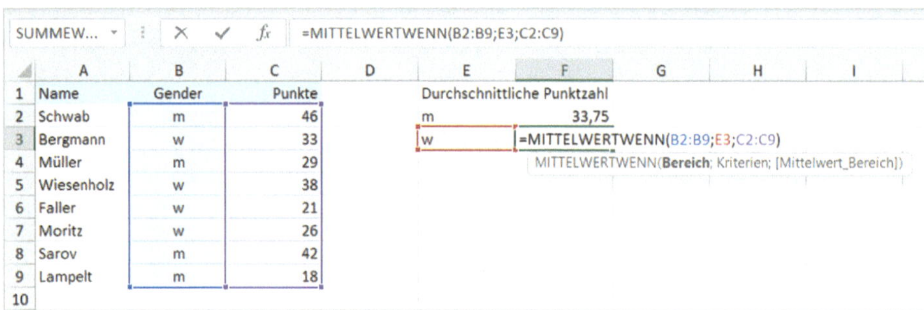

=MITTELWERTWENN(B2:B9;E3;C2:C9)

	A	B	C	D	E	F
1	Name	Gender	Punkte		Durchschnittliche Punktzahl	
2	Schwab	m	46		m	33,75
3	Bergmann	w	33		w	=MITTELWERTWENN(B2:B9;E3;C2:C9)
4	Müller	m	29			MITTELWERTWENN(Bereich; Kriterien; [Mittelwert_Bereich])
5	Wiesenholz	w	38			
6	Faller	w	21			
7	Moritz	w	26			
8	Sarov	m	42			
9	Lampelt	m	18			
10						

Rangfolge ermitteln

Im einfachsten Fall lässt sich der Rang einer Zahl innerhalb einer Liste von Zahlen durch auf- oder absteigendes Sortieren der Tabelle ermitteln. Komfortabler und unabhängig von der Anordnung in der Tabelle ist die Erstellung von Ranglisten mit einer einfachen Funktion. Ein weiterer Vorteil gegenüber dem Sortieren: Bei nachträglichen Änderungen wird der Rang automatisch neu berechnet.

Im Aufbau sind beide Funktionen identisch.

Hinweis: Excel bietet in der Kategorie Statistik mehrere Funktionen zur Rangermittlung an. Wählen Sie hier die Funktion RANG.GLEICH statt der älteren Funktion RANG. Diese wurde nur aus Kompatibilitätsgründen beibehalten und sollte nach Empfehlung von Microsoft nicht mehr verwendet werden.

Aufbau und Syntax der Funktion:

```
RANG.GLEICH(Zahl;Bezug;Reihenfolge)
```

Als Beispiel im Bild auf der nächsten Seite die Ergebnisse eines Sportwettbewerbs. In Spalte D soll der Rang ermittelt werden.

1 Markieren Sie die Zelle D4 und klicken Sie auf *Funktion einfügen*. Wählen Sie die Kategorie *Statistik* aus und klicken Sie auf RANG.GLEICH oder suchen Sie nach dieser Funktion.

2 Als Argument *Zahl* geben Sie an, für welche Zahl der Rang ermittelt werden soll, hier die Punktzahl des ersten Teilnehmers in C4.

3 *Bezug* ist der Bereich aller Werte, auf die sich die Rangfolge bezieht, also alle Punktzahlen in C4:C15.

4 *Reihenfolge* gibt an, ob der Rang aufsteigend oder absteigend ermittelt wird:
   - 0 oder leer: Der höchste Wert erhält Rang 1.
   - 1: Der niedrigste Wert erhält Rang 1.

5 Kopieren Sie die Funktion in die restlichen Zellen der Spalte.

Dieses Beispiel ist als Download verfügbar:

Ranglisten.xlsx

Bild 9.42 Rang mit RANG.GLEICH ermitteln

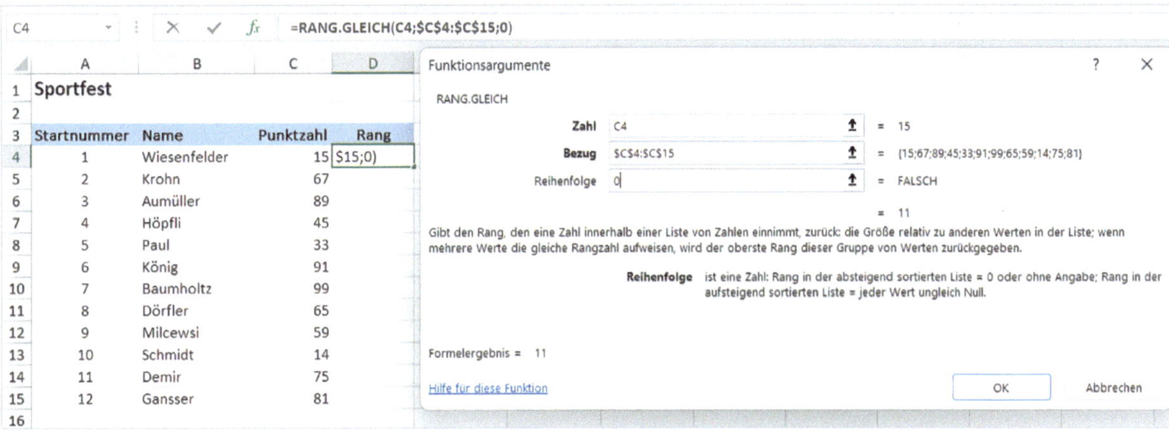

9.6 Rundungsfehler mit Funktionen vermeiden

Wenn Sie eine Zahl mit einer bestimmten Anzahl Dezimalstellen formatieren, wird die Zahl kaufmännisch gerundet und mit der angegebenen Zahl Nachkommastellen angezeigt. Dies betrifft aber nur die Anzeige; Berechnungen mit dieser Zahl erfolgen immer mit der gesamten Anzahl Nachkommastellen. Dies kann bei Nachberechnungen mit zwei Dezimalstellen (z. B. mit dem Taschenrechner) zu Rundungsfehlern führen.

Berechnungen erfolgen stets mit allen Nachkommastellen!

Zahlenformate mit einer bestimmten Anzahl Dezimalstellen, z. B. Währung, beziehen sich ausschließlich auf die Anzeige. Intern rechnet Excel immer mit allen Nachkommastellen!

Runden Sie dagegen Zahlen mit einer Funktion, so erfolgen alle weiteren Berechnungen mit der angegebenen Anzahl Dezimalstellen. Zu diesem Zweck finden Sie in der

Kategorie *Mathematik und Trigonometrie* gleich mehrere Rundungsfunktionen. Zum kaufmännischen Runden benötigen Sie die Funktion RUNDEN. Der Aufbau dieser Funktion ist einfach:

```
RUNDEN(Zahl;Anzahl_Stellen)
```

Das Beispiel unten zeigt zum Vergleich Berechnungen mit gerundeten und nicht gerundeten Zahlen. Rechts wurden Skonto und MwSt.-Betrag mit Hilfe der Funktion RUNDEN mit zwei Nachkommastellen berechnet, links wurde die Formel ohne RUNDEN eingegeben. Der Endbetrag weicht um 0,01 voneinander ab.

Diese Datei ist als Download verfügbar:

Runden.xlsx

Zur Verdeutlichung wurden hier die Zahlen mit mehr als zwei Dezimalstellen formatiert.

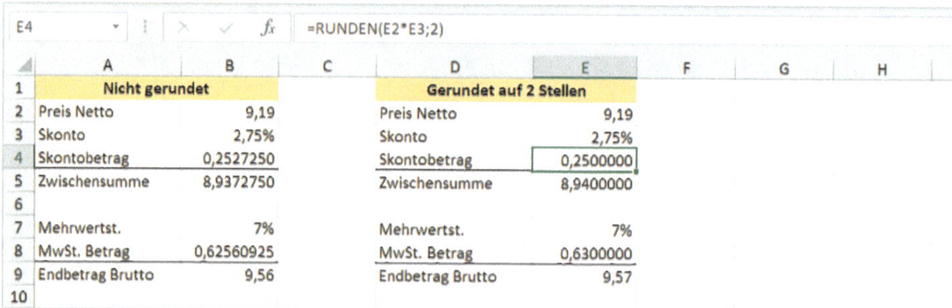

E4 =RUNDEN(E2*E3;2)

	A	B	C	D	E
1	Nicht gerundet			Gerundet auf 2 Stellen	
2	Preis Netto	9,19		Preis Netto	9,19
3	Skonto	2,75%		Skonto	2,75%
4	Skontobetrag	0,2527250		Skontobetrag	0,2500000
5	Zwischensumme	8,9372750		Zwischensumme	8,9400000
6					
7	Mehrwertst.	7%		Mehrwertst.	7%
8	MwSt. Betrag	0,62560925		MwSt. Betrag	0,6300000
9	Endbetrag Brutto	9,56		Endbetrag Brutto	9,57
10					

Weitere Rundungsfunktionen von Excel, die Argumente sind stets dieselben

Funktion	Beschreibung
RUNDEN	rundet eine Zahl auf die angegebene Anzahl an Stellen kaufmännisch auf oder ab
AUFRUNDEN	rundet eine Zahl auf die angegebene Anzahl von Stellen auf
ABRUNDEN	rundet eine Zahl auf die angegebene Anzahl von Stellen ab
KÜRZEN	schneidet bis auf die angegebene Anzahl an Stellen alle weiteren Nachkommastellen ab

9.7 Nützliche Datumsfunktionen

Aktuelles Datum bzw. aktuelle Uhrzeit

Die Klammern () sind auch dann erforderlich, wenn keine Argumente benötigt werden!

Die beiden Funktionen HEUTE und JETZT gehören zu den wenigen Excel-Funktionen, die keine weiteren Argumente benötigen, die Klammern müssen trotzdem angegeben werden. Beide liefern das aktuelle Datum (Systemdatum des PCs), allerdings mit einem kleinen Unterschied:

Funktion / Beispiel	Beschreibung	Beispiel Ergebnis
=HEUTE()	liefert das aktuelle Datum (Systemdatum)	11.04.2022
=JETZT()	liefert das aktuelle Datum zusammen mit der Uhrzeit	11.04.2022 15:46

Die Ergebnisse aus beiden Funktionen werden beim Öffnen der Excel-Arbeitsmappe automatisch aktualisiert. Um die Uhrzeit in einer geöffneten Mappe zu aktualisieren, klicken Sie im Register *Formeln*, Gruppe Berechnung, auf die Schaltfläche *Neu berechnen* oder verwenden die Funktionstaste F9.

F9 aktualisiert eine Funktion.

Beachten Sie bei der Verwendung dieser Datumsfunktionen

- Ein Datum, das mit einer Funktion eingefügt wird, ist veränderbar, d. h. es wird stets das aktuelle Datum angezeigt. Benötigen Sie dagegen im Arbeitsblatt ein gleichbleibendes Datum, z. B. Datum der Eingabe, dann müssen Sie das Datum über die Tastatur oder mit den Tasten **Strg**+**.** (Punkt) eingeben.
- Wenn Sie das aktuelle Datum für Datumsberechnungen oder Vergleiche benötigen, dann sollten Sie ausschließlich die Funktion HEUTE verwenden, da Sie sonst unter Umständen falsche Ergebnisse erhalten.

Teilwerte eines Datums (Tag, Monat und Jahr als Zahl)

Die folgenden Datumsfunktionen geben einen Teil eines Datums als Zahl zurück und sind äußerst nützlich, wenn es etwa darum geht, eine Tabelle, unabhängig vom Datum, z. B. nach Jahren oder Monaten zu sortieren oder zu filtern.

Funktion	Beschreibung	Beispiel	Ergebnis
TAG(Datum)	liefert aus einem Datum den Tag als Zahl	=TAG(23.01.2022)	23
MONAT(Datum)	liefert aus einem Datum den Monat als Zahl	=MONAT(23.01.2000)	1
JAHR(Datum)	liefert aus einem Datum das Jahr als Zahl	=JAHR(23.01.2005)	2005

Alle Datumsfunktionen finden Sie in der Funktionsbibliothek, Kategorie Datum u. Uhrzeit.

Beispielsweise lässt sich damit, wie im Bild unten, aus dem Geburtsdatum mithilfe der Funktionen TAG und MONAT ein, nach Tagen und Monaten sortierter, Geburtstagskalender zusammenstellen, der das Jahr ignoriert.

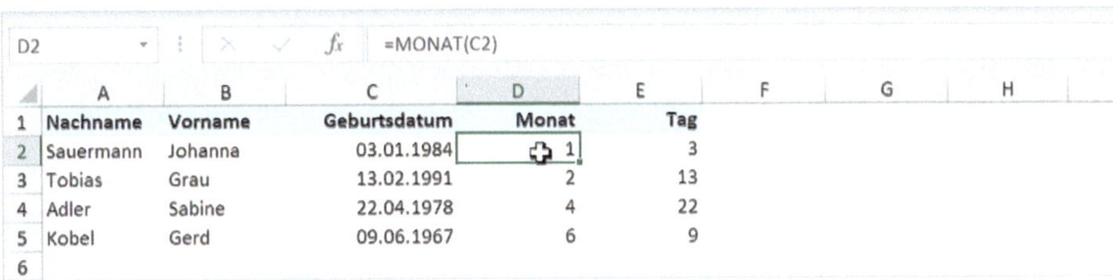

D2 =MONAT(C2)

	A	B	C	D	E	F	G	H
1	Nachname	Vorname	Geburtsdatum	Monat	Tag			
2	Sauermann	Johanna	03.01.1984	1	3			
3	Tobias	Grau	13.02.1991	2	13			
4	Adler	Sabine	22.04.1978	4	22			
5	Kobel	Gerd	09.06.1967	6	9			
6								

Dieses und die nachfolgenden Beispiele sind als Download verfügbar:

Datumsfunktionen.xlsx

Blatt: Geburtstagskalender

Datumswerte zusammensetzen

Die Funktion DATUM erlaubt es umgekehrt, ein gültiges Datum aus Zahlen zusammenzusetzen. Sie können damit beispielsweise Feiertage mit gleichbleibendem Datum, z. B. Weihnachten am 24.12. des jeweiligen Jahres, ermitteln. Der Aufbau:

```
DATUM(Jahr;Monat;Tag)
```

Wenn Sie, wie im unten abgebildeten Beispiel, Weihnachten oder den ersten Mai eines Jahres, hier in A2, berechnen möchten, dann geben Sie in D5 die folgende Formel ein und kopieren diese anschließend nach unten: =DATUM(A2;C5;B5)

Noch interessanter ist der Wochentag des jeweiligen Feiertags. Dazu wurde in E5 dieselbe Formel wie oben, oder noch einfacher =D5 verwendet und mit dem Datumsformat *Datum, lang* formatiert. Wenn Sie nun wissen möchten, auf welchen Wochentag der 24.12.2023 fällt, dann brauchen Sie dieses Jahr nur in A2 eingeben.

Bild 9.43 Gleichbleibende Feiertage mit Wochentag ermitteln

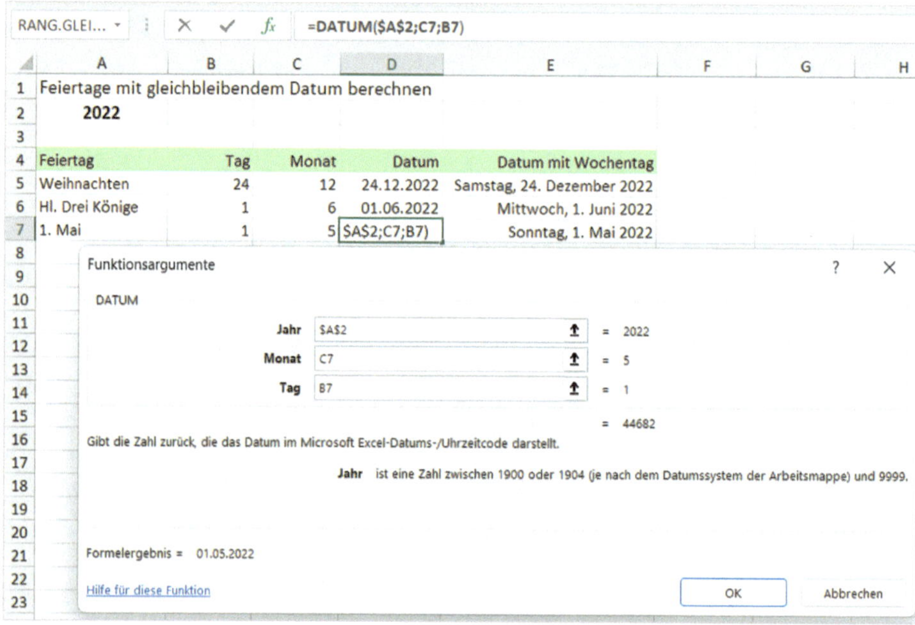

Datumsfunktionen.xlsx
Blatt: Feiertage

Alter berechnen

Wie Sie die Differenz zwischen zwei Datumswerten berechnen, haben Sie bereits in Kapitel 8.5 gesehen. Leider lässt sich diese Methode nicht auf die Berechnung des Alters anhand des Geburtsdatums anwenden, da das Ergebnis in Tagen erscheint. Zwar ist auch das Alter in Tagen interessant, wird aber in der Praxis kaum benötigt.

Datumsfunktionen.xlsx
Blatt: Alter Jahre

Wenn das Alter nicht auf den Tag genau benötigt wird, dann können Sie es ganz einfach als Differenz zwischen dem Jahr des aktuellen Datums und dem Geburtsjahr berechnen und die Formel dazu lautet: =JAHR(HEUTE())-JAHR(Geburtsdatum).

Beachten Sie, dass Sie das Ergebnis außerdem noch als Zahl formatieren müssen!

Bild 9.44 Alter als Differenz zwischen aktuellem Jahr und Geburtsjahr berechnen

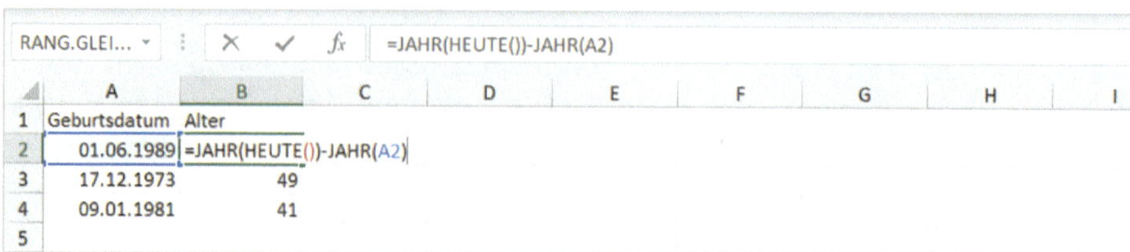

Alter aus dem Geburtsdatum berechnen

Um dagegen das Alter auf den Tag genau zu berechnen, können Sie die Funktion BRTEILJAHRE einsetzen. Diese berechnet die Differenz zwischen zwei Datumswerten in Bruchteilen von Jahren. Das Argument *Basis* ist optional und wird eigentlich nur zur Berechnung der Zinstage benötigt: Für diesen Fall könnten Sie damit angeben, auf welcher Basis die Tage gezählt werden sollen.

```
BRTEILJAHRE(Anfangsdatum; Enddatum; [Basis])
```

Um mithilfe der Funktion BRTEILJAHRE anhand des Geburtsdatums das Alter zu berechnen, geben Sie die unten abgebildete Funktion ein. Damit Sie stets das aktuelle Alter erhalten, verwenden Sie als Enddatum die Funktion HEUTE().

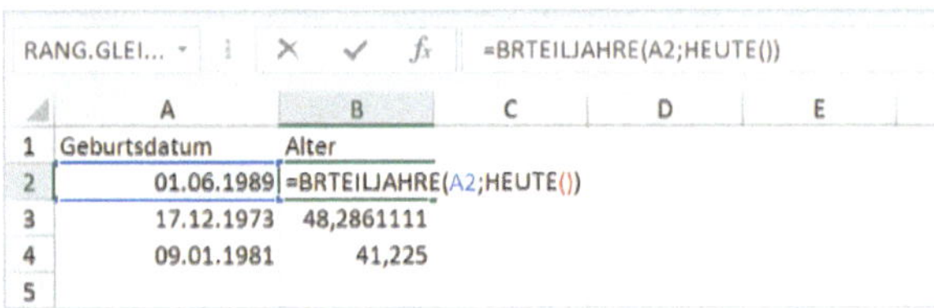

Bild 9.45 Alter mit BRTEILJAHRE berechnen

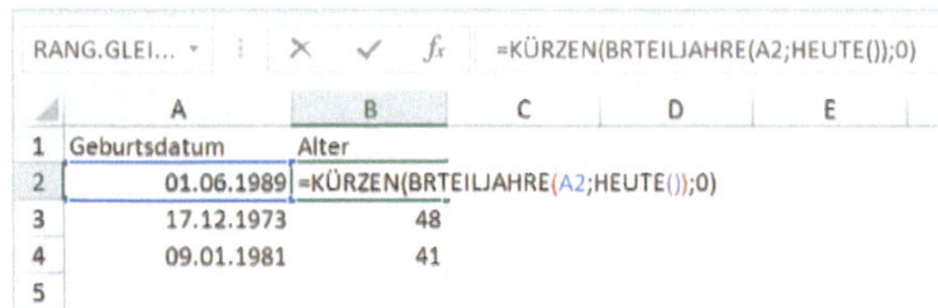

Bild 9.46 Das Ergebnis kürzen

Datumsfunktionen.xlsx
Blatt: Alter genau

Allerdings erhalten Sie das Ergebnis zunächst mit Dezimalstellen, die Sie nicht einfach kaufmännisch runden dürfen, da Sie sonst unter Umständen ein falsches Alter erhalten. Sie dürfen die Zahl also nicht ohne Dezimalstellen formatieren, sondern müssen nicht benötigte Dezimalstellen mit der Funktion KÜRZEN abschneiden, wie in Bild 9.46.

9.8 Weitere Funktionen

Einfache Zinsberechnungen

Für finanzmathematische Berechnungen finden Sie in der Kategorie *Finanzmathematik* eine Vielzahl von Funktionen. Nachfolgend eine Auswahl von gängigen Funktionen zur Zinsberechnung. Allerdings berücksichtigen diese Funktionen weder Steuern, Gebühren noch sonstige Provisionen.

Zum Rechnen mit Krediten und Zinsen verwendet Excel die folgenden Ausdrücke. Diese sind mit Ausnahme der Fälligkeit als Funktionen verfügbar, bezeichnen aber gleichzeitig auch die jeweils erforderlichen Argumente.

Argument/ Funktion	Beschreibung
ZINS	Zins = fester Zinssatz. Da dieser normalerweise jährlich angegeben ist, müssen Sie den Zins bei monatlichen Zahlungen ebenfalls in Monaten angeben, also Zins / 12.
ZZR	Zzr = Zahlungszeitraum. Über welchen Zeitraum sollen die Zahlungen erfolgen? Beachten Sie, dass auch hier einheitliche Angaben erforderlich sind. Bei monatlichen Zahlungen und einer Laufzeit von beispielsweise 5 Jahren müssen Sie auch die Laufzeit in Monate umrechnen, also Jahre * 12.

Argument/ Funktion	Beschreibung
RMZ	Rmz = regelmäßige Zahlung. Dies ist ein konstanter, meist monatlicher Betrag, den Sie entweder zur Rückzahlung oder als Sparbetrag aufwenden.
BW	Bw = Barwert, der aktuelle Gesamtwert zu Beginn der Zahlungen.
ZW	Zw = Zinswert, dies ist der Endwert (verzinste Wert) einer Investition.
F	Der Parameter Fälligkeit gibt an, ob die regelmäßige Zahlung am Beginn (1) der Periode, z. B. eines Monats, erfolgt oder am Ende der Periode (0).

Beachten Sie bei der Zinsberechnung

- Alle Argumente zur Zinsberechnung müssen sich auf dieselbe Zeiteinheit beziehen: Wenn die Zahlungen monatlich erfolgen, dann müssen auch Zins und Zahlungszeitraum in Monaten angegeben werden!
- Von Ihnen zu leistende Beträge sollten mit negativem Vorzeichen eingegeben werden, da Sie sonst ein negatives Endergebnis erhalten.

Beispiel Kreditrückzahlung

Sie möchten wissen, wie hoch die monatliche Belastung bei der Rückzahlung eines Kredits in Höhe von 10.000 Euro, einer Laufzeit von 3 Jahren und einem gleichbleibenden jährlichen Zins von 5,2% ist? Zur Berechnung der konstanten regelmäßigen Zahlung setzen Sie die Funktion RMZ (Regelmäßige Zahlung) ein. Sie besitzt folgende Syntax:

```
RMZ(Zins;Zzr;Bw;Zw;F)
```

Markieren Sie die Ergebniszelle, im Bild auf der nächsten Seite B8, klicken Sie im Register *Formeln* ▶ *Funktionsbibliothek* auf *Finanzmathematik* und übernehmen Sie die Funktion *RMZ* mit Doppelklick.

Von Ihnen aufzuwendende Beträge erscheinen im Ergebnis mit negativem Vorzeichen.

1 Als *Zins* geben Sie B5/12 ein. Die Umrechnung auf Monate ist erforderlich, da der Zins in der Regel jährlich angegeben ist, die Rückzahlung aber monatlich erfolgt.

2 Zahlungszeitraum (*Zzr*) ist B4*12. Auch hier muss bei einer monatlichen Rückzahlung in Monate umgerechnet werden.

3 Als *BW* (Barwert = Anfangswert) geben Sie die Kreditsumme in B3 an und als *Zw* (Zinswert = Endwert) den Betrag, der nach 3 Jahren erreicht werden soll, also 0, wenn der Kredit bis dahin abbezahlt sein soll. Wenn die Zahlung am Ende des Monats erfolgt, kann das Feld *F* (Fälligkeit) leer bleiben.

Diese Datei ist als Download verfügbar:

Finanzmathematik.xlsx

Da die monatlichen Rückzahlungsbeträge von Ihnen aufzuwenden sind, erscheint das Formelergebnis mit negativem Vorzeichen.

Bild 9.47 Monatliche Kreditrückzahlungsrate berechnen

Wichtige Textfunktionen

Text bzw. Zeichenfolgen aneinanderfügen

Die Inhalte aus zwei oder mehr Spalten mit einer Formel zusammenzufügen, wird in der Praxis manchmal benötigt, um z. B. Adressen platzsparend auszudrucken. Excel kennt mehrere Möglichkeiten zum Aneinanderfügen von Zeichenfolgen. Auch Zahlen lassen sich auf diese Weise miteinander verketten, allerdings behandelt Excel dann das Ergebnis als Text.

Beachten Sie, dass in vielen Fällen noch zusätzliche Trennzeichen, zum Beispiel jeweils ein Leerzeichen zwischen Anrede, Vorname und Nachname wie im Bild unten, benötigt werden. Diese müssen ebenfalls eingefügt werden.

Verketten mit dem kaufmännischen &-Zeichen

Am einfachsten fügen Sie Zeichenfolgen in einer einfachen Formel mit dem kaufmännischen &-Zeichen aneinander. Für das hier verwendete Beispiel muss die Formel in D2 lauten =C2&" "&B2&" "&A2

Dieses und die nachfolgenden Beispiele sind als Download verfügbar:

Textfunktionen.xlsx

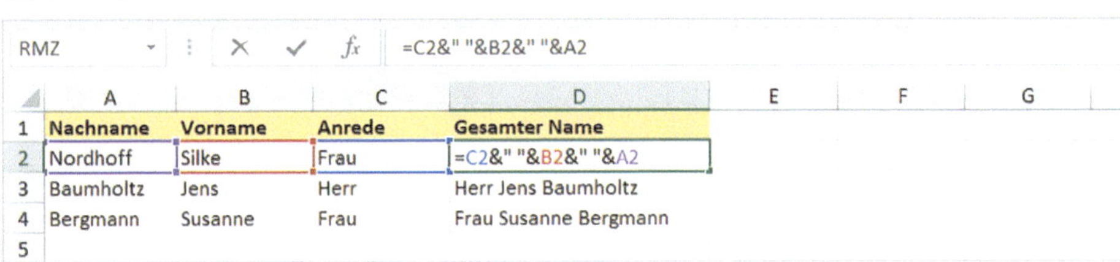

Bild 9.48 Verketten mit dem &-Operator

Die Funktionen VERKETTEN und TEXTKETTE

Genau das gleiche Ergebnis erzielen Sie auch mit den beiden Funktionen VERKETTEN und TEXTKETTE. Diese finden Sie in der Kategorie *Text* (Register *Formeln*), die Syntax ist identisch:

```
VERKETTEN(Text1;Text2;Text3;...)   oder   TEXTKETTE(Text1;Text2;Text3;...)
```

Bezogen auf das Beispiel muss in D2 eingegeben werden: =VERKETTEN(C2;" ";B2;" ";A2)

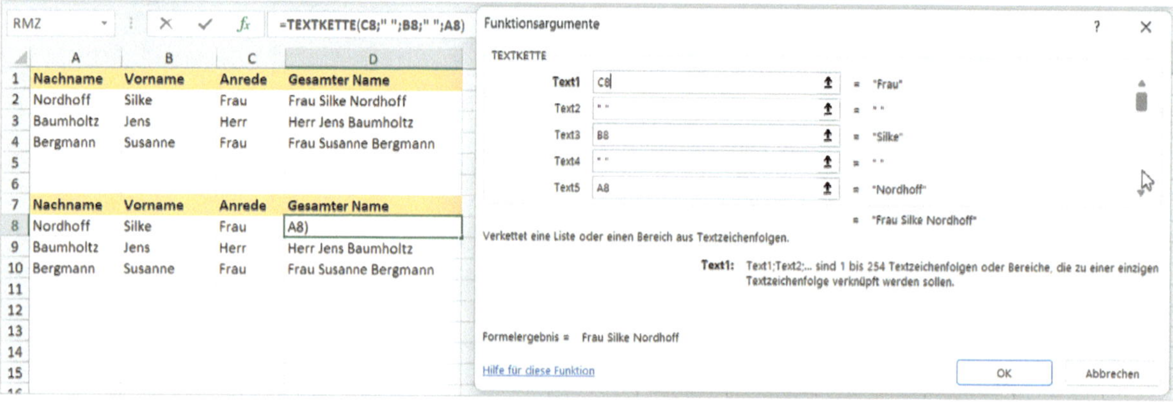

Bild 9.49 In der Abbildung wurde die obere Tabelle mit VERKETTEN und die untere Tabelle mit TEXTKETTE berechnet

Tipps und Hinweise zur Verwendung dieser Funktionen

- Wenn Sie mit VERKETTEN mehrere Zellinhalte ohne zusätzliches Zeichen dazwischen verketten möchten, dann können Sie auch die Zellen nacheinander mit gleichzeitig gedrückter **Strg**-Taste anklicken (Mehrfachmarkierung). Excel fügt dann die Semikolons zur Trennung der Argumente automatisch ein.
- Werden bei der Funktion TEXTKETTE keine weiteren Zeichen dazwischen benötigt, dann können Sie bei dieser Funktion im Gegensatz zu VERKETTEN auch einen Zellbereich, z. B. A2:D2 wie im Bild, angeben und so Tipparbeit sparen.

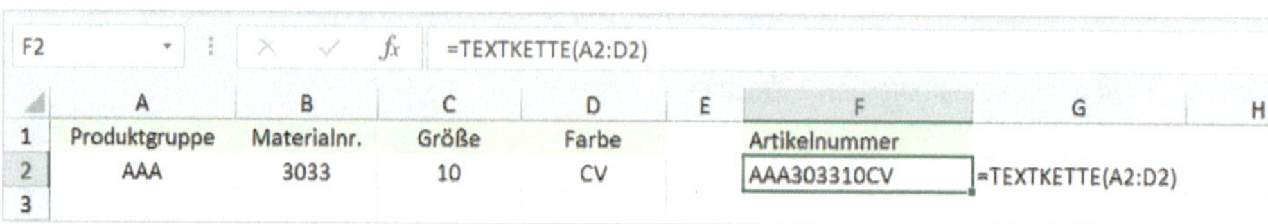

Bild 9.50 Zeichenfolgen ohne Trennzeichen verketten

TEXTVERKETTEN

Die Funktion TEXTVERKETTEN verwendet gegenüber TEXTKETTE eine wesentlich kürzere Schreibweise und bietet noch weitere Vorteile:

- Sie brauchen das Trennzeichen nur ein einziges Mal einzugeben.
- Der Parameter *Leer_ignorieren* steuert, ob leere Zellen ignoriert werden sollen oder nicht. Dies vermeidet aus leeren Zellen resultierende überflüssige Trennzeichen, wie das Beispiel mit Titel im Bild (nächste Seite) zeigt. Der Aufbau der Funktion:

```
TEXTVERKETTEN(Trennzeichen;Leer_ignorieren;Text1;Text2;...)
```

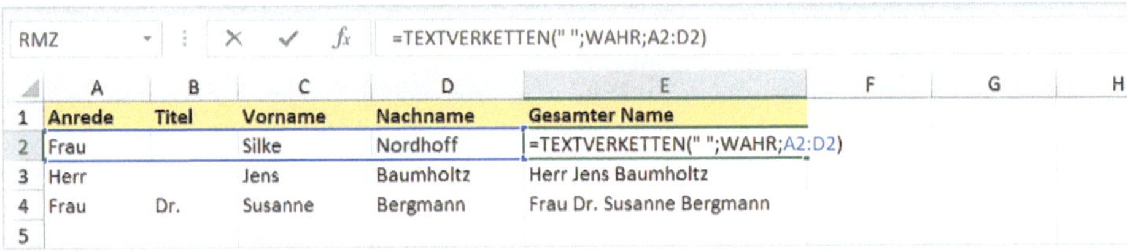
RMZ | =TEXTVERKETTEN(" ";WAHR;A2:D2)

	A	B	C	D	E	F	G	H
1	Anrede	Titel	Vorname	Nachname	Gesamter Name			
2	Frau		Silke	Nordhoff	=TEXTVERKETTEN(" ";WAHR;A2:D2)			
3	Herr		Jens	Baumholtz	Herr Jens Baumholtz			
4	Frau	Dr.	Susanne	Bergmann	Frau Dr. Susanne Bergmann			
5								

Bild 9.51 Funktion TEXTVERKETTEN

Tipp: Liegen die zu verkettenden Zellen in der richtigen Reihenfolge nebeneinander vor wie im Bild oben, dann ist statt einzelner Zellangaben auch eine Bereichsangabe zulässig, hier A2:D2 statt A2;B2;C2;D2.

Zeichenfolgen aus Text extrahieren

Zeichenfolgen aus Text anhand ihrer Position ermitteln

Manchmal enthalten Zellinhalte gleich mehrere Informationen. So können beispielsweise Artikelnummern aus Modell, Warengruppe und Farbe zusammengesetzt sein. Damit nach einem dieser Merkmale sortiert oder gefiltert werden kann, müssen Sie die benötigten Informationen zunächst herausziehen.

Im einfachsten Fall beginnt die gesuchte Zeichenfolge an einer bestimmten Position und besitzt eine feste Länge. Dann lassen sich die Textfunktionen LINKS, RECHTS und TEIL zum Aufteilen von Zeichenfolgen einsetzen.

Funktion	Beschreibung und Syntax
LINKS	=LINKS(Text;Anzahl_Zeichen) Liefert die angegebene Anzahl Zeichen, beginnend mit dem ersten Zeichen **links**.
RECHTS	=RECHTS(Text;Anzahl_Zeichen) Liefert die angegebene Anzahl Zeichen, beginnend mit dem ersten Zeichen **rechts**.
TEIL	=TEIL(Text;Erstes_Zeichen;Anzahl_Zeichen) Liefert die angegebene Anzahl Zeichen, beginnend ab der unter Erstes_Zeichen festgelegten Position. Damit erhalten Sie Zeichenfolgen, die sich innerhalb einer anderen Zeichenfolge befinden.

Achtung: Alle drei Funktionen erfordern als Argument die Anzahl der benötigten Zeichen und können daher nur eingesetzt werden, wenn die gesuchte Zeichenfolge eine feste Länge besitzt.

Im Bild rechts wurde mit der Funktion LINKS die Warengruppe (die ersten zwei Zeichen) ermittelt. Für die nächsten 5 Zeichen, die Modellnummer, wurde die Funktion TEIL eingesetzt und die letzten beiden Stellen, die Farbe, mit der Funktion RECHTS ermittelt. Hier die Formeln:

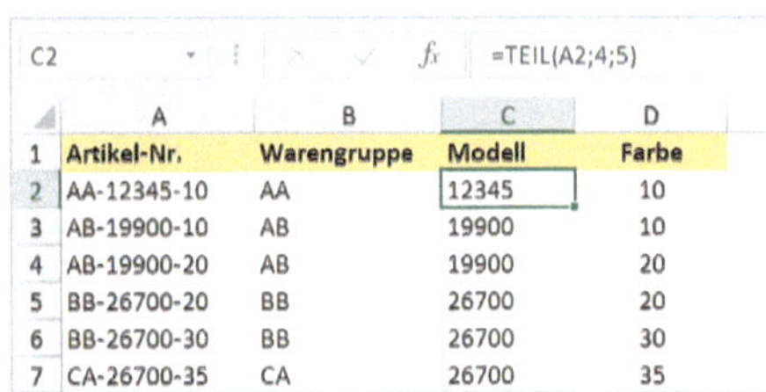
C2 | =TEIL(A2;4;5)

	A	B	C	D
1	Artikel-Nr.	Warengruppe	Modell	Farbe
2	AA-12345-10	AA	12345	10
3	AB-19900-10	AB	19900	10
4	AB-19900-20	AB	19900	20
5	BB-26700-20	BB	26700	20
6	BB-26700-30	BB	26700	30
7	CA-26700-35	CA	26700	35

```
B2: =LINKS(A2;2)
C2: =TEIL(A2:4:5)
D2: =RECHTS(A2;2)
```

Hinweis: Das hier verwendete Beispiel könnte auch mithilfe der Blitzvorschau gelöst werden. Allerdings errät Excel nicht immer Ihre Absicht, so dass sich diese Aufgabe häufig mit Funktionen einfacher und vor allem sicherer erledigen lässt. Ein weiterer Nachteil der Blitzvorschau: Diese kopiert die Zellinhalte und bei späteren Änderungen erfolgt daher im Gegensatz zu Funktionen keine automatische Neuberechnung.

Fehlerwerte mit Funktionen unterdrücken

Häufig dienen Excel-Tabellen als Vorlagen. Diese enthalten in der Regel auch alle zur Berechnung erforderlichen Formeln, so dass später nur noch die Daten erfasst werden müssen. Leider verursachen leere Zellen manchmal Fehlerwerte als Formelergebnis. Diese lassen sich jedoch mithilfe entsprechender Funktionen vermeiden. So erscheint beispielsweise bei Berechnung des Mittelwerts #DIV/0, wenn der angegebene Zellbereich zunächst leer ist, wie beim 2. Quartal im Bild unten.

Bild 9.52 Fehlerwert verursacht durch leere Zellen

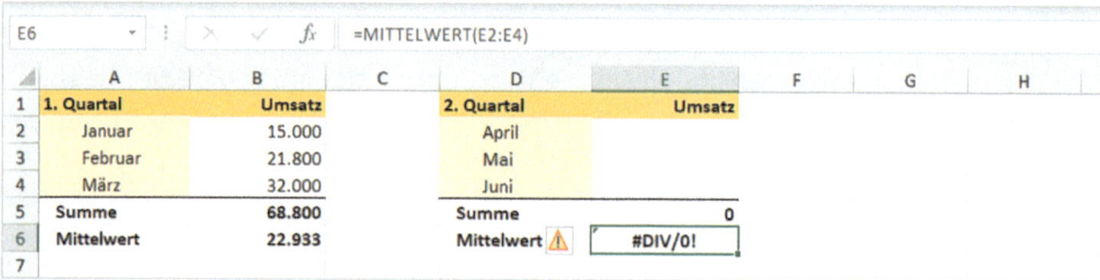
E6 =MITTELWERT(E2:E4)

	A	B	C	D	E
1	1. Quartal	Umsatz		2. Quartal	Umsatz
2	Januar	15.000		April	
3	Februar	21.800		Mai	
4	März	32.000		Juni	
5	Summe	68.800		Summe	0
6	Mittelwert	22.933		Mittelwert	#DIV/0!
7					

Dieses Beispiel ist als Download verfügbar:

Fehler_vermeiden.xlsx

Abhilfe schafft die Funktion WENNFEHLER aus der Kategorie *Logik*. Diese prüft, ob die angegebene Formel einen Fehlerwert liefert und gibt anstelle des Fehlerwertes einen beliebigen Wert oder Text als Ergebnis aus. Berücksichtigt werden alle Fehlerwerte wie #DIV/0, #NV, #WERT und #BEZUG. Die Funktion verwendet folgende Argumente:

```
WENNFEHLER(Wert bzw. Formel;Wert_falls_Fehler)
```

Siehe Punkt 9.3, Mehrere Funktionen kombinieren (verschachteln).

Damit in unserem Beispiel bei der Berechnung des Mittelwerts anstelle des Fehlerwerts die Zelle leer bleibt, müssen Sie die Funktion MITTELWERT in die Funktion WENNFEHLER einschließen, siehe Verschachtelte Funktionen auf Seite 253. So gehen Sie vor:

4. Markieren Sie die Zelle, in der Sie den Mittelwert für das erste Quartal berechnen möchten, hier B6. Klicken Sie im Register *Formeln*, *Funktionsbibliothek* auf die Kategorie *Logisch* und wählen Sie *WENNFEHLER*.
5. Als Argument *Wert* fügen Sie die Funktion MITTELWERT ein. Klicken Sie dazu im Fenster *Funktionsargumente* in das entsprechende Eingabefeld und wählen Sie die Funktion über die Bearbeitungsleiste aus.
6. Legen Sie nun die Argumente für die Funktion MITTELWERT fest, im abgebildeten Beispiel den Bereich B2:B4.

7 Klicken Sie dann in der Bearbeitungsleiste auf die Funktion *WENNFEHLER*, da diese noch nicht vollständig ist. Geben Sie nun das Argument *Wert_falls_Fehler* ein, z. B. zwei Anführungszeichen "", wenn die Zelle leer bleiben soll.

8 Übernehmen Sie zuletzt die Funktion mit Klick auf die Schaltfläche *OK* und kopieren Sie die geänderte Funktion in die Zelle E6 (Berechnung des Mittelwerts für das zweite Quartal).

Bild 9.53 MITTELWERT in die Funktion WENNFEHLER einschließen

Löschen Sie zum Testen einfach die Zahlen aus den Zellen B2:B4. In B6 dürfte jetzt kein Fehlerwert mehr erscheinen.

9.9 Übungen

Die Tabellen zu den nachfolgenden Aufgaben finden Sie in den Download-Dateien in der Arbeitsmappe Übungsdaten.xlsx (Ordner Kap_09). Oder beginnen Sie mit einer neuen leeren Arbeitsmappe, geben die jeweils abgebildeten Tabellen ein und formatieren diese nach Ihren Vorstellungen.

Die Übungen sind auch als Download verfügbar:

Übungsdaten.xlsx

Aufgabe 1: WENN-Funktion

Wählen Sie in der Arbeitsmappe Übungsdaten.xlsx das Blatt **Aufgabe 1 Daten** aus oder geben Sie die unten abgebildete Tabelle in eine neue Arbeitsmappe ein.

Blatt: Aufgabe 1 Daten

	A	B	C	D	E	F	G	H
1	**Bestellungen**		**Berechnung der Versandkosten**			Versand		
2				Bestellwert ab EUR:	150,00	0,00		
3					75,00	6,50		
4					sonst	10,00		
5								
6	**Bestellnr.**	**Kunde**	**Bestellwert Netto**	**Versandkosten**	**Summe**			
7	4711	Müller GmbH	220,00					
8	4712	Höpfli	560,00					
9	4713	Hinterhuber	21,00					
10	4714	Stark	145,00					
11	4715	Klein & Moser	96,00					
12	4716	Mauswurf HochTief	37,80					
13	4717	Samstag GmbH	150,00					
14								

Die Höhe der Versandkosten ist abhängig vom Bestellwert:
Bei einem Bestellwert unter 75 Euro fallen 10 Euro Versandkosten an, ab 75 Euro werden 6,50 Euro und über 150 Euro Bestellwert werden keine Versandkosten berechnet.

- Erstellen Sie in D7 eine Formel zur Berechnung der Versandkosten, die Sie anschließend kopieren können.

  Hinweis: Die Versandkosten können auf zwei Wegen berechnet werden - entweder mit einer verschachtelten WENN-Funktion oder mit WENNS. Testen Sie am besten selbst.

- Berechnen Sie anschließend noch in Spalte E die Summen aus Bestellwert und Versandkosten.

Aufgabe 2: Verweise und Auswertungsfunktionen

Öffnen Sie die Arbeitsmappe Übungsdaten.xlsx und wählen Sie das Arbeitsblatt **Aufgabe 2 Daten** aus. Oder geben Sie die unten abgebildeten Daten in eine neue leere Arbeitsmappe ein und formatieren die Tabelle nach Ihren Vorstellungen.

Blatt: Aufgabe 2 Daten

- Ermitteln Sie in E5 mit einer kopierbaren Formel bzw. Funktion die entsprechende Provision aus der Provisionstabelle in I3:J11. Kopieren Sie anschließend die Formel in die Zellen E6:E11.
- Berechnen Sie anschließend in F5:F11 den Provisionsbetrag.

	A	B	C	D	E	F	G	H	I	J	K
1	Aussendienst-Abrechnung								Provisionstabelle		
2	Januar								Umsatz ab	Provision %	
3									0	2,00%	
4	Nachname	Vorname	Bezirk	Umsatz	Provision %	Provision Betrag	Rang		1.000	2,50%	
5	Auwald	Tobias	Nord	4.050,00					2.000	3,00%	
6	Hurtig	Sabine	Mitte	2.800,00					3.000	3,50%	
7	Klein	Franz	Süd	3.100,00					4.000	4,00%	
8	Kohle	Jürgen	Nord	6.700,00					5.000	4,50%	
9	Post-Wirt	Cordula	Mitte	5.100,00					6.000	5,00%	
10	Tauwetter	Udo	Süd	4.230,00					7.000	5,50%	
11	König	Anna	Nord	1.900,00					8.000	6,00%	
12											
13	Auswertung										
14			Nord	Mitte	Süd						
15		Anzahl der Mitarbeiter									
16		Umsatzsumme									
17		Durchschnittlicher Umsatz									
18											

- Berechnen Sie im selben Arbeitsblatt in der Auswertungstabelle unterhalb (siehe Bild oben) mit geeigneten Funktionen für jeden Bezirk:
  - Anzahl der Mitarbeiter,
  - Umsatzsumme,
  - durchschnittlicher Umsatz je Mitarbeiter.
- Ermitteln Sie in G5:G11 mit einer geeigneten Funktion den Rang des jeweiligen Mitarbeiters anhand seines Umsatzes.

10 Arbeiten mit umfangreichen Tabellen

In diesem Kapitel lernen Sie...

- wie Sie eine kleine Datenbank in Excel anlegen
- sich in umfangreichen Tabellen bewegen
- Zeichenfolgen suchen und ersetzen
- intelligente Tabellen erzeugen
- Tabellen sortieren
- verschiedene Filtermöglichkeiten einsetzen

Das sollten Sie bereits wissen

- Daten eingeben und formatieren
- einfache Formeln und Funktionen
- Tabellen formatieren
- Umgang mit der Zwischenablage

10.1 Grundlagen

Häufig wird Excel auch zum Speichern und zur Verwaltung größerer Datentabellen eingesetzt. Zu diesem Zweck verfügt Excel seit jeher über grundlegende Datenbankfunktionen wie Filtern und Sortieren sowie verschiedene Auswertungsmöglichkeiten.

Einschränkungen ergeben sich aus der maximalen Anzahl Zeilen eines Excel-Tabellenblattes, in der aktuellen Excel-Version sind dies 1.048.576, also etwas mehr als 1 Mio. Zeilen. Für größere Datenmengen sollte also besser ein spezielles Datenbankprogramm, z. B. Microsoft Access, gewählt werden. Ein weiterer Nachteil von Excel gegenüber einem Datenbankprogramm: Solche Programme unterstützen im Gegensatz zu Excel auch den Zugriff durch mehrere Benutzer. Außerdem sind Datenbanken auch in Bezug auf Geschwindigkeit klar im Vorteil.

Datenbankbegriffe

Dieses Buch verwendet in der Folge auch für Excel-Tabellen die gebräuchlichen Datenbankbegriffe. Eine kurze Beschreibung finden Sie in der nachfolgenden Tabelle:

Begriff	Bedeutung
Datensatz	Ein Datensatz entspricht einer Tabellenzeile und bildet eine Einheit. So stellt beispielsweise in einer Tabelle mit Kundenadressen jeder Kunde bzw. jede Kundenadresse einen Datensatz dar.
Datenfeld (kurz auch Feld)	Als Datenfelder oder kurz auch Felder bezeichnet man die Spalten einer Tabelle. Sie enthalten Eigenschaften, die jeden Datensatz näher beschreiben. In einer Tabelle mit Kundenadressen können dies z. B. Name, Geburtsdatum, Postleitzahl und Ort sein.

Hinweise zum Anlegen einer Datenbanktabelle

Größere zusammenhängende Datenbereiche werden von Excel normalerweise automatisch erkannt und vorheriges Markieren kann dann entfallen. Sie können bei späteren Auswertungen eine Menge überflüssiger Arbeitsschritte und Fehlerquellen vermeiden, wenn Sie bereits beim Anlegen von Datenbanktabellen einige Grundregeln beachten.

- Die Datenbanktabelle sollte sich in einem eigenen Arbeitsblatt der Excel-Arbeitsmappe befinden. Idealerweise beginnen Sie mit der Datentabelle in der ersten Zeile und Spalte. Falls im selben Arbeitsblatt dennoch weitere Angaben benötigt werden, sollten sich diese oberhalb der Datenbanktabelle befinden. Am Tabellenende besteht die Gefahr des Überschreibens beim Hinzufügen weiterer Daten, daneben befindliche Daten könnten beim Filtern ausgeblendet werden.
- Die erste Zeile einer Tabelle muss eindeutige Spaltenüberschriften enthalten, diese werden auch als Feldnamen bezeichnet.

- Ein Datensatz darf sich nicht über mehrere Zeilen erstrecken.
- Der Inhalt einer Spalte sollte nicht weiter zerlegbar sein. Damit können Sie später Ihre Datensätze einfacher sortieren und filtern. Speichern Sie Vorname und Nachname zusammen in einer einzigen Spalte, beispielsweise Xaver Hintermoser, dann ist später keine Sortierung nach Nachnamen möglich. Ausnahme: Straße und Hausnummer können in einer Spalte zusammengefasst werden.

Nachträgliches Zusammenfügen von Inhalten aus zwei oder mehr Spalten ist mithilfe von Funktionen kein Problem. Das spätere Aufteilen ist dagegen meist mit größerem Aufwand verbunden.

- Um Probleme beim Sortieren zu vermeiden, sollten die Inhalte innerhalb einer Spalte vom selben Typ sein. Wurde z. B. die Postleitzahl bei einigen Datensätzen als Zahl und in anderen Datensätzen als Text eingegeben, dann ordnet Excel beim Sortieren die Zahlen vor den Textinhalten ein.
- Erfassen und speichern Sie keine Inhalte, die sich aus vorhandenen Feldern berechnen lassen. So lässt sich beispielsweise der Verkaufspreis eines Artikels leicht aus Nettopreis und Umsatzsteuersatz berechnen. Zudem braucht bei etwaigen Preisänderungen nur der Nettopreis geändert werden.

Keine leeren Zeilen und Spalten!

Die Datenbanktabelle sollte auf keinen Fall leere Zeilen und Spalten innerhalb des Tabellenbereichs enthalten, auch nicht zwischen Überschriftzeile und den folgenden Datensätzen. Excel interpretiert leere Zeilen/Spalten als Tabellenende und berücksichtigt dann beim Filtern, Sortieren und sonstigen Auswertungen unter Umständen nur einen Teil der Daten. Achten Sie also auch beim Löschen darauf, dass keine Leerzeilen zurückbleiben!

Zusammenhängende Zellbereiche werden von Excel in der Regel automatisch erkannt und brauchen nicht extra markiert werden, es genügt, wenn eine einzelne beliebige Zelle innerhalb des Tabellenbereichs markiert ist. Einzelne leere Zellen stellen dagegen kein Problem dar.

Beispiel: Kundenadressen

Als Beispiel im Bild unten eine kleine Datenbank mit Kundenadressen, diese Tabelle wird auch für einen Großteil der nachfolgenden Beispiele verwendet. Einzelne Zellen, wie hier das Geburtsdatum bei einigen Kunden, können auch leer sein. Wichtig ist hingegen, dass die Postleitzahlen einheitlich als Text formatiert sind. Dadurch vermeiden Sie, dass eine führende 0 einfach verschwindet.

Diese Datei ist als Download verfügbar:

Kundendaten.xlsx

	A	B	C	D	E	F	G	H	I	J	K	L
1	KD-Nr.	Nachname	Vorname	Anrede	Strasse	Land	PLZ	Ort	Umsatz	Geburtsdatum		
2	100	Nordhoff	Silke	Frau	Uferstrasse 85 b	DE	93055	Regensburg	150,00	13.09.1985		
3	101	Knogel	Frank	Herrn	Pfarrer-Heinrich-Weg 4	DE	22040	Hamburg	23,00			
4	102	Süßmilch	Johanna	Frau	Adlersberger Strasse 56	DE	93078	Pentling	63,00	03.10.1978		
5	103	Fürst	Peter	Herrn	Wittelsbacherstr. 6	DE	80638	München	266,20	23.01.1966		
6	104	Mumpitz	Klara	Frau	Waldweg 4	DE	04777	Neuendorf	81,50	17.03.1992		
7	105	Reuter	Jens	Herrn	Bochumerstr. 9	DE	45879	Gelsenkirchen	56,30			
8	106	Wank	Tobias	Herrn	Höllentalstrasse 12	DE	82467	Garmisch-Partenkirchen	45,60	27.06.1995		
9	107	Adler	Christine	Frau	Pfarrer-Wenz-Str. 88	DE	96317	Kronach	20,00			
10	108	Einstein	Nadine	Frau	Kleiststr. 34a	DE	40215	Düsseldorf	29,30	04.11.1982		
11	109	Jung	Julian	Herr	Fichtelgebirgstr. 73	DE	96450	Coburg	123,00			
12	110	Brunnhofer	Anna	Frau	Isarstr. 55	DE	94056	Regensburg	198,30			
13	111	Baumholtz	Philipp	Herr	Bremsweg 4	DE	78464	Konstanz	15.000,00			
14	112	Moser	Thomas	Herrn	Wiesenweg 17	DE	94342	Straßkirchen	960,00			
15	113	Weidenkraut	Sabine	Frau	Kirchenplatz 1	DE	82024	Taufkirchen	1.280,00			
16	114	Kabelschacht	Alfred	Herr	Amselweg 55	DE	18320	Todenhagen	11.300,00			
17	115	Brösel	Sandra	Frau	Feldweg 1	DE	04259	Leipzig	5.600,00			

10.2 In großen Tabellen bewegen

Schnell Zellen und Zellbereiche markieren

Die folgenden Tastenkombinationen verwenden Sie, um sich in einer umfangreichen Tabelle zu bewegen bzw. um Zellbereiche zu markieren.

Zum Bewegen in Spalten können Sie auch mit der Taste **Ende** den *Ende-Modus* aktivieren und anschließend die Pfeiltaste nach unten betätigen. Zum Markieren verwenden Sie im Ende-Modus die Pfeiltaste zusammen mit der Umschalt-Taste.

Tasten	Beschreibung
Strg + Pfeil ab	Markiert in der aktuellen Spalte die Zelle in der letzten Zeile einer Liste.
Strg + Pfeil auf	Markiert in der aktuellen Spalte die Zelle in der ersten Zeile einer Liste.
Strg + Pfeil rechts	Markiert in der aktuellen Zeile die Zelle in der letzten Spalte einer Liste.
Strg + Pfeil links	Markiert in der aktuellen Zeile die Zelle in der ersten Spalte einer Liste.
Strg + Umschalt + Pfeil ab	Markiert ab der aktuellen Position die gesamte Spalte einer Liste.
Strg + Umschalt + Pfeil rechts	Markiert ab der aktuellen Position die gesamte Zeile einer Liste.
Strg + A oder Strg + Umschalt + *	Markiert die gesamte, zusammenhängende Liste; eine Zelle innerhalb der Liste muss markiert sein.
Strg + Pos1	Markiert die Zelle A1.

Achtung: Verwenden Sie dazu nicht den Stern (Multiplikation) * des Ziffernblocks.

Übersichtliches Scrollen mit fixierten Spalten- und Zeilenüberschriften

Beim Bearbeiten von umfangreichen Tabellen verschwinden beim Verschieben des Bildschirmausschnitts (Scrollen) die Spaltenüberschriften. Um dies zu vermeiden, fixieren Sie die Position von Zeilen und/oder Spalten im Fenster, d. h. diese bleiben auch dann sichtbar, wenn Sie den Bildschirmausschnitt verschieben. So gehen Sie vor, wenn Sie die Überschriften der Tabelle fixieren möchten:

1. Sorgen Sie dafür, dass die Spaltenüberschriften in der ersten Zeile des Fensters sichtbar sind, und klicken Sie im Register *Ansicht*, Gruppe *Fenster*, auf die Schaltfläche *Fenster fixieren*.
2. Klicken Sie auf *Oberste Zeile fixieren*. Die einzelnen Möglichkeiten im Detail:

Fenster fixieren	Alle sichtbaren Zeilen über und Spalten links von der markierten Zelle werden fixiert.
Oberste Zeile fixieren	Die erste im Fenster sichtbare Zeile wird fixiert.
Erste Spalte fixieren	Die erste im Fenster sichtbare Spalte wird fixiert.

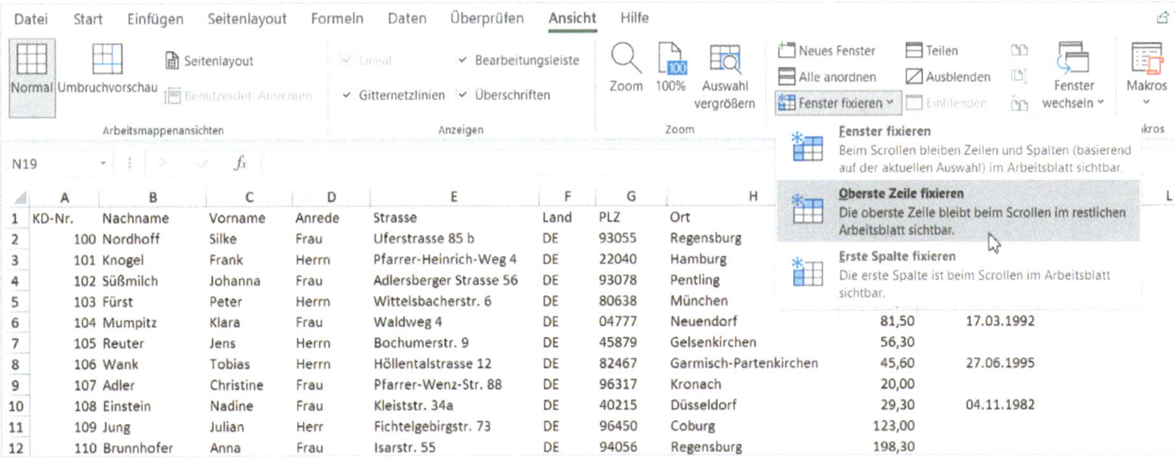

Bild 10.1 Oberste Zeile fixieren

Das Ergebnis sehen Sie im Bild unten. An der Zeilennummerierung links und der durchgehenden Linie unterhalb von Zeile 1 ist zu erkennen, dass diese Zeile fixiert wurde.

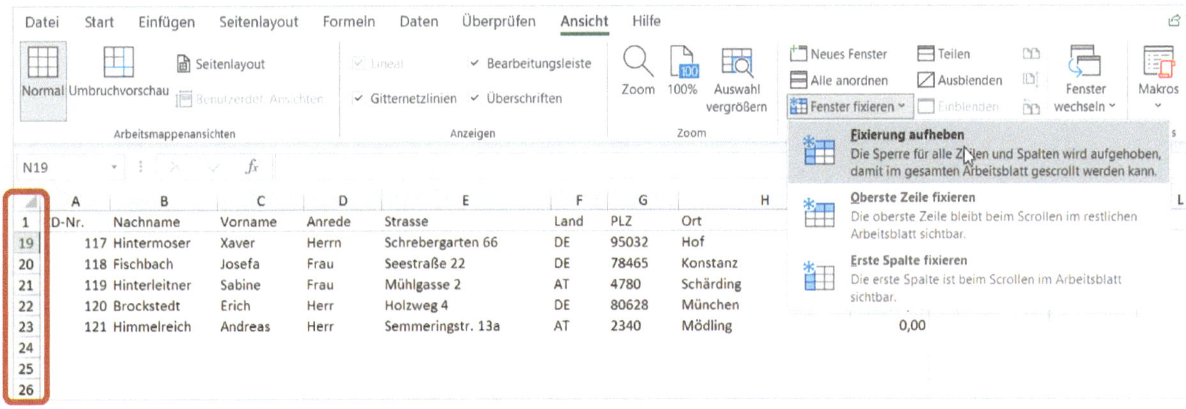

Bild 10.2 Fixierung aufheben

> **Fixieren bezieht sich immer auf die sichtbaren Zeilen und Spalten!**
>
> Die Befehle *Oberste Zeile fixieren* und *Erste Spalte fixieren* beziehen sich auf die erste, im Fenster sichtbare, Zeile/Spalte. Die Zeile mit den Spaltenüberschriften muss daher als erste Zeile im Fenster sichtbar sein. Gleiches gilt für die Spalte.

Fixierung entfernen

Um die Fixierung zu entfernen, klicken Sie erneut auf *Fenster fixieren* und auf *Fixierung aufheben* (s. Bild oben).

Beliebige Anzahl Zeilen und/oder Spalten fixieren

Während die beiden Befehle *Oberste Zeile fixieren* und *Erste Spalte fixieren* grundsätzlich die erste Zeile/Spalte im Fenster fixieren, ist der Befehl *Fenster fixieren* wesentlich flexibler. Er fixiert eine beliebige Anzahl Zeilen und Spalten und orientiert sich dabei an der markierten Zelle:

- Alle im Fenster links von der Markierung sichtbaren Spalten werden fixiert sowie
- alle im Fenster sichtbaren Zeilen oberhalb der Markierung.

Beispiel: Im Bild unten sollen die Zeilen 1 bis 3 und die Spalte A fixiert werden. Zur Verdeutlichung wurden diese Zellen im Bild mit hellrotem Hintergrund versehen.

1 Sorgen Sie dafür, dass die Zeilen 1 bis 3 und die Spalte A im Fenster sichtbar sind, und markieren Sie die Zelle B4 ❶, wie im Bild unten.

2 Klicken Sie auf die Schaltfläche *Fenster fixieren* und wählen Sie *Fenster fixieren* ❷. Die Linien im Arbeitsblatt zeigen anschließend an, wo das Fenster fixiert wurde.

Bild 10.3 Beispiel: Obere drei Zeilen und Spalte links fixieren

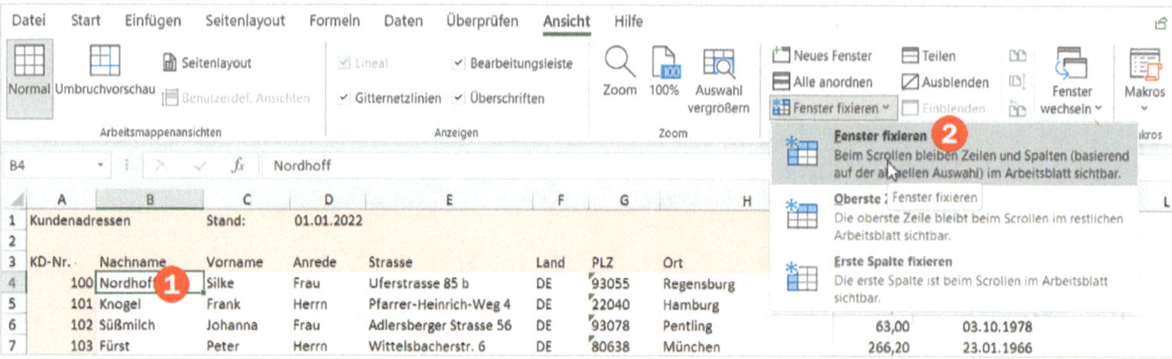

> **Angewendete Fixierungen werden zusammen mit der Arbeitsmappe gespeichert!**
>
> Kontrollieren Sie daher beim Öffnen von Arbeitsmappen mit umfangreichen Tabellen anhand der Zeilennummern, ob eine Fixierung vorhanden ist und dadurch eventuell Zeilen ausgeblendet wurden. Dadurch wird eventuell nur ein Teil der Datensätze berücksichtigt.

10.3 Inhalte suchen und ersetzen

Mit den Befehlen *Suchen* bzw. *Suchen und Ersetzen* können Sie den markierten Zellbereich oder die gesamte Tabelle nach einem Suchbegriff durchsuchen und bei Bedarf auch gleich durch eine andere Zeichenfolge ersetzen lassen. Das Symbol dazu finden Sie im Register *Start*, Gruppe *Bearbeiten*. Alternativ können Sie auch das Suchfeld oberhalb des Menübands benutzen. Im Gegensatz zu Filtern werden die übrigen Datensätze nicht ausgeblendet, sondern die gefundenen Inhalte der Reihe nach markiert.

Eine Zeichenfolge suchen

Soll die Suche nach einer bestimmten Zeichenfolge ausschließlich innerhalb einer Spalte erfolgen, dann müssen Sie zuvor diese Spalte markieren. Möchten Sie dagegen den gesamten Tabellenbereich durchsuchen, dann genügt es, wenn innerhalb einer zusammenhängenden Tabelle eine einzige Zelle markiert ist.

Beispiel: Sie suchen in der unten abgebildeten Tabelle nach dem Nachnamen „Moser".

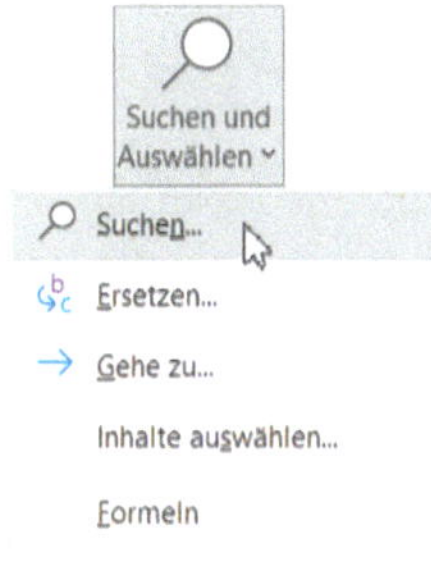

Bild 10.4 Die markierte Spalte durchsuchen

1 Markieren Sie die zu durchsuchende Spalte, hier die Nachnamen ❶, geben Sie den Suchbegriff in das Suchfeld ❷ ein und wählen Sie *Im Dokument suchen*.

2 Das Dialogfenster *Suchen und Ersetzen* wird mit dem Suchbegriff ❸ geöffnet. Alternativ öffnen Sie dieses Fenster auch über das Menüband, Register *Start* ▶ *Bearbeiten* mit Klick auf *Suchen und Auswählen* ❹ und der Auswahl *Suchen*, und geben dann hier den Suchbegriff in das Feld *Suchen nach* ein. Auch die Tastenkombination **Strg+F** öffnet das Dialogfenster.

Im Suchbegriff können auch die Platzhalterzeichen * und ? verwendet werden. Der Stern ersetzt an der angegebenen Stelle beliebig viele Zeichen und das Fragezeichen steht für genau 1 Zeichen an dieser Stelle.

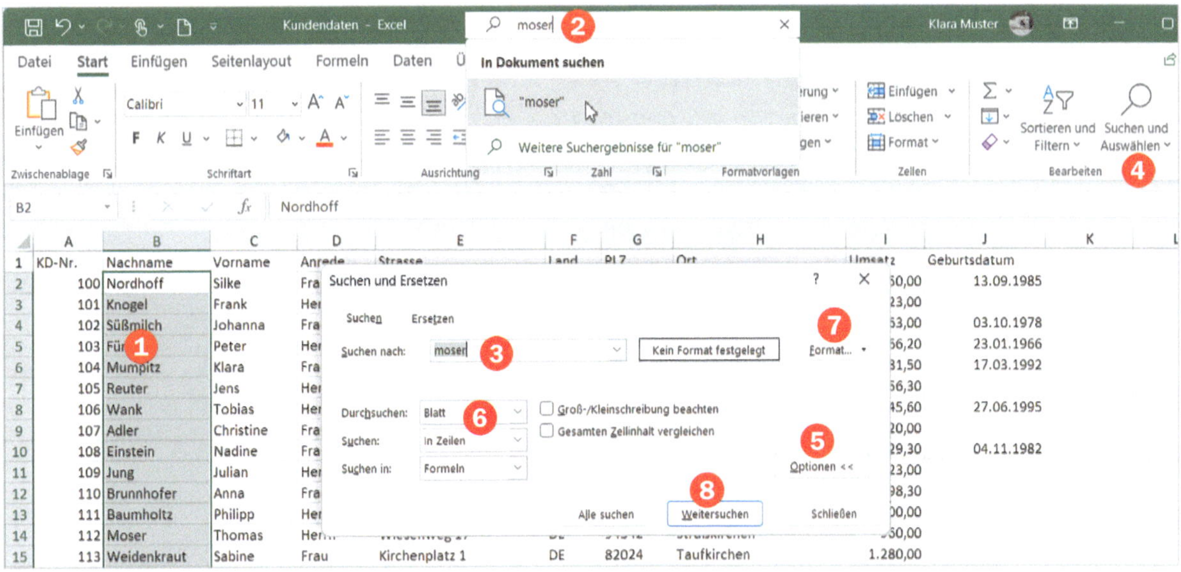

Tipps und Hinweise zur Suche

Unterhalb finden Sie weitere Möglichkeiten zum Verfeinern der Suche. Sollten diese nicht sichtbar sein, so klicken Sie zum Einblenden auf die Schaltfläche *Optionen>>* ❺.

- Kontrollieren Sie den zu durchsuchenden Bereich, in diesem Beispiel *Blatt* und *Suchen: in Zeilen* ❻.
- Die Suche liefert alle Namen, die die angegebene Zeichenfolge enthalten, also beispielsweise auch „Hintermoser" oder „Mosereiner". Möchten Sie die Suche exakt auf den angegebenen Namen eingrenzen, dann aktivieren Sie das Kontrollkästchen *Gesamten Zellinhalt vergleichen*.
- Über ein zweites Kontrollkästchen lässt sich bei Bedarf auch Groß- und Kleinschreibung bei der Suche berücksichtigen.
- Sie können auch zusätzlich oder ausschließlich nach einem bestimmten Format suchen, das Sie über die Schaltfläche *Format* ❼ näher definieren.

Tipp: Die Schaltfläche *Alle suchen* listet zusätzlich die gefundenen Werte unten in einem gesonderten Bereich des *Suchen*-Fensters auf.

3. Mit Klick auf *Weitersuchen* ❽ markiert Excel die erste Fundstelle in der Tabelle. Ein erneuter Mausklick auf *Weitersuchen* setzt die Suche fort.
4. Wenn die Suche beendet ist, dann klicken Sie zuletzt auf *Schließen*.

Eine Zeichenfolge durch eine andere Zeichenfolge ersetzen

Wenn die gesuchte Zeichenfolge gleichzeitig durch eine andere ersetzt werden soll, dann gehen Sie genauso vor wie bei der Suche, siehe oben, wählen dann aber im Fenster *Suchen und Ersetzen* das Register *Ersetzen* aus. Oder klicken Sie im Menüband, Register *Start* auf *Suchen und Auswählen* und hier auf *Ersetzen...*. Verwenden Sie die gleichen Suchoptionen wie unter Suchen beschrieben und geben Sie zusätzlich an, durch welche Zeichenfolge die gefundenen Inhalte ersetzt werden sollen.

Beispiel: In der unten abgebildeten Beispieltabelle wurde in der Spalte Anrede bei einigen Datensätzen die Anrede „Herrn", bei anderen die Anrede „Herr" eingegeben. Hier bietet sich *Suchen und Ersetzen* an, um schnell eine einheitliche Anrede zu erhalten.

1. Markieren Sie die betreffende Spalte und geben Sie im Fenster *Suchen und Ersetzen*, Register *Ersetzen* ❶ die zu ersetzende Zeichenfolge „Herr" ein und im Feld *Ersetzen durch* „Herrn" ❷.

   Achtung: Für dieses Beispiel muss unbedingt das Kontrollkästchen *Gesamten Zellinhalt vergleichen* ❸ aktiviert sein!
2. Klicken Sie auf *Weitersuchen* ❹, um zur ersten Fundstelle ❺ zu gelangen, und klicken Sie auf die Schaltfläche *Ersetzen* ❻. Die Zeichenfolge wird ersetzt und automatisch die nächste Fundstelle markiert. Falls Sie die Zeichenfolge an dieser Stelle nicht ersetzen möchten, so klicken Sie stattdessen auf *Weitersuchen*.

Bild 10.5 Zeichenfolge ersetzen

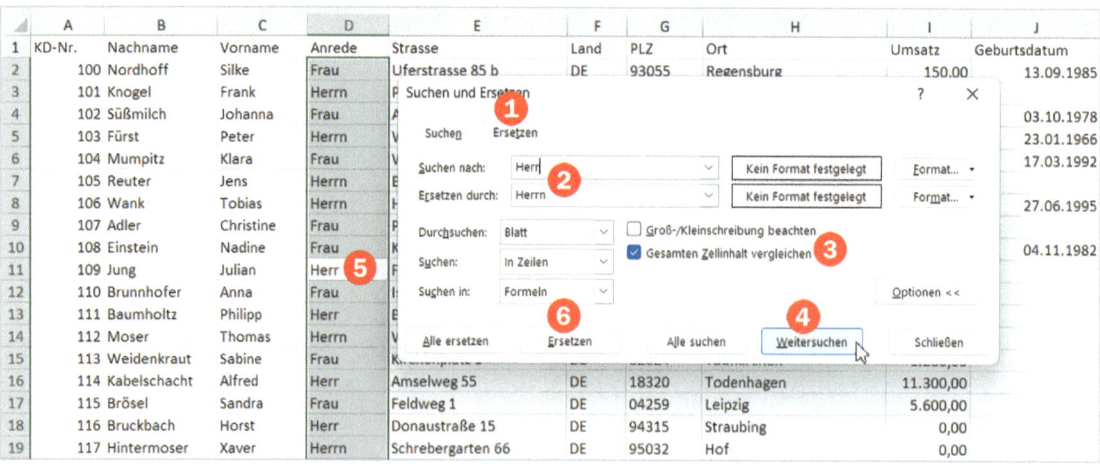

Wenn Sie stattdessen auf die Schaltfläche *Alle ersetzen* klicken, so werden alle vorkommenden Zeichenfolgen automatisch und ohne vorherige Rückfrage ersetzt. Sie erhalten eine abschließende Meldung, wie viele Ersetzungen vorgenommen wurden.

Tipp: Mit der Schaltfläche *Alle suchen* werden zunächst alle gefundenen Inhalte mit ihrer Zelladresse in einem gesonderten Bereich des Fensters *Suchen und Ersetzen* aufgelistet, siehe Bild unten. Wenn Sie hier auf eine Zelladresse klicken, so markiert Excel die dazugehörige Zelle in der Tabelle und mit der Schaltfläche *Ersetzen* können Sie nun ebenfalls den Inhalt der markierten Zelle ersetzen.

Bild 10.6 Zu ersetzende Zeichen auflisten

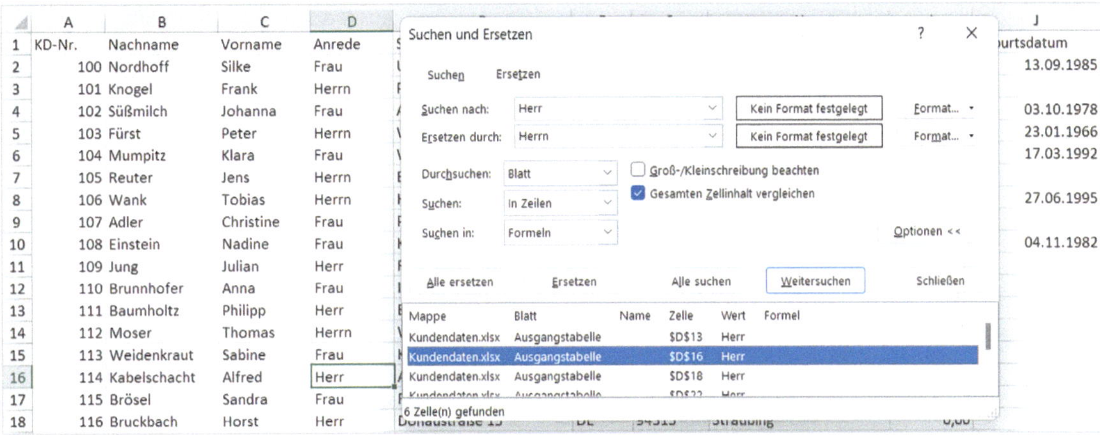

10.4 Zellbereich als intelligente Tabelle formatieren

Was sind dynamische oder intelligente Tabellen?

Wenn Sie einen Zellbereich mithilfe von Tabellenformatvorlagen formatieren (Register *Start* ▶ *Formatvorlagen* ▶ *Als Tabelle formatieren*), dann ist dies nicht nur eine schnelle Formatierungsmöglichkeit für Ihre Tabelle, sondern Sie erhalten dadurch auch einen sogenannten dynamischen oder intelligenten Tabellenbereich. Neben der optischen Gestaltung bringen solche Tabellenbereiche eine Reihe weiterer Vorteile mit sich.

Tabellengestaltung mit Formatvorlagen, siehe Kapitel 6.1.

- Beim nachträglichen Anfügen weiterer Zeilen und/oder Spalten wird der Tabellenbereich automatisch angepasst, das gilt auch für das Löschen.
- Sämtliche Formatierungen, z. B. abwechselnde Zeilenfarben, sowie Formeln werden auch in neu hinzugefügte Datensätze übernommen.
- Verwenden Sie in Formeln Bezüge auf einen Tabellenbereich, so gelten diese immer für den gesamten Datenbereich, berücksichtigen also auch nachträglich hinzugefügte Datensätze und Spalten.
- Beim Sortieren und Filtern bezieht Excel grundsätzlich den gesamten Tabellenbereich mit ein.

Dynamische oder intelligente Tabellenbereiche wurden in älteren Excel-Versionen auch als Listen bezeichnet.

Tabelle erstellen

Eine bestehende Tabelle umwandeln

Kundendaten.xlsx, Arbeitsblatt **Ausgangstabelle**

1 Wenn Sie eine bereits bestehende Tabelle umwandeln möchten, dann genügt es, wenn Sie zuvor auf eine beliebige Zelle innerhalb des Tabellenbereichs klicken. Der Tabellenbereich wird in den meisten Fällen automatisch erkannt. Anschließend gibt es zwei Möglichkeiten:

- Über das Register *Start*, Gruppe *Formatvorlagen* und die Schaltfläche *Als Tabelle formatieren* ❶. Excel öffnet einen Katalog verschiedener Vorlagen und Sie brauchen nur auf die gewünschte Vorlage ❷ zu klicken.

Bild 10.7 Als Tabelle formatieren

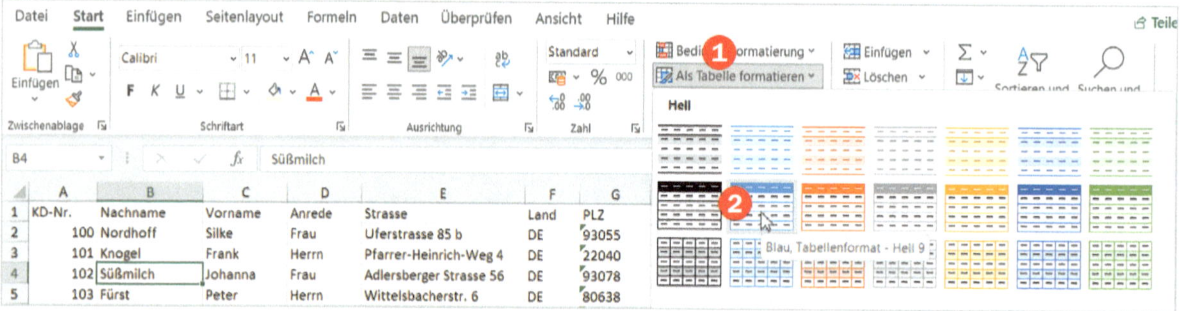

- Oder klicken Sie im Register *Einfügen* ▶ *Tabellen* auf *Tabelle* oder betätigen Sie die Tastenkombination **Strg+L**. Im Gegensatz zum Register *Start* erscheint hier kein Vorlagenkatalog, sondern die Tabelle wird zunächst mit der Standardvorlage formatiert. Diese lässt sich jedoch nachträglich jederzeit ändern.

2 In beiden Fällen öffnet sich anschließend das Fenster *Tabelle erstellen* und fordert Sie auf, den Datenbereich für die Tabelle anzugeben. Dieser wird in den meisten Fällen automatisch erkannt. Im Gegensatz dazu wird eine vorhandene Überschriftzeile nicht immer korrekt erkannt, kontrollieren und aktivieren Sie daher unbedingt das Kontrollkästchen *Tabelle hat Überschriften* ❸.

Bild 10.8 Tabellenbereich und Überschriftzeile festlegen

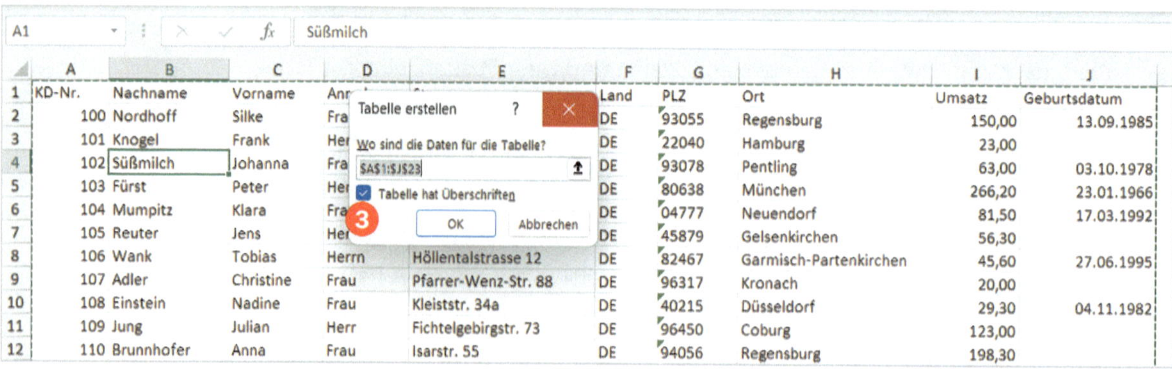

Das Ergebnis sehen Sie im Bild auf der nächsten Seite. Neben der Formatierung haben die Überschriften zusätzliche Filterschaltflächen erhalten, Näheres hierzu auf Seite 301.

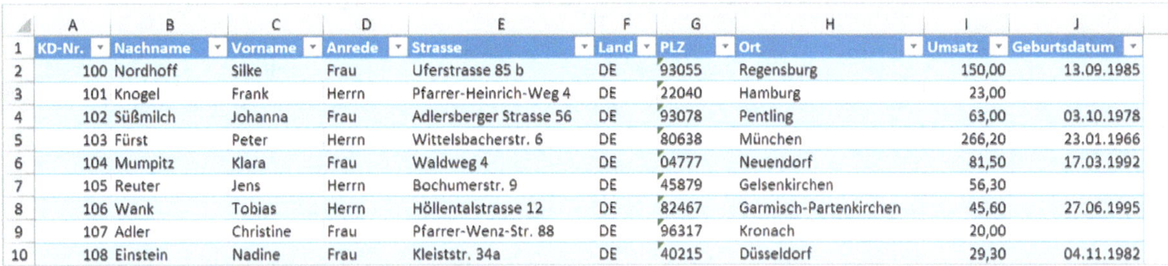

	A	B	C	D	E	F	G	H	I	J
1	KD-Nr.	Nachname	Vorname	Anrede	Strasse	Land	PLZ	Ort	Umsatz	Geburtsdatum
2	100	Nordhoff	Silke	Frau	Uferstrasse 85 b	DE	93055	Regensburg	150,00	13.09.1985
3	101	Knogel	Frank	Herrn	Pfarrer-Heinrich-Weg 4	DE	22040	Hamburg	23,00	
4	102	Süßmilch	Johanna	Frau	Adlersberger Strasse 56	DE	93078	Pentling	63,00	03.10.1978
5	103	Fürst	Peter	Herrn	Wittelsbacherstr. 6	DE	80638	München	266,20	23.01.1966
6	104	Mumpitz	Klara	Frau	Waldweg 4	DE	04777	Neuendorf	81,50	17.03.1992
7	105	Reuter	Jens	Herrn	Bochumerstr. 9	DE	45879	Gelsenkirchen	56,30	
8	106	Wank	Tobias	Herrn	Höllentalstrasse 12	DE	82467	Garmisch-Partenkirchen	45,60	27.06.1995
9	107	Adler	Christine	Frau	Pfarrer-Wenz-Str. 88	DE	96317	Kronach	20,00	
10	108	Einstein	Nadine	Frau	Kleiststr. 34a	DE	40215	Düsseldorf	29,30	04.11.1982

Bild 10.9 Der formatierte Tabellenbereich

Tabelle vor Eingabe der ersten Daten erstellen

Möchten Sie dagegen die Tabelle vor Eingabe der ersten Daten erstellen, dann markieren Sie die Zelle in der linken oberen Ecke Ihrer künftigen Tabelle, z. B. A1, und klicken dann entweder auf *Einfügen* ▶ *Tabelle* oder im Register *Start* auf *Als Tabelle formatieren*. Aktivieren Sie anschließend das Kontrollkästchen *Tabelle hat Überschriften* ❶ und klicken Sie auf *OK*.

Überschreiben Sie nun die erste Überschrift *Spalte1* ❷ und geben Sie rechts daneben die nächste Überschrift ein ❸. Der Tabellenbereich erweitert sich automatisch und das Tabellenformat wird in alle neu hinzugefügten Spalten und Zeilen übernommen.

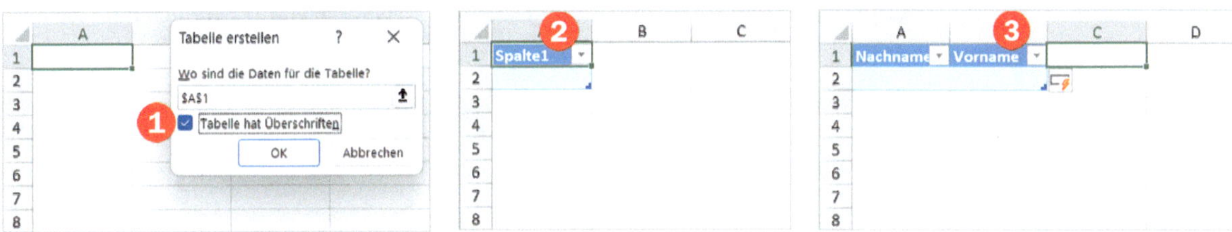

Bild 10.10 Tabelle vor der Dateneingabe erstellen

Tabellenbereich erweitern, Zeilen und Spalten anfügen

Die Begrenzung des Tabellenbereichs ist leicht an der kleinen blauen Marke in der rechten unteren Ecke der Tabelle zu erkennen, siehe Bild rechts. Sobald Sie darauf zeigen, erscheint als Mauszeiger ein Doppelpfeil und Sie können auch durch Ziehen mit gedrückter Maustaste den Bereich manuell vergrößern oder verkleinern. Dies dürfte allerdings nur selten erforderlich sein, da sich der Bereich bei der Eingabe automatisch anpasst.

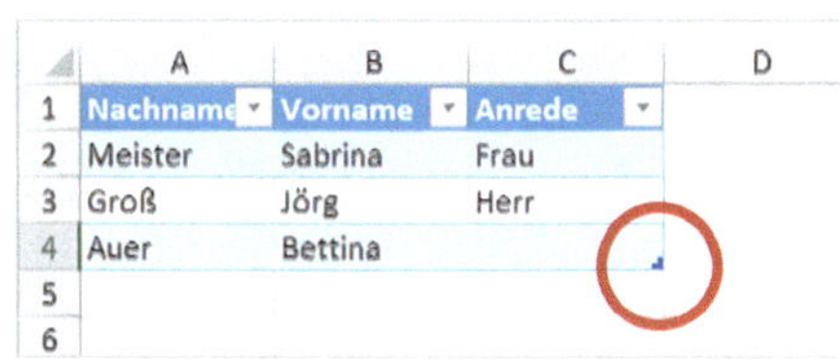

Zum Hinzufügen weiterer Datensätze klicken Sie in die nächste freie Zeile unterhalb des Tabellenbereichs. Sobald Sie die Eingabe in die erste Zelle abgeschlossen haben, wird der Tabellenbereich automatisch erweitert. Falls Sie ausnahmsweise die Tabelle nicht erweitern möchten, so klicken Sie auf das kleine Symbol, das während der Eingabe unterhalb der letzten Zeile erscheint, und machen die automatische Erweiterung rückgängig.

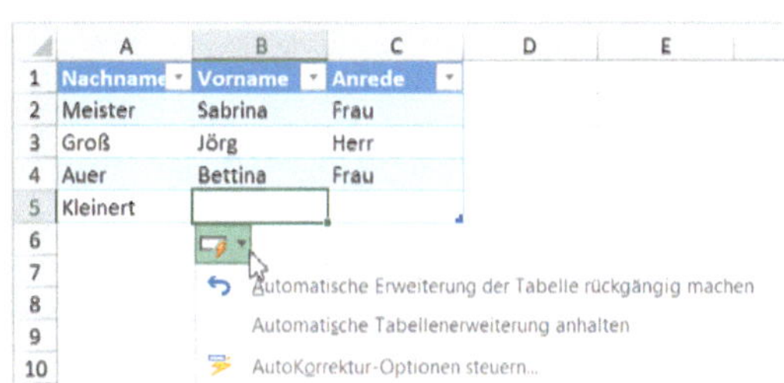

Tabelle mit Vorlagen formatieren

Zusammen mit einer dynamischen Tabelle steht Ihnen im Menüband das Register *Tabellenentwurf* zur Verfügung, allerdings nur, wenn mindestens eine Zelle der Tabelle markiert ist. Wenn Sie die Formatierung der Tabelle ändern möchten, dann benutzen Sie am besten die Tabellenformatvorlagen dieses Registers. Klicken Sie auf den Pfeil *Weitere*, um den gesamten Katalog auf einen Blick zu öffnen.

Im selben Register können Sie über die Kontrollkästchen der Gruppe *Tabellenformatoptionen* steuern, ob Sie besondere Formate, z. B. für die Überschrift- bzw. *Kopfzeile* oder *Erste* und *Letzte Spalte*, übernehmen möchten. Dies betrifft nur Farben und Linien, Zahlenformate und Zellausrichtungen werden dadurch nicht geändert.

Bild 10.11 Das Register Tabellenentwurf

Tipps

- Wenn Sie die Filterschaltflächen in den Überschriften als störend empfinden, dann deaktivieren Sie diese über das Kontrollkästchen *Schaltfläche „Filter"* oder über die Schaltfläche *Filter* im Register *Daten*. Näheres zum Thema Filter lesen Sie in Punkt 10.6.
- Falls Ihnen die Formatvorlagen zu „bunt" sind: Im Katalog *Tabellenformatvorlagen* finden Sie in der linken oberen Ecke die Vorlage *Keine*. Diese entfernt alle Formate, der dynamische Tabellenbereich bleibt aber trotzdem erhalten.

Formeln in intelligenten Tabellen

Klar, dass Sie in intelligenten Tabellen auch Berechnungen mit Formeln anstellen können und dies sogar komfortabler als in normalen Tabellen.

Beispiel: Sie haben der Tabelle im Bild unten nachträglich die Spalte Gesamt hinzugefügt und möchten hier den Gesamtpreis berechnen. Sobald Sie während der Formeleingabe auf eine Zelle klicken, hier C2 und D2, erscheint statt des Zellbezugs ein strukturierter Verweis auf die Spalte wie im Bild unten.

Bild 10.12 Formeln werden automatisch in alle Tabellenzeilen übernommen

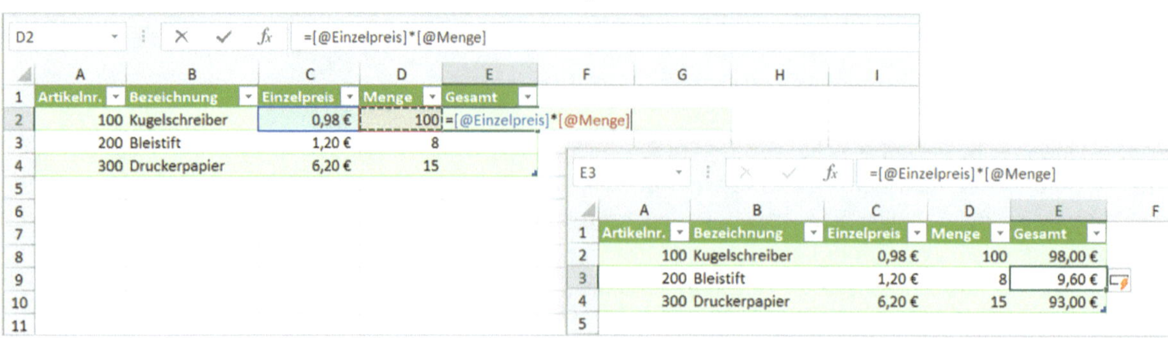

Nachdem Sie die Formeleingabe mit der Eingabetaste abgeschlossen haben, wird die Formel anschließend automatisch in die gesamte Spalte kopiert. Auch beim Hinzufügen weiterer Datensätze wird die Formel automatisch übernommen.

Tabelle in normalen Zellbereich zurückverwandeln

Falls Sie eine intelligente bzw. dynamische Tabelle nachträglich wieder in einen normalen Zellbereich umwandeln möchten, so klicken Sie in eine beliebige Zelle innerhalb des Tabellenbereichs und im Register *Tabellenentwurf* auf *In Bereich konvertieren*. Denselben Befehl erhalten Sie auch über die rechte Maustaste, wenn Sie im Kontextmenü auf *Tabelle* zeigen.

Achtung: Alle Daten, Formeln und Formate der Tabelle bleiben erhalten und strukturierte Verweise in Formeln werden in normale Zellbezüge umgewandelt. Wenn Sie auch die Tabellenformate wie Linien und abwechselnde Zeilenfarben entfernen möchten, dann müssen Sie **zuerst** die Formatvorlage *Keine* (siehe oben) auswählen und erst danach die Tabelle in einen normalen Zellbereich konvertieren.

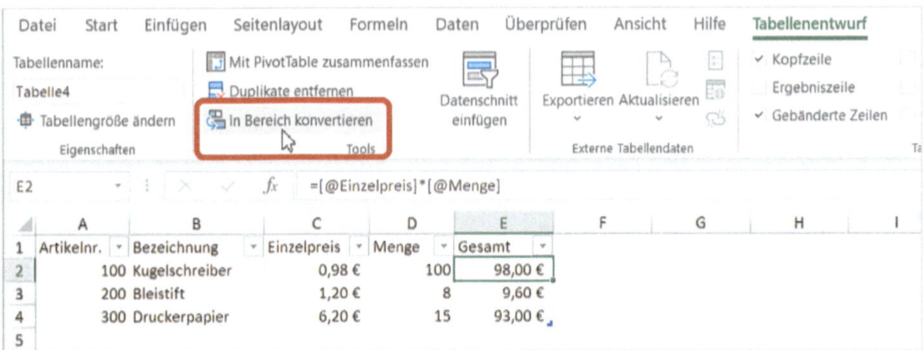

Bild 10.13 Tabelle in normalen Zellbereich konvertieren

10.5 Tabellen sortieren

Was Sie vor dem Sortieren wissen sollten

Eine Tabelle kann nach Textinhalten, Zahlen und Datumswerten sortiert werden; auch die gleichzeitige Verwendung mehrerer Kriterien ist möglich. Wenn Sie die Tabelle als intelligente Tabelle formatiert haben, siehe oben, dann gestaltet sich die Sortierung einfach. In allen anderen Fällen sollten Sie vor dem Sortieren die folgenden Punkte beachten.

- **Vorsicht bei mehreren Überschriftzeilen und Summen in der letzten Tabellenzeile**
  Eine einzige Überschriftzeile wird normalerweise von Excel erkannt und nicht in die Sortierung einbezogen. Enthält Ihre Tabelle dagegen mehrere Überschrift-

zeilen oder Summen in der letzten Tabellenzeile, dann verwenden Sie besser die benutzerdefinierte Sortierung (siehe weiter unten).

- **Vorsicht bei Leerzeilen**
  Zwischen Überschrift und Datensätzen sollte sich keine leere Zeile befinden, da sonst entweder nicht sortiert wird oder die Überschrift in die Sortierung einbezogen wird. Die Tabelle sollte auch keine leeren Zeilen und/oder Spalten innerhalb des Tabellenbereichs aufweisen, da hier die Sortierung unterbrochen wird. Auch in diesem Fall müssen Sie auf die benutzerdefinierte Sortierung zurückgreifen.

- **Markieren Sie zum Sortieren niemals nur eine einzige Tabellenspalte**
  In diesem Fall erfolgt die Sortierung ausschließlich innerhalb des markierten Bereichs und die Datensätze (Zeilen) werden nicht vollständig sortiert! Excel macht Sie mit einer Sortierwarnung darauf aufmerksam; wählen Sie in solchen Fällen entweder die Option *Markierung erweitern* oder brechen Sie die Sortierung ab.

- **Alte Reihenfolge wiederherstellen?**
  Überlegen Sie, ob Sie später wieder die ursprüngliche Reihenfolge benötigen. Zu diesem Zweck ist eine Spalte mit einer fortlaufenden Nummerierung nützlich, z. B. eine Kundennummer. Falls nötig, sollten Sie diese nachträglich noch hinzufügen.

Einfaches Sortieren nach einer Spalte

Filterschaltflächen (AutoFilter) nutzen

Im einfachsten Fall enthält Ihre Tabelle nur eine einzige Überschriftzeile oder Sie haben die Tabelle als intelligente Tabelle formatiert (siehe Seite 291). Wenn Sie außerdem nur nach einer einzigen Spalte sortieren möchten, dann benutzen Sie zum Sortieren die Schaltflächen mit dem kleinen Pfeil nach unten neben den Überschriften:

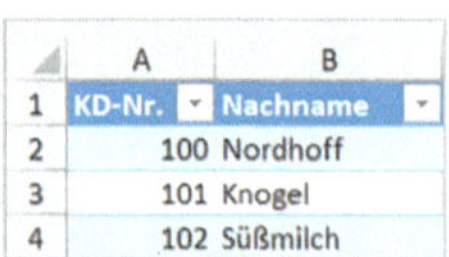

Bild 10.14 Die Filterschaltflächen (AutoFilter)

- Haben Sie die Tabelle als intelligente Tabelle formatiert, dann sind diese Schaltflächen ❶ neben den Spaltenüberschriften automatisch sichtbar.

- Ist dies nicht der Fall, dann können Sie diese einblenden, indem Sie eine beliebige Zelle der Tabelle markieren und dann im Register *Daten* auf die Schaltfläche *Filtern* ❷ klicken. Mit derselben Schaltfläche blenden Sie die Filterschaltflächen auch wieder aus, wenn diese nicht mehr benötigt werden oder stören.

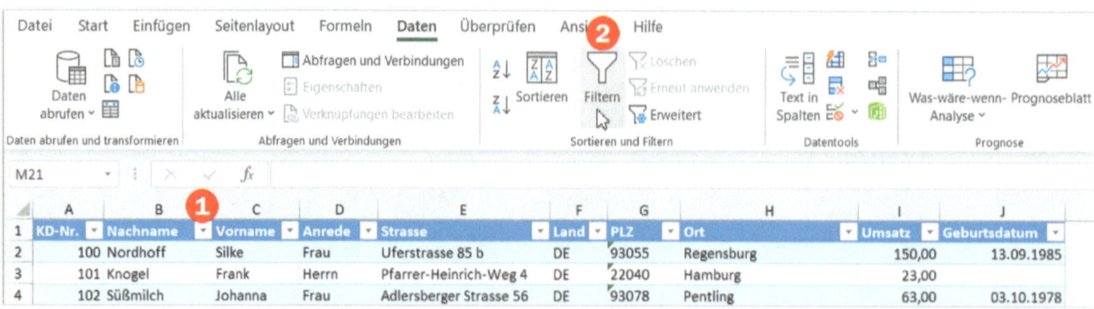

Zum Sortieren klicken Sie einfach auf die Filterschaltfläche in der Überschrift der betreffenden Spalte, hier Nachname ❶, und wählen zwischen *Von A bis Z sortieren* ❷ (aufsteigend) und *Von Z bis A sortieren* (absteigend). Nach welcher Spalte sortiert wurde, ist am kleinen Pfeil auf der Filterschaltfläche leicht zu erkennen.

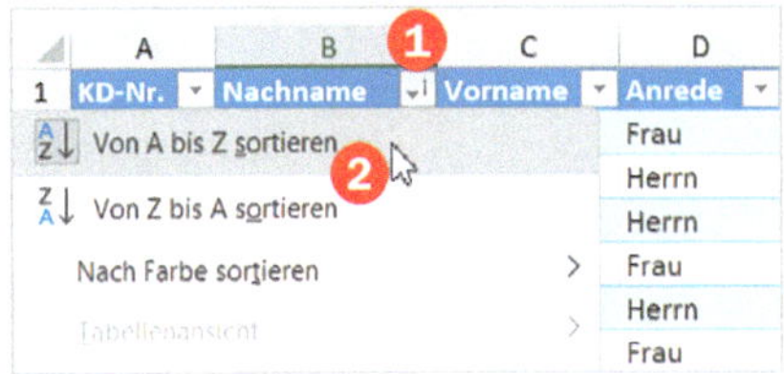

Weitere einfache Sortiermöglichkeiten

Im Menüband, Register *Daten*, finden Sie ebenfalls zwei Symbole zum Sortieren. Wenn Sie diese in einfachen Tabellen statt der Filterschaltflächen benutzen möchten, dann klicken Sie auf eine beliebige Zelle der Spalte, nach der Sie sortieren möchten, und klicken auf *Aufsteigend sortieren* oder *Absteigend sortieren*.

Bild 10.15 Die Symbole Aufsteigend und Absteigend sortieren

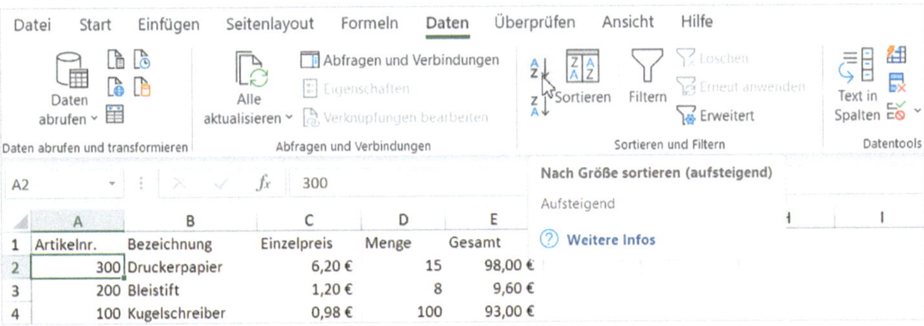

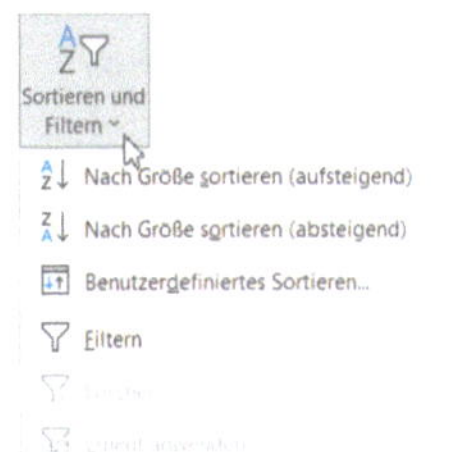

Dieselben Befehle bzw. Symbole finden Sie auch im Register *Start*, Gruppe *Bearbeiten*, wenn Sie auf die Schaltfläche *Sortieren und Filtern* klicken.

So bitte nicht sortieren!

Sollten Sie zum Sortieren eine einzige Tabellenspalte markiert haben, wie im Bild unten, dann würden statt der vollständigen Datensätze ausschließlich die Inhalte dieser Spalte sortiert. Excel macht Sie mit einer Sortierwarnung darauf aufmerksam. Wählen Sie in solchen Fällen entweder die Option *Markierung erweitern* oder brechen Sie die Sortierung ab.

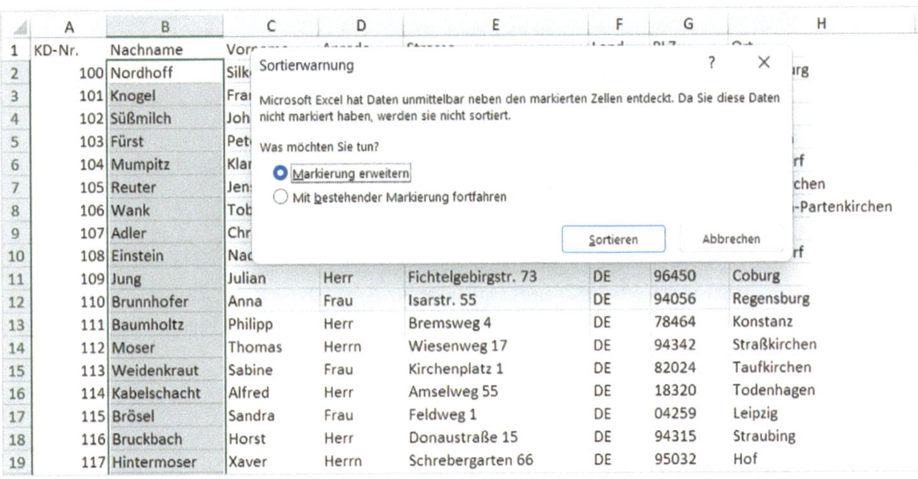

Bild 10.16 Sortierwarnung

Nach mehreren Kriterien sortieren

Wollen Sie eine Tabelle nach mehreren Kriterien sortieren, beispielsweise wie in einem Telefonbuch nach Nachname und bei gleichen Nachnamen auch nach Vornamen, dann benötigen Sie dazu die benutzerdefinierte Sortierung.

1 Markieren Sie eine beliebige Zelle innerhalb der Tabelle und klicken Sie im Register *Daten* auf das Symbol *Sortieren* ❶.

Achtung: Enthält Ihre Tabelle Zeilen, die nicht in die Sortierung einbezogen werden sollen, z. B. Summen oder mehr als eine Überschriftzeile, dann müssen Sie zuvor den zu sortierenden Tabellenbereich markieren. Andernfalls markiert Excel den Tabellenbereich automatisch, wie im Bild unten, und Sie können kontrollieren, ob dieser richtig erkannt wurde.

2 Im Dialogfenster *Sortieren* kontrollieren Sie zunächst anhand des Kontrollkästchens *Daten haben Überschriften* ❷, ob die Überschriften erkannt wurden. Bei einer intelligenten Tabelle erübrigt sich dies und das Kästchen ist inaktiv.

Bild 10.17 Im Fenster Sortieren nach mehreren Kriterien sortieren

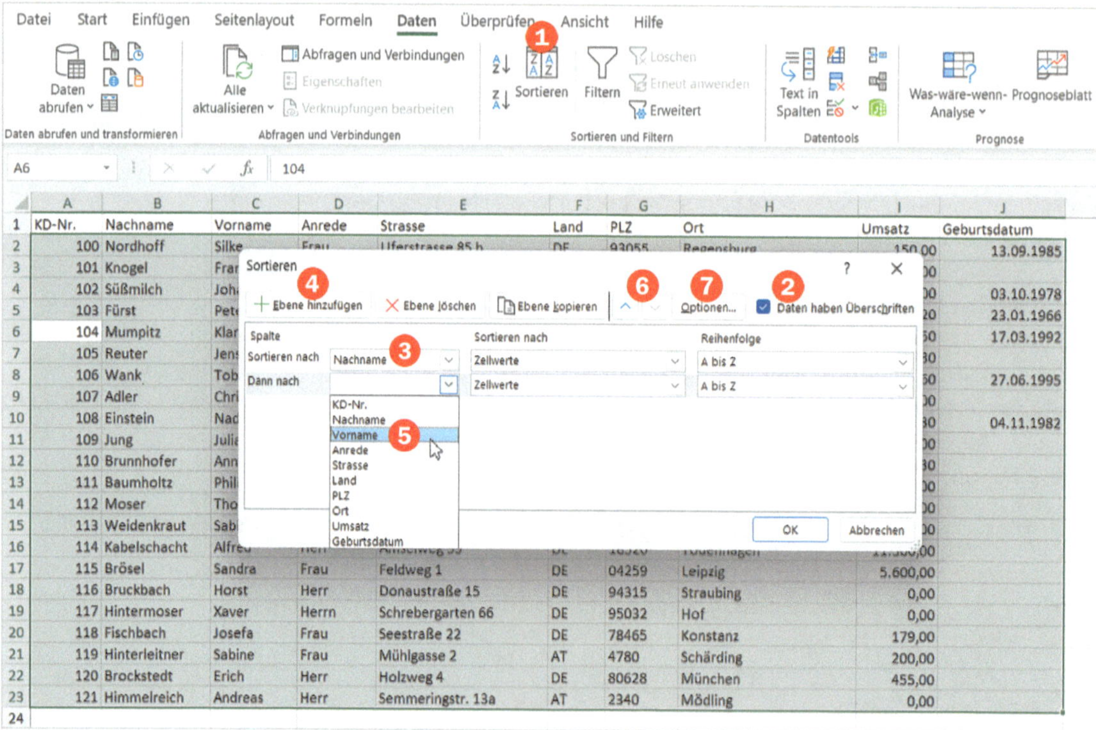

3 Klicken Sie im Feld *Sortieren nach* auf den Dropdown-Pfeil und wählen Sie das Hauptsortierkriterium, in diesem Beispiel Nachname ❸. Daneben legen Sie die Reihenfolge (aufsteigend oder absteigend) fest.

4 Da anschließend nach Vornamen sortiert werden soll, klicken Sie auf die Schaltfläche *Ebene hinzufügen* ❹ und wählen dann in der zweiten Zeile die Spalte Vorname ❺ aus. Mit Klick auf *OK* starten Sie die Sortierung.

Die weiteren Möglichkeiten des Fensters Sortieren

- Das Hauptsortierkriterium befindet sich immer ganz oben. Falls Sie die Reihenfolge ändern möchten, klicken Sie auf die Pfeile ⑥.
- Mit *Ebene löschen* entfernen Sie die markierte Sortierung.
- Über die Schaltfläche *Optionen...* ⑦ können Sie außerdem festlegen, ob Groß- und Kleinschreibung berücksichtigt werden soll. Eine weitere Möglichkeit, nämlich die Sortierung von Spalten anstelle von Zeilen, finden Sie hier ebenfalls.

Tabelle mit zwei und mehr Überschriftzeilen und einer Summenzeile sortieren

In vielen Fällen enthält eine Tabelle in der letzten Zeile Summen, wie im Bild unten, und/oder zwei oder mehr Überschriftzeilen, eventuell auch noch mit verbundenen Zellen. Wenn Sie versuchen, eine solche Tabelle mit den Symbolen *Aufsteigend* oder *Absteigend* (Register *Daten*) zu sortieren, dann wird bei absteigender Sortierung die Summenzeile mit sortiert, möglicherweise erhalten Sie auch eine Fehlermeldung.

Diese Tabelle ist auch als Download verfügbar:

Uebungsdaten_sortieren.xlsx

Blatt: Tabelle Summen

1. Um die Tabelle trotzdem zu sortieren, z. B. nach den Gesamtumsätzen, müssen Sie zuvor den zu sortierenden Zellbereich mit **einer** einzigen Überschriftzeile und **ohne Summen** markieren, im unten abgebildeten Beispiel den Bereich A3:E11 ①.
2. Klicken Sie dann im Menüband, Register *Daten* auf *Sortieren* ②.
3. Wählen Sie im Feld *Sortieren nach* die Spalte *Gesamt* ③ aus und daneben die gewünschte Reihenfolge, hier absteigend ④. Achten Sie darauf, dass das Kontrollkästchen *Daten haben Überschriften* aktiviert ist, und klicken Sie auf *OK*.

Bild 10.18 Tabelle mit Summenzeile sortieren

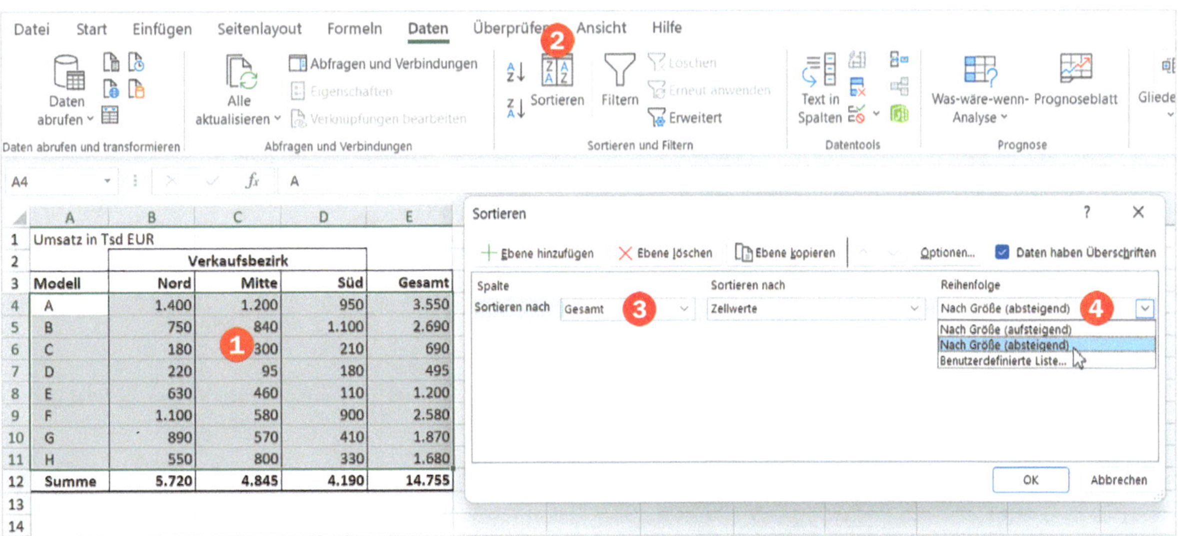

Nach Farben sortieren

Bedingte Formatierung, siehe Kapitel „6.5 Zellen abhängig vom Inhalt formatieren".

In der Regel werden Tabellen nach Werten, Text oder Zahlen sortiert. Excel unterstützt aber auch eine Sortierung nach Zellenfarbe, Schriftfarbe und Zellensymbolen. Dadurch ist es beispielsweise möglich, auch Zellen, die Sie durch eine bedingte Formatierung hervorgehoben haben, zu sortieren. Als Beispiel wurden im Bild unten mithilfe der bedingten Formatierung alle Gesamtumsätze ab 2.500 € mit grüner Hintergrundfarbe formatiert, alle Umsätze zwischen 1.200 und 2.500 mit gelber Farbe und alle Umsätze darunter mit roter Farbe. Die Tabelle soll jetzt nach den Farben des Gesamtumsatzes sortiert werden.

Diese Tabelle ist auch als Download verfügbar:

Uebungsdaten_sortieren.xlsx

Blatt: Farben sortieren

1. Markieren Sie die Tabelle einschließlich der Überschriftzeile und klicken Sie im Menüband, Register *Daten* auf *Sortieren* ❶.
2. Im Dialogfenster *Sortieren* wählen Sie die Spalte *Gesamt* aus ❷ und unter *Sortieren nach* anstelle von Werten *Zellenfarbe* ❸. Klicken Sie dann in der Spalte *Reihenfolge* auf den Pfeil und wählen Sie die erste Farbe aus, hier Grün ❹.
3. Klicken Sie auf *Ebene hinzufügen* und wählen Sie erneut die Spalte *Gesamt* aus sowie *Sortieren nach Zellenfarbe*. Klicken Sie unter *Reihenfolge* auf den Pfeil und wählen Sie die zweite Farbe, hier Gelb.
4. Fügen Sie für die dritte Farbe eine weitere Ebene hinzu, wählen Sie wieder die Spalte *Gesamt* und unter *Sortieren nach* die *Zellenfarbe*. Dieser Ebene weisen Sie die dritte Farbe Rot zu.

Bild 10.19 Tabelle nach Farben sortieren

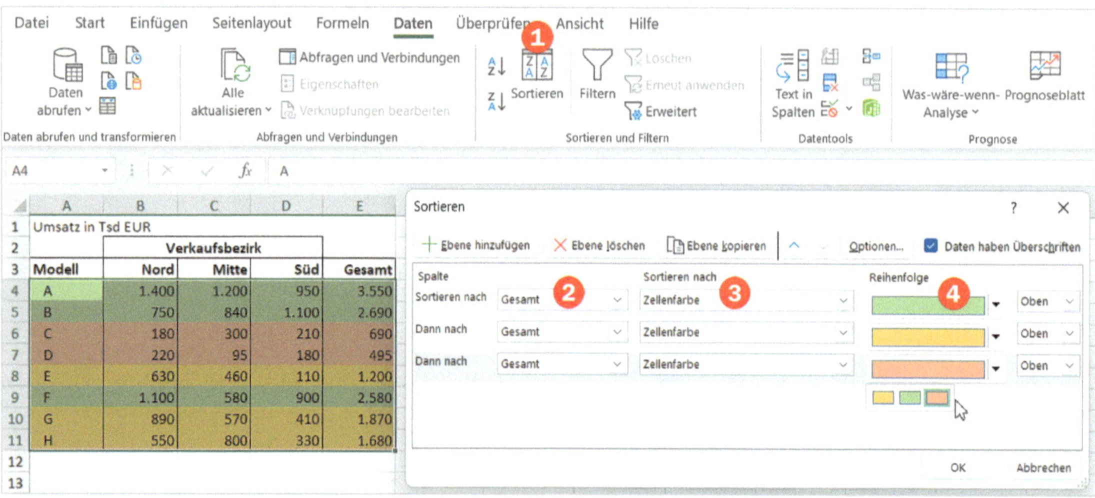

Hinweis: Die Auswahl *Oben* kann für alle Farben beibehalten werden. Dies bedeutet, die Sortierung der Farben erfolgt von oben nach unten, entsprechend der Reihenfolge der Ebenen, wobei Grün die erste Farbe bildet. Falls Sie die Sortierung umkehren möchten, müssten Sie in diesem Beispiel für alle Ebenen *Unten* auswählen.

Diese Tabelle könnte im Prinzip nach jeder Spalte sortiert werden, da die Farbe jeweils der gesamten Zeile zugewiesen wurde.

10.6 Tabellen filtern

Filtern bedeutet im Gegensatz zum Suchen, dass nur bestimmte Datensätze angezeigt werden, alle übrigen sind vorübergehend ausgeblendet.

Einfache Filter (AutoFilter) anwenden

Am einfachsten und schnellsten filtern Sie eine Tabelle mit den Filterschaltflächen der Spaltenüberschriften, auch als AutoFilter bezeichnet. Diese haben Sie bereits in Verbindung mit der Sortierung kennengelernt. Die Filterschaltflächen sind normalerweise automatisch vorhanden, wenn der Zellbereich als Tabelle formatiert wurde; andernfalls klicken Sie zum Einblenden im Register *Daten* auf die Schaltfläche *Filtern*. Mit derselben Schaltfläche blenden Sie die Filterschaltflächen auch wieder aus.

Sortieren, siehe Seite 295.

Auch beim Filtern gilt: Enthält die Tabelle zwei oder mehr Überschriftzeilen oder unmittelbar unterhalb eine Summenzeile, dann müssen Sie zunächst den zu filternden Tabellenbereich zusammen mit einer einzigen Überschriftzeile markieren, bevor Sie auf *Filtern* klicken.

Filterkriterien auswählen

Klicken Sie auf die Filterschaltfläche der Spalte, nach der Sie filtern möchten. Deaktivieren Sie dann am einfachsten zuerst das Kontrollkästchen *(Alles auswählen)* und aktivieren Sie nur die Kästchen der gewünschten Filterkriterien. Im Beispiel unten in der Spalte Land das Land Österreich (AT). Zum Anwenden des Filters klicken Sie auf *OK*.

Bild 10.20 Filtern mit Filterschaltflächen und Kontrollkästchen

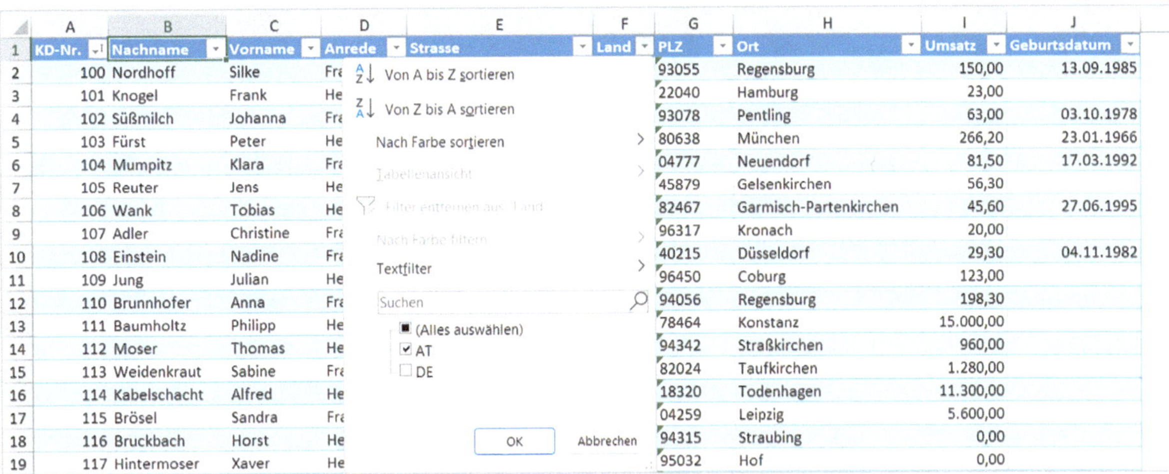

Eine gefilterte Tabelle erkennen Sie an der unterbrochenen Zeilennummerierung ❶ und am Filtersymbol ❷ in der Überschrift der betreffenden Spalte.

Bild 10.21 Die gefilterte Tabelle

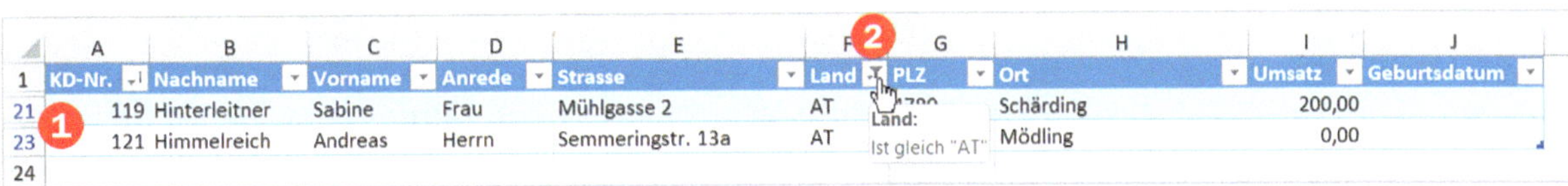

Tipp: Sie können mit dieser Methode auch mehrere Filter miteinander kombinieren. Beim Zeigen auf die Filterschaltfläche der betreffenden Spalte wird eine Kurzinfo mit den verwendeten Filterkriterien sichtbar.

Filter aus Tabelle entfernen

- **Alle Filter entfernen**: Zum Entfernen aller Filter klicken Sie im Register *Daten* neben der Schaltfläche *Filter* auf das Symbol *Löschen* ❶. Vorsicht dagegen mit der Schaltfläche *Filtern*: Wenn Sie diese deaktivieren, dann entfernen Sie nicht nur alle Filter, sondern blenden gleichzeitig die Filterschaltflächen aus.
- **Einzelne Filter entfernen**: Haben Sie mehrere Filter angewendet und möchten nur einen bestimmten löschen, dann klicken Sie auf die Filterschaltfläche der betreffenden Spalte und hier auf *Filter entfernen aus "xxx"* ❷.

Bild 10.22 Filter entfernen

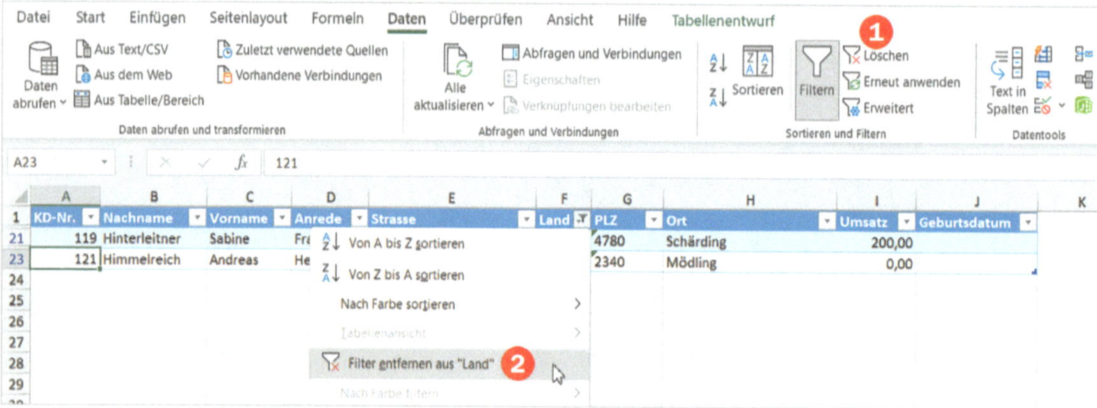

Gefilterte Tabelle kopieren

Gefilterte Datensätze lassen sich in die Zwischenablage kopieren und in ein anderes Tabellenblatt oder eine andere Arbeitsmappe einfügen. Das ist nützlich, wenn Sie beispielsweise nur bestimmte Daten weitergeben möchten.

Beispiel: Sie haben aus einer Adressentabelle alle Frauen in Deutschland herausgefiltert und möchten diese zur weiteren Verwendung in ein gesondertes Arbeitsblatt kopieren. So gehen Sie vor:

1. Dazu filtern Sie die Tabelle nach den benötigten Kriterien, hier Land und Anrede.
2. Markieren Sie dann den gefilterten Tabellenbereich und klicken Sie im Register *Start* ▶ *Zwischenablage* auf *Kopieren* oder betätigen Sie die Tasten **Strg**+**C**.

   An den gestrichelten Laufrahmen ❶, wie im Bild auf der nächsten Seite, erkennen Sie, dass nicht die gesamte Tabelle sondern nur die gefilterten Zeilen kopiert werden.
3. Markieren Sie im zweiten Tabellenblatt die Zelle, ab der die gefilterten Datensätze eingefügt werden sollen, z. B. A1, und klicken Sie auf *Start* ▶ *Zwischenablage* ▶

Einfügen oder betätigen Sie die Tasten **Strg+V**. Tipp: Über das Symbol *Einfügeoptionen* ❷ können Sie die ursprüngliche Spaltenbreite beibehalten.

Bild 10.23 Gefilterte Tabelle kopieren

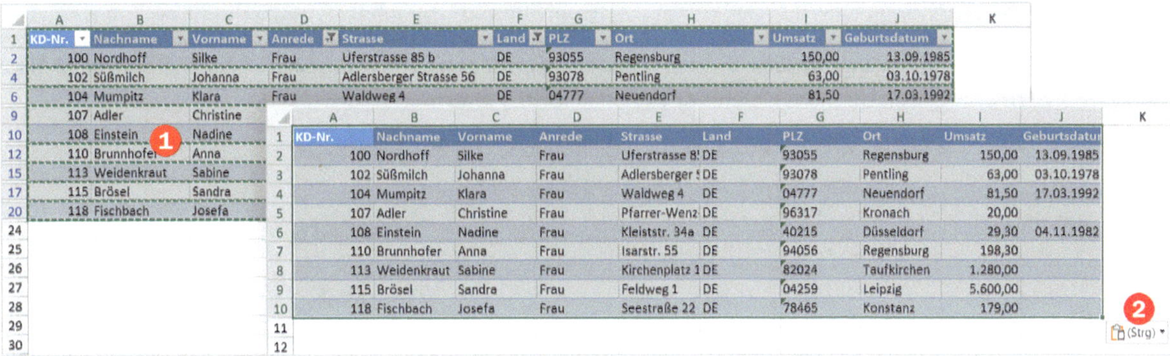

Filterkriterien definieren

Nicht in jedem Fall eignet sich eine einfache Auswahl per Kontrollkästchen. Für Zahlen- und Datumswerte benötigen Sie in der Regel etwas andere Filterkriterien. Diese erhalten Sie ebenfalls mit Klick auf die Filterschaltfläche. Hier werden Ihnen, abhängig vom Datentyp der betreffenden Spalte, unter *Textfilter*, *Zahlenfilter* oder *Datumsfilter* verschiedene Filtermöglichkeiten angeboten.

Beispiel Zahlenfilter: Sie möchten alle Kunden mit einem Umsatz von 500 € oder mehr herausfiltern. Dazu klicken Sie auf den Filterpfeil der Spalte Umsatz ❶, zeigen auf *Zahlenfilter* ❷ und klicken auf den gewünschten Vergleich, hier *Größer oder gleich…* ❸. Geben Sie anschließend im Fenster *Benutzerdefinierter AutoFilter* den Vergleichswert 500 ein ❹ und klicken Sie auf *OK*.

Bild 10.24 Beispiel Zahlenfilter

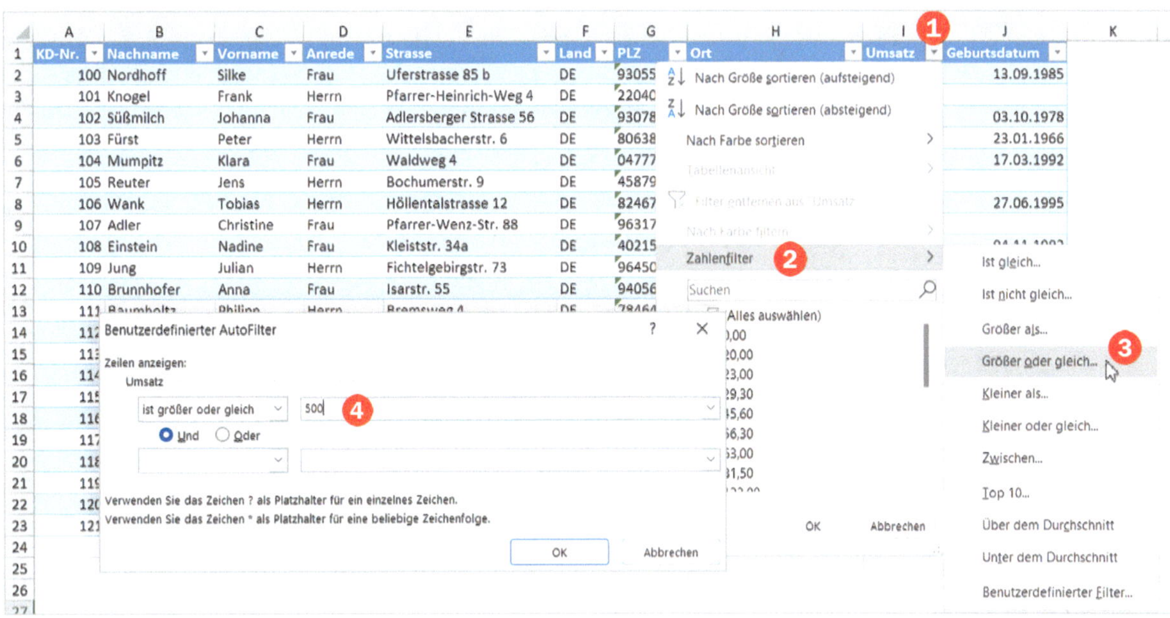

Textfilter, Beispiel Postleitzahlenbereiche

Achtung: Wurden dagegen die Postleitzahlen als Zahlen unter Verwendung eines geeigneten Zahlenformats eingegeben, so müssen Sie als Zahlenfilter die Kriterien *ist größer als* und *ist kleiner oder gleich* mit den entsprechenden Vergleichswerten verwenden.

Da Postleitzahlen meist als Text formatiert werden, damit auch eine führende 0 angezeigt wird, hier als zweites Beispiel ein Textfilter nach Postleitzahlenbereichen.

Ausgangssituation: Sie möchten aus der abgebildeten Tabelle für ein Mailing alle Adressen der Postleitzahlenbereiche 8 und 9 filtern.

1. Klicken Sie dazu auf die Filterschaltfläche der Spalte PLZ, zeigen Sie auf *Textfilter* und wählen *Benutzerdefinierter Filter…*.
2. Im Fenster *Benutzerdefinierter Autofilter* legen Sie nun die Filterkriterien fest. Klicken Sie auf den Dropdown-Pfeil, wählen Sie *beginnt mit* und geben Sie im Feld daneben 8 ein.
3. Für den zweiten Postleitzahlenbereich aktivieren Sie unterhalb die Option *Oder*. Wählen Sie dann im Feld darunter nochmals *beginnt mit* aus, geben Sie daneben 9 ein und klicken Sie auf *OK*.

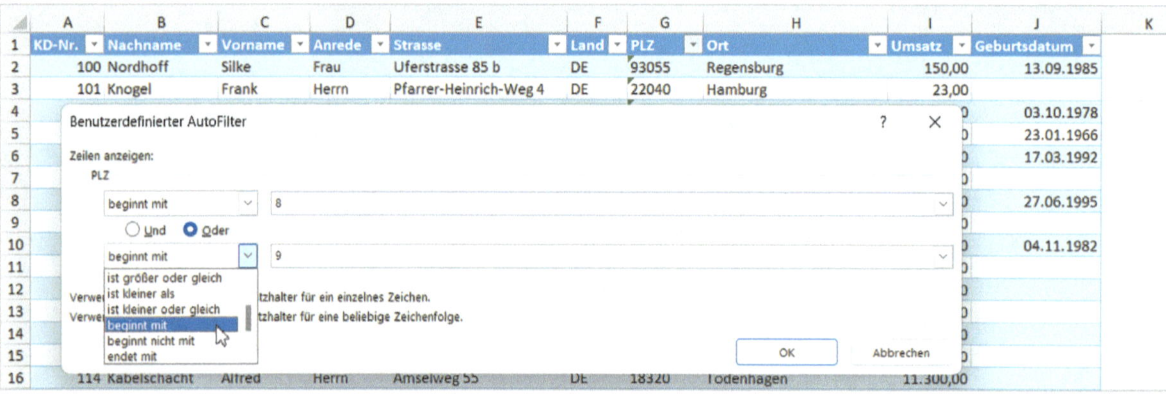

Bild 10.25 Beispiel Textfilter

Hinweis: Dass in dieser Beispieltabelle die Postleitzahlen in der Spalte PLZ mit einem grünen Dreieck versehen sind, liegt daran, dass diese Spalte Zahlen enthält, die als Text formatiert sind. Sie könnten zwar mit Klick auf *Fehler ignorieren* die Dreiecke ausblenden, jedoch gibt sich Excel nicht so schnell geschlagen und bei der nächsten Gelegenheit, z. B. nach dem Sortieren, erscheinen die Dreiecke erneut.

Tipp: Platzhalterzeichen in Textfiltern

In benutzerdefinierten Textfiltern können auch die Platzhalterzeichen * und ? verwendet werden, wenn Sie beispielsweise alle Kunden herausfiltern möchten, deren Nachname eine bestimmte Zeichenfolge enthält.

Zeichen	Beschreibung	Beispiel
*	steht für eine beliebige Anzahl von Zeichen	M* liefert Maier, Müller-Lüdenscheid
?	steht für genau ein Zeichen	M???? liefert Maier, aber nicht Müller-Lüdenscheid

Datumsfilter

Auch für Datumswerte stehen umfangreiche Filter zur Verfügung.

- So können Sie beispielsweise schnell nach einem bestimmten Jahr filtern ❶. Um auch die Monate einzublenden, klicken Sie auf das +.
- Benötigen Sie einen bestimmten Zeitraum, so finden Sie diese unter *Datumsfilter* ❷.
- **Tipp**: Die Auswahl *Alle Datumswerte im Zeitraum* ❸ erlaubt das Filtern nach einem bestimmten Monat unabhängig vom Jahr. Damit finden Sie beispielsweise schnell heraus, wer im August Geburtstag hat.

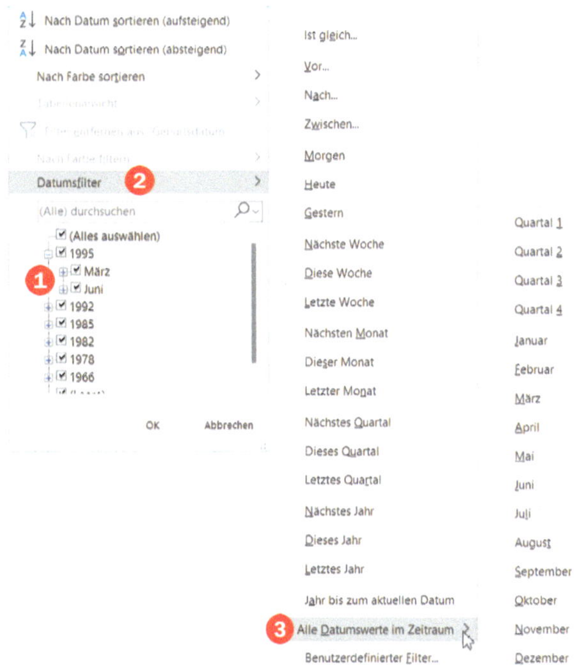

Erweiterter Filter mit Kriterienbereich

Wenn mehrere Filterkriterien miteinander kombiniert und/oder schnell angepasst werden sollen, ist es sinnvoll, wenn Sie diese in einem gesonderten Kriterienbereich angeben und den erweiterten Filter oder Spezialfilter benutzen. Weitere Vorteile des Kriterienbereichs: Die Filterkriterien werden zusammen mit der Arbeitsmappe gespeichert und können daher auch wiederverwendet werden.

Beachten Sie beim Anlegen des Kriterienbereichs

- Der Kriterienbereich muss als gesonderte Tabelle angelegt werden. Diese kann sich ober- oder unterhalb der eigentlichen Tabelle befinden. Noch besser ist es, wenn sich der Kriterienbereich in einem eigenen Blatt der Arbeitsmappe befindet.
- Die Spaltenüberschriften des Kriterienbereichs müssen mit den Überschriften der zu filternden Tabelle exakt übereinstimmen, wobei Sie nicht benötigte Spalten auch weglassen können.
- Die eigentlichen Filterkriterien geben Sie ab der zweiten Zeile unterhalb in der jeweiligen Spaltenüberschrift ein.

Als Beispiel sollen alle Adressen der Postleitzahlenbereiche 8 und 9 mit einem Umsatz ab 100 € herausgefiltert werden.

1. Um den Kriterienbereich anzulegen, kopieren Sie am einfachsten alle Überschriften der Tabelle. Es wäre jedoch auch ausreichend, wenn sich der Kriterienbereich nur auf die Überschriften der benötigten Spalten beschränkt. Im Beispiel befindet sich der Kriterienbereich im Tabellenblatt *Filterkriterien*, s. Bild auf der nächsten Seite.
2. Geben Sie für die beiden Postleitzahlbereiche jeweils das erste Zeichen zusammen mit einem Stern * untereinander in der Spalte PLZ ein. In der Spalte Umsatz

geben Sie >=100 ein. Da nur Kunden aus Deutschland berücksichtigt werden sollen, benötigen Sie außerdem noch das Land als Filter.

Beachten Sie, dass Sie das Land und den Umsatz für jeden angegebenen Postleitzahlenbereich wiederholen müssen, wie im Bild unten.

Bild 10.26 Der Kriterienbereich im Blatt Filterkriterien

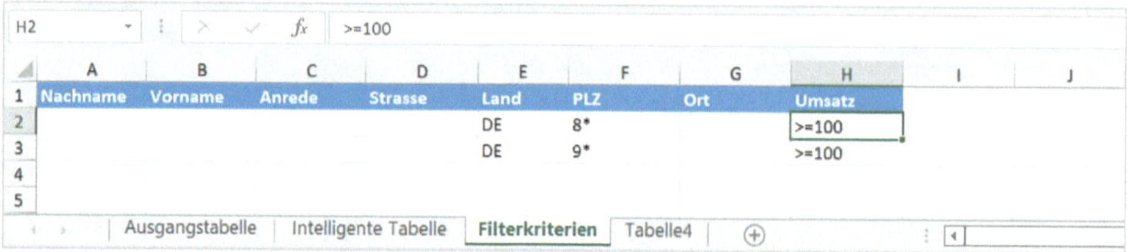

3 Klicken Sie in die Tabelle, die Sie filtern möchten, und danach im Register *Daten*, Gruppe *Sortieren und Filtern*, auf *Erweitert*.

4 Im Fenster *Spezialfilter* legen Sie nun die Bereiche fest. Der Listenbereich wird meist von Excel automatisch erkannt, andernfalls müssen Sie den Bereich manuell festlegen. Klicken Sie in das Feld *Kriterienbereich* und markieren Sie Ihren Kriterienbereich einschließlich der Überschriften, in diesem Beispiel im Blatt Filterkriterien!$A$1:$H$3. Da einige Spalten keine Kriterien enthalten, würde auch $E$1:$H$3 als Kriterienbereich genügen.

5 Die Option *Liste an gleicher Stelle filtern* sollte beibehalten werden (siehe unten). Klicken Sie auf *OK*, um den Filter anzuwenden.

Bild 10.27 Kriterienbereich festlegen

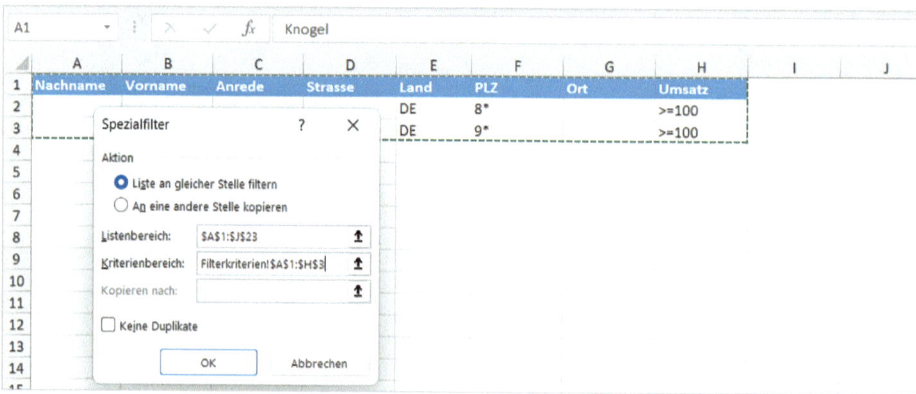

Vorsicht: Excel bietet hier unter *Aktion* mit der Option *An eine andere Stelle kopieren* die Möglichkeit, eine Kopie der gefilterten Liste an anderer Stelle einzufügen. Dies funktioniert allerdings nur, wenn die Kopie im selben Tabellenblatt wie das Original eingefügt wird.

Wenn Sie die gefilterte Liste in einem anderen Tabellenblatt oder in einer anderen Arbeitsmappe benötigen, z. B. für Seriendruck mit Microsoft Word, dann sollten Sie die Option *Liste an gleicher Stelle filtern* beibehalten, die gefilterte Liste anschließend markieren und auf dem Weg über die Zwischenablage am gewünschten Zielort wieder einfügen, siehe Seite 302.

> **Beachten Sie bei Verwendung der gefilterten Daten für den Seriendruck mit Word**
>
> Wenn die gefilterten Datensätze als Datenquelle für Serienbriefe mit Word verwendet werden sollen, dann müssen Sie die gefilterten Daten in ein gesondertes Tabellenblatt oder in eine andere Mappe kopieren, da Word trotz Filterung alle Datensätze für den Seriendruck verwendet. Kopieren und Einfügen berücksichtigt dagegen ausschließlich die sichtbaren, also gefilterten Zeilen.

Tipp: Duplikate ausschließen
Möchten Sie beim Filtern Duplikate, also mehrfach vorkommende Datensätze, ausschließen, dann aktivieren Sie das Kontrollkästchen *Keine Duplikate*.

Mit Datenschnitten filtern

Eine weitere Filtermöglichkeit stellen Datenschnitte dar. Sie lassen auf den ersten Blick und auch für ungeübte Nutzer erkennen, welche Filter gerade aktiv sind, und eignen sich außerdem hervorragend für die Fingerbedienung. **Nachteil**: Sie sind nur verfügbar, wenn die Tabelle als intelligente Tabelle formatiert wurde, und bieten nur einfache Filter, siehe AutoFilter, an.

> **Achtung**: Filtern mit Datenschnitten ist nur für Tabellen verfügbar, die als (intelligente) Tabelle formatiert wurden.

1 Dazu klicken Sie an eine beliebige Stelle der Tabelle und im Register *Tabellenentwurf* auf *Datenschnitt einfügen* ❶.

2 Wählen Sie anhand der Kontrollkästchen ❷, welche Spalten zum Filtern verwendet werden sollen, im abgebildeten Beispiel Anrede, Land und Ort.

Hinweis: Spalten wie Umsatz oder Nachname sind für Datenschnitte eher ungeeignet, da diese nur eine einfache Auswahl erlauben und keinerlei benutzerdefinierte Kriterien unterstützen.

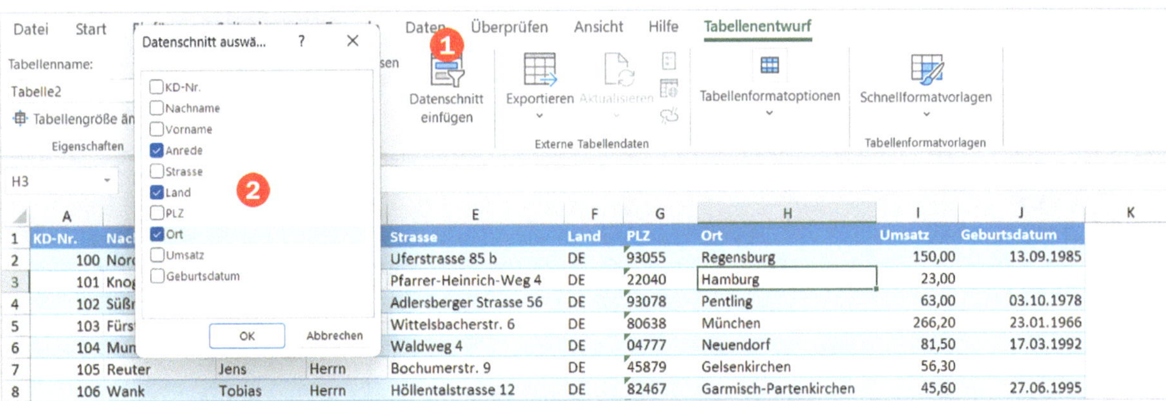

Bild 10.28 Datenschnitte auswählen

Wie Sie einzelne Objekte verschieben, vergrößern und verkleinern lesen Sie in Kapitel 11 nach.

Für jede ausgewählte Spalte erscheint anschließend im Tabellenblatt ein Datenschnitt in Form eines Feldes. Die Datenschnitte verhalten sich wie grafische Objekte. Sie können durch Ziehen mit der Maus beliebig vergrößert, verkleinert und verschoben und so z. B. am Rand der Tabelle platziert werden, wie im Bild unten.

Filter anwenden

Zum Filtern klicken Sie im Datenschnitt einfach auf den gewünschten Inhalt, z. B. ein Land. Die Tabelle passt sich sofort entsprechend an und die aktuellen Filter sind farbig hervorgehoben, wie im Bild unten.

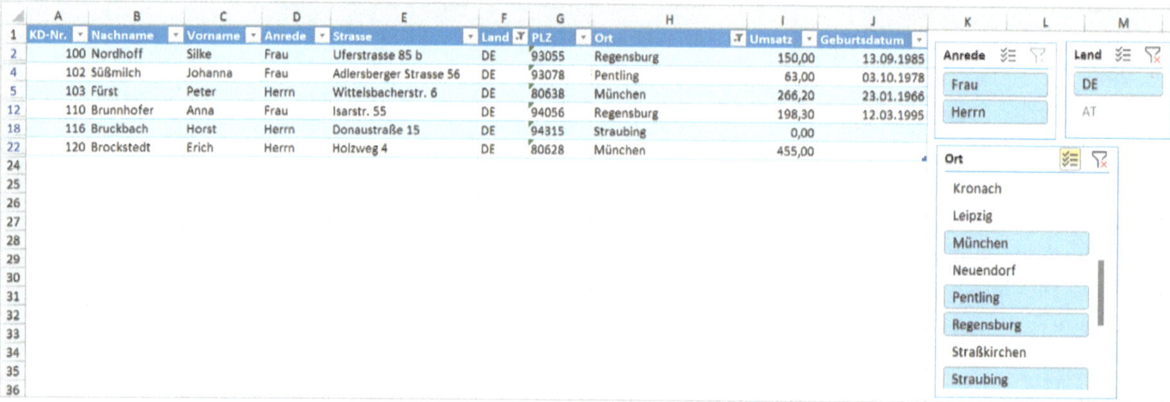

	KD-Nr.	Nachname	Vorname	Anrede	Strasse	Land	PLZ	Ort	Umsatz	Geburtsdatum
2	100	Nordhoff	Silke	Frau	Uferstrasse 85 b	DE	93055	Regensburg	150,00	13.09.1985
4	102	Süßmilch	Johanna	Frau	Adlersberger Strasse 56	DE	93078	Pentling	63,00	03.10.1978
5	103	Fürst	Peter	Herrn	Wittelsbacherstr. 6	DE	80638	München	266,20	23.01.1966
12	110	Brunnhofer	Anna	Frau	Isarstr. 55	DE	94056	Regensburg	198,30	12.03.1995
18	116	Bruckbach	Horst	Herrn	Donaustraße 15	DE	94315	Straubing	0,00	
22	120	Brockstedt	Erich	Herrn	Holzweg 4	DE	80628	München	455,00	

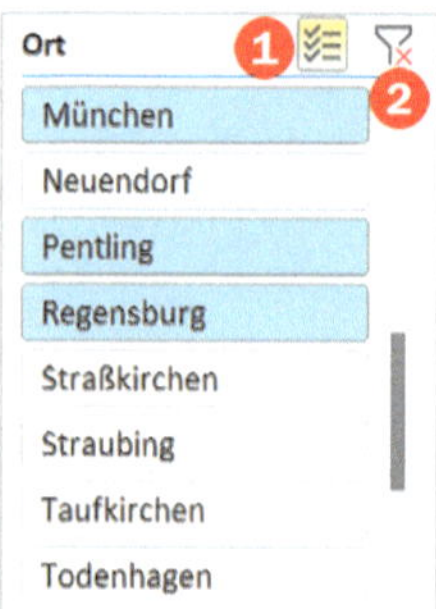

Mehrfachauswahl

Wenn Sie innerhalb eines Datenschnitts mehrere Filterkriterien, z. B. mehrere Städte, auswählen möchten, dann halten Sie beim Anklicken weiterer Kriterien die **Strg**-Taste gedrückt (Mehrfachmarkierung) oder aktivieren Sie vorher mit einem Mausklick das Symbol *Mehrfachauswahl* ❶ des betreffenden Datenschnitts.

Filter entfernen

Um den Filter wieder zu entfernen, klicken Sie in der rechten oberen Ecke eines Datenschnitts auf das Symbol *Filter löschen* ❷.

Datenschnitte formatieren

Wenn Sie einen Datenschnitt durch Anklicken markiert haben (zu erkennen an den Markierungspunkten in den Ecken und in der Mitte jeder Seite), dann steht Ihnen im Menüband das zusätzliche Register *Datenschnitt* zur Verfügung, s. Bild auf der nächsten Seite.

- Hier finden Sie in der Gruppe *Datenschnitt-Formatvorlagen* verschiedene Formatvorlagen, mit denen Sie den markierten Datenschnitt farblich ändern können.
- Nützlich ist außerdem für umfangreiche Datenschnitte die Möglichkeit, über das Feld *Spalten* die Inhalte auch in mehreren Spalten anzuordnen.
- Überlagert angeordnete Datenschnitte können Sie mit den Symbolen *Ebene nach vorn* und *Ebene nach hinten* nach vorne bzw. nach hinten rücken.

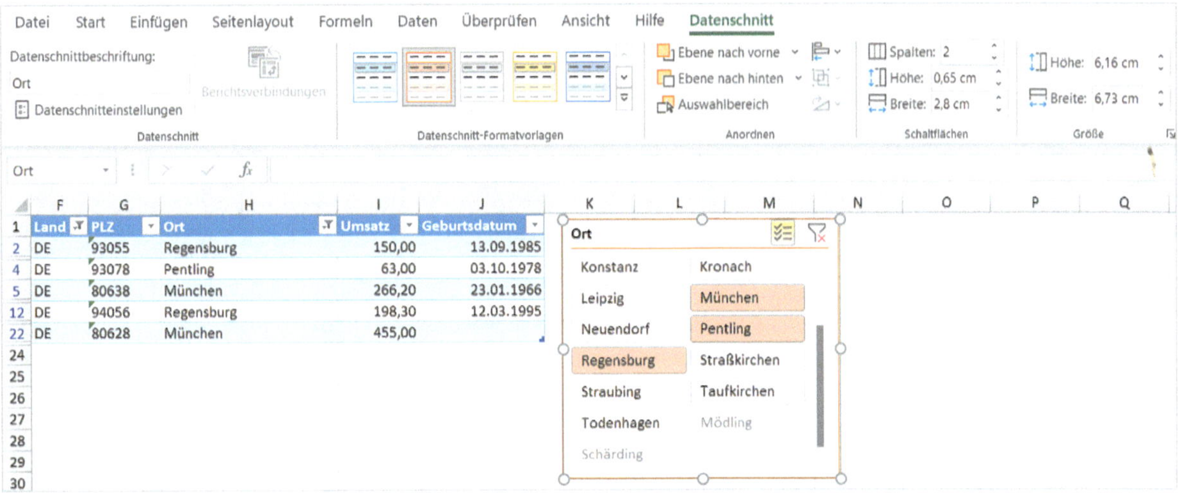

Bild 10.29 Datenschnitt formatieren

Datenschnitt entfernen

Zum Entfernen eines Datenschnitts aus dem Tabellenblatt klicken Sie in den Datenschnitt. Dieser ist markiert und kann anschließend mit der **Entf**-Taste gelöscht werden. Oder Sie klicken den Datenschnitt mit der rechten Maustaste an und verwenden den Befehl *... entfernen* aus dem Kontextmenü.

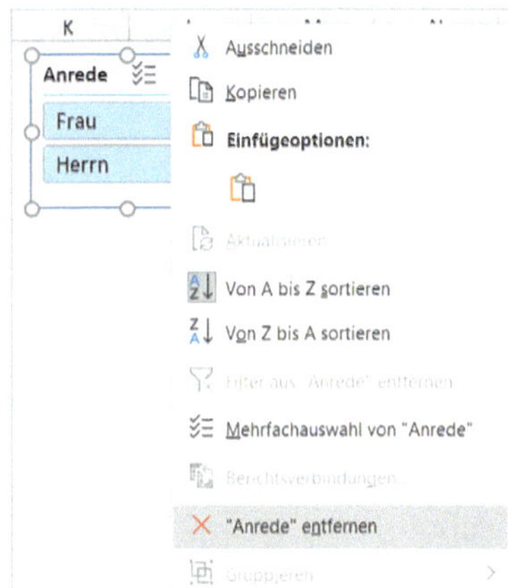

Achtung: Zuvor sollten Sie alle Filter löschen, da diese nicht automatisch mit dem Entfernen des Datenschnitts aufgehoben werden. Allerdings lassen sich die Filter nachträglich auch über die Filterschaltflächen entfernen.

10.7 Übung

Aufgabe

In dieser Übung erstellen Sie eine kleine Datenbank zur Adressenverwaltung, beispielsweise für die Verwaltung der Mitglieder eines Vereins. Beginnen Sie mit einer neuen leeren Arbeitsmappe, die Sie unter dem Namen Adressen.xlsx in einem beliebigen Ordner Ihres PCs speichern.

Ein Beispiel für diese Übung ist auch als Download verfügbar:

Übung_Tabellen.xlsx

- Beginnen Sie in der ersten Zeile und Spalte des Arbeitsblatts mit den Spaltenüberschriften.
- Mindestens die folgenden Felder bzw. Spaltenüberschriften sollten vorhanden sein, weitere, z. B. E-Mail, fügen Sie nach Ihren Vorstellungen hinzu:

Mitgliedsnummer, Anrede, Nachname, Vorname, Land, Postleitzahl, Ort, Straße, Telefon, Geburtsdatum und Eintrittsdatum.

Tipps

- Damit Sie auch in einer größeren Tabelle bei der Eingabe die Übersicht behalten, sollten Sie die Spaltenüberschriften fixieren.
- Um Probleme bei der Eingabe von Postleitzahlen mit einer führenden 0 zu vermeiden, sollten Sie entweder alle Postleitzahlen als Text formatieren oder ein entsprechendes Sonderformat verwenden.

▶ Geben Sie mindestens 10 beliebige Adressen ein und formatieren Sie die Liste als intelligenten Tabellenbereich. Verwenden Sie dazu die Formatvorlage, die Ihnen am besten gefällt.

▶ Sortieren Sie die Tabelle nach Nachname und Vorname.

▶ Filtern Sie alle Mitglieder, die im aktuellen Monat Geburtstag haben.

Tipp: Klicken Sie auf die Filterschaltfläche, zeigen Sie im Datumsfilter auf *Alle Datumswerte im Zeitraum* und wählen Sie den aktuellen Monat aus, z. B. Januar.

▶ Kopieren Sie die gefilterte Liste in ein neues Tabellenblatt und geben Sie diesem den Namen *Aktuelle Geburtstagsliste*.

▶ Heben Sie den Filter wieder auf und sortieren Sie die Adressentabelle nach Eintrittsdatum (zuletzt eingetretene Mitglieder zuerst).

11 Diagramme und grafische Elemente

In diesem Kapitel lernen Sie...

- Diagramme einfügen und Datenreihen festlegen
- Umgang mit den wichtigsten Diagrammtypen
- Diagramme mit Farben und Fülleffekten gestalten
- Beschriftungen und weitere Diagrammelemente hinzufügen
- Besonderheiten einzelner Diagrammtypen
- Daten mit Sparklines visualisieren
- Grafiken und Piktogramme einfügen
- Formen und Textfelder verwenden

Das sollten Sie bereits wissen

- Berechnungen mit Formeln und Funktionen
- Zellbezüge
- Zellen formatieren
- Tabellen sortieren und drucken

11.1 Diagramme - Übersicht und Begriffe

Mit Diagrammen lassen sich Zahlen und Zusammenhänge anschaulich grafisch darstellen. Sie spielen daher besonders bei Präsentationszwecken eine wichtige Rolle. Excel unterstützt alle wichtigen Diagrammtypen (und sogar noch mehr) und verfügt über umfangreiche Werkzeuge zur Gestaltung. Für den ersten Einstieg befassen wir uns zunächst mit den wichtigsten Diagrammtypen.

Diagramme setzen stets eine Tabelle mit entsprechenden Zahlen voraus, dies können auch Formeln sein, und bei jeder Änderung der Ausgangswerte wird das Diagramm automatisch aktualisiert. Auch Beschriftungen werden aus der Tabelle übernommen.

Bei der Erstellung und Gestaltung von Diagrammen sollten Sie außerdem beachten

- Nicht jeder Diagrammtyp eignet sich für jeden Einsatzzweck und alle Arten von Daten. Richten Sie sich bei der Wahl des Diagrammtyps nach der gewünschten Aussage.
- Vermeiden Sie in Diagrammen ein Zuviel an Informationen.
- Verzichten Sie auf unnötige Effekte, insbesondere bei Farbzusammenstellungen und Hintergründen. Vorsicht auch bei dreidimensionalen Darstellungen: Diese führen meist zu einer optischen Verzerrung und sind nicht immer besser lesbar.

Die wichtigsten Diagrammtypen im Überblick

- **Säulendiagramm**
  Ein Säulendiagramm zeigt die Daten als nebeneinander stehende Säulen, bei mehreren Datenreihen als Säulengruppen, an. Damit lassen sich die Werte miteinander vergleichen.

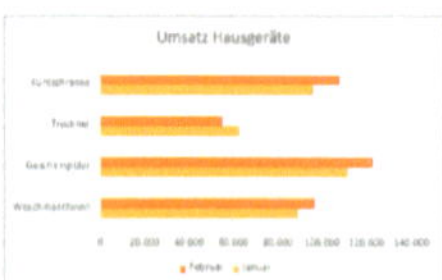

- **Balkendiagramm**
  Ein Balkendiagramm unterscheidet sich von einem Säulendiagramm nur dadurch, dass die Werte als waagrechte Balken dargestellt werden. Somit ist die Achsenbeschriftung im Vergleich zum Säulendiagramm besser lesbar und bietet mehr Platz.

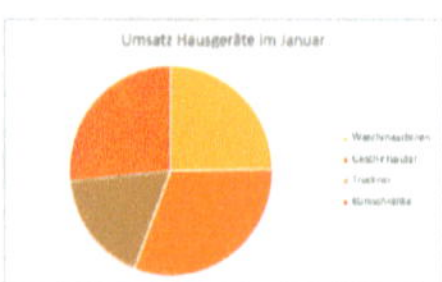

- **Kreis- oder Tortendiagramm**
  Kreisdiagramme eignen sich vor allem zur Darstellung von Prozentanteilen, beispielsweise Stimmenanteile von Parteien bei einer Wahl. Nachteil: Es kann nur eine einzige Datenreihe dargestellt werden.

- **Linien**
  Liniendiagramme dienen zur Darstellung von Daten in zeitlicher Folge, beispielsweise Aktienkurse, Temperaturkurven oder sonstige Messwerte.
- **Flächen**
  Flächendiagramme heben im Gegensatz zu Liniendiagrammen den Bereich unterhalb der Linie farbig hervor. Bei mehreren Datenreihen kann dies allerdings dazu führen, dass kleinere Werte im Hintergrund verdeckt werden.

11.2 Ein einfaches Diagramm einfügen

Welche Daten soll das Diagramm enthalten?

Wie Sie mit Excel aus Ihren Daten ein Diagramm erstellen, dafür gibt es gleich mehrere Wege. Die optimale Methode hängt unter anderem vom Aufbau der zugrunde liegenden Datentabelle und vom Umfang der darzustellenden Daten ab. Außerdem können Sie aus der Tabelle nicht nur Zahlen, sondern auch Zeilen- und Spaltenbeschriftungen in das Diagramm einbeziehen. Die Möglichkeiten im Überblick:

- **Diagramm aus der gesamten Tabelle erstellen**
  Wenn Sie ein Diagramm mit allen Inhalten der Tabelle erstellen möchten, dann genügt es, wenn eine Zelle innerhalb der Ausgangstabelle markiert ist. Excel erkennt den Zellbereich in der Regel automatisch, erstellt daraus ein Diagramm und fügt es im selben Tabellenblatt wie die Tabelle ein.

- **Nur bestimmte Werte verwenden**
  Möchten Sie nur bestimmte Daten im Diagramm darstellen, dann markieren Sie diese Daten, bevor Sie das Diagramm einfügen.

- **Mit einem leeren Diagramm beginnen**
  Als dritte Alternative fügen Sie ein leeres Diagramm ein und wählen erst im nächsten Schritt Werte und Beschriftungen aus. Diese Methode ist am flexibelsten, erfordert aber etwas mehr Arbeitsschritte.

Egal, mit welchen Daten Sie beginnen: Zum Einfügen klicken Sie im Menüband, Register *Einfügen* ▶ *Diagramme* einfach auf den gewünschten Diagrammtyp und wählen dann einen Untertyp. So haben Sie z. B. beim Klick auf *Säulen- oder Balkendiagramm* die Wahl zwischen 2D- und 3D-Säulen- und Balkendiagrammen.

Bild 11.1 Register Einfügen, Gruppe Diagramme

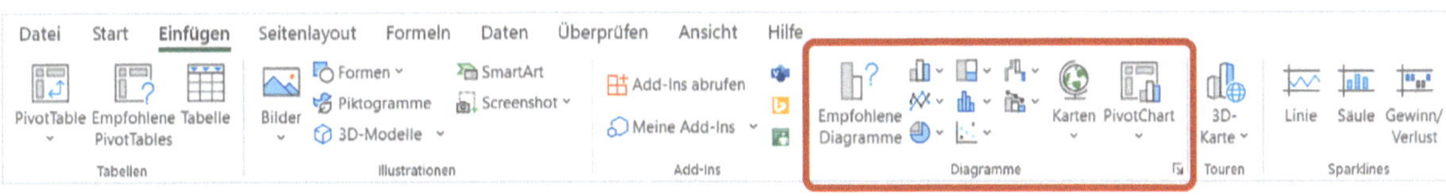

Ein Diagramm aus der gesamten Tabelle erstellen

Diese Methode eignet sich vor allem für Tabellen mit einfachem Aufbau, wie im Bild auf der nächsten Seite, allerdings werden manchmal die Beschriftungen nicht korrekt erkannt. **Achtung**: Der Tabellenbereich sollte weder leere Zeilen noch leere Spalten enthalten, da diese sonst im Diagramm als „Lücken" erscheinen.

1 Markieren Sie den Tabellenbereich einschließlich der Beschriftungen, im Beispiel auf der nächsten Seite die Zellen A3 bis C7. Da zusammenhängende Zellbereiche von Excel meist automatisch erkannt werden, genügt es in den meisten Fällen auch, wenn Sie eine einzelne Zelle innerhalb des Datenbereichs ❶ markieren.

2 Klicken Sie im Register *Einfügen*, Gruppe *Diagramme*, auf den gewünschten Diagrammtyp, hier *Säulen- oder Balkendiagramm* ❷, und auf den ersten Untertyp *2D-Säule Gruppierte Säulen* ❸. Beim Zeigen auf einen Typ erhalten Sie im Tabellenblatt eine Vorschau ❹ und mit einem Klick wird das Diagramm eingefügt.

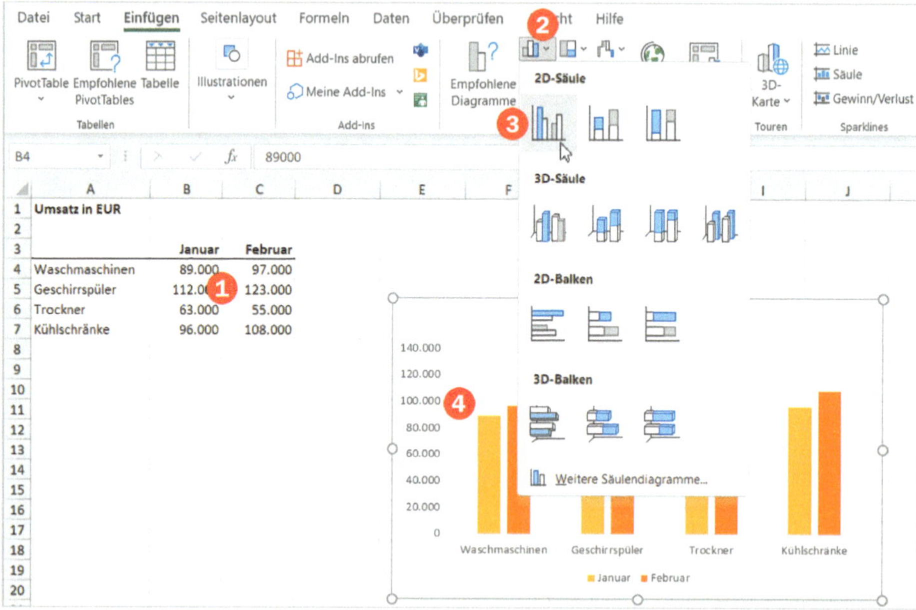

Bild 11.2 Markieren Sie die gesamte Tabelle oder eine einzelne Zelle innerhalb des Tabellenbereichs und klicken Sie auf einen Diagrammtyp

Die Datei ist als Download verfügbar:

Einfache_Diagramme_Umsatz.xlsx

Diagramm verschieben, vergrößern oder verkleinern: Wie Sie das Diagramm an eine andere Stelle verschieben und/oder die Größe ändern, lesen Sie auf Seite 330 nach.

Welcher Untertyp ist der Standardtyp?

Falls Sie bei so viel Auswahl zunächst nicht wissen, welchen Typ Sie wählen sollen, dann klicken Sie im Zweifelsfall auf den ersten Untertyp links oben. Dies ist der jeweilige Standardtyp. Zudem lässt sich der Diagrammtyp auch noch nachträglich in den meisten Fällen problemlos ändern.

Diagramm über das Schnellanalysetool einfügen

Wenn Sie mehrere Zellen, in diesem Fall den Tabellenbereich, markiert haben, dann können Sie ein Diagramm auch über die Schnellanalyse erstellen. Allerdings finden Sie hier nur eine eingeschränkte Auswahl an Diagrammtypen.

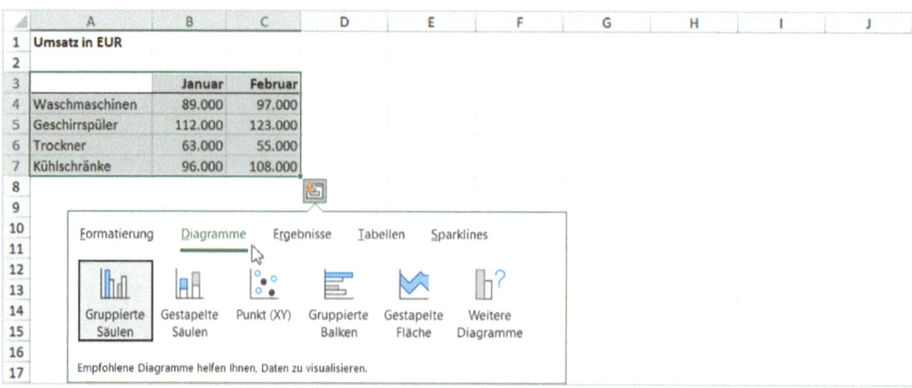

Bild 11.3 Diagramm über die Schnellanalyse einfügen

Tipp: Mit der Auswahl *Weitere Diagramme* öffnet sich das Fenster *Diagramm einfügen* mit verschiedenen Vorschlägen, siehe nächster Punkt.

Diagrammvorschläge nutzen

Beim Einfügen eines Diagramms können Sie auch auf verschiedene Diagrammtypen zurückgreifen, die Excel auf der Basis der markierten Daten vorschlägt. Dies funktioniert natürlich nur, wenn ein entsprechender Zellbereich oder zumindest eine Zelle innerhalb eines zusammenhängenden Tabellenbereichs markiert ist ❶, wie im Bild.

Klicken Sie dazu im Register *Einfügen* auf *Empfohlene Diagramme*. Anschließend sehen Sie im Fenster *Diagramm einfügen* links die vorgeschlagenen Diagrammtypen. Klicken Sie auf einen Typ ❷, so erhalten Sie rechts daneben eine vergrößerte Vorschau unter Verwendung Ihrer Daten ❸, und mit Klick auf die Schaltfläche *OK* wird das Diagramm in das aktuelle Arbeitsblatt eingefügt.

Bild 11.4 Empfohlene Diagramme

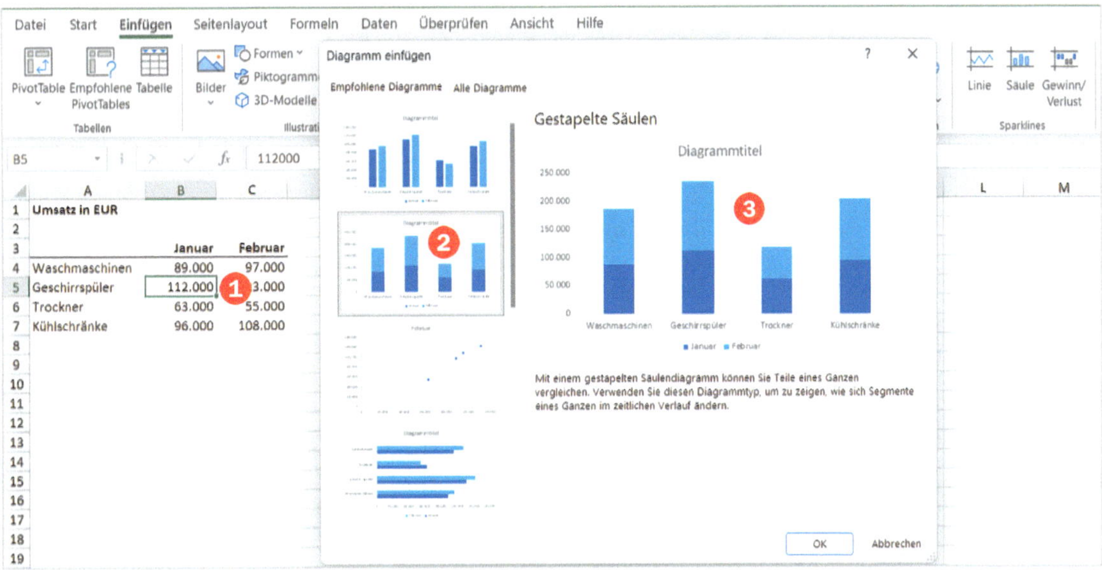

Diagramm aus zwei oder mehr nicht zusammenhängenden Zellbereichen erstellen

Manchmal werden im Diagramm nur bestimmte Spalten und/oder Zeilen der Tabelle benötigt. Häufig befinden sich auch die Beschriftungen nicht unmittelbar neben den benötigten Zahlen. Ein Beispiel sehen Sie im Bild unten: Aus den Umsatzzahlen des ersten Quartals in Spalte E soll ein Diagramm erstellt werden. Die dazugehörigen Beschriftungen befinden sich jedoch in Spalte A.

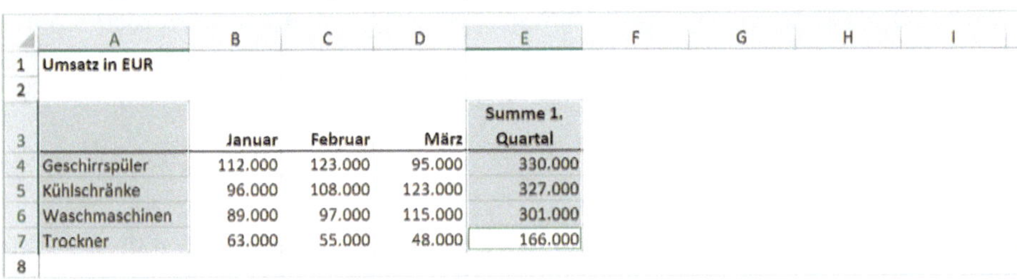

	A	B	C	D	E
1	Umsatz in EUR				
2					
3		Januar	Februar	März	Summe 1. Quartal
4	Geschirrspüler	112.000	123.000	95.000	330.000
5	Kühlschränke	96.000	108.000	123.000	327.000
6	Waschmaschinen	89.000	97.000	115.000	301.000
7	Trockner	63.000	55.000	48.000	166.000
8					

Bild 11.5 Bei nicht zusammenhängenden Zellbereichen müssen die markierten Zellen exakt übereinstimmen

1 Zuerst markieren Sie die benötigten Werte. Da es sich um nicht zusammenhängende Zellbereiche handelt, geschieht dies mit gleichzeitig gedrückter **Strg**-Taste:

Nicht zusammenhängende Zellbereiche markieren Sie mit gleichzeitig gedrückter **Strg**-Taste!

Markieren Sie den ersten Bereich, hier die Zellen E3 bis E7 (da Excel aus Spaltenüberschriften automatisch eine Legende erstellt, sollten diese grundsätzlich mit markiert werden). Drücken Sie dann die **Strg**-Taste und halten Sie sie gedrückt, während Sie den zweiten Zellbereich von A3 bis A7 markieren. Dass A3 leer ist, spielt keine Rolle.

Bei der Auswahl bzw. beim Markieren nicht zusammenhängender Zellbereiche gilt:

Die markierten Zellbereiche bzw. die Anzahl der Spalten und Zeilen müssen exakt übereinstimmen, ansonsten erhalten Sie ein leeres Diagramm.

Es spielt also keine Rolle, wenn, wie im Beispiel oben, die Zelle A3 leer ist. Wenn in derselben Zeile die Spaltenüberschrift in Spalte E markiert wurde, dann muss die entsprechende Zelle auch in Spalte A markiert werden.

2 Klicken Sie im Register *Einfügen* auf den gewünschten Diagrammtyp, z. B. *Säulen- oder Balkendiagramm*, und wählen Sie einen Untertyp. Das Ergebnis könnte aussehen wie im Bild unten.

Bild 11.6 Das Ergebnis

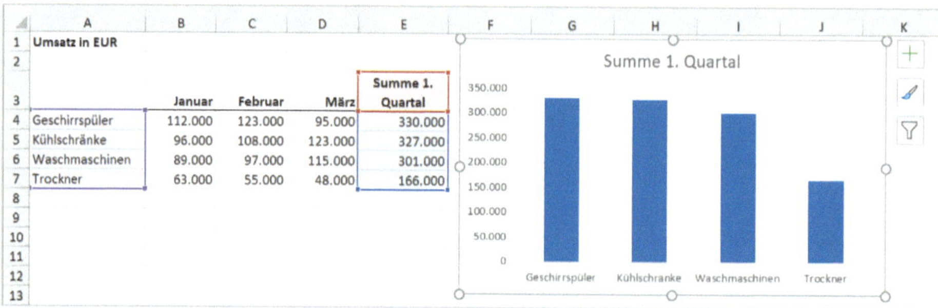

Anordnung und Darstellung mehrerer Datenreihen

Wenn im Diagramm mehrere Datenreihen, z. B. die Umsätze der Warengruppen über mehrere Monate, dargestellt werden sollen, dann entscheidet die Wahl des Untertyps über die Anordnung der Datenreihen und damit die Aussage des Diagramms. Je nach Diagrammtyp bietet Excel verschiedene Untertypen an.

2D- oder 3D-Darstellung?

Besonders umfangreich sind die Wahlmöglichkeiten bei den beliebten Diagrammtypen *Säulen- und Balkendiagramm* und *Linien- oder Flächendiagramm*, siehe Bild auf der nächsten Seite. Hier finden Sie zunächst die Darstellungsarten *Säulen* und *Balken* bzw. *Linie* und *Fläche* und zwar jeweils in 2D und 3D.

Datenreihen neben- oder übereinander?

Innerhalb dieser Darstellungsvarianten entscheiden Sie, ob die Datenreihen neben- oder übereinander angeordnet werden. Die Auswahl hängt von der Aussage ab.

Beispiel: Umsätze mehrerer Monate vergleichen

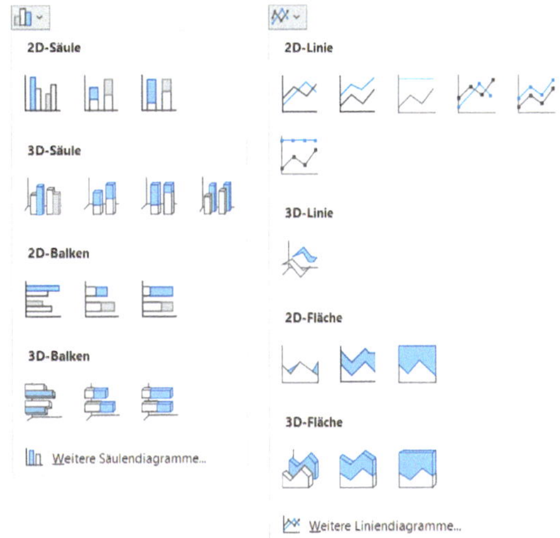

Als Beispiel soll aus der Tabelle im Bild unten ein 2D-Säulendiagramm mit den Umsatzzahlen der Monate Januar, Februar und März erstellt werden. Markieren Sie also den Bereich A3 bis D7 und klicken Sie im Register *Einfügen* auf *Säulen- oder Balkendiagramm einfügen*. Als 2D-Säule stehen die folgenden Varianten zur Verfügung (von links nach rechts).

- **Gruppierte Säulen** bedeutet, die Datenreihen, hier die Monate, werden für jede Rubrik der X-Achse in Form einer Säulengruppe nebeneinander platziert und ermöglichen für jede Warengruppe einen Vergleich der Monate.
- **Gestapelte Säulen**: Wenn Sie die Datenreihen bzw. Monate übereinander stapeln, dann geht aus der Säulenhöhe auch das Gesamtergebnis hervor.
- **Gestapelte Säulen (100 %)**: Dieser Untertyp erlaubt einen Vergleich der Prozentanteile der Einzelwerte mit dem Gesamtergebnis. Allerdings ist das absolute Gesamtergebnis nicht ersichtlich, da alle Säulen die gleiche Höhe besitzen.

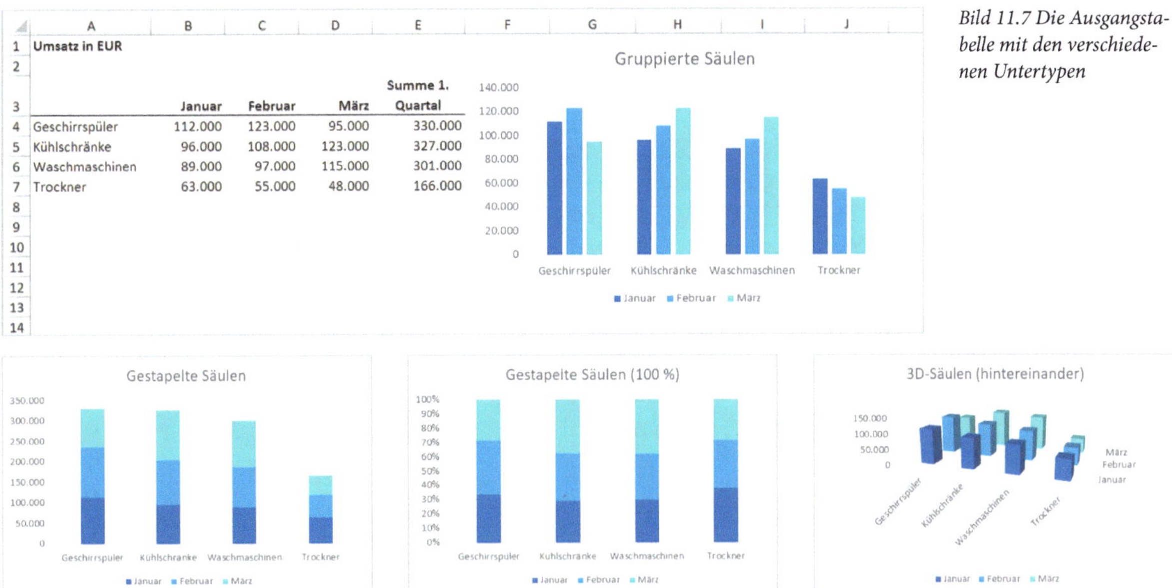

Umsatz in EUR

	Januar	Februar	März	Summe 1. Quartal
Geschirrspüler	112.000	123.000	95.000	330.000
Kühlschränke	96.000	108.000	123.000	327.000
Waschmaschinen	89.000	97.000	115.000	301.000
Trockner	63.000	55.000	48.000	166.000

Bild 11.7 Die Ausgangstabelle mit den verschiedenen Untertypen

Vorsicht beim Untertyp 3D-Säulen: Ob 2D oder 3D, das ist Geschmackssache. Aber wenn, wie im Bild oben rechts, die 3D-Säulen hinter- statt nebeneinander angeordnet sind, dann führt dies häufig zum Gruppenfotoeffekt, bei dem die kleineren Säulen im Hintergrund ganz oder teilweise verdeckt werden.

Sie können den Diagrammtyp auch nachträglich noch ändern, falls Sie erst später feststellen, dass ein anderer Untertyp besser geeignet wäre. Näheres hierzu auf Seite 331.

Weitere Tipps und Hinweise zur Wahl des Untertyps

- Wenn Sie im Register *Einfügen* auf das Symbol des gewünschten Diagrammtyps klicken und auf einen Untertyp zeigen, dann blendet Excel eine kurze Beschreibung zusammen mit Empfehlungen ein.
- Gute Vergleichsmöglichkeiten erhalten Sie auch in Form einer Vorschau, wenn Sie den Zellbereich oder die Tabelle markieren und auf *Empfohlene Diagramme* klicken.
- Ob die Datenreihen aus den Zeilen oder Spalten gebildet werden, können Sie wählen, wenn Sie auf *Weitere Säulendiagramme...* klicken. Näheres hierzu gleich im nächsten Punkt.

Datenreihen aus Zeilen oder Spalten?

Umfasst ein Diagramm mehrere Datenreihen, dann bildet Excel standardmäßig die Datenreihen aus den Spalten, wie im vorhergehenden Beispiel, und erstellt aus den dazugehörigen Spaltenüberschriften die Legende. Die Datenreihen können aber auch aus den Zeilen der Ausgangstabelle gebildet werden. Auch hier gilt: Die Darstellung hängt von der gewünschten Aussage des Diagramms ab.

Datenreihen aus Zeilen bilden

1. Falls Sie die Datenreihen abweichend aus den Zeilen bilden möchten, dann markieren Sie in der Ausgangstabelle die betreffenden Zellen und klicken für das Beispiel Säulen- oder Balkendiagramm im Register *Einfügen* auf *Säulen- oder Balkendiagramm einfügen*. Klicken Sie hier auf *Weitere Säulendiagramme...*.
2. Wählen Sie im Dialogfenster *Diagramm einfügen* den gewünschten Untertyp, z. B. *Gestapelte Säulen* wie im Bild unten ❶. Unterhalb haben Sie in der Vorschau die Wahl zwischen Datenreihen aus Spalten ❷ und Datenreihen aus Zeilen ❸. Eine vergrößerte Vorschau sehen Sie, wenn Sie auf eine der Varianten zeigen, und mit Klick auf die Schaltfläche *OK* übernehmen Sie den markierten Typ.

Bild 11.8 Wählen Sie zwischen Datenreihen aus Spalten und Datenreihen aus Zeilen

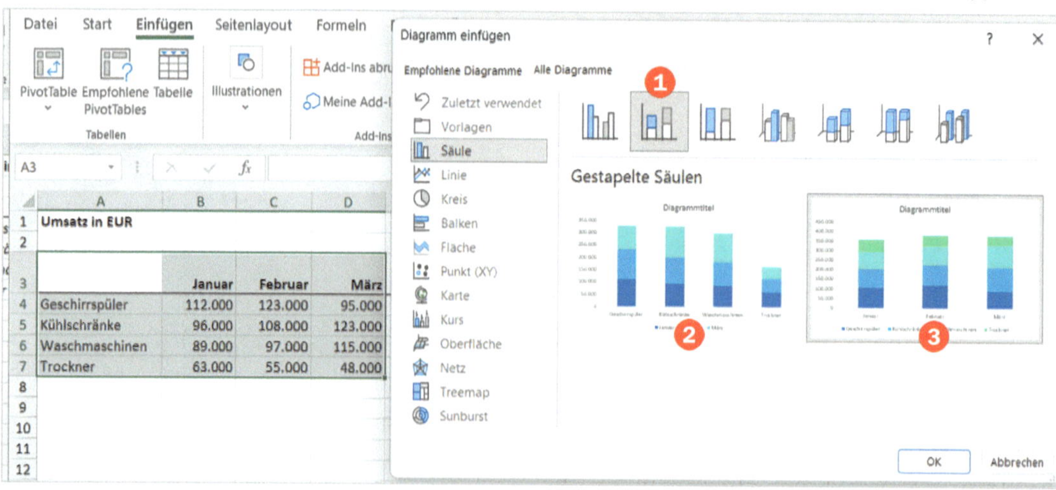

Nachträglich Spalten und Zeilen vertauschen

Ein Wechsel zwischen Datenreihen aus Zeilen oder Spalten ist auch nachträglich möglich. Klicken Sie dazu in das Diagramm und im Menüband, Register *Diagrammentwurf* auf *Zeile/Spalte tauschen*.

Bild 11.9 Nachträglich Zeile und Spalte tauschen

Datenreihen bearbeiten, mit einem leeren Diagramm beginnen

Ein Diagramm kann auch ohne vorheriges Markieren von Daten eingefügt werden. In diesem Fall erstellt Excel ein leeres Diagramm, dem Sie anschließend Datenreihen und Beschriftungen hinzufügen. Diese Methode kann z. B. in sehr umfangreichen Tabellen verwendet werden, oder wenn die im Diagramm benötigten Daten auf mehreren Tabellenblättern verteilt sind (**Achtung!** Alle Datenbereiche müssen gleich aufgebaut sein). Auf demselben Weg können Sie auch nachträglich den Datenbereich eines Diagramms verändern und beispielsweise Datenreihen hinzufügen oder entfernen.

> Wenn Sie mit einem leeren Diagramm beginnen möchten, dann darf beim Einfügen kein Datenbereich markiert sein bzw. die aktuell markierte Zelle muss sich außerhalb des Tabellenbereichs befinden.

1 Klicken Sie im Tabellenblatt auf eine beliebige leere Zelle außerhalb des Tabellenbereichs und wählen Sie im Register *Einfügen* ▶ *Diagramme* den gewünschten Diagrammtyp.

2 Excel fügt einen leeren Diagrammbereich in das aktuelle Arbeitsblatt ein und die weitere Bearbeitung erfolgt über die beiden Register *Diagrammentwurf* und *Format* im Menüband. **Achtung**: Diese kontextbezogenen Register erscheinen nur, wenn das Diagramm oder ein Diagrammelement markiert ist. Klicken Sie also in das leere Diagramm ❶ (Bild auf der nächsten Seite).

3 Klicken Sie dann im Register *Diagrammentwurf* auf die Schaltfläche *Daten auswählen* ❷.

Hinweis: Excel erkennt manchmal auch angrenzende Tabellenbereiche. Daher markieren Sie am besten eine Zelle mit mindestens einer leeren Zeile und Spalte Abstand zum Tabellenbereich.

Bild 11.10 Klicken Sie in das Diagramm und auf Daten auswählen

4 Das Dialogfenster *Datenquelle auswählen* wird geöffnet. Ignorieren Sie das Eingabefeld *Diagrammdatenbereich* und klicken Sie links unter *Legendeneinträge (Reihen)* auf die Schaltfläche *Hinzufügen* ❸.

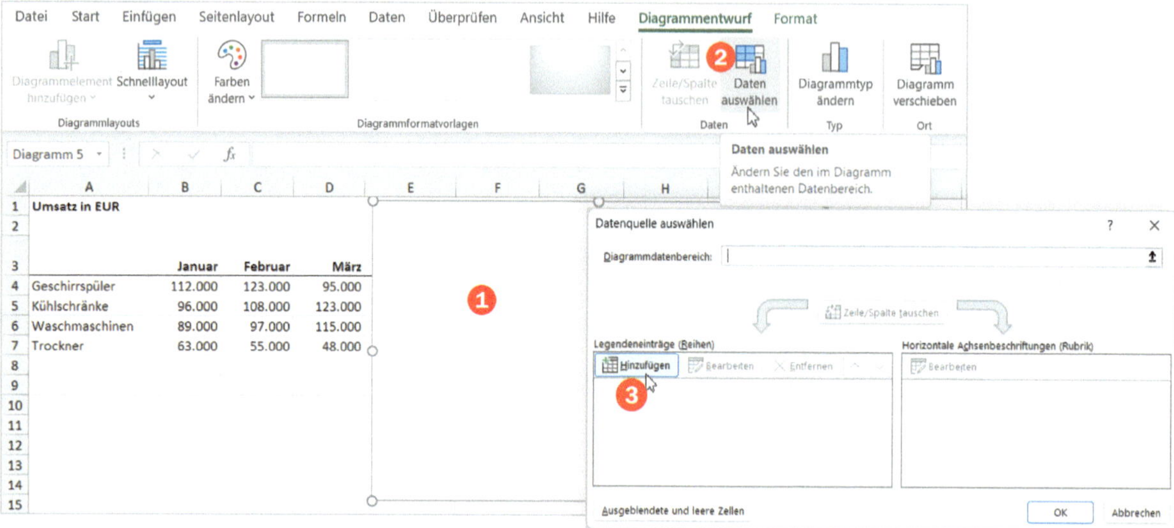

Bild 11.11 Dialogfenster Datenquelle auswählen

5 Im Fenster *Datenreihe bearbeiten* legen Sie anschließend den Namen der Datenreihe (Legende) und die dazugehörigen Werte fest:

- Klicken Sie in das Feld *Reihenname* ❹ und anschließend auf die Zelle mit der entsprechenden Beschriftung, hier B3. Oder geben Sie den Namen einfach über die Tastatur ein.
- Klicken Sie dann in das Eingabefeld *Reihenwerte* ❺. Löschen Sie den Inhalt und markieren Sie im Tabellenblatt den Zellbereich, der die darzustellenden Werte enthält ❻. Anschließend können Sie Ihre Eingaben im Diagramm anhand der Vorschau kontrollieren. Übernehmen Sie die Eingabe mit *OK*.

Bereits während der Eingabe von Reihenname und Reihenwerten erhalten Sie im Arbeitsblatt eine Vorschau, können also das Ergebnis kontrollieren.

Bild 11.12 Datenreihe festlegen oder bearbeiten

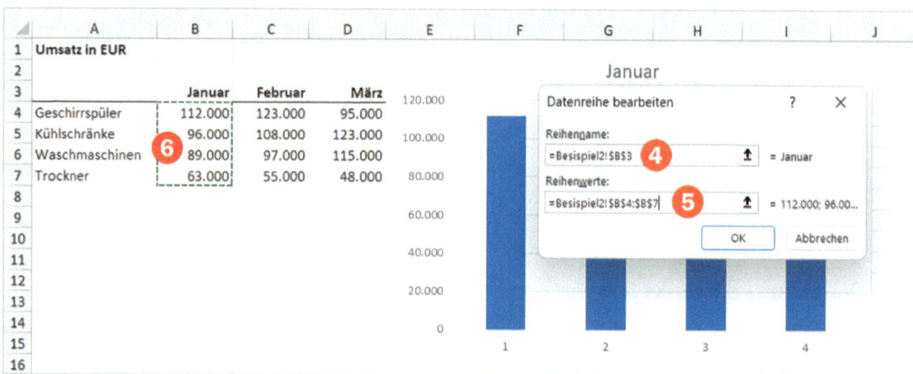

6 Wenn Sie eine zweite Datenreihe benötigen, dann klicken Sie anschließend im Fenster *Datenquelle auswählen* erneut auf die Schaltfläche *Hinzufügen* und wiederholen den letzten Schritt für diese Datenreihe.

7 Als Achsenbeschriftung verwendet Excel automatisch eine fortlaufende Nummerierung. Um aussagefähige Achsenbeschriftungen hinzuzufügen, klicken Sie im Dialogfenster *Datenquelle auswählen* unter *Horizontale Achsenbeschriftungen (Rubrik)* auf die Schaltfläche *Bearbeiten* ❼.

8 Klicken Sie anschließend im Fenster *Achsenbeschriftungen* in das Feld *Achsenbeschriftungsbereich* ❽ und markieren Sie dann in der Tabelle den entsprechenden Zellbereich, im Bild A4 bis A7. Auch hier erhalten Sie im Diagramm eine Vorschau.

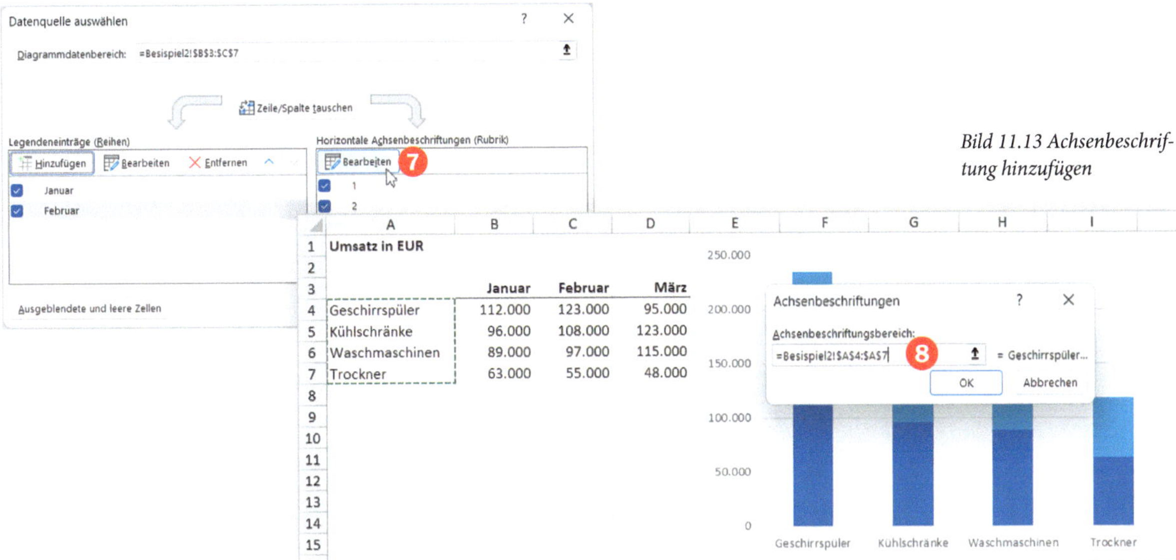

Bild 11.13 Achsenbeschriftung hinzufügen

9 Schließen Sie zuletzt das Fenster *Datenquelle auswählen* mit Klick auf die Schaltfläche *OK*.

Datenreihen nachträglich bearbeiten

Mit der Schaltfläche *Daten auswählen* (Register *Diagrammentwurf*) können Sie im Fenster *Datenquelle bearbeiten* jederzeit, also auch nachträglich, weitere Datenreihen hinzufügen oder die Reihen bearbeiten, z. B. den Reihennamen ändern. Dazu markieren Sie die betreffende Reihe und klicken auf die Schaltfläche *Bearbeiten* ❶. Mit der Schaltfläche *Entfernen* ❷ wird die markierte Datenreihe aus dem Diagramm entfernt. Dasselbe gilt auch für die Achsenbeschriftungen.

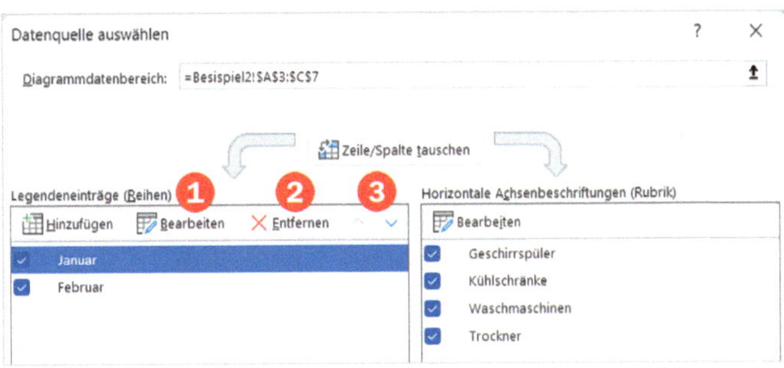

Bild 11.14 Datenreihen im Fenster Datenquelle auswählen bearbeiten

Tipp: Klicken Sie auf die Pfeile ❸, um die markierte Datenreihe nach oben bzw. links oder unten zu verschieben.

11.3 Diagramme formatieren

Bild 11.15 Die Register Diagrammentwurf und Format

Für die Bearbeitung von Diagrammen stehen im Menüband die Register *Diagrammentwurf* und *Format* zur Verfügung. Diese sind allerdings nur sichtbar, wenn das Diagramm oder ein Diagrammelement markiert sind.

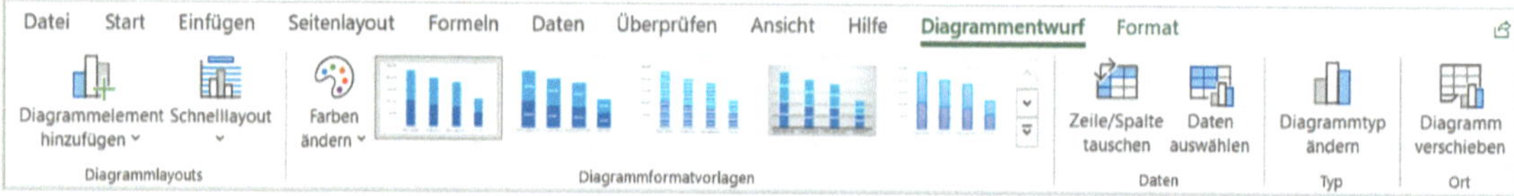

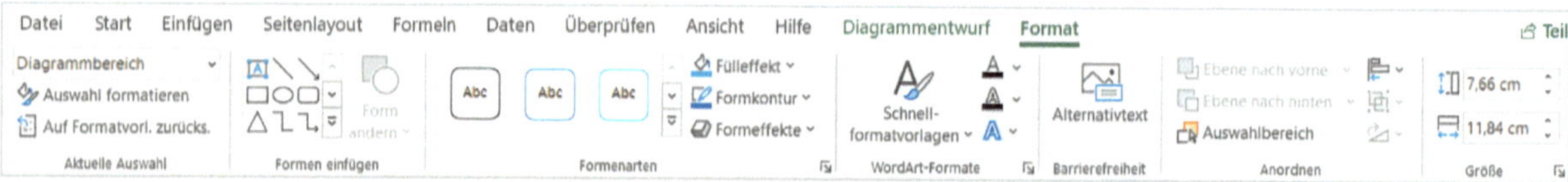

Schnelle Diagrammgestaltung mit Vorlagen

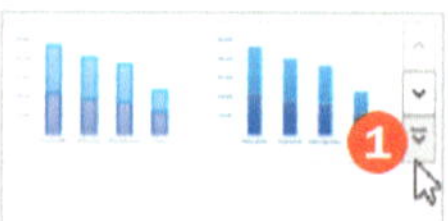

Am schnellsten ändern Sie das Aussehen eines Diagramms mit Hilfe der Diagrammformatvorlagen im Register *Diagrammentwurf*. Um einen besseren Überblick zu erhalten öffnen Sie am besten mit Klick auf den Pfeil *Weitere* ❶ den gesamten Katalog, wie im Bild unten. Dieselben Vorlagen erhalten Sie auch, wenn Sie im Arbeitsblatt auf das Symbol *Diagrammformatvorlagen* ❷ klicken, das rechts vom markierten Diagramm sichtbar ist. In beiden Fällen erhalten Sie im Diagramm eine Vorschau, die erst mit Klick auf die Vorlage übernommen wird.

Bild 11.16 Diagrammformatvorlage wählen

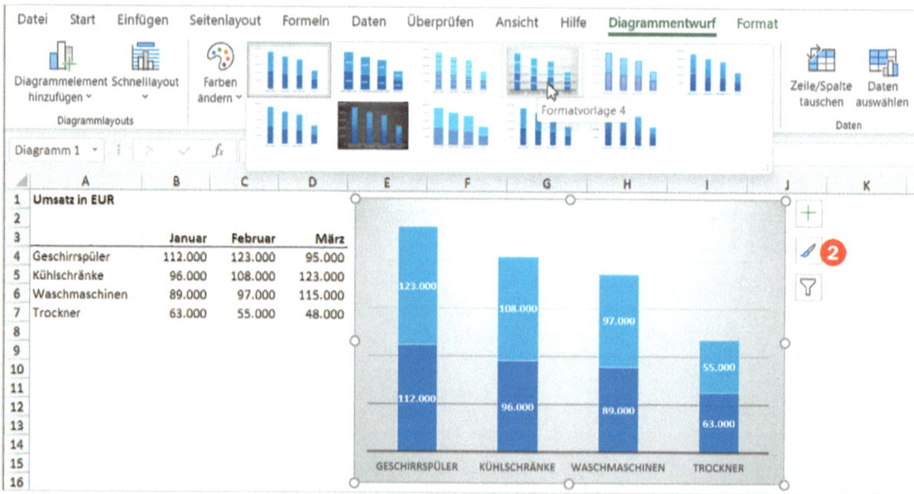

Vorlagenfarben ändern

Die Farben der Vorlagen sind abhängig von den gewählten Designfarben, im abgebildeten Beispiel wurden das Design *Office* und die Farben *Blau* verwendet.

- Um andere Farben zu wählen, klicken Sie entweder im Menüband, Register *Diagrammentwurf* auf *Farben ändern* ❶ oder auf das Pinselsymbol ❷ rechts vom Diagramm und wählen hier das Register *Farbe* ❸. Wählen Sie dann zwischen verschiedenen Farbkombinationen oder Farbabstufungen.
- Falls Ihnen diese Farben nicht zusagen, so klicken Sie auf das Register *Seitenlayout* und wählen in der Gruppe *Designs* über die Schaltfläche *Farben* andere Designfarben aus. Über den Befehl *Farben anpassen...* lassen sich auch benutzerdefinierte Designfarben zusammenstellen und speichern.

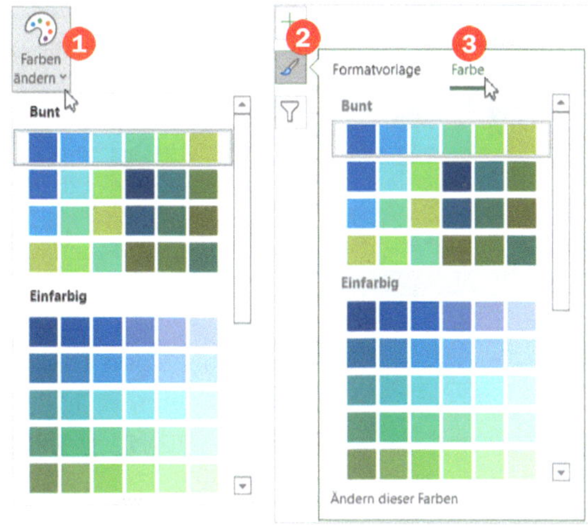

Achtung: Im Gegensatz zur Schaltfläche *Farben ändern*, wirkt sich eine Änderung der Designfarben auf die gesamte Excel-Arbeitsmappe aus!

Mehr zum Thema Designfarben, siehe Kapitel 6.2.

Einzelne Diagrammelemente markieren

Ein Excel-Diagramm setzt sich aus mehreren Elementen zusammen, die Sie auch einzeln nach Belieben gestalten können, z. B. mit Rahmen und/oder Füllfarben. In allen diesen Fällen müssen Sie vor der Bearbeitung das betreffende Element durch Anklicken mit der Maus markieren.

Ein markiertes Diagrammelement erkennen Sie am Rahmen und an den Markierungspunkten, wie im Bild unten. Zur Orientierung blendet Excel einen kurzen Infotext ein, sobald Sie auf ein Element zeigen. Die wichtigsten Elemente:

- Der **Diagrammbereich** umfasst das gesamte Diagramm.
- Innerhalb des Diagrammbereichs bildet die **Zeichnungsfläche** den Hintergrund der eigentlichen Säulen-, Balken- oder Kreisdarstellung (Bild unten rechts). Zur besseren Unterscheidung wurden in den beiden Abbildungen Diagrammbereich und Zeichnungsfläche jeweils mit grauer Hintergrundfarbe versehen.

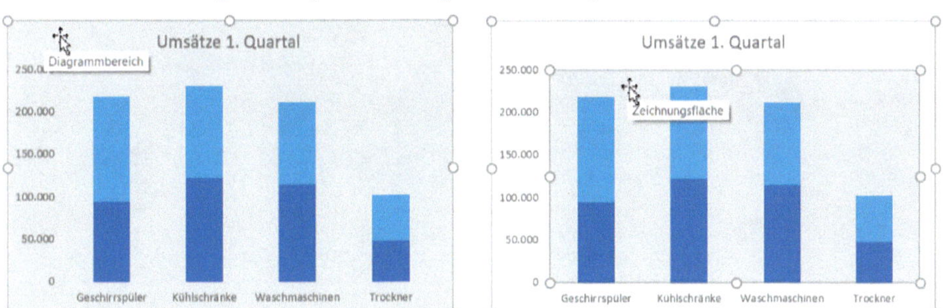

Bild 11.17 Diagrammbereich und Zeichnungsfläche (jeweils grau dargestellt).

- Auch die beiden **Achsen** samt Beschriftung werden jeweils gesondert markiert, sowie **Legende** und **Diagrammtitel**, unten einige Beispiele.

Bild 11.18 Achsen und Legende markieren

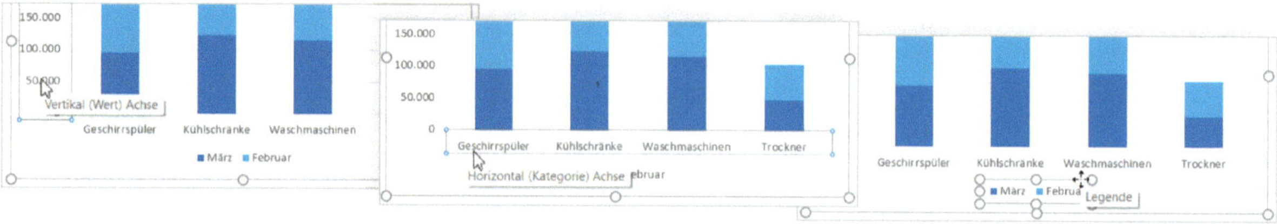

Hinweis: Beim Zeigen erscheinen an vielen Diagrammelementen vier Richtungspfeile und das bedeutet, Sie können das Element mit gedrückter linker Maustaste auch verschieben. Allerdings ist dies nicht in allen Fällen auch sinnvoll, mehr dazu weiter unten auf Seite 330.

Datenreihe und Datenpunkte auswählen

Auch Datenreihen können beliebig formatiert werden, allerdings müssen Sie beim Markieren unterscheiden zwischen der gesamten Datenreihe und einem einzelnen Datenpunkt.

- **Datenreihe markieren**: Um eine Datenreihe zu markieren, kicken Sie einmal auf ein beliebiges Element dieser Reihe, z. B. eine Säule ❶ wie im Bild unten. Dadurch werden automatisch alle Elemente der Reihe markiert, erkennbar an den Markierungspunkten, an den Zellbezügen in der Bearbeitungsleiste und an den Rahmen in der Ausgangstabelle ❷.

  Wenn Sie anschließend z. B. eine andere Farbe auswählen, dazu klicken Sie im Register *Format*, Gruppe *Formenarten*, auf den Dropdown-Pfeil der Schaltfläche *Fülleffekt* ❸, dann wirkt sich diese Änderung auf die gesamte Datenreihe aus und auch die Legende wird automatisch entsprechend angepasst ❹.

Bild 11.19 Gesamte Datenreihe, hier Januar formatieren

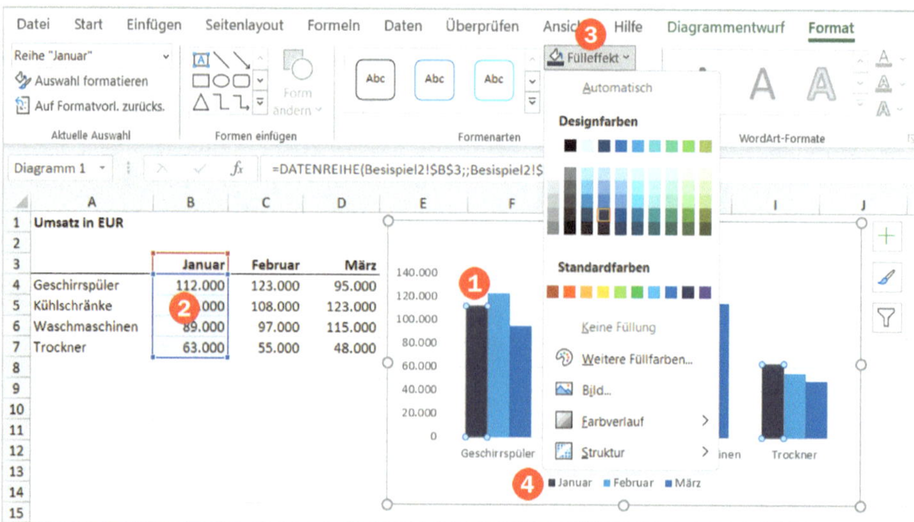

Achten Sie auf die Markierungspunkte!

Als Beispiel erhalten in diesem Bild Datenreihe und Legende dunkelblaue Füllfarbe.

- **Datenpunkt markieren:** Wenn Sie dagegen einen Datenpunkt, d. h. in diesem Beispiel eine bestimmte Säule markieren möchten, dann markieren Sie mit dem einem Mausklick zunächst die gesamte Reihe und klicken anschließend auf die gewünschte Säule der markierten Datenreihe. Nun ist ausschließlich diese markiert und eine Änderung der Farbe bezieht sich nur auf den markierten Datenpunkt.

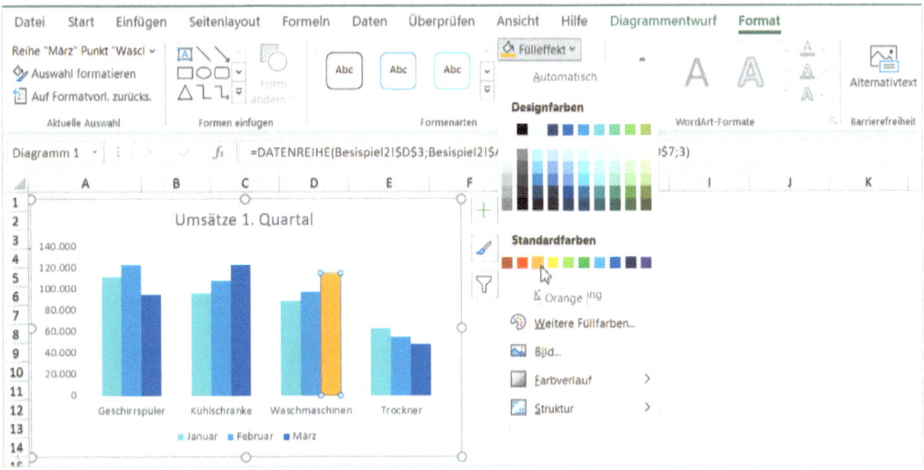

Bild 11.20 Hier wird nur der markierte Datenpunkt mit gelber Füllfarbe versehen

Achtung: Die Legende ändert sich in diesem Fall nicht!

> **Datenreihe oder Datenpunkt?**
>
> Beim Markieren von Datenreihen müssen Sie unterscheiden zwischen der gesamten Datenreihe und einem einzelnen Datenpunkt. Der erste Mausklick markiert immer die Datenreihe und ein zweiter Klick den angeklickten Datenpunkt der markierten Reihe.

Diagrammelement über Auswahlfeld auswählen

Als Alternative können Sie ein Diagrammelement auch im Auswahlfeld ❶ in der Gruppe *Aktuelle Auswahl* im Register *Format* auswählen bzw. markieren. Oder klicken Sie mit der rechten Maustaste an eine beliebige Stelle im Diagramm und benutzen das Auswahlfeld oberhalb des Kontextmenüs ❷.

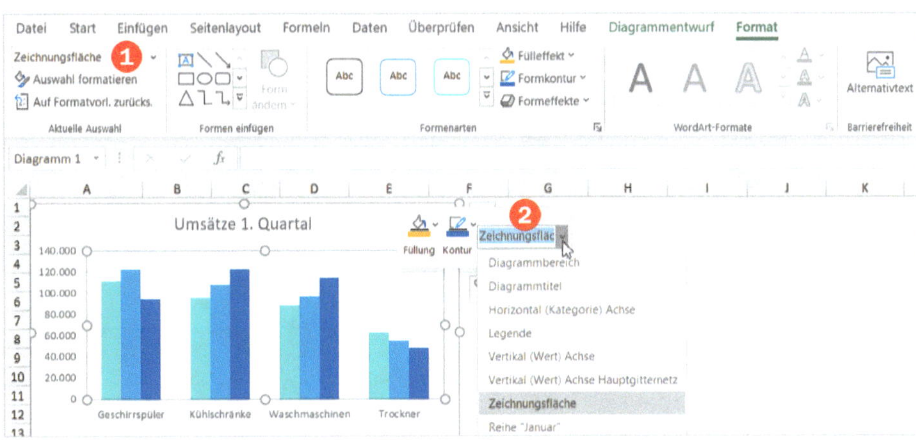

Bild 11.21 Diagrammelement auswählen bzw. markieren

Markierte Diagrammelemente formatieren

Alle nachfolgend beschriebenen Formatierungen können auf fast jedes markierte Diagrammelement angewendet werden, also z. B. auf Diagrammbereich, Zeichnungsfläche, Diagrammtitel und Legende. Die Werkzeuge dazu finden Sie im Menüband, Register *Format* in der Gruppe *Formenarten* oder in Form einer Minisymbolleiste beim Rechtsklick auf das betreffende Element, als Beispiel im Bild unten der Diagrammtitel.

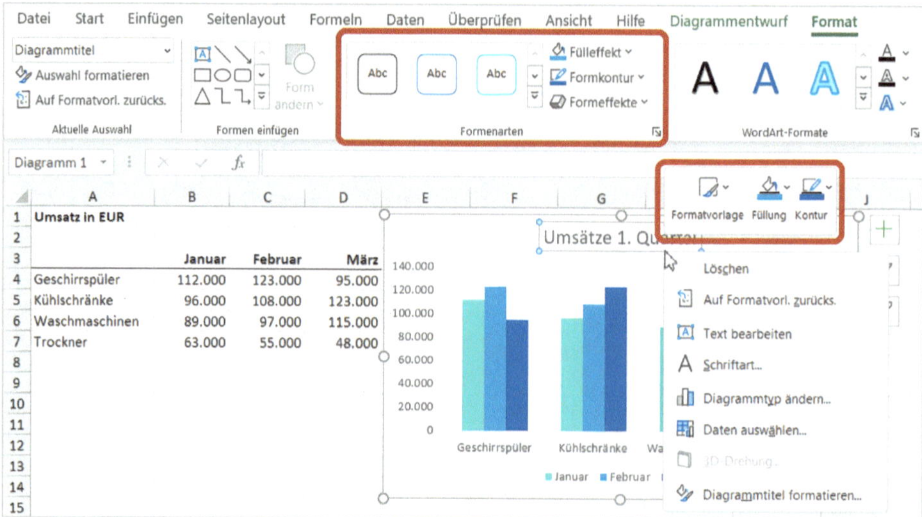

Bild 11.22 Gruppe Formenarten und Minisymbolleiste

Farben und Rahmen

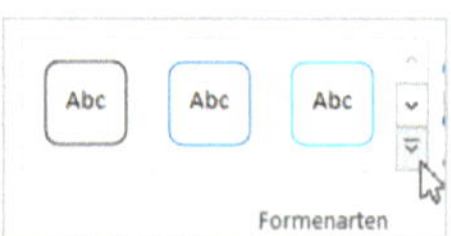

Formatvorlagen

Auch für die einzelnen Diagrammelemente stellt Excel Formatvorlagen zur Verfügung, diese umfassen Rahmen-, Füll- und Schatteneffekte. Um den gesamten Katalog zu öffnen, klicken Sie auf den Pfeil *Weitere* ▿. Auch hier erhalten Sie beim Zeigen auf eine Vorlage eine Vorschau, im Bild unten als Beispiel der Diagrammbereich.

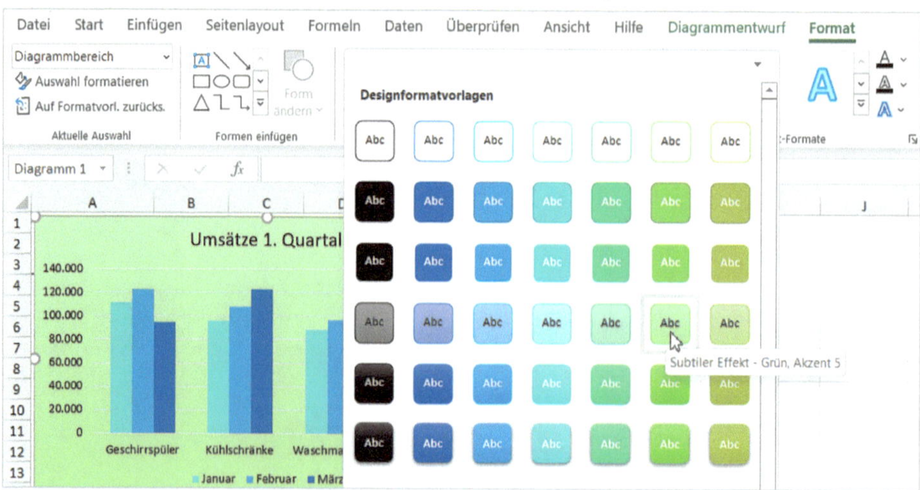

Bild 11.23 Beispiel: Diagrammbereich mit Formatvorlage gestalten

Individuelle Füllfarben, Rahmen und sonstige Effekte

Individuelle Formatierungen mit Füllfarben und Rahmenlinien nehmen Sie über die Symbole *Fülleffekt* und *Formkontur* bzw. *Füllung* und *Kontur* vor. Schatten-, Spiegelungs- und 3D-Effekte können Sie bei Bedarf über das Symbol *Formeffekte* (Gruppe *Formenarten*) auswählen.

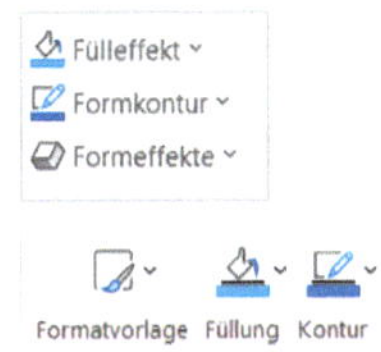

Bild 11.24 Formkontur

Bild 11.25 Fülleffekt

Bild 11.26 Formeffekte

Beispiel Rahmen: Soll beispielsweise der Diagrammtitel einen Rahmen erhalten, so markieren Sie diesen und klicken auf *Formkontur*. Klicken Sie dann auf die gewünschte Farbe, falls erforderlich, können Sie außerdem Strichstärke und Linienart wählen. Die Auswahl *Keine Kontur* entfernt einen vorhandenen Rahmen.

Verlaufseffekte, Musterfüllung und Bildfüllung

Über das Symbol *Fülleffekt* bzw. *Füllung* besteht auch die Möglichkeit, einen Verlaufseffekt oder ein Bild auszuwählen, z. B. als Hintergrund für das gesamte Diagramm (Auswahl *Diagrammbereich*) oder die Zeichnungsfläche. Als Beispiel im Bild unten ein Farbverlauf als Hintergrund des Diagrammbereichs.

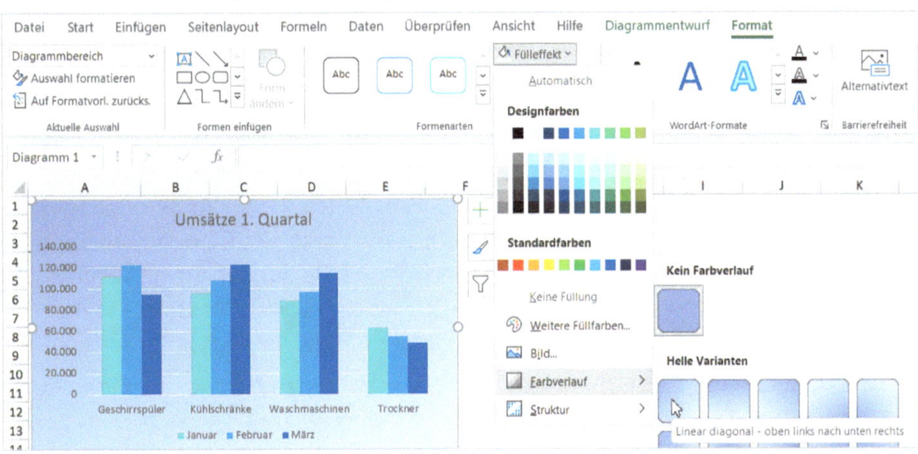

Bild 11.27 Beispiel: Diagrammhintergrund mit Farbverlauf

Datenreihen mit Musterfüllung

Zur besseren Unterscheidung von Datenreihen, z. B. beim Drucken in Graustufen werden manchmal zusätzlich oder statt der Farben unterschiedliche Muster verwendet.

1. In diesem Fall klicken Sie mit der **rechten** Maustaste auf die zu formatierende Datenreihe und auf den Befehl *Datenreihen formatieren....* Am rechten Rand des Excel-Fensters öffnet sich der Aufgabenbereich *Datenreihen formatieren* ❶.
2. Klicken Sie auf das Symbol *Füllung und Linie* ❷ und unterhalb auf den Pfeil *Füllung* ❸.
3. Aktivieren Sie die Option *Musterfüllung* ❹ und wählen Sie ein Muster aus ❺. Unterhalb der Muster können Sie über Auswahlfelder jeweils die Farbe für Vordergrund und Hintergrund festlegen.

Bild 11.28 Datenreihen mit Musterfüllung versehen

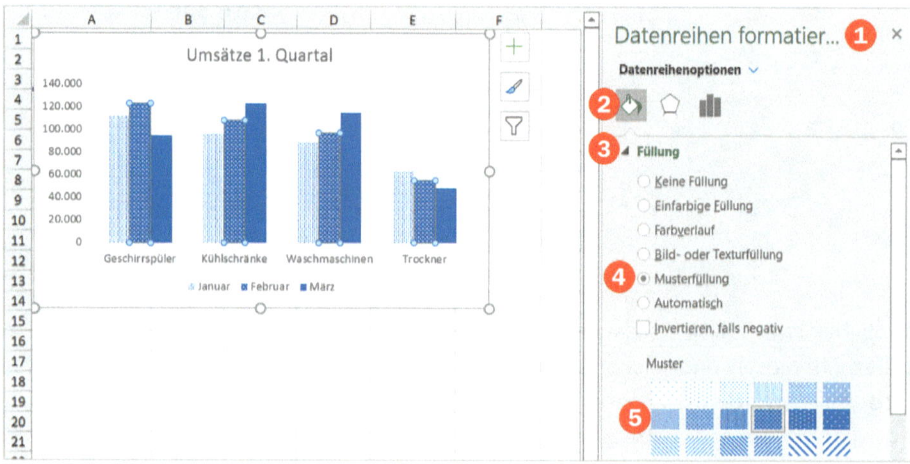

Bild als Diagrammhintergrund einfügen

Als Hintergrund für das Diagramm oder die Zeichnungsfläche kann auch ein Bild verwendet werden, allerdings sollten Sie bei der Auswahl des Bildes darauf achten, dass die Aussagefähigkeit des eigentlichen Diagramms dadurch nicht beeinträchtigt wird.

1. Dazu markieren Sie den Diagrammbereich oder die Zeichnungsfläche, klicken auf *Fülleffekt* und wählen *Bild....*
2. Wählen Sie dann, woher Sie die Grafik beziehen möchten, Näheres zur Bildauswahl lesen Sie unter Punkt 11.7.
3. **Bild transparent formatieren:** Damit das Bild nicht zu sehr in den Vordergrund drängt, sollten Sie ihm etwas Transparenz verpassen: Markieren Sie den Diagrammbereich, falls nicht bereits geschehen, und klicken Sie auf den kleinen Pfeil der Gruppe *Formenarten* ❶. Oder klicken Sie mit der rechten Maustaste in den Diagrammbereich und auf den Befehl *Diagrammbereich formatieren....*
4. Im Aufgabenbereich *Diagrammbereich formatieren* nehmen Sie nun die weiteren Einstellungen vor:

- *Füllung und Linie* ist bereits ausgewählt ❶ und unter *Füllung* ist die Option *Bild - oder Texturfüllung* aktiviert ❷.
- Unterhalb können Sie nun mithilfe eines Schiebereglers die Transparenz erhöhen ❸.
- Bei Bedarf können Sie auch hier unter *Bildquelle* mit Klick auf die Schaltfläche *Einfügen...* ein anderes Bild auswählen ❹.

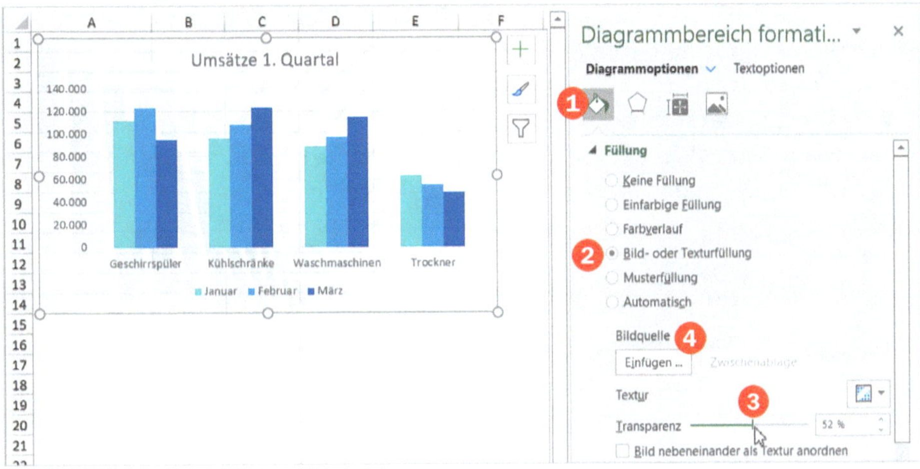

Bild 11.29 Bild als Diagrammhintergrund mit Transparenz versehen

Schrift ändern

Bei der Formatierung von Diagrammbeschriftungen gehen Sie wie bei der Zellenformatierung vor: Markieren Sie das Element und verwenden im Register *Start* die Schaltflächen der Gruppen *Schriftart* und *Ausrichtung*. Auf diese Weise können Sie z. B. Schriftgröße und -farbe des Diagrammtitels, der Legende oder der Achsenbeschriftungen, im Bild unten der waagrechten (X-) Achse ändern.

Bild 11.30 Beschriftung formatieren, Beispiel Diagrammtitel

Tipp: Wenn Sie die Schrift des Diagrammtitels vergrößern oder verkleinern, dann passt sich die Größe der Zeichnungsfläche automatisch entsprechend an. Es ist also in der Regel nicht erforderlich, einzelne Diagrammelemente durch Ziehen mit der Maus zu vergrößern bzw. verkleinern.

Beachten Sie, dass bei Säulendiagrammen die Beschriftung der waagrechten Achse automatisch diagonal oder vertikal gedreht wird, sobald der Diagrammbereich zu klein ist. Als Abhilfe verkleinern Sie entweder die Schrift, vergrößern die Diagrammfläche oder wandeln Sie das Diagramm in ein Balkendiagramm um, siehe Seite 331.

11.4 Weitere Diagrammbearbeitungsmöglichkeiten

Größe und Position des Diagramms ändern

Diagramm verschieben

Ein Diagramm wird zunächst im selben Arbeitsblatt wie die Ausgangsdaten eingefügt und überlagert manchmal sogar einen Teil der Tabelle. Falls Sie es an eine andere Stelle verschieben möchten, so müssen Sie den Diagrammbereich verschieben: Zeigen Sie mit der Maus an eine freie Stelle des Diagramms und nach kurzer Verzögerung erscheint ein kurzer Infotext zum ausgewählten Bereich, siehe Bild. Gleichzeitig erscheinen am Mauszeiger vier Richtungspfeile ❶ und Sie können mit gedrückter linker Maustaste das Diagramm an eine beliebige Stelle ziehen.

Bild 11.31 Diagrammbereich verschieben, Größe ändern

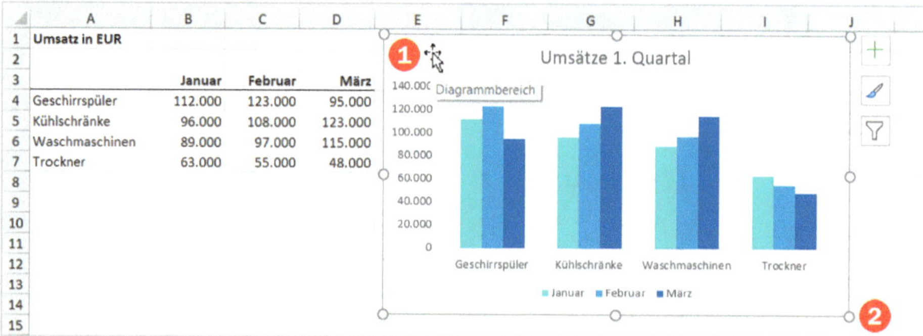

> Achten Sie beim Verschieben unbedingt darauf, dass der *Diagrammbereich* ausgewählt ist! Andernfalls verschieben Sie möglicherweise innerhalb des Diagramms die Zeichnungsfläche oder ein anderes Element.

Diagrammgröße ändern

Zur Größenänderung des gesamten Diagramms zeigen Sie mit der Maus auf einen der Ziehpunkte in den Ecken oder in der Mitte jeder Seite des Diagrammrahmens ❷ (Bild oben). Als Mauszeiger erscheint ein Doppelpfeil und Sie können nun mit gedrückter Maustaste das Diagramm in die gewünschte Größe ziehen.

Diagramm in ein anderes Blatt verschieben

Um das markierte Diagramm in ein gesondertes Blatt der Arbeitsmappe zu verschieben, klicken Sie im Menüband, Register *Diagrammentwurf*, Gruppe *Ort*, auf *Diagramm verschieben*. Wählen Sie die Option *Neues Blatt* und geben Sie dem

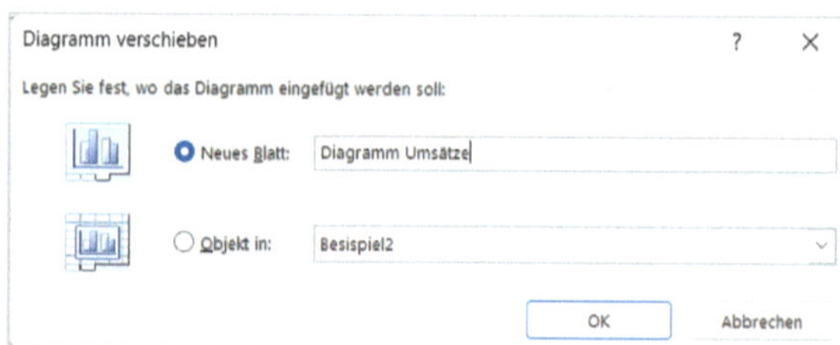

Blatt auch gleich einen Namen. Excel fügt ein sogenanntes Diagrammblatt in die Arbeitsmappe ein, in dem das Diagramm das gesamte Blatt einnimmt. Ein Ändern der Diagrammgröße ist hier nicht möglich und beim Drucken passt sich das Diagramm automatisch an des gewählte Papierformat, meist A4, an.

Die zweite Option *Als Objekt in* erlaubt das Verschieben des Diagramms in ein anderes, vorhandenes Arbeitsblatt der Arbeitsmappe.

Diagrammtyp nachträglich ändern

Wenn Sie den Diagrammtyp nachträglich ändern möchten, dann klicken Sie in das Diagramm und im Menüband, Register *Diagrammentwurf*, Gruppe *Typ*, auf das Symbol *Diagrammtyp ändern*. Es öffnet sich das gleichnamige Fenster mit dem Register *Alle Diagramme*. Wählen Sie den gewünschten Typ ❶ und Untertyp ❷ und übernehmen Sie Ihre Auswahl mit Klick auf *OK*. Alle bereits vorgenommenen Formatierungen, z. B. Farben bleiben erhalten.

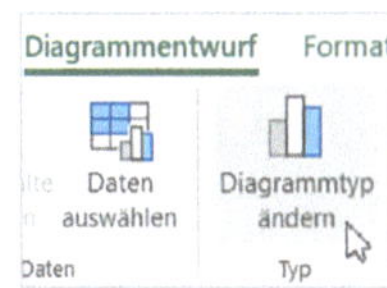

Bild 11.32 Diagrammtyp ändern

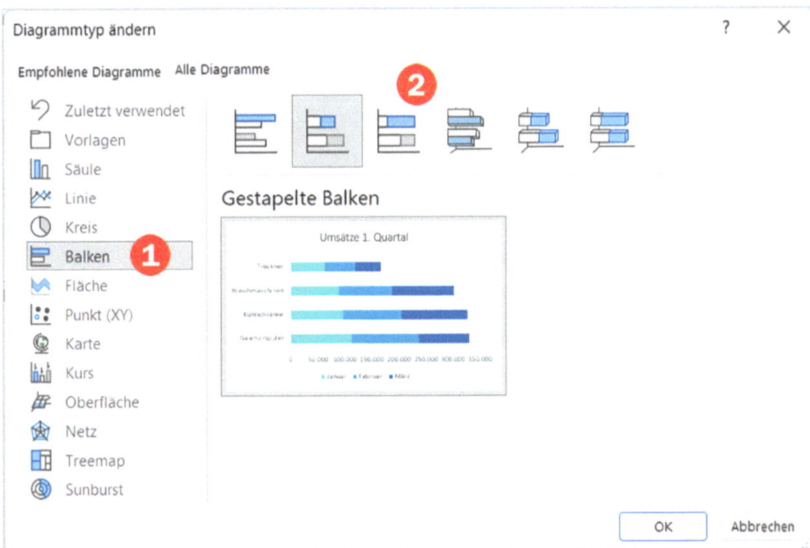

Tipp: Den Befehl *Diagrammtyp ändern...* erhalten Sie auch, wenn Sie mit der rechten Maustaste an eine beliebige Stelle des Diagramms klicken.

Diagramm und Diagrammelemente beschriften

Aussagekräftige Beschriftungen sind wichtiger Bestandteil jedes Diagramms. Die Beschriftungen der Achsen sowie der Legende werden von Excel in der Regel aus der Tabelle übernommen, weitere Beschriftungselemente lassen sich schnell hinzufügen. Für viele Beschriftungen stehen auch gleich mehrere Positionen zur Auswahl.

Anzeige und Position mit Schnelllayouts festlegen

Eilige können auf ein Angebot verschiedener vorgefertigter Layouts zurückgreifen. Dazu klicken Sie im Register *Diagrammentwurf* ▶ *Diagrammlayouts*, auf das Symbol

Schnelllayout. Es öffnet sich ein Katalog verschiedener Layouts und Sie erhalten wie üblich, beim Zeigen im Diagramm eine Vorschau.

Bild 11.33 Beschriftungen und Anordnung mit den Schnelllayouts steuern

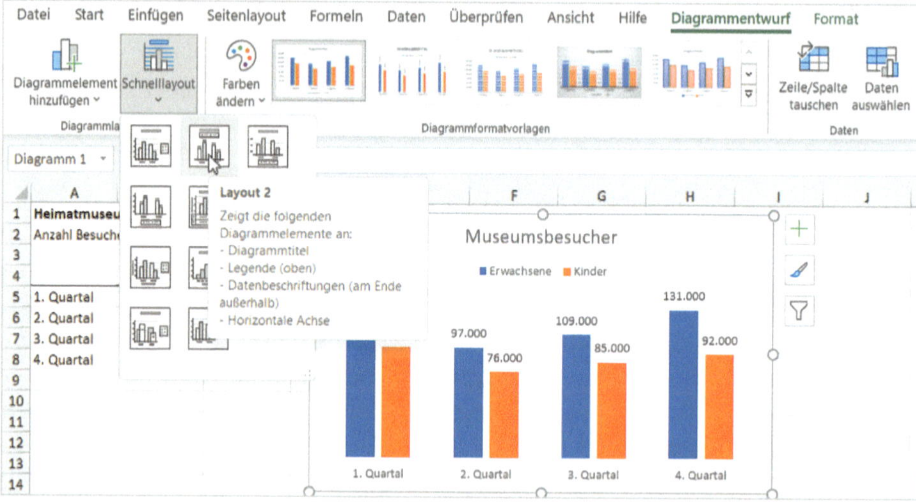

Die Datei ist als Download verfügbar:

Beispieldaten_Museumsbesucher.xlsx

Leider bietet diese Methode wenig Flexibilität; sollte keine der Vorlagen Ihren Vorstellungen entsprechen, dann fügen Sie besser die benötigten Beschriftungselemente einzeln hinzu und wählen deren Position aus. Wie Sie dabei vorgehen, erfahren Sie im nächsten Punkt.

Beschriftungen und Diagrammelemente hinzufügen

Wenn Sie Beschriftungen und andere Diagrammelemente, z. B. Trendlinien oder Gitternetzlinien manuell hinzufügen möchten, dann benutzen Sie dazu entweder im Menüband, Register *Diagrammentwurf* das Symbol *Diagrammelemente hinzufügen* ❶ oder das Plussymbol + ❷ rechts vom markierten Diagramm. Zeigen Sie auf ein Element, z. B. Diagrammtitel, so erhalten Sie verschiedene Positionen zur Auswahl.

Bild 11.34 Diagrammtitel einfügen

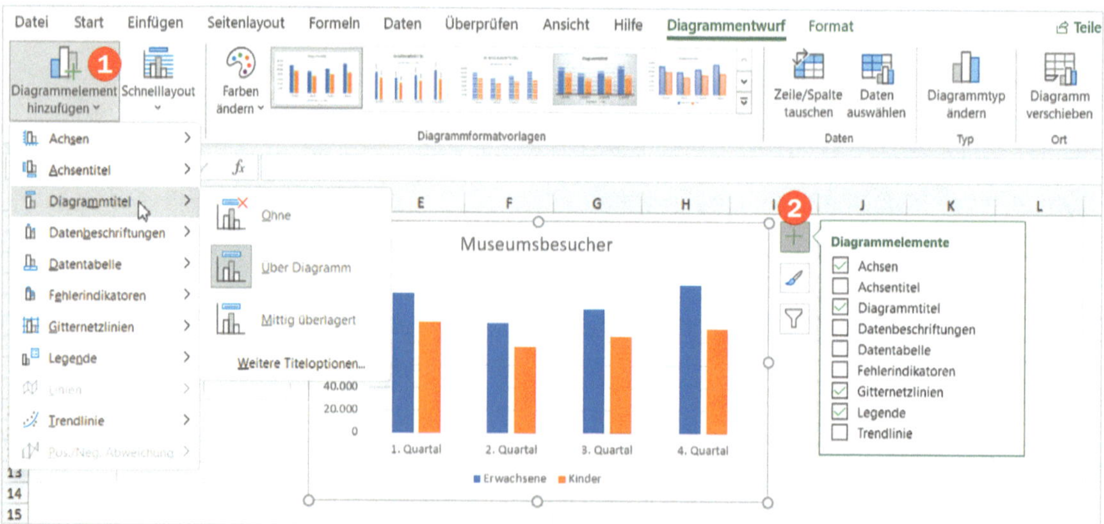

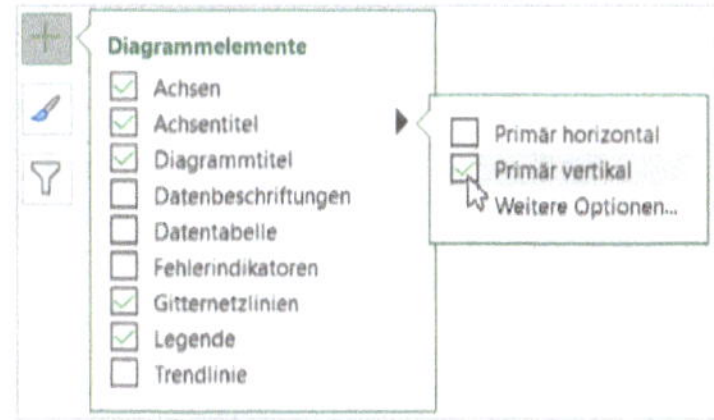

Einfügen über das Symbol Diagrammelemente

Beachten Sie, dass beim Klick auf das Symbol *Diagrammelemente* zunächst nur Kontrollkästchen für die Elemente erscheinen und diese beim Aktivieren an ihrer Standardposition eingefügt werden. Die verschiedenen Positionen erscheinen erst, wenn Sie in der Liste auf ein Element zeigen und danach auf den, nach rechts weisenden Pfeil klicken.

Nachträglich Position ändern, Element entfernen

Auf demselben Weg können Sie auch nachträglich die Position des markierten Elements ändern und z. B. den Diagrammtitel statt oberhalb des eigentlichen Diagramms *Mittig überlagert* positionieren. In diesem Fall überlagert der Diagrammtitel die Zeichnungsfläche und es erfolgt kein automatisches Verkleinern des Diagramms. Anschließend kann der Diagrammtitel mit der Maus beliebig an eine freie Stelle verschoben werden Diese Möglichkeit bietet sich an, wenn im Diagramm ausreichend Platz für den Titel vorhanden ist.

Um ein Element zu entfernen, wählen Sie entweder über das Symbol *Diagrammelement hinzufügen* im Menüband *Keine* oder deaktivieren es durch nochmaliges Anklicken. Oder löschen Sie das markierte Element einfach mit der **Entf**-Taste.

> **Achtung automatische Größenänderung**
>
> Wenn Sie ein Beschriftungselement über das Symbol *Diagrammelement hinzufügen* bzw. *Diagrammelement positionieren*, dann passt sich die Zeichnungsfläche und damit das übrige Diagramm automatisch an. Nicht aber, wenn Sie das Element einfach mit der Maus verschieben.

Zusätzliche Beschriftungen und Formen einfügen

Häufig werden in Diagrammen noch weitere Beschriftungen, z. B. mit der Quellenangabe benötigt. Da diese von Excel nicht vorgesehen sind, müssen Sie dafür ein Textfeld in den Diagrammbereich einfügen.

Markieren Sie dazu den Diagrammbereich und klicken Sie im Menüband, Register *Einfügen* ▶ *Text* auf *Textfeld* ❶. Ziehen Sie dann an einer freien Stelle des Diagramms mit gedrückter Maustaste ein Rechteck auf und beginnen Sie mit der Texteingabe ❷. Mehr zum Einfügen von Textfeldern und Formen lesen Sie auf Seite 348 ff.

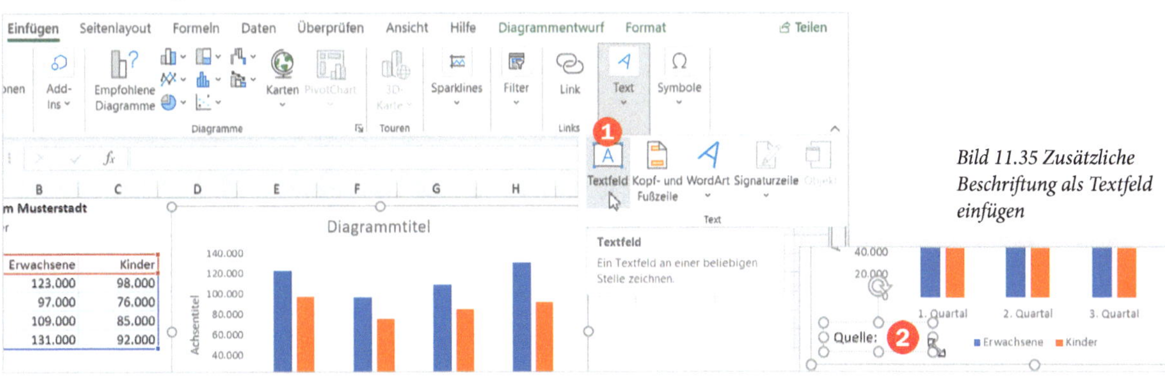

Bild 11.35 Zusätzliche Beschriftung als Textfeld einfügen

Linien und andere Formen hinzufügen

Auf demselben Weg können Sie auch Legenden, Linien und andere Formen in das Diagramm einfügen. Achten Sie beim Einfügen darauf, dass der Diagrammbereich markiert ist, dann betrachtet Excel solche Elemente als Teil des Diagramms, d. h. diese werden beim Verschieben des Diagramms ebenfalls mit verschoben.

Text eingeben

Beschriftungselemente wie Diagrammtitel und Achsentitel werden zunächst mit ihrer Bezeichnung im Diagramm eingefügt und gleichzeitig markiert ❶, Sie können also sofort den gewünschten Text eingeben. Sobald Sie mit der Texteingabe beginnen, erscheint der Text in der Bearbeitungsleiste ❷ und wird erst nach dem Drücken der Eingabetaste in das Diagramm übernommen.

Bild 11.36 Beispiel Überschrift eingeben

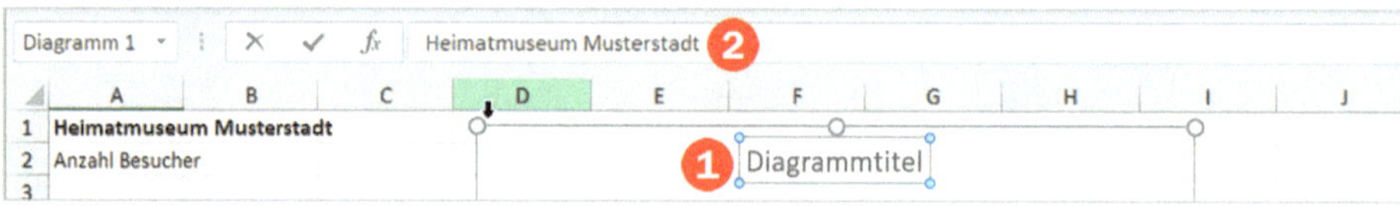

Auch nachträgliche Änderungen sind auf dem oben beschriebenen Weg möglich. Alternativ markieren Sie das Element und klicken dann in den Text. Der Cursor erscheint an dieser Stelle und Sie können Ihre Korrekturen vornehmen.

Datenbeschriftungen einfügen

Wenn im Diagramm die dazugehörigen Werte angezeigt werden sollen, dann klicken Sie auf *Diagrammelement hinzufügen* und wählen *Datenbeschriftungen*. Die angebotenen Positionen sind abhängig vom Diagrammtyp, im Bild unten ein Säulendiagramm.

Achtung: Die abgebildeten Möglichkeiten sind ausschließlich für 2D-Säulen- und Balkendiagramme verfügbar. Bei 3D-Darstellung wird nur *Datenlegende* angeboten.

Bild 11.37 Datenbeschriftungen hinzufügen

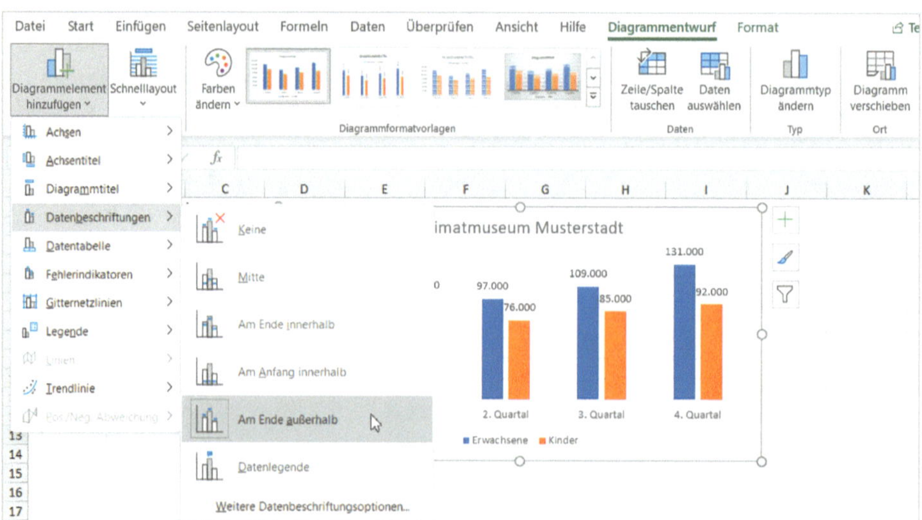

Tipp: Für Kreisdiagramme stehen nicht nur mehrere Positionen der Datenbeschriftung zur Auswahl, sondern mit *Datenlegende* werden statt der Zahlen die prozentualen Anteile zusammen mit dem dazugehörigen Text angezeigt. Auf eine gesonderte Legende kann in diesem Fall verzichtet werden.

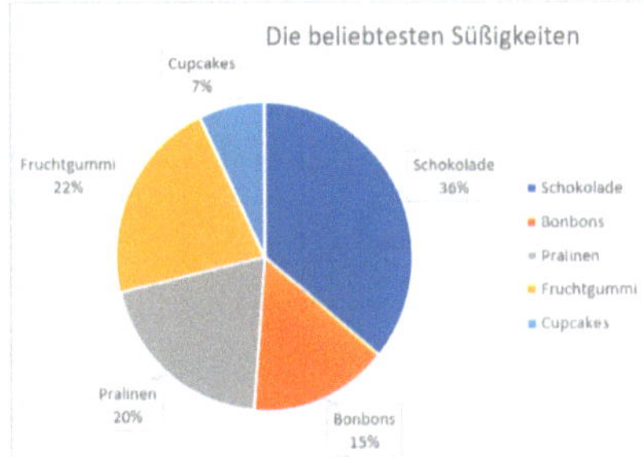

Beispieldaten_Suessigkeiten.xlsx

Falls Sie die Gestaltung der Datenlegende als Sprechblasen als störend empfinden, so klicken Sie mit der rechten Maustaste auf eine beliebige Datenbeschriftung und wählen über das Symbol *Rahmen* bzw. *Formkontur Keine Kontur* aus.

Diagramm drucken

Beim Drucken von Diagrammen bzw. Tabellenblättern mit Diagrammen gelten folgende Besonderheiten:

- Wurde das Diagramm in ein gesondertes Diagrammblatt der Mappe verschoben, siehe Seite 330, dann wird es beim Drucken automatisch an eine Druckseite im ausgewählten Papierformat, standardmäßig A4, angepasst. Weitere Druckeinstellungen, wie beispielsweise Kopf- und Fußzeile hinzufügen, nehmen Sie wie beim Drucken von Tabellen vor.
- Befindet sich ein Diagramm dagegen als Objekt zusammen mit der Tabelle in einem Arbeitsblatt, dann hängt die Druckausgabe von der aktuellen Markierung ab. Kontrollieren Sie daher unbedingt die Druckvorschau!

Beim Drucken von Diagrammen richtet sich Excel nach der Markierung!

- Ist das Diagramm oder ein beliebiges Diagrammelement markiert, dann wird ausschließlich das Diagramm gedruckt.
- Markieren Sie dagegen eine beliebige Zelle des Arbeitsblattes, dann druckt Excel das Diagramm zusammen mit den übrigen Daten.

Datenbereich ändern

Wenn nachträglich Werte oder Beschriftungen in der Ausgangstabelle geändert werden oder eine Formel neu berechnet wird, dann werden diese Änderungen automatisch im Diagramm übernommen. Werden dagegen der Tabelle weitere Zeilen oder Spalten hinzugefügt, so hat dies zunächst keine Auswirkungen auf das Diagramm. **Ausnahme**: Wenn neue Zeilen und/oder Spalten zwischen den vorhandenen Zeilen oder Spalten eingefügt werden, dann werden diese in der Regel auch sofort im Diagramm berücksichtigt.

1. Am einfachsten passen Sie den Datenbereich einer Datenreihe mit der Maus an: Klicken Sie dazu in den Diagrammbereich; in der dazugehörigen Tabelle werden die dazugehörigen Werte durch Rahmen hervorgehoben.

2 Zeigen Sie mit der Maus an einen der Eckpunkte, so erscheint als Mauszeiger ein Doppelpfeil. Erweitern Sie nun den Datenbereich durch Ziehen nach unten bzw. rechts. Das Diagramm passt sich automatisch an.

Bild 11.38 Diagrammbereich mit der Maus vergrößern

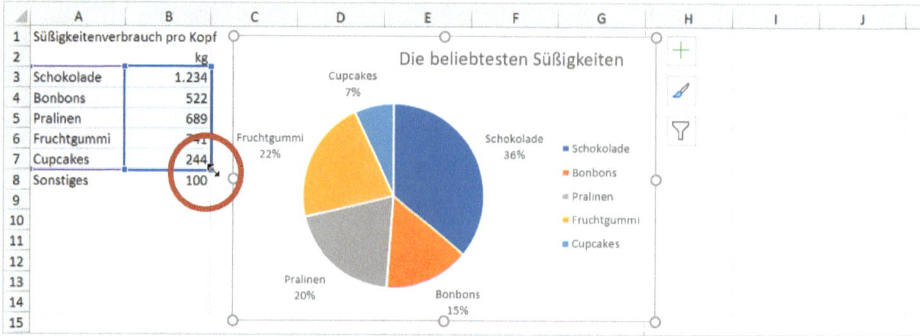

Siehe „Datenreihen bearbeiten, mit einem leeren Diagramm beginnen" auf Seite 319.

Umgekehrt können Sie mit dieser Methode natürlich auch Datenreihen aus dem Diagramm ausschließen. Als Alternative klicken Sie im Register *Entwurf* auf *Daten auswählen*. Anschließend können Sie im Dialogfenster *Datenquelle auswählen* weitere Datenreihen hinzufügen oder aus dem Diagramm entfernen. Wie Sie dabei vorgehen, wurde bereits zusammen mit der Diagrammerstellung beschrieben.

Diagramm filtern

Die ausgeblendeten Datenreihen erscheinen zunächst ausgegraut. Erst nachdem Sie auf *Anwenden* geklickt haben, werden sie auch tatsächlich ausgeblendet.

Wenn Sie bestimmte Datenreihen nur vorübergehend aus dem Diagramm ausblenden möchten, dann benutzen Sie dazu das Symbol *Diagrammfilter* ❶, das im Arbeitsblatt rechts vom markierten Diagramm erscheint.

Um ein Element auszublenden, entfernen Sie das Häkchen ❷, im Bild unten die Datenreihe Erwachsene, und klicken auf *Anwenden* ❸. Falls gewünscht, lassen sich auch einzelne Kategorien, in diesem Fall Quartale, ausblenden. Mit der Auswahl *(Alle auswählen)* und erneutem Klick auf *Anwenden* heben Sie den Diagrammfilter wieder auf.

Bild 11.39 Diagrammfilter

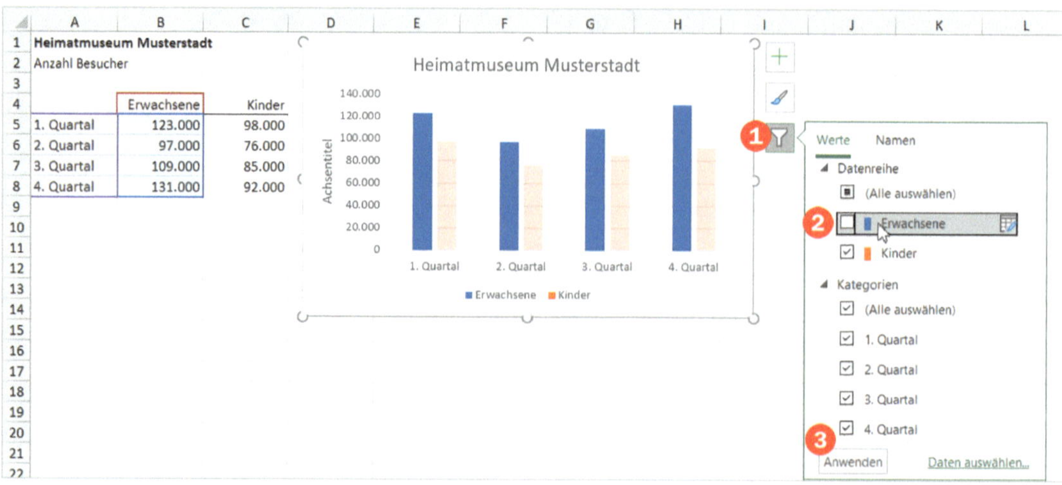

Diagramme drehen

3D-Säulendiagramm mit rechtwinkligen Achsen darstellen

3D-Säulendiagramme werden meist mit einer Drehung, wie im Bild unten, eingefügt. Da diese Darstellung allerdings die Größenverhältnisse nicht korrekt wiedergibt, sollten Sie ein solches 3D-Diagramm mit rechtwinkligen Achsen darstellen. Dazu klicken Sie mit der rechten Maustaste an eine beliebige Stelle des Diagrammbereichs und auf *3D-Drehung....* Im Aufgabenbereich *Diagramm formatieren* ❶ am rechten Rand des Excel-Fensters brauchen Sie anschließend nur unter *3D-Drehung* das Kontrollkästchen *Rechtwinklige Achsen* ❷ aktivieren.

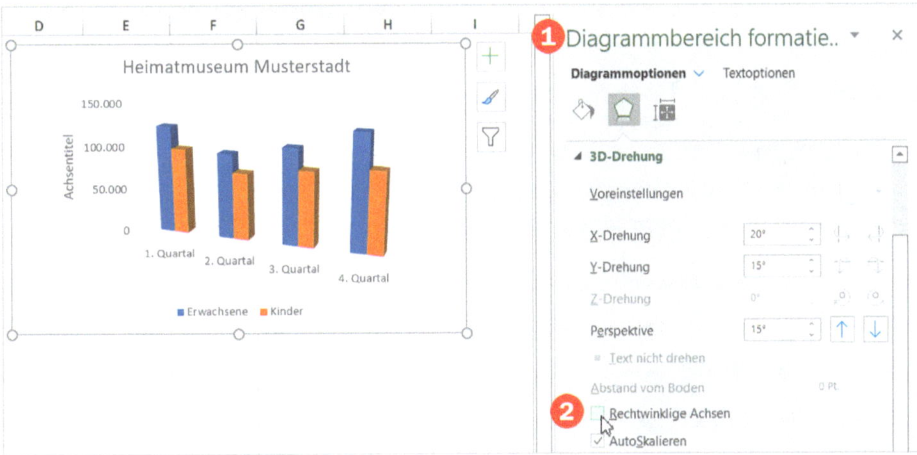

Bild 11.40 3D-Diagramm mit rechtwinkligen Achsen darstellen

Falls gewünscht, können Sie natürlich auch über die Felder *X-Drehung* und *Y-Drehung* und *Perspektive* das Diagramm beliebig drehen.

Ein Kreisdiagramm drehen

Die Datenpunkte eines Kreisdiagramms werden oben beginnend, entsprechend ihrer Reihenfolge in der Tabelle im Uhrzeigersinn angeordnet. Sie können die Anordnung im Diagramm entweder durch Sortieren der Werte in der Ausgangstabelle oder durch Drehen des Diagramms ändern um z. B. bei einer 3D-Darstellung kleinere Segmente in den Vordergrund zu rücken.

Klicken Sie dazu mit der rechten Maustaste in den Kreis und auf *Datenreihen formatieren....* Im Aufgabenbereich *Datenreihen formatieren* legen Sie anschließend den *Winkel des ersten Segments* mittels Schieberegler oder durch Eingabe fest.

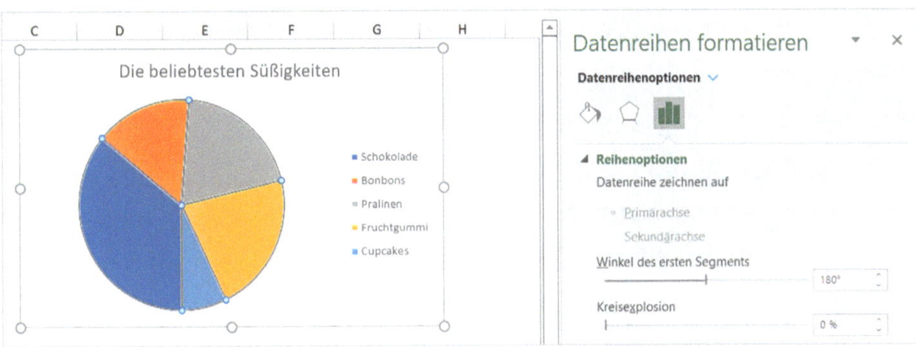

Bild 11.41 Winkel des ersten Segments angeben

11.5 Besonderheiten einzelner Diagrammtypen

Kreisdiagramme

Da Kreisdiagramme nur eine einzige Datenreihe darstellen können, gehen Sie auch bei der Formatierung der Datenreihe etwas anders vor.

Zur Erinnerung: Der erste Klick in den Kreis markiert die gesamte Datenreihe, der nächste gezielte Klick auf ein Kreissegment genau diesen einzelnen Datenpunkt!

- **Farben ändern**
  Damit nicht, wie bei einem Säulen- oder Balkendiagramm die gesamte Datenreihe eine einheitliche Farbe erhält, müssen Sie nacheinander die Kreissegmente bzw. Datenpunkte markieren und jeweils die Farbe einzeln ändern, wie im Bild links. Die Farben der Legende passen sich automatisch an.
- **Segmente hervorheben**
  Einzelne Segmente eines Kreisdiagramms lassen sich auch durch Herausziehen optisch hervorheben. Markieren Sie dazu den Datenpunkt und ziehen Sie ihn mit gedrückter linker Maustaste etwas nach außen. Mit derselben Methode befördern Sie ein Kreissegment auch wieder zurück an die ursprüngliche Stelle.

Bild 11.42 Füllfarbe Datenpunkt ändern

Bild 11.43 Kreissegment herausziehen

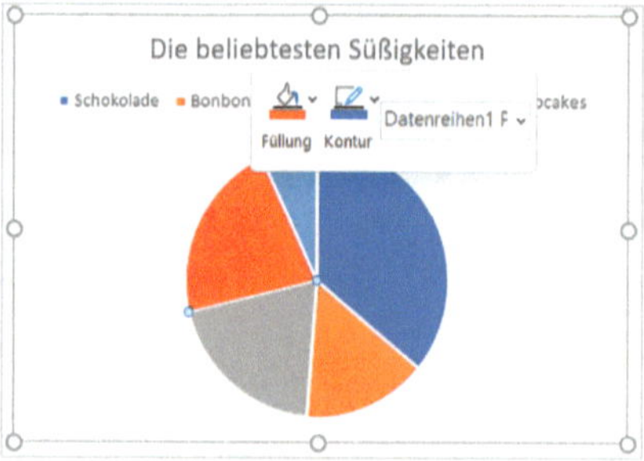

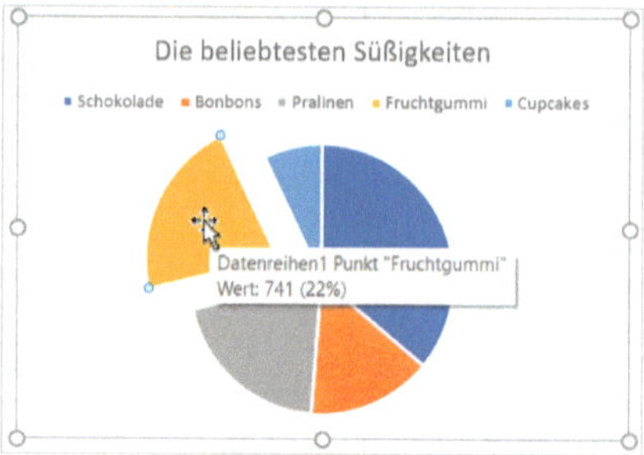

Säulen- und Balkendiagramme

Datenreihen sortieren

Tabellen sortieren, siehe Kapitel 10.5.

Mit Ausnahme von zeitlichen Abfolgen sind auf- oder absteigend sortierte Datenreihen in Diagrammen wesentlich übersichtlicher. Die Reihenfolge der Säulen, Balken oder Kreissegmente richtet sich nach der Reihenfolge in der Tabelle, das bedeutet, Sie müssen die Daten der Ausgangstabelle sortieren, um im Diagramm eine sortierte Datenreihe zu erhalten. Beachten Sie beim Sortieren:

- In einem Säulendiagramm werden die Werte von **links nach rechts** angeordnet. Der erste Wert der Tabelle befindet sich also ganz links.
- Balkendiagramme ordnen dagegen die Werte von **unten nach oben** an. Sie müssen also aufsteigende Sortierung wählen, wenn der höchste Wert ganz oben im Diagramm erscheinen soll.

Abstände von Säulen und Balken ändern

Um die Abstände zwischen den Säulen oder Balken zu ändern, klicken Sie mit der rechten Maustaste auf die betreffende Datenreihe und auf *Datenreihen formatieren....* Klicken Sie im Aufgabenbereich *Datenreihen formatieren* auf das Symbol bzw. Register *Datenreihenoptionen* . Benutzen Sie dann beim Feld *Abstandsbreite* den Schieberegler oder geben Sie den Abstand im Feld daneben ein.

Zur Erklärung: Die Abstandsbreite gibt das Verhältnis des Abstands zur Säulenbreite an: 100 % bedeutet, die Abstände entsprechen exakt der Säulenbreite, 50 % also der halben Säulenbreite und 75 % wie im Bild dreiviertel der Säulenbreite.

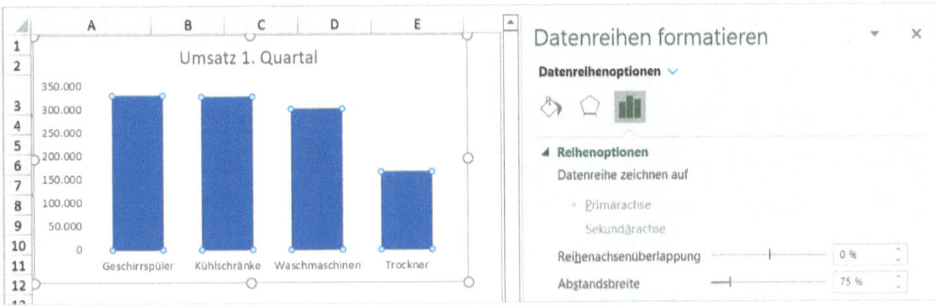

Bild 11.44 Die Abstandsbreite regelt den Abstand zwischen den Säulen/Balken

Schnittpunkt der X-Achse verlegen, Position der Achsenbeschriftung ändern

Enthält ein Säulen-, Linien-, oder Flächendiagramm negative Werte, so schneidet die waagrechte Achse trotzdem bei 0. Sie befindet sich damit innerhalb der Zeichnungsfläche und die Achsenbeschriftung überschneidet sich mit den Säulen wie im Bild.

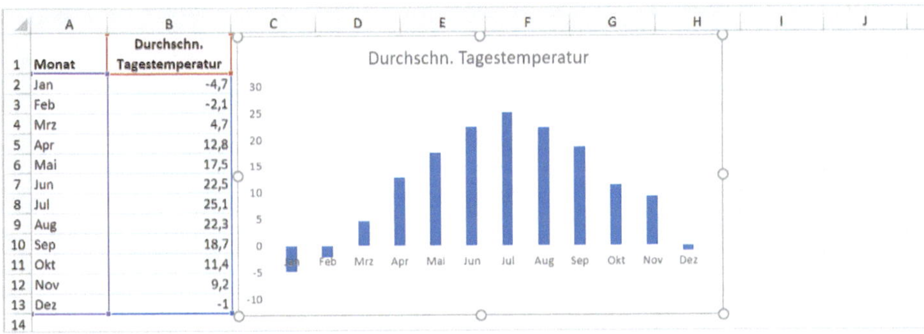

Bild 11.45 Beispiel: Säulendiagramm mit negativen Werten

Um dies zu verhindern, gibt es verschiedene Möglichkeiten.

- **Schnittpunkt der Y-Achse mit der X-Achse verlegen**
  Klicken Sie mit der rechten Maustaste auf die Größenachse (Y-Achse) ❶ (Bild auf der nächsten Seite) und auf *Achse formatieren*. Im Abschnitt *Achsenoptionen* unter *Horizontale Achse schneidet* wählen Sie zwischen den beiden folgenden Optionen:
  - **Wert vorgeben**: Möchten Sie einen bestimmten Wert für den Schnittpunkt vorgeben, dann wählen Sie die Option *Achsenwert*, geben rechts den Wert ein, z. B. -10 ❷ und betätigen die Eingabetaste.

Die Ausgangsdaten für die nachfolgenden Beispiele sind als Download verfügbar:

Temperaturen.xlsx

- **X-Achse oben anzeigen (Nur Liniendiagramm)**: Handelt es sich um ein Liniendiagramm, dann können Sie auch die X-Achse nach oben verlegen, indem Sie die Option *Maximaler Achsenwert* ❸ wählen.

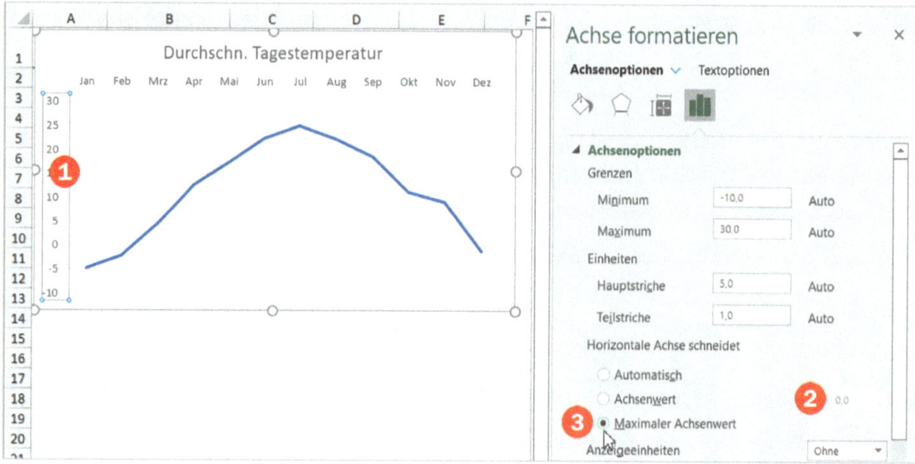

Bild 11.46 Schnittpunkt X-Achse mit Y-Achse ändern

Beschriftung der X-Achse verlagern

Als zweite Möglichkeit können Sie auch die Position der X-Achse beibehalten und nur deren Beschriftung verlagern. Klicken Sie dazu mit der rechten Maustaste auf die waagrechte (X-) Achse ❶ und auf *Achse formatieren*. Klicken Sie auf den Abschnitt *Beschriftungen* ❷ und wählen Sie als *Beschriftungsposition* ❸ entweder *Hoch* (oberhalb des Diagramms) oder *Niedrig*, wie im Bild unten.

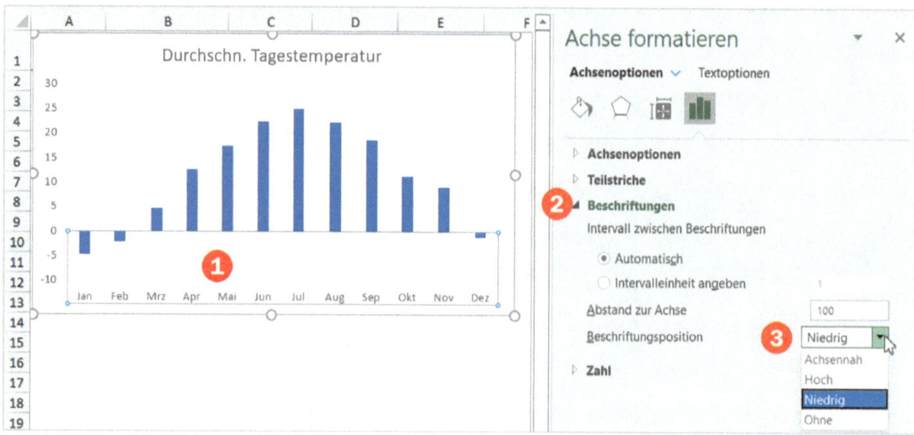

Bild 11.47 Beschriftung der X-Achse entweder nach oben oder unten verlagern

Beide Methoden funktionieren auch bei einem Balkendiagramm.

Achseneinteilung ändern

Standardmäßig wählt Excel für Diagramme mit einer Größenachse, z. B. Säulen-, Balken- oder Liniendiagramme, den Wertebereich und die Einteilung dieser Achse automatisch anhand der Ausgangsdaten. **Der Vorteil**: Auch bei nachträglichen Änderungen der Ausgangsdaten passt sich die Größenachse automatisch an.

Falls Sie trotzdem den Wertebereich und die Einteilung der Größenachse manuell vorgeben möchten, dann gehen Sie so vor:

1. Klicken Sie mit der rechten Maustaste auf die Größenachse und auf *Achse formatieren...* ❶.
2. Im Aufgabenbereich können Sie nun im Abschnitt *Achsenoptionen* unter *Grenzen* Werte für Minimum und/oder Maximum eingeben ❷. *Auto* rechts von einem Grenzwert bedeutet, dass dieser automatisch gewählt wird. Wenn Sie dagegen einen Wert eingegeben haben, dann erscheint stattdessen die Schaltfläche *Zurücksetzen* ❸, über die Sie bei Bedarf den geänderten Wert wieder auf automatische Einteilung zurücksetzen können.
3. Die Intervalle legen Sie unter *Einheiten* fest. Geben Sie die gewünschte Zahl im Feld *Hauptstriche* ein ❹, *Teilstriche* oder Hilfsintervalle müssen dagegen nur angegeben oder geändert werden, wenn sie auch im Diagramm erscheinen.

Tipp: Sehr große Zahlen können Sie zur besseren Lesbarkeit mithilfe des Auswahlfeldes *Anzeigeeinheiten* ❺ beispielsweise auf Tausende reduzieren. Die gewählte Anzeigeeinheit erscheint im Diagramm automatisch als zusätzliche Beschriftung an der Achse.

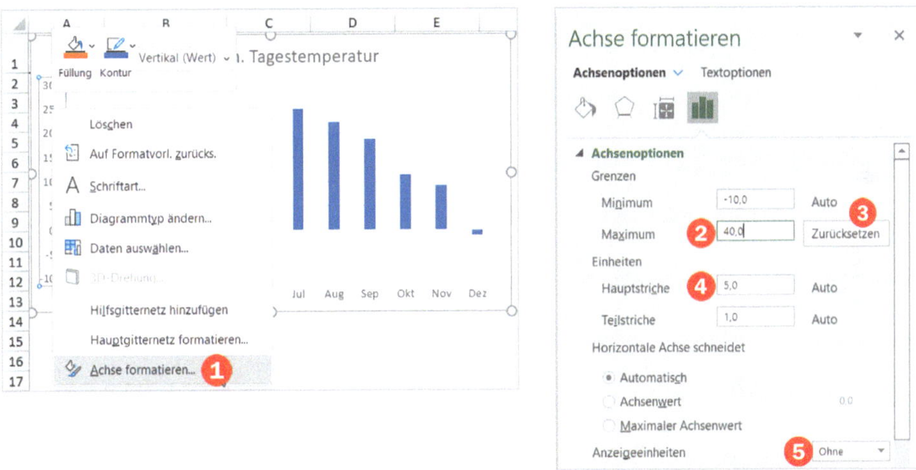

Bild 11.48 Minimum und Maximum vorgeben

Hinweis: In der Standardeinstellung richtet sich das Zahlenformat der Größenachse nach dem Zahlenformat in der Tabelle. Alternativ könnten Sie also auch hier das Zahlenformat entsprechend ändern.

Vorsicht bei Vorgabe von Minimum und/oder Maximum

Beachten Sie, dass bei Vorgabe eines festen Minimums und/oder Maximums bei späteren Änderungen der Daten keine automatische Anpassung der Achsen erfolgt und dadurch Säulen oder Linien abgeschnitten werden können.

Linien- und Flächendiagramme

Linien bis zur senkrechten Achse verlängern

Bei Linien- und Flächendiagrammen endet die Linie oder Fläche nicht an der Größenachse sondern davor, wie im Bild unten. Der Grund: Die Größenachse sowie die Beschriftungen der waagrechten Achse befinden sich zwischen den Datenpunkten bzw. Teilstrichen dieser Achse.

Um dies zu ändern, klicken Sie mit der rechten Maustaste auf die waagrechte Achse und auf Achse *formatieren....* Wählen Sie dann im Register *Achsenoptionen* ❶ des Aufgabenbereichs unter *Achsenposition* die Option *Auf Teilstrichen* ❷.

Bild 11.49 Größenachse schneidet auf Teilstrichen oder zwischen Teilstrichen

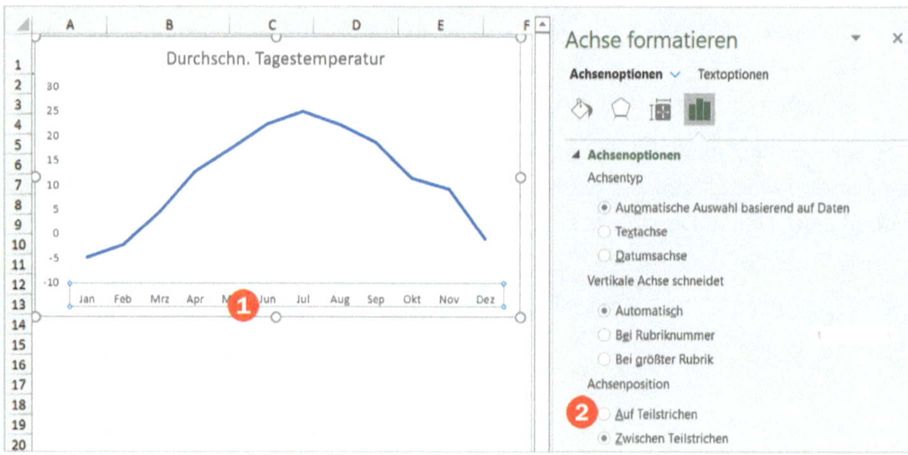

11.6 Datenreihen mit Sparklines visualisieren

Eine besondere Diagrammvariante sind die Sparklines. Hierbei handelt es sich um Minidiagramme ohne Beschriftungen, die in einer einzigen Zelle Platz finden und schnell einen grafischen Überblick oder Vergleich, z. B. mehrerer Messwerte, erlauben. Hier ein Beispiel, das die Temperaturen verschiedener Orte vergleicht.

1 Zum Einfügen klicken Sie im Menüband, Register *Einfügen* ▶ *Sparklines*, auf die gewünschte Darstellung. Excel bietet *Linien*, *Säulen* sowie *Gewinn/Verlust* zur Darstellung negativer Zahlen an. Für dieses Beispiel wählen Sie *Linie* ❶.

2 Klicken Sie im Fenster *Sparklines erstellen* in das Eingabefeld *Datenbereich* ❷ und markieren Sie dann in der Tabelle die Daten ❸ aus denen die Sparkline erstellt werden soll, hier B5:M5.

3 Klicken Sie in das Feld *Positionsbereich* ❹ und klicken Sie dann im Arbeitsblatt auf die Zelle, in die Sie die Sparkline einfügen möchten ❺, im Bild N5 und schließen Sie das Fenster mit der Schaltfläche *OK*.

4 Anschließend sollten Sie noch zur besseren Darstellung der Sparklines Spaltenbreite und Zeilenhöhe vergrößern.

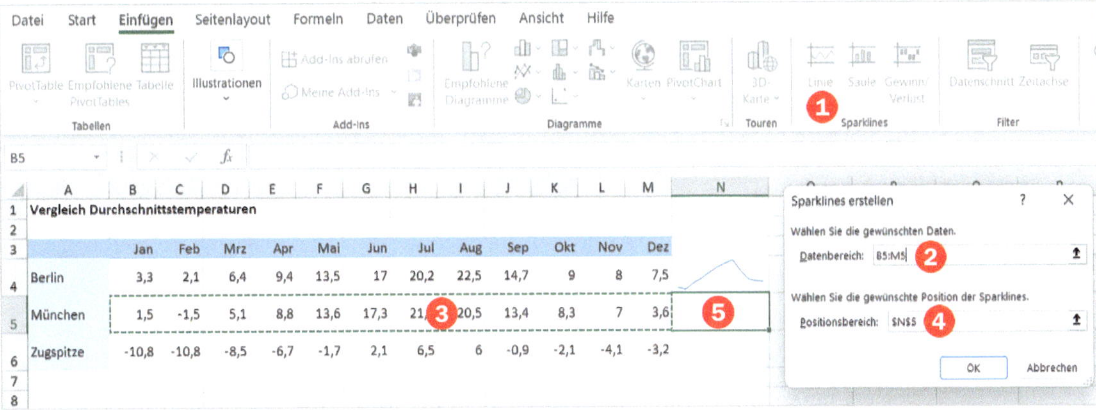

Bild 11.50 Sparkline erstellen

Sparklines für mehrere Datenreihen erstellen

Die Daten zu diesen Beispielen sind als Download verfügbar: **Beispieldaten_Sparklines.xlsx**

- **Sparklines als Gruppe erstellen**: Sie können Sparklines auch als Gruppe gleich für mehrere Datenreihen einfügen: Dazu legen Sie einfach den gesamten Zellbereich, im Bild unten B2:E3, als Datenbereich fest. Außerdem müssen Sie auch die entsprechende Anzahl Zellen als Positionsbereich angeben, hier F2:F3.

  Auf diesem Weg erstellte Sparklines werden als Gruppe behandelt, d. h. sobald Sie auf eine Zelle bzw. Sparkline klicken, werden automatisch alle Zellen der Gruppe markiert und alle nachfolgenden Bearbeitungen wirken sich auf die gesamte Gruppe aus.

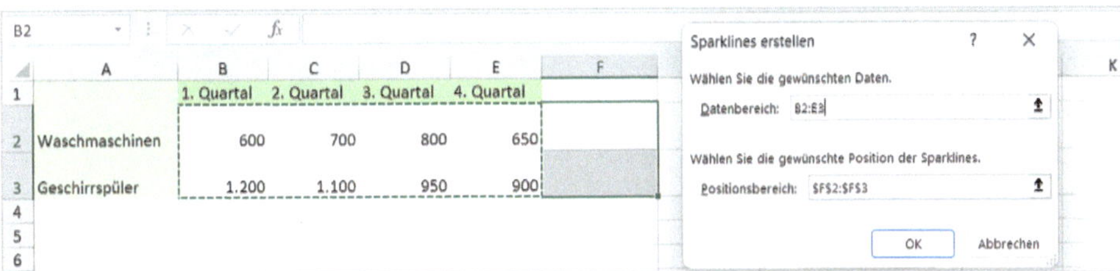

Bild 11.51 Sparklines gleich für mehrere Bereiche erzeugen

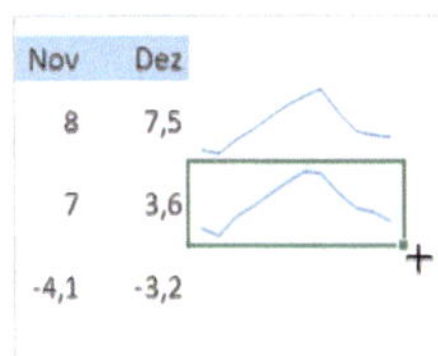

- **Sparkline kopieren**: Eine Alternative ist das Kopieren, Sparklines lassen sich mit der Maus wie Formeln in angrenzende Zellen kopieren.

Sparkline löschen

Um nicht mehr benötigte Sparklines zu entfernen, markieren Sie die betreffende Zelle und klicken im Menüband, Register *Sparkline* ▶ *Gruppieren*, auf *Löschen*, s. Bild auf der nächsten Seite. Alternativ können Sie auch das Symbol *Löschen* und die Auswahl *Alle Löschen* im Register *Start* benutzen.

Löschen mit der Entf-Taste funktioniert bei Sparklines nicht!

Gruppe löschen: Falls Sie eine Gruppe erstellt haben, können Sie mit Klick auf den Pfeil des Symbols *Löschen* wählen zwischen *Ausgewählte* (markierte) *Sparklines löschen* und *Ausgewählte Sparklinegruppe löschen*.

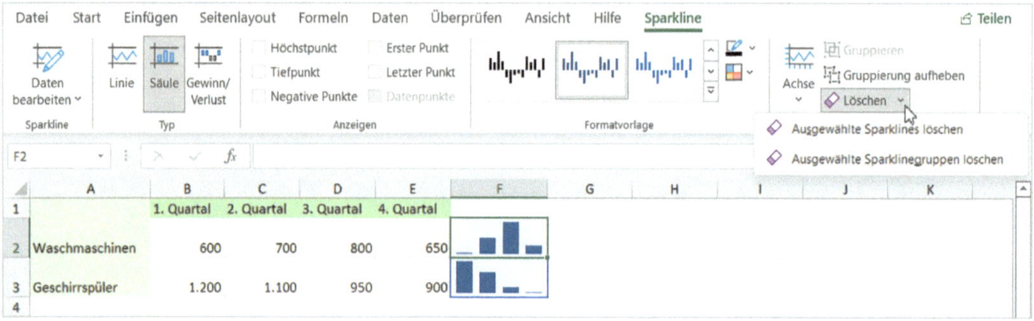

Bild 11.52 Sparklines aus markierten Zellen löschen

Sparklines formatieren

Sobald eine Zelle mit einer Sparkline markiert ist, stehen Ihnen im Register *Sparkline* verschiedene Werkzeuge zur Bearbeitung zur Verfügung. Sie können beispielsweise über die Kontrollkästchen der Gruppe *Anzeigen* bestimmte Punkte hervorheben, im Bild unten die jeweils niedrigste (*Tiefpunkt*) und höchste (*Höchstpunkt*) Temperatur. Außerdem können Sie Sparklines mit Formatvorlagen formatieren oder eine *Sparklinefarbe* wählen sowie bestimmten Datenpunkten über das Symbol *Datenpunktfarbe* eine gesonderte Farbe zuweisen.

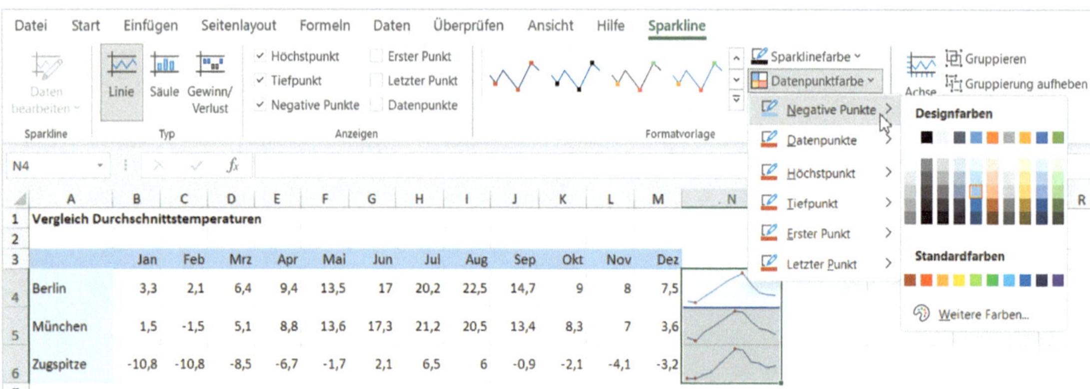

11.7 Bilder und Formen einfügen

Im Gegensatz zu Word ist in Excel das Einfügen von Bildern eher von nachgeordneter Bedeutung. Dennoch möchten Sie vielleicht ein Firmenlogo in ein Tabellenblatt einfügen, mit einem Pfeil auf ein wichtiges Detail hinweisen oder mittels Textfeld weitere Informationen hinzufügen. Sämtliche Möglichkeiten finden Sie im Menüband, Register *Einfügen*, in der Gruppe *Illustrationen*.

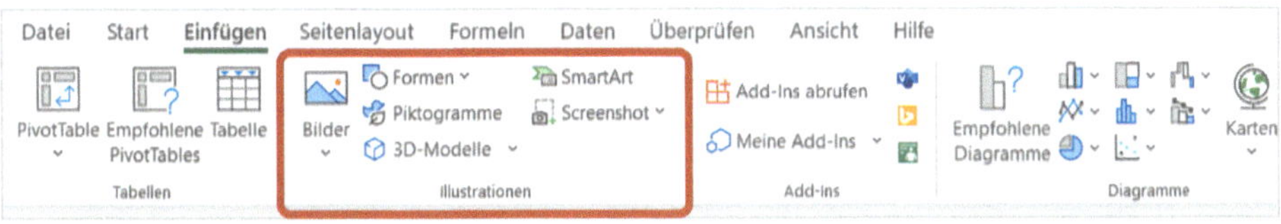

Bild 11.53 Grafische Elemente einfügen

> **Beachten Sie beim Einfügen**
>
> Sämtliche grafischen Objekte sind in Excel nicht an eine bestimmte Zelle gebunden, sondern können auf dem Tabellenblatt frei verschoben werden. Es spielt also keine Rolle, welche Zelle beim Einfügen gerade markiert ist.

Bild einfügen und bearbeiten

Wenn Sie ein Bild in das aktuelle Tabellenblatt einfügen möchten, dann haben Sie beim Klick auf das Symbol *Bild* die Wahl zwischen verschiedenen Bildquellen:

Bild von Festplatte einfügen

Um ein, auf der Festplatte bzw. OneDrive gespeichertes Bild einzufügen, wählen Sie *Dieses Gerät...*. Navigieren Sie dann im Fenster *Grafik einfügen* zum Speicherort, markieren Sie die gewünschte Bilddatei und klicken Sie auf die Schaltfläche *Einfügen*.

Archivbild einfügen

Hinter der Bezeichnung *Archivbilder* versteckt sich eine, von Microsoft zur Verfügung gestellte Bildersammlung. Die dazugehörigen Bilder dürfen Sie in Office-Dokumenten, also Word-Dokumenten, Excel-Arbeitsmappen und PowerPoint-Präsentation unter Angabe der Bildquelle frei verwenden. Nicht erlaubt ist dagegen die Verwendung in anderen Apps und in Webseiten. Beachten Sie außerdem, dass die gesamte Bibliothek nur Abonnenten von Microsoft 365 zur Verfügung steht, die übrigen Nutzer haben nur Zugriff auf einen Teil der Bilder.

Office-Dokumente schließen auch den Export in PDF-Dateien ein.

- Mit Klick auf *Archivbilder* öffnet sich ein Auswahlfeld. Wählen Sie zunächst einen Bildtyp ❶, z. B. *Bilder*, *Piktogramme* oder *Sticker*, s. Bild auf der nächsten Seite.
- Wenn Sie die Auswahl auf ein bestimmtes Thema eingrenzen möchten, dann klicken Sie entweder auf eine Kategorie, z. B. *Forschung* ❷ wie im Bild, oder geben einen Suchbegriff ein ❸. Mit dem Pfeil ❹ blättern Sie zu *weiteren* Kategorien.

- Zum Einfügen klicken Sie auf das gewünschte Bild, dieses wird in der rechten oberen Ecke mit einem grünen Häkchen versehen ❺ und klicken dann auf die Schaltfläche *Einfügen* ❻.
  - Sie können auch mehrere Bilder gleichzeitig auswählen und einfügen, die Schaltfläche *Einfügen* zeigt dann deren Zahl in Klammern an.
  - Um ein Bild wieder aus der Auswahl zu entfernen, klicken Sie es erneut an.

Bild 11.54 Archivbild einfügen

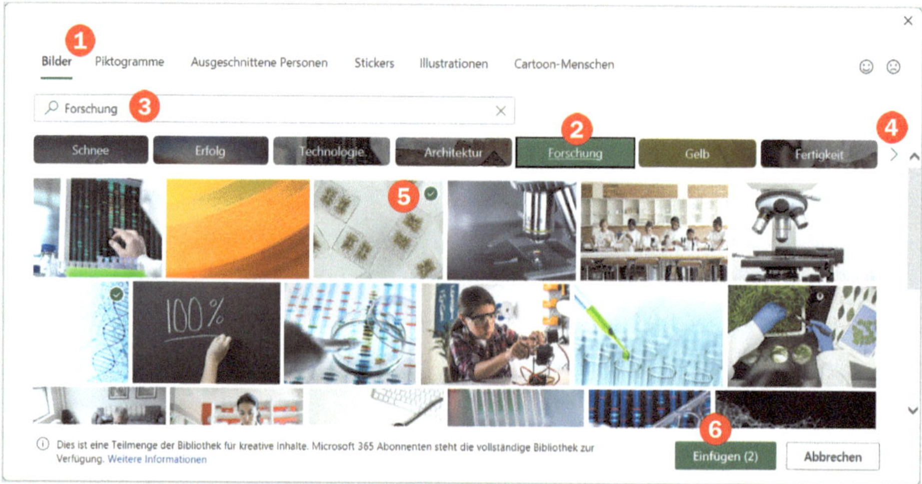

Bilder im Web suchen und einfügen

Falls Sie stattdessen das Internet nach einem geeigneten Bild durchsuchen möchten, so wählen Sie *Onlinebilder*. Klicken Sie dann entweder auf eine der Kategorien oder geben Sie einen Suchbegriff ein und starten die Suche mit der Eingabetaste.

Bild 11.55 Bilder im Web suchen

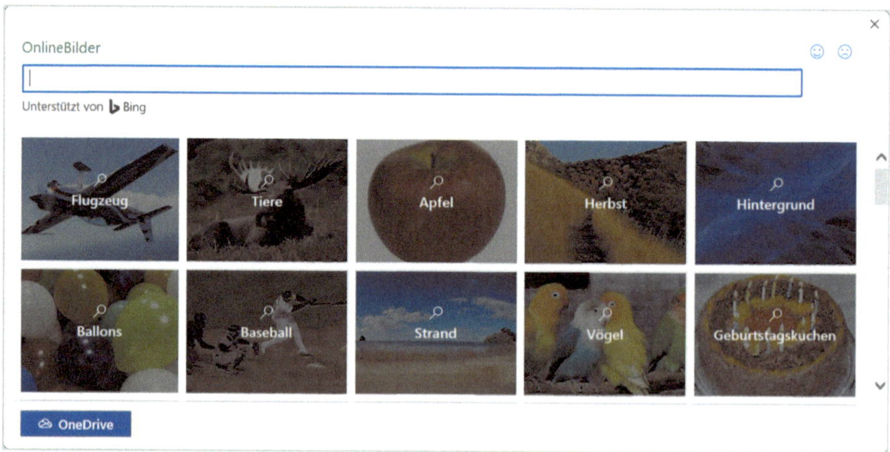

Achtung: Bilder aus dem Web unterliegen in der Regel dem Urheberrecht und dürfen nicht ohne Weiteres, insbesondere für kommerzielle Zwecke verwendet werden. Näheres erfahren Sie über den Link im unteren Bereich des Fensters, sobald Sie auf eine Kategorie geklickt haben..

Unabhängig von der Herkunft wird das Bild anschließend in Originalgröße in das Tabellenblatt eingefügt. Zusammen mit dem markierten Bild erscheint im Menüband das kontextbezogene Register *Bildformat* mit Werkzeugen zur weiteren Bearbeitung.

Bild 11.56 Das markierte Bild mit dem Register Bildformat

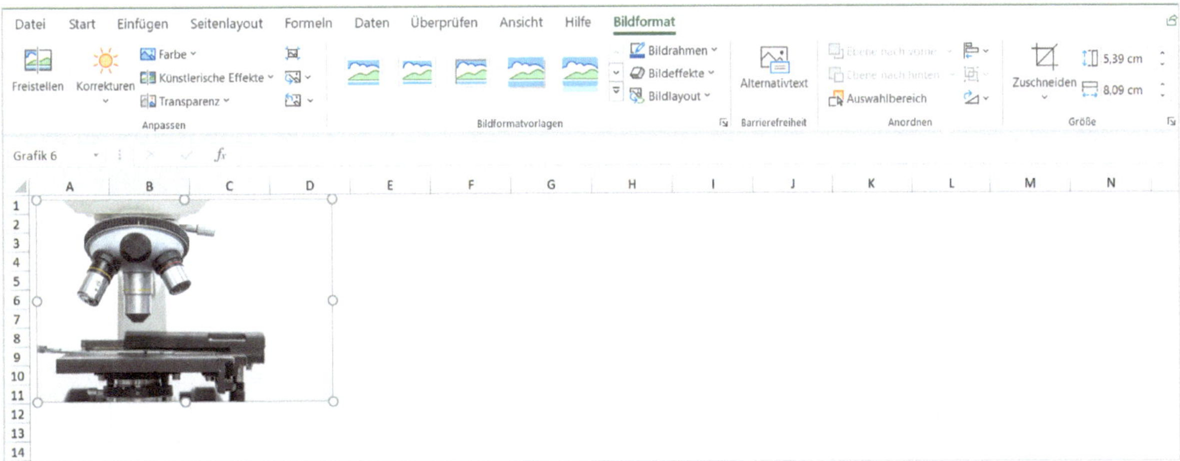

Bild markieren und bearbeiten

Vor jeder weiteren Bearbeitung müssen Sie das Bild durch Anklicken markieren. Eine markierte Grafik erkennen Sie an den Markierungspunkten, wie im Bild oben.

- **Bild verschieben**: Zum Verschieben zeigen Sie an eine beliebige Stelle innerhalb des Bildes. Am Mauszeiger werden vier Richtungspfeile sichtbar (Bild 11.57). Ziehen Sie nun das Bild mit gedrückter linker Maustaste an die gewünschte Position.
- **Größe ändern**: Zum Vergrößern oder Verkleinern zeigen Sie mit der Maus auf einen der Eckpunkte des markierten Bildes. Sobald als Mauszeiger ein Doppelpfeil sichtbar wird (Bild 11.58), können Sie es mit gedrückter Maustaste diagonal auf die gewünschte Größe ziehen. Über *Bildformat* ▶ Gruppe *Größe* können Sie bei Bedarf auch exakte Maße für Höhe und Breite festlegen.

  Achtung: Benutzen Sie zur Größenänderung mit der Maus ausschließlich die Eckpunkte, da das Bild sonst verzerrt wird!
- **Bild drehen**: Bilder können auch gedreht werden. Markieren Sie das Bild und zeigen Sie mit der Maus auf den gebogenen Pfeil oberhalb (Bild 11.59). Jetzt können Sie die Grafik durch Ziehen mit gedrückter linker Maustaste drehen.

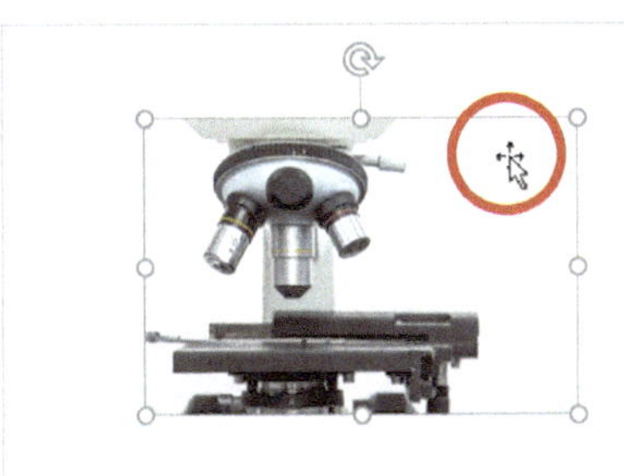

Bild 11.57 Bild verschieben

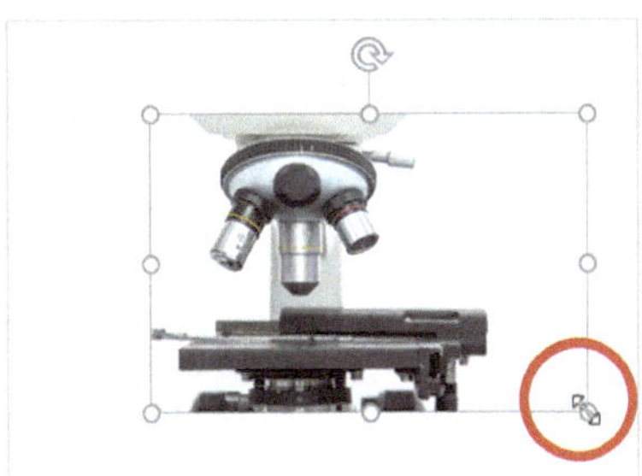

Bild 11.58 Bild vergrößern/verkleinern

Bild 11.59 Bild drehen

- **Bild löschen:** Zum Löschen markieren Sie das Bild und drücken die **Entf**-Taste.

Bild formatieren

Zur schnellen Formatierung mit Rahmen-, Schatten- oder Spiegelungseffekt stellt Excel im Register *Bildformat*, Gruppe *Bildformatvorlagen* eine Reihe von Vorlagen ❶ zur Verfügung. Ein Klick auf die Schaltfläche *Weitere* öffnet den gesamten Katalog auf einen Blick. Individuelle Formate stellen Sie über die Symbole *Bildrahmen* (=Rahmenfarbe, Strichstärke und Strichart) und *Bildeffekte* zusammen ❷ und über die Symbole der Gruppe *Anpassen* ❸ lassen sich Helligkeit, Kontrast und Farben ändern, ein Beispiel sehen Sie im Bild unten rechts. Am besten probieren Sie einfach verschiedene Möglichkeiten aus.

Bild 11.60 Bild formatieren

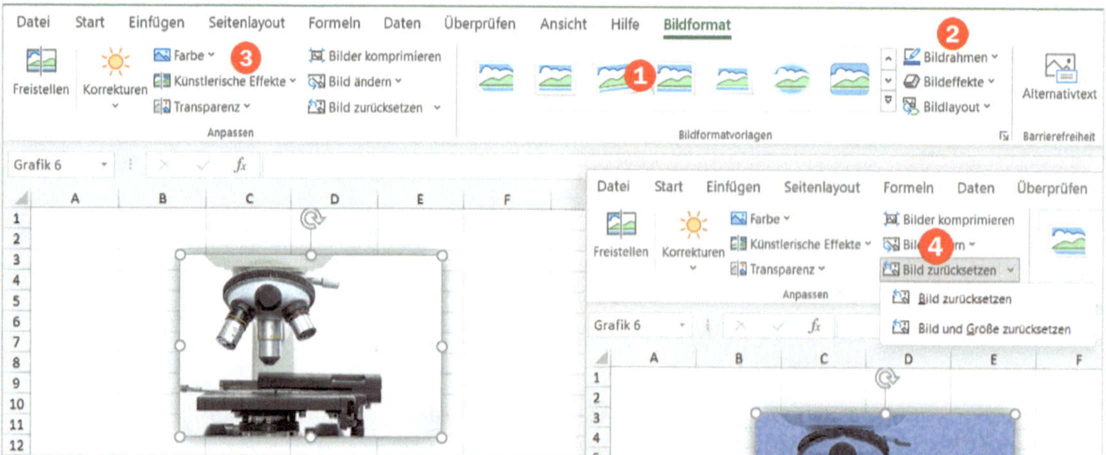

Bild zurücksetzen

Falls Ihnen das Ergebnis nicht zusagt, können Sie über das Symbol *Bild zurücksetzen* ❹ das Bild wieder in den ursprünglichen Zustand zurückversetzen. Mit Klick auf den Dropdown-Pfeil des Symbols können Sie außerdem entscheiden, ob Sie das Bild auch auf seine Originalgröße zurücksetzen möchten.

Einfache Formen einfügen

Einfache Formen, wie z. B. Pfeile, Kreise, Rechtecke usw. fügen Sie über das Menüband, Registe *Einfügen* und das Symbol *Formen* ein ❶.

1. Wählen Sie mit einem Mausklick die gewünschte Form aus, z. B. *Blockpfeil* oder *Rechteck mit abgerundeten Ecken*, wie im Bild.
2. Zum Einfügen haben Sie folgende Möglichkeiten:
   - Ein Klick im Arbeitsblatt fügt an dieser Stelle die Form mit den Originalproportionen und in der Originalgröße ein.

- Wenn Sie dagegen die Form mit gedrückter linker Maustaste im Arbeitsblatt diagonal aufziehen, können Sie diese in jeder Größe und jedem beliebigen Seitenverhältnis einfügen. Auf diese Weise wird z. B. ein Kreis zur Ellipse.
- Soll die Form größer, aber mit den Originalproportionen eingefügt werden, dann halten Sie während des Ziehens die **Umschalt**-Taste gedrückt. **Achtung**: Dies gilt auch für nachträgliche Größenänderungen.

Formen lassen sich im Tabellenblatt anschließend auf dieselbe Weise wie Bilder verschieben, vergrößern, verkleinern oder drehen.

Bild 11.61 Form einfügen

Bild 11.62 Form formatieren und beschriften

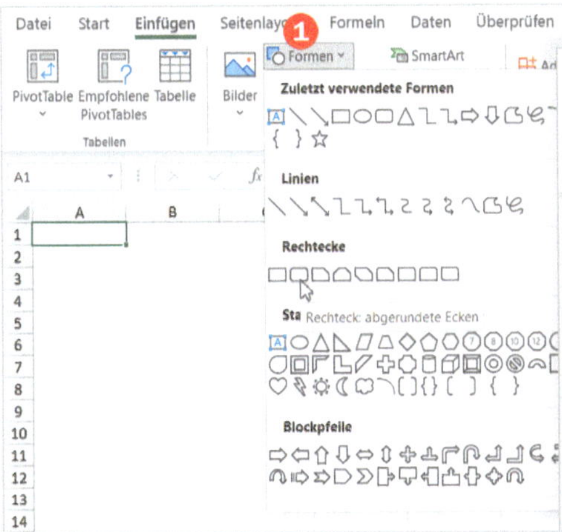

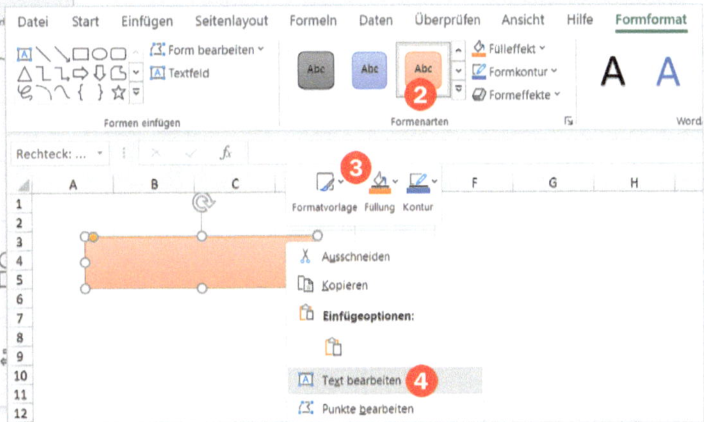

Form formatieren

Sobald Sie eine Form markiert haben, stehen Ihnen im Menüband, Register *Formformat* ▶ *Formenarten* ❷ Werkzeuge zur Formatierung zur Verfügung. Sie können zur schnellen Formatierung auf verschiedene Formatvorlagen zurückgreifen, für individuelle Formate benutzen Sie die Symbole *Fülleffekt*, *Formkontur* und *Formeffekte*, diese sind identisch mit denen des Registers *Diagrammformat*, siehe Seite 326. Dieselben Vorlagen und die Symbole *Füllung* und *Rahmen* ❸ erhalten Sie auch nach einem Rechtsklick in die Form.

Form beschriften

Wenn Sie in eine Form, z. B. in ein Rechteck oder eine Legende Text einfügen möchten, dann klicken Sie diese mit der rechten Maustaste an und wählen den Befehl *Text bearbeiten* ❹. Anschließend erscheint der Cursor im Textfeld und Sie können Text beliebiger Länge eingeben und anschließend formatieren.

Form in Diagramm einfügen

Wenn Sie eine Form in ein Diagramm einfügen möchten, dann sollten Sie darauf achten, dass die Form zu einem festen Bestandteil des Diagramms wird und beispielsweise beim Verschieben des Diagramms mit wandert. Dazu markieren Sie zuerst den Diagrammbereich und fügen dann die Form in das Diagramm entweder durch Zeichnen oder Klicken ein.

Textfeld einfügen

Wenn Sie im Arbeitsblatt längere Texte, z. B. Hinweise, Zusatzinformationen oder sonstige Bemerkungen unabhängig von der Zeilen- und Spaltenaufteilung einfügen möchten, dann verwenden Sie ein Textfeld.

Dazu klicken Sie im Register *Einfügen* ▶ *Illustrationen* auf *Formen* und hier auf *Textfeld* oder wählen Sie im selben Register *Textfeld* in der Gruppe *Text* aus. Ziehen Sie anschließend mit der Maus im Arbeitsblatt diagonal ein Rechteck in der gewünschten Größe auf. Der Cursor erscheint im Textfeld und Sie können sofort Text eingeben.

Bild 11.63 Textfeld einfügen

Bild 11.64 Text eingeben

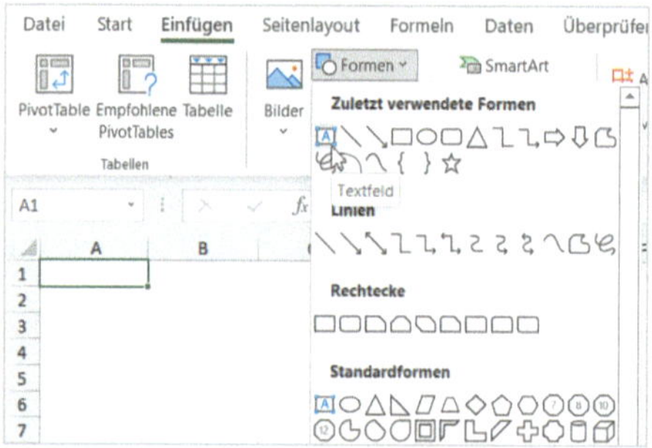

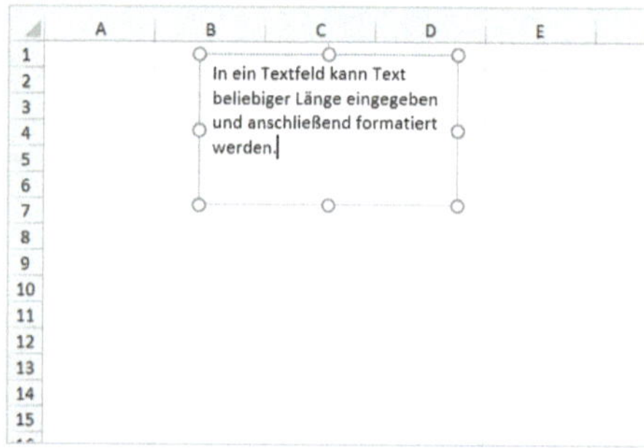

Der weitere Umgang mit Textfeldern, z. B. Verschieben, Größe ändern und sonstige Gestaltungsmöglichkeiten, unterscheidet sich nicht von den übrigen Formen.

Praktisch ist ein Textfeld auch, wenn Sie ein Diagramm durch eine zusätzliche Beschriftung, z. B. Quellenangabe ergänzen möchten. In diesem Fall müssen Sie, wie bereits oben beschrieben, vor dem Einfügen des Textfeldes den Diagrammbereich markieren.

Textfeld, Legende und Form beschriften

Im Prinzip kann jede beliebige Form, also auch Pfeile, Dreiecke, Ellipsen usw. beschriftet werden. Im einfachsten Fall markieren Sie die Form und tippen einfach Ihren Text ein, Sie können jedoch auch den Weg über einen Rechtsklick und den Befehl *Text bearbeiten* wählen. Umgekehrt lässt sich ein Textfeld genau wie jede andere Form formatieren, z. B. mit einer Vorlage.

Piktogramme verwenden

Die Archivbibliothek (siehe Seite 345) umfasst auch eine Sammlung von Piktogrammen, die sich nach dem Einfügen wie Formen formatieren lassen.

Klicken Sie zum Einfügen im Register *Einfügen* des Menübands entweder auf *Piktogramme* oder wählen Sie *Bilder* ▶ *Archivbilder...* und klicken dann auf den Bildtyp *Piktogramme* ❶.

Auch die Auswahl eines Piktogramms erfolgt wie bei Archivbildern: Wählen Sie eine Kategorie ❷, z. B. *Fahrzeuge* oder *Essen und Geträn-*

ke und klicken Sie auf das gewünschte Motiv, dieses wird mit einem grünen Häkchen versehen ❸. Klicken Sie zuletzt auf die Schaltfläche *Einfügen* ❹.

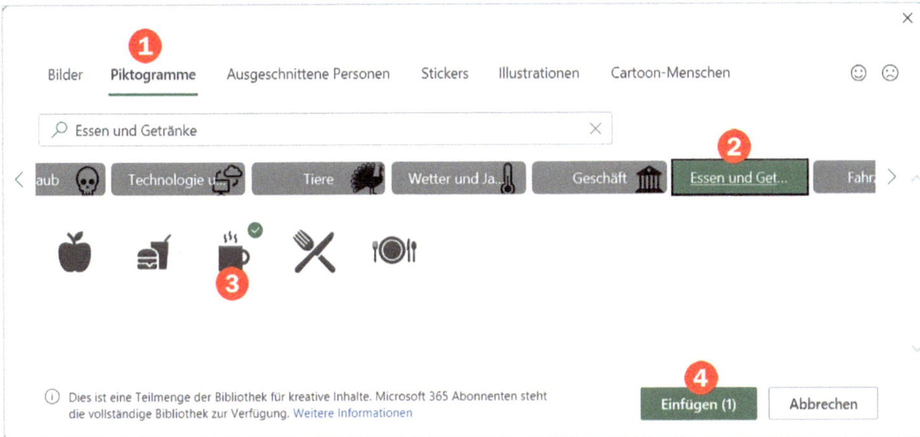

Bild 11.65 Piktogramm auswählen und einfügen

Zusammen mit dem markierten Piktogramm erhalten Sie im Menüband das Register *Grafikformat*. Dieses stellt im Wesentlichen dieselben Formatierungsmöglichkeiten bereit wie das Register *Formformat* für Formen, nur dass hier die Symbole mit *Grafikfüllung*, *Grafikkontur* und *Grafikeffekte* beschriftet sind. Die Positionierung und Größenänderung unterscheidet sich ebenfalls nicht von Bildern und Formen und wird daher an dieser Stelle nicht mehr beschrieben.

Beispiel Farbe ändern

Standardmäßig werden Piktogramme in schwarzer Farbe eingefügt. Zum Ändern markieren Sie das Piktogramm und klicken im Register *Grafikformat* auf *Grafikfüllung*. Oder klicken Sie mit der rechten Maustaste auf das Piktogramm und wählen über das Symbol *Füllung* eine andere Farbe, wie im Bild unten.

Bild 11.66 Piktogramm anders einfärben

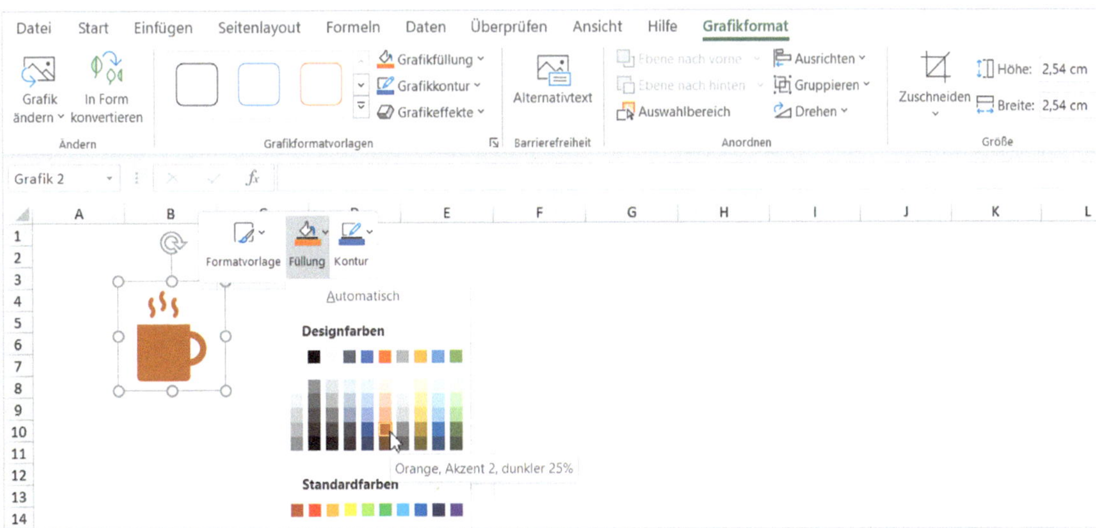

Tipp: Sämtliche Formate, wie z. B. die Füllfarbe beziehen sich standardmäßig auf das gesamte Piktogramm. Falls Sie einzelne Bestandteile gesondert behandeln möchten, dann klicken Sie im Register *Grafikformat* ▶ *Ändern* auf *In Form konvertieren*. Nach einer Rückfrage, ob Sie die Grafik in ein Zeichnungsobjekt umwandeln möchten, kann das Piktogramm per Rechtsklick und den Befehl *Gruppieren* ▶ *Gruppierung aufheben* in Formen zerlegt werden, die Sie nun einzeln markieren und formatieren können.

11.8 Übung

Aufgabe 1

Öffnen Sie im Ordner Kap_11 die Excel-Arbeitsmappe Übung_Diagramme.xlsx (siehe Downloaddateien) oder tippen Sie die unten abgebildete Tabelle ab. Berechnen Sie die Zahlen in Spalte F mit der Funktion Summe.

Übung_Diagramme.xlsx

F4 =SUMME(C4:E4)

	A	B	C	D	E	F	G
1	Umsatz Gartenzubehör						
2				Verkaufsbezirk			
3	Artikel-nummer	Artikelbezeichnung	Nord	Mitte	Süd	Gesamt	
4	B-900	Gießkanne 10 l	1.600	1.200	1.550	4.350	
5	B-956	Gummistiefel Gr. 36 -48	650	800	1.200	2.650	
6	B-633	Spaten mit verstärktem Griff	320	300	210	830	
7	B-341	Vogeltränke "Froschkönig"	220	95	180	495	
8	B-333	Vogelfutter, Mischung "Piepmatz"	520	460	800	1.780	
9	B-226	Gartenzwerg Alfred	1.100	175	900	2.175	
10							
11							

Hinweis: Wenn Sie die Tabelle über die Tastatur eingeben, dann formatieren Sie die Zahlen mit Tausendertrennzeichen und ohne Dezimalstellen. Die übrige Gestaltung der Tabelle mit Farben und Rahmenlinien bleibt Ihnen überlassen.

Aufgabe 2

Erstellen Sie aus den Gesamtsummen in Spalte F und der Artikelnummer und Artikelbezeichnung ein Säulendiagramm nach dem unten abgebildeten Muster. Platzieren Sie das Diagramm unterhalb der Ausgangstabelle, es soll etwa dieselbe Breite haben.

Hinweis: Die Achsenbeschriftung kann sich auch aus mehreren Spalten zusammensetzen und erscheint dann im Diagramm wie im Bild auf der nächsten Seite.

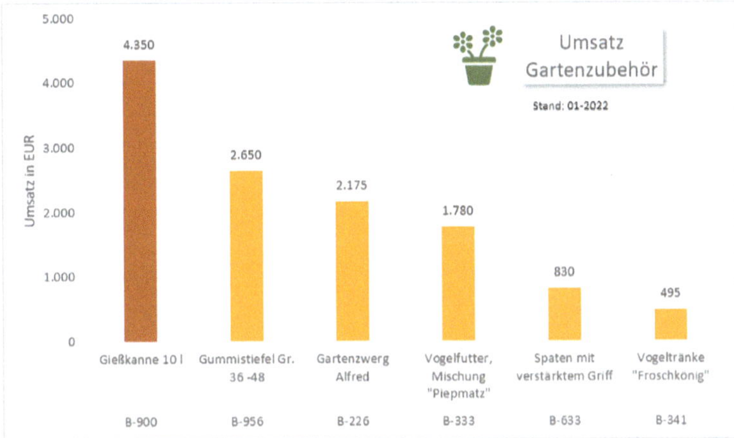

Vorgaben und Lösungshinweise

- Ordnen Sie die Säulen von links nach rechts absteigend sortiert an. **Achtung**: Da die Tabelle verbundene Zellen enthält, müssen Sie die Tabelle markieren und *Benutzerdefiniertes Sortieren* verwenden.
- Formatieren Sie die gesamte Datenreihe mit gelber Füllfarbe. Ausnahme: die Säule mit dem höchsten Umsatz (Gießkanne), diese erhält einen roten Farbton.
- Fügen Sie oberhalb der Säulen die Werte als Datenbeschriftung hinzu.
- Die Größenachse erhält die zusätzliche Beschriftung „Umsatz in EUR".
- Die Einteilung der Größenachse soll in 1.000er Schritten erfolgen.
- Platzieren und gestalten Sie den Diagrammtitel mit Rahmen und Schatteneffekt ähnlich der Abbildung.
- Fügen Sie unterhalb des Diagrammtitels den Text „Stand: 01-2022" ein.
- Fügen Sie links vom Diagrammtitel ein passendes Piktogramm in grüner Farbe hinzu.
- Kontrollieren Sie Tabelle und Diagramm in der Druckvorschau: Beide sollten zusammen auf eine einzige A4-Seite im Querformat passen.

Aufgabe 3

Kopieren Sie die Ausgangstabelle in ein neues Arbeitsblatt. Erstellen Sie hier ein gestapeltes 3D-Balkendiagramm aus der Artikelbezeichnung und den Umsätzen der Verkaufsbezirke wie im Bild auf der nächsten Seite.

- Ordnen Sie die Balken des Diagramms von oben nach unten absteigend an.

- Formatieren Sie die Datenreihen und den Diagrammhintergrund ähnlich der Abbildung. Wenn Sie möchten, können Sie als Diagrammhintergrund auch einen Farbverlauf oder ein Bild verwenden.

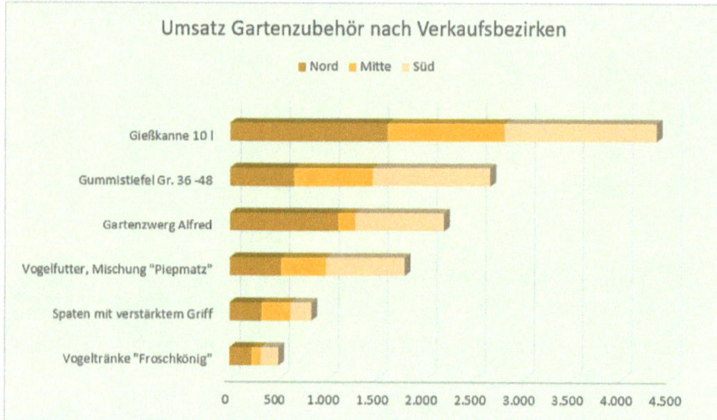

- Fügen Sie im aktuellen Arbeitsblatt an die Ausgangstabelle in Zeile 10 bzw. in der nächsten leeren Zeile den Artikel B-450 (siehe Bild) hinzu und sorgen Sie dafür, dass auch dieser im Diagramm erscheint.

8	B-956	Gummistiefel Gr. 36 -48	650	800	1.200	2.650
9	B-900	Gießkanne 10 l	1.600	1.200	1.550	4.350
10	B-450	Gartenschlauch rot, 10 m	180	250	300	730
11						
12						

12 Vorlagen erstellen, Mappen gemeinsam bearbeiten

In diesem Kapitel lernen Sie...

- Vorlagen für Arbeitsmappen zu erstellen
- Arbeitsblätter zu schützen
- Kommentare einzufügen
- Arbeitsmappen freizugeben
- wie Sie gemeinsam an einer Excel-Datei arbeiten können

Das sollten Sie bereits wissen

- Daten in Tabellen eingeben
- Zellen formatieren
- Berechnungen mit Formeln und Funktionen
- Arbeitsmappen ausdrucken

12.1 So erstellen Sie eine individuelle Vorlage

Was sind Vorlagen?

Sollten Sie immer wieder Arbeitsmappen desselben Aufbaus benötigen, dann ist es von Vorteil eine benutzerdefinierte Vorlage zu erstellen. Vorlagen sind vergleichbar mit Vordrucken, die Sie beliebig oft verwenden können. Sie geben die Standardeinstellungen für neue Arbeitsmappen vor und können nicht nur Text und Formatierungen, sondern auch Formeln und Funktionen enthalten. Sie werden unter einem gesonderten Dateityp mit der Dateinamenerweiterung .xltx bzw. .xltm für Vorlagen mit Makros abgespeichert. Die von Microsoft zur Verfügung gestellten Vorlagen haben Sie bereits im Kap. 1 kennengelernt.

In Vorlagen speichern Sie allgemeine Einstellungen wie Ausrichtung und Seitenränder, Sie steuern über Designs das Aussehen des Textes und die angebotenen Farben und Sie tragen vor allem bereits Standardinhalte, wie Text und notwendige Formeln für Berechnungen ein. Vorlagen können fertig gestaltete Tabellen enthalten, in die nur noch die neuen Werte eingegeben werden müssen.

Benutzerdefinierte Vorlagen leisten immer dann gute Dienste, wenn durch die Vorgabe von Standardinhalten, die Tipparbeit und die Formeleingabe reduziert werden kann. Neue Arbeitsmappen, die auf der Basis einer Vorlage erstellt wurden, können beliebig geändert und gespeichert werden. Die Vorlage selbst wird dadurch nicht verändert.

Vorüberlegungen

So starten Sie:

- Gibt es eine Excel-Vorlage, die zu meinen Vorgaben passt und die ich nach entsprechenden Änderungen verwenden könnte?
- Ist bereits eine Excel-Arbeitsmappe vorhanden, die viele der benötigten Komponenten enthält,? In diesem Fall sollten Sie die Arbeitsmappe kopieren und entsprechend ändern. Falls nicht ...
- Beginnen Sie mit einer leeren Arbeitsmappe.

Beachten Sie folgende Schritte bzw. beantworten Sie für sich folgende Fragen.

- Welche Eingaben und Formatierungen werden benötigt?
  - Haben alle Zellen das richtige Format, z. B. Buchhaltung, Datum etc.?
  - Sind alle Spalten ausreichend breit? So vermeiden Sie, dass Sie später ständig die Spaltenbreite verändern müssen.
  - Sollen die Informationen später auch gedruckt werden? Passt der Text auf eine Druckseite? Ist es sinnvoll einen Druckbereich festzulegen?
  - Ist es sinnvoll, Kopf- und Fußzeilen mit Informationen zu füllen, z. B. Seitenzahl, Name der Person, die das Dokument erstellt hat etc. ?

- Wenn in der Vorlage auch gerechnet wird, geben Sie einige Beispielwerte zu den hinterlegten Formeln ein und testen Sie diese. Vergessen Sie aber später nicht, die Testzahlen wieder zu entfernen.
- Löschen Sie alle nicht benötigten Elemente, z. B. leere Tabellenblätter.
- Unter Umständen ist es sinnvoll, einzelne Zellen vor Veränderungen zu schützen. In welchen Zellen muss die Eingabe möglich sein und welche Zellen müssen geschützt werden, z. B. Formeln? Dazu lesen Sie gleich mehr in Kapitel 12.2.
- Geben Sie nur Text ein, der später in jeder Arbeitsmappe erscheinen soll.

Inhalte zusammenstellen

Als Beispiel wird im folgenden eine Vorlage für Angebote gestaltet:

1 **Notwendige Text und Formate eingeben:** Beginnen Sie mit einer leeren Arbeitsmappe und geben Sie die einzelnen Informationen ein. Achten Sie dabei auf Schriftgröße, Ausrichtung der Zellinhalte, ggf. ist die Verwendung von Rahmenlinien nützlich und geben Sie den einzelnen Zellen die korrekten Zahlenformate. In unserem Beispiel eines Rechnungsvordrucks (siehe Abbildung nächste Seite) wurden folgende Zellen mit einem Zahlenformat versehen:

   - Die Zellen in den Spalten *Einzelpreis* und *Gesamt* wurden mit dem Format *Buchhaltung* formatiert.
   - Die Spalte *Menge* erhält das Format *Zahl* und wird ohne Nachkommastellen angezeigt.
   - Man kann die Eingabe der Angebotsnummer durch ein benutzerdefiniertes Format (siehe Seite 103) erleichtern. In unserem Beispiel soll die Angebotsnummer für das aktuelle Jahr mit 22 und einem Bindestrich beginnen, danach folgen maximal 5 Ziffern, die, bei niedrigen Zahlen mit Führungsnullen aufgefüllt werden. Mit dem korrekten benutzerdefinierten Format reicht dann für die Angebotsnummer 22-00001 die Eingabe der Zahl 1. Dazu öffnen Sie das Dialogfenster *Zellen formatieren*, wählen links *Benutzerdefiniert* aus und geben bei *Typ* die Zeichenfolge 22-0000# ein.

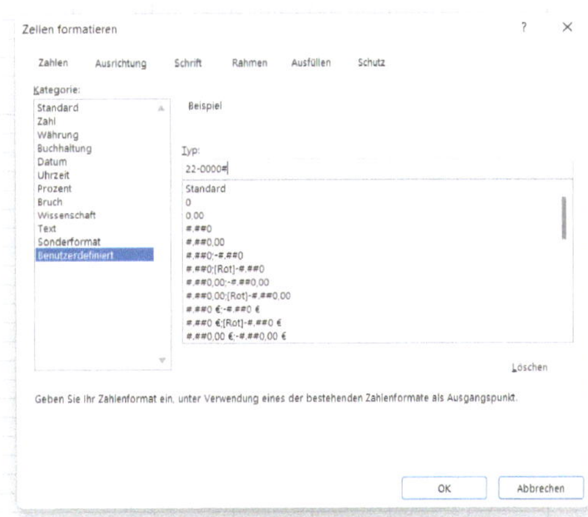

2 **Vorsicht beim Datum:** Auf den ersten Blick ist es verlockend, das aktuelle Datum als Angebotsdatum mit der Funktion HEUTE automatisch anzuzeigen. Jedoch aktualisiert diese Funktion beim späteren Öffnen eines fertigen und gespeicherten Angebots das Datum und zeigt das aktuelle und nicht das Angebotsdatum an. Aus diesem Grund ist es besser, die Zelle nur mit dem passenden Datumsformat zu hinterlegen und das Datum später händisch einzugeben.

3 **Gesamtpreise in Spalte E berechnen:** Damit der Gesamtpreis später beim Ausfüllen des Angebots automatisch berechnet wird, wurde die Formel in der Spalte *Gesamt* bereits vorab in den Bereich E13 bis E21 kopiert. Leider hat die einfache Formel C13*D13 einen kleinen Schönheitsfehler zur Folge: Wenn Einzelpreis und Anzahl fehlen, dann wird das Formelergebnis mit 0,00 oder - € angezeigt. Wenn Sie dies verhindern und in diesem Fall die Zelle leer lassen möchten, dann verwenden Sie zur Berechnung des Gesamtpreises die Funktion WENN.

Die zusätzliche Funktion ISTLEER prüft, ob die angegebene Zelle (D8) leer ist und liefert das Ergebnis WAHR, wenn dies zutrifft. In diesem Fall soll die Zelle leer bleiben; dies wird durch Eingabe von aufeinanderfolgenden Anführungszeichen erreicht. Die zweite Prüfung führt, sofern der Inhalt der Zelle D13>0 ist, die Multiplikation von Einzelpreis mit Menge durch. Die Funktion in E13 lautet, wie unten abgebildet und kann im nächsten Schritt bis Zelle E21 kopiert werden.

=WENN(ISTLEER(D13);"";C13*D13)

4 Vergessen Sie nicht die Formeln für Zwischensumme =SUMME(E13:E21), Umsatzsteuer =E22*C23 und Rechnungsbetrag =E22+E23 einzugeben.

5 Im oberen Bereich haben wir vier Zeilen für die Anschrift formatiert.

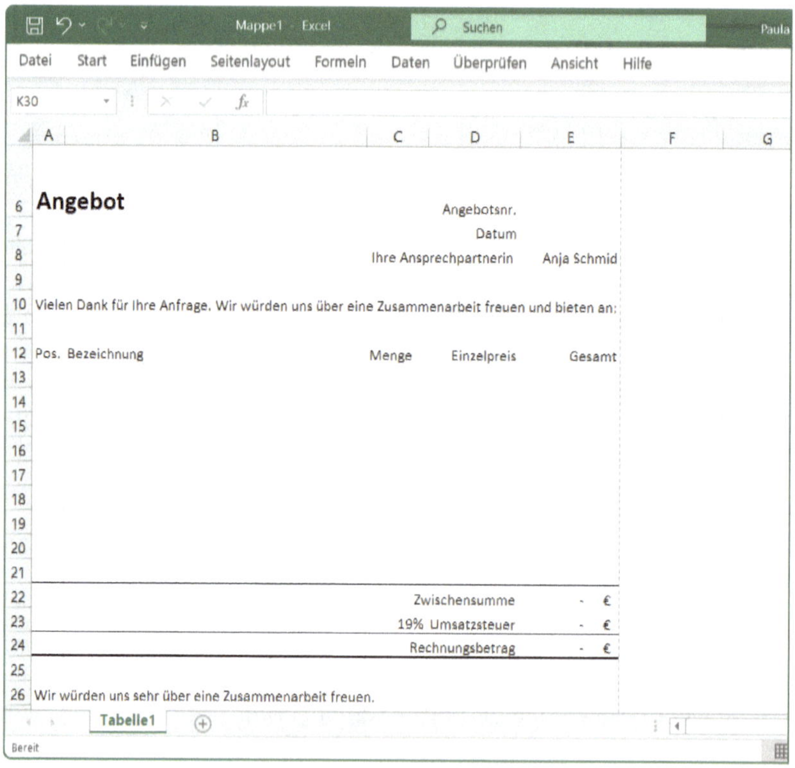

Bild 12.1 Angebotsvorlage erstellen

Wenn Sie Angebote via E-Mail versenden, können Sie in die Kopf- und Fußzeilen Firmenname, Logo, Bankverbindung etc. hinterlegen. Für den Fall, dass Angebote auf Briefpapier ausgedruckt werden, fügen Sie entsprechende Seitenränder ein, z. B. für den oberen

Rand 4,8 cm. Zum Abschluss wird die Datei gespeichert. Falls gewünscht können zuvor noch einige Zellen vor Veränderungen geschützt werden. Dazu gleich mehr.

Vorlage speichern

Dateien, die als Vorlagen gespeichert werden, bieten den Vorteil, dass auf der Grundlage der Vorlage eine neue Datei erstellt wird, mit den gleichen Inhalten. Veränderungen in der neuen Datei haben keine Auswirkungen auf die Vorlage.

Zur Speicherung einer Vorlage wählen Sie *Datei* ▶ *Speichern* und klicken Sie auf *Durchsuchen*. Das Dialogfenster *Speichern unter* wird angezeigt. Geben Sie einen Dateinamen ein und wählen Sie bei *Dateityp* eine der folgenden Option :

- Excel-Vorlagen werden als eigener Dateityp gespeichert. Wählen Sie *Excel-Vorlage* (*.xltx).
- Falls die Vorlage Makros enthält, muss der Dateityp *Excel-Vorlage mit Makros* (*.xltm). gewählt werden.
- Wenn die Vorlage mit Excel 2003 oder einer älteren Version verwendet werden soll, dann müssen Sie *Excel 97-2003-Vorlage* auswählen.

Vorlagen werden automatisch in einem eigenen Ordner mit dem Namen *Benutzerdefinierte Office-Vorlagen* gespeichert. Dieser Ordner wurde bei der Installation von Microsoft Office automatisch erstellt und befindet sich unter Windows 11 im Ordner *Dokumente*. Alle Microsoft Office Anwendungen speichern Vorlagen hier.

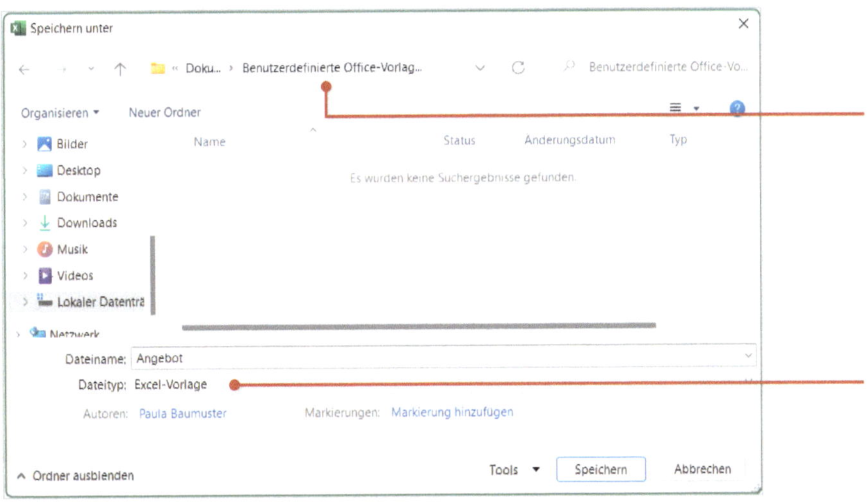

Bild 12.2 Vorlage speichern

Eine Vorlage kann natürlich auch an anderen Orten gespeichert werden, z. B. in einem freigegebenen Ordner, der von mehreren Personen in einem Netzwerk verwendet wird.

▶ Wählen Sie einen Speicherort, klicken Sie auf *Speichern* und schließen Sie dann die Vorlage.

Standardspeicherort für Vorlagen ändern

Der Ordner *Benutzerdefinierte Office-Vorlagen* ist gleichzeitig der Standardordner für Ihre selbst erstellten Vorlagen. Falls Sie einen anderen Standardspeicherort für Ihre Vorlagen dauerhaft festlegen wollen, wählen Sie *Datei* ▶ *Optionen* ▶ *Speichern* und tragen einen anderen Pfad bei *Speicherort für persönliche Vorlagen* ein.

Bild 12.3 Standardspeicherort für Vorlagen festlegen

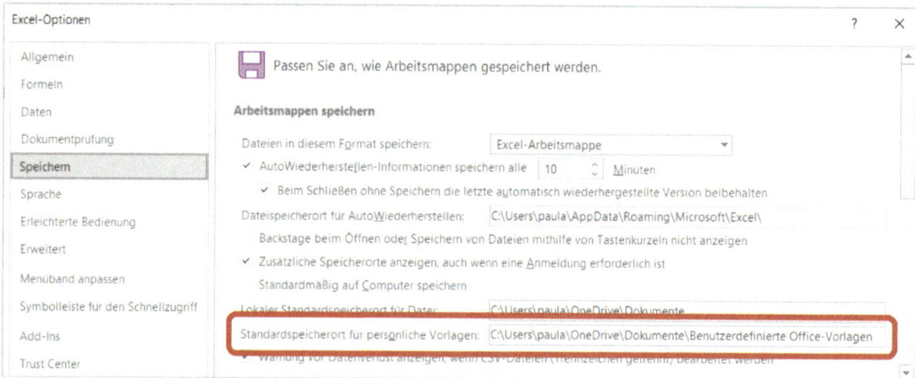

Benutzerdefinierte Vorlage verwenden

Wo Sie Ihre persönlichen Vorlagen finden und wie Sie diese zur Erstellung einer neuen Arbeitsmappe verwenden, hängt vom Speicherort der Vorlage ab.

- Wenn die Vorlage in dem Ordner gespeichert ist, der in den Excel-Optionen als Standardspeicherort für persönliche Vorlagen angegeben ist (siehe oben), dann steht die Vorlage beim Öffnen von Excel unter *Neu* im Register *Persönlich* bzw. im Register *Datei*, Abschnitt *Neu* unter *Persönlich* zur Verfügung. Klicken Sie einfach auf die gewünschte Vorlage.

Bild 12.4 Neue Arbeitsmappe auf Grundlage einer persönlichen Vorlage erstellen

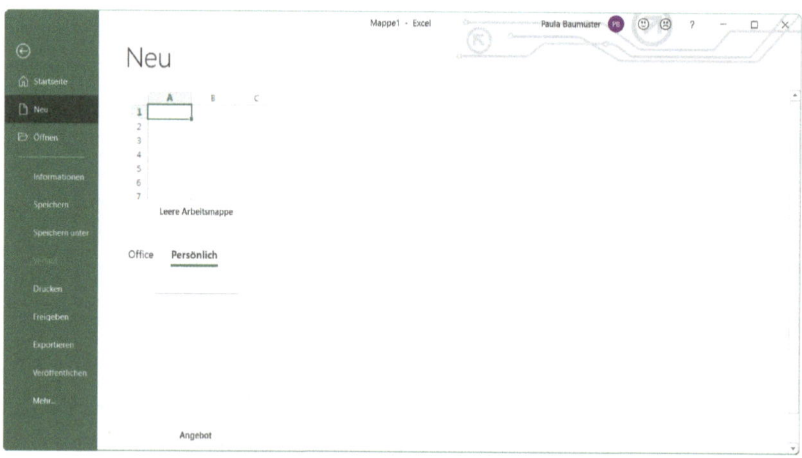

- Wenn Ihre Vorlage in einem anderen Ordner gespeichert wurde, beispielsweise auf einem, für die Mitarbeiter eines Unternehmens zugänglichen Server, dann erscheint diese Vorlage **nicht** im Bereich *Persönlich*.

- In diesem Fall zeigen Sie den Speicherort im Datei-Explorer an. Es genügt ein Doppelklick auf die Datei, um eine neue Arbeitsmappe auf Basis der Vorlage zu erstellen. Hier unterscheiden sich Vorlagen durch ihr Symbol von normalen Excel-Arbeitsmappen.

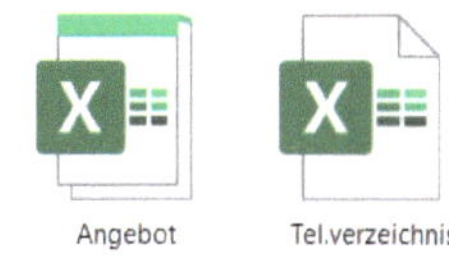

Vorlage Arbeitsmappe

In beiden Fällen wird eine Kopie der Vorlage erzeugt, als Bezeichnung wird der Dateiname der Vorlage gefolgt von einer fortlaufenden Zahl gewählt. Die neue Arbeitsmappe muss anschließend wie eine normale Excel-Arbeitsmappe gespeichert werden.

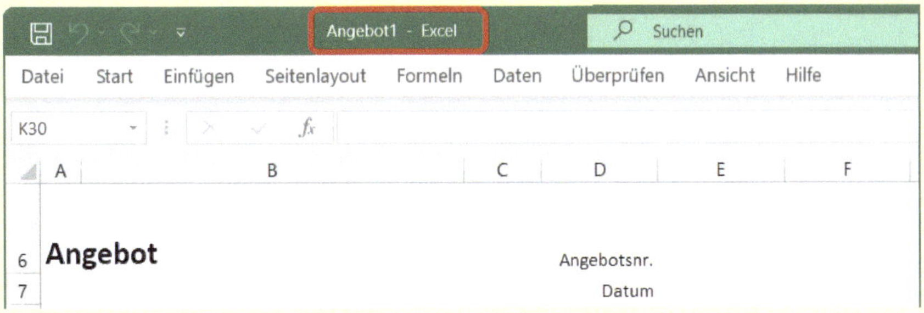

Excel-Vorlage nachträglich ändern

Nachträgliche Änderungen an der Excel-Vorlage können jederzeit vorgenommen werden. Wie Sie oben gesehen haben, erzeugt allerdings im Datei-Explorer ein Doppelklick auf eine Vorlage lediglich eine Kopie. Um die Vorlage im Original zu öffnen, verwenden Sie eine der beiden folgenden Methoden:

- Aus Excel heraus klicken Sie im Register *Datei* auf *Öffnen* und dann auf *Durchsuchen*. Wählen Sie den Speicherort, z. B. *Dokumente/ Benutzerdefinierte Office-Vorlagen* ❶, markieren Sie die Vorlage und klicken Sie auf *Öffnen* ❷.

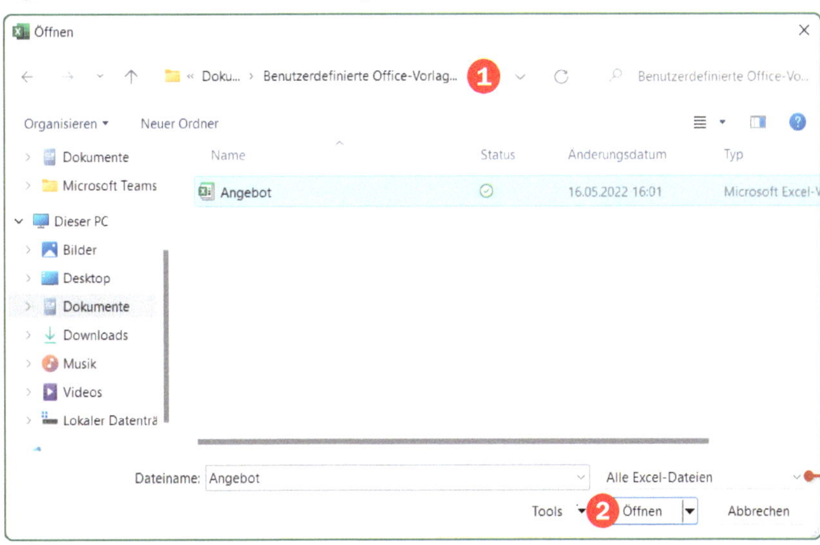

Bild 12.5 Vorlage öffnen

Standardmäßig zeigt das Öffnen-Dialogfenster alle Excel-Dateitypen an, also auch Vorlagen. Sollte dies einmal nicht der Fall sein, so klicken Sie auf den Pfeil und wählen Alle Excel-Dateien aus.

- **Windows 10:** Wenn Sie die Vorlage stattdessen über den **Datei-Explorer** öffnen möchten, navigieren Sie zum Speicherort der Vorlage, klicken mit der rechten Maustaste auf die Datei und wählen im Kontextmenü *Öffnen* aus.

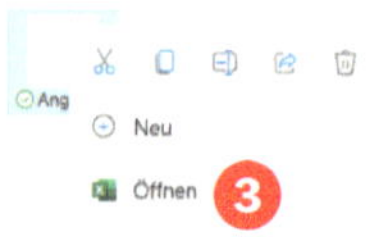

- **Windows 11:** Im Kontextmenü steht unter Windows 11 ebenfalls der Befehl *Öffnen* ❸ zur Verfügung. Allerdings öffnet dieser bis jetzt nicht die Vorlage sondern erstellt lediglich eine neue Kopie der Vorlage. Wenn Sie stattdessen im Kontextmenü auf *Weitere Optionen anzeigen* klicken und dann *Öffnen* auswählen, zeigen Sie die Vorlage an.
- Natürlich können Sie auch die Kopie verändern und damit dann einfach die alte Vorlage überschreiben.

> **Zur Unterscheidung:** Wenn in der Titelleiste nur der Name der Vorlage, in unserem Beispiel *Angebot* steht, dann bearbeiten Sie gerade die Vorlage. Falls Sie dort *Angebot1*, *Angebot2* etc. lesen, haben Sie eine Kopie der Vorlage geöffnet, also eine neue Arbeitsmappe, die noch nicht gespeichert ist.

12.2 Tabellenblätter und Arbeitsmappen schützen

Inhalte des Tabellenblatts vor Veränderung schützen

Inhalte von Arbeitsmappen oder Excel-Vorlagen können vor versehentlichem Löschen oder Überschreiben geschützt werden. Das ist vor allem dann praktisch, wenn Sie die Vorlage anderen Personen zur Verfügung stellen und verhindern möchten, dass diese aus Unkenntnis des Aufbaus der Arbeitsmappe wichtige Inhalte, z. B. Formeln verändern oder versehentlich löschen. Dazu schützen Sie das Tabellenblatt.

Aber Achtung, in einem geschützten Tabellenblatt sind alle Zellen gesperrt, es sind also keine Eingaben oder Änderungen möglich. In den meisten Fällen ist allerdings eine Eingabe in bestimmten Zellen erforderlich. Von diesen Zellen müssen Sie zuerst die Sperrung entfernen, bevor Sie das Blatt schützen.

Sperrung von Zellen entfernen

Im ersten Schritt müssen Sie die Sperrung von denjenigen Zellen entfernen, in denen später eine Eingabe erforderlich ist.

1. Markieren Sie diese Zellen im Tabellenblatt ❶, in die später eine Eingabe möglich sein soll.
2. Klicken Sie im Register *Start* ▶ Gruppe *Zellen* ▶ *Format* auf *Zelle sperren* ❷. Die markierten Zellen sind standardmäßig gesperrt, dies erkennen Sie am hervorgehobenen Schlosssymbol Zelle sperren. Durch Anklicken von *Zelle sperren* heben Sie die Sperrung für den markierten Bereich auf.

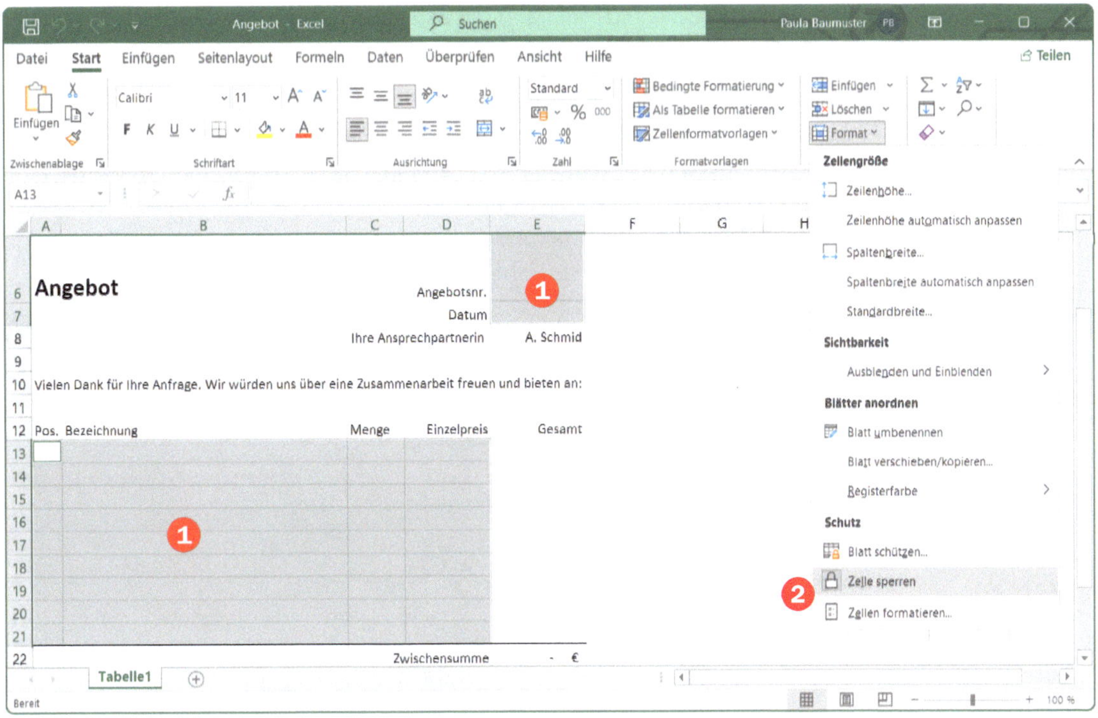

Bild 12.6 Dateiinhalte vor Veränderung schützen

Tabellenblatt schützen

1 Jetzt können Sie das Tabellenblatt schützen: Klicken Sie im Register *Überprüfen*, Gruppe *Schützen* auf die Schaltfläche *Blatt schützen* ❶.

2 Es öffnet sich das gleichnamige Fenster. Achten Sie darauf, dass das Kontrollkästchen *Arbeitsblatt und Inhalte gesperrter Zellen schützen* ❷ aktiviert ist.

3 **Kennwort**
Wenn Sie ein Kennwort (optional) ❸ vereinbaren, dann ist ein Aufheben des Schutzes nur nach Kennworteingabe möglich. So stellen Sie sicher, dass Personen, denen Sie die Mappe zur Verfügung stellen, nicht einfach den Blattschutz aufheben. Beim Festlegen muss das Kennwort zweimal eingetippt werden.

4 **Zulässige Aktionen**
Falls erforderlich, können Sie über Kontrollkästchen genauer definieren, welche Aktionen von Benutzern des Blattes ausgeführt werden dürfen. *Gesperrte Zellen auswählen* ❹ und *Nicht gesperrte Zellen auswählen* sind in der Voreinstellung bereits aktiviert.

Die Option *Nicht gesperrte Zellen auswählen* muss aktiviert sein, sonst kann nichts ins Tabellenblatt eingegeben werden. Ist *Gesperrte Zellen auswählen* aktiviert, dann können auch diese Zellen in der Arbeitsmappe markiert werden. Enthält die Zelle eine Formel, so wird sie in der Bearbeitungsleiste angezeigt. Natürlich kann der Inhalt einer geschützten Zelle nicht entfernt oder überschrieben werden. Beim Versuch erhalten Sie eine Fehlermeldung (Abbildung nächste Seite). Ist die Option *Gesperrte Zellen auswählen* nicht aktiviert, können die Zellen nicht markiert werden. Der Benutzer muss dann auf die Richtigkeit der Formeln und Funktionen vertrauen, da er sie nicht betrachten kann.

Wenn Sie keine weiteren Aktionen durch Anklicken erlauben, dann können im geschützten Zustand keine Spalten/ Zeilen hinzugefügt oder gelöscht werden und keinerlei Formatierungsänderungen vorgenommen werden, z. B. Nachkommastellen vereinbaren oder Buchhaltungsformat festlegen. Hier ist dann der Ersteller gefragt, genau zu prüfen, ob die Tabelle alle notwendigen Formate enthält.

Bild 12.7 Blattschutz festlegen

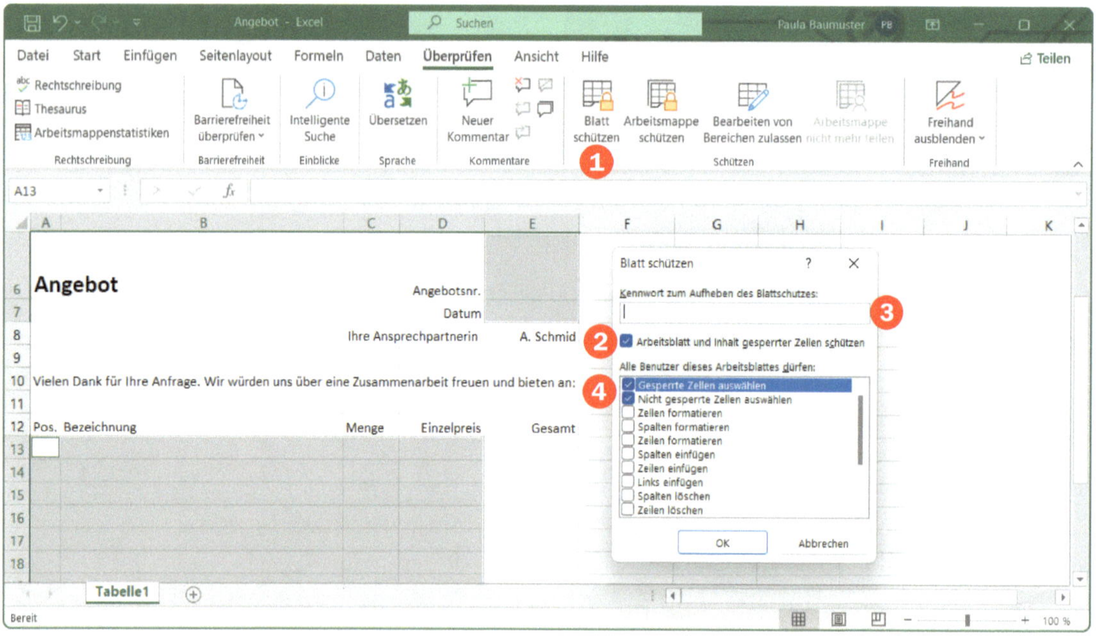

Tipp:

Wenn Sie bei der Eingabe in geschützten Arbeitsblättern die Tab-Taste verwenden, so markiert Excel automatisch die nächste nicht gesperrte Zelle.

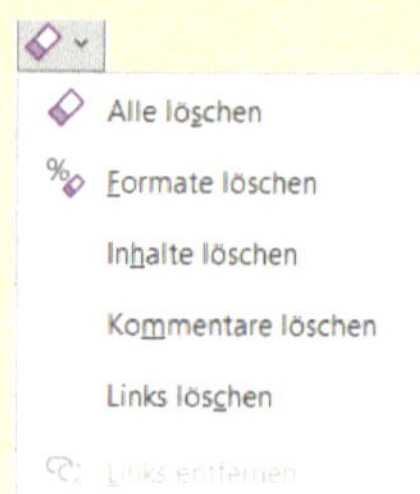

Achtung:

Inhalte nicht gesperrter Zellen können im geschützten Tabellenblatt selbstverständlich gelöscht werden. Allerdings sollten Sie nur Inhalte, keine Formate löschen, da sonst die Zelle gesperrt wird und keine Eingabe mehr möglich ist. Hintergrund ist, dass die Sperrung von Zellen eine Zellformatierung ist, die durch die Löschung wieder auf die Standardeinstellung, nämlich auf „gesperrt“, zurückgestellt wird.

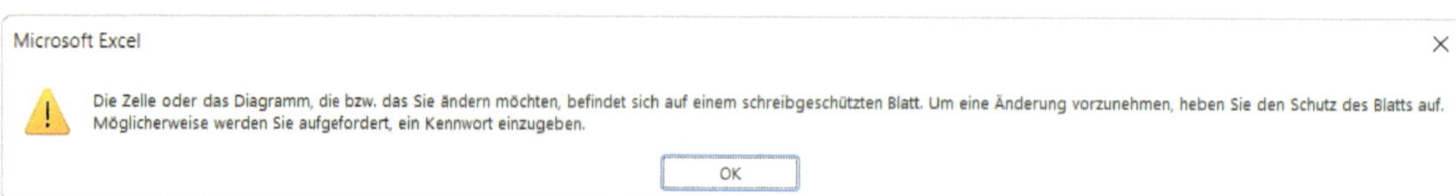

Blattschutz aufheben

Falls Sie doch einmal Änderungen am geschützten Teil des Dokuments vornehmen möchten, müssen Sie zunächst den Blattschutz aufheben. Dazu klicken Sie im Register *Überprüfen* ▶ Gruppe *Schützen* auf die Schaltfläche *Blattschutz aufheben* und geben ggf. das Kennwort ein.

> **Achtung:** Wie der Name schon sagt, bezieht sich der Blattschutz immer auf ein bestimmtes Tabellenblatt. Sind in einer Arbeitsmappe mehrere Tabellenblätter vorhanden, gilt der Blattschutz nicht automatisch für alle. Zum Aufheben des Schutzes, muss das Tabellenblatt angezeigt werden, für welches ein Schutz vereinbart wurde.

Struktur der Arbeitsmappe schützen

Im vorherigen Abschnitt haben Sie gesehen, wie Sie Zellen eines Tabellenblatts schützen. In so geschützten Arbeitsmappen können Nutzer allerdings immer noch neue Tabellenblätter einfügen, vorhandene löschen, verschieben oder ausgeblendete Tabellenblätter wieder einblenden und dort Veränderungen vornehmen. Wenn Sie verhindern möchten, dass andere Nutzer Veränderungen an Anzahl und Anzeige von Tabellenblättern durchführen, dann gehen Sie so vor:

- Legen Sie gegebenenfalls, wie oben beschrieben, den Blattschutz für einzelne Zellen fest. Blenden Sie die Tabellenblätter aus, die andere Nutzer nicht verwenden sollen und löschen Sie nicht benötigte Tabellenblätter.

Gesamte Arbeitsmappe schützen

- Wählen Sie Register *Überprüfen* ▸ Gruppe *Schützen* ▸ *Arbeitsmappe schützen*. Im folgenden Fenster muss bei *Struktur* ein Häkchen gesetzt sein. Geben Sie dann ein Kennwort ein, klicken Sie auf *Ok* und wiederholen Sie das Kennwort.

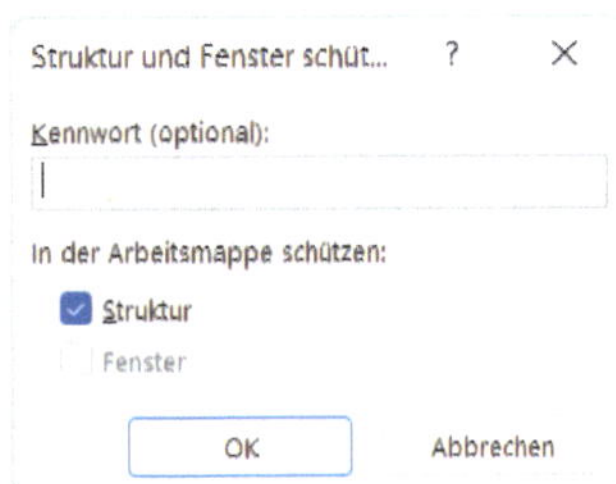

Schutz wieder aufheben

Zum Aufheben des Schutzes öffnen Sie die Arbeitsmappe und wählen im Register *Überprüfen* ▸ Gruppe *Schützen* ▸ *Arbeitsmappe schützen*. Geben Sie das Kennwort ein.

> Merken Sie sich das Kennwort gut oder speichern Sie eine Kopie der Datei ohne Schutz auf der lokalen Festplatte. Auch als Autor der Datei können Sie ohne Kennwort den Schutz nicht ohne Weiteres umgehen.

Welcher Schutz liegt auf der Arbeitsmappe?

Wenn Sie schnell erfahren möchten, wie die Arbeitsmappe geschützt ist, öffnen Sie diese und wählen im Register *Datei* den Bereich *Informationen* aus. Unter *Arbeitsmappe schützen* sehen Sie, welcher Schutz festgelegt wurde. Hier können Sie auch durch Anklicken von *Schutz aufheben* und Eingabe des Kennworts (falls hinterlegt) den Schutz der Arbeitsmappe aufheben.

In diesem Beispiel ist sowohl ein Schutz der Arbeitsmappe als auch ein Blattschutz vereinbart worden. Der Blattschutz wurde für das Tabellenblatt mit dem Namen Tabelle1 festgelegt. Durch Anklicken von Schutz aufheben und ggf. Eingabe des Kennworts kann der Blattschutz aufgehoben werden.

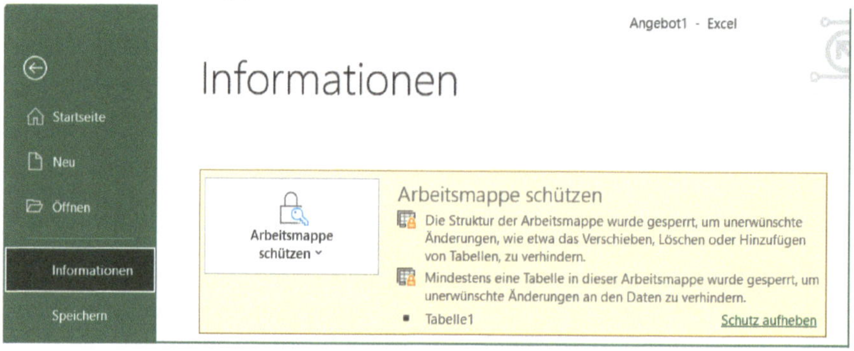

12.3 Arbeitsmappe weitergeben und gemeinsam bearbeiten

Oft ist es sinnvoll, bestimmte Inhalte Kollegen, Freunden oder einem anderen Vereinsmitglied zur Verfügung zu stellen. Hier erfahren Sie, wie Sie eine Arbeitsmappe via E-Mail versenden oder zur gemeinsamen Bearbeitung über den Cloud-Speicher OneDrive freigeben.

Datei per E-Mail senden

Wählen Sie Register *Datei* ▶ *Freigeben* ▶ *E-Mail*. Klicken Sie dann auf eine der folgenden Optionen.

- *Als PDF senden* ❶: Die Excel-Arbeitsmappe wird in ein PDF umgewandelt. Die Datei kann dann auf jedem PC mit einem PDF-Reader (z. B. Adobe Reader) geöffnet, der Inhalt aber nicht ohne weiteres verändert werden.
- *Als Anlage senden* ❷: Jeder Empfänger erhält eine Kopie der Excel-Arbeitsmappe im Anhang der E-Mail und kann diese bearbeiten, sofern Excel auf dem Rechner installiert ist.

  In beiden Fällen wird anschließend das Standard E-Mail Programm, z. B. Outlook mit der angefügten Datei geöffnet und es müssen nur noch die Empfängeradressen eingetragen werden.

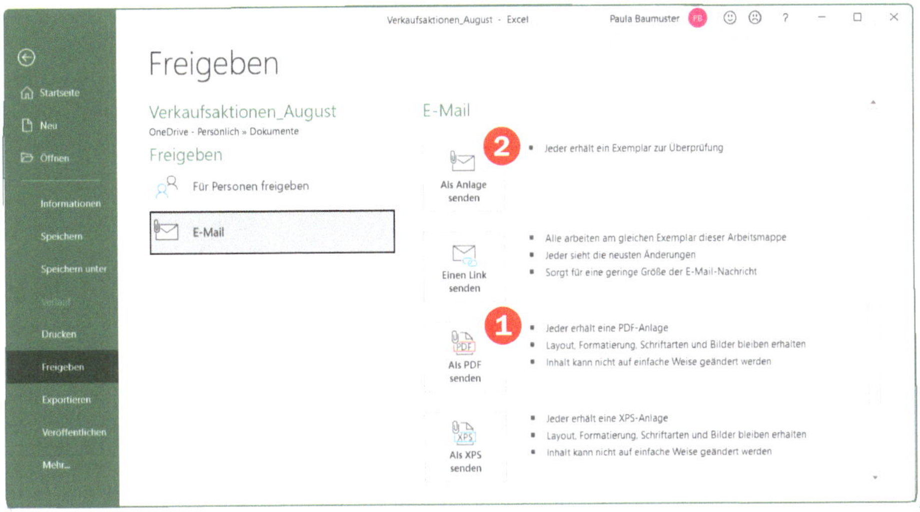

Bild 12.8 Arbeitsmappe via E-Mail oder als PDF freigeben

Geschützte Ansicht des E-Mail-Anhangs

Wenn Sie einen E-Mail-Anhang mit Doppelklick öffnen oder zunächst speichern und dann öffnen, wird die Arbeitsmappe aufgrund der Sicherheitseinstellungen in der geschützten Ansicht angezeigt, d.h. Sie können die Inhalte zwar betrachten aber nicht ändern oder ausdrucken.

Excel erkennt die Anlage als potenziell unsicher. Um eine Übertragung von Schadsoftware auf Ihren Rechner zu verhindern, wird die Arbeitsmappe in der geschützten Ansicht geöffnet. Mit einem Klick auf die Schaltfläche *Bearbeitung aktivieren* verlassen Sie die geschützte Ansicht und können die Arbeitsmappe bearbeiten, sofern Sie dem Versender der Arbeitsmappe vertrauen.

Bild 12.9 Bearbeitung aktivieren

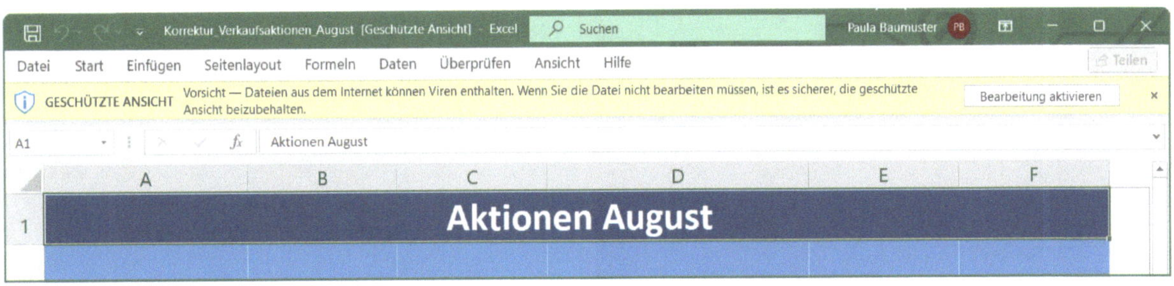

Excel-Datei auf einem Netzlaufwerk zur Verfügung stellen

In Unternehmen erfolgt die Datenspeicherung in der Regel nicht auf der lokalen Festplatte sondern auf einem oder mehreren Netzlaufwerk(en). Netzlaufwerke können nur einem einzelnen Benutzer oder einer bestimmten Gruppe (z. B. Abteilung) zur Verfügung stehen, aber auch von allen Mitarbeitern verwendet werden.

Allerdings kann eine Excel-Datei nicht von mehreren Benutzern gleichzeitig bearbeitet werden. Der erste Benutzer, der die Datei geöffnet hat, sperrt diese für alle anderen. Versucht ein weiterer Benutzer die Datei zu öffnen, dann erhält er folgende Meldung.

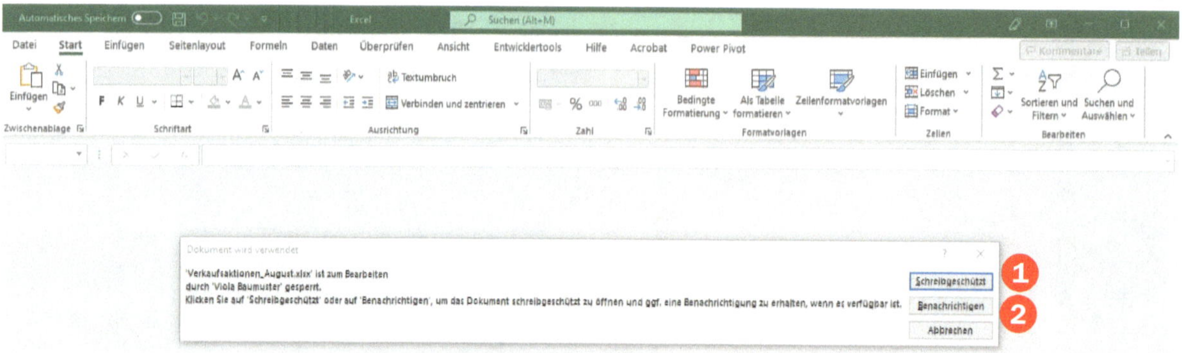

Bild 12.10 Schreibschutz - jemand anderer hat die Mappe geöffnet

> **Tipp:** Im Hinweistext erfahren Sie, wer die Datei gerade verwendet. Manchmal ist es einfacher, die Person zu bitten, die Datei zu schließen.

- Durch Anklicken von *Schreibgeschützt* ❶ öffnen Sie eine schreibgeschützte Kopie der Excel-Arbeitsmappe. Das ist nützlich, wenn Sie der Datei eine Information entnehmen möchten. Veränderungen, die Sie vornehmen, können allerdings nicht in der Originaldatei gespeichert werden. Wenn Sie das möchten, sollten Sie die nächste Option wählen.
- Durch Anklicken von *Benachrichtigen* ❷ wird die Datei zunächst schreibgeschützt geöffnet. Sie erhalten eine Mitteilung sobald der andere Benutzer die Datei schließt. Klicken Sie dann auf die Schaltfläche *Lese-/Schreibzugriff* ❸. Der Inhalt der Datei wird jetzt angezeigt mit allen Veränderungen des vorherigen Benutzers. Nun können Sie Ihre Änderungen vornehmen und speichern.

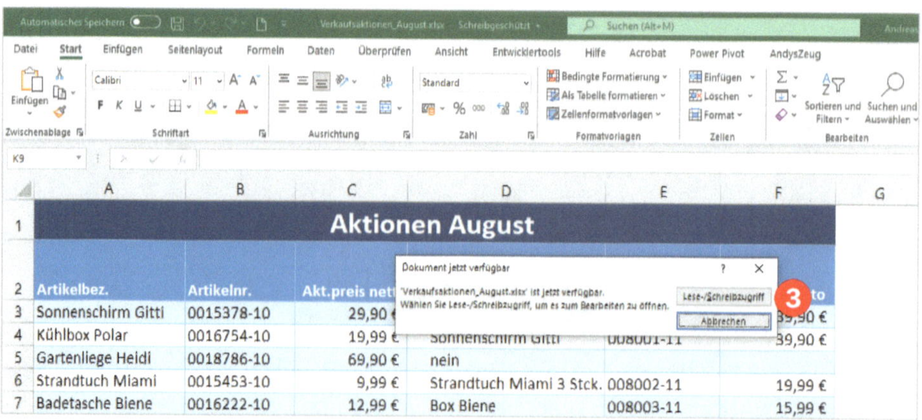

Arbeitsmappe in der Cloud freigeben

Falls kein gemeinsames Netzlaufwerk zur Verfügung steht, können Sie eine Datei für andere auch über *OneDrive* oder *Microsoft 365 SharePoint* teilen und zur Bearbeitung freigeben. Das geschieht entweder über einen Freigabelink oder durch Versenden einer Einladung per E-Mail.

Für mehr Informationen zu OneDrive bzw. Microsoft 365 SharePoint siehe Kapitel 2.

Zur Verwendung der kostenlosen Version von OneDrive müssen Sie mit einem Microsoft-Konto angemeldet sein. OneDrive und SharePoint sind auch Teil verschiedener Microsoft 365 Business-Abonnements für Unternehmen. Hier erhält jeder Mitarbeitet ein Organisationskonto und damit Zugriff auf Anwendungen, wie Excel, Outlook und Word, sowie OneDrive und SharePoint. Auch für Schulen und Universitäten steht ein vergleichbares Angebot zur Verfügung.

OneDrive-Einrichtung: Im Unternehmen wird die Einrichtung von Windows, Office und ggf. des Cloudspeichers in der Regel für Sie übernommen. Privat können Sie schon bei Ersteinrichtung von Windows 11 zustimmen, dass Ihre Daten auf OneDrive gesichert werden, sofern Sie sich mit einem Microsoft-Konto anmelden. Nachträglich richten Sie OneDrive unter Windows 11 über die Windows-Einstellungen ein. Öffnen Sie die *Einstellungen*, wählen Sie die Kategorie *Konten* und klicken Sie hier auf *Windows-Sicherung*. Klicken Sie danach bei *OneDrive-Ordnersynchronisierung* auf die Schaltfläche *Synchronisierung einrichten* ❶.

Bild 12.11 Windows 11 - OneDrive Synchronisierung einrichten

OneDrive ist vollständig in die Dateiverwaltung von Windows integriert und unterscheidet sich in der Nutzung nicht von anderen Laufwerken. Genau wie auf der lokalen Festplatte können Sie auch hier beliebig Dateien speichern, öffnen und in Ordnern verwalten. OneDrive kann im Datei-Explorer sowohl mit dem Zusatz *Personal* ❷, als auch mit dem Firmennamen versehen sein.

Excel-Datei auf OneDrive speichern: Die Arbeitsmappe, die freigegeben werden soll, muss auf OneDrive gespeichert werden. Wenn Sie mit Microsoft 365 arbeiten und die Datei in der Cloud ablegen wird *Automatisches Speichern* (siehe Seite 66) aktiviert.

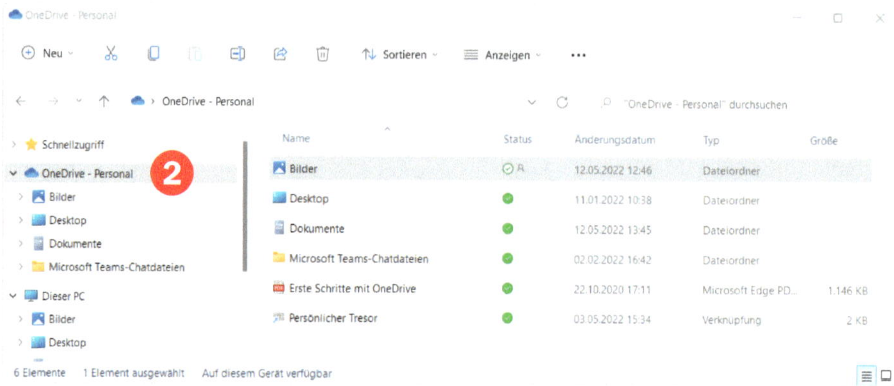

Bild 12.12 OneDrive Personal im Datei-Explorer

Freigabe via E-Mail versenden

- Öffnen Sie die Arbeitsmappe, die Sie freigeben möchten. Wählen Sie *Datei* ▶ *Freigeben*. Alternativ können Sie auch auf *Teilen* rechts oben im Excel-Fenster klicken.

  Falls das Dokument noch nicht in der Cloud gespeichert wurde, klicken Sie auf *In der Cloud speichern* ❸ und wählen einen Speicherort auf OneDrive aus. Klicken Sie auf *Speichern*. Wählen Sie dann erneut *Datei* ▶ *Freigeben*.

- Klicken Sie auf *Für Personen freigeben* ❹.

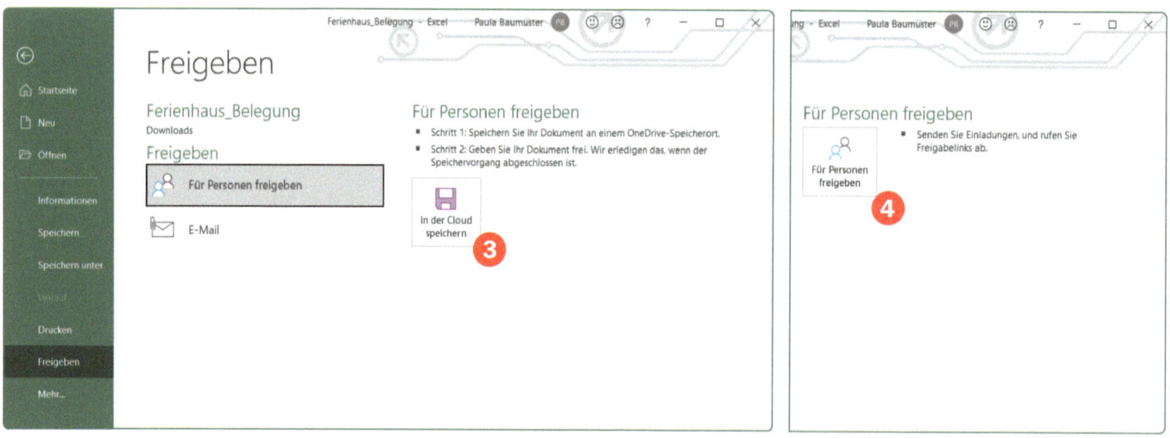

Bild 12.13 Freigabe über die Cloud

Damit verlassen Sie den Backstage-Bereich. Die weiteren Einstellungen nehmen Sie im Aufgabenbereich an der rechten Seite des Excel-Fenster vor:

- **Person bestimmen und Zugriffsberechtigung auswählen:** Geben Sie im Feld *Personen einladen* ❺ die E-Mail-Adressen der Person(en) ein, mehrere E-Mail-Adressen trennen Sie durch Semikolon (;).

  Im Feld darunter entscheiden Sie, ob die Person die Datei nur betrachten darf - *Kann anzeigen*, oder ob die Person auch Änderungen an den Inhalten vornehmen darf - *Kann bearbeiten*. Werden mehrere Personen gleichzeitig eingeladen, erhalten diese dieselben Zugriffsrechte.

Wenn Sie möchten, können Sie noch eine kurze Erklärung beifügen und klicken dann auf *Freigeben*.

- Falls Sie eine weitere Person mit anderer Berechtigung einladen möchten, wiederholen Sie den Vorgang.
- Nachdem Sie die Freigabe-E-Mail(s) versendet haben, wird die eingeladene Person ❻ bzw. werden die eingeladenen Personen im Aufgabenbereich mit ihren jeweiligen Berechtigungen aufgeführt.

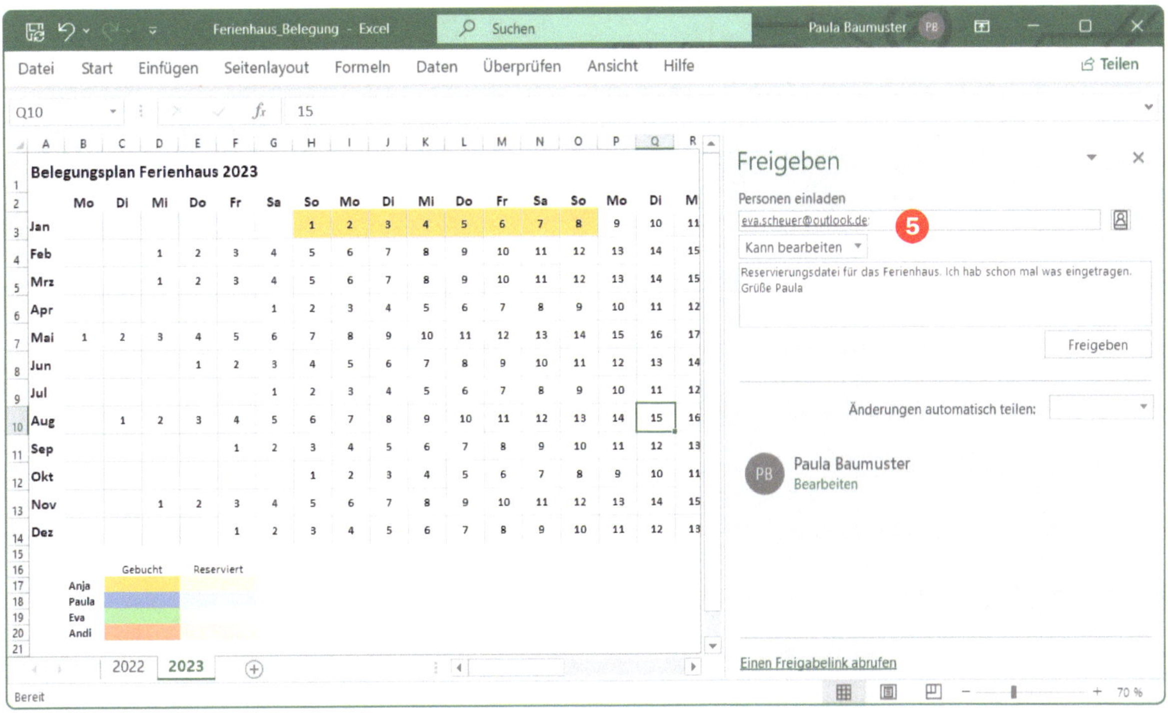

Bild 12.14 Freigabe - Person einladen

Nachdem Sie Ihre Datei mit anderen geteilt haben, werden deren Namen und Berechtigungen im unteren Teil des Aufgabenbereichs angezeigt.

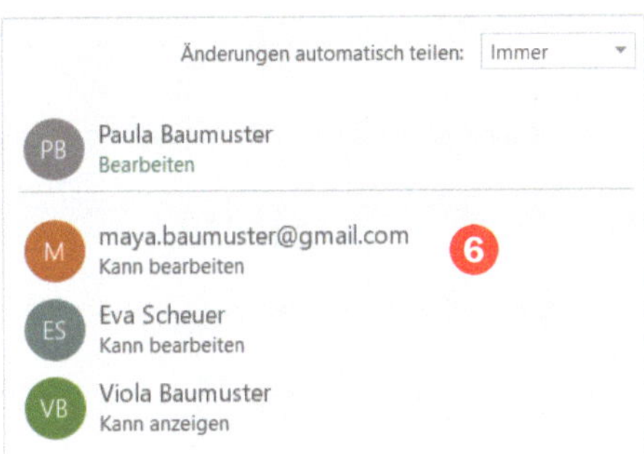

Oben steht der Ersteller der Datei, darunter die Personen für die die Datei freigegeben wurde mit den jeweiligen Zugriffsrechten. Die E-Mail-Adresse muss nicht Teil eines Microsoft-Kontos sein. Der Eingeladene kann auch ohne Microsoft-Konto die Datei im Browser anzeigen und ggfs. bearbeiten.

Freigabelink erzeugen und weitergeben

Alternativ können Sie auch einen Freigabelink abrufen und diesen selbst in eine E-Mail kopieren und so die Freigabe erteilen. Allerdings könnte der Link weitergegeben werden und jeder, der den Link hat, kann auch auf die Datei zugreifen.

Wenn die eingeladenen Personen nicht dauerhaft Zugriff haben sollen, muss man genau überlegen, ob der Freigabelink sinnvoll ist. Der Freigabelink kann nur deaktiviert werden, es hat dann keiner mehr Zugriff, personenbezogene Freigaben können einzeln entzogen werden.

- Klicken Sie im Excel-Fenster rechts oben auf *Teilen*, um ggf. den Aufgabenbereich erneut anzuzeigen. Wählen Sie dann unten *Einen Freigabelink abrufen* und entscheiden Sie sich für einen *Bearbeitungslink* ❼ (Änderung der Datei) bzw. *Reiner Anzeigelink* (Lesezugriff auf die Datei).
- Nun kann durch Anklicken von *Kopieren* ❽ der Link in die Zwischenablage kopiert und dann in eine E-Mail eingefügt werden.

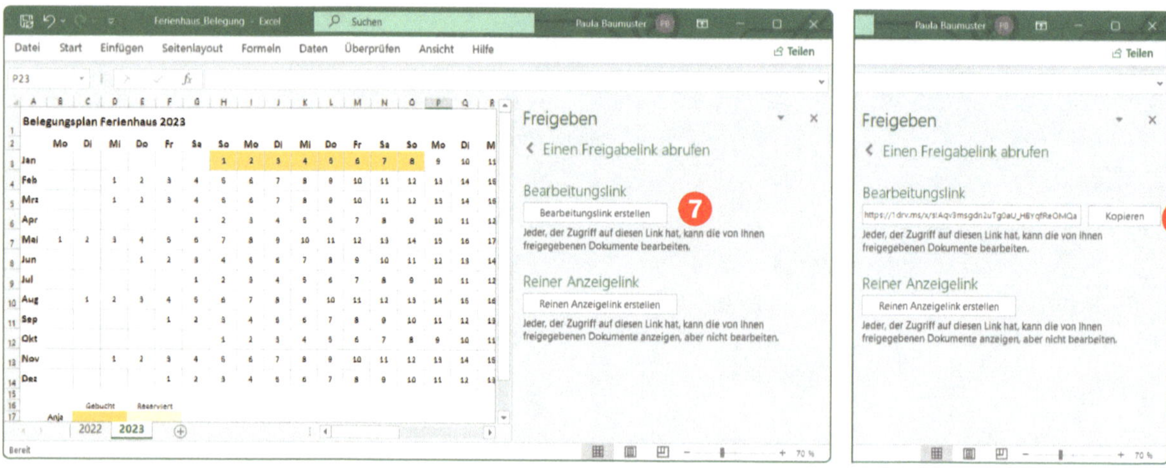

Bild 12.15 Freigabe - Bearbeitungslink versenden

Freigaben ändern und aufheben

Öffnen Sie die Arbeitsmappe auf OneDrive und klicken Sie rechts oben zur Anzeige des Aufgabenbereichs auf *Teilen*. Wenn Sie nur einen Freigabelink versendet haben, sind die Personen hier nicht namentlich aufgeführt.

Um den Freigabestatus zu verändern klicken Sie mit der rechten Maustaste auf die Person bzw. den Freigabelink.

- Ein Freigabelink kann nur deaktiviert ❾ werden.
- Ein eingeladener Benutzer ❿ kann entfernt bzw. dessen Berechtigung verändert werden.

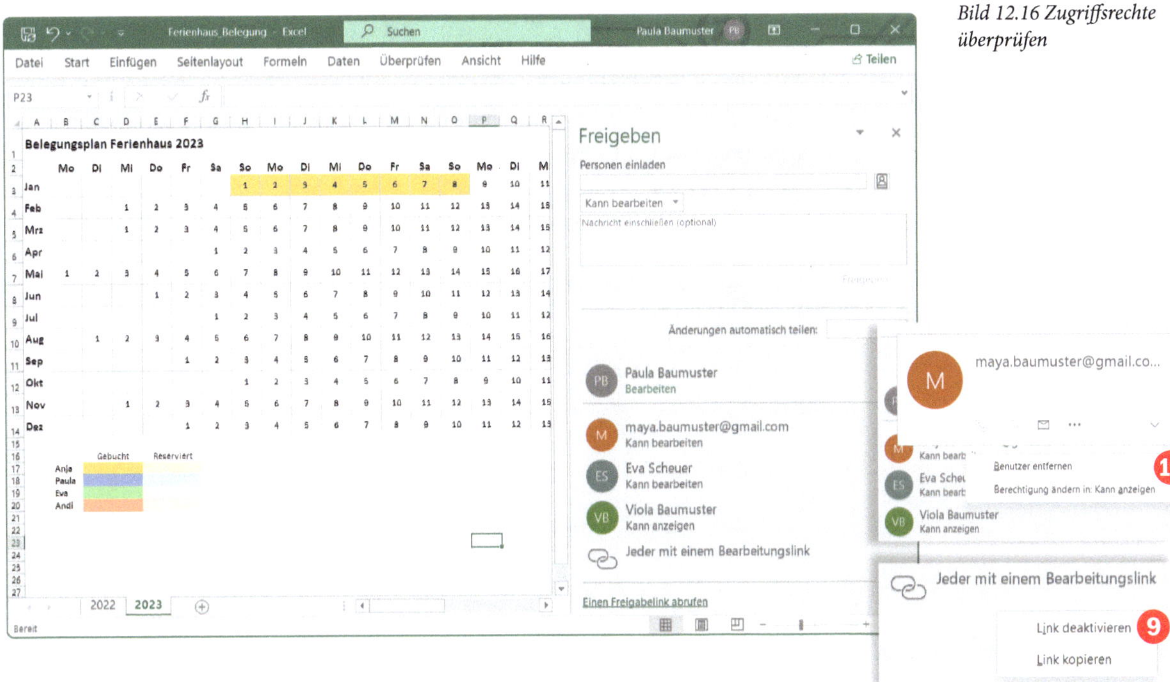

Bild 12.16 Zugriffsrechte überprüfen

Freigabe mit Microsoft 365

Auch Microsoft 365 Nutzer können Dateien über die Cloud freigeben. Die Oberfläche sieht etwas anders aus, enthält aber die gleichen Optionen. Wer hier, wie eingeladen werden kann, hängt von den Einstellungen der Organisation ab. In der Regel werden Sie keine Dateien freigeben können für Personen außerhalb Ihres Unternehmens.

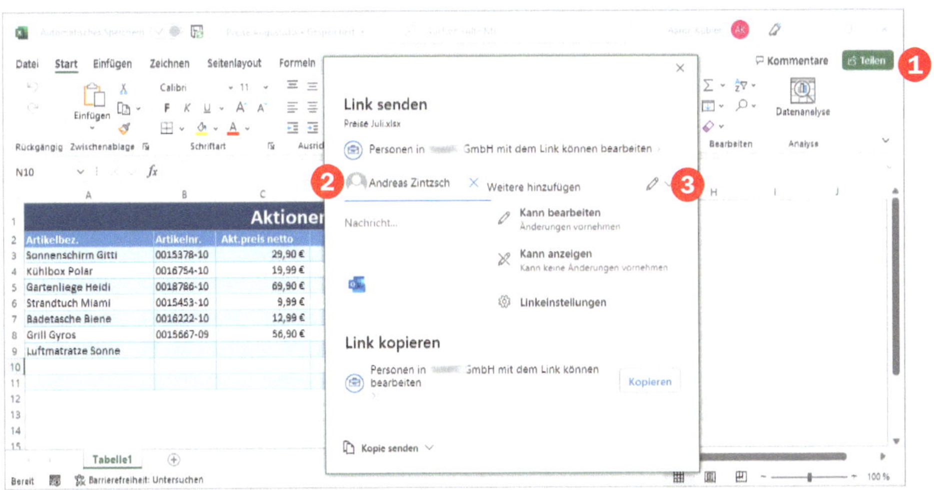

Bild 12.17 Freigabe in der Cloud mit Microsoft 365

- **Freigabe erteilen:** Speichern Sie die Datei auf OneDrive und klicken Sie dann auf *Teilen* ❶. Geben Sie im Feld An die E-Mail-Adresse ❷ des Kollegen ein und tippen Sie dann auf das Stiftsymbol ❸ um die Zugriffsrechte zu bestimmen. Klicken Sie dann auf *Senden*.

- **Freigabe entziehen:** Wenn Sie einen Kollegen von der Bearbeitung der Arbeitsmappe wieder ausschließen möchten, öffnen Sie die Arbeitsmappe und klicken rechts oben auf *Teilen*. Unten bei *Geteilt mit:* ❹ sehen Sie, wer Zugriff hat. Zeigen Sie mit der Maus auf die einzelnen Profilbilder, um die Namen der Personen anzuzeigen. Im Beispiel wurde auch ein Freigabelink ❺ erzeugt. Durch Anklicken des Links bzw. eines Profilbilds rufen Sie den Bereich *Zugriff verwalten* auf und können durch Anklicken von *Nicht mehr teilen* ❻ die Freigabe zurücknehmen.

Bild 12.18 Person einladen in Microsoft 365

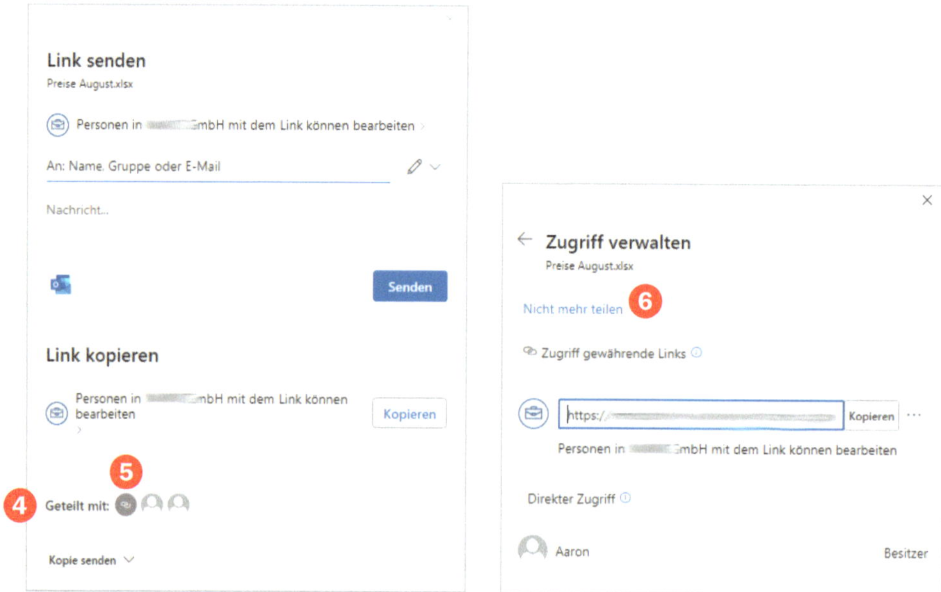

Freigegebene Arbeitsmappen bearbeiten

Hier erfahren Sie zunächst, wie die Bearbeitung mit Excel 2021 und OneDrive funktioniert: Personen, die eine Freigabe für die Arbeitsmappe erhalten haben, müssen jetzt nur noch in der E-Mail auf *Öffnen* klicken.

Bild 12.19 Dateifreigabe erhalten

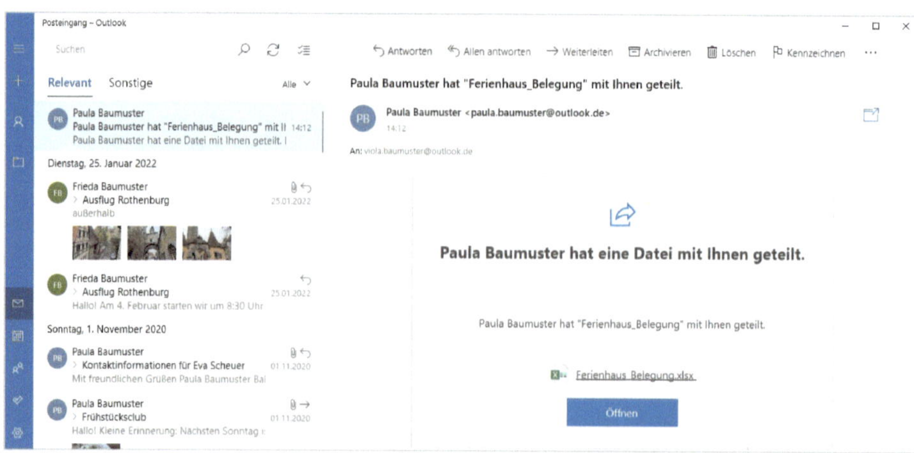

Der Inhalt der Datei wird unter Verwendung von Excel Online im Browser angezeigt. Wählen Sie im DropDown-Menü *Bearbeiten* ❶ aus, um Änderungen am Excel-Tabellenblatt vorzunehmen. Falls Sie keine Bearbeitungsrechte besitzen, ist dieser Befehl ausgegraut.

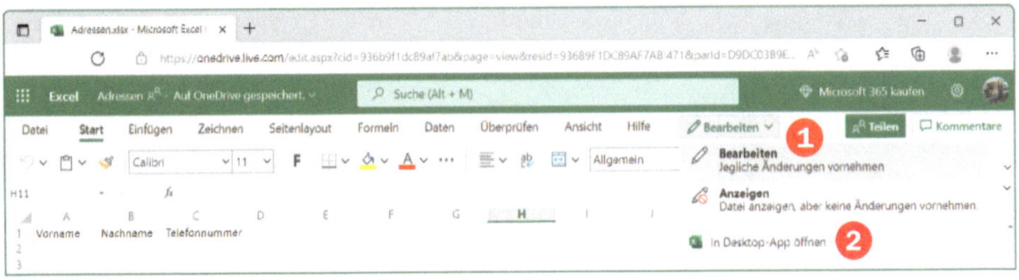

Bild 12.20 Bearbeitung starten

Eine Excel Arbeitsmappe (ohne Microsoft 365) kann zwar von mehreren Personen gemeinsam, aber nicht gleichzeitig bearbeitet werden. Wenn der Besitzer oder ein Bearbeiter die Datei geöffnet hat, können die übrigen nur die Inhalte anzeigen. In diesem Fall erhalten Sie beim Bearbeitungsversuch eine entsprechende Meldung im Browser. Klicken Sie auf *In der Leseansicht fortfahren*.

Mit Anklicken von *In Desktop App öffnen* ❷ verlassen Sie die Anzeige im Browser, Excel 2021 wird geöffnet und die Datei in der geschützten Ansicht angezeigt. Sie können so keine Änderungen am Dokument vornehmen. In der Regel kennen Sie die Person, die Ihnen die Dateifreigabe übersandt hat, und möchten auch die Arbeitsmappe bearbeiten. In diesem Fall klicken Sie auf *Dokumenten von dieser Person vertrauen* ❸. Jetzt können Sie die Informationen in der Arbeitsmappe verändern, sofern Sie Bearbeitungsrechte besitzen. Auch bei Verwendung der Desktop-App gilt, dass die Datei nicht gleichzeitig bearbeitet werden kann. Hat ein anderer Benutzer die Datei gerade geöffnet, wird diese nur schreibgeschützt geöffnet.

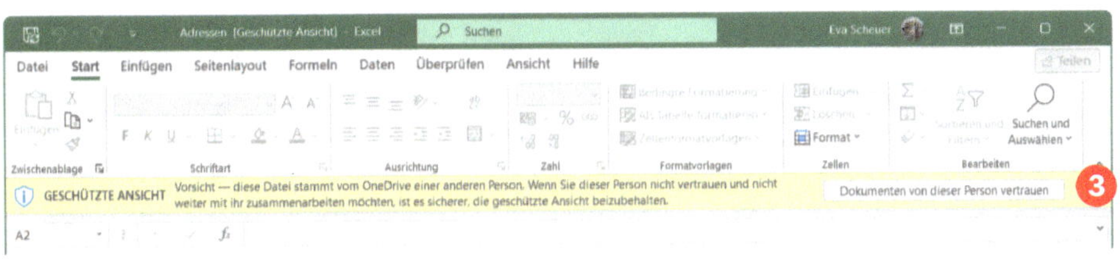

Bild 12.21 Bearbeitung in Excel 2021

Wo finde ich die freigegebenen Arbeitsmappen?

Natürlich können Sie jederzeit über den Link der E-Mail die Mappe erneut aufrufen. Das ist allerdings ein wenig umständlich.

Geteilte Arbeitsmappen finden Sie auf OneDrive. Dazu rufen Sie im Browser die Seite onedrive.de auf und melden sich mit den Benutzerinformationen Ihres Microsoft-Kontos an. Wählen Sie dann links den Ordner *Geteilt* ❹ aus. Hier finden Sie alle Dateien, die Sie mit anderen Personen geteilt haben oder die mit Ihnen geteilt wurden. Natürlich finden Sie Dateien, die Sie erstellt haben, schneller über den OneDrive-Ordner im Datei-Explorer.

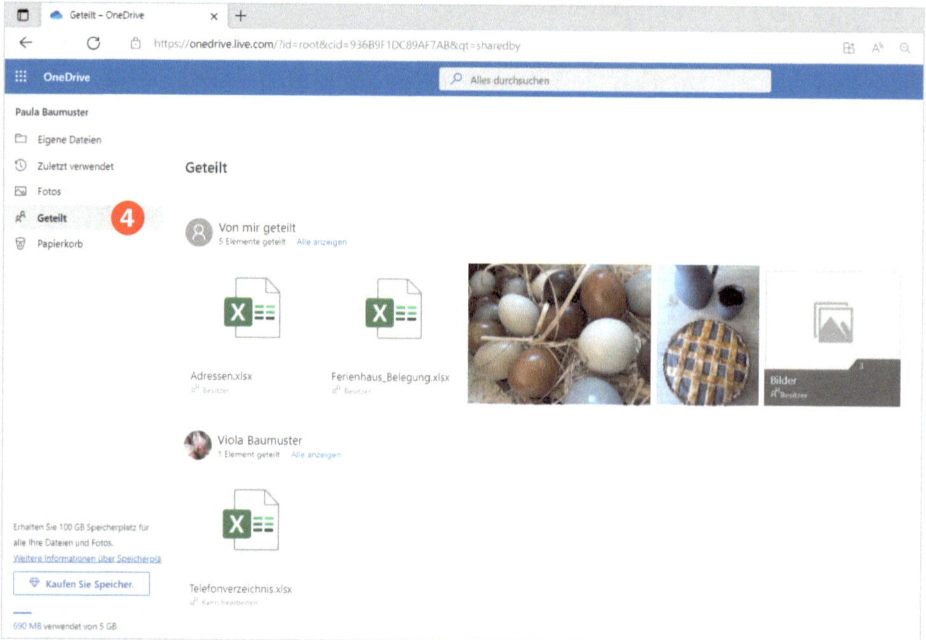

Bild 12.22 Anzeige von OneDrive online im Browser

Freigegebene Arbeitsmappen mit Microsoft 365 bearbeiten

Auch hier erhält der Kollege eine E-Mail, die ihn auf die geteilte Arbeitsmappe aufmerksam macht und ein Öffnen im Browser erlaubt. Mit Microsoft 365 können Sie die Arbeitsmappe aber gleich im Programm bearbeiten. Öffnen Sie Excel und wählen Sie im Bereich *Startseite* das Register *Mit mir geteilt* ❶. Hier finden Sie die freigegebene Arbeitsmappe. Mit Microsoft 365 im Unternehmen ist eine gleichzeitige Bearbeitung derselben Arbeitsmappe möglich.

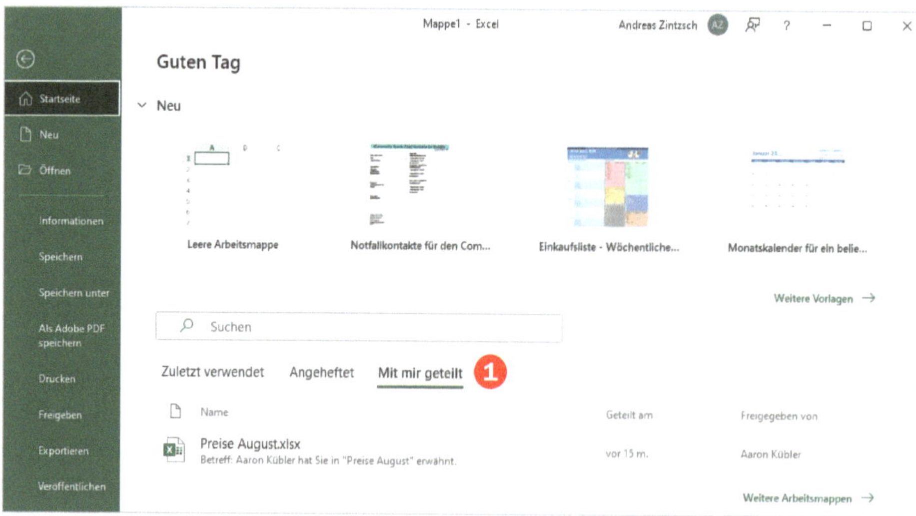

Bild 12.23 Geteilte Arbeitsmappe aufrufen in Microsoft 365

12.4 Mit Kommentaren arbeiten

Mit Kommentaren helfen Sie sich und anderen Bearbeitern bestimmte Rechenschritte besser nachvollziehen zu können, an Ausnahmen zu erinnern oder Kollegen, die ebenfalls mit der Mappe arbeiten, Hilfestellungen zu geben. Eine weitere Verwendungsmöglichkeit kommt Kommentaren bei der Überprüfung von Tabellen zu. Der Kontrolleur kann beispielsweise Verbesserungsvorschläge via Kommentar für Zellen hinterlegen.

Alle Befehle zur Verwaltung von Kommentaren finden Sie für Excel 2021 im Register *Überprüfen*, Gruppe *Kommentare*.

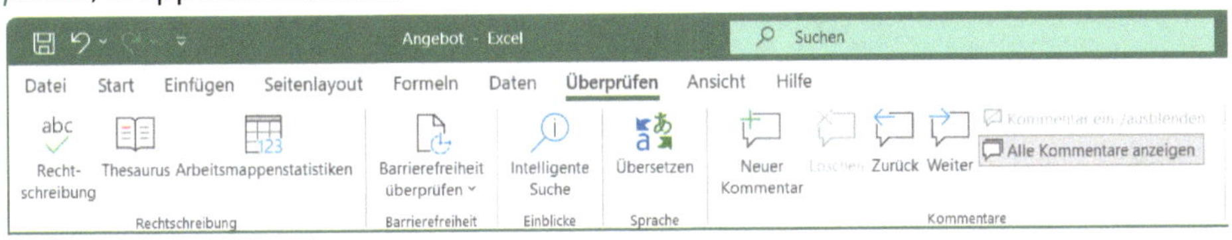

Bild 12.24 Excel 2021 - Kommentare

Für Microsoft 365 wurden die Kommentare überarbeitet. Sie können jetzt gemeinsam rechts in einem separaten Aufgabenbereich angezeigt werden. Dadurch wird die Übersichtlichkeit erhöht und gerade in geteilten Mappen, kann man so leichter Probleme aufzeigen und kommentieren. Die Kommentare sind weiterhin im Register *Überprüfen*, Gruppe *Kommentare* zu finden.

Bild 12.25 Excel in Microsoft 365 - Kommentare

Kommentare in Excel 2021

Die lilafarbene Markierung ❶ verweist in Excel 365 auf einen Kommentar.

Die rote Ecke weist auf eine Notiz ❷ hin.

Für Microsoft 365-Nutzer: Die folgende Beschreibung der Kommentarfunktionen gilt vorbehaltlos nur für Excel 2021. Diese Art der Kommentare in Excel 2021 wird in Microsoft 365 als Notiz bezeichnet. Sie finden die *Notizen* ebenfalls im Register *Überprüfen*. Kommentare in Microsoft 365 wurden mit einigen neuen Features versehen.

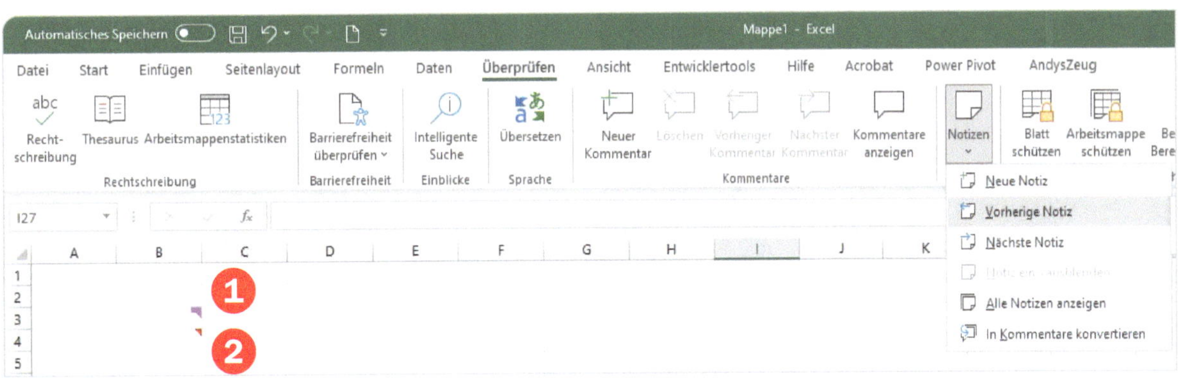

Bild 12.26 Microsoft 365 - Excel-Kommentare

Kommentar einfügen

Um eine Zelle mit einem Kommentar zu versehen, markieren Sie die Zelle und klicken im Register *Überprüfen* auf die Schaltfläche *Neuer Kommentar* ❸ bzw. *Notizen* ▶ *Neue Notiz* (Microsoft 365). Geben Sie anschließend Ihren Text ein. Kommentare werden automatisch mit Ihrem Benutzernamen versehen. Wenn Sie nach der Eingabe auf eine andere Zelle klicken, wird der Kommentar standardmäßig ausgeblendet.

Bild 12.27 Neuer Kommentar

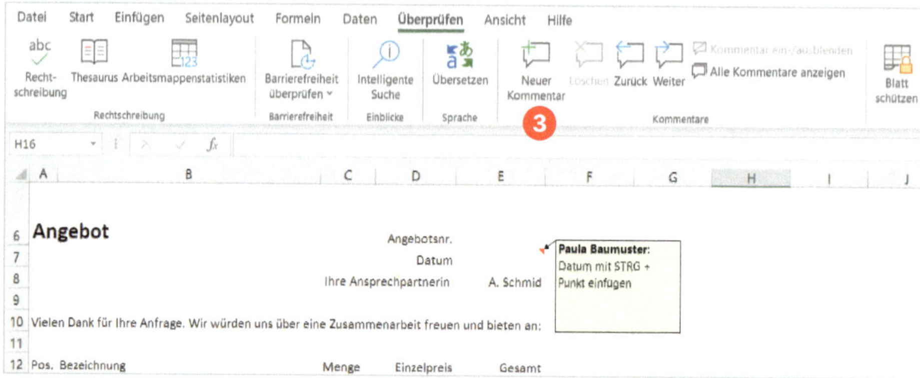

Zellen mit Kommentaren erkennen Sie am roten Dreieck in der oberen rechten Ecke. Der Kommentar erscheint automatisch, sobald Sie mit der Maus auf die Zelle zeigen.

- Die Schaltflächen *Weiter* / *Zurück* ❹ bzw. *Nächste Notiz* / *Vorherige Notiz* ❺ verwenden Sie, um innerhalb der Arbeitsmappe den nächsten, bzw. vorherigen Kommentar anzuzeigen.
- Mit der Schaltfläche *Kommentar ein-/ausblenden* bzw. *Notiz ein-/ausblenden* können Sie den Kommentar der markierten Zelle dauerhaft ein- und auch ausblenden.
- Die Schaltfläche *Alle Kommentare anzeigen* bzw. *Alle Notizen anzeigen* blendet alle Kommentare dauerhaft im Arbeitsblatt ein.

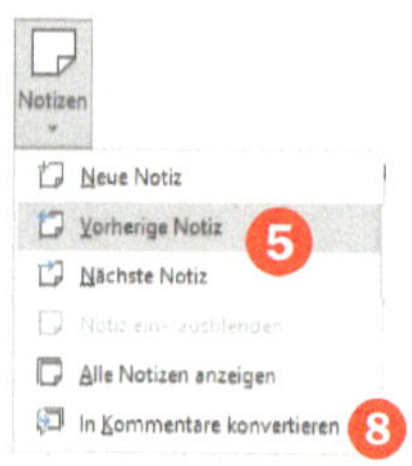

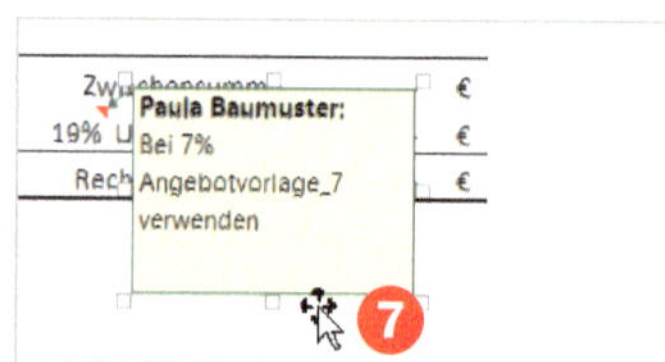

Bild 12.28 Kommentare verwalten

> **Tipp:** Sollten durch Kommentare andere Zellen verdeckt werden, klicken Sie auf die Schaltfläche *Kommentar bearbeiten* ❻. Zeigen Sie auf den Rahmen, bis der Mauszeiger mit Richtungspfeilen ❼ sichtbar wird. Nun können Sie mit gedrückter Maustaste den Kommentar verschieben sowie vergrößern und verkleinern.
>
> **Excel 365**: Alle Notizen einer Arbeitsmappe können mit *In Kommentare konvertieren* ❽ schnell umgewandelt werden.

Kommentare löschen und bearbeiten

Bereits vorhandene Kommentare ändern Sie, indem Sie die Zelle markieren und auf die Schaltfläche *Kommentar bearbeiten* klicken, zum Löschen verwenden Sie die Schaltfläche *Löschen*. Für Excel 365 gibt es hier keine Besonderheit, auch hier verwenden Sie die Schaltfläche *Löschen* in der Gruppe *Kommentare*.

Kommentare drucken

Standardmäßig werden Kommentare nicht mit der Arbeitsmappe gedruckt. Auch im PDF erscheinen keine Kommentare.

Kommentare können allerdings optional mit dem Arbeitsblatt ausgedruckt werden. Um diese Einstellung festzulegen, klicken Sie im Register *Seitenlayout* ▶ Gruppe *Seite einrichten* auf *Drucktitel*. Wählen Sie im Dropdown-Menü bei *Kommentare* 9 aus, wie diese auf dem Ausdruck erscheinen sollen.

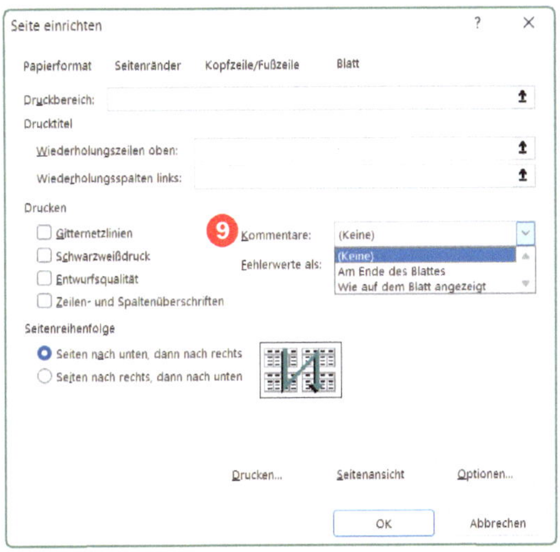

Bild 12.29 Kommentare drucken

> **Achtung:** Wenn Sie die Option *Wie auf dem Blatt angezeigt* wählen, dann müssen die Kommentare auf dem Tabellenblatt dauerhaft eingeblendet sein! Klicken Sie dazu im Register *Überprüfen* auf die Schaltfläche *Alle Kommentare anzeigen* bzw. *Alle Notizen anzeigen*.

Kommentare in Microsoft 365

Die grundlegende Handhabung von Kommentaren hat sich nicht großartig verändert. Hinzugekommen ist ein Kommentarbereich rechts außen und die Möglichkeit in freigegebenen Arbeitsmappen eine Person direkt anzusprechen. Dies ist besonders in Arbeitsmappen von Nutzen die gemeinsam bearbeitet werden.

Kommentar hinzufügen, bearbeiten und löschen

- Zur Eingabe eines Kommentars markieren Sie die Zelle und klicken im Register Überprüfen auf *Neuer Kommentar* ❶. Neben der Zelle wird ein Eingabefeld eingeblendet. Tippen Sie den Hinweis ein und klicken Sie dann auf *Posten* ❷.

Bild 12.30 Neuer Kommentar in Microsoft 365

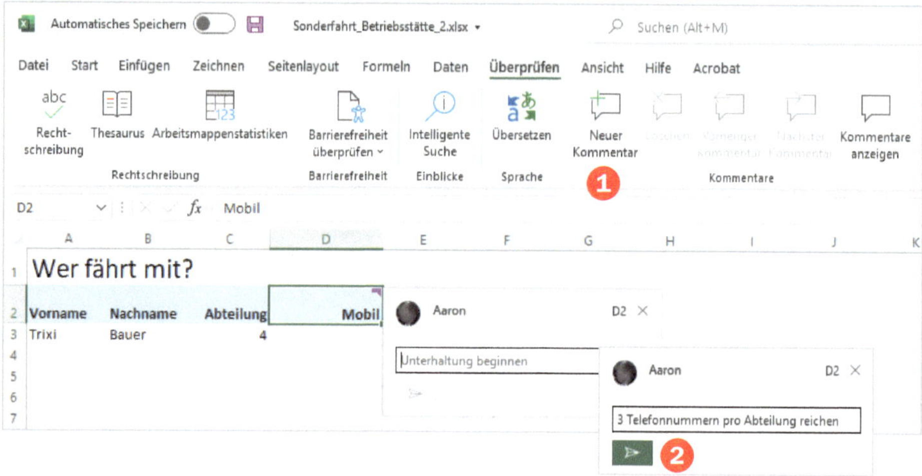

- In Arbeitsmappen, die Sie für andere Personen in Ihrer Organisation freigegeben haben, können Sie einen Kollegen im Kommentar direkt ansprechen. Dazu geben Sie das @-Zeichen ein. Eine Liste der Personen innerhalb Ihrer Organisation wird angezeigt; wählen Sie den Kollegen durch Anklicken aus. Dann geben Sie den Text ein und tippen auf *Posten*.

  Durch die Erwähnung erhält der Kollege eine E-Mail, die ihn auf den Kommentar in einer geteilten Arbeitsmappe hinweist. So übersieht er den Kommentar nicht.

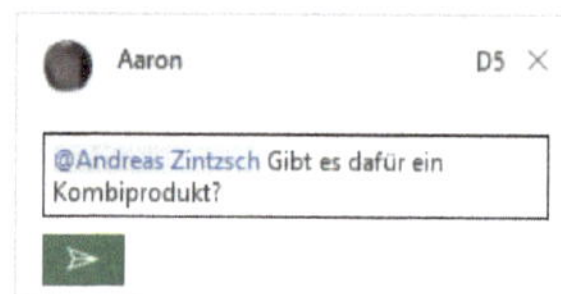

- Um den Text eines Kommentars zu ändern, zeigen Sie zunächst auf die Zelle, die den Kommentar enthält. Dann zeigen Sie mit der Maus auf den Kommentar. Dadurch blendet die Schaltfläche *Bearbeiten* ❸ ein. Klicken Sie auf die Schaltfläche, berichtigen Sie den Text und bestätigen mit *Speichern*.

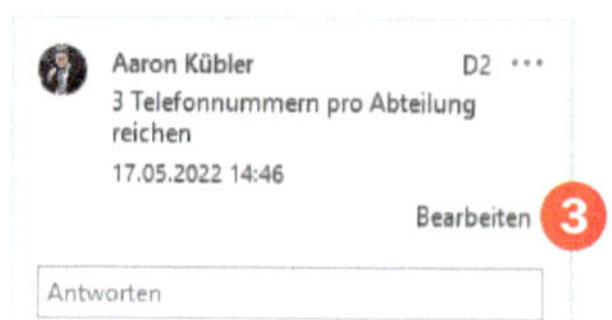

- Um einen Kommentar zu löschen, markieren Sie die entsprechende Zelle und tippen dann in der Gruppe *Kommentare* auf *Löschen*.

Kommentarbereich anzeigen

Im Aufgabenbereich Kommentare werden alle Kommentare des aktuellen Tabellenblatts untereinander aufgeführt. Hier kann auf bestimmte Einträge geantwortet werden.

- Zeigen Sie durch Auswahl von *Kommentare anzeigen* ❹ im Register *Überprüfen* den Kommentarbereich an. Alternativ klicken Sie auf *Kommentare* ❺ rechts oben.

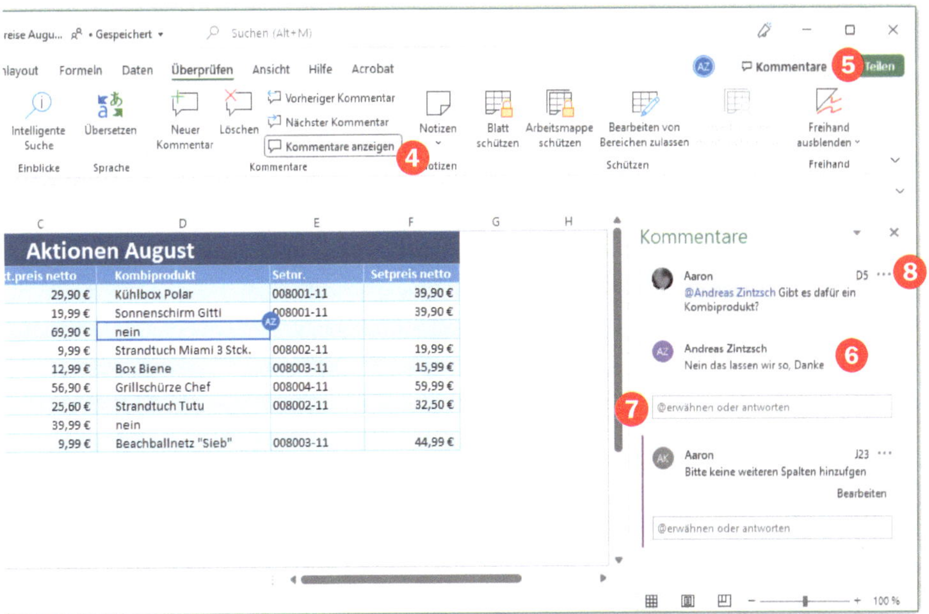

Bild 12.31 Kommentare verwalten in Microsoft 365

- Im Aufgabenbereich sehen Sie in übersichtlicher Form Ihre Kommentare und die Antworten der Kollegen ❻, für die die Mappe freigeben wurde.
- Die einzelnen Abschnitte, von Excel Thread genannt, beziehen sich immer auf eine Zelle. Innerhalb eines Threads können Sie weitere Kommentare durch Eintrag ins Nachrichtenfeld ❼ hinzufügen.
- Wenn für einen Thread alles besprochen wurde, man also zu einem Ergebnis gekommen ist, kann dies auch in der Arbeitsmappe abgebildet werden. Klicken Sie auf das Dreipunkte-Symbol ❽ im Thread und wählen Sie *Thread auflösen* aus. Der Thread wird dadurch im Kommentarbereich ausgegraut. Damit wird angezeigt, dass kein Diskussionsbedarf mehr besteht. Der Thread kann jederzeit durch Anklicken von *Thread erneut öffnen* ❾, wieder aktiviert werden.

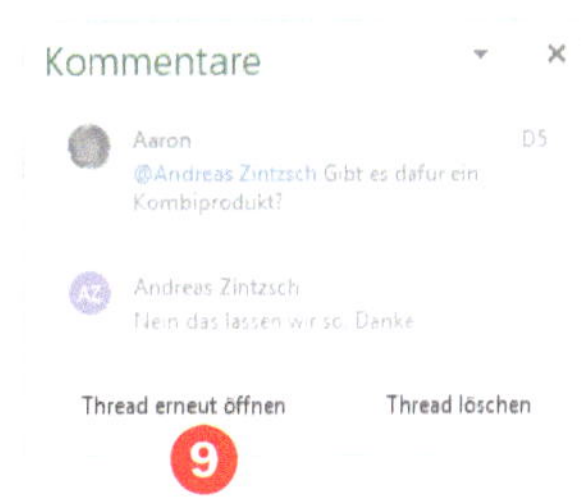

- Ein Thread kann über das Dreipunkte-Symbol auch gelöscht werden. Dann verschwinden die Markierung im Tabellenblatt und der Eintrag im Kommentarbereich. Damit geht man unter Umständen die Gefahr ein, dass jemand dasselbe Thema nochmals aufbringt. Hier kommt es auch ein wenig darauf an, mit wie vielen Kollegen die Arbeitsmappe geteilt wurde.

Anhang: Tastenkombinationen

Allgemein

Eine Bildschirmseite nach oben bzw. unten	Bild-Auf bzw. Bild-Ab
Eine Bildschirmseite nach rechts bzw. links	Alt + Bild-Ab bzw. Bild-Auf
Wiederholen des letzten Arbeitsschrittes (nicht bei Formeleingabe und -bearbeitung!)	F4
Wechsel zwischen Arbeitsblatt, Menüband, Aufgabenbereich und Statusleiste	F6
Wechsel zwischen Arbeitsblatt, Menüband, Aufgabenbereich und Statusleiste (in umgekehrter Reihenfolge)	Alt + F6
Erweitern oder Reduzieren des Menübands	Strg + F1
Kontextmenü zur markierten Zelle anzeigen	Umschalt + F10
Rückgängigmachen der letzten Aktion	Strg + Z
Wiederholen der letzten Aktion	Strg + Y oder F4

Arbeitsmappen verwalten

Neue Arbeitsmappe	Strg + N
Arbeitsmappe öffnen	Strg + O
Arbeitsmappe speichern	Strg + S
Arbeitsmappe schließen	Strg + W oder Strg + F4
Arbeitsmappe drucken (Register DATEI - Drucken)	Strg + P
Anwendung beenden / Fenster schließen	Alt + F4
Fenster maximieren bzw. Wiederherstellen der vorherigen Größe	Strg + F10

Daten eingeben

Eingabe in Zelle abschließen (Zelle unterhalb wird markiert)	Eingebataste (Enter)
Eingabe in Zelle abschließen (Zelle oberhalb wird markiert)	Umschalt + Eingabetaste

Eingabe in Zelle abschließen (Zelle rechts wird markiert)	Tab (Tabulator-Taste)
Eingabe in Zelle abschließen (Zelle links wird markiert)	Umschalt + Tab (Tabulator-Taste)
Eingabe in Zelle abbrechen	Esc
Neue Zeile in Zelle beginnen	Alt + Eingabe
Eingabe in den gesamten markierten Zellbereich übernehmen	Strg + Umschalt + Eingabe
Aktuelles Datum einfügen	Strg + . (Punkt)
Aktuelle Uhrzeit einfügen	Strg + Umschalt + **:** (Doppelpunkt)
Markierte Zelle bearbeiten (Cursor erscheint in der Zelle)	F2
Bearbeiten-Modus: Cursor an den Anfang	Pos1
Bearbeiten-Modus: Cursor an das Ende	Ende
Löschen eines Zeichens links vom Cursor oder des gesamten Zelleninhaltes (wenn markiert)	Rückschritt (Backspace)
Löschen eines Zeichens rechts vom Cursor oder des Zelleninhaltes (wenn markiert)	Entf

Navigation im Tabellenblatt

Navigieren zum jeweiligen Rand des Datenbereichs	Strg + Pfeiltaste
Durchführung eines Bildlaufs, um die aktive Zelle anzuzeigen	Strg + Rückschritt
Nächste Zelle rechts / links markieren	Nach-Rechts / Nach-Links
Nächste Zelle oben / unten markieren	Nach-Oben / Nach-Unten
Markierung nach rechts / links erweitern	Umschalt + Nach-Rechts / Umschalt + Nach-Links
Markierung nach oben / unten erweitern	Umschalt + Nach-Oben / Umschalt + Nach-Unten
Erste Zelle in Zeile markieren	Pos1
Erste Zelle im Arbeitsblatt (A1) markieren	Strg + Pos1

Letzte Zelle (im zusammenhängenden Tabellenbereich) markieren	Strg + Ende
Zellen einfügen (Dialogfenster) anzeigen	Strg + + (Pluszeichen)
Zellen löschen (Dialogfenster) anzeigen	Strg + - (Minuszeichen)
Neues Arbeitsblatt einfügen	Umschalt + F11
Zum nächsten / vorherigen Arbeitsblatt	Strg + Bild-Ab / Strg + Bild-Auf
Auswahl aktives und nächstes Arbeitsblatt	Umschalt + Strg + Bild-Ab
Auswahl aktives und vorheriges Arbeitsblatt	Umschalt + Strg + Bild-Auf
Dialogfenster *Gehe zu* öffnen	F5
Suchen im Dialogfenster *Suchen und Ersetzen* öffnen	Strg + F
Ersetzen im Dialogfenster *Suchen und Ersetzen* öffnen	Strg + H
Weitersuchen (ohne Dialogfenster *Suchen und Ersetzen*)	F4
Aktuelle Spalte ausblenden	Strg + 8 (nicht Ziffernblock)
Aktuelle Spalte einblenden	Strg + Umschalt + 8
Aktuelle Zeile ausblenden	Strg + 9 (nicht Ziffernblock)
Aktuelle Zeile einblenden	Strg + Umschalt + 9
Auswählen nicht gesperrter Zellen in einem geschützten Tabellenblatt	Tab (Tabulator-Taste)
Kontextmenü zur markierten Zelle anzeigen	Umschalt + F10

Zellbereiche markieren

Erste Zelle in Zeile markieren	Pos1
Gesamtes Arbeitsblatt markieren (wenn eine Zelle innerhalb eines Datenblocks markiert ist, dann zweimal Strg + A)	Strg + A
Aktuelle Spalte markieren	Strg + Leertaste
Aktuelle Zeile markieren	Umschalt + Leertaste

Zellinhalte verschieben und kopieren

Kopieren des markierten Textes oder Objekts	Strg + C
Ausschneiden des markierten Textes oder Objekts	Strg + X
Einfügen aus Zwischenablage (Text oder Objekt)	Strg + V

Formeleingabe

Dialogfenster *Funktion einfügen* öffnen	Umschalt + F3
Zwischen relativen, festen (absoluten) und gemischten Zellbezügen wechseln (Cursor befindet sich in der Formel unmittelbar in oder nach einem Zellbezug)	F4
Auto-Summenformel eingeben (SUMME-Funktion)	Alt + Umschalt + =
Kopieren eines Wertes aus der Zelle über der aktiven Zelle	Strg + Umschalt + , (Komma)
Kopieren einer Formel aus der Zelle über der aktiven Zelle	Strg + , (Komma)
Namen für Formel, Zelle oder markierten Bereich eingeben (*Namens-Manager* wird geöffnet)	Strg + F3
Bereichsnamen aus markierten Beschriftungen übernehmen (öffnet das Dialogfenster *Namen aus Auswahl erstellen*)	Strg + Umschalt + F3
Das Fenster *Funktionsargumente* öffnen. Der Cursor muss sich in der Formel unmittelbar hinter dem Funktionsnamen befinden!	Strg + A
Nach Eingabe des Funktionsnamens Klammern und Funktionsargumente einfügen. Der Cursor muss sich in der Formel unmittelbar hinter dem Funktionsnamen befinden!	Strg + Umschalt + A
Neu berechnen (gesamte Arbeitsmappe)	F9
Neu berechnen (aktuelles Arbeitsblatt)	Umschalt + F9

Zellen formatieren

Dialogfenster *Zellen formatieren* öffnen	Strg + 1 (nicht im Ziffernblock)
Mit 2 Dezimalstellen formatieren (einschl. Tausenderzeichen)	Strg + Umschalt + !
Währungsformat zuweisen	Strg + Umschalt + $
Prozentformat (ohne Dezimalstellen)	Strg + Umschalt + %

Exponentialschreibweise	Strg + Umschalt + "
Standardzahlenformat	Strg + Umschalt + &
Zahl als Datum formatieren (TT. MM.JJ)	Strg + #
Zahl mit Datum und Uhrzeit formatieren	Strg + °
Fett	Strg + Umschalt + F
Kursiv	Strg + Umschalt + K
Unterstrichen	Strg + Umschalt + U
Durchgestrichen	Strg + 5 (nicht im Ziffernblock!)
Äußere Rahmenlinie um markierten Bereich	Strg + Umschalt + - (Bindestrich)
Alle Rahmenlinien des markierten Bereichs löschen	Strg + Umschalt + >
Neuen Kommentar einfügen bzw. Kommentar bearbeiten	Umschalt + F2

Glossar

Absolute Zellbezüge	Absolute oder feste Zellbezüge benötigen Sie in Formeln, wenn Sie verhindern wollen, dass beim Kopieren der Formel der Zellbezug automatisch angepasst wird. Absolute Zellbezüge sind durch das $-Zeichen vor der Spalten- und/oder Zeilenangabe gekennzeichnet. Mit der Funktionstaste F4 können Sie schnell relative Zellbezüge in absolute Zellbezüge umwandeln.
Arbeitsmappe	Eine Excel-Datei bezeichnet man auch als Arbeitsmappe. Sie enthält einzelne Arbeitsblätter, die Tabellen. Arbeitsblätter können bei Bedarf hinzugefügt oder gelöscht werden. Alle Arbeitsblätter einer Mappe werden unter einem gemeinsamen Dateinamen mit der Erweiterung .xlsx gespeichert.
Argumente	Als Argumente bezeichnet man notwendige Angaben für die Berechnung mit Excel-Funktionen. Argumente können Zellbezüge, Bereichsangaben, Text, Zahlen, Formeln oder Funktionen sein. Texte als Argumente müssen in Anführungszeichen („") eingeschlossen werden.
AutoAusfüllen	Das Kästchen AutoAusfüllen befindet sich in der unteren rechten Ecke des Markierungsrahmens. Damit können entweder Formeln in angrenzende Zellen kopiert oder Reihen ausgefüllt werden.
Bearbeiten-Modus	Während der Eingabe oder bei nachträglicher Bearbeitung eines Zellinhalts befindet sich Excel im Bearbeiten-Modus. Sie müssen erst die Eingabe abschließen, damit Sie mit der weiteren Tabellenbearbeitung fortfahren können.
Blitzvorschau	Die Blitzvorschau erlaubt das Trennen von Inhalten, die sich in einer einzigen Spalte befinden, zum Beispiel Vorname und Nachname. Sie ist verfügbar über die Auto-Ausfülloptionen, die nach dem Ausfüllen von Reihen im Tabellenblatt erscheinen. Ebenso können damit auch Inhalte aus zwei Spalten zusammengefügt werden.
Datenbank	Datenbanken speichern und verwalten Daten in strukturierter Form als Tabelle. Die Zeilen einer Datenbank bezeichnet man als Datensätze, die Spalten als Datenfelder.
Datenfeld	In einer Datenbank speichert eine Spalte immer die gleichen Informationen, beispielsweise den Namen. Jede Spalte benötigt in der ersten Zeile einer Tabelle einen eindeutigen Namen und wird als Datenfeld bezeichnet.
Datenpunkt	In einem Diagramm bezeichnet man einen einzelnen Wert innerhalb einer Datenreihe als Datenpunkt.
Datenredundanz	Mehrfachspeicherung von Daten.

Datenreihe	Ein Diagramm stellt immer mehrere Werte aus einer Tabelle dar. Diese Werte bezeichnet man auch als Datenreihe. Eine Datenreihe kann entweder aus den Zeilen oder den Spalten der Tabelle gebildet werden.
Datensatz	In einer Datenbank stellt ein Datensatz ein vollständiges Element einer Tabelle dar. Speichert eine Datenbank beispielsweise Kunden, so wird für jeden Kunden ein Datensatz gebildet. Ein Datensatz entspricht gleichzeitig einer Zeile der Datenbank-Tabelle.
Dropdown-Pfeil	Kleine, nach unten weisende Dreiecke, die auf Mausklick eine Auswahl von Optionen oder Befehlen anzeigen, auch als Auswahlpfeil bezeichnet.
Druckbereich	Der Druckbereich legt denjenigen Ausschnitt eines Arbeitsblattes fest, der auf dem Ausdruck erscheinen soll. Standardmäßig legt Excel den Druckbereich so fest, dass alle Inhalte gedruckt werden.
Druckvorschau	Die Druckvorschau zeigt eine Excel-Tabelle so, wie sie später gedruckt wird. Damit können Sie Tabellen vor dem Drucken kontrollieren. In dieser Ansicht können Sie Seitenränder sowie die Spaltenbreiten ggf. anpassen.
Duplikate	Als Duplikate werden in Datenbanken mehrfach vorkommende, identische Datensätze bezeichnet.
Editieren	Als Editieren bezeichnet man die nachträgliche Bearbeitung von Zellinhalten, entweder in der Bearbeitungsleiste oder mit Doppelklick auf die Zelle.
Fixieren	Überschriftzeilen und Spaltenbeschriftungen können in großen Tabellen zur besseren Übersicht fixiert werden. Damit bleiben auch beim Scrollen die Überschriften immer im Fenster sichtbar.
Funktion	Funktionen sind in Excel vordefinierte Formeln, einschließlich dem Gleichheitszeichen (=). Sie werden für komplexe Berechnungen eingesetzt und erfordern nur noch die Eingabe der Funktionsargumente.
Funktionen verschachteln	In einer Funktion können als Argumente auch weitere Formeln oder Funktionen verwendet werden.
Gemischte Zellbezüge	Gemischte Zellbezüge setzen sich zusammen aus einem relativen Bezug und einem absoluten Bezug. So bedeutet beispielsweise $A5 einen absoluten Spaltenbezug und einen relativen Zeilenbezug.
Gruppieren	Sie können mehrere Arbeitsblätter markieren und zu einer Gruppe zusammenfassen. Dazu klicken Sie mit gedrückter Umschalt-Taste auf die Blattregister. Die Bearbeitung und Eingabe erfolgt in allen gruppierten Blättern gleichzeitig.
Kommentare	Kommentare bieten eine Möglichkeit, Zellen mit zusätzlicher Beschriftung zu versehen. Sie erscheinen nur dann, wenn Sie die Maus über die Zelle bewegen.

Kompatibilitätsmodus	Excel-Arbeitsmappen, die mit Excel 2003 oder älter gespeichert wurden, werden von allen neueren Excel-Versionen, also auch Excel 2021, im Kompatibilitätsmodus geöffnet. In diesem Modus stehen nicht alle Möglichkeiten von Excel 2021 zur Verfügung.
Matrix	Excel bezeichnet einen Tabellenbereich aus mehreren Zeilen und Spalten auch als Matrix.
Mehrfachmarkierung	Nicht zusammenhängende Zellbereiche mit gedrückter Strg-Taste markieren. Dazu markieren Sie den ersten Zellbereich. Drücken Sie dann die Strg-Taste der Tastatur und halten Sie die Taste gedrückt, während Sie weitere Zellbereiche markieren.
Mustervorlage	Eine Mustervorlage verwenden Sie in Excel als Vorlage für neue Arbeitsmappen, sie werden als eigener Dateityp gespeichert. Im Windows-Explorer wird mit Doppelklick auf eine Mustervorlage automatisch eine Kopie dieser Vorlage geöffnet.
Namen	Anstelle der Verwendung von absoluten bzw. festen Zellbezügen können Sie für Zellen oder Zellbereiche auch Namen vergeben.
Namenfeld	Das Namenfeld befindet sich am linken Rand der Bearbeitungsleiste und zeigt entweder die Adresse oder den Namen der markierten Zelle an.
OneDrive	Unter der Bezeichnung OneDrive (früher SkyDrive) steht in Verbindung mit einem Microsoft-Konto kostenloser Speicherplatz in der Cloud im Umfang von 7 GB (Standard) zur Verfügung. Vorteil: Sie haben von jedem PC aus Zugriff auf die hier gespeicherten Daten, vorausgesetzt Sie sind mit dem Konto angemeldet.
PDF	Portable Document Format, ein Dateiformat, in dem alle Formatierungen beibehalten werden und das unabhängig vom Betriebssystem auf jedem Computer gelesen werden kann. Voraussetzung ist ein Leseprogramm, beispielsweise der kostenlose Adobe Reader. Nachträgliche Änderungen können dagegen nicht ohne Weiteres vorgenommen werden.
Platzhalterzeichen	Zum Filtern in Tabellen können Sie die Zeichen * und ? als Platzhalter verwenden. * steht für beliebig viele Zeichen, ? für genau 1 Zeichen.
Register	Das Menüband von Excel fasst Befehlsschaltflächen für verschiedene Aufgaben in Gruppen zusammen. Jede Gruppe kann schnell über Register (vergleichbar einer Kartei) durch Anklicken mit der Maus aufgerufen werden.
Relative Zellbezüge	Relative Zellbezüge in Formeln werden beim Kopieren automatisch angepasst.
Runden	Beim Formatieren einer Zahl mit einer bestimmten Anzahl Nachkommastellen wird kaufmännisch gerundet. Dies betrifft aber nur die Anzeige, für weitere Berechnungen werden alle Dezimalstellen verwendet. Um eine Zahl dauerhaft mit einer festen Anzahl Dezimalstellen zu versehen, müssen Sie die Funktion RUNDEN verwenden.

Seitenumbruch	Ein Seitenumbruch, der Wechsel zwischen zwei Druckseiten, wird automatisch eingefügt, wenn Sie eine Tabelle drucken oder in der Druckvorschau kontrollieren. In der Ansicht Seitenumbruchvorschau können Sie einen Umbruch verschieben.
Skalierung	Mit der Skalierung können Sie eine Excel-Tabelle beim Drucken verkleinern oder vergrößern, um sie an eine Druckseite anzupassen.
Spaltenkopf	Der Bereich der Spaltennummerierung am oberen Rand eines Tabellenblattes wird auch als Spaltenkopf bezeichnet.
Sparklines	Sparklines sind Minidiagramme ohne Beschriftungselemente, die in eine Zelle eingefügt werden können. Sie lassen sich wie Formeln kopieren.
Statusleiste	Die Statusleiste befindet sich am unteren Rand des Excel-Fensters und zeigt den aktuellen Bearbeitungsstatus zusammen mit weiteren Informationen, z. B. Summe über den markierten Zellbereich, an.
XLSX	Microsoft Office verwendet seit der Version 2007 als Dateiformat das Office-Open-XML-Format. Dieses Format benötigt weniger Speicherplatz und erleichtert die Anpassung an externe Datenquellen. Das XML-basierte Dateiformat erkennen Sie an der Dateinamenserweiterung .xlsx (im Gegensatz zum früheren Dateiformat .xls).
XML	Extensible Markup Language, eine Auszeichnungssprache zur Darstellung hierarchisch strukturierter Daten in Form von Textdateien.
Zwischenablage	Die Zwischenablage speichert ausgeschnittene oder kopierte Elemente.

Stichwortverzeichnis

D

E